제4판

재무제표분석과
기업가치평가

백복현 · 장궈화 · 최종학

박영사

머 리 말

    재무제표는 기업경영에 있어서 핵심적인 정보의 원천이다. 재무제표에 포함된 정보를 바탕으로 경영자는 투자의사결정을 내리지만, 주식이나 채권 투자자들은 기업의 가치를 평가하고 주식이나 채권의 매수나 매도의사결정을 내리게 된다. 은행이나 신용평가사, 세무당국도 재무제표의 정보를 사용한다. 벤처캐피털이나 증권회사의 투자의사결정에도 재무제표가 사용되며, 애널리스트들은 재무제표에 포함된 정보를 분석하여 주가나 이익예측치를 발표한다. 하지만 이런 재무제표의 광범위한 사용에도 불구하고, 아직 국내에서 많은 정보이용자들이 단순한 비율분석이나, 배당할인모형 또는 주가이익비율 등의 전통적인 방법만을 이용해서 기업의 가치를 평가하고 있는 안타까운 현실이다. 또한 재무제표의 행간에 숨은 뜻을 보지 못하면서 재무제표에 보고된 수치 자체만을 그대로 이용하는 경우가 대부분이다.

    회계학 연구는 1980년대 이후로 급속한 발전을 거듭하고 있다. 1980년대 말 이후로는 기업들의 이익조정 수준을 상당히 정확하게 측정해 낼 수 있는 방법들이 점차 개발되었다. 1990년대 중반부터는 다양한 가치평가 기법들이 새롭게 개발되면서, 이들 방법들을 이용한 자본비용 측정이나 투자방법 등에 대한 다양한 연구들이 쏟아져 나왔다. 그러나 아직까지 국내 실무계에서는 대부분 이런 방법들을 잘 알지 못하거나, 알더라도 현업에 정확하게 응용하여 사용하지 못하고 있는 상태이다. 주식시장규모의 증가에 비해 리서치분야가 너무 낙후되어 있다. 또한 대학교에서도, 회계교육의 중심이 회계정보의 해석과 사용이 아니라 정확한 회계정보를 산출하는 과정인 '부기' 쪽에 주로 초점을 맞춘 상태로 진행되어 왔었다. 따라서 대학에서 회계학을 공부한 사람들도 회계정보를 사용한 경영의사결정이나 재무제표 분석 및 가치평가 과정에 대해서는 공부할 기회가 별로 없었다.

사례 중심과 엑셀을 활용한 재무제표 예측

    이 책은 이런 아쉬운 점을 해결하기 위한 의도로 저술되었다. 이 책은 저자가 서울대와 북경대에서 쓴 강의안을 바탕으로 집필하였으며 한국, 중국, 미국 기업들의 다양한 사례를 추가하였다.

특히 이 책에서는 매장마다 다수의 기업들의 간략한 사례가, 매장 끝에는 그 장에서 배운 내용을 종합한 장편의 사례와 사례에 대한 연습문제를 포함하였다. 따라서 독자들은 이론뿐만 아니라 이론이 적용된 실제 사례를 동시에 공부함으로써 이 책의 내용을 보다 명확하게 이해할 수 있을 것이다.

또한 이 책은 독자들이 이 책의 내용을 공부하는 과정에서 스스로 엑셀 파일을 만들어서 재무제표의 수치들을 입력하고, 그 내용을 바탕으로 체계적으로 미래이익을 예측할 수 있도록 구성되어 있다. 애널리스트들이 발표하는 이익예측치가 정확하지 않은 이유들 중의 하나는 상당수의 애널리스트들이 회계정보의 연결구조를 잘 알고 있지 못하기 때문이다. 즉, 몇 개의 항목이 결정되면, 다른 항목들은 재무제표의 연결관계에 따라 자동적으로 도출된다. 그러나 이런 연결상황이나 회계정보의 본질들을 잘 모르면서 재무제표 각 항목별로 별도의 예측을 하는 경우가 종종 있었다. 그 결과 논리에 맞지 않는 수치를 예측수치로 사용하게 되기 때문에 미래예측이 부정확하게 된다. 이 책의 내용을 공부하다 보면, 독자들은 스스로 엑셀 파일에 따라 분석대상 기업의 재무상태를 분석하면서 미래이익을 예측해 보는 과정을 통해 이런 문제점을 극복할 수 있을 것이다.

이 책의 활용

이 책의 내용은 물론 기업의 이익예측과, 이익예측을 통한 내재가치 측정에 중점을 두고 있다. 따라서 이런 내용을 공부하려는 애널리스트나 벤처 캐피털리스트, 펀드 매니저 등의 직업에 관심을 가지고 있는 대학생들을 이 책의 주 독자로 삼고 있다. 대학생은 아닐지라도 기업가치 평가나 주식투자에 관심을 가지고 있는 경우도 이 책의 독자가 될 수 있을 것이다. 정확한 가치의 평가가 M&A나 주식의

iv

신규상장시에도 중요한 만큼, 이를 중개하는 역할을 하는 자문사나 회계법인, 증권회사, 신용평가사 등의 직업군을 바라보는 학생들에게도 이 책을 공부할 것을 권한다. 특히 이 책에 포함된 이익조정을 발견하는 방법 등에 대한 내용은 많은 독자들에게 큰 도움이 될 수 있을 것이다.

기타 이 책의 내용은 회계정보를 경영계획에 활용하려는 기업경영자들에게도 도움이 될 수 있을 것이다. 엑셀을 통해 미래의 이익을 예측해 보는 과정을 이 책을 통해 공부한다면, 미래이익 예측에 사용된 가정들이 변함에 따라 당기순손익이나 부채비율이 어떻게 달라지며, 미래기간 동안 얼마만큼의 자금을 조달해야 하거나 상환할 수 있는지 등을 손쉽게 알 수 있게 될 것이다. 따라서 미래에 대한 경영계획을 손쉽게 수립할 수 있을 것이다.

Acknowledgements

저자들은 이 책의 저술과정과 현재까지 학술연구를 수행하는 과정에서 많은 분들의 도움을 받았다. 우선 Charles Lee(Stanford University), Stephen H. Penman(Columbia University), Brett Trueman(UCLA), Jevons Lee, Liyan Wang, Zhengfel Lu(북경대), 고 Jerry C. Y. Han(홍콩대) 교수에게 감사를 표한다. 또한 이 책에 포함된 사례를 사용할 수 있도록 허락해 준 서울대학교의 곽수근 및 황이석 교수와 동아일보 미래전략연구소의 하정민 기자, 한화증권의 차홍선 애널리스트, 리딩투자증권의 이홍제 전무, OCI(주)의 문병도 상무, 상하이 신은만국증권에도 진심으로 감사를 드린다.

이 책의 집필 및 사례작성 과정에서 많은 도움을 준 최선화(박사), 이준일(박사), 선우혜정(박사), 최아름(박사), 김세일(박사), 이광진(박사), 이창욱(박사), 유웅(박사), 신동준(석사)에게도 감사를 표한다. 또한 꼼꼼하게 교정을 봐준 한승엽(박사), 이상목(박사과정), 김성효(박사과정), 박다윗(박사과정), 김건우(박사과정), 이찬석(석사과정)에게도 고마움을 전한다.

박영사의 뛰어난 분들에게도 큰 도움을 받았다. 조성호 이사, 전채린 차장, 이영경 대리께 감사드린다.

마지막으로 저자들을 오늘날까지 뒷바라지해 준 가족들에게도 감사를 드린다. 가족들의 이해와 도움이 없었다면 매일 밤 늦게까지 사무실에 앉아서 연구와 저술활동에 몰입할 수 없었을 것이다.

끝맺는 말

이처럼 이 책은 많은 분들의 도움 없이는 완성될 수 없었을 것이다. '세상은 서로 돕고 도와주면서 사는 것'이라 했으니, 저자들도 이런 고마운 도움을 다른 분들에게 갚을 수 있도록 앞으로 더 노력하도록 하겠다. 끝으로, 이 책이 한국의 자본시장과 주식투자, 그리고 기업의 회계 및 재무기능 수행능력의 발전에 초석이 되었으면 하는 것이 저자들의 조그마한 소망이다.

서울과 북경의 연구실에서

목 차

CHAPTER 3 │ 가치평가에 기반한 손익계산서 분석

CHAPTER 4 │ 가치평가에 기반한 현금흐름표 분석

CHAPTER **5** │ **가치평가에 기반한 비재무적 정보분석**

CHAPTER **6** │ **이익창출능력 분석**

CHAPTER **11** | 기업가치평가와 투자전략

CHAPTER

1

회계정보와 자본시장

01 서론

삼성생명(증권코드: 032830)은 생명보험 업계 총자산, 총자본, 수입보험료 등의 기준으로 모두 1위에 올라 있는 명실상부한 국내 1위 생명보험사이며 한국 최대의 보험자산 관리기업이다. 삼성생명의 2008년 보험료 수익은 14조원이며(시장점유율 28.6%), 2009년 3/4분기 보험료 수익은 3조원(시장점유율 27.9%)이다. 2008년 12월 31일 기준 총자산은 130조원, 주당순자산은 54,253원으로 총자산은 전체 보험업계 총자산의 36.2%를 차지하고 있다. 비상장주식이던 삼성생명 주식은 2010년 한국증권거래소(현 한국거래소)에 최초로 상장되었다.

2010년 5월 12일 삼성생명 주식이 한국증권거래소(현 한국거래소)에 110,000원의 가격으로 발행되어 상장되었다. 상장 후 활발한 거래가 벌어지면서 발행가 대비 10% 상승한 121,000원에 당일 최고가를, 발행가 대비 3.6% 상승한 114,000원에 당일 종가를 기록하였다.

삼성생명 주식의 상장은 한국 증권시장에 많은 화제를 불러일으켰다. 상장 직전인 2009년 당기순이익 9,000억원대를 기록한 초우량 회사이며, 삼성그룹 계열사 중에서도 핵심회사인 삼성생명이 오랜 논란 끝에 드디어 상장되는 것이었기 때문이다. 이러한 관심처럼 무려 20조원이 넘는 자금이 삼성생명 주식 청약을 위해 몰려들었다. 삼성생명 주식은 상장 직후 시가총액 22조원대를 기록, 삼성전자, 포스코, 현대자동차에 이어 단숨에 국내 주식시장 4위에 올랐다. 이처럼 삼성생명에 시장의 관심이 집중된 상황으로 미루어 볼 때, 삼성생명 주식이 발행되기 전 각 증권사 리서치센터에서 관련 보고서를 활발히 내놓는 것이 자연스러울 것이다. 그러나 실제로 삼성생명에 대한 분석 보고서는 상장 당시 신영증권에서 발행한 보고서가 유일하였다. 125,000원을 목표주가로 제시한 이 보고서가 유일하다는 사실을 두고, 삼성생명측에서는 증권사들에 보험사 분석 담당 애널리스트(financial analyst, 재무분석가로 번역한다)가 없기 때문이라고 해석하였다. 증권사 리서치 센터마저도 이처럼 삼성생명에 대한 분석 보고서를 내지 못하는 상황에서 일반 투자자들은 무엇에 기초하여 삼성생명의 기업가치와 주가를 평가하고 삼성생명의 주식을 취득했을까?[1]

---

1 생명보험사들 중에서는 2009년 말 동양생명이 최초 상장되었으며, 2010년 초 대한생명의 상장을 거쳐 삼성생명이 세 번째로 상장되었다. 이처럼 생명보험사가 상장된 경우가 드물었기 때문에 당시까지만 해도 증권사에 생명보험사 담당 애널리스트가 없었을 수 있다. 그러나 삼성생명 상장 이후 여러 증권사에서 생명보험사 담당 애널리스트를 배치하여, 최근 들어서는 다수의 보고서가 발행되고 있다.

　　일반 투자자들의 삼성생명 주식에 대한 상장 전 평가는 매우 다양했다. 인터넷 투자 전문 사이트에서 설문조사한 바에 따르면, 일반 투자자들이 평가한 삼성생명 주당 가치는 85,000원에서 130,000원까지 매우 다양했다. 삼성생명 주식의 발행가는 110,000원으로 최종 결정되었다.

02 ╲ 기업, 투자자, 자본시장의 관계

　　삼성생명 상장 전후 주식가치에 관한 분석 보고서가 거의 전무했다는 사실은 우리나라 자본시장의 단면을 보여준다. 여러 정보에 대한 체계적 분석을 통해 기업의 미래 실적을 예측하며, 예측된 실적을 바탕으로 가치평가모형을 이용해 기업의 내재가치를 추정한다는 것은 상당히 어려운 일이다. 선진국의 경우 뛰어난 지식과 풍부한 경험을 갖춘 애널리스트들로 구성된 증권사의 리서치센터에서 최첨단의 주식가치평가 이론과 도구로 무장하여 상장사의 주가를 예측한다. 그러나 삼성생명 사례를 비롯한 많은 경우에서 보여지듯이 우리나라에서 애널리스트의 리서치 업무 수준은 아직 발전단계라고 할 수 있다. 선진국 시장과 비교할 때 발행되는 보고서 숫자도 적으며, 발행된 보고서의 질적 수준도 부족한 상황이다.[2] 따라서 투자자들이 투자를 결정할 때 참고자료로 사용할 수 있는 정확한 정보가 부족하다. 이는 우리나라 자본시장의 발전을 위해 시급히 해결해야 할 과제 중 하나이다. 의사결정을 내리는 데 필요한 정확한 정보가 부족하다면 투자자들이 투자를 주저할 가능성이 높기 때문이다. 따라서 자본시장에 투자되는 자금이 줄어들어 기업들이 필요한 자금을 조달하기가 힘들어진다.

　　정확한 주식의 가치평가는 자본시장 발전에 매우 중요한 요소이다. 자본시장은 자본의 수요자와 공급자가 모이는 장소라고 할 수 있다. 우수한 투자안을 가지고 있는 기업가에게 자본시장을 통해 자금이 투자되고, 프로젝트가 실현되어 생산된 상품과 서비스는 소비자의 수요를 충족시키며 생활의 질을 향상시킨다. 아울러 이런 투자 프로젝트는 일자

2　최종학의 「숫자로 경영하라」(원앤원 북스, 2009)에 수록된 '애널리스트의 보고서를 믿어야 하나?'에 따르면 국내 애널리스트가 발행한 보고서의 질적 수준은 외국계 애널리스트가 발표한 보고서에 비해 상당히 떨어지는 상황이다. 또한 회계지식이 부족하여 재무제표를 피상적으로만 이해하고 있는 애널리스트도 상당수이다.

리를 창출하여 정부의 세수를 늘리고 경제를 발전시키는 데 기여한다. 그러나 이런 투자 안이 실제 투자로 이어지려면 기업가가 충분한 자금을 확보할 수 있어야 한다. 기업가는 자기자본만으로 투자수요를 충족시키지 못할 경우 자본시장에서 필요한 자금을 조달해야 한다.

자본시장에서 자본 수요자(기업 또는 기업가, 이하 "기업")가 자본 공급자(투자자)에게서 자금을 조달받는 것은 기업이 본질적으로 투자자의 자금에 대한 사용권을 구입하는 것이 라고 할 수 있다. 주식을 발행하여 자금을 마련하는 경우(즉, 주주의 투자를 받는 경우)는 이 론적으로 자금 사용권에 대해 정해진 기한이 없다. 그러나 채권을 발행하여 자금을 마련 하는 경우(즉, 채권자의 투자를 받는 경우)는 자금 사용권에 대한 기한이 정해져 있어서 만기 일이 돌아오면 원금을 상환해야 한다.

자금조달은 일종의 자금 구매이며 구매자인 기업은 판매자인 투자자에게 자본 사용 권에 대한 비용을 지불해야 한다. 이 비용을 흔히 자본비용(cost of capital)이라고 부른다. 전통적인 재무이론에 따르면, 자본비용은 투자자가 평가한 기업의 위험 정도에 의해 결정 된다. 기업의 위험이 높을수록 투자자가 요구하는 자본비용이 높아지고, 그 반대로 위험 이 낮을수록 자본비용이 낮아진다. 투자자들은 위험을 수반한 투자일수록 더 많은 보상을 요구하기 때문이다.

어떤 상품을 구매할 때와 마찬가지로, 기업이 자본시장으로부터 자금을 조달하려고 할 때는 가격의 합리성, 즉 자본비용이 너무 높지 않은지를 고려해야 한다. 기업은 투자 프로젝트의 기대수익률이 자본비용과 같거나 보다 높을 때에만 비로소 자금조달을 하려 할 것이다. 만약 기대수익률이 자본비용보다 낮으면, 해당 투자안을 실행하면 기업이 오 히려 손해를 보게 된다. 따라서 기업은 자본시장에서 자금을 조달하지 않을 것이다. 결과 적으로 그 기업의 투자안은 충분한 자금을 확보하지 못해 실행이 불가능해진다. 부를 창 출할 수 있는 투자안이 높은 자본비용 때문에 실현되지 못한다면 사회 전체적으로 손실이 발생하는 셈이다.

재무이론에 따르면 기업의 자본비용을 결정하는 가장 중요한 요인은 체계적 위험 (systematic risk, 흔히 베타라 부른다), 즉 개별 기업의 주가 수익률의 전체 주식시장의 수익 률에 대한 민감도이다. 체계적 위험은 투자자가 다수 기업의 주식에 분산하여 투자한다 고 해도 분산할 수 없는 위험이다. 기업의 체계적 위험 이외에 직·간접적으로 자본비용 에 영향을 미치는 요인으로는 국가별 금리수준, 기업의 경영 위험, 기업의 경영진의 명성과 능력, 국가별 투자자 보호 수준, 산업적 특성 등이 있다. 자본시장의 효율성도 자본비용에 영향을 주는 중요한 요인이다.

　　자본시장의 효율성이란 투자자들이 기업의 내재가치와 관련된 정보를 충분히 이해하고, 이에 따라 정확한 가치평가를 하고 있는지를 의미한다. 재무관리 분야에서 널리 받아들여지고 있는 효율적 시장가설(efficient market hypothesis)에 따르면, 현재의 주가는 자본시장에 알려진 모든 정보를 반영하고 있다. 이 말은 다수의 투자자가 평가하여 결정된 현재의 시장가격은 현재 이용가능한 모든 정보에 기초한 가장 정확한 평가치라는 의미이다. 이와 같은 효율적인 자본시장하에서 공정하게 결정된 시장가격에 따라 거래가 이루어진다. 그 결과 자금의 수요자와 공급자는 모두 공정한 거래를 통해 원하는 바를 얻을 수 있다. 따라서 기업이 지불하는 자본비용은 시장이 평가하는 기업의 위험 수준에 의해서만 결정된다.

　　그러나 최근 많은 연구에 따르면 자본시장이 완전히 효율적이지 않으며, 현재 가지고 있는 정보를 사용하여 가치평가를 수행하는 과정에서 평가오류가 매우 빈번하게 발생한다. 예를 들어, Sloan(1996)[3]의 연구에 따르면 투자자는 이익이 기업가치에 미치는 영향조차도 충분히 이해하고 있지 못하여 기업의 주가에 대한 잘못된 평가를 한다고 한다. 기업의 이익은 현금이익(cash component of earnings)과 발생액(accrual component of earnings)으로 나눌 수 있다.[4] 평균적으로 현금이익이 기업가치에 미치는 영향이 발생액보다 크지만 투자자들은 종종 발생액의 영향을 과대평가한다.[5] 그래서 투자자들은 이익 중에서 발생액의 비율이 높은 기업의 가치를 과대평가함으로써 그 다음 1년간 평균 약 4.9% 가량의 초과 투자손실을 보게 된다. 동시에 발생액의 비율이 낮은(현금이익의 비율이 높은) 기업의 가치는 과소평가하여, 투자자들은 이런 주식을 매도하거나 보유비중을 줄임으로써 이듬해 5.5% 가량의 초과 투자수익을 얻지 못하게 된다. 고봉찬과 김진우(2009)[6]에 따르면 국내 주식시장에서도 이러한 발생액 이상현상이 존재하며, 발생액의 크기가 가장 작은 주식을

3　Sloan, R. G., 1996, "Do Stock Prices Fully Reflect Information in Accruals and Cash Flows about Future Earnings?," *The Accounting Review* 71 (3), pp. 289–315.

4　발생액이란 발생주의 회계기준을 적용함으로써 생기는 현금흐름과 회계이익 사이의 차이를 말한다. 감가상각비나 대손상각비처럼 현금흐름을 수반하지 않는 비용 또는 수익 항목들을 예로 들 수 있다.

5　최근 연구에 의하면 발생액이 현금이익보다 미래 현금흐름 예측력이 더 높을 수 있다(Ball and Nikolaev, 2021; Ball, Ray, and Valeri V. Nikolaev. "On earnings and cash flows as predictors of future cash flows." *Journal of Accounting and Economics* 73.1 (2022): 101430.)

6　고봉찬 · 김진우. 2009. "발생액 이상현상과 차익거래기회에 관한 연구." 「증권학회지」(제38권), pp. 77–105.

매수하고 가장 큰 주식을 매도하는 헤지포트폴리오를 구성하면 연평균 16%의 초과수익률을 얻을 수 있다.[7]

이처럼 투자자는 종종 기업가치 관련 정보를 잘못 해석하여 기업가치를 과대 또는 과소평가하는 오류를 범한다. 그 결과 시장에서 결정되는 주식가격은 주식의 내재가치와 달라지게 된다. 그러나 시간이 지남에 따라 처음에는 알려지지 않았던 추가적이고 더 정확한 정보가 공시됨에 따라 기업 주가는 점차 내재가치로 회귀한다. 이런 과정에서 가치평가를 잘하지 못한 투자자는 투자손실을 입으며, 그 반대로 보다 정확한 가치평가를 수행한 투자자는 투자수익을 얻게 된다.

자본시장에서 기업의 내재가치가 무엇인지에 대한 투자자들간의 견해 차이가 클수록 가격결정 오류도 커진다. 이런 시장을 비효율적인 시장(inefficient market)이라고 한다. 비효율적인 시장은 자금을 조달해 주는 투자자와 조달받는 기업 모두에게 심각한 악영향을 미친다.

가격결정 오류가 심하거나 오랜 기간 지속될 경우, 투자자들이 직면하는 투자에 대한 불확실성과 위험은 증가한다. 당연히 투자자는 자금 사용에 대한 대가를 더 많이 요구하게 되고, 그 결과 기업의 자본비용이 증가한다. 앞서 언급한 바와 같이 자본비용이 증가하면 원래 시장에서 자금을 조달할 수 있었던 일부 기업들이 가진 투자안의 기대수익률이 자본비용보다 낮아진다. 따라서 해당 기업은 투자자금을 조달하지 못해 투자안을 포기하게 된다.

[그림 1-1]은 자본시장에서 자본비용과 자금조달 금액간의 관계를 보여준다. 시장 A와 시장 B의 차이는, 시장 B에서는 가격결정 오류의 폭이 크고 시장 A에서는 가격결정 오류가 작다는 데 있다. 시장 B에서는 투자자가 감수해야 할 불확실성과 위험이 시장 A에서보다 크기 때문에 시장 B에서 더욱 높은 자본비용이 요구된다. 이 자본비용의 차이로 인해 일부 자금조달을 원하는 기업이 시장 B에서 퇴출당한다. 그 결과 시장 B에서 발생하는 조달금액은 시장 A보다 적어진다.

자본시장의 가격결정 오류가 심해 자본비용이 높아진다면, 해당 국가의 자본시장 규

---

7 초과수익, 초과손실, 초과수익률(excess return)이란 투자자가 주식투자를 통해 얻은 실제 투자수익이나 손실, 수익률을 말하는 것이 아니다. 실제 수치에서 시장 전체의 움직임으로부터 추정된 예상 정상수익률(estimated normal return)을 차감한 금액이다. 예를 들어, 베타가 1인 기업이라면 시장의 종합주가지수가 10% 상승했다면 예상 정상수익률이 10%가 된다. 이 기간동안 해당 기업의 주가가 12% 상승했다면, 초과수익률은 2%(=12-10)가 된다. 초과수익률 대신 비정상수익률(abnormal return)이라는 용어를 사용하기도 한다.

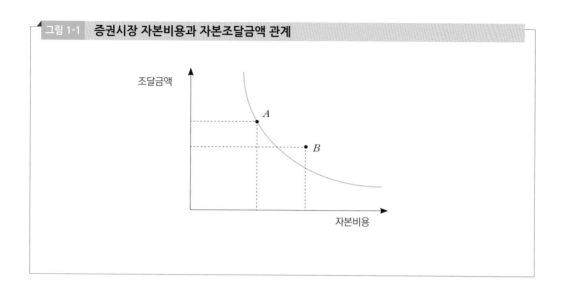

그림 1-1   증권시장 자본비용과 자본조달금액 관계

모는 축소되고 주가가 하락하는 등 비효율적 자원배분으로 인해 경제발전 전반에 악영향을 미치게 된다. 이런 결과를 보면, 회계정보에 대한 자본시장 참여자의 이해력을 향상시키고 수준 높은 애널리스트들을 양성한다면 가격결정 오류를 감소시키고 시장 효율성을 제고할 수 있을 것이다. 즉, 이러한 요소들이 건전한 자본시장을 발전시키는 데 필수조건이라는 점을 이해할 수 있을 것이다.

사례 1-1

닷컴 버블과 자본시장

가격결정 오류의 대표적인 예로 1998년부터 2000년까지 미국에서 벌어졌던 닷컴 버블(dotcom bubble) 현상을 들 수 있다. 1990년대 말부터 IT 기업에 대한 기대가 커지면서 주로 캘리포니아 실리콘 밸리 등에 위치하고 있던 조그마한 IT 기업들의 주가가 치솟기 시작했다. 회사이름을 ABC Company에서 ABC.com이라고 바꾸기만 해도 주가가 수십 퍼센트씩 폭등하기도 했다. 이 틈을 타 설립한지 얼마 되지 않고 만성적인 적자를 기록하고 있던 다수의 IT 회사들도 주식시장에 상장을 했고, 상장하자마자 엄청난 자금이 몰려들어 주가가 폭등했다. 메릴린치, 리만 브라더스, 골드만 삭스 등의 대형 투자 은행(한국의 증권사에 해당) 소속 애널리스트들도 이들 IT 기업에 대해 낙관적인 전망을 쏟아내면서 강력매수 의견을 발표하여 투자를 부추켰다. 펀드매니저들도 앞다투어 IT 기업들의 주식을 펀드에 포함시켰다. 1999년 $10의 가격으로 상장된 Scient라는 회사는 상장 10개월 만에 주가가 $133까지 올랐다. 역시 1999년 $8의 가격으로 상장된 Viant라는 회사는 상장 6개월 만에 주가가 $63까지 올랐다. 회사가 설립된지 불과 2~3년 정도이며, 설립 이후 단 한 분기도 흑자를 기록하지 못한 회사들의 주가가 수백 퍼센트씩 폭등했으니 버블이 얼마나 대단했는지 알 수 있다. 그러나 주가가 기업의 내재가치를 벗어나서 발생하는 이런 가격결정 오류는 새로운 정보가 시장에 도달함에 따라 수정될 수밖에 없다. 닷컴 버블은 2001년 말까지 모두 꺼졌으며, Scient나 Viant 등의 회사는 모두 파산하여 주식이 휴지조각으로 변하였다. 그 사이 5,000포인트까지 폭등했던 NASDAQ 주가지수도 2,000대 초반으로 절반 이상이나 폭락했으며, 주식시장에 참여하는 투자자들은 큰 손해를 보았다. 그 결과 주식시장에 참여하는 투자자의 숫자가 큰 폭으로 감소했으며, 주식시장의 거래대금도 대폭 감소했다. 즉, 가격결정 오류로 피해를 입은 투자자들이 더 이상의 주식투자를 두려워함에 따라 시장에서 철수를 한 것이다. 따라서 IT 기업과 관련 없는 다른 기업들조차도 주가 폭락과 함께 한동안 자본조달에 어려움을 겪었다. 이처럼 가격결정 오류가 기업 및 투자자들에게 가져오는 유형 및 무형의 피해는 상당하다. 국내에서도 미국 정도까지는 아니지만 IT버블이 동 기간 동안 발생해서 투자자들이 상당한 피해를 입은 바 있다.

03 ▶ 우리나라의 증권시장 개요

　한국 증권시장의 역사는 19세기 말까지 거슬러 올라갈 수 있다. 1899년 오늘날 우리은행의 전신이라고 볼 수 있는 천일은행이 우리나라 최초로 주식을 발행해서 주식회사를 설립하였다. 그러나 발행된 주식을 발기인이 전액 인수하는 등 일반 투자자들의 거래는 매우 드물었다. 1920년 최초의 주식거래시장인 경성주식 현물취인시장이 열려 일본기업

표 1-1　상장기업, 상장종목 및 상장주식 수

연 도	유가증권시장		코스닥시장		상장주식 수 (억 주)
	상장기업	상장종목	상장기업	상장종목	
1995	721	1,122			76.1
1996	760	1,143			86.0
1997	776	1,013	359	408	97.5
1998	748	1,014	331	350	126.1
1999	725	1,045	453	474	214.2
2000	704	1,089	604	615	266.9
2001	689	1,122	721	732	279.9
2002	683	1,143	843	856	369.8
2003	684	958	879	894	357.9
2004	683	844	890	907	356.0
2005	702	858	918	931	372.9
2006	731	885	963	975	415.6
2007	746	907	1,023	1,034	478.0
2008	765	928	1,038	1,049	514.7
2009	770	925	1,028	1,036	550.7
2010	777	927	1,029	1,035	570.8
2011	791	938	1,031	1,036	568.4
2012	784	930	1,005	1,010	568.4
2013	822	963	1,009	1,014	567.4
2014	844	970	1,061	1,065	592.3
2015	878	995	1,152	1,154	636.7
2016	920	1,037	1,209	1,212	705.1
2017	928	1,041	1,267	1,270	769.3
2018	941	1,054	1,323	1,326	893.3
2019	950	1,067	1,405	1,408	955.8
2020	943	1,060	1,468	1,471	1,008.5
2021	955	1,074	1,532	1,536	1,094.2

* 자료: 한국거래소, 「증권파생상품시장통계」.
* 코스닥 상장기업은 2004년부터 집계.

등 30여 개 주식에 대한 거래가 시작되었다. 국내주식의 경우 경성주식 현물취인시장주가 활발하게 거래된 편이었는데, 최초 12.5원에서 거래되던 주식이 1년 새 147원까지 올랐다가 이듬해 42원으로 폭락하는 등 투기적인 투자행태가 나타났다.

광복 이후, 1956년 2월 11일 현대적인 의미의 증권거래소인 대한증권거래소가 세워졌다. 서울증권시장이 개장하여 한국전력, 조흥은행 등을 비롯한 12개 기업의 주식과 건국국채 등의 채권이 상장되어 거래되었다. 그러나 정부가 많은 지분을 보유하고 있었기 때문에 개인 투자자들간의 거래는 활발하지 않았다. 그러다가 5·16 군사혁명 이후 정부의 적극적인 증권시장 육성정책에 힘입어 투기자금이 증권시장에 몰려들었다. 발행주식수가 많지 않았던 증권금융 업종 주식 가격은 몇 달 새 5~6배로 뛰는 등 기형적인 증권붐이 일었다. 결국 거래대금이 과도하게 많아져 일부 증권사들이 결제를 하지 못하는 사태가 벌어지고, 주가는 폭락하여 거래소가 휴장되기도 했다. 이것이 1962년 5월의 증권파동이었다. 그 후 1980년대까지 한국의 경제규모가 점차 커지면서 증권시장도 이에 비례해서 규모가 커졌다. 그러나 당시까지만 해도 우리나라 증권시장은 과학적인 분석보다는 투기적인 거래가 상당수인 형편이었다.

그러다가 자본자유화가 부분적으로 실시되면서 1992년 증권시장이 일부 개방되어 큰 변화가 일어나게 되었다. 외국인 직접투자가 허용되자 외국자본이 국내 증권시장에 막대한 영향력을 끼치기 시작했다. 외국인 투자자들은 대규모 자금을 국내에 들여와서 국내의 달러 부족문제를 해결하는 데 기여했을 뿐만 아니라, 증권시장에 선진 투자기법을 도입하는 데도 기여했다. 투자자의 인식도 변하여, 1980년대 인기를 끌었던 건설, 무역, 금융주를 제치고 주가순이익비율(price-earnings ratio: PER)이 낮은 저평가 주식과 내재가치가 높은 블루칩 주식이 각광받게 되었다.

1996년에는 중소기업, 벤처기업을 위한 코스닥(Korea Securities Dealers Automated Quotation: KOSDAQ) 시장이 개설되었다. 코스닥시장은 유가증권시장보다 상장기준이 낮아 중소, 벤처기업의 기업공개가 용이해졌다. 시장 개설과 동시에 343개 기업이 상장한 후 1990년대 말 벤처붐을 타고 상장기업이 대폭 증가하였다. [표 1-1]에서 보듯이 2021년 말 현재 유가증권시장에 995개 기업, 코스닥시장에 1,532개 기업이 상장되어 거래되고 있다.

국내 주식시장의 규모도 커져서, 1989년 유통주 시가총액과 거래대금이 각각 95조원과 81조원이었으나 2021년 현재 2,203조원과 3,825조원으로, 약 35년 동안 시가총액은

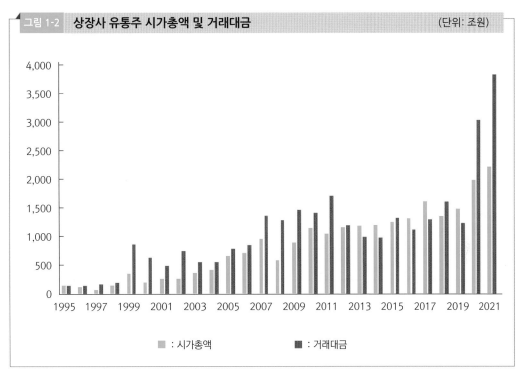

그림 1-2　상장사 유통주 시가총액 및 거래대금　　　　　　　　(단위: 조원)

■ : 시가총액　　　　■ : 거래대금

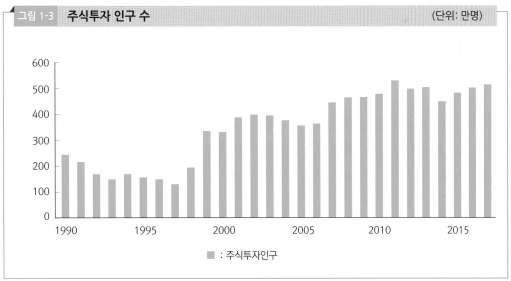

그림 1-3　주식투자 인구 수　　　　　　　　(단위: 만명)

■ : 주식투자인구

23배, 거래대금은 47배로 증가하는 괄목할 만한 성장을 하였다([그림 1-2] 참조). 주식투자자수도 현재 500만 명을 넘고 있다. 즉, 인구수로는 10%, 전체 가구 중 약 40% 정도가 직접 주식투자를 하고 있는 셈이다. 펀드나 연금 등의 간접투자자까지 계산하면 거의 전

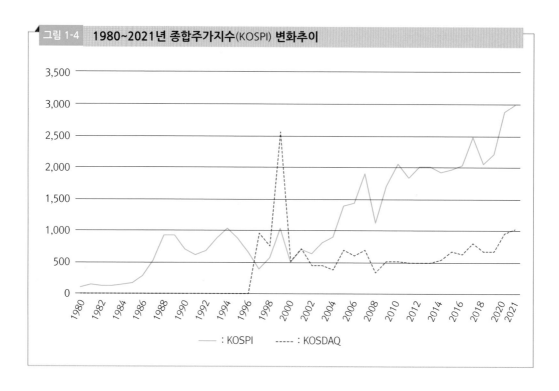

국민의 주식투자 시대라고도 할 수 있다([그림 1-3] 참조). 우리나라 증권시장의 또 하나의 특징은 1998년 외국인 주식투자 제한이 폐지된 후 외국인 투자자의 매수규모가 크게 증가했다는 점이다. 2021년의 경우 유가증권시장과 코스닥시장의 외국인 매수 및 매도 금액이 각각 141조원, 61조원으로 전체 거래대금의 18.9%, 20.7% 수준에 이른다.

　　[그림 1-4]는 1980년 1월부터 2021년 12월 말까지 유가증권시장(KOSPI) 및 코스닥(KOSDAQ) 주가종합지수의 변화를 보여준다. 전체적인 추이로 볼 때 지난 40년간 우리나라 주식시장에 투자했다면 높은 투자수익률을 거두었을테지만 주가 변동성 또한 매우 컸다는 것을 알 수 있다.

　　국내 증권시장의 발전에 따라 해외기업이 국내에 상장하는 사례도 나타났다. 2007년에는 화풍방직KDR, 3노드디지탈, 코웰이홀딩스 등 중국기업들의 국내 상장이 이루어졌다. 2021년 말까지 38여 개 해외 기업이 상장했다.

　　[표 1-2]는 국가별 시가총액이 연도별로 어떻게 변하는지 보여준다. 미국은 2019년 현재 전세계 주식시장의 40%를 차지하고 있다. 미국이 차지하는 GDP 규모가 20% 정도로 시가총액이 이에 비해 2배 정도 크다. 중국과 일본의 순위가 2015년부터 뒤바뀌어 중

표 1-2	국가별 시가총액 변화추이								
	2003	**2005**	**2007**	**2009**	**2011**	**2013**	**2015**	**2017**	**2019**
미국	0.45639	0.419645	0.329533	0.317608	0.32913	0.373398	0.402577	0.404024	0.405746
중국	0.016411	0.009919	0.074085	0.07527	0.071802	0.061353	0.131497	0.109573	0.101949
일본	0.094472	0.112876	0.071637	0.069644	0.069977	0.070581	0.078611	0.078273	0.07412
홍콩	0.022861	0.026041	0.043907	0.048559	0.047516	0.048173	0.051148	0.054722	0.058654
벨기에	0.005552	0.007121	0.006377	0.005472	0.004826	0.005815	0.006658	0.005507	0.056289
캐나다	0.029119	0.036586	0.036168	0.035336	0.040253	0.03284	0.02559	0.029774	0.028842
사우디아라비아	NA	NA	NA	0.006714	0.007131	0.007261	0.006762	0.005678	0.028815
인도	0.009885	0.015421	0.032451	0.028803	0.02619	0.019654	0.028027	0.03215	0.027379
독일	0.034519	0.029673	0.034822	0.027224	0.024926	0.030079	0.027555	0.028455	0.02512
스위스	0.023261	0.023171	0.021084	0.022428	0.022927	0.023936	0.0244	0.021213	0.021962
한국	0.01054	0.017723	0.018569	0.017581	0.020962	0.01918	0.019773	0.022286	0.017777

국이 2위를 유지하고 있다. 우리나라의 시가총액 비중은 2% 내외로 지난 15년간 큰 변화가 없다. 우리나라 GDP성장 속도에 비해 주식시장은 정체되어 있음을 알 수 있다.

04 기업가치평가의 기초로서 회계정보의 중요성

증권시장의 주요 참여자는 기업(자금 수요자)과 투자자(자금 공급자)이다. 투자자는 개인투자자와 기관투자자 두 종류로 구분할 수 있다. 개인투자자는 본인의 자금을 이용하여 자체적으로 투자하는 이들을 일컬으며, 기관투자자로는 개인투자자를 대신하여 투자하는 뮤추얼펀드, 퇴직연금펀드, 헤지펀드 등이 있다.

증권시장의 원활한 운영과 발전을 위해 감독기관과 중개기관이라는 두 보조 참여자가 중요한 역할을 수행하고 있다. 감독기관은 관련 법률, 법규, 규정 등을 제정하고 실행하며, 공권력을 행사하여 이들의 집행을 강제한다. 예를 들어, 미국의 증권거래위원회(Securities and Exchange Commission: SEC), 한국의 금융위원회(Financial Services Commission:

FSC)와 금융감독원(Financial Supervisory Service: FSS) 등은 모두 (준)정부기관으로서, 증권시장에서 감독기관 역할을 수행한다. 민간단체이지만 업계의 공통적인 필요에 따라 감독기관의 역할을 수행하는 경우도 있다. 예를 들어, 미국 회계기준위원회(Financial Accounting Standards Board: FASB), 한국의 회계기준원(Korea Accounting Standards Board: KASB)은 민간단체이지만, 각국 증권시장에 상장된 기업들은 이들이 제정한 회계기준에 따라 재무제표를 작성하고 있다.

중개기관은 기업과 투자자간의 자금 교환이 순조롭게 진행되도록 돕는 역할을 한다. 대표적인 중개기관으로는 증권회사(외국의 투자은행), 증권거래소, 신용평가기관, 공인회계사, 애널리스트 등이 있다. 증권회사는 기업의 상장과 자금조달을 주선한다. 증권회사는 자금조달 수요가 있으며 상장요건을 갖춘 기업을 찾아내 상장을 주선한다. 이 과정에서 증권회사는 가격결정, 투자자 모집, 자금과 주식의 교환 등의 역할을 한다. 오늘날 복잡한 경제현실하에서 투자자와 기업이 직접 1:1로 만나 자금을 거래하기란 매우 어렵다. 즉, 증권회사의 도움을 받지 않고 투자를 위한 자금조달을 직접 하기는 쉽지 않다.

상장된 기업의 주식은 주식시장에서 거래된다. 상장기업에 대한 감독당국의 규제가 필요한 이유는, 기업이 일단 상장한 후에는 투자자(주주)가 많아져 소유가 분산되기 때문에 투자자의 직접 통제가 힘들어지고 현재 주주뿐만 아니라 잠재적 주주에 대한 책임도 다해야 하기 때문이다. 비상장기업은 소수의 주주에 의해 운영되므로 주주가 직·간접적으로 경영에 참여할 수 있는 반면, 상장기업은 일반적으로 주주가 기업의 경영권을 전문경영인에게 위임한다. 이런 경우 일반 투자자들의 이익을 보호하기 위해 공권력을 가지고 있는 감독기관이 필요하다. 전문경영인이나 소수의 대주주가 자신들의 이익만을 위해 일반 소액주주들의 이익에 반하는 행위를 하는 것을 막기 위해서다.

투자자 보호를 위하여 가장 중요한 사항은 투자자들이 기업의 내재가치를 정확히 판단할 수 있도록 하는 것이다. 따라서 감독기관은 상장사들이 중요한 정보를 공시하도록 의무화하고 있는데, 그 중 가장 중요한 것이 회계정보이다.[8] 투자자들은 공시된 정보를 기초로 기업가치를 판단하고 투자의사결정을 내린다. 기업이 공시하는 회계정보의 정확성과 진실성을 보장하고, 투자자들이 왜곡된 정보에 의해 손해를 보는 일이 없도록 공인회계사

---

8 이병희의 서울대학교 박사학위 논문 "Essays on the Intraday Market Response to Corporate Disclosure Subject to Regulation Fair Disclosure"(2009년)에 따르면 국내 기업들이 공시하는 정보의 대부분(72%)은 이익이나 매출액 등에 대한 회계정보의 공시이며, 두 번째로 많은 공시내용(18%)은 미래사업 계획에 대한 것이다.

의 회계감사가 필요하다. 공인회계사는 기업의 재무정보에 대한 회계감사를 통해 기업이 공시하는 회계정보가 회계기준에 부합하는지 확인함으로써 어느 정도 허위정보 공시를 방지할 수 있다. 일단 회계정보가 회계기준에 부합하면 기업의 영업실적 자체는 감독기관의 규제대상이 아니다. 투자자는 실적이 나쁜 기업보다 거짓말을 하는 기업을 싫어한다. 투자자가 주식거래를 하는 목적은 높은 투자이익을 얻기 위함이다. 따라서 실적이 나쁜 기업의 주식도 낮은 가격에 사들인다면 좋은 투자가 될 수 있으며, 좋은 기업의 주식도 높은 가격에 사들인다면 나쁜 투자가 될 수 있다. 그러나 실적을 속이고 허위정보를 공시하는 기업의 경우, 이를 믿고 투자를 결정한 투자자는 큰 손실을 입게 될 가능성이 높다.

투자자가 회계감사를 통과한 회계정보를 손에 넣더라도 정확한 가치평가는 여전히 어려운 일이다. 가치평가가 어려운 가장 큰 이유는 투자자가 기업에 대한 자세한 정보를 알지 못하기 때문이다. 전문 용어로, 기업과 투자자간 정보의 불균형성(information asymmetry)이 있기 때문이라고 한다. 경영자는 기업의 실제 경영상황을 잘 파악하고 있으나 투자자에게 모든 정보를 공시할 수는 없다. 또는 의도적으로 몇몇 정보를 숨길 수도 있다. 또한 회계기준과 감독기관 역시 기업이 기업가치와 관련된 모든 정보를 공시하도록 강제할 수는 없다. 몇몇 기밀정보는 외부에 미리 알려진다면 기업에게 피해를 줄 수도 있기 때문이다. 또한 이미 공시된 정보가 기업가치에 어떤 영향을 미치고 있는지 정확히 분석하는 것도 어려운 일이다. 그래서 기업정보를 분석하고 가치를 평가하여 투자의사결정을 도와주는 애널리스트가 등장했다.

애널리스트는 기업가치 관련 정보에 대한 체계적이고 과학적인 분석을 통해 기업의 미래 실적을 예측하며, 예측된 자료를 바탕으로 평가모형을 이용해 내재가치를 추정한다. 그리고 추정한 내재가치와 주식의 현재 시장가치를 비교하여 매수, 매도, 보유 등 투자를 권유한다. 애널리스트의 등장으로 대다수의 투자자들은 정보의 수집, 처리 및 분석에 드는 비용을 별도로 지불하지 않아도 되어 비용을 절약하게 되었으며, 보다 정확한 분석이 가능하게 되어 과거와 비교하여 효율적인 투자를 할 수 있게 되었다.

애널리스트는 Buy-side 애널리스트와 Sell-side 애널리스트로 구분할 수 있다. Buy-side 애널리스트는 기관투자자의 자체적인 투자의사결정을 돕는 역할을 한다. 펀드의 애널리스트 등이 여기에 해당된다. 즉, 펀드별로 소속되어 해당 펀드에서 어느 주식을 얼마만큼 사고 팔 것인지를 결정하는 애널리스트들을 말한다. 일반투자자 주주들을 위한 분석보고서를 발표하는 것은 Sell-side 애널리스트들이다. 일반 증권사 소속의 애널리스트가 여

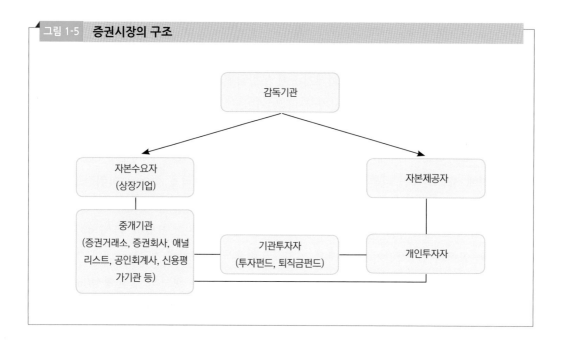

그림 1-5 증권시장의 구조

기에 해당된다.

　[그림 1-5]는 증시 각 참여자들의 상호관계를 나타낸다. 그림에는 표시되지 않았지만, 기업이 상장 전 단계에서 필요한 자금을 조달하는 벤처 캐피탈(venture capital)도 관련 참여자라고 할 수 있다. 벤처 캐피탈은 기업의 상장 전 설립 초기단계에 필요한 자금을 공급하고, 상장 후 주식을 매각하여 투자된 자금을 회수하는 역할을 수행한다. 기업의 설립 초기 장래가 불확실한 시점에서 투자를 하게 되므로 상대적으로 위험성이 높아서, 벤처 캐피탈의 경우 투자의 요구수익률도 주식시장에 상장된 기업에 대한 투자의 경우보다 높은 것이 일반적이다.

　회계정보가 가장 중요한 정보이기는 하지만 애널리스트가 기업가치 평가시 회계정보만 이용하는 것은 아니다. 왜냐하면 기업의 가치를 결정하는 요소에 회계정보만 있는 것은 아니기 때문이다. 예를 들어, 신기술의 개발이나 새로운 계약의 체결 등의 뉴스도 회계정보는 아니지만 기업의 미래이익을 예측하는 데 도움이 되는 정보이다. [그림 1-6]은 애널리스트의 분석에 활용되는 기본 정보들을 보여준다.

　애널리스트가 사용하는 기타 정보로는 첫째, 거시경제와 관련된 요소로 국가 전체적 경제발전 상황, 경제 주기, 금리, 환율, 화폐공급, 정부의 경제정책, 노동시장 현황, 정치,

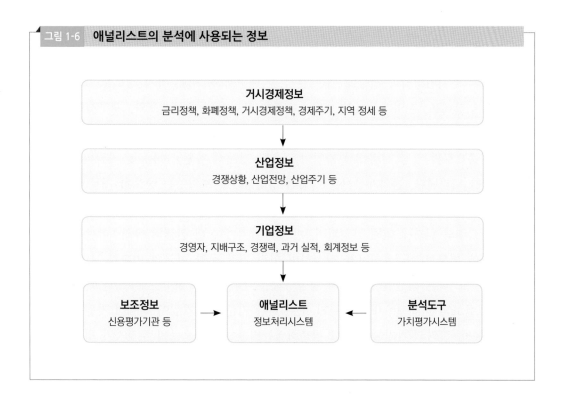

그림 1-6 애널리스트의 분석에 사용되는 정보

거시경제정보
금리정책, 화폐정책, 거시경제정책, 경제주기, 지역 정세 등

산업정보
경쟁상황, 산업전망, 산업주기 등

기업정보
경영자, 지배구조, 경쟁력, 과거 실적, 회계정보 등

보조정보
신용평가기관 등

애널리스트
정보처리시스템

분석도구
가치평가시스템

군사, 외교 등이 포함된다. 거시적인 정보가 중요한 이유는 거시경제 발전이 기업발전의 기초가 되며, 거시경제 요소의 변화가 기업의 경영성과에 중대한 영향을 미치기 때문이다. 예를 들어, 금리정책은 기업의 자금조달과 자본비용에 직접적인 영향을 끼치며, 정부의 경제정책은 제품에 대한 수요에 영향을 미친다. 또한, 유전개발 등 해외 에너지 산업에 종사하는 기업의 경우, 진출해 있는 국가 또는 지역의 정세가 기업의 경영에 필연적인 영향을 준다.

둘째, 기업이 속한 산업과 관련된 정보이다. 해당 산업에서 차지하고 있는 위치, 산업의 발전전망과 경쟁상황, 발전주기 등은 기업경영에 영향을 미칠 수 있다. 경제, 사회, 과학기술의 발전에 따라 산업간 경쟁도 심해지고 있다. 그러나 산업 간 경쟁보다는 산업 내 경쟁이 더 치열하게 벌어지며, 산업 내 경쟁에서 승리한 기업만이 장기적으로 살아남을 가능성이 높다. 애널리스트가 이런 핵심적인 사안을 잘 예측하지 못하면 분석이 정확할 수 없다. 그래서 대부분 애널리스트들은 단일 산업 또는 소수의 몇 개 산업을 집중적으로 연구하면서 해당 산업의 전문가로 성장한다.

셋째, 회계정보 및 기타 기업과 관련된 정보이다. 회계정보는 주로 감독기관의 요구에 따라 기업이 공시하는 분기·연간보고서로부터 얻을 수 있다. 기업의 분기·연간보고서는 경영자의 기업경영과 전망에 대한 분석, 지배구조 등 여러 가지 정보를 포함하지만, 핵심은 재무상태표, 손익계산서와 현금흐름표를 포함하는 재무제표와, 재무제표의 작성 방법을 설명한 주석 등 기타 회계자료들이다. 재무상태표는 기업의 자산, 부채, 자본 정보를 보여줌으로써 일정 시점에서 기업이 소유한 경제적 자원(=자산) 및 자금의 출처(=부채와 자본)를 나타낸다. 손익계산서는 기업의 경영성과를 보여주는 중요한 재무제표로, 일정 기간 동안 경제 자원을 이용해서 가치를 창출한 실적(=당기순이익)을 표시한다. 손익계산서는 발생주의 원칙에 의해 작성되며, 반영된 가치가 실제 현금의 유입·유출과 차이가 있기 때문에 별도로 현금흐름표를 작성하여 일정 기간 동안 현금의 변화를 보여준다. 현금흐름표는 또 다른 측면에서 기업의 경영성과를 나타내기도 한다. 재무상태표, 손익계산서, 현금흐름표의 3대 재무제표는 분기 또는 연간 기준으로 기업이 경제적 자원을 얼마나 사용하였는지, 그리고 가치를 얼마나 창출하였는지를 보여줌으로써 투자자가 경영자의 실적과 기업의 가치 변화를 평가할 수 있도록 해 준다. 그 결과 투자자의 투자결정에 가장 중요한 근거자료를 제시하는 것이다.

기타 정보는 3대 재무제표에 반영되지 않은 기업가치와 관련된 정보를 의미한다. 예를 들어, 기업의 지배구조, 경영자의 능력, 이미 체결하였지만 아직 실행되지 않은 계약, 곧 진행될 중요한 구조조정 계획 등이 있다. 이런 정보는 모두 기업가치에 영향을 미칠 수 있으나 회계기준에 따라 인식 요건에 부합하지 않기 때문에 3대 재무제표에는 반영되지 않는다. 그러나 애널리스트의 가치평가에는 꼭 필요한 정보이다.

[그림 1-6]에서 제시한 것처럼 거시경제정보, 산업정보, 기업정보가 증권분석의 주된 정보이다. 애널리스트가 이런 정보를 분석하여 기업가치에 대한 판단을 하려면 여러 보조자료가 필요하다. 이런 보조자료의 대표적인 예는 신용평가기관에서 발표하는 기업별 신용등급 정보이다. 세계 3대 신용평가기관인 Standard and Poor's, Moody's(한국신용평가), 그리고 Fitch(한국기업평가)가 발행하는 기업 신용등급은 기업의 채권 조달 비용에 직접적인 영향을 미친다. 또 다른 보조자료는 증권분석에 사용되는 소프트웨어와 하드웨어들을 들 수 있다. 증권분석 과정에서 대량의 과거 데이터와 통계분석이 필요하기 때문에 데이터 공급자(미국의 COMPUSTAT, CRSP 등, 한국의 FnGuide, KIS-Value 등), 정보 공급자(Bloomberg, Reuters 등)와 분석 프로그램 공급자(한국의 FnGuide, WiseFn)들이 존재

한다.

　애널리스트가 하는 일은 정보를 처리하고 분석시스템을 구축하여, 거시경제정보, 산업정보, 기업정보, 보조정보 및 분석도구와 기술을 활용하여 기업의 가치를 분석·평가하는 것이다. 애널리스트의 분석결과는 애널리스트 리포트(분석 보고서)의 형식으로 발표되어 투자자의 투자결정에 사용된다. 분석 보고서는 기업의 경영상황 및 발전전망에 대한 의견 외에도 향후 수년간의 이익예측과 이런 예측에 기초한 기업가치 평가결과를 포함하고 있다. 이익예측과 가치평가 결과는 주로 주당순이익과 주당 적정가격의 형식으로 보고서에 표시된다. 미래이익에 대한 예측은 가치평가의 기초가 되는 중요한 자료이기 때문에 투자자는 두 가지 정보 모두에 관심을 가진다. 투자자는 애널리스트의 이익예측과 가치평가 결과를 참고하여, 현재 주식가격과 평가결과를 비교 후 매입, 매도, 보유 결정을 내리게 된다.

　재무이론에 의하면, 증시에서 주가가 변화하는 이유는 투자자 또는 애널리스트가 기존에 알지 못하던 새로운 정보를 취득한 후 기업의 전망과 내재가치에 대한 판단이 변하여 거래를 하기 때문이다. 투자자 또는 애널리스트가 정보를 얻는 출처로 가장 일반적이고 중요한 것은 기업이 정기적으로 공시하는 회계정보이다. 새로운 회계정보를 취득한 후 투자자 또는 애널리스트는 기업의 미래이익과 발전전망에 대한 기존의 예측을 재검토한다. 만일 새로운 정보로 인하여 투자자 또는 애널리스트의 전망이 변하면 투자자는 주식을 매입하거나 매도하는 거래를 하기 때문에 주가가 변하게 된다. 따라서, 주식가격의 변동은 투자자 또는 애널리스트의 기업에 대한 전망이 새로운 정보에 의해 변할 때 발생한다.

05　애널리스트와 이익예측

　역사가 길고 철저한 가치평가에 의한 투자분위기가 비교적 성숙한 선진국 증권시장에서는 증권 애널리스트의 이익예측과 투자의견이 투자자의 투자의사결정에 중요한 근거로 사용된다. 기업의 미래이익에 대한 투자자의 기대치는 주로 애널리스트의 이익예측치를 참고로 하여 형성된다. 많은 학술연구는 애널리스트의 이익예측치가 투자자 일반이 가지는 기업의 미래이익에 대한 기대치를 대표할 수 있다는 것을 보여준다. 그래서 애널리스트가 기업의 미래이익에 대한 예측치를 바꿔 보고서를 발표하면 투자자의 기대치도 따라서 변화하여 주가가 변한다.

더욱 중요한 사실은 기업이 공시한 실제 이익이 애널리스트의 이익전망과 일치하지 않을 경우 주가는 큰 변동을 겪게 된다는 것이다. 실제 이익이 애널리스트의 예측과 같거나 이를 상회할 경우, 투자자는 이를 긍정적인 정보로 인식하여 기업의 장래에 대한 전망을 높이므로 주가가 상승한다. 그러나 실제 이익이 애널리스트의 예측에 도달하지 못할 경우 투자자들이 이것을 부정적인 정보로 인식하고 기업 장래에 대한 전망을 낮추어 주가가 떨어진다.

1998년 1월 5일 이전까지 애널리스트들은 Rainforest Café의 주당순이익을 0.25달러로 예측했다. 1월 5일 공시된 이 기업의 실제 주당순이익은 0.23~0.24달러로, 전년 동기의 0.15달러에 비해서 대폭 증가한 수치였다. 그러나 주가는 하루 사이에 40% 가까이 하락하였다.

실제 이익이 작년보다 성장했음에도 주가가 폭락한 이유는 무엇일까? 이는 투자자의 기대치는 실제 이익이 공시되기 전 애널리스트의 예측에 근거하고 있지 전분기 이익에 근거한 것이 아니기 때문에 발생한 현상이다. 전분기 이익이 공시된 이후, 기업에서는 여러 투자 프로젝트가 진행되고, 경영진에 변동이 생기고, 거시경제 또는 산업환경 등에 변화가 발생하는 등 기업가치에 영향을 주는 정보가 지속적으로 공시된다. 애널리스트는 이런 새로운 정보에 근거하여 이익예측을 지속적으로 수정하게 되며, 투자자의 이익예측도 이에 따라 변하게 된다. 따라서 당기 이익이 발표되는 시점에서 투자자는 전기 이익이 아니라 애널리스트의 당기 이익예측치를 기준으로 기대를 형성하고, 주가는 이 기대를 반영하여 결정된다. 그러므로 나중에 발표된 당기 실제 이익이 애널리스트들의 예측치보다 낮으면 시장은 부정적인 반응을 보이고 주가는 하락한다.

학술연구 결과에 의하면, 애널리스트의 이익예측은 과거 이익 자료를 이용한 시계열 분석 등의 통계적 방법을 이용해서 평가한 예측치보다 유의적으로 정확하다.[9] 애널리스트의 투자의견은 미래수익에 대한 보다 정확한 예측을 제공해 줄 뿐만 아니라, 높은 투

---

9 O'Brien, P., 1988 "Analysts Forecasts as Earnings Expectations," *Journal of Accounting and Economics* 10(1), pp. 53–83.

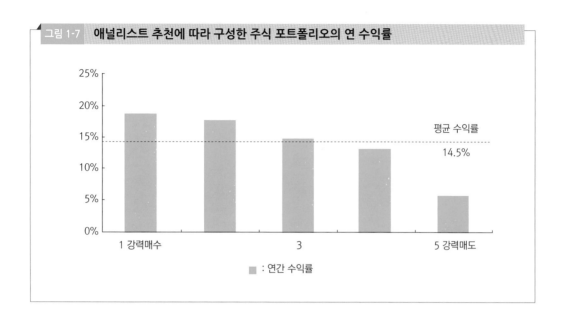

그림 1-7   애널리스트 추천에 따라 구성한 주식 포트폴리오의 연 수익률

자수익을 가져다 주기도 한다. 미국 기업에 대한 애널리스트 보고서를 이용하여, Barber, Lehavy, McNichols, and Trueman(2001)[10]은 애널리스트의 투자의견이 가장 높은 등급(강력 매수; strong buy)으로부터 가장 낮은 등급(강력 매도; strong sell)까지 5가지 그룹으로 주식들을 분류했다. 그리고 리서치 보고서가 발표된 후 투자자가 애널리스트들의 투자의견에 따라 거래를 진행할 경우 양호한 투자수익을 얻을 수 있다는 것을 보여주었다. [그림 1−7]이 보여주듯이 1986~1996년 증시의 연평균 수익률은 14.5%인데 애널리스트가 강력 매수(strong buy) 추천한 주식의 연간 수익률은 18.8%로 평균 수익률보다 4.3% 높으며, 매수(buy) 추천한 주식의 수익률은 18.0%로 평균 수익률보다 3.5% 높다. 반면, 애널리스트가 강력 매도(strong sell) 추천한 주식의 연간 수익률은 5.8%로 평균 수익률보다 8.7% 낮다. 일반적으로 S&P500 지수와 같은 시장지수의 평균 수익률을 기준으로 투자의 성패 여부를

10 Barber, B., R. Lehavy, M. McNichols, and B. Trueman, 2001. "Can Investors Profit from the Prophets? Security Analyst Recommendations and Stock Returns," *The Journal of Finance* (56), pp. 531−564.

11 Marcus, B. W., & Wallace, S. L. 1997. "New dimensions in investor relations: Competing for capital in the 21st century." John Wiley & Sons.; Brennan, M. J., & Tamarowski, C. 2000. "Investor relations, liquidity, and stock prices." *Journal of Applied Corporate Finance*, 12(4), pp. 26−37.; Hong, H., & Huang, M. 2005. "Talking up liquidity: insider trading and investor relations." *Journal of financial intermediation*, 14(1), pp. 1−31.; Bushee, B. J. 2004. "Discussion of disclosure practices of foreign companies interacting with US markets." *Journal of Accounting Research*, 42(2), pp. 509−525.

평가하는데, 투자 수익률이 평균 수익률보다 높으면 성공한 투자라 할 수 있고, 이보다 낮으면 실패한 투자라고 할 수 있다. Barber, Lehavy, McNichols, and Trueman(2001)의 연구 결과는 애널리스트 예측의 정확성과 애널리스트 역할의 중요성을 명확하게 보여준다.

사례 1-2

IR(Investor Relations)을 이용한 원하는 투자자 유치[10]

최근 기업들의 IR(Investor Relations)에 대한 관심이 증대되고 있다. NIRI(National Investor Relations Institute)에 따르면 IR은 기업이 주식시장에서 공정한 가치(fair value)를 얻고자 재무 및 마케팅활동을 통해 투자자에게 공개되는 기업 정보내용의 흐름을 관리하는 전략적 활동이자 책임이라고 정의된다. IR은 시장에서 기업가치를 제대로 평가받기 위해 경영자와 시장간의 정보불균형을 줄이는 활동이고, 이는 선택이 아니라 필수인 동시에 책임이다. Marcus와 Wallace(1997)는 IR을 세 단계로 분류한다. 첫 번째 단계는 기업의 경영활동을 시장에 알리는 것이고, 두 번째 단계는 기업의 재무적 성과를 발표, 예측하는 것이고, 마지막 단계는 투자자가 주식을 매입하거나 보유하도록 적극적으로 마케팅활동을 펼치는 것이다. 다양한 경로를 통해 IR이 진행되는데 대표적인 수단으로 컨퍼런스콜, 경영설명회, 컨퍼런스, 포럼 등을 들 수 있다. 간접적으로 미디어를 통해서도 IR활동을 할 수 있다. 또한 최근 투자자들과 대면(face-to-face)을 통해 회사의 전략, 투자활동, 미래 성과 등 기업경영 전반에 관하여 스토리텔링하는 것이 중요하다는 연구결과가 나오고 있다. 투자자 유치를 위해 특정 투자은행(IB)이 스폰서를 하는 경우 역시 증가하는 추세이다. 인터넷의 발달과 공정공시(Fair Disclosure)제도로 대부분 회사들이 1시간 정도 되는 컨퍼런스콜, 경영설명회를 회사 웹에도 공시하고 있다. IR의 대상 투자자는 개인투자자, 기관투자자, 증권사 애널리스트, 브로커 등이 있는데 이 중 가장 주된 고객은 기관투자자이다. 기존의 연구결과에 의하면 IR활동은 시장과 경영자간 기대의 차이를 줄이고, 유동성을 높이는 동시에 자본비용을 감소시키는 데 도움이 된다. 더불어 스프레드(bid-ask spread)를 줄이고 미디어와 애널리스트 커버리지를 증가시키는 동시에 기관투자자의 투자를 증대시키는 효과도 있다.

무엇보다도 앞서 말한 제3단계에 해당하는 적극적 IR을 통해서 경영자가 원하는 투자자(target investors)를 유치하고 주식 투자와 보유를 유도할 수 있다(Brennan and Tamarowski, 2000; Hong and Huang, 2005; Bushee, 2004). 이는 마치 제품을 마케팅 하듯이 회사주식을 마케팅 하는 것이다.

최근 일부 기관투자자의 단기의 가시적 성과에 대한 요구가 커지고 있는 상황에서 새로운 투자자의 유인이 중요해 지고 있다. 단기성과에 집착하는 기관투자자는 애널리스트의 이익예측치, 기존성과 등과 비교하여 성과가 기대에 못 미칠 경우 포트폴리오를 매번 바꾸고, 이는 주식변동성을 크게 만든다. 또한 경영자는 이러한 기관투자자로 인해 근시안적인 경영활동을 하게 되어 단기의 성과를 높이는 데만 급급하게 될 수 있다. 이는 보다 중·장기적인 안목을 가지고 기업의 가치를 극대화 할 수 있는 투자활동을 가로막는다. 심지어 때로는 단기성과를 높이기 위한 이익조정과 회계부정행위도 야기한다. IR활동은 투자자의 구성 변화에 도움을 준다. 이는 보다 중장기적 시각을 가진 기관투자자 베이스의 증가로 이어질 수 있다. 마

치 기업이 특정 소비자계층을 타깃으로 집중적 마케팅활동을 하는 것과 비슷하다. 이에 더하여 단기 예측치보다 장기성과 예측치, 전략 등을 알리는 노력도 필요하다. 코카콜라는 몇 년 전부터 더 이상 단기의 이익이 얼마가 될 것인지 가이드를 하지 않겠다고 선언했다. 장기투자인 Warren Buffet이 이 회사에 투자를 하고 있다는 주지의 사실은 결코 우연이 아닐 것이다.

IR은 경영자의 책임이자 동시에 마케팅활동이다. IR활동을 통해서 투자자의 구성에 변화를 줄 수 있으며, 이를 통해 근시안적 단기성과에 급급해 하는 투자자 대신 인내심과 장기적 안목을 가진 투자자를 증가시킬 수 있다. 그래야 경영자가 장기적 안목을 가지고 기업의 본질적 가치 극대화에 힘을 집중할 수 있다.

06   **이 책의 목표와 내용**

독자들은 자신이 애널리스트라고 가정하고 이 책을 읽기를 권한다. 이 책의 내용을 따라가다 보면 애널리스트의 업무를 직접 수행해 볼 수 있다.

이 책은 재무제표 분석, 가치평가, 주식투자를 핵심적으로 다루고 있으며 다음과 같은 몇 가지 특징을 지니고 있다.[12]

---

12 증권이 크게 주식과 채권으로 구분되는 것처럼 애널리스트도 주식 가치 분석을 전문으로 하는 주식 애널리스트와 채권 가치 분석을 전문으로 하는 채권 애널리스트로 구분되나 본 서는 전자에 초점을 맞추어 기술한다.

첫째, 독자는 스스로 애널리스트의 시각으로 사고하고 재무제표를 이해해야 하며, 주식투자를 목표로 재무제표를 분석해야 한다. 앞에서 설명한 바와 같이 증권 애널리스트는 증시에서 중요한 역할을 하는 중개자이다. 애널리스트의 존재로 인해 투자자는 막대한 분석 비용을 홀로 부담하지 않아도 되며, 투자의 정확성을 높일 수 있다. 한편, 가격결정 오류는 증권시장에서 체계적 위험을 증가시킴으로써 기업의 자본조달 비용을 높이고 증시의 발전을 저해한다. 증권분석 산업의 수준을 제고하고 발전시키는 것은 효율적인 증시를 만들어 경제발전의 토대를 만드는 중요한 역할을 한다.

이상에서 볼 때 우리나라의 증권분석 산업(securities research industry)을 발전시키는 것은 시급하고 중요한 과제라고 할 수 있다. 또한 우리나라 증시의 발전기간과 시장규모에 비해 아직 제도 및 관련 인프라의 발전과 개선의 여지가 많다고 할 수 있다. 국제화에 힘입어 시장의 규모가 커지고, 특히 최근 자본시장통합법의 발효로 시장이 통합·확대되고 있지만, 시장의 변동성이 크고 실물경제의 발전과 경쟁력에 비하여 낙후된 상태이다. 그 결과 자본시장이 자원의 효율적 배분 기능을 제대로 실행하지 못하고 있다. 자본시장 스스로 열심히 노력하고, 중개기관의 서비스 품질을 향상시켜야 한다. 그러한 예로 리서치가 주요 비즈니스 모델인 독립된 리서치회사의 설립도 생각해 볼 수 있다.

이 책은 독자가 체계적이고 과학적으로 기업분석을 학습하는 데 도움이 될 것이다. 독자는 자신이 증권회사 또는 자산운용사에 근무하는 애널리스트라고 상상해도 좋다. 처음부터 하나의 상장기업을 투자 분석대상으로 선정하여, 학습을 통해 체계적으로 재무제표를 분석하고 회계정보에 숨어 있는 이익 조정을 발견하고, 수익성 분석과 투자위험분석을 통해 이익을 예측하고, 과학적인 가치평가모형을 통해 상장기업의 가치를 평가해서 투자의견을 제시하는 과정을 배워갈 것이다.

증권분석의 시각에서 재무제표를 분석한다는 것이 이 책의 특징이다. 시중에 있는 많은 재무제표 분석 교재들은 사용자의 시각에서 분석하는 것을 강조하지만, 주식의 가치분석을 목적으로 하는 특정 부류의 재무제표 사용자에게만 교재의 대상을 한정하지는 않는다. 재무제표의 사용자는 주주 이외에도 채권자, 국세청, 기타 이해관계자 등이 있다. 많은 사용자들의 수요를 충족시키기 위해 일부 재무제표 분석 서적은 재무제표 분석의 기본적이고 보편적인 기능에 치중하고 있다. 이에 반해 이 책은 주주의 시각에서 재무제표를 분석하는 것에 초점을 맞추었다.

둘째, 이 책은 분석 대상기업이 투자가치가 있는지 확인하는 단 하나의 목표를 가지고 전개된다.

　이 책의 제2장부터 제4장까지는 재무상태표, 손익계산서, 현금흐름표에 대한 분석이다. 기업가치 관련 정보는 최종적으로 3대 재무제표에 반영된다. 따라서, 3대 재무제표는 재무제표 분석의 기초가 된다. 독자는 이미 회계원리를 배웠으며, 3대 재무제표에 대한 기본적인 지식을 가지고 있다고 가정하고, 이 세 장의 내용은 3대 재무제표로부터 기업의 가치와 관련된 정보를 찾아내는 방법을 집중적으로 다룬다.

　제5장은 비(非)재무정보에 대한 분석을 소개한다. [그림 1-6]은 애널리스트가 사용하는 정보가 회계정보에만 국한되지 않고 거시경제정보와 산업정보도 활용된다는 것을 보여준다. 이 장에서는 이런 비재무정보 분석을 위한 기본 방법을 소개하고, 이런 정보가 어떻게 재무제표정보와 연결되는지 알아본다.

　제6장과 제7장은 앞부분에 소개된 지식을 바탕으로 기업의 수익성과 투자위험을 분석한다. 제8장은 보고이익의 질과 주요 특징을 소개하며, 제9장은 이익조정 문제를 소개한다. 재무제표 정보는 주식 투자의사결정의 기초가 되기 때문에, 허위 회계정보는 투자결정을 오도하여 손실을 가져올 수 있다. 증권시장에 많은 규제가 있지만 상장기업의 허위정보 공시는 종종 발생한다. 이 때문에 기업의 수익성을 분석할 때 이익조정을 구분해 내고, 조정된 이익 수치로부터 진실된 이익 수치를 측정해 낼 수 있어야 한다.

　제10장의 수익예측과 제11장의 기업가치평가는 이 책의 핵심내용이다. 제1장부터 제9장까지는 제10장과 제11장을 위한 기본 지식을 소개한 것으로 볼 수 있다.

　셋째, 이 책은 이론과 실습을 병행한다. 이론 학습을 통해 독자는 애널리스트 업무에 꼭 필요한 두 가지 결과물을 만들어 낼 수 있어야 한다. 하나는 Excel에서 가치평가 모형을 만드는 것이고, 다른 하나는 분석 보고서를 완성하는 것이다. 이 보고서는 증권회사 또는 펀드 애널리스트의 전문 리서치 보고서와 유사해야 한다. 독자는 대상기업에 대한 지식과 Excel 가치평가에 근거하여 회사의 배경, 전망, 산업 소개, 수익성 분석, 리스크 분석, 이익예측, 가치평가 및 투자의견 등의 내용을 포함한 분석보고서를 완성해야 한다.

07 　결론

이 장에서는 주식시장과 주식투자시 재무회계정보의 역할과 기능에 대해 알아보았다. 이 책을 통해 독자가 직접 투자은행 또는 증권사 애널리스트의 입장에서 재무제표를 분석하고 투자의견을 제시해 보기를 권장한다. 이 책의 내용과 구조는 모두 이 목표를 중심으로 전개되며, 독자들이 체계적이고 수준 높은 이익예측과 기업가치 평가를 할 수 있도록 하는 것이 이 책의 최종 목표이다. 이 책을 읽은 후 독자는 두 가지 결과물을 얻길 바란다. 하나는 Excel 기반의 기업가치 평가 시스템을 사용하는 방법이고, 다른 하나는 투자분석 보고서를 작성하는 방법이다. 이 두 가지 모두 애널리스트의 기본적인 업무이다.

과제

개인 또는 팀을 이루어 이 책의 모든 과제를 완성하길 바란다. 이 책의 모든 과제는 모두 한 상장기업에 대한 분석으로 이루어진다. 각 장에서 독자는 Chapter Report 및 해당 Excel 모형을 작성해야 한다. Chapter Report와 Excel 모형 작성은 대상기업에 대한 분석을 바탕으로 해야 한다. 이 책이 끝날 때 독자는 각 Chapter Report와 Excel 모형에 기초하여 총괄적이고 전문적인 분석 보고서를 완성하여, 대상기업에 대한 이익예측과 가치평가를 진행하고 투자자에게 투자 제안을 할 수 있어야 한다. 제 1 장의 과제는 다음과 같다.

❶ 한 상장기업을 분석 대상기업으로 선정한다. 대상기업은 어느 나라 기업이라도 상관없다. 그러나 저자의 경험에 의하면 기존에 관심을 가지고 있었던 산업 또는 비교적 익숙한 산업의 기업을 선택하는 것이 효과적이다.

대상기업을 선정한 이후에 기업의 홈페이지(국내기업의 경우 금감원 전자공시시스템 http://dart.fss.or.kr)에서 최근연도의 연차보고서(annual report, 국내기업의 경우 사업보고서)를 다운로드받는다.[1] 총괄적으로 전체 재무제표를 살펴보고 기업의 기초적인 내용을 이해해야 한다. 여기서 최근연도의 재무제표 중 Management Discussion and Analysis(MD&A)(국내기업의 경우 II. 사업의 개요 등) 부분을 중점적으로 읽어야 한다. 이 부분에는 기업의 경영현황과 전망에 대한 기본적인 평가 및 회사의 중요한 정보, 예를 들어 제품, 지배구조 등 비재무정보가 포함되어 있다. 또한 일부 중요한 재무정보에 대한 요약도 포함되어 있다.

대상기업을 선정하는 동시에 비교기업도 정해야 한다. 비교기업을 선정하는 이유는 대상기업의 경영상황과 상대적인 우열을 판단하기 위해서이다. 비교기업은 대상기업과 유사한 사업을 영위하며 비슷한 규모를 가진 기업으로 동일한 주식시장에 상장된 것이 좋다. 그러나 대부분의 독자들에게 적절한 비교기업을 선정하는 것은 쉬

---

[1] 미국 기업이라면 미국 SEC의 홈페이지(www.sec.gov)에서 EDGAR 데이터베이스로 접속하면 재무제표를 다운로드 할 수 있다. 미국의 경우 연차보고서를 10-K, 분기보고서를 10-Q라고 부른다.

운 일이 아니다.

　대상기업과 비교기업은 최소한 최근 5년간의 회계정보가 공개되어 있어야 한다. 따라서 비교적 역사가 오래된 상장기업을 선정할 것을 권한다.

　대상기업과 비교기업에 대한 기본적인 이해뿐만 아니라 독자는 관심 있는 증권시장 전반에 대한 지식도 있어야 한다. http://finance.yahoo.com(국내기업의 경우 http://stock.naver.com 등)에서 관련 정보를 얻을 수 있다. 독자는 이런 사이트를 많이 활용하여 주식투자에 대한 이해도를 높여야 한다.

❷ 되도록이면 여러 연도의 대상기업과 비교기업의 재무제표를 수집할수록 좋다. 이 과정에서 재무제표의 구조에 익숙해질 수 있고, 다음 장에서 쓰일 대상기업과 비교기업 정보를 준비할 수 있다.

　본 장의 과제는 2장 가량의 Chapter Report를 작성하는 것이다. 이 보고서에는 대상기업과 비교기업의 이름, 주식코드, 산업, 산업 내 경쟁현황, 제조상품, 기업지배구조, 경영자, 회계감사인, 지난 수 년간의 주가 변동추이 및 시장대표지수(KOSPI 등)와의 비교 등을 포함해야 한다.

　과제를 완성할 때 자신을 투자은행 또는 증권사 소속 애널리스트라고 가정해야 한다. 이 보고서는 고객에게 투자 제안서를 제공하는 것이기 때문에 우선 대상기업에 대한 소개를 해야 한다.

❸ 기업을 하나 택하여 그 기업의 증권사 애널리스트의 보고서와 신용평가기관 애널리스트의 보고서를 찾아서 차이점을 분석하라. 왜 차이가 나는지에 대해서도 간단히 서술하라. 한국신용평가의 보고서는 https://www.kisrating.com/에서 얻을 수 있다.

자본시장에서 애널리스트의 역할과 한국의 현실

2007년 10월 2,000포인트를 넘어섰던 종합주가지수가 2년째 하락하면서 여기저기서 탄식 소리가 들린다. 퇴직금을 몽땅 펀드에 털어 넣었다가 날린 퇴직자, 남편 몰래 비자금을 투자했던 주부, 결혼준비 자금을 넣었다는 젊은이 등 가슴앓이를 하는 사람들이 한둘이 아니다.

그간 걸핏하면 주식을 사라고 권하던 유명한 사람들을 최근 언론에서 찾아볼 수 없다. 이들은 한때 종합주가지수가 3,000포인트까지 올라간다고 주장했다. 그러다가 1,700포인트에서 방황하다, 1,500포인트, 1,200포인트를 거쳐 주가지수가 1,000포인트까지 떨어졌는데도 항상 지금이 바닥이라고 매수를 권유한다. 이 정도면 양치기 소년도 이런 양치기 소년이 없다.

증권정보업체 Fn가이드(FnGuide)가 발표한 자료에 따르면, 국내 증권업계 애널리스트가 2008년 하반기 발표한 총 9,000개의 보고서 중 주식가격이 고평가되었으니 팔라는 의견인 '매도' 의견은 단 하나도 없었다. 매도보다는 약한 의견인 '비중 축소' 의견도 단 7건에 불과했다. 반면 '적극 매수' 또는 '매수' 의견은 전체 보고서의 84%에 달했다. 주가가 폭락하는 상황에서도 애널리스트들은 계속 주식을 사라는 보고서를 쏟아내고 있었던 셈이다.

더욱 재미있는 사실은 최근 발표되는 보고서의 숫자가 대폭 줄었다는 것이다. 주식시장이 호황일 때는 한 달에 발표되는 보고서만 1,500개에 육박했다. 하지만 요즘은 이 수치는 400~500개에 불과하다. 경제 불확실성이 높아져 일반 투자자들의 궁금증은 더욱 커지고 있지만 기업에 대한 정보를 공급하는 정보중개자 역할을 수행하는 애널리스트들의 보고서 숫자는 대폭 줄고 있다.

매도 보고서가 사라진 이유

왜 이런 현상이 벌어질까? 애널리스트들은 해당 기업의 눈치를 볼 수밖에 없는 처지여서 그렇다고 변명한다. 해당 기업의 전망이 좋지 않으니 주식을 팔라는 보고서

---

2 본 사례의 내용은 최종학 교수가 2009년 출판한 『숫자로 경영하라』에 실린 내용의 일부를 편집한 것이다. 독자들은 이 사례를 통하여 애널리스트 업계의 현실을 파악할 수 있을 것이다. 당시 2007년 말 발발한 세계 금융위기의 여파로 주가지수가 1,000포인트 수준까지 폭락한 상황에서 본 사례가 저술되었다.

를 내놓으면 해당 기업이 화를 내고 애널리스트의 회사 출입을 금지하거나 더 이상의 정보제공을 거부하므로 매도 보고서를 낼 수가 없다는 이유다. 즉 해당회사와 좋은 관계를 유지하기 위해서 매도 보고서를 낼 수 없다는 것이다.

애널리스트가 직접 밝히기 힘든 이유들도 있다. 애널리스트가 속해 있는 증권회사는 주식거래 중개업무 외에 기업 상장, 증자, 인수합병(M&A), 자사주 매입 대행업무 등을 수행한다. 이때 중개업무를 맡고 있는 고객 기업의 전망이 좋지 않으니 주식을 팔라는 보고서를 내는 것이 쉽지 않다. 해당 기업이 엄청난 비난을 제기하며 중개업무 계약을 파기할 수 있기 때문이다.

또한 매도 보고서는 주가 하락의 악순환을 야기할 수 있다. 애널리스트가 팔라고 추천한 주식을 사는 투자자는 많지 않으니 말이다. 그러니 주가는 더욱 떨어질 것이며 증권회사의 수수료도 감소할 수밖에 없다. M&A 중개도 마찬가지다. M&A 대상 회사가 고평가 상태라는 보고서를 냈다가 그 보고서 때문에 매수자가 사라지거나 매수 가격이 하락한다면 역시 증권회사의 손해는 막심하다. 연기금 등의 기관 투자자와 좋은 관계를 유지하기 위해 대형 기관 투자자가 대규모로 투자한 회사에 부정적 의견을 내놓는 것도 망설인다. 적극적으로 매수 보고서를 발표하는 증권업계가 매도 보고서를 꺼리는 이유가 바로 이 때문일 수도 있다.

외국의 연구결과에 따르면 위에서 언급한 내용들은 대부분 사실이라고 한다.[3] 국내의 연구결과를 살펴보면, 대규모 기업집단에 속한 계열사 증권회사가 동일 기업집단에 속한 다른 계열사에 대해 발표하는 이익예측치는 더 낙관적이라고 한다.[4] 즉, 동일 그룹 계열사에 대해서 쓴소리를 하기 힘들다는 현실을 반영한다고 생각된다.

한국 증권사와 외국 증권사 보고서의 차이

외국 증권회사의 상황은 어떨까? 애널리스트의 보고서 발표 후 해당 기업 주가 변화를 살펴보면 외국 증권회사가 보고서를 발표한 후에 주가가 움직이는 폭이 더 크

---

3 Dugar, A. and S. Nathan, 1995, "The Effect of Investment Banking Relationships on Financial Analysts' Earnings Forecasts and Investment Recommendations," *Contemporary Accounting Research* 12(1), pp. 131–160; Hunton, J.E. and R.A. McEwen, 1997, "An Assessment of the Relation between Analysts' Earnings Forecast Accuracy, Motivational Incentives and Cognitive Information Search Strategy," *The Accounting Review* 72(4), pp. 497–515.

4 정석우, 2003 "재무분석가의 분석기업 결정과 예측특성에 영향을 미치는 요인," 「회계학 연구」 28, pp. 61–89.

다. 투자자들이 외국 증권회사의 보고서에 더욱 민감하게 움직인다는 뜻이다.

그런데 시장의 반응을 좀 더 자세히 살펴보면 증권회사의 국적에 관계없이 긍정적 보고서보다 부정적 보고서가 나왔을 때 주가가 반응하는 정도가 더 크다는 점이 발견된다. 즉, 긍정적인 보고서가 나온 후 주가 상승폭이 별로 크지 않는 반면, 부정적 보고서 후에는 주가가 많이 떨어진다. 일반적으로 외국 증권회사가 한국 증권회사에 비해서 부정적인 보고서를 훨씬 더 자주 내놓는 편이다. 그렇기 때문에 외국계 증권회사에서 보고서가 발표되었을 때 시장 반응이 평균적으로 더 큰 것은 어찌 보면 외국계 증권회사가 더 부정적인 보고서를 자주 발표하기 때문에 발생한 현상일 뿐이다.[5]

외국계 증권회사의 부정적 보고서는 종종 한국 주식시장에 상당한 충격을 준다. 2008년 말 JP모건이 하나금융지주에 대한 부정적 보고서를 발표하자 하나금융 주가는 불과 4일 만에 무려 40% 하락했다. 하나금융지주가 JP모건이 정확하지 않은 통계치를 사용했다며 곧 반박했고, 금융감독원이 JP모건에게 경고 조치까지 내렸지만 주가 회복 정도는 미미했다. JP모건이 펀드자금 이탈로 미래에셋증권의 실적이 나빠질 것이라며 2008년 말 매도 의견을 내놨을 때도 미래에셋의 주가가 순식간에 급락했다.

부정적 보고서가 나왔을 때 시장이 강하게 반응하는 이유는 두 가지다. 첫째, 주식시장에 나와 있는 보고서들이 워낙 천편일률적으로 주식을 사라는 내용뿐이니 긍정적 보고서가 나와 봐야 새로울 것이 없다. 투자자들은 이미 증권회사가 웬만해서는 매도 보고서를 발표하지 않는다는 것을 알고 있다. 때문에 이런 상황에서 매도 보고서가 나올 정도라면 해당 기업의 상황이 정말 안 좋다고 평가한다. 그 결과 투매로 인한 주가 하락만 심해진다.

둘째 이유는 '전망 이론(prospect theory)'이다. 이 이론의 골자는 투자자가 이익을 볼 경우 효용이 완만하게 증가하지만 손실을 입을 경우는 그 효용이 급격히 감소한다는 것이다. 부정적 보고서는 투자자의 효용을 급격히 감소시켜 주가 하락을 야기한다.

정확한 보고서 발표를 독려하려면 어떤 제도가 필요할까

외국 증권회사들이 국내 증권회사보다 매도 보고서를 자주 발표하는 이유는 무엇일까? 그 이유는 제도적인 차이 때문이다. 현재 미국계 증권회사의 애널리스트들

---

5   국내 증권회사 소속 애널리스트들은 투자추천 의견을 강등시키기보다는 투자의견은 '매수'로 유지하면서 목표주가를 하락시키는 방향으로 자신들이 말하고자 하는 바를 표현한다고 한다.

은 자신의 개별 보고서에 자신의 회사가 발표하는 매수, 중립, 매도 의견의 전체 비중을 모두 표기한다. 언론 보도에 따르면 2008년 JP모건의 매수, 중립, 매도 의견 비중은 각각 41%, 44%, 15%였다. 한국에서는 이 수치가 증권회사들에 의해서 발표되지 않는다. 그러나 Fn가이드가 2008년 동안 한국에서 발표된 모든 보고서를 수집하여 조사한 결과 이 수치는 각각 84%, 16%, 0.1%이다.

이는 한국 증권회사의 보고서가 얼마나 매수 의견에 치우쳐 있는지 적나라하게 보여준다. 증권업계의 현실과 애널리스트 보고서 특성을 잘 모르는 투자자라도 이 수치를 본다면 국내 증권회사의 보고서에 큰 신뢰를 가지기 어려울 것이다. 매도 의견이 단 0.1%라는 것은 매도 의견이 전혀 없다는 의미이다.

그렇다면 미국 증권회사는 왜 회사 전체의 추천 의견 상황을 일일이 공개할까? 2002년 미국 증권업협회와 뉴욕증권거래소(NYSE)는 공동으로 '애널리스트의 이해 상충에 관한 규정(SR-NASD-2002-12)'을 만들어, 회사 전체의 추천 비중을 보고서마다 공개하도록 의무화했다. 이 조치로 미국 증권회사들은 회사의 공신력을 높이기 위해서라도 매수 보고서를 쏟아낼 수 없는 상황에 처했다. 자사의 보고서와 다른 증권회사의 보고서를 동시에 받아보는 투자자들이 '매수' 비중이 높은 증권회사의 투자의견을 신뢰하지 않을 가능성이 높기 때문이다.

결국 감독당국의 제도 보완이 매도 의견 발표 빈도를 높인 셈이다. 이 제도 도입 전 미국 증권업계의 매수 추천 비중은 최대 74%에 달해 한국 증권업계와 큰 차이가 없었다. 하지만 제도 도입 후 이 비율은 40%대로 확 떨어졌다. 2%에 불과하던 매도 의견 비중도 17%대로 늘었다. 제도 하나가 놀라운 변화를 만들어 낸 것이다. 우리나라에도 이런 제도가 하루빨리 도입되어 자본시장의 신뢰도를 높일 수 있도록 해야 할 것이다. 증권업계 전반에 대한 투자자들의 불신이 계속된다면 장기적으로는 자본시장의 발전이 뒤쳐질 것이다.

이 모든 상황이 애널리스트들 때문에 발생한 것만은 아니다. 다른 시장 참가자들이 애널리스트가 이런 행동을 하게끔 유도하는 행동을 하는 것도 제도적인 보완을 통해 막아야 한다. 애널리스트가 부정적 의견을 발표했다는 이유로 어떤 기업이나 기관 투자자가 해당 애널리스트에게 불이익을 주는 것을 엄격히 방지하는 규정도 꼭 필요하다. 해당 애널리스트의 출입을 막거나 해당 증권회사를 의도적으로 거래 대상에서 제외한다면, 이 사실을 감독당국에 의무 보고하고 시장에도 공시하는 제도를 만들어야 한다.

개인 투자자들도 자신의 보유 주식에 애널리스트가 '매도' 의견을 발표했다고 해당 애널리스트를 위협하는 품격 낮은 행동을 삼가야 한다. '밤 길 조심하라'며 협박하는 개인 투자자들이 있는 한 애널리스트들은 매도 의견을 꺼릴 수밖에 없다. 애널리스트의 실력은 보고서의 정확성으로 평가하면 그만이다. 금융투자자협회 등에서 개별 애널리스트의 정확성을 주기적으로 평가해, 애널리스트가 발표하는 보고서마다 해당 애널리스트의 점수를 표시하는 방법도 좋다. 또는 애널리스트가 발표하는 보고서마다, 과거에 애널리스트가 해당 기업에 대해 발표했던 예측치와 실제 기업의 업적의 차이를 보여주는 간단한 표를 추가하도록 해도 효과가 있을 것이다. 점수가 낮은 애널리스트, 또는 과거 상당히 낙관적인 이익이나 주가 예측치를 발표하던 애널리스트가 낸 보고서라는 것을 투자자들이 즉시 알 수 있다면, 투자자들은 그 보고서를 신뢰하지 않을 것이기 때문이다. 그 반대로 과거 정확한 예측치를 발표했던 애널리스트라면 투자자들이 더 믿고 신뢰할 수도 있을 것이다.

애널리스트들의 공부와 노력도 필요하다

애널리스트들은 보고서 작성시 해당 기업정보를 수집해 우선 기업의 미래이익이 얼마일지를 예측한다. 이 이익예측치로 미래 주가를 전망하고, 그 목표 주가와 현재 주가와의 차이를 비교해 투자의견을 내놓는다. 국내에 발표된 각종 연구결과를 읽어 보면, 국내 애널리스트들이 발표한 이익예측치는 상당히 정확한 수준이었다.

다만 해당 기업이 이익을 부풀리거나 줄이는 것까지 미리 파악해 미래이익을 예측하는 능력은 아직 부족한 감이 있다. 저자는 애널리스트가 회계사 못지않은 회계지식을 보유해야 한다고 생각한다. 회계 수치에 숨어있는 행간의 의미까지도 꿰뚫어 볼 수 있어야 진정한 애널리스트다. 아직 국내 애널리스트들의 전반적인 능력이 그 정도는 아니라는 의미다.[6]

애널리스트가 목표 주가를 결정할 때 가장 자주 사용하는 것이 주가이익비율

---

6 애널리스트들이 발표한 이익예측치와 함께 재무제표에서 추출된 회계자료를 약간만 함께 분석하면 애널리스트들이 발표한 이익예측치보다 훨씬 정확한 이익예측치를 손쉽게 얻을 수 있다. 이는 애널리스트들이 회계보고서의 행간에 숨겨진 의미를 잘 활용하지 못하고 있다는 의미이다. 이에 대해서는 이미 수많은 연구들이 수행된 바 있다. Brown(1995, *Journal of Forecasting*)과 Williams(1995, *Journal of Accounting Literature*)에 설명된 선행연구들의 발견 내용 요약(review)을 참조하기 바란다. 국내 연구들은 권수영 · 김문철 · 손성규 · 최관 · 한봉희 공저, 「자본시장에서의 회계정보 유용성」이라는 책에 소개되어 있다.

(PER)이다. 외국의 경우와 비교하여 주가이익비율이 얼마 정도가 되도록 주가가 상승할 것임을 가정한 후, 미래이익을 예측해서 주가이익비율이 특정 수치가 되려면 필요한 주식가격을 계산하면 이 주식가격이 목표주가가 되는 것이다. 이 외 주가장부가치비율(PBR), 주가현금흐름비율(PCR), 주가매출액비율(PSR) 등을 보충적으로 사용하기도 한다. 미국 헤지펀드와 증권회사들이 2000년대 이후 사용하고 있는 초과이익모형(residual income model)은 PER이나 PBR보다 훨씬 우수한 기업가치 계산법이다. 국내에서는 아직 부분적으로만 이를 사용하고 있어 아쉽다.

애널리스트는 상당한 전문지식을 필요로 하는 직업이다. 사실 간단히 애널리스트라 칭하지만 넓은 의미의 애널리스트는 거시경제의 흐름을 짚어보고, 금융시장의 장기 움직임을 예측하는 이코노미스트, 애널리스트의 보고서를 참고해 중장기적 입장에서 주식 매매를 결정하는 스트래티지스트, 기업정보를 철저히 분석해 이익예측치와 목표 주가를 발표하는 협의의 애널리스트를 모두 포함한다. 이코노미스트는 경제학 전문지식을, 스트래티지스트는 재무관리와 회계학 지식을, 협의의 애널리스트는 회계학 전문지식을 반드시 갖춰야 한다. 하지만 '회계를 전혀 몰라도 애널리스트 하는 데 아무 문제가 없다'고 떳떳하게 말하는 애널리스트가 있다니 안타까울 따름이다. 재무상태표나 손익계산서의 내용이나 각 항목들의 의미도 제대로 모르면서, 어떻게 제대로 미래의 기업가치를 예측할 수 있다는 것인지 황당하기도 하다. 이런 이야기는 애널리스트가 리서치를 열심히 해서 정확한 보고서를 발표하는 것보다 적당히 쓴 보고서를 들고 밖으로 다니면서 마케팅하는 것을 더 중요시하는 분위기 때문에 생기는 것이다. 이런 애널리스트가 쓴 보고서를 믿고 투자를 한다는 것은 아마 도박을 하는 것과 별로 차이가 없을 것이다.

현재도 한국경제신문과 매일경제신문, 그리고 Fn가이드 주관으로 매년 베스트 애널리스트가 산업별로 선정되고 있다. 그런데 이 베스트 애널리스트 선정기준은 애널리스트 발표 예측치의 정확성이 아니라 대부분 기관들에 의한 추천빈도에 의해 결정된다. 물론 추천빈도를 결정하는 요소에 예측치의 정확성도 포함되어 있겠지만, 개인적인 친분이나 비즈니스 관계의 정도, 또는 애널리스트 개인의 과거 명성도 추천빈도의 결정에 매우 중요한 역할을 하게 된다. 따라서 이런 설문조사 결과가 아니라 보다 객관적인 정확성의 척도로서 애널리스트의 우수성을 평가하는 제도가 마련되었으면 한다. 애널리스트의 가치는 마케팅 활동을 열심히 해서 기관으로부터 투자를 얼마나 유치하느냐가 아니라 얼마나 정확하게 기업을 분석할 수 있느냐로 측정되어야 하기 때문이다.[7] 그렇지만 현재 애널리스트의 보수를 결정하는 가장 중요한 요소는 전자일 것이다. 이러한 풍토가 우선 바뀌어야 할 것이다.

또한 이런 풍토를 바꾸기 위해서는 애널리스트들의 실력을 외부 투자자들이 정확히 알 수 있도록 앞에서 설명한 것과 같은 정확한 정보의 공시가 이루어져야 한다. 그러면 실력 있는 애널리스트들의 한마디 한마디에 따라 자본시장의 자금이 움직일 것이다. 실제로 Clarke, Khorana, Patel, and Rau(2007)의 연구에서는 스타 애널리스트(all-star analyst)의 투자 추천에 따라 주식 시장의 자금 이동이 유의적으로 나타난다.[8] 즉, 별다른 마케팅 활동 없이도 당연히 자금이 몰려들 것이다. 당연히 이런 애널리스트들을 보유하고 있는 해당 증권회사의 명성과 업적도 올라갈 것이다. 저자의 연구 결과, 애널리스트들이 연구를 체계적으로 수행할 수 있도록 지원하는 연구지원 시스템(research support system)을 도입한 증권회사는 제도 도입 후 소속 애널리스트의 보고서 예측치가 과거보다 정확해진 것으로 나타났다.[9] 또한 연구지원 시스템을 도입한 후 도입한 증권사가 발표하는 예측치가 시스템을 도입하지 않은 증권회사들이 발표하는 예측치보다 평균적으로 더 정확한 것이 발견되었다. 즉, 체계적으로 연구를 수행하면 효과가 있는 것이다.

---

7 「숫자로 경영하라」가 2009년 발표된 후, Fn가이드는 본고의 추천에 따라 애널리스트 예측치의 정확성과 서베이 조사 결과를 종합하여 애널리스트 랭킹을 발표하는 방식으로 베스트 애널리스트 선정기준을 바꾸었다.

8 Clarke, Jonathan, et al. "The impact of all-star analyst job changes on their coverage choices and investment banking deal flow." *Journal of Financial Economics* 84.3 (2007): 713-737.

9 고윤경 · 최종학 · 김명인, 2008, "증권회사의 연구지원 시스템 도입이 소속 재무분석가의 이익예측치 특성에 미친 영향," 「회계저널」(17), pp. 261-287.

사례문제

❶ 본 사례에서 언급한 3개 기관에서 발표하는 가장 최근 연도의 베스트 애널리스트 목록을 인터넷을 통하여 찾아라. 대부분의 기관들은 각 산업별로 1위에서 5위 또는 10위 정도까지의 목록을 발표하고 있다. 이 3개 자료를 통합한 후, 리스트에 많은 애널리스트들을 포함시킨 증권회사의 순위를 1위부터 계산하여라. 그리고 전년도의 베스트 애널리스트 자료를 이용하여서도 동일한 계산을 행하여라. 양 연도의 랭킹에 큰 차이가 있는지 분석하여라.

❷ 각 기관의 리스트에 공통적으로 포함된 3개의 산업을 선정하여, 이 3개 산업별로 3개 기관의 리스트에 포함된 베스트 애널리스트들이 서로 유사한지 비교하여라.

❸ 각 기관 리스트별로 전년도와 가장 최근연도의 리스트 사이에 어떤 차이가 있는지 비교하여라.

❹ 3개 기관의 베스트 애널리스트 선정방법이 조금씩 다르다. 그 내용을 인터넷에서 찾아 설명하여라.

CHAPTER

2

가치평가에 기반한 재무상태표 분석

01 재무상태표 개요

　　재무상태표는 자산, 부채, 자본의 3가지 요소로 구성된다. 이 세 요소는 "자산=부채 +자본"의 관계를 가지고 있는데, 이를 재무상태표 등식이라고 한다. 부채와 자본은 기업의 자금원천을 나타내며, 자산은 기업의 자금운영을 보여준다.

　　기업이 처음 설립될 때 먼저 주주가 자금을 출자하여 자본을 형성한다. 그러나 일반적으로 기업은 주주의 자금만으로 운영되지 않으므로 설립 후 은행 등 채권자로부터 자금을 대출하여 부채가 발생한다. 즉, 주주와 채권자들의 투자자금이 기업경영에 사용되는 기초 자금이 된다. 기업은 이 자금을 기계설비, 공장, 건물, 재고, 원재료 등 생산성 자산에 투자한다. 일시적으로 사용하지 않는 자금은 현금성 자산으로 은행에 저축해 둘 수 있으므로 현금 또한 일종의 자산이다. 대출 이외의 이유 때문에 부채가 발생하기도 한다. 예를 들어, 기업이 재고를 구매한 후 현금을 지불하지 않았으면 외상매입금이 발생하고, 회계기간이 끝나는 시점에 직원들에게 아직 지급하지 않은 급여는 미지급급여로 기록된다. 외상매입금과 미지급급여는 모두 부채의 일종으로, 단기부채이며 또한 자금원천의 일부분이기도 한다. 그러므로 자본을 통해서 조달된 자금이냐 부채를 통해서 조달된 자금이냐의 여부에 관계없이 자금원천이 1원 있으면 반드시 1원의 자산이 이에 대응된다. 즉, 자산은 필연적으로 자본과 부채의 합과 같게 된다.

　　자산은 기업이 운영을 통하여 이익을 창출할 수 있는 경제적 자원이다. 자산운영을 통해 창출된 이익은 우선 채권자들에게 이자를 지급하는 데 사용되며, 남은 부분은 배당의 형태로 주주들에게 분배되거나 사내에 유보되어 자본을 증가시킨다. 만약 기업이 창출한 이익이 이자비용을 지급하기에도 충분하지 못할 경우라면 기업은 주주의 몫인 자본으로부터 이자를 지급해야 한다. 즉 채권자가 기업의 부에 대한 우선청구권을 갖고, 채권자에게 지급하고 남은 부분에 대해서만 주주가 청구권을 갖는다. 그래서 자본을 잔여지분 (residual interest, 쉽게 해석하면 남는 부분이라는 뜻이다)이라고 부른다.

　　재무상태표는 특정 시점(회계연도 말 또는 분기 말)의 기업의 자금원천과 자금운영 상황을 보여준다. 일반적인 재무상태표는 좌측에 자산을 표시하고 우측에는 부채와 자본을 표시하거나, 상단부에 자산을 하단부에 부채와 자본을 표시한다. 그러므로 재무상태표 좌측 또는 상단부에서 우리는 자산총계와 그 구성항목을 볼 수 있다. 자산은 크게 유동자산과 비유동자산으로 구분할 수 있다. 유동자산은 현금및현금성자산(유동성이 좋은 증권 또는 기타 금융자산), 매출채권, 재고자산 등을 포함한다. 비유동자산은 장기투자자산(기업이 장기간 소유할 것으로 예측되는 주식 또는 채권), 유형자산(기계설비, 공장 등), 무형자산(영업권, 특허권 등)을 포함한다. 유동자산과 비유동자산의 구분 기준은 해당 자산이 단기(일반적으로 12개월 내)에 현금화될 수 있는가 하는 것이다. 매출채권과 재고자산은 일반적으로 12개월 이내에 현금으로 회수할 수 있기 때문에 유동성이 좋아 유동자산으로 분류한다. 반면 유형자산은 장기간 사용해야 하고, 현금화하려면 오랜 시간이 걸리기 때문에 유동성이 좋지 않아 비유동자산으로 분류한다. 설사 기업이 지금 당장 영업을 중단하더라도 유동자산은 비유동자산에 비해서 현금화하기 용이하다. 매출채권은 쉽게 회수할 수 있고, 재고 등 상품도 활발한 거래시장이 있어 비교적 합리적인 가격에 쉽게 판매할 수 있다. 반면 비유동자산은 활발한 거래시장이 형성되지 않은 경우가 많으며, 매각하는 데 시간이 오래 걸린다. 또한 대부분의 경우 매각가격이 유동자산의 판매가격만큼 합리적이지 않다. 예를 들어, 중고 기계의 경우 매각가격은 신제품 가격과 기계수명을 고려할 때 적정한 가격보다 상당히 낮은 것이 일반적이며, 중고품 시장 자체가 존재하지 않아서 고철로밖에 판매할 수 없을 경우도 많다. 영업권 등 일부 비유동자산은 매각 자체가 불가능한 경우도 많다.

　유동성이 높고 낮음에 따라 유동/비유동자산을 구분하는 방식은 기업경영에서 현금의 중요성을 나타낸다. 기업을 생명체에 비유하자면 현금은 피와 같다고 할 수 있으며, 그외 다른 자산은 근육, 뼈, 머리카락 등으로 볼 수 있다. 피가 흐르지 않으면 나머지 근육, 뼈, 머리카락이 살아남을 수 없는 것처럼, 현금이 없으면 다른 자산만으로 이익을 창출할 수 없다. 재무상태표의 표시 형식은 유동성 순서대로 자산을 나열함으로써, 재무제표 사용자가 기업 자산의 유동성(생명력)에 대해 신속한 판단을 내릴 수 있도록 도와준다.

　재무상태표 우측 또는 하단부에는 먼저 부채를 표시한다. 부채는 12개월 이내에 만기가 도래하는지를 기준으로 유동부채와 비유동부채로 구분한다. 유동부채는 미지급금, 미지급급여, 미지급법인세, 유동성장기부채(원래는 장기부채였지만 회계기간말 현재 만기일이 12개월 이내로 다가온 부채) 등을 포함하며, 기본적으로 12개월 이내에 상환해야 할 부채이다. 비유동부채는 장기차입금, 사채 등을 포함한다. 만기 기한에 따라 부채를 순서대로 나열함으로써 재무제표 사용자가 기업이 만기가 다가온 부채를 상환할 충분한 현금을 보유하고 있는지를 신속하게 평가할 수 있게 해 준다. 만기일이 다가온 부채를 상환하지 못하면 기업은 큰 어려움에 빠질 수 있다. 예를 들어, 자금재조달(refinancing) 자체가 어려워지거나 이자율이 높아질 수 있으며, 심지어 파산에 이르기까지 한다. 이 책의 뒷부분에서 부채와 관련된 리스크 분석에 대해 알아보도록 하자.

흔히 부채는 좋지 않은 것으로서, 부채가 없는 것이 최선이라고 생각하는 경향이 있다. 그러나 실제로 이런 생각은 옳지 않다. 부채는 일종의 자금조달 방식으로서, 주식을 발행하여 자금을 조달하는 것과 마찬가지로 기업과 경제의 발전에 도움이 된다. 우선 부채 조달은 채권자에게 좋은 투자처를 제공한다. 기업의 부채를 통한 자금조달 행위는 주식투자의 높은 위험을 부담하고 싶어 하지 않지만 투자를 통해 일정수준의 이익을 얻고자 하는 투자자의 수요를 충족시켜주는 역할을 한다. 또한 기업은 채권발행을 통해 자금을 조달하여 자산규모를 확대하고, 주주의 투자위험을 분산시키고, 부채의 레버리지 효과(leverage effect)를 얻음으로써 평균적으로 주주의 투자수익을 증가시키게 된다. 이 책의 뒷부분에서는 부채의 레버리지 효과에 대해서 알아볼 것이다.

재무상태표를 구성하는 세 번째 요소는 자본이다. 자본은 주주가 기업 설립시 및 그 이후 기업에 투자한 자본금과 재투자한 금액의 총합이다. 자본금이란 주주가 기업의 주식을 매입함으로써 자금을 투입한 것을 의미하며, 보통주자본금, 우선주자본금, 자본적립금 등으로 구성된다. 재투자란 기업 설립시부터 모든 회계연도의 이익에서 적자와 배당금을 뺀 잔액을 의미하며 이익잉여금 계정에 기록된다.

이렇게 자본과 부채가 기업의 자금원천을 구성하게 된다. 일반적으로 부채/자본비율을 재무 레버리지(financial leverage) 또는 레버리지 비율(leverage ratio)이라 부른다. 주주가 1원을 투자했을 때, 기업이 얼마의 부채를 추가로 조달하였는지를 표시하는 비율이다.

기업의 재무상태표를 보고 가치를 평가하는 것이 기업가치평가의 출발점이다. 재무제표 사용자는 재무상태표를 보고 기업의 자산총계는 얼마인지, 유동자산/비유동자산의 비율은 어떻게 되는지, 자금원천 중 주식발행을 통한 부분은 얼마이며 채권발행을 통한 부분은 얼마인지, 그 비율은 어떻게 되는지 등을 알 수 있다. 재무상태표에 표시된 자산, 부채, 자본의 금액을 장부가치(book value)라고 부른다. 자산, 부채, 자본의 진실된 가치인 내재가치(intrinsic value)와 장부가치는 같을 수도 있고 다를 수도 있다. 재무상태표 등식이 보여주듯이, 자본의 내재가치는 자산의 내재가치에서 부채의 내재가치를 뺀 것과 같다. 그러므로 주식투자자 입장에서 자본의 내재가치 평가는 곧 자산과 부채의 내재가치를 평가함으로써 계산할 수 있다. 그리고 장부가치는 내재가치를 평가하는 데 기초자료로 사용된다.

재무상태표는 기업이 통제하고 있는 가치를 창출할 수 있는 경제적 자원들의 현황을 보여주기 때문에 재무제표분석에 기초한 가치평가의 출발점이 된다.

02 자산가치의 결정요소

이론적으로 자산의 가치란 그 자산이 창출할 수 있는 현금흐름의 순현재가치를 의미한다. 발전기 한 대의 가치를 평가하는 경우를 생각해 보자. 만약 이 발전기가 운영이 중단된 발전소에 설치되어 있다면, 발전기의 가치는 처분시에 받을 수 있는 가격이 될 것이다. 그러나 대부분의 경우, 자산은 당장 판매하려는 데 목적이 있지 않고 지속적인 상품 생산을 위해 보유하는 것이다. 그러므로 자산의 가치는 미래 사용기간 중 창출되는 현금흐름이 얼마인가에 의해 결정된다. 발전기 한 대의 가치는 그것이 창출하는 미래현금흐름의 순현재가치이지 현재 동종의 발전기가 시장에서 판매되는 가격과는 무관하다.

수식 (2.1)은 보다 체계적으로 자산가치의 개념을 나타내고 있다.

2.1 $$V = \frac{CF_1}{(1+r)} + \frac{CF_2}{(1+r)^2} + \frac{CF_3}{(1+r)^3} \cdots\cdots + \frac{CF_n}{(1+r)^n}$$

예를 들어, 발전기를 n년 동안 사용할 수 있다고 가정하면, 첫 해의 현금흐름은 CF_1, 두 번째 해는 CF_2, 세 번째 해는 CF_3, ⋯ n번째 해는 CF_n로 표시할 수 있다. 즉, 이 발전기를 운영함으로써 기업은 향후 n년간 각각 CF_1, CF_2, ⋯, CF_n원의 현금흐름을 창출할 수 있다. $n+1$년부터는 발전기의 수명이 다해서 현금흐름이 0이 되므로 가치평가 과정에서 고려할 필요가 없다.

이 예에서 발전기의 현재가치는 CF_1, CF_2, ⋯ CF_n의 단순 합이 아니다. 기업이나 개인에게 현재 수중에 있는 현금 1원과 1년 후에 얻을 수 있는 1원의 가치는 동일하지 않다는 것은 쉽게 알 수 있다. 지금 가지고 있는 1원은 1년 후에 얻을 수 있는 1원보다 더욱 가치가 있는데, 이 두 1원의 현재가치가 다른 것은 다음의 두 가지 이유 때문이다. 첫째, 시간가치가 반영되기 때문이다. 현재 수중에 있는 1원은 1년간 소비를 하거나 은행에 저축하여 이자를 받음으로써 기업이나 개인을 위하여 가치를 창출할 수 있지만, 1년 후에 얻을 수 있는 1원은 이 기간 동안 가치를 창출할 수 없다. 둘째, 현재 수중의 1원은 실제로 기업이 가지고 있는 것이지만, 1년 후 얻을 수 있는 1원은 취득할 수 있다고 예상하는 금액일 뿐이다. 그러므로 기업은 1년 후에 이 1원을 받을 수 없는 위험을 안고 있다. 예를 들어, 만약 발전기가 1년 내에 고장이 나서 더 이상 생산활동에 사용될 수 없다면, 1년 후 취득할 것으로 예상한 1원은 얻지 못하게 된다. 따라서 미래예상 현금흐름의 기대값이 안고 있는 위험에 따라 현재 보유한 현금과 가치가 달라지게 된다. 이런 두 가지 요인 때문에 미래의 금액을 현재의 금액과 비교하기 위해서는 할인률 r이 적용되게 된다.

그러므로 수식 (2.1)에서, 1년 후 미래의 현금흐름을 $(1+r)$로 나누어 주어야 한다. 할인율 r은 현금의 시간가치와 미래예상 현금흐름이 안고 있는 위험요소를 종합적으로 반영하여 결정된다. 할인율 r은 대부분의 경우 0보다 크기 때문에, 할인한 미래 1원의 현재가치는 항상 1원보다 작다. 앞서 예를 든 발전기와 같은 자산의 가치는 그 자산이 장래에 창출할 것으로 기대되는 현금흐름의 예상액을 그 발생시기와 위험도에 따라 적절하게 할인하여 구한 현재가치의 총합이다. 미래현금흐름을 할인할 때, 현금의 유입 연도가 한 해씩 증가할 때마다 현금흐름은 $(1+r)$로 더 나누어 주어야 한다. 즉, 2년 후의 예상 현금흐름은 $(1+r)^2$로, 3년 후의 예상 현금흐름은 $(1+r)^3$로 나누어야 한다.

수식 (2.1)의 가치평가모형은 모든 자산과 부채의 평가에 사용될 수 있다. 실제로 기업가치를 평가할 때, 수식 (2.1)의 분자를 전체 기업의 미래예상 현금흐름으로 대체하고, 분모를 기업 전체의 할인율로 대체하면 된다. 자본가치를 평가할 때는 수식 (2.1)의 분자를 주주가 기업으로부터 얻을 수 있는 미래예상 현금흐름으로 대체하고, 분모를 주주의 투자에 대응하는 할인율로 대체하면 된다. 앞의 발전기의 가치평가에서는 발전기의 수명을 n연도로 가정하였다. 그러나 이처럼 특정 자산의 가치를 평가할 때와 달리 기업 전체 또는 자본의 가치를 평가할 때 우리는 기업이 영원히 존재할 수 있다고 가정한다. 그러므로 수식 (2.1)은 무한대까지 확장될 수 있다.

이제 가치평가의 핵심은 기업의 미래예상 현금흐름(수식 (2.1)의 분자)에 대한 예측과 기업의 위험수준(수식 (2.1)의 분모)을 평가하는 것이라는 것을 알 수 있다. 이 장에서 강조하고 싶은 것은 재무상태표는 미래예상 현금흐름과 기업의 위험을 평가하는 기초가 된다는 점이다.

여기서 장부가치와 내재가치의 차이점에 주의하여야 한다. 재무상태표에 반영된 자산, 부채, 자본 금액은 장부가치이고, 수식 (2.1)을 통해 얻은 금액이 내재가치이다. 장부가치는 내재가치를 평가하는 출발점이지만 양자가 동일하지 않을 수 있다. 자산, 부채, 자본의 내재가치는 장부가치보다 크거나 작거나 또는 동일할 수 있다. 장부가치는 기업이 해당 자산을 취득하기 위하여 과거에 지급한 원가를 반영한 것이고, 내재가치는 이 자산이 미래에 기업을 위하여 창출할 수 있는 가치를 반영한 것이다. 즉, 전자는 투자 또는 투입의 개념이고 후자는 산출의 개념이다.

그러나 실생활에서 장부가치와 내재가치를 혼동하는 경우가 많다. 예를 들어, 1990년대 말 외환위기시 외국 자본에 매각된 국내 기업에 대해서 자산의 매각가격이 장부가격보다 낮다는 것을 근거로 헐값 매각 논란이 자주 발생했다. 그러나 장부가격을 기준으로 매각가격의 적절성을 평가하는 것은 옳지 않다. 매각가격과 자산의 내재가치를 비교해야 하는 것이다. 장부가치와는 달리 내재가치는 재무제표만을 보고 쉽게 계산하기 어렵다.

03 보수주의 원칙과 자산의 정의

아직까지 구체적으로 회계적인 의미의 자산과 부채를 정의하지 않았다. 정의를 내리기에 앞서 회계의 보수주의 원칙을 소개하고자 한다.

기업이 현금(또는 현금성자산)을 지급하고 기계설비 등의 자산을 취득하는 경우, 지급한 현금 총액을 해당 자산계정에 기록하는데, 이를 역사적 원가(historical cost) 또는 취득원가(acquisition cost)라고 부른다. 취득원가는 기업이 해당 자산을 취득하기 위해 지급한 대가를 나타낸다. 기업이 자산을 사용함에 따라 감가상각을 진행하여야 하는데, 자산의 취득원가에서 감가상각누계액을 빼주면 해당 자산의 장부금액이 된다. 이런 방법으로 회계처리하는 것을 역사적 원가주의 원칙이라고 부른다. 역사적 원가주의 원칙과 대비되는 것이 공정가치(fair value) 개념이다. 공정가치 평가는 자산의 현재 시장가치에 따라 자산의 가치를 평가하는 방법이다.

보수주의 원칙의 전통적 의미는 긍정적인 정보를 반영할 때, 부정적인 정보를 반영할 때보다 엄격한 기준을 적용한다는 것이다. 예를 들어, 기업이 현재 사용중인 기계설비가 수요증가 등의 이유로 시장가치가 상승한다면 이는 기업에 긍정적인 정보라고 할 수 있다. 그러나 기업은 이 증가한 가치를 수익으로 인식할 수 없으며, 이에 따라 설비의 장부금액을 증가시킬 수 없다. 반대로 현재 사용중인 기계설비가 신제품 출시 등에 따라 시장가치가 하락하여 시장가치가 장부금액보다 낮아질 경우, 이는 기업의 가치를 하락시키는 부정적인 정보이다. 이 경우 회계기준에 따라 기업은 반드시 당기에 손실을 인식하여 해당 설비의 장부금액을 시장가치와 같게 조정하여야 한다. 이를 다시 부연 설명하면, 보수주의 원칙은 자산의 장부금액이 시장가치(공정가치)보다 낮을 때는 현재의 장부금액 그대로 자산을 기록하고, 장부금액이 시장가치(공정가치)보다 높을 때는 더 낮은 공정가치로 자산의 가액을 바꿔 기록하는 것을 의미한다.

　　손익계산서의 측면에서 보았을 때, 보수주의 원칙은 비용, 원가, 부실자산에 대한 충당금 등은 즉시 인식하고 매출, 이익, 자산가치 상승 등은 천천히 인식하는 것으로 볼 수 있다. 재무상태표의 측면에서 보았을 때, 보수주의 원칙은 순자산의 체계적인 저평가를 초래한다. 우리나라는 과거 사용되던 회계기준에 따라 보수주의 원칙에 입각한 자산평가 기준을 사용했었지만, 국제회계기준(International Financial Reporting Standards: IFRS)의 도입으로 자산의 평가에 있어 공정가치 개념이 도입되었다. 그러나 IFRS 도입 이후에도 기업들은 취득원가를 계속 이용할 것인지 공정가치를 이용할지 둘 중에서 선택을 할 수 있는 선택권이 있다. 즉, 보수주의 원칙의 적용정도가 예전의 기업회계기준보다는 많이 줄어들었지만, 여전히 IFRS하에서도 보수주의 원칙이 남아 있는 셈이다. 이 책의 뒷부분에서 구체적으로 보수주의 원칙이 가치평가에 미치는 영향에 대해 알아볼 것이다.

　　그렇다면 회계기준은 왜 보수주의 원칙을 채택하고 있는가? 현대 회계제도의 시작은 16세기 이탈리아의 수도사이자 수학자인 루까 파치올리(Luca Pacioli, 1445-1517)로 거슬러 올라갈 수 있다. 당대의 석학으로 알려졌던 그가 집필한 수학 이론서에서 복식부기가 처음 다루어졌는데, 이는 근대적인 의미의 회계의 시초가 되었다. 파치올리가 살았던 르네상스 시기는 근대유럽에서 상업이 발전하는 시기였다. 일반적으로 주식회사제도와 유한책임회사의 등장이 15-16세기 근대유럽의 상업발전의 주요 원인으로 알려져 있다. 유한책임제도에 따라 투자자들은 투자 및 경영실패의 위험을 분담할 수 있었고, 주식회사제도에 의해 여러 투자자들의 자본을 함께 모아서 규모가 큰 투자 및 경영활동을 진행할 수 있게 되었다. 또한 주식회사는 유한책임제도로 운영되기 때문에 주주 입장에서는 더 손쉽게 부채를 조달할 수 있었다.

　　회계의 주요한 목표 중 하나는 자본의 수요자인 기업과 자본의 공급자인 투자자간의 정보 불균형 문제를 해결하는 것이다. 투자자들은 기업에 대한 충분한 정보를 갖고 합리적인 의사결정을 내릴 수 있는 경우에만 기업에 자금을 공급할 것이다. 만약 충분한 정보 없이 투자를 한다면 그것은 투자가 아니라 흔히 '묻지마식 투자'라고 부르는 투기 또는 도박과 다를 바 없다. 이런 일을 할 사람은 많지 않을 것이므로 정보 불균형이 발생하면 기업이 자금조달을 하기가 어려워진다. 기업은 회계적인 측정과 보고절차를 통해 투자자들이 기업의 경영실적과 가치를 평가할 수 있도록 함으로써 기업의 원활한 자금조달을 가능하게 한다. 기업의 정보 불균형은 두 가지 측면에서 살펴볼 수 있다. 첫째는 기업과 채권자 간의 정보 불균형이고, 둘째는 기업과 주식투자자 간의 정보 불균형이다. 회계와 상업 발전 초기에는 기업의 주식투자자는 기업 경영자와 동일인인 경우가 대부분이었기 때문에 기업과 채권자 간의 정보 불균형 문제를 해결하는 것이 자금조달의 선결과제였다.

　　기업의 채권자는 만기가 돌아왔을 때, 기업의 자산가치가 채무금액(원금)보다 작지만 않으면 손해를 보지 않는다. 그러나 자산가치가 채무금액보다 많다고 해서 채권자에게 추가적인 이익이 돌아가지 않는다. 그러므로 채권자는 기업이 수익과 자산을 과대계상하는 것을 경계한다. 즉, 기업이 회계정책에서 보수적인 측정 원칙을 적용하여 손실을 빨리 예측하고 즉시 인식하며, 수익은 늦게 예측하고 천천히 인식하길 원한다. 결국 재무상태표에 반영된 자산가치는 기업 자산이 현금화될 경우 얻을 수 있는 최저금액이 되며, 자산의 장부금액이 채무금액보다 높기만 하면 채권자가 원금을 돌려받지 못할 위험은 매우 작다. 이런 의미에서 보수주의 원칙은 채권자와의 계약체결을 촉진시켜서 상업과 경제의 발전을 추진하는 역할을 한다고 볼 수 있다.

　　보수주의 원칙은 역사의 발전에 따라 회계정책과 실무에 뿌리깊이 자리잡게 되었다. 이는 기업 순자산의 장부금액을 시장가치보다 체계적으로 낮게 인식하는 것으로, 손익계산서에 반영된 기업성과는 보수주의를 적용하지 않았을 때보다 기업이익이 체계적으로 과소평가된다.

　　이제 자산의 개념을 알아보자. 앞서 자산은 기업이 가치창출에 사용할 수 있는 경제적 자원이라고 언급하였는데, 이는 넓은 의미에서 자산의 개념이라고 보면 된다. 회계에서 자산의 정의는 이보다 비교적 협소하다. 회계적인 자산의 정의에 부합하는 자산만을 재무상태표에 인식하고 보고할 수 있다. 이후로 자산이란 단어는 좁은 의미에서의 회계적

자산을 의미한다.

회계에서 자산으로 인식되기 위해서는 두 가지 조건을 만족해야 한다. 첫째, 기업이 소유한 경제적 자원은 기업을 위해 미래의 현금흐름을 창출할 수 있어야 한다. 둘째, 미래현금흐름의 금액은 반드시 비교적 합리적이고 정확하게 예측할 수 있어야 한다. 이 두 가지 기준을 동시에 만족시키지 못하는 경제적 자원은 재무상태표에 자산으로 인식될 수 없다.

04 자산가치의 저평가 및 잠재적 자산

기업은 소유하고 있는 모든 경제적 자원을 이용해 수익과 가치를 창출한다. 그러나 가치평가의 출발점인 재무상태표는 기업이 가지고 있는 모든 경제자원을 반영하지는 못한다. 그러므로 재무상태표를 분석할 때, 반영되지 않은 경제적 자원을 고려하여 기업의 수익능력을 정확하게 예측해야 한다.

재무상태표가 기업의 모든 경제적 자원을 반영하지 못하는 이유는, 일부 경제자원이 자산의 정의에 부합하지 않고, 설사 재무상태표에 반영된다 하더라도 역사적 원가의 원칙과 보수주의 원칙에 의해 내재가치(시장가치)를 완전히 반영하지 못하기 때문이다. 가치평가의 목적은 기업이 보유하고 있는 모든 경제적 자원의 내재가치(시장가치)를 발견하는 것이다.

그러므로 재무상태표에 대한 개괄적인 내용을 이해하고 자산, 부채, 자본 및 이를 구성하는 항목에 대해 기초적인 정보를 얻는 것도 중요하지만, 더욱 중요한 것은 그 중에서 저평가된 자산과 잠재적 자산을 발견하는 것이다. 저평가된 자산이란 비록 재무상태표에 반영되었지만 장부금액이 시장가치보다 낮은 자산을 의미하고, 잠재적 자산은 재무상태표에 반영되지 않은 경제적 자원을 의미한다. 고의로 재무제표를 조작한 경우를 제외하고는, 일반적으로 재무상태표에는 저평가된 자산만 존재한다. 이는 보수주의 원칙이 자산을 과대평가하는 것을 용납하지 않기 때문이다.

재무상태표의 자산이 저평가된 사례를 살펴보자. 각 기업이 처한 상황이 다르기 때문에 저평가된 자산과 잠재적 자산도 달라진다. 따라서, 재무제표를 분석할 때에는 각 기업이 처한 구체적 상황을 고려해야 한다.

　재무상태표에서 저평가될 수 있는 대표적인 자산항목은 재고자산이다. 일반적으로 기업의 재고 보유기간은 비교적 짧지만, 보유기간 중 시장가격이 변화할 가능성을 배제할 수 없다. 만일 보유중인 재고의 시장가치가 하락하면, 기업은 보수주의 원칙에 따라 재고자산평가충당금을 설정하여 재고의 장부금액을 시장가치와 일치하도록 낮추어야 한다. 하지만 보유기간 중 재고의 시장가치가 상승하여 장부금액보다 높아져도 회계기준은 재고의 장부금액을 높게 조정하는 것을 허락하지 않는다. 이렇듯 재무상태표에는 저평가된 자산이 나타난다. 재무제표 분석시에 이와 같은 자산의 저평가 문제를 인식하지 못하면 가치평가 중에 재고가치 상승 부분을 누락하여 기업 전체의 가치를 저평가하는 오류를 범할 수 있다.

사례 2-1

재고자산 평가

　과거 1980년대까지만 하더라도 한국의 인플레이션은 10%대를 넘어서 20%에 육박하는 경우까지 종종 있었다. 이런 상황하에서는 재고자산 평가방법을 선입선출법과 후입선출법 중 어떤 것을 사용하느냐에 따라 재고자산 장부가액과 매출총이익이 상당히 달라지게 된다. 그러나 1980년대 말 이후 저인플레이션 시대에 접어들면서 인플레이션이 5% 이하로 줄어들게 되었다. 따라서 그 이후부터는 재고자산 평가방법의 선택여부에 따라 재고자산 장부가액이나 매출총이익이 크게 달라지는 경우는 드물다.

　그러나 현재까지도 원재료의 가격변동이 심한 몇몇 업종의 경우는 이런 문제점에 직면해 있다. 예를 들어, 정유산업의 경우는 원유가 변동에 매우 민감하다. 두바이산 원유는 2005년까지도 배럴당 평균 $50 미만에 거래되었었다. 그러다 점점 가격이 오르기 시작해서 2007년 평균 거래가는 $68까지 상승하였다. 2008년에는 원유가가 폭등하여 중반에는 무려 $130까지 올랐다. 그 후 폭락을 거듭, 2009년 초 $40까지 떨어졌었다. 그 후에도 등락을 거듭한 결과 2020년 12월말 현재의 원유가는 $49 수준이다.

　이런 원유가격의 급등락은 정유업계의 재고자산 수준에도 막대한 영향을 미친다. SK에너지의 경우는 2007년과 2008년 재고자산 금액이 3조 7천억원 수준이었다. 중동에서부터 한국까지 원유를 수송해서 정제하여 소비자에게 판매하는 정유업계의 특성상 재고자산 보유기간이 상당히 길고, 보유량도 많은 것이 정상이다. 그러나 2009년에 재고자산 금액이 4조 5천억원으로 급등했다. 전년도인 2008년 원유가격이 급등했을 때 구입한 원유가 재고자산으로 기록되면서 나타난 현상이다. GS칼텍스도 형편이 비슷해서, 2007년과 2008년 1조 2천억원~1조 4천억원 수준이던 재고자산 금액이 무려 2조 7천억원대(회계처리 방법 변경의 효과를 제외한 후)로 2009년 급등한다. 즉, 재고자산 가격의 상승이 2008년도에 일어났는 데도 불구하고, 2009년에 들어와서야 실제 재무제표에 그 효과가 반영된 것이다. 이를 보면 2008년 동안

재고자산 금액이 저평가된 상태였다는 것을 알 수 있다.

정유업계 이외에도 재고수량이 많고 재고가격 변동폭이 큰 업종에 속한 기업들에게는 재고자산의 저평가가 일어난다면 기업가치가 왜곡되어 재무제표에 표시될 수 있다. 우리나라에는 해당 업종 기업들이 별도로 없지만, 세계적으로 보면 과거 1990년대 말까지도 석탄이나 철광석 등의 광산업에 종사하는 기업들은 상당한 어려움에 처해 있었다. 그러나 2000년대 후반 이런 광산물의 가격이 폭등하면서 공급부족이 일어나 기업들은 많은 이익을 보게 되었다.

이처럼 보수주의는 자산 가치가 급락하는 경우 평가 손실(예. 각종 손상차손)을 통해 자산의 저평가를 유도함으로써 기업의 장부가치를 체계적으로 낮추게 된다.

유형자산의 가치가 저평가되는 경우도 빈번히 발생한다. 비유동자산은 수명이 길기 때문에 사용기간 중 가치가 빈번하게 변화한다. 만약 가치가 장부금액보다 낮아졌다면 기업은 손상차손을 인식하여 장부금액을 실제가치와 일치하도록 낮추어야 한다. 하지만 자산가치가 장부금액보다 높다면 보수주의 원칙 때문에 자산의 장부금액을 실제가치와 일치하도록 높게 조정하는 것은 불가능하다. 따라서 자산이 저평가되는 현상이 나타난다. 만약 재무제표 분석시 이와 같은 저평가된 자산을 찾아내지 못한다면 기업가치를 저평가하게 된다.

이외에도 자산을 저평가하는 경우는 아주 많다. 갑작스러운 전염병이 돌아서 갑자기 특정 약품의 수요를 증가시키거나, 낡은 건물 옆에 정부가 고속도로 건설 계획을 발표했을 때 등의 경우가 있다. 이처럼 자산가치에 중대한 변화가 발생했을 경우, 재무상태표는

종종 기업가치의 변화를 제대로 반영하지 못하기 때문에 재무제표 분석시 저평가된 자산이 무엇인지 살펴보아야 한다.

　　잠재적 자산은 재무상태표에서 저평가된 자산보다 더욱 발견하기 어려운데, 잠재적 자산은 자산의 정의에 부합하지 않아 재무상태표에 아예 반영되지 않기 때문이다. 재무제표 분석시에는 다른 방법을 통해서 잠재적 자산을 찾아내야 한다. 잠재적 자산이 재무상태표에 반영되지 않는 원인은 이들이 주로 자산 정의의 두 번째 기준에 부합하지 않기 때문이다. 즉, 기업의 미래이익을 창출하는 데 기여하지만, 그 금액을 비교적 정확하게 예측하기 어렵기 때문에 이런 경제적 자원은 재무상태표에 인식하지 않는다. 하지만 잠재적 자산의 중요성을 절대 과소평가해서는 안 된다. 과학기술과 경제의 발전에 따라 기업의 가치는 더욱 더 잠재적 자산에 의해 결정되고, 무형의 잠재적 자산이 기업가치에서 차지하는 비중이 점점 더 커지고 있다. 이런 경제발전의 양상은 재무제표를 분석하고 주식투자를 하는 데에 아주 큰 영향을 준다.

　　기업가치에 상당한 영향을 끼치는 잠재적 자산의 사례는 매우 많다. 빌 게이츠(Bill Gates)는 Microsoft가 보유하고 있는 중요한 경제자원임에도 불구하고 재무상태표에 자산으로 표시되지 않는다. 중대한 판매계약 역시 일종의 잠재적 자산이다. 보잉(Boeing)은 비행기 판매계약이 향후 수십 년까지 체결되어 있지만, 이런 계약 역시 재무상태표에 반영되지 않는다. 정부의 규제하에 있는 기업들에게는 정부와의 관계가 아주 중요한 경제적 자원이다. 미국의 석유회사 Halliburton은 부시 대통령을 포함한 미국 공화당과 매우 밀접한 관계를 유지하고 있다. Halliburton은 미국이 이라크 전쟁중일 때 중요한 정부 계약을 다수 따냈다. 만약 부시 정권과 관계가 좋지 않았다면 Halliburton은 이라크 전쟁에서 이렇게 많은 혜택을 누릴 수 없었을 가능성이 높다. 그러나 정부와의 친밀한 관계는 재무상태표에 반영되지 않는다.

　　브랜드자산 역시 중요한 잠재적 자산이다. 브랜드 또는 기업이 유구한 역사를 자랑하고 뛰어난 품질이 증명되어 오랜 기간 소비자로부터 큰 사랑을 받고 있다면, 이는 기업에게 아주 중요한 가치를 창출하는 요소이다. 미국 Forbes의 2020년 브랜드가치 조사에서 Apple이 1위를 차지하였는데, 브랜드 가치가 무려 2,412억 달러로 평가되었다. 이는 2020년말 기준 Apple 시가총액(2.26조 달러)의 10.7%, 장부상 자본가액(3,541억 달러)의 68% 수준에 달하는 금액이다. 즉, 2,412억 달러의 실제적인 주주의 부가 기업의 재무상태표에서 누락되어 있는 것이다.

수주잔량(order backlog)과 기업가치

한국 조선업계는 2006년 기준 최고의 호황을 맞이한다. 현대중공업, 삼성중공업, 대우조선해양의 3대 조선업체는 세계 조선업계 중 1, 2, 3위를 차지하는 초우량 기업으로서, 3개 업체 합쳐서만 전 세계 조선물량의 1/3에 육박하는 물량을 건조하고 있었다. 한국 업체들이 전 세계 시장에서 시장 점유율이 가장 높은 품목이 바로 조선이라는 통계도 있다. 조선업계는 선박 인도 3~5년 전부터 주문을 받고, 주문 후 2~3년씩 기다려야 선박의 건조에 착수하는 형태로 영업을 했다.

이런 호황은 2007년 말 전 세계에 금융위기의 회오리 바람이 몰아치면서 끝나게 된다. 불경기가 닥치자 전 세계적인 수출입 물량이 급감하면서 해운 물동량이 줄어들었다. 그러자 조선업계에 대한 선박 신규주문이 급속히 줄어들어 연간 주문량이 거의 0 근처까지 떨어졌다. 따라서 조선업계의 주가도 폭락하여, 2007년 중반 550,000원대까지 올라갔던 현대중공업은 2008년 말 150,000원대로, 57,000원대까지 갔던 삼성중공업은 11,000원대로, 65,000원까지 갔던 대우조선해양은 무려 8,000원대까지 떨어졌다.

그렇다면 이런 기간 동안 조선업체들의 당기순이익은 어떠했을까? 놀랍게도 2007년과 2008년, 그리고 2009년까지 조선업체들의 당기순이익은 계속 증가하는 추세였다. 예를 들어, 현대중공업의 이익은 2006년 7천억원, 2007년 1조 7천억원, 2008년 2조 2천억원, 2009년 2조 1천억원 수준이었다. 이익은 오히려 늘어났는데 주가는 수분의 일로 줄어드는 현상이 벌어진 것이다.

이런 주가와 경영성과의 불일치는 신규계약이라는 비회계 정보가 재무제표에 반영이 되지 않았기 때문이다. 선박을 건조하는 데 상당한 기간이 걸린다는 특성상, 조선업계가 2007~2009년도에 기록한 이익은 세계 금융위기가 발발하기 이전 호황 기간에 비싼 가격에 체결된 계약에 따라 선박을 건조한 것이다. 따라서 이익이 증가하는 것으로 회계장부에 기록된 것이다.

그런데 그 기간 동안 신규 수주는 거의 없고, 생산이 진행됨에 따라 수주잔량은 계속 줄어드는 추세였다. 따라서 2010년이나 2011년 이후에는 생산할 물량이 남아있는 것이 거의 없는 실정이었다. 그래서 급증한 이익에도 불구하고 주가가 폭락한 것이다. 다행스럽게도 세계경제가 일부 회복됨에 따라 2010년 이후 조선업

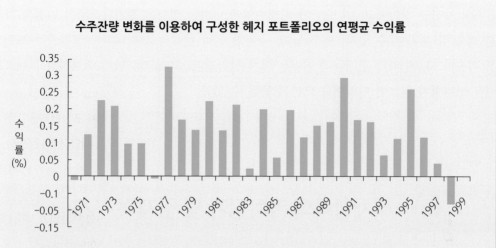

수주잔량 변화를 이용하여 구성한 헤지 포트폴리오의 연평균 수익률

자료: Baik, B. and T. Ahn. 2007. "Changes in Order Backlog and Future Returns",
Seoul Journal of Business 13, pp. 105–126.

계의 신규 계약체결 금액이 점차 살아나고 있는 추세이다. 이런 사례는 재무상태표에 반영되지 않는 조선업계의 신규 계약체결 물량이나 수주잔량이라는 정보가 기업의 가치평가에 얼마나 큰 영향을 미치는지를 잘 설명해 준다.

기업의 수주잔량(order backlog)변화를 이용하여 미래 주식 수익률을 예측할 수 있을까? 예로 2020년과 2021년 Lockheed Martin의 감사보고서를 보면 1,471억 달러와, 1,354억 달러의 수주잔량을 보고하고 있다. 수주잔량이 117억 달러 줄어든 것이다. 백복현, 안태식(2007)에 따르면 수주잔량의 변화가 미래 주가와 밀접한 관계가 있음을 보인다. 1971년부터 1999년 미국 기업의 수주잔량을 비교하여 수주잔량의 변화가 가장 많이 증가한 기업군을 매수하고 가장 많이 감소한 기업군을 매도하는 헤지 포트폴리오를 구성하였다. 향후 1년 간의 수익률을 계산한 결과, 이러한 포트폴리오전략이 연평균 13.7%의 수익률을 거둘 수 있음을 보여주었다. 또한 애널리스트도 수주잔량이 대폭 감소한 기업에 대해서 지나치게 낙관적인 이익예측치를 내놓았다. 이는 재무분석가조차도 수주잔량의 감소가 미래 이익에 미치는 영향을 이익예측치에 충분히 반영하지 못하고 있음을 의미한다.

위의 사례로부터 기업가치 평가의 출발점으로서의 재무상태표는 일부 결함을 지니고 있다는 것을 알 수 있다. 재무상태표는 저평가된 자산과 잠재적 자산 등 가치를 창출할 수 있는 일부 경제자원을 보여주지 못하고 있기 때문이다. 우리는 우선 저평가된 자산과 잠재적 자산을 찾아내고, 각 요소가 미래수익에 미치는 영향을 평가함으로써 기업의 가치를 더욱 잘 평가할 수 있다. 예를 들어, 동일한 콜라 음료라고 하더라도 코카콜라 브랜드를 사용하느냐에 따라 판매량과 이익은 크게 달라진다. 그러므로 이런 잠재적인 브랜드자산을 고려하지 않으면 이익예측 또한 잘못될 수 있다.

05 부채항목의 가치평가 및 잠재적 부채

재무상태표에서 중요한 부분을 차지하는 항목은 부채이다. 앞에서 설명한 것처럼, 부채는 우선 기업의 자금을 조달하는 중요한 원천이므로 긍정적인 의미를 지닌다. 하지만 다른 한편으로 부채를 가진 기업은 지속적으로 이자와 원금을 상환할 것을 요구받기 때문에, 기업의 현금흐름이 충분하지 않을 경우 자금 부족에 시달리게 되며 심지어 파산에 이를 수 있다. 그러므로 자본의 가치평가를 위해서는 부채의 가치를 정확하게 평가하는 것이 중요한 과제이다. 자산가치에서 부채가치를 차감하면 자본의 가치를 추정할 수 있기 때문이다.

대부분의 경우, 가치평가를 자산과 연결시키기 때문에 일부 독자들은 아마 부채의 가치평가라는 말에 익숙하지 않을 것이다. 사실상 부채와 자산은 동전의 양면과 같은 존재이다. 기업에게는 부채이지만 동시에 채권자(자금제공자)에게는 자산에 해당되기 때문에, 부채에도 가치평가의 문제가 발생한다. 부채의 경우도 장부금액과 시장가치의 차이가 있다. 재무상태표에는 부채의 장부금액이 기록되지만 가치평가시 관심을 갖는 부분은 부채의 시장가치이다. 부채에 대한 가치평가가 자주 다루어지지 않는 이유는, 대부분의 부채가 활발한 거래시장이 있는 금융상품이거나, 보유기간이 짧아 장부금액과 시장가치의 차이가 크지 않기 때문이다. 따라서 자산과 달리 가치평가 과정에서 생략되곤 한다. 그래서 대부분의 경우 기업의 자본가치는 자산의 시장가치에서 부채의 장부금액을 차감하여 얻을 수 있다.

하지만 이는 재무상태표를 분석할 때 부채를 신경쓰지 않아도 된다는 말은 아니다.

회계기준 때문에, 혹은 고의적인 분식회계에 의해 재무상태표가 기업의 부채수준을 완전히 반영하지 못하는 경우도 있다. 또한 재무제표에 기록되지 않은 잠재적 부채도 있을 수 있다. 따라서 이런 항목들을 찾아내고 평가해야 한다.

기업이 소유한 경제적 자원의 일부만 자산으로 인식되는 것과 마찬가지로 부채 역시 광범위한 기업의 의무 중 일부분이다. 기업의 의무는 기업이 미래에 경제적 자원을 지불해야 하는 것을 의미한다. 따라서 기업의 의무는 기업의 가치를 하락시킨다. 하지만 모든 기업의 의무가 재무상태표의 부채로 반영되는 것은 아니다.

부채는 세 가지 기준에 부합해야 재무상태표에 인식한다. 첫째, 부채는 기업이 미래에 경제적 자원을 지불함으로써 이행해야 한다. 둘째, 미래 지불해야 할 경제적 자원의 액수는 비교적 합리적이고 정확하게 평가하고 예측될 수 있어야 한다. 셋째, 기업의 의무를 발생시키는 사건은 반드시 과거에 발생한 것이어야 한다. 이 세 기준 때문에 일부 잠재적인 또는 발생가능한 기업의 의무는 부채로 인식 및 보고되지 않는다. 하지만 재무제표에 반영되지 않은 의무도 기업가치에 영향을 주기 때문에 가치분석시 고려해야 한다.

다행스럽게도 회계기준에서는 기업이 재무제표에 대한 주석을 통해 재무상태표에 보고되지 않은 비교적 중대한 기업의 의무(우발채무, 약정사항 등)를 보고하도록 규정하고 있다. 여기에는 환경과 관련된 잠재적 비용, 현재 진행중인 소송, 직원의 퇴직비용 등이 포함된다. 일부 특정 산업의 경우, 이런 재무제표에 반영되지 않은 의무가 기업가치에 미치는 영향이 매우 클 수도 있다.

예를 들어, 오염물질을 많이 배출하는 기업에게 잠재적인 환경관련 비용은 심지어 외부로 알려지기만 하더라도 기업의 파산을 초래할 수 있다. 일부 국가에서는 기업이 배출한 오염물질을 처리하여 환경을 보존시킬 것을 요구하고 있다. 그러나 오염이 사람과 환경에 주는 영향은 즉시 확인하기 어려우며, 환경을 회복시키는 데 드는 비용을 추정하기 어렵기 때문에 대부분 국가에서 재무제표에 부채로 인식하도록 하지 않는다. 하지만 이는 기업의 가치를 하락시키기 때문에 기업가치 평가시에 환경관련 비용을 고려해야 한다. 사회의 발전에 따라 환경보호에 대한 인식은 점차 강화되고 있으며, 기업의 환경파괴에 따른 처벌도 늘어나고 있다. 따라서 재무상태표에 반영되지 않은 잠재적 부채 또는 의무를 발견하지 못하면 기업가치를 과대평가하게 된다. 예를 들어, 2010년 멕시코만에 위치한 British Petroleum(BP)의 해상유정이 폭발사고를 일으켰다. 역사상 최악의 기름유출 사고를 일으킨 만큼 동 환경재앙으로 인해 BP는 향후 막대한 의무와 비용을 부담할 것이라는 사실만은 분명하나, 당시 기준으로 사고 수습에 소요되는 정확한 비용을 신뢰성 있게 측정하기는 어렵다. 그 결과 BP도 2010년도 연차보고서(pp.34-39 참조)를 통해 동 사태에 대한 현황과 향후 대응 계획 등에 대해서는 비교적 상세하게 기술하고 있으나 이를 재무상태표상 부채로 직접 인식하지는 않고 있다.

또 하나 재무제표에 반영되지 않은 중요한 부채는 현재 진행중인 소송이다. 회계기준에 따라 기업이 재무제표일 현재 진행중인 소송이 있다면 재무제표 주석에 이에 대한 내용을 공시해야 한다. 기업가치를 분석할 때, 소송결과가 기업에 불리할 경우 회사의 재무제표에 미칠 수 있는 손실을 고려해야 한다. Wyeth라는 세계적으로 유명한 제약회사의 경우, 한 미국 여성이 이 회사가 제조한 다이어트 약을 복용한 후 부작용으로 생명을 잃었다. 2004년 4월 27일, 미국 법원에서는 유족에게 10억 달러를 배상하라는 판결을 내렸는데, 당일 Wyeth의 시가총액은 5%(26.6억 달러)나 하락하여 주주들은 큰 투자손실을 입었다. 주가의 폭락은 투자자가 사전에 소송이라는 잠재부채와 의무를 충분히 예상하지 못해 기업의 가치를 과대평가하고 있었다는 것을 방증한다. 위에 설명한 의무는 회계적인 의미에서 부채의 정의에 부합하지 않기 때문에 재무제표에 반영되지 않은 의무라 부른다. 재무제표에 반영되지 않은 의무 중 대부분은 주석에 공시되어야 하기 때문에 투자자는 이에 대한 실마리를 찾아 분석할 수 있다.

재무제표에 제대로 반영되지 않는 또 다른 부채의 예는 보증채무이다. 한국의 경우 1997년 경제위기 직후 많은 기업들이 어느 날 갑자기 파산한 이유가 계열사에 대한 지급보증을 해 주었기 때문이었다. 이런 내용들이 주석에는 기록되어 있지만 재무제표에는 부채로 표시되어 있지 않았으므로, 주석을 제대로 살펴보지 않은 투자자의 경우는 갑작스러운 회사들의 연이은 파산에 놀랄 수밖에 없다. 2007년 금융위기 이전에도 저축은행들이나 시중 금융기관들은 부동산에 대한 프로젝트 파이낸싱(project financing) 관련 많은 지급보증을 해 준 바 있다. 그 후 부동산경기가 악화되면서 이들 지급보증해 준 대출건들이 부실화되면서 많은 은행들이 피해를 입었다.

기업들이 합법적으로 자산과 부채를 줄이고 기업을 슬림화하는 방법(off-balance sheet financing) 중 가장 흔한 예는 자산유동화법인(special purpose entity: SPE) 설립을 통해 일부 자산을 매각처리하는 방법이다. 이 특수목적법인을 SPC(special purpose company)라고도 부른다. 부동산, 매출채권, 유가증권, 주택저당권 등 유동성이 떨어지는 자산이 유동화에 많이 이용된다. 일반적인 자산유동화 거래에서 기업은 기초자산을 특수목적법인에 매각하

표 2-1	국내은행의 대출채권 매각현황			
단위(억원)	2007년	2008년	2009년
신한은행	7,157	15,293	13,008
국민은행	9,296	23,201	53,945
하나은행	8,071	4,149	9,900
우리은행	4,754	1,890	21,054

고 현금을 받는 구조로 되어 있으며, 매각된 자산은 집합화되어 신탁설정된 후 수익증권이 발행되는 구조이다. 과거 기업회계기준하에서는 이런 자산유동화 방법의 대부분을 자산매각으로 인식하여, 해당 자산을 재무상태표에서 제거하고 현금이 증가하는 방식으로 회계처리했다. IFRS 하에서 자산유동화가 진정한 자산의 매각(true sale)으로 인정받기 위해서는 자산의 위험과 효익이 자산유동화법인에게 전가되어야 하고, 최초 양도인의 해당 자산에 대해 실질적 지배력을 행사할 수 없어야 한다. 그렇지 않으면 담보를 이용한 자금의 차입(secured borrowing)으로 회계처리한다. 즉 현금이 증가하면서 동시에 부채가 증가하는 형식이다. 우리나라는 2011년부터 IFRS의 적용으로 이러한 엄격한 자산유동화 조건이 적용되며, 이런 조건이 충족되지 않는 거래가 부채로 장부에 기록된다.

[표 2-1]은 재무제표 주석에 나타난 우리나라 주요 은행들의 대출채권 매각현황이다. 대출채권은 은행자산에 큰 부분을 차지하는데, 보통 공개매각이나 자산유동화를 통해 처분한다. 다음은 자산 유동화법인을 통해서 대출채권을 유동화한 현황이다. 이런 내용을 보면, 우리나라 은행들의 잠재적 부채가 상당히 존재한다는 것을 알 수 있다.

일부 기업의 경우, 고의적으로 회계정보를 조작해서 재무상태표에 인식하고 공시되어야 할 부채를 은닉함으로써 기업가치를 정확하게 분석하는 것을 어렵게 만든다. 기업이 부채를 고의적으로 숨기는 대표적인 이유는, 기업의 부채비율이 이미 매우 높아 추가적으로 부채를 조달할 경우 신용등급이 떨어지고, 조달비용이 증가하며, 심지어 채권자가 더 이상 돈을 빌려주려 하지 않을 것이기 때문이다. 부채비율(또는 자본부채비율이나 레버리지비율)은 재무 레버리지를 측정하는 지표로, 기업이 부채를 통해 조달한 자금의 비율을 나타낸다. 이 비율을 재무 레버리지라고 하는 이유는 자산이익률(ROA)이 일정할 때, 부채비중이 클수록 자기자본이익률(ROE)의 변화량이 커지기 때문이다. 자산이익률이 부채의 조달비용(이자율)보다 높을 경우, 자기자본이익률(ROE)은 자산이익률(ROA)보다 커지며, 자산이익률(ROA)보다 부채의 조달비용이 높을 경우, 자기자본이익률(ROE)은 자산이익률(ROA)보다 작아진다. 부채비율이 과도하게 높으면 기업의 파산위험을 증가시키기 때문에 기업은 재무제표를 조작하여 부채를 숨길 인센티브가 있다. 최근에 발생한 대표적인 부채은닉 사례로는 Enron의 경우가 있다.

Enron은 1985년에 설립된 미국의 에너지 회사로, 무명의 천연가스 회사에서 세계 최대의 천연가스 거래기업으로 도약하였다. 2000년 Fortune지는 Enron을 미국 500대 회사 중 7위, 세계 500대 회사 중 16위로 선정하였다. 1990-2000년 사이 10년간 Enron의 매출액은 59억 달러에서 1,008억 달러로 성장하였고, 순이익은 2.02억 달러에서 9.79억 달러로 증가하였다.

2001년 10월 16일, Enron은 6.18억 달러의 적자를 기록한 2001년 3분기 재무실적을 발표하였고, 2001년 11월 8일 공식적으로 분식회계를 인정하였다. 1997년부터 2001년까지 총 5.86억 달러의 가공의 이익을 보고하였으며, 거액의 부채를 재무제표에 인식하지 않았음을 시인하였다. 2001년 11월 28일, 잠재적 부채를 공시한 후 회사의 부채비율은 대폭 증가하여 신용등급이 B-로 하락하였다. 2000년 8월에 90달러 수준이었던 Enron의 주가는 2001년 11월 30일에 0.26달러로 추락하였으며, 시가총액은 800억 달러에서 2억 달러로 줄어들었다. 2001년 12월 2일 Enron은 법원에 파산보호를 신청하였는데, 파산명세서상의 자산가치는 498억 달러로 당시 미국 역사상 최대규모의 파산기업으로 기록되었다.

Enron이 부채를 숨긴 방법은 매우 복잡하다. 복잡한 파생금융상품을 대규모로 이용하여 분식회계를 하였으며 기타 다양한 수단이 동원되었다. 대대적인 언론 보도를 통해 Enron의 분식회계 사태가 외부로 알려졌지만 회계정보를 조작하고 부채를 숨긴 교묘한 방법들을 일반인들이 완전히 이해하기는 어려울 것이다. 다음의 [그림 2-1]의 사례는 비교적 명확하게 Enron이 부채를 숨긴 수단 중 하나를 나타내고 있다.

2000년 6월, Enron은 Blockbuster와 조인트벤처를 설립하기로 결정하였다. Blockbuster는 미국 최대의 비디오 테이프 대여업을 하는 회사이다. 이 조인트벤처는 통신 네트워크를 통해 고객들이 인터넷을 통해 영화를 볼 수 있도록 하기 위해 세워졌다. 고객들이 비디오 대여점을 방문할 필요 없이 집에서 TV를 통하여 인터넷을 접속하여 원하는 영화를 선택하고 다운로드받을 수 있도록 서비스를 계획한 것이다. 한국의 IPTV 등과 비

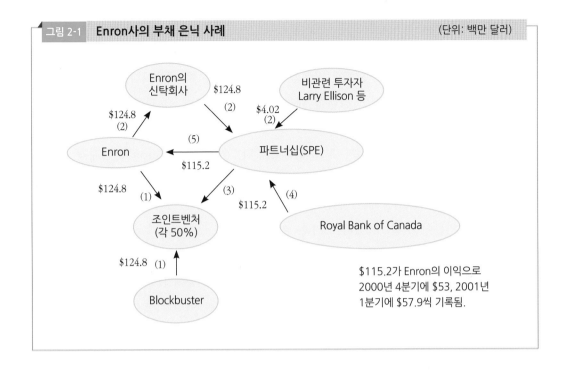

그림 2-1 Enron사의 부채 은닉 사례   (단위: 백만 달러)

숫한 사업모델이다. IT 버블이 한창이었던 2000년에 이런 창의적인 아이디어는 투자자들의 이목을 끌었다.

두 기업은 각각 125백만 달러를 투자하여 조인트벤처의 지분 50%씩을 보유하기로 하고([그림 2-1]의 (1) 관계), 조인트벤처의 존속기간은 20년으로 합의하였다. 조인트벤처의 미래예상 현금흐름에 대한 평가가치는 249백만 달러로, 각각 125백만 달러를 소유하기로 하였다. 여기까지는 모든 것이 정상적으로 진행되었다.

하지만 Enron은 보유한 50%의 조인트벤처 지분을 자회사인 한 신탁회사로 넘겼다. 이 신탁회사는 산하에 파트너십 회사를 설립하여 50%의 조인트벤처 주식을 보유하게 하였다([그림 2-1]의 (2) 관계). 이 파트너십은 자산유동화법인(SPE)이라는 기업형태를 가지고 있었다. 당시 SPE를 설립하기 위해서는 SPE의 설립목적이 아주 협소한 특정업무만을 수행해야 한다는 것과 SPE의 발기인 이외의 개인 또는 기업이 최소 3%의 지분을 소유해야 한다는 두 가지 요건을 맞춰야 했다. 첫 번째 요건은 조인트벤처를 운영하는 제한된 목적으로 SPE를 설립한 것이므로 쉽게 맞출 수 있었다. 두 번째 요건은 Oracle의 CEO였던 Larry Ellison 등으로부터 3%의 지분투자를 받아서 맞출 수 있었다([그림 2-1]의 (2) 관계).

현재까지 Enron이 지분을 자회사에 넘긴 것 이외에는 무슨 문제가 있는지 알기 힘들다. 미국의 회계기준은 발기인 기업이 수하의 SPE의 재무제표를 연결시킬 필요가 없다고 규정하고 있었다. Enron이 SPE에 지분을 이전시킨 것은 이 때문이다. 이 SPE는 Royal Bank of Canada로부터 115백만 달러를 대출하여([그림 2-1]의 (4) 관계) Enron에게 제공하였다([그림 2-1]의 (5) 관계). Enron은 SPE의 재무제표를 연결하지 않았기 때문에 Enron사의 재무상태표에서는 이 부채가 보고되지 않았다. 이 금액은 Enron의 잠재적 부채가 된다.

Enron의 분식회계 스캔들은 미국 경제와 투자자 신뢰도에 심각한 타격을 입혔다. 여기서 한 가지 의문이 생길 수 있다. SPE는 아무것도 없는 빈 껍데기 회사(paper company)이며, 조인트벤처는 사업을 구상한 계획밖에 없는데 Royal Bank of Canada로부터 어떻게 거액의 자금을 대출받을 수 있었을까? Enron이 신탁회사를 통해 대출에 대한 채무보증을 제공하였기 때문에 누구도 신용을 의심하지 않았던 것이다. 이런 보증채무에 대한 내용도 Enron은 주석으로 재무상태표에 기록하지 않았다.

115백만 달러가 Enron의 수중에 들어간 후, 53백만 달러는 2000년 제4분기, 57백만 달러는 2001년 제1분기의 손익계산서에 가공의 이익으로 인식되었다. 즉, 부채를 통해 빌린 자금을 이익으로 기록한 것이다.

그렇다면 Enron은 왜 부채를 숨기려고 했을까? Enron은 천연가스 시장에서 중개인 역할을 수행하는 것이 핵심사업이었다. 천연가스 선물시장에서 물량을 매입하고 매도해야 하는 역할을 하기 때문에 Enron이 미래 선물계약이 만기되었을 시기에 계약을 이행할 수 있는 능력을 보여주는 것은 사업을 영위하는 데 필수적인 요소였다. 만약 천연가스에 대한 장기 공급계약을 체결해야 하는데, Enron이 미래기간 동안 계약내용을 이행할 수 없을 만큼 부실해 보인다면 계약 상대방은 계약체결을 꺼려 할 것이다. 따라서 Enron은 부채를 은닉함으로써 부채비율을 낮출 인센티브가 있었다. Enron이 지속적으로 벌인 신사업들이 대부분 실패하고 있었기 때문에, Enron의 당시 재무상황은 점차 악화되어 가고 있던 중이었다.

2001년, 드디어 Enron 스캔들이 터졌다. Enron은 2001년 1월 2일 주가 79.88달러, 시가총액 590억 달러에서 2001년 12월 31일에 주가 0.60달러, 시가총액 4.5억 달러로 추락하였다([그림 2-2] 참조). 결국 Enron은 파산을 신청하기에 이르렀다. 이 스캔들은 미국 자본시장에 심각한 타격을 주어 주가지수가 폭락한 결과, Enron과 아무 관련 없는 투자자

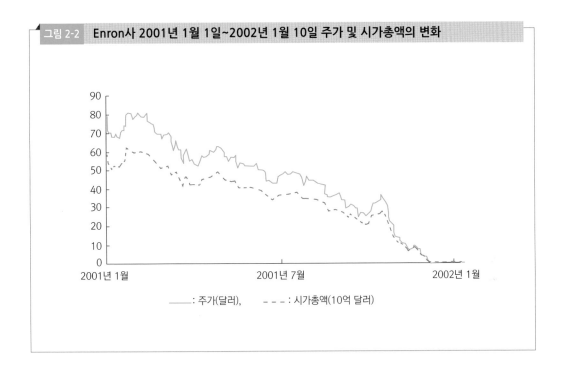

그림 2-2　Enron사 2001년 1월 1일~2002년 1월 10일 주가 및 시가총액의 변화

———: 주가(달러),　　－ － － : 시가총액(10억 달러)

들도 심각한 손실을 입었다. 한때 미국 재계 랭킹 7위, 세계 16위까지 올랐던 기업이 순식간에 파산했으니, 그 파급효과가 얼마나 컸는지는 상상이 된다. 그 후 Enron의 전 CEO는 판결 직전 사망했으며, 파산당시의 CEO는 20여 년 형을 받아 현재 복역중이다.

06　공통형(common-size) 재무분석

지금까지 재무상태표 분석과정에서의 일련의 특수 문제, 즉 자산의 저평가, 잠재적 자산, 잠재적 부채 등을 소개하였다. 우리의 목표는 재무상태표로부터 더 많은 기업가치 관련 정보를 찾아내어 이익예측과 가치평가에 활용하는 것이다.

재무상태표에서 간단한 방법으로 기타 유용한 정보를 찾아낼 수 있다. 이런 정보는 주로 자산구조, 부채구조, 자본구조와 관련되어 있다. 여기서 소개하는 분석법은 공통형 재무분석 방법이다. 재무상태표의 각 항목을 자산총계로 나누어 자산총액에서 차지하는 비율을 알아냄으로써, 각 자산 항목간의 관계를 파악할 수 있다.

[표 2-2]는 Microsoft의 1998년 재무상태표의 일부인데, 각 항목을 자산총계로 나눈 것이다.

공통형 분석에서 우리는 몇 가지 특이사항을 발견할 수 있다. 첫째, 현금및현금성자산이 총자산의 62%를 차지하는 139억 달러 규모이다. 둘째, 비유동부채가 없고, 유동부채는 총자산의 26%로 자산/부채 비율이 390%에 달한다. 셋째, Microsoft의 현금 보유량은 동종업계 산업평균보다 매우 높고, 부채비율은 현격하게 낮다. 그 이유는 무엇일까?

1998년 Microsoft는 절대적인 시장지배력을 가진 독점 소프트웨어 기업이었다. 회사의 경영활동은 대량의 현금흐름을 발생시켰으나, 성숙기에 접어든 기술과 독점적 시장지위 때문에 재투자의 기회는 매우 희소했다. 따라서 벌어들인 현금은 마땅히 투자할 곳이 없어서 은행예금 등의 형태로 회사에 보유되었다. 또한 기업 내부에 충분한 현금이 있었기 때문에 자금을 차입할 필요가 없어 비유동부채가 없었으며, 유동부채도 정상적인 경영활동에서 생성된 단기 미지급금 외에 차입한 자금은 없었다.

표 2-2　Microsoft 1998년 재무상태표　　　　　　　　　(단위: 백만 달러)

자　　산	금　액	비　율	부　채	금　액	비　율
유동자산			유동부채		
현금및현금성자산	13,927	62%	미지급금	759	3%
매출채권	1,460	7%	미지급급여	359	2%
기타	502	2%	미지급법인세	915	4%
유동자산 계	15,889	71%	선수금	2,888	13%
			기타	809	4%
			부채총계	5,730	26%
비유동자산					
기계설비	1,505	7%	자본		
장기투자	4,703	21%	우선주	980	4%
기타자산	260	1%	보통주	8,025	36%
비유동자산 계	6,468	29%	이익잉여금	7,622	34%
			자본총계	16,627	74%
자산총계	22,357	100%	부채와 자본총계	22,357	100%

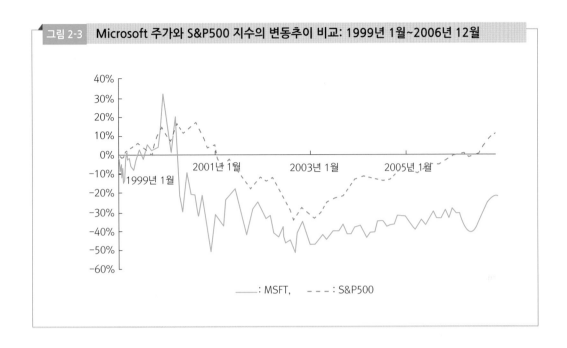

그림 2-3 **Microsoft 주가와 S&P500 지수의 변동추이 비교: 1999년 1월~2006년 12월**

—— : MSFT,   - - - : S&P500

    공통형 분석을 통해 이와 같은 정보를 손쉽게 얻을 수 있다. 이제 Microsoft의 이런 경영방침이 주주에게 유익한지 생각해 보자. 기업의 경영목적은 주주가치 극대화이므로 기업은 주주의 자금을 운영하여 수익을 창출해야 한다. 하지만 비축해 둔 현금은 수익을 창출하지 않기 때문에 사실상 주주에게 불리한 것이다. 기업이 정말 투자기회가 없을 때에는 배당금 지급 또는 자사주 매입 등의 방식으로 주주 투자금을 돌려주어, 주주가 가치를 창출할 수 있는 다른 투자기회에 투자할 수 있도록 해야 한다. 동시에 기업은 부채를 적당히 활용하여 재무 레버리지 효과를 일으켜 자기자본이익률을 높여야 한다. Microsoft의 현금운영 및 재무 레버리지 방식은 모두 주주가치 극대화를 위해서는 바람직하지 못하기 때문에 주주의 투자수익을 훼손시키고 있다.

    [그림 2-3]의 Microsoft의 주가변화 그래프로부터 우리는 주주의 투자수익률이 이 기간 동안에 별로 높지 않음을 알 수 있다. 우선, 1999년부터 2006년까지 Microsoft의 실질 주가는 21% 하락하였으나 S&P500 지수는 11% 상승하여 수익률 차이가 32%에 달한다. 실제로 이 32% 차이 역시 과소평가된 것이다. S&P500 지수에 포함된 기업들은 안정적인 수준의 배당금을 지급하는 경향이 높지만 Microsoft는 2003년에서야 처음으로 배당금을 지급하기 시작했다. 배당금의 영향까지 합하면 Microsoft와 S&P500 지수의 수익률 차이

는 32% 이상이 되는 것이다.

　Microsoft의 상황은 주식투자시 매우 중요한 이슈를 보여주고 있다. 즉 좋은 기업이 반드시 좋은 투자처인 것은 아니고, 나쁜 기업이 꼭 나쁜 투자처인 것도 아니다. Microsoft는 세계적으로 초일류의 회사이지만, 1999년에 Microsoft의 주식을 매입한 것은 아주 나쁜 투자인 셈이다.

　Microsoft 사례를 통해 손쉬운 공통형 분석을 이용하여 재무상태표에서 자산구조, 부채구조, 자본구조 등 중요한 기업경영 정보를 얻을 수 있다는 것도 알 수 있었다. 공통형 분석을 연도별로 나열해서 변동추이를 보면, 기업발전 및 변화와 관련된 더욱 많은 정보를 알 수 있다.

　좋은 기업의 주식이 반드시 투자목적으로 볼 때 좋은 주식은 아니다. 1999~2006년 동안의 Microsoft 주식이 대표적인 예라 할 수 있다.

07 결론

　이 장에서 자산 장부금액의 저평가, 잠재적 자산, 잠재적 부채 등 재무상태표를 분석할 때 유의하여야 할 점들을 소개하였다. 이런 문제들에 대한 이해는 기업의 가치평가에 아주 중요한 영향을 미친다.

　재무상태표와 관련되어 증권투자시 자주 사용되는 중요한 개념은 주가순자산비율(market-to-book ratio 또는 price-to-book ratio: PBR)이다. 이 비율은 특정시점의 상장사 시가총액(또는 1주당 주가)을 자본의 장부금액(또는 1주당 순자산가치)으로 나눈 값이다. 예를 들어, 2001년 12월 31일, GE의 1주당 주가는 40.08달러이고 시가총액은 40.08달러×9,925,938,000주=397,931,595,040달러이다. GE의 2001년 재무상태표에서 자본은 54,824,000,000달러이다. 그러므로 당일 GE의 price-to-book ratio(PBR)는 397,931,595,040/54,824,000,000=7.26이다.

　주가순자산비율은 1원의 자본이 증시에서 얼마의 가치가 있는지 보여주는 지표이다. 앞에서 설명한 것처럼 분자는 자본의 시장가치이고 분모는 자본의 장부금액이다. 2001년

12월 31일 투자자들은 GE의 자본 1달러가 7.26달러의 가치가 있다고 해석할 수 있다.

주가순자산비율은 일반적으로 1이 아니며, 대부분 기업의 경우 1보다 크다. 그 원인으로는 여러 가지가 있다.

첫째, 재무상태표에는 저평가된 자산과 잠재적 자산이 존재하기에 자본의 장부금액이 일반적으로 시장가치보다 낮기 때문이다. 예를 들어, GE의 브랜드가치는 시장가치에는 반영되어 있으나 장부금액에는 포함되지 않아 시장가치가 장부금액보다 높게 된다.

둘째, 이론적으로도 시장가치와 장부금액은 일치할 필요가 없다. 장부금액은 기업의 과거 경제행위를 기록한 과거회고적인(backward-looking) 금액이지만, 시장가치는 투자자가 기업이 미래에 창출할 수 있는 예상현금흐름에 대한 기대를 반영하기 때문에 미래지향적인(forward-looking) 금액이다. 그러므로 양자가 반드시 일치할 필요는 없다.

셋째, 상기 두 가지 원인은 시장이 충분히 효율적이어서 주가가 기업의 가치를 충분히 반영하고 있다는 가설을 전제로 하고 있다. 그렇기 때문에 시장에서 결정된 가격이 기업의 진실된 가치를 잘 반영하고 있다는 전제하에 주가순자산비율이 왜 1이 아닌지를 설명해 주는 것이다. 그러나 시장의 가격결정에 오류가 있을 가능성도 있다. 재무제표분석과 기업가치평가의 목적은 시장가격의 오류를 발견하고 헤징을 통해 초과수익(abnormal returns)을 얻기 위한 것이다. 물론 시장의 가격결정 오류는 장기간 지속되지 않으며, 정보가 공시됨에 따라 가격은 점차 내재가치에 가깝게 변한다. 이 과정에서 자본의 시장가치와 장부금액의 관계 역시 가격결정 오류의 영향을 받을 수 있다.

주식거래에서 주가순자산비율은 투자자에 의하여 주가가 고평가 또는 저평가되었는지 측정하는 중요한 지표로 사용하고 있다. 주식의 주가순자산비율이 너무 높을 때, 투자자는 해당 주식의 가격이 내재가치보다 높을 가능성이 있어 미래 투자수익이 낮을 것이라고 예상한다. 주식의 주가순자산비율이 너무 낮을 때는 이와 반대이다. 역사적으로 살펴보면 증시의 평균 주가순자산비율이 너무 높았을 때는 대부분 버블이 발생했던 시기이다. Fama and French(1992)[1]는 주가순자산비율과 관련하여, 1963~1990년 사이의 미국시장 자료를 분석하였다. 연도별로 모든 상장사를 주가순자산비율이 낮은 기업부터 높은 순서대로 10개 투자 포트폴리오로 구분한 후, 각 포트폴리오의 향후 12개월 월평균 투자수익률을 계산하였다. 그 결과 주가순자산비율이 가장 낮은 포트폴리오

---

1 Fama, E.F. and K.R. French, 1992, "The Cross-Section of Expected Stock Returns," The Journal of Finance 47 (2), pp. 427-465.

표 2-3	주가순자산비율과 미래 월평균수익간의 관계(Fama and French, 1992)								
주가순자산비율 포트폴리오									
최저	2	3	4	5	6	7	8	9	최고
1.63%	1.50%	1.40%	1.39%	1.26%	1.24%	1.17%	1.06%	0.98%	0.64%

의 향후 12개월 월평균 투자수익률은 1.63%이나, 주가순자산비율이 가장 높은 포트폴리오는 0.64%에 그쳐 매월 약 1% 낮은 수익률을 보여주었다(연간 수익률을 계산한다면 약 12% 적다고 보면 된다). 구체적인 결과는 [표 2-3]에 표시되어 있다. 이 연구와 많은 후속 연구는 주가순자산비율이 가격결정 오류의 중요한 지표로 사용될 수 있다는 것을 보여주었다.

[그림 2-4]는 2005~2021년 사이 국내 증시의 월평균 주가순자산비율을 보여준다. 이 기간 동안 우리나라 상장사의 평균 주가순자산비율은 1.21이다. 코리아 디스카운트라는 말이 놀랍지 않게 이 기간 동안 KOSPI의 경우 평균 주가순자산비율이 1이 넘지 않은 해가 3년이나 된다. 또 주가순자산비율은 변동폭이 상당히 커서, 최저치는 0.87이고 최고치

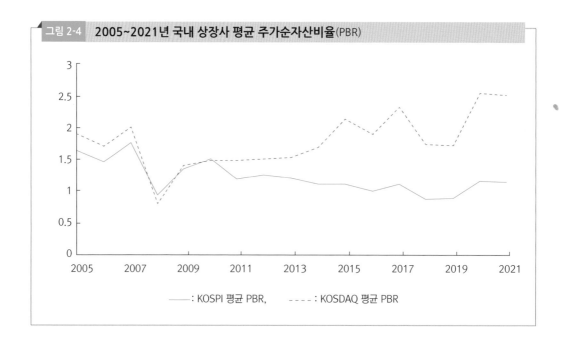

그림 2-4 2005~2021년 국내 상장사 평균 주가순자산비율(PBR)

——— : KOSPI 평균 PBR,   ----- : KOSDAQ 평균 PBR

표 2-4	국내상장사 주가순자산비율과 미래 연평균 수익률간의 관계									
포트폴리오	최저	2	3	4	5	6	7	8	9	최고
평균 PBR	0.29	0.44	0.56	0.67	0.80	0.95	1.14	1.42	1.94	3.96
수익률	42.6%	28.8%	27.4%	20.1%	17.7%	15.3%	11.7%	4.0%	3.1%	-4.7%

는 1.75이다. 이렇게 변동성이 크다는 것은 이 기간 동안 투자자의 상장사 순자산의 가치에 대한 생각이 많이 바뀌었다는 것을 말한다.

　　여기에는 당연히 국내 상장사 전체의 변화가 급속한 원인도 있지만, 시장에 가격책정 오류가 존재한다는 것도 보여주고 있다. 또한 IFRS 도입 이전에도 가끔 자산재평가가 허용되어 자산의 장부가치를 시가에 따라 증가시키는 것이 허용되었기 때문에, 이런 회계적인 자산재평가도 주가순자산비율의 변화에 영향을 미쳤을 것이다.

　　제1장에서 소개한 동일기간 국내 주가종합지수의 변화와 결합하여 보면, 주가순자산비율의 변동과 시장지수의 변동은 기본적으로 동시에 일어나고 그 형태도 아주 비슷하다는 것을 알 수 있다. 주가순자산비율과 시장지수가 연동해서 변한다는 점은 주가순자산비율이 주식시장에 가격책정 오류와 버블이 존재하는지에 대한 조기경보지수로서의 역할을 할 수 있다는 것을 보여준다. 1990년대 후기와 2000년대 중반 이후 주가순자산비율의 증가는, 당시 투자자가 상장사 가치를 과대평가했다는 것을 의미한다. 따라서 그 이후 발생했던 조정과 하락장을 예측할 수 있다.

　　Fama and French(1992)의 방법에 따라 국내상장사의 주가순자산비율과 향후 12개월 투자수익률의 관계를 계산해 보았다. 여기서 우리는 12개월 구매보유총수익(Buy-and-Hold Return)을 투자수익률을 측정하는 데 사용하였다. 결과는 [표 2-4]에 제시하였다.

　　국내 데이터를 사용한 결과도 미국 데이터를 사용한 것과 동일하다. 주가순자산비율이 가장 낮은 포트폴리오의 항후 1년간 수익률은 42.6%에 달하였으나, 주가순자산비율이 가장 높은 포트폴리오의 경우 -4.7%밖에 안 된다. 이는 투자자가 주가순자산비율이 가장 높은 포트폴리오의 주가가 과대평가되었다고 여기고, 주가순자산비율이 가장 낮은 포트폴리오의 주가가 저평가되었다고 여긴다는 것을 반영한다.

　　다음 장에서는 손익계산서에 대한 분석을 소개한다.

과제

❶ Excel 과제

Excel에서 새로운 Spreadsheet을 만들고 "재무상태표"로 명명한다. 표에 대상기업 및 비교기업의 재무상태표의 연간 자료를 입력한다. 최근 회계연도 및 그 전의 최소 5개 연도의 데이터를 포함해야 하며, 여러 해 자료를 입력할수록 좋다. 입력시 대상기업은 앞에, 비교기업은 뒤에 입력한다.

동일한 Spreadsheet에서 두 회사의 재무상태표에 대하여 공통형 분석을 진행한다. 공통형 분석은 [표 2-2]처럼 데이터의 오른쪽에 작성한다.

❷ Chapter report

Chapter report에서는 대상기업의 재무상태표를 설명하도록 한다. 독자는 기업이 영위하는 사업을 충분히 이해한 후에 재무상태표에 대해 깊이 알아보도록 한다.

❸ 다음은 대한항공의 2009년 말 재무상태표에 포함된 주석의 일부분이다.

당사는 리스자산의 소유에 따른 위험과 효익이 당사에게 대부분 이전된 리스의 경우에는 금융리스로, 기타의 리스거래는 운용리스로 처리하고 있습니다. 일반적으로 금융리스는 리스기간 종료시 또는 그 이전에 리스자산의 소유권이 당사에게 이전되는 경우나 리스실행일 현재 당사가 리스자산의 염가매수선택권을 가지고 있고 이를 행사할 것이 확실한 경우 또는 소유권이 이전되지 않을지라도 리스기간이 리스자산 내용연수의 75% 이상을 차지하는 경우, 리스실행일 현재 최소리스료를 내재이자율로 할인한 현재가치가 리스자산 공정가치의 90% 이상을 차지하는 경우 또는 리스자산의 범용성이 없는 경우입니다.

당사는 운용리스의 경우 보증잔존가치를 제외한 최소리스료는 리스기간에 걸쳐 균등하게 배분된 금액을 운용리스료 비용으로 인식하고 있으며, 금융리스에 대해서는 최소리스료를 내재이자율로 할인한 가액과 리스자산의 공정가치 중 작은 금액을 금융리스자산과 금융리스부채로 각각 계상하고, 금융리스자산은 소유자산과 동일한 방법으로 감가상각하고, 매기의 리스료를 유효이자율법으로 계산한 이자비용과 리스부채의 상환액으로 배분하여 처리하고 있습니다.

(1) 금융리스와 운용리스의 회계처리 방법이 어떻게 다른지 설명하여라.

(2) 대한항공의 2009년 말 총자산 중 유형자산이 차지하는 비중, 총자산 중 보유 항공기 및 엔진, 항공기 리스자산 및 엔진 리스자산이 차지하는 비중이 얼마인지 각 항목별로 계산하여라. 재무상태표에 표시된 리스자산은 금융리스로 분류된 것이다.

(3) 아래 내용은 대한항공의 2009년 말 현재 운용리스에 대한 공시자료이다.

> 당사는 당기 말 현재 BCC Bolongo Ltd. 및 Gecas Technical Services Ltd. 등과 항공기에 대한 운용리스계약을 체결하고 항공기 27대 및 상비부품을 임차하여 사용하고 있습니다. 또한 New York City Industrial Development Agency(IDA)와 JFK공항 화물터미널 사용에 대한 운용리스계약을 체결하고 있는바, 상기 운용리스의 연도별 리스료 지급예상액은 다음과 같습니다.
>
> (단위: US$천, 천원)
>
> | 구 분 | 외 화 | 원화상당액 |
> |---|---|---|
> | 2010. 1. 1 ~ 2010. 12. 31 | 152,574 | 178,145,402 |
> | 2011. 1. 1 ~ 2011. 12. 31 | 133,882 | 156,320,623 |
> | 2012. 1. 1 ~ 2012. 12. 31 | 96,676 | 112,878,898 |
> | 2013. 1. 1 ~ 2013. 12. 31 | 75,682 | 88,366,303 |
> | 2014. 1. 1 ~ 2014. 12. 31 | 69,843 | 81,548,687 |
> | 2015년 1월 1일 이후 | 253,773 | 296,305,355 |
> | 합 계 | 782,430 | 913,565,268 |

이 자료로부터, 만약 이 리스를 운용리스가 아니라 금융리스로 분류한다면 대한항공이 2009년 재무상태표에 추가적으로 기록해야 할 자산과 부채의 금액은 얼마인지 계산하여라. 단, 미래기간의 할인율은 7%로 가정한다. 2015년 이후의 기간에 대해서는 연도별 리스료 지급예상액이 줄어드는 추세를 고려하여 적정 기간을 추가적으로 추정하여 계산에 사용하여라. 계산시에는 어떻게 하여 추정을 했는지를 명확히 설명하여야 한다.

(4) 위의 (3)에서 계산한 운용리스를 금융리스로 처리했을 경우, 대한항공의 2009년 말 기준 총자산, 총부채, 그리고 부채비율이 얼마로 변하는지 계산하여라.

(5) 다음은 2009년 말 아시아나항공의 리스관련 재무상태표에 주석으로 포함된 공시 자료이다.

> 회사는 항공기 및 엔진 등에 대하여 International Lease & Finance Corporation 등과 운용리스계약을 체결하고 있습니다. 2009년 12월 31일 현재 운용리스로 사용중인 항공기 및 엔진 등은 각각 43대 및 26대이며, 이 중 2대의 항공기에 대하여는 에어부산(주)와 재리스계약을 체결하고 있습니다.
>
> 2009년 12월 31일 현재 리스계약에 의해 향후 지급할 최소리스료는 다음과 같습니다.
>
> (외화단위: USD, 원화단위: 천원)

구　분	외　화	원화상당액
1년 이내	287,797,940	336,032,874
1년 초과~5년 이내	878,665,335	1,025,929,645
5년 초과	493,594,047	576,320,410
합　계	1,660,057,322	1,938,282,929

위의 아시아나항공 자료를 이용하여, 앞의 (2), (3), (4)번과 동일한 분석을 하여라.

(6) 최근 개정된 리스 회계 처리에 대해 간단히 설명하여라.

❹ 아시아나항공의 재무상태표에 포함된 주석을 살펴보면, 아시아나항공은 2009년 동안 자산재평가를 실시해서 총 4,250억원만큼의 항공기 및 리스항공기 계정 자산규모를 증가시켰다.

(1) 자산재평가 실시 후의 주가순자산비율을 2009년 말 종가 기준과 2010년 3월 31일 종가 기준으로 계산하여라.

(2) 자산재평가를 실시하지 않았다고 가정하고 두 비율을 계산하여라.

(3) 2005년부터 2009년까지의 12월 말 및 다음해 3월 말 기준으로 주가순자산 비율을 계산하여 비교하여라. 비교목적의 경우 자산재평가 실시 전 또는 실시 후 수치 중 무엇을 사용하는 것이 타당한가?

❺ 아래 표는 2012년과 2022년 세계 10대 기업 순위(시가총액 기준) 변화를 보여준다. 이러한 변화를 통해 기업가치 평가에 있어 재무상태표의 어떤 항목이 보다 중요해졌는지 간단히 서술하시오.

2012년	
1위	Apple
2위	Exxon Mobil
3위	Petro China
4위	BHP Biliton
5위	ICBC
6위	China Mobile
7위	Walmart
8위	삼성전자
9위	Microsoft
10위	Royal Dutch Shell

2022년	
1위	Apple
2위	사우디 아람코
3위	Microsoft
4위	Alphabet
5위	Amazon
6위	Tesla
7위	버크셔 헤서웨이
8위	TSMC
9위	NVIDIA
10위	Tencent

빅뱅그룹의 해동건설 인수 사례

빅뱅그룹은 1948년 설립된 (주)빅뱅운수를 시작으로 하여 현재는 해운업과 석유화학, 건설, 물류, 금융업 등 다양한 산업에서 계열사를 보유하고 있다. 2015년 현재 국내 재계서열 10위권, 11조원의 자산을 보유한 대규모 기업집단이다.

빅뱅그룹은 한국의 경제성장과 수출지향적 정책 덕분에 순탄하게 성장을 거듭하여 왔다. 그러나 1980년대 초 석유파동 및 1990년대 말 아시아 금융위기 당시 심각한 유동성 위기를 겪었고, 이를 타개하기 위해 본사사옥까지 매각하는 등 어려움에 처하기도 했다. 빅뱅그룹은 이러한 위기를 극복하고, 현재 여러 계열사가 업계 3위 이내에 드는 경쟁력을 갖추는 등 탄탄한 기업경쟁력을 유지하고 있다. 다만 여러 개의 계열사 중 건설과 물류는 중견기업에도 뒤쳐지는 상태였기 때문에, 그룹차원에서 이 부분에 대한 성장기회를 물색하고 있었다.

특히 2012년 새로 취임하게 된 고성장 회장은 그룹의 신성장동력을 강조했고, 그러한 성장동력으로서 경쟁력이 약했던 건설과 물류산업을 지목했다. 고성장 회장은 물류산업과 건설산업을 영속적인 산업으로 생각하여 이를 그룹의 주력으로 삼고자 하였고, 해당 사업의 경쟁력 강화를 위한 인수합병 대상을 찾았다. 이때 해동건설이 공개적으로 매각된다는 소식이 시장에 발표되었다.

해동건설의 과거와 현재

해동건설은 한때 글로벌 기업을 표방하며 전 세계로 사업을 확장해 나가던 해동그룹의 계열사였다. 그러나 해동그룹은 무리한 해외투자로 인한 수익성 악화와 유동성 문제로 인해 2000년대 말 세계 금융위기를 이겨내지 못하고 대부분의 계열사가 도산하게 되었다. 그러나 그 가운데 건설업계에서 시공능력이 매우 우수하던 해동건설은 파산의 위기를 넘기고 워크아웃 대상이 되어 회생의 길을 걷게 되었다. 해동건설이 일시적인 자금난으로 파산하였지만 회생가능성이 높다고 판단한 자산관리공사는 해동건설에 공적자금을 투입하기로 결정하였다. 우선 자산관리공사는 해동건설의

1 본 사례는 최종학 교수가 2009년 교육과학기술부 BK21 사업단의 연구비 지원을 받아 작성한 것이다. 본 사례의 작성과정에는 서울대 박사과정의 이준일 군 및 최선화 양이 참여하였다. 본 사례는 실제 기업의 사례를 기본으로 하였지만, 회사명과 수치 및 기타 관련사항들을 수정한 가상의 자료를 이용하여 작성되었다. 따라서 독자들은 본 사례에 등장하는 내용이나 수치가 실제 발생했던 일과 정확히 일치하지는 않는다는 것을 명심하기 바란다.

부실채권을 사들였다.[2] 그리고 채권단과의 협의를 통하여 기존 채무의 상환을 유예하고, 채권의 상당금액을 출자전환하고, 남은 차입금의 이자율을 감면하는 등의 워크아웃 절차가 진행되었다. 이러한 워크아웃 절차에 따라서 해동건설의 차입금은 상당부분 지분으로 전환되었으며, 그 결과 자산관리공사와 기타 금융기관으로 구성된 채권단이 해동건설의 주요 주주가 되었다.

이런 가운데서도 해동건설은 국내와 해외에서 수주활동 노력을 계속하였고, 그 결과 꾸준히 영업실적을 개선해 나가면서 차입금을 점차 상환하는 등 구조조정 노력을 계속하였다. 드디어 2013년에는 예상보다 일찍 워크아웃 절차를 종료하여 정상적인 영업활동을 할 수 있는 기반을 마련하게 되었다. [표 1]에는 해동건설의 경영성과가 보고되어 있다.

해동건설은 2013년에 사상최대의 경영성과를 달성하였다. 수주액이나 매출, 영업이익 면에서 경쟁업체들을 능가하는 업계 최고의 실적이었다. 특히, 해동건설은 '아리따운'이라는 브랜드로 프리미엄 아파트를 공급하여 소비자들의 큰 호응을 얻었으며, 이를 바탕으로 주택공급 실적 1위를 달성하기도 하였다. 이렇게 해동건설의 영업실적이 개선되고 주식가격이 상승하자, 채권단들은 출자전환을 통해 보유하고 있던 주식을 매각하여 투자금을 회수하기로 결정한다.

채권단이 해동건설을 매각한다는 소식이 전해지자 여러 기업들이 즉각적인 관심을 보이기 시작하였다. 해동건설이 업계 최고수준의 기술력을 보유하고 있는 유망한

표 1	해동건설의 경영성과 (2011~2013년)		(단위: 백만원)
	2011년	**2012년**	**2013년**
매출액	2,645,976	3,002,427	3,681,043
영업이익	187,447	270,292	272,043
순이익	142,472	105,830	142,458
총자산	4,323,045	4,228,589	4,611,812

2 자산관리공사는 정부가 부실화된 기업에 공적자금을 투입한 대가로 주식을 인수하여 정부소유가 된 기업들을 관리하기 위해 설립된 공공기관이다.

회사이니 만큼, 다수의 회사가 인수경쟁에 나선 것이다. 빅뱅건설을 소유한 빅뱅그룹도 인수경쟁에 적극적으로 뛰어들게 된다.

해동건설 인수전

빅뱅그룹의 경영진이 해동건설을 탐내는 데에는 여러 가지 이유가 있었다. 빅뱅그룹의 계열사들 대부분이 업계순위에서 1, 2위를 유지하는 데 반해서 빅뱅건설은 공사실적, 경영상태, 기술능력, 신인도 등을 종합평가한 시공능력 순위에서 20위 내에 간신히 속하는 형편이었다. 이는 업계 최고를 자부하는 빅뱅그룹 경영진의 자존심을 건드리는 부분이었다. 업계 1, 2위만이 영속 가능하다고 믿는 빅뱅그룹의 신임회장에게, 회생 이후의 좋은 경영성과뿐만 아니라 업계 선두권의 시공능력을 보유하고 있는 해동건설은 너무나 매력적인 인수대상이 될 수밖에 없었다.

빅뱅그룹 이외에 건설업에 속해 있는 회사들이나 건설업으로 신규 진출을 고려하고 있는 다른 회사들에게도 해동건설은 매력적인 인수대상이었다. 해동건설은 아파트시장에서 프리미엄 브랜드 이미지를 보유하고 있었으며, 시공능력이나 자산총계에서 건설업 선두권을 유지하고 있어서 해동건설을 인수하는 업체는 대외인지도가 향상됨은 물론 곧바로 건설업계 1위로 올라서게 되기 때문이었다. 나아가 해동건설 자체의 규모가 거대하여, 해동건설을 인수하게 되는 기업은 재계의 순위도 크게 뛰어오르게 된다. 또한 현재까지 해동건설 경영이 자산관리공사 등 채권자에 의해서 소극적으로 이루어져 왔기 때문에, 인수 후 공격적인 경영을 펼치면 성장가능성이 훨씬 클 것이라는 기대도 있었다. 따라서 비단 빅뱅그룹만이 아니라 여러 기업이 해동건설 인수에 총력을 기울이게 되었고, 해동건설 인수에 대한 예비입찰에만 10개의 업체가 참여하는 등 초반부터 과열의 조짐이 나타나고 있었다.

인수전의 한 가운데 천문학적 규모의 인수자금이 가장 큰 문제로 제기되었다. 해동건설의 규모가 워낙 크다 보니 인수자금 마련은 단일 회사나 그룹으로서는 쉽지 않은 일이었던 것이다. 2015년 매각계획 발표시 해동건설의 주가는 5,446원이었으며, 매각대상 주식수는 약 1억 7천만 주였으므로, 매각가격은 당시 주식가격으로만 산출했을 때도 9,200억원 이상이었다. 여기에다 경영권을 넘겨받을 수 있으므로, 실제 인수가액은 경영권 프리미엄이 추가된 가격이 될 것이었다. 그 결과 공개입찰에 참여한 6개 업체들은 각각 대규모 자금조달을 위해 그룹 내의 여러 개 계열사와 재무적 투자자들이 함께 컨소시엄을 이룬 형태로 참여하였다.

입찰이 진행되던 2016년 중 국내주식시장이 전반적인 상승세를 보임에 따라 해동건설의 주식가격이 올라 인수예상가격이 대폭 상승하였다. 워크아웃을 졸업하던 시점인 2013년 말에 한 주당 4,785원이었던 해동건설의 주식가격은 그동안 꾸준한 상승을 이어가며, 2016년 3월에는 약 12,200원에 달하여 약 2.54배가 되었는데, 같은 기간 종합주가지수가 705에서 1,184로 1.68배가 된 것에 비하면 매우 가파른 상승이었다. 2016년 3월 초 해동건설의 전체 시가총액은 3조 7,400억원선으로서, 입찰대상 지분인 '50%+1주' 가격은 1조 8,700억원이었다. 여기에 경영권 프리미엄이 가산되고 6개 컨소시엄간의 입찰경쟁으로 인한 입찰가격 상승으로 2조 6,000억~3조원선에서 입찰가격이 정해질 것으로 전망되었다. 그런데 해동건설 인수전이 치열해지자 자산관리공사는 경영권 확보에 필요한 '50%+1주'만 매각하기로 했던 초기방침을 바꾸었다. 그래서 채권단이 가지고 있던 지분 72.1% 중 나머지 22.1% 지분도 매각대상에 포함시켰다. 이러한 방침의 변화는 해동건설의 주식가격이 계속 상승세에 있고 인수경쟁 업체간의 경쟁도 치열하여 인수예상 가격이 올라갔기 때문이다. 그래서 이 기회를 이용하여 보유하고 있던 나머지 지분까지 높은 가격으로 처분하기 위한 것이었다. 매각대상 지분율이 늘어나면서, 최종 인수대금이 3조 5,000억~3조 9,000억원에 달할 것이라는 분석이 나왔지만 입찰업체간의 인수경쟁은 날로 치열해져 갔다.

인수경쟁 과열로 입찰가격이 상승하면서 각 입찰 경쟁사들의 자금 동원력이 인수전의 가장 중요한 요인으로 부상했다. 이에 따라 입찰업체와 시장 금융기관들과의 연합이 활발하게 일어났다. 유력한 경쟁그룹들 가운데 빅뱅그룹은 비전이 확실하고 인수 의지가 강력하며 시장에 널리 홍보되었다는 강점은 있었다. 그러나 자금력에 있어서는 그다지 강점을 가지고 있지 않았고, 오히려 다른 경쟁자에 비해 열세이기까지 했다. 따라서 현재의 자금상태가 아닌 미래에 우수한 자금 동원력이 있다는 점을 시장에 강조하고 우수한 우군을 모으기 위해 그룹의 뛰어난 실적을 시장에 널리 홍보하는 전략을 주로 구사하였다.

금융권 출신으로서 빅뱅그룹의 전략을 담당하고 있는 김인수 사장은 자금마련 방안에 고심하였다. 그러다가 빅뱅그룹의 지주회사제 변모를 선언하면서 지분을 매각하고, 각 계열사별로 대규모 회사채를 발행하여 자금을 확보하기 시작하였다. 그러나 일부에서는 빅뱅그룹이 무리한 인수시도로 부채비율이 상승하고, 차후 인수에 성공하면 더욱 차입비율이 상승하여 '승자의 저주'(winner's curse)에 빠질 가능성이 높다는 우려가 제기되기도 하였다. 빅뱅그룹은 이에 대해서 높은 실적과 석유파동 위기를 극복한 경험을 내세우며 시장의 불안을 잠식시키려 했다.

빅뱅그룹의 전방위적인 노력으로 빅뱅그룹은 치열한 경쟁에서 승리하여 2016년 11월 인수본계약을 체결했다. 최종 인수가격은 우선협상자 선정 당시 12,180원이었던 주가 대비 90% 가까이 할증된 주당 22,848원이다. 총 5조 5,901억원을 들여 해동건설을 인수했으니, 총 2조 6,100억원을 프리미엄으로 지불한 셈이었다. 이런 가격선정과 입찰과정, 그리고 자금조달 과정에서는 한국에서 그동안 여러 M&A에 참여한 바 있는 JP모건이 자문사 역할을 했다.

당시 정부가 막바지에 과거 분식회계 경험이 있는 기업에 상당한 불이익을 주는 조건을 매각조건에 포함시킴으로써, 제일 유력한 인수후보였던 동산그룹이 자동적으로 후보군에서 탈락한 것이 빅뱅그룹의 승리의 이유라고 볼 수도 있었다.[3]

이런 빅뱅그룹의 승리에 대해서 과도한 차입자금을 동원한 인수라고 일부 우려의 목소리도 제기되었다. 그러나 빅뱅그룹의 과감한 결단과 도전, 급속한 성장이라는 류의 긍정적인 의견이 시장에서 주류를 이루었다. 빅뱅그룹도 인수의 성공으로 인해 재계서열 10위권에서 5위권으로 훌쩍 뛰어올라 그룹의 위상을 높일 수 있었다.

해동건설 인수를 위한 자금조달

해동건설의 인수는 인수대상 지분인 72.13%를 빅뱅건설을 비롯한 빅뱅그룹의 계열사가 32.49%를 인수하고, 현재증권을 비롯한 재무적 투자자(financial investors)가 39.63%를 인수하는 방식으로 이루어졌다.[4] 재무적 투자자들은 취득한 주식의 의결권을 빅뱅그룹측에 위임했다. 다음 [표 2]는 해동건설의 지분인수에 참여한 업체의 현황이다.

빅뱅그룹은 재무적 투자자가 투자한 금액을 제외한 자체 조달자금 2조 5,182억원 중 거의 대부분인 91.4%를 외부 차입금에 의해 조달하였다. 재무적 투자자가 투

---

3 정부가 막판에 매입가격이 아니라 다른 조건을 매입조건에 포함시켜서 동산그룹이 입찰경쟁에서 배제되었으므로 빅뱅그룹의 승리를 도와줬다고도 볼 수 있다. 이 때문에 빅뱅그룹의 승리는 '로비의 승리'라는 비판도 시장에서는 다수 제기되었으나, 빅뱅그룹은 이런 의혹에 대해 강하게 부인했다.

4 재무적 투자자란 회사의 경영권에는 관심이 없이, 단지 주식투자를 통해 수익을 올릴 목적으로만 자금을 동원하여 주식을 구입한 투자자들을 말한다.

표 2	해동건설의 지분인수 현황			(단위: 원)
구　분		지분율	인수금액	비　고
빅뱅그룹 지분	빅뱅건설	18.46(%)	1조 4,308억	
	빅뱅해운	5.61(%)	4,348억	
	빅뱅석유화학	4.49(%)	3,480억	
	빅뱅물산	2.81(%)	2,178억	
	빅뱅생명보험	1.12(%)	868억	
빅뱅그룹 지분합계		32.49(%)	2조 5,182억	
현재증권 외, 재무적 투자자		39.63(%)	3조 719억	연복리 9% 보장
합　계		72.13(%)	5조 5,901억	

자한 금액까지 포함할 경우 전체 인수금액 중 96.1%를 외부 차입금에 의하여 조달한 것이다. 즉 자체 자금은 3.9%만을 동원했을 뿐이다. [표 3]의 빅뱅그룹 순차입금(net debt) 증가현황을 살펴보면, 2015년과 2016년 사이 빅뱅그룹의 순차입금 증가분이 거의 대부분 해동건설 인수에 사용되었음을 확인할 수 있다. 이렇게 인수금액 대부분을 외부 차입금에 의하여 조달하는 방법을 LBO(Leveraged Buyout)라고 한다. 이 방법은 자기 회사의 자금이 부족하더라도 차입금을 통한 유동성 조달로 인수자금을 확보할 수 있다는 장점이 있으나, 인수 후 차입금으로 인한 이자비용 부담의 증가와 원금 상환의 압력 때문에 유동성 위험을 내포하고 있다. 따라서 선진국 시장에서도 LBO는 실패한 경우가 상당히 많으며, 피인수기업의 현금흐름이 부채금액과 비교할 때 상당히 높은 경우에 주로 성공할 수 있다는 연구결과도 보도된 바 있다.[5]

　　그런데 해동건설의 인수를 위한 자금조달 방법에는 차입금보다 더욱 위험할 수 있는 조건이 있었다. 빅뱅그룹은 재무적 투자자를 유치하기 위해 재무적 투자자가 최소 연복리 9%의 수익을 올리는 것을 보장해 주었다. 이를 위하여 해동건설의 주가가

---

[5] 좁은 의미에서는 피인수회사의 자산을 담보로 자금을 빌려서 피인수회사를 인수하는 것만을 LBO라고 부른다. 이 방법은 인수회사가 거의 자체자금을 사용하지 않고 피인수회사의 능력을 이용하여 기업을 인수하는 셈이다. 우리나라에서는 피인수회사를 위험에 빠뜨릴 가능성이 높은 위험한 방법이라고 판단하여, 법적으로 허용되지 않고 있다. LBO의 성공과 실패에 대한 연구로는 Denis and Denis(1995, *Journal of Financial Economics*), Halpern, Kieschnick, and Rotenberg(1999, *The Quarterly Review of Economics and Finance*) 등을 참조할 수 있다.

구　분	2015년	2016년	증분 차입금
빅뱅건설	8,425억	1조 7,579억	9,154억
빅뱅해운	4,618억	9,417억	4,799억
빅뱅석유화학	5,251억	1조 2,076억	6,825억
빅뱅물산	1조 4,229억	1조 7,092억	2,863억
합　계	3조 2,523억	5조 6,164억	2조 3,641억

표 3　빅뱅그룹 순차입금(net debt) 증가 현황　(단위: 원)

정해진 가격에 미치지 못할 경우 주식을 모두 빅뱅그룹에서 되사주기로 하는 풋백옵션(put-back option) 계약을 맺었다. 이런 조건하에서 상당한 재무적 투자자의 자금을 유치할 수 있었던 것이다.[6]

풋백옵션의 발행

빅뱅그룹은 전체 인수대상 지분 가운데 45% 가량을 기존 대주주 및 계열사가 인수하고 나머지 55% 가량을 재무적 투자자들의 도움을 받아 인수하는 계획을 세웠다. 그러나 재무적 투자자들이 경영권에 참여하지 않는 대신 빅뱅그룹은 이들에게 일정한 수익률을 보장해 주어야만 했다. 재무적 투자자들은 주로 시중은행과 사모펀드 등으로서 해동건설의 영업환경이나 경영에 따른 위험부담을 원하지 않았다. 형식적으로는 이들 금융기관이 해동건설 주식의 상당부분을 소유하게 되는 것이었지만, 실질적으로는 인수주체였던 빅뱅그룹에게 자금을 빌려주어 빅뱅그룹이 해동건설의 주식을 구입할 수 있도록 해 줌으로써, 빅뱅그룹이 해동건설의 최대주주가 되는 구조인 것이다. 안정적인 수익을 원하는 재무적 투자자들에게 일정 수익률을 보장하기 위해서 빅뱅그룹이 취한 조치는 인수하는 해동건설의 주식가격을 기초로 하는 풋백옵션을 발행하는 것이었다.

풋백옵션의 내용은 기본적으로 주당 인수가격 22,848원에 대해 재무적 투자자

6　풋백옵션은 풋옵션(put option)의 일종이다. 풋옵션은 일정 자산을 약정한 날자에 정해진 가격으로 팔 수 있는 권리를 말한다. 풋백옵션은 풋옵션과 구조가 같지만 '원래의 매각자에게 되판다(back)'는 의미를 강조하기 위해 풋백옵션이라고 부른다. 해동건설의 풋백옵션의 경우, 재무적 투자자들이 빅뱅그룹에게 정해진 날짜인 3년 후 정해진 금액에 되팔 수 있는 권리를 보유하고 있는 셈이다.

에게 연복리 9%를 보장하는 것이다. 즉, 해동건설의 주식가격이 일정 금액 이상 상승하지 않는 경우에 빅뱅그룹이 재무적 투자자들이 보유한 주식을 연복리 9%를 가산한 가격으로 되사주기로 한 것이다. 구체적인 조건은 인수 후 3년이 되는 시점인 2019년 12월 이전까지 1일평균주가가 인수가격에 연복리 약 9%를 적용한 기준가격인 29,590원을 상회하는 경우가 한 번도 없으면, 빅뱅건설이 재무적 투자자가 보유하고 있는 해동건설 주식 전부를 29,590원에 사주어야 하는 의무가 발생하는 것이다. 재무적 투자자가 보유하고 있는 해동건설의 주식총수는 134,447,192주이다.

즉, 해동건설의 주식가격이 풋백옵션의 기준가격인 29,590원에 미달되는 경우 재무적 투자자들은 2019년 12월에 위의 풋백옵션을 행사할 것이고, 빅뱅그룹은 이들의 주식을 되사주어야 한다. 그러나 만약 주식가격이 29,590원보다 상승한다면 재무적 투자자들은 이 주식들을 시가대로 주식시장에서 팔 수 있다. 따라서 해동건설 입장에서는 이들 주식을 구입해야 할 의무가 없는 것이다.

사례문제

❶ 빅뱅그룹은 빅뱅건설을 인수하면서 재무적 투자자에 연 9%의 복리를 보장한 풋백옵션을 발행하였는데, 사업보고서에는 풋백옵션에 의하여 발생할지도 모르는 부채를 충당부채가 아닌 우발채무라는 이름으로 주석 처리하였다. 충당부채로 회계처리할 경우에는 발생이 예상되는 금액이 재무제표상에 부채로 기재되어 부채가 증가하게 되지만, 우발부채로 처리할 경우 재무제표에 반영되지 않고 주석으로만 기재된다. ① 풋백옵션을 부여한 직후 2016년 12월 말 해동건설의 주식가격은 16,620원이고 ② 2017년 12월 말의 주식가격은 21,490원이었으며 ③ 기준일인 2019년 12월로부터 1년 남은 2018년 12월 말 주식가격은 7,730원이었다. 다음 Box 1의 충당부채와 우발부채의 정의 및 주가그래프를 참고하여 빅뱅그룹이 각 연도의 사업보고서에 풋백옵션을 충당부채로 보고해야 할지 우발부채로 보고해야 할지를 논하라. 또한 회계처리 방법과 관계없이, 기업가치 평가시에 이 문제를 어떻게 고려해야 할지에 대해서도 논하라.

BOX 1 충당부채와 우발부채

충당부채와 우발부채의 정의

1) 충당부채: 충당부채는 과거사건이나 거래의 결과에 의한 현재 의무로서, 지출의 시기 또는 금액이 불확실하지만 그 의무를 이행하기 위하여 자원이 유출될 가능성이 매우 높고 당해 금액을 신뢰성 있게 추정할 수 있는 의무를 말한다. 충당부채는 의무이행에 필요한 지출의 시기 또는 금액에 대한 불확실성이 존재한다.

2) 우발부채: 우발부채는 다음에 해당하는 잠재적인 부채를 말한다.

   ① 과거사건은 발생하였으나 기업이 전적으로 통제할 수 없는 하나 또는 그 이상의 불확실한 미래사건의 발생 여부에 의하여서만 그 존재 여부가 확인되는 잠재적인 의무

   ② 과거사건이나 거래의 결과로 발생한 현재의무이지만 그 의무를 이행하기 위하여 자원이 유출될 가능성이 매우 높지가 않거나, 또는 그 가능성은 매우 높으나 당해 의무를 이행하여야 할 금액을 신뢰성 있게 추정할 수 없는 경우

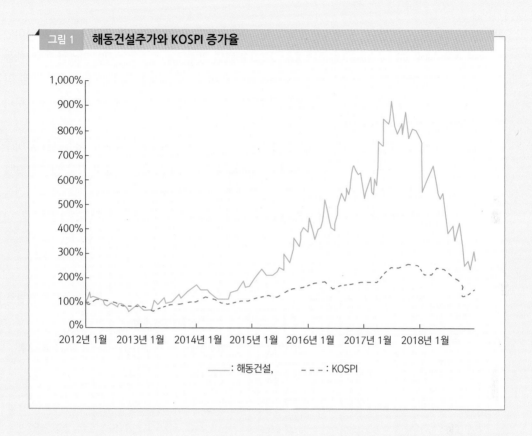

그림 1　해동건설주가와 KOSPI 증가율

: 해동건설,　– – – : KOSPI

표 1　해동건설 주가와 KOSPI 현황

일　자	해동건설 주가	KOSPI	해동건설 주가비율	KOSPI비율
2012. 01. 07	2,780	653.79	100%	100%
2012. 12. 30	2,260	545.97	81%	84%
2013. 12. 29	4,840	689.42	174%	105%
2014. 12. 27	5,220	762.97	188%	117%
2015. 12. 26	10,830	1,189.79	390%	182%
2016. 12. 28	16,620	1,247.98	598%	191%
2017. 12. 28	21,490	1,650.50	773%	252%
2018. 12. 29	7,630	972.3	274%	149%

❷ 빅뱅그룹은 2016년 11월 인수본계약을 체결했다. 이때 우선협상자 선정 당시 12,180원이었던 주가 대비 90% 가까이 할증된 주당 22,848원의 가격으로 총 5조 5,901억원을 들여 해동건설을 인수했다. 따라서 총 2조 6,100억원을 프리미엄으로 지불한 셈이었다. 인수를 위한 자금은 본문에서 살펴보았듯이 거의 전부 빅뱅그룹 계열사를 통한 차입금과 재무적 투자자로부터 조달한 금액으로 이루어졌다.

1) 빅뱅건설이 해동건설 주식인수를 위해 사용한 자금 1조 4,308억원 전액이 차입금으로 이루어져 있으며 차입금에 대한 이자비용은 재무적 투자자에게 보장한 이윤과 같은 연복리 9%라고 가정하자. 다음 빅뱅건설의 2016년도 사업보고서에 기재된 부채상환 계획과 빅뱅건설의 최근 경영성과를 참조하여 빅뱅건설의 차입금 상환계획이 가능할 것인지 논하여라.

표 2 **빅뱅건설의 부채상환계획**					(단위: 백만원)
종 류	**당기 말 잔액**	**상환금액(계획)**			
		2017년	**2018년**	**2019년**	**2020년 이후**
장기차입금	390,540	121,052	18,916	178,615	71,957
사 채	1,244,100	139,200	435,000	539,400	130,500
합 계	1,634,640	260,252	453,916	718,015	202,457

표 3 **빅뱅건설의 경영성과**(2013~2016년)				(단위: 백만원)
	2013년	**2014년**	**2015년**	**2016년**
매 출 액	1,571,291	1,096,258	1,330,823	1,416,911
영업이익	95,108	118,058	135,607	109,624
당기순이익	17,927	121,497	78,300	169,000
총 자 산	1,833,489	1,990,373	2,544,761	3,381,547

2) 한편 해동건설 인수로 인한 시너지 효과는 빅뱅건설과 해동건설에 집중될 것이므로 풋백옵션으로 인하여 발생할 가능성이 있는 채무를 빅뱅건설과 해동건설의 영업이익으로 부담할 수 있어야 다른 계열사에 해동건설 인수로 인한 비용이 전가되지 않을 것이다. 따라서 행사가격인 29,590원에 미달할 경우 발생하는 채무액(풋백옵션 행사가격 - 행사 당시 주식가격)을 전액 빅뱅건설과 해동건설이 부담한다고 가정하자.

지금이 2016년 11월의 시점이라고 가정하고, 풋백옵션 행사가 결정되는 2019년 말의 주가가 각각 10,000원, 15,000원, 20,000원, 25,000원, 29,590원으로 예상될 때, 빅뱅건설과 해동건설의 영업이익으로 빅뱅건설이 해동건설 인수를 위해 사용한 차입금에 대한 이자와 풋백옵션에 의해 발생 가능한 부채를 상환할 수 있을지 논하라. 단, 문제를 간단히 하기 위해서 법인세 효과는 고려하지 않는다. 계산을 위하여 필요한 가정이 있다면 같이 제시하라.

표 4	**해동건설의 경영성과**(2013~2016년)			(단위: 백만원)
	2013년	**2014년**	**2015년**	**2016년**
매출액	3,681,043	4,158,946	4,415,807	4,984,325
영업이익	272,043	369,533	375,369	547,028
순이익	142,458	215,584	381,319	353,845
총자산	4,611,812	4,538,673	4,873,316	5,293,678

❸ 재무적 투자자를 통한 차입금으로 인수합병을 하는 기업매수(LBO: leveraged buyout)는 현금이 부족하더라도 기업을 인수할 수 있는 장점이 있으나 부채로 인해 기업의 재무구조가 나빠진다는 단점이 있다. 특히 우리나라의 LBO는 부채를 통한 자금조달의 이익을 극대화하기 위한 것이 아니라 회사의 규모 키우기를 위한 M&A 자금이 부족하여 은행과 같은 금융기관에서 대출을 하는 수단에 불과하다는 지적이 있다. Box 2와 같은 대법원의 판례는 LBO의 문제점에 중점을 둔 판결이라고 할 수 있다. LBO의 긍정적인 효과를 최대한 끌어내는 M&A가 되기 위해서는 어떠한 조건에서 이루어져야 할지를 자유롭게 논하여라.

BOX 1 특정경제범죄가중처벌 등에 관한 법률 위반(배임)

대법원 2006. 11. 9. 선고, 2004도7027 판결

"기업인수에 필요한 자금을 마련하기 위하여 그 인수자가 금융기관으로부터 대출을 받고 나중에 피인수회사의 자산을 담보로 제공하는 방식[이른바 LBO(Leveraged Buyout) 방식]을 사용하는 경우, 피인수회사로서는 주채무가 변제되지 아니할 경우에는 담보로 제공되는 자산을 잃게 되는 위험을 부담하게 된다. 그러므로 위와 같이 인수자만을 위한 담보제공이 무제한 허용된다고 볼 수 없고, 인수자가 피인수회사의 위와 같은 담보제공으로 인한 위험부담에 상응하는 대가를 지급하는 등의 반대급부를 제공하는 경우에 한하여 허용될 수 있다 할 것이다. 만일 인수자가 피인수회사에 아무런 반대급부를 제공하지 않고 임의로 피인수회사의 재산을 담보로 제공하게 하였다면, 인수자 또는 제 3 자에게 담보가치에 상응한 재산상 이익을 취득하게 하고 피인수회사에게 그 재산상 손해를 가하였다고 봄이 상당하다."

CHAPTER

3

가치평가에 기반한 손익계산서 분석

01 손익계산서 개요

　새로운 회계기간이 시작될 때, 전기 말 기준으로 작성된 재무상태표는 기업의 자산, 부채, 자본의 현황을 보여준다. 이런 재무상태표 항목들이 새로운 회계기간 동안 생산, 경영 및 이익창출 활동을 수행하는 기반이 된다. 제2장의 분석을 통해 재무상태표에 반영되어 있는 항목 외에도 기업이 보유하고 있는 일부 잠재적 자산 및 부채가 기업경영에 중요한 영향을 미친다는 것을 알아보았다.

　새로운 회계기간 동안, 기업은 자신이 소유하고 있는 경제적 자원을 활용하여 수익을 창출한다. 이 과정에서 비용이 발생하는데, 수익에서 비용을 차감한 금액이 기업의 당기이익으로서, 해당기간 동안의 경영성과를 나타낸다. 즉, 손익계산서는 특정기간 동안 발생한 수익, 비용 및 이익을 보여주는 재무제표이다. 이익은 자본시장에서 투자자가 가장 관심을 기울이는 항목이다. 기업이 분기 또는 연간 이익을 발표할 때가 되면 투자자들은 당기순이익이 음(-)인지 양(+)인지, 이익이 전년 동기 대비 증가하였는지 감소하였는지, 이익수준이 애널리스트의 예측을 상회하는지에 비상한 관심을 보인다. 제1장의 예제에서 보았듯이 새로 발표되는 이익정보는 주가변동의 주요 원인이 된다. 왜냐하면 기업의 가치(주가)는 미래 예상이익의 현재가치(수식 (2.1) 및 관련 내용 참고)이며, 과거 이익정보와 당기이익수치는 투자자들이 기업의 미래이익을 예측하는 데 중요한 영향을 미치기 때문이다. 즉, 새로 공시된 이익정보는 투자자들의 미래 이익수준에 대한 예측치에 영향을 주기 때문에, 기업가치에 대한 투자자의 기대를 변화시켜 주가가 변하게 된다.

　이 장에서는 손익계산서의 기본 내용을 학습하고, 손익계산서에 대한 분석을 통해 기업의 미래 이익예측 및 가치평가시 유의해야 할 부분을 소개하고자 한다.

　손익계산서의 기본구조는 "수익-비용=이익(손실)"이다. 수익은 기업이 고객에게 상품이나 서비스를 제공하는 대가로 유입되는 자산이며, 비용은 상품이나 서비스를 제공하기 위해 유출되는 자산이다. 양자의 차이가 바로 기업 자산의 순유입(순유출), 즉 기업 부의 순증가분(순감소분)이다. 기업의 존재목적은 투자자의 부를 극대화시키는 것인데, 이익이 바로 당기간 동안 기업과 투자자 부의 변동치를 나타낸다.

　손익계산서에서 수익의 보고는 비교적 간단하게 이루어진다. 수익은 영업수익(매출)과 영업외수익으로 구분할 수 있다. 몇몇 기업들은 별로 관련성이 없는 다른 업종의 영업을 동시에 진행하기도 한다. 예를 들어, 운수업체가 식당경영도 동시에 할 수 있다. 이 경우 두 가지 영업활동의 수익을 서로 구분하여 보고한다. 일반적으로 영업외수익은 총수익에서 차지하는 비중이 매우 작아서 미래 이익예측에 큰 영향을 미치지 않는다.

비용에 대한 보고는 상대적으로 더 복잡하다. 비용은 수익을 얻기 위한 과정에서 발생한 것이지만 각 비용항목과 수익의 관계가 동일하지는 않다. 어떤 비용은 수익과 직접적인 관련이 있지만 다른 비용은 간접적으로만 관련되어 있을 뿐이다. 비용과 수익의 이런 관계정도에 따라 손익계산서는 비용을 여러 가지로 구분하고 있다.

첫째, 영업수익과 가장 직접적인 관련이 있는 비용은 매출원가이다. 매출원가에는 기업이 제품을 생산하기 위하여 지출하는 재료비(생산설비 등 유형자산에 대한 감가상각비 포함) 및 직접적으로 생산에 종사하는 노동자의 인건비와 제품의 제조과정에서 사용되는 유형자산의 감가상각비나 기타 경비 등의 제조간접비가 포함된다. 일반적으로 매출원가는 제조기업이 지출하는 비용 중 가장 큰 비중을 차지하며, 손익계산서에서 수익(매출액) 바로 밑에 기록된다. 영업수익에서 매출원가를 뺀 금액을 매출총이익이라고 부른다.

둘째, 제품생산 또는 영업수익과의 관계가 매출원가에 비해 덜 직접적인 일반관리비 지출이 있다. 기업 운영을 위해서는 생산공장뿐만 아니라 기업 본사에서 경영관리를 담당하는 부서가 필요한데, 이런 부서에서 발생하는 지출이 일반관리비의 주요 구성요소이다. 회사 경영층의 급여, 건축물과 시설의 감가상각비, 판매부서 및 재무부서의 업무관련 지출, 채권자에게 지급된 이자비용 등을 통합하여 기간비용이라고 부른다. 영업수익에서 매출원가와 기간비용을 차감한 금액이 영업이익이며, 이는 기업이 정상적인 경영을 통하여 얻은 경영성과를 반영한다.

영업수익과 영업이익은 손익계산서의 주요 항목으로 기업의 핵심 경쟁력과 경영실적을 반영한다. 애널리스트와 투자자들도 기업가치를 분석할 때 이 수치들에 가장 관심을 가진다. 일반적으로 기업은 주요 영업활동 이외의 활동에도 종사하는데, 이런 활동에서 이익 또는 손실이 발생하기도 한다. 이를 영업외수익과 영업외비용이라고 통칭한다. 예를 들어, 기업이 단시일 내에 사용할 용도가 없는 여유자금이 있을 경우 단기차익을 얻기 위해 증권시장에 투자할 수 있다. 이때 발생한 이익도 기업 경영성과의 일부분이다. 이 부분의 경영성과는 기업의 주요업무 또는 기타업무와 관련이 없기 때문에 영업이익 다음에 나열된다. 그리고 이때 사용되는 회계용어가 약간 달라진다. 만약 증권투자로 인한 차익을 얻은 경우라면 수익이 아니라 이익이라고 하며, 손해를 보게 되면 비용이라 하지 않고 손실이라고 한다. 이와 같은 영업외 활동으로는 자산매각, 채무재조정, 자연재해로 인한 손실 등이 있다. 법인세도 영업이익 다음에 기록한다. 영업이익에서 이 모든 항목을 가감하면 당기순이익(당기순손실)을 얻게 된다.

당기순이익은 특정 회계기간의 경영성과를 종합적으로 반영한 것으로, 해당 기간 동안 발생한 기업 부의 순증가분 또는 순감소분을 나타낸다. 당기순이익을 유통주식수로 나누면 주당순이익(earnings per share: EPS)을 계산할 수 있다.

매분기 결산 후 투자자들은 기업이 곧 공시할 분기 이익정보에 주목한다. 이익정보의 발표는 종종 상당한 주가변동을 가져온다.

02 현금주의 회계와 발생주의 회계

오늘날 기업은 다양한 업종, 지역 및 국가를 넘나드는 복잡한 경제조직이다. 하나의 제품을 생산하는 데도 여러 부서의 협력과 복잡한 생산과정, 재고 및 수많은 원재료가 필요하다. 이런 기업의 활동을 회계기준에 따라 기록한 기업의 재무제표 역시 매우 복잡하다. 적게는 수십 페이지에서 많게는 수백 페이지에 달할 정도로 방대한 분량이다. 따라서 투자자들은 전문적인 회계지식 없이 기업의 재무제표로부터 경영상황을 쉽게 파악하기 어렵다. 그러나 회계가 원래부터 이렇게 복잡한 것은 아니었다. 회계의 원시형태가 처음 생겼던 수천 년 전으로 돌아가면, 회계란 자금의 출납과 미수금 및 미지급금을 기록하는 정도로 간단한 역할을 했었다. 우리나라 정부도 2008년 제정된 국가회계법에 따라 2011년부터 발생주의에 기반한 재무제표를 작성하고 있으나, 그 전에는 현금주의에 기반한 결산보고서만이 작성되고 있었다.

현금주의 회계에서 수익과 비용의 측정은 매우 간단하다. 현금을 수취하면 수익으로 기록하고, 현금을 지불하면 비용으로 기록한다. 현금주의 회계는 마치 은행계좌처럼 현금의 유입과 유출을 기록하며, 유입과 유출의 차이가 이익이 된다. 예를 들어, 납세자 A가 2021년 세금을 정부에 납세하지 않고 연체하였다가 2022년에 지급한다면, 이 세금납부액은 2022년 세입으로 정부가 기록한다. 즉, 현금유입이 일어나는 시점의 수익으로 계산하는 것이다. 만약 발생주의 회계를 따른다면 실제 세입을 발생시키는 사건이 일어났던 2021년 세입으로 계산해야 한다.

현금주의 회계의 장점은 간단하고 관리에 따른 비용이 적다는 것이다. 그러나 복잡한 구조를 가진 오늘날 기업의 수요를 만족시킬 수 없고, 기업의 진정한 경영성과도 정확히 반영할 수 없다는 단점이 있다. 일반적으로 기업이 경영하는 과정에서 수익의 발생과 현금유입이 동시에 일어나지 않는 경우가 대부분이며, 비용의 발생도 현금유출과 동시에 일어나지 않는 경우가 많다. 이런 문제를 해결하기 위하여 기업은 발생주의 회계를 사용하고 있다. 발생주의 회계에 따르면, 기업은 수익이 발생하면 현금의 수취 여부와 관련없이 수익을 인식하고, 비용이 발생하면 현금의 지출 여부와 관련없이 비용을 인식한다. 다음 사례는 발생주의 회계에서 정확한 수익이나 비용의 인식이 얼마나 어려운지를 잘 보여준다.

사례 3-1

증권에 대한 시가평가 이슈

기업이 보유한 증권(주식이나 채권)은 그 종류에 따라 회계처리 방법이 다르다. 따라서 금융기관과 같이 증권을 대량으로 보유하는 기업의 경우, 어떤 회계처리 방법을 선택하느냐에 따라 당기손익이 상당한 영향을 받게 된다. 회계기준에 따르면 단기매매 금융자산(financial assets held for trading)이나 매도가능금융자산(available-for-sale financial assets)은 시가(market price)에 따라 재무상태표에 표시한다. 이를 시장가격에 따른(mark-to-market) 평가라고 한다. 증권의 가격변동 때문에 생기는 보유손익은 단기매매 목적 증권은 당기손익에, 매도가능증권은 기타포괄손익에 포함한다. 그리고 만기보유 금융자산(held-for-maturity financial assets)은 원가를 기준으로 상각한 금액을 재무상태표에 표시한다.

회계기준은 명확하지만 이런 기준을 실제 상황에 적용할 때 문제가 생길 수 있다. 2007년 말부터 발생한 세계금융위기 결과 전 세계적으로 금융기관들이 다량 보유하고 있던 부동산 담보부 파생상품의 가격이 폭락했다. 대부분의 파생상품은 거래 자체가 이루어지지 못했다. 그러자 금융기관들은 이렇게 폭락한 가격이 비정상적으로 낮은 가격이므로, 현재의 시가와 기존 재무상태표에 적혀 있는 파생상품의 장부가를 비교하여 평가손실을 인식하는 것은 불합리하다고 주장했다. 따라서 회계기준을 바꿔 시가에 따라 평가손실을 인식하지 않도록 하자는 것이었다.

이런 의견에 따라 국제회계기준위원회는 회계기준을 일부 개정하여, 현재의 시장가격이 불합리하다고 판단되는 경우 기업들이 자체적인 가치평가 모형을 사용하여 평가한 가격을 시장가격 대신 사용해도 된다고 허용하였다. 이를 전문용어로 모형에 의한(mark-to-model) 평가라고 한다. 또한 단기매매금융자산을 만기보유금융자산이나 매도가능금융자산 등으로, 또는 그

반대의 경우로 재분류하는 것도 허용했다. 이렇게 회계기준이 바뀌자 많은 금융기관들은 단기매매금융자산을 다른 형태로 재분류하여 평가손실을 당기손익에 반영하지 않기 시작했다. 또한 평가방법도 모형에 의한 평가를 사용하여, 시가보다 훨씬 높은 가격으로 평가하였다. 학계에서는 2007년말까지 금융기관들이 입은 전체 평가손실 중 절반 정도가 이런 방법으로 재무제표에 숨겨진 상태로 손익계산서에 반영되지 않았을 것으로 추산하고 있다. 이런 사례는 회계처리 방법을 정확히 이해하는 것이 기업의 당기손익을 계산하고, 나아가서는 기업의 가치를 평가하는 데 얼마나 중요한 것인가를 잘 보여주고 있다.

03 발생주의 회계와 수익의 인식

발생주의 회계하에서 수익을 인식하기 위해서는 다음 두 가지 조건을 만족시켜야 한다. 첫째, 기업의 의무 측면에서 이미 고객에게 제품 또는 서비스를 제공하였으며, 기본적으로 사후 책임이 없어야 한다. 만약 사후 A/S 책임이 있더라도 이 책임을 실행하기 위한 비용을 비교적 정확하게 예측할 수 있어야 한다. 둘째, 기업의 권리 측면에서 현금을 이미 수취하였거나, 받지 않았더라도 나중에 받을 수 있다는 것을 비교적 정확하게 예측할 수 있어야 한다. 이 두 가지 조건이 만족되면 현금의 수취 여부와 상관없이 수익을 인식할 수 있다.

전술한 것처럼 발생주의 회계에서는 수익인식 시점과 현금유입 시점이 다를 수 있다. 주로 두 가지 경우에 이런 현상이 발생한다. 첫째, 미수수익(accrued revenue)이 발생하는 경우다. 기업의 매출이 수익인식 기준에 부합하여 수익으로 인식했지만 고객이 아직 대금을 지급하지 않았을 경우, 기업은 수익과 동일한 금액의 매출채권을 인식하여야 한다. 이렇게 매출은 수익을 증가시키는 동시에 자산을 증가시킨다. 이후에 고객이 대금을 지급했을 때, 기업은 현금을 증가시키고 매출채권을 감소시키는 회계처리를 한다.

둘째, 선수수익(unearned revenue)이 발생하는 경우다. 고객이 지급한 현금을 이미 수취하였지만, 고객이 당기에 제품 또는 서비스를 제공받는 것이 아니라 미래의 회계기간 동안에 제공하기로 한 경우가 있다. 이럴 경우 기업이 아직 제품이나 서비스를 제공하지 않았기 때문에 당기에는 수익인식 기준 중 첫째 조건을 맞출 수 없다. 그러므로 이 현금유입은 당기의 수익이 아니라 부채로 회계처리한다. 현금을 미리 수취하였더라도 고객에게 제품 또는 서비스를 미래기간 동안 제공해야 할 의무가 생겼기 때문에 부채가 발생한 것이다. 만약 고객이 제품 또는 서비스에 대한 수요를 포기하면 현금을 고객에게 돌려주어야 한다. 기업은 고객으로부터 현금을 받는 시점에서 현금계정을 증가시키고 동시에 동일 금액을 부채(선수수익)로 기록해야 한다. 이후에 기업이 고객에게 서비스나 제품을 제공한 후에 수익을 인식할 수 있다. 이때는 수익계정을 증가시키고 부채계정을 감소시키면 된다.

대부분의 기업들은 위에서 설명한 것처럼 제품이나 서비스를 제공할 때 수익을 인식하는 수익인식 원칙을 적용한다. 그러나 특정 업무를 취급하는 기업의 경우 수익인식 과정이 복잡하여 제품 또는 서비스 제공 시점과 수익인식 시점이 불일치하는 경우도 있다. 예를 들어, 선박제조, 교량건설 및 도로시공 등 대규모 프로젝트는 종종 여러 회계기간에 걸쳐 완성되고, 제품은 건설이 완료된 후에야 고객에게 인계된다. 그러나 기업은 제조과정 중 매회계기간마다 재무제표를 작성해야 한다. 이때 수익을 어떻게 인식하고 측정하는지에 대해 알아보자.

일반적으로 대규모 건설 프로젝트가 시작되기 전 기업과 고객은 프로젝트의 가격에 대해 합의를 한다. 이 금액은 프로젝트가 진행되는 회계기간 중에 기업이 인식하는 총수익이다. 동시에 기업은 프로젝트를 완성하기 위해 소요되는 총원가에 대하여 비교적 정확한 예상을 할 수 있다. 이 경우 해당 기업들이 사용할 수 있는 회계처리 방법은 두 가지가 있다. 첫째, 공사완성기준 수익인식 방법인데, 공사완성시점에 제품을 고객에게 인계

할 때 총수익과 총비용을 인식하여 프로젝트의 이익을 계산한다. 그 전의 공사가 진행되는 회계기간 동안에는 수익과 비용을 전혀 인식하지 않는 것이다. 둘째, 공사진행기준 수익인식 방법이다. 공사 진행정도에 따라 수익과 비용을 여러 공사기간에 배분하여, 매회계기간마다 수익과 비용을 조금씩 나누어 인식하는 방법이다.

보험사의 수익인식 문제도 예외적인 경우라고 할 수 있다. 생명보험상품의 수익인식을 생각해 보자. 고객은 매년 보험료를 납부하고, 기업은 고객이 특정 사고가 발생하였을 때 약정한 보험금을 지급해야 한다. 만약 계약기간 동안 사고가 발생하지 않을 경우 보험사는 고객에게 보험금을 지급할 의무가 없다. 그러나 어느 특정 회계기간 동안 특정 고객에게 사고가 발생할 확률을 미리 예측하는 것은 매우 어렵다. 따라서 수취한 보험료를 언제 수익으로 인식할 것인가는 매우 어려운 문제이다. 수익인식의 기준에 따르면, 기업이 특정 제품을 제공함으로써 감당해야 하는 의무를 비교적 정확하게 측정할 수 있어야 하기 때문이다. 이때 수익인식 여부를 결정하기 위해 대수의 법칙을 활용할 수 있다. 특정 고객 한 명의 사고발생 확률은 예측하기 어렵지만, 보험사는 수천 또는 수만 명의 유사한 고객을 가지고 있다. 따라서 전체 고객에 대한 사고발생 확률은 비교적 정확하게 예측할 수 있다. 이런 방법에 따라 보험사는 보험료를 수취 당기에 수익으로 인식할 수 있으며, 판매한 보험상품의 원가가 얼마인지도 예측된 사고율에 따라 측정해 볼 수 있다.

맥도날드나 KFC 같은 프랜차이즈 업종에서도 수익인식의 특수한 사례를 찾아볼 수 있다. 맥도날드는 대부분 점포를 직접 경영하지 않고 가맹점 체제로 운영된다. 그 결과 맥도날드 점포는 하나하나가 작은 기업처럼 운영된다. 가맹점의 경영자들은 맥도날드 브랜드를 사용하는 대가로 본사에 로열티를 지급한다. 로열티를 일시불로 지급하는 것이 아니라 수년 동안에 나누어 지급하게 된다. 그렇다면 맥도날드사는 가맹계약을 체결하는 회계기간에 미래기간에 받아야 될 모든 로열티를 수익으로 인식할 수 있을까? 그렇지 않다. 맥도날드 점포와 같은 작은 기업은 경영에 실패할 확률이 높다. 따라서 맥드날드 본사에서 로열티를 전부 회수하지 못할 가능성이 높기 때문에 로열티 수익을 즉시 인식할 수 없다. 또한 맥도날드 점포는 보험사의 고객만큼 많지 않기 때문에, 보험사처럼 대수의 법칙을 적용하여 실패확률을 계산하기가 곤란하다. 또 지역별·상권별로 매장의 성공가능성도 모두 다를 것이다. 이런 경우, 회계기준에 따라 두 가지 수익인식 방법을 적용할 수 있다. 첫째, 대규모 건설 프로젝트의 공사진행기준 수익인식 방법과 유사한 방법이다. 매번 가맹점이 로열티를 지급할 때 수익을 인식함과 동시에, 그 금액이 총 로열티에서 차지하는

기업	항목	2002	2003	비율	증가율	2004	비율	증가율
영진약품	매출	830	807	100%	-2.77%	822	100%	1.86%
	매출채권	312	297	37%	-4.81%	409	50%	37.71%
부광약품	매출	824	843	100%	2.31%	968	100%	14.83%
	매출채권	314	291	35%	-7.32%	319	33%	9.62%

표 3-1　영진약품, 부광약품의 수익 및 매출채권 분석　　　(단위: 억원)

비중 및 맥도날드가 가맹점 지원을 위하여 지출하는 평균총원가에 근거하여 당기 비용을 인식하는 것이다. 둘째, 원가회수법을 사용할 수 있다. 맥도날드사는 가맹점 지원을 위하여 지출한 평균총원가를 회수할 때까지는 로열티 수취 후 동일 금액의 수익과 비용을 인식하며, 평균총원가 회수 이후에는 수익만 인식하고 비용을 인식하지 않는 방법이다.

　여기서 소개하는 수익인식 방법은 기본적인 원칙이다. 실제로 실무에서 수익인식은 매우 복잡한 과정으로, 해당 국가의 법률, 업계 관례, 기업의 재무정책 등의 영향을 받아 결정된다. 따라서 손익계산서를 분석할 때 재무제표 주석에 공시된 정보 등 여러 경로를 통해서 기업의 수익인식 원칙을 알고 있어야 기업의 매출과 수익인식의 관계를 잘 이해할 수 있다.

　다른 한편으로 기업은 수익인식 시점을 쉽게 조정할 수 있다. 기업은 여러 가지 이유에서 수익인식 시점조정을 통해 이익을 증가 또는 감소시킨다. 기업은 생산하는 제품의 특성, 운송과정 및 고객의 신용등급 등을 가장 잘 알고 있으며, 제품의 운송과정 등을 조절할 수 있다. 외부감사인, 애널리스트, 투자자들은 수익인식에 대해서 기업에 문제를 제기하기 어렵다. 하지만, 그렇다고 해서 기업의 수익인식 과정상의 의문점을 찾아낼 수 없다는 것은 아니다. 간단한 재무제표 분석을 통해 수익 및 매출채권 계정의 의심스러운 변화를 살펴봄으로써 문제점을 발견할 수 있다.

　[표 3-1]은 유가증권시장에 상장된 제약회사 영진약품의 2002~2004년 매출 및 매출채권 수치에 대한 분석이다. 이 회사의 3년간 매출은 각각 830억원, 807억원, 822억원으로 2002년부터 2004년까지 큰 변화를 보이지 않는다. 그러나 매출채권/매출 비율은 2003년에는 37%지만, 2004년에는 50%로 대폭 증가하였다. 동시에 2003~2004년 사이 매출은 거의 증가하지 않았지만 매출채권은 37.71% 증가하였다. 기업의 매출 중 50%가 단기

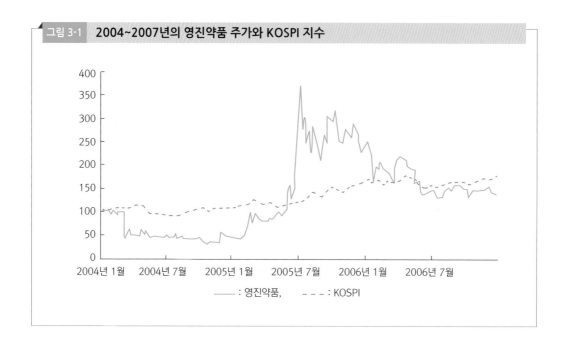

그림 3-1   2004~2007년의 영진약품 주가와 KOSPI 지수

―― : 영진약품,   - - - : KOSPI

간 내 현금으로 회수할 수 없는 외상매출이라는 것은 매우 의심스러운 일이다. 더욱 의심
스러운 것은 매출채권의 증가율과 매출 증가율이 크게 차이난다는 것이다. 2003년의 매출
이 전년도보다 감소한 것을 만회시키기 위해 신용거래 조건을 대폭 완화하여 대량의 매출
채권을 발생시켰기 때문이 아닌지 의심해 볼 만하다. 또는 가공의 매출을 기록하고, 동시
에 매출채권을 늘리는 회계처리를 통해 이익을 늘려 보고하려고 했을 수도 있다.

　　물론 이 기업 하나만 볼 경우 정확하지 않은 판단을 내릴 수도 있다. 매출은 그대로
인데 매출채권 비중이 증가하는 것이 당시 산업 전체의 공통적인 현상일 수도 있기 때문
이다. 특히 제약업종은 외상매출이 보편적인 영업형태이다. 예를 들어, 2004년에 의약품
판매에 대한 정부규제 강화로 제약회사들의 주거래처인 약국으로부터 현금회수가 어려워
졌을 수도 있다. 따라서 동종업계의 비교기업을 선택하여 비교기업의 수익과 매출채권 변
화 추이를 살펴볼 필요가 있다. [표 3-1]은 비교기업으로 선택된 매출액이 비슷한 부광약
품의 정보도 같이 보여주고 있다. 비교기업은 2003년과 2004년 매출채권/매출 비율이 각
각 35%, 33%로 매우 안정적이며, 2003~2004년 매출이 37.71% 증가하는 동안 매출채권
은 9.62% 증가에 그치면서 오히려 현금회수가 개선되고 있는 것을 볼 수 있다. 이에 따라
영진약품이 비정상적인 방법으로 매출을 증가시키고 이익을 조정했을 가능성이 있다는

판단을 내릴 수 있다.[1] 실제로 이 회사는 2007년 7월에 "매출과 매출채권을 과대계상하는 방식으로 회계기준을 위반하여 2004~2006 회계연도 경영실적이 부풀려졌다"고 자진해서 공시해서 분식회계를 자백했다.

　　[그림 3-1]은 2004년부터 2007년 말까지 영진약품의 주가변화를 보여준다. 2004년 초 자본잠식에 따른 유상증자 때문에 주가가 떨어진 이후 주가는 2005년 초까지 거의 변하지 않았다. 그러다가 과도한 매출채권 증가를 통해 이익이 증가한 것처럼 꾸며 보고한 2004년의 연간 재무제표가 2005년 봄 공시되자 주가는 상승하기 시작한다. 재무제표를 자세히 보면 이익조정을 했다고 충분히 의심할 만한 상황이지만, 주식시장에서 투자자들이 대부분 이를 발견하지 못했기 때문일 것이다.

　　이 예제를 통해 재무제표에 대한 두 가지 기본적 분석방법인 시계열분석과 횡단면분석 방법을 알아보자. 시계열분석은 특정 기업의 여러 기간의 회계정보의 변화추이를 분석하여 기업의 성과 추이를 판단하는 것이다. 횡단면분석은 동일 시점에서 두 개 이상의 기업의 회계정보를 비교·분석하는 것이다. 한 기업만 개별적으로 분석하면 우열을 쉽게 판단할 수 없다. 마치 세상에 한 사람만 있으면 거인인지 난쟁이인지 이야기할 수 없듯이 말이다. 비교기업을 선택할 때 가장 중요한 문제는 비교가능성이다. 그러므로 비교기업은 분석기업과 동일 업종 내 비슷한 규모를 가지고 있거나 기타 유사한 특징을 지니고 있는 회사를 고르는 것이 중요하다. 이 책의 뒷부분에서 이런 분석방법을 많이 이용할 것이며, 사용시 주의해야 할 점도 소개하도록 한다.

1　유감스러운 것은 규제당국의 조사가 없으면 특정 기업이 실제로 이익을 조정했는지 확인하기 어렵다는 점이다. 그럼에도 불구하고 이익조정에 대한 분석을 하는 목적은, 간단한 재무제표 분석을 통해서 이익조정 가능성이 있는 현상을 발견하였을 경우 더 많은 자원을 투자하여 심층분석을 진행할 수 있다는 데 있다. 모든 상장기업에 대해서 심층분석을 진행하려면 막대한 비용과 시간이 소요된다. 이익조정을 적발하는 것은 마치 경찰이 범인을 잡는 것과 같다. 모든 사람에 대해 자세한 조사를 하는 것은 자원의 제약 때문에 불가능하다. 범인의 전형적인 특징을 확인한 후 조사범위를 좁혀야 범인을 잡을 확률이 높아진다.

04 수익비용대응의 원칙, 보수주의 원칙과 비용인식

특정 회계기간 동안 기업의 경영실적은 수익과 비용의 차이인 이익으로 평가된다. 기업의 경영성과를 정확하게 측정하기 위해서는 매출을 정확하게 측정하여야 하며, 이 매출을 창출하기 위해 소모한 경제적 자원도 정확하게 측정해야 한다. 그러므로 비용의 인식은 매우 중요한 문제이다.

비용을 인식하는 가장 중요한 원칙은 기간수익을 획득하는 과정에서 소요된 경제적 자원을 정확히 측정하여 기간비용으로 인식하는 것이다. 만약 특정기간에 소모된 경제적 자원이 동 기간 동안의 수익획득에 기여할 뿐만 아니라 미래 회계기간의 수익에도 영향을 준다고 가정하자. 그렇다면 소모된 경제적 자원 전부를 이 기간의 비용으로 인식할 수 없고, 수익이 발생하는 여러 회계기간에 나누어 인식하여야 한다. 회계에서 이런 원칙을 수익비용대응의 원칙이라고 하는데, 이는 발생주의 회계원칙이 적용되는 구체적인 방법이다.

제조기업이 매출을 창출하기 위해 소모한 자원은 다음과 같이 구분할 수 있다. 첫째, 제품을 생산하기 위해 직접적으로 소모된 원자재와 노동력이 있다. 예를 들어, 자동차 제조기업은 자동차를 생산하기 위해 강철, 고무 등 원자재를 투입해야 한다. 판매된 자동차 한 대에 대응하는 원자재 원가는 비교적 쉽게 계산할 수 있다. 생산라인 노동자에게 지불하는 임금도 생산대수에 따라 배분할 수 있다. 이렇게 계산한 직접재료비와 임금은 판매된 자동차의 수익과 쉽게 대응시킬 수 있으며, 매출원가의 일부로 기록한다. 왜냐하면 이와 같은 자원의 투입이 발생하지 않으면 당기의 매출도 창출할 수 없기 때문이다.

둘째, 관리부서(기획부, 판매부서, 재무부, 경영자 등)에서 발생된 지출(급여, 사무비 등) 등 기업의 운영이나 판매를 유지하는 데 필요한 비용이 있다. 이 부분의 자원소모도 기본적으로 당기 수익의 획득을 위한 것이며, 미래 회계기간의 수익과는 직접적인 관련이 없다. 예를 들어, 관리직 직원이 당기 말에 퇴사하는 경우, 당기에 지급하는 급여는 당기 수익에만 기여할 뿐 미래 기간의 수익에 영향을 미치지 않는다. 마찬가지로 기업이 채권자에게 지급하는 이자비용 역시 당기 수익에만 기여할 뿐, 미래에는 그 기간에 해당하는 이자를 또 지급하여야 한다. 그러므로 이런 항목들은 비교적 손쉽게 당기수익과 대응시킬 수 있다. 따라서 당기비용으로 인식한다.

셋째, 기계설비, 건축물 등 유형자산의 감가상각비가 있다. 제품생산과 기업운영을 위해 기업은 건물, 공장, 기계설비 등을 구입해야 하는데, 이런 유형자산은 단일 회계기간에 제한되어 사용된 후 폐기되는 것이 아니라 여러 회계기간에 걸쳐 수익창출에 기여한다. 각 회계기간에는 자산의 일부분만 소모하게 되며, 앞서 살펴본 두 가지 비용과 달리 정확하게 소모된 부분이 얼마인지 측정하기 어렵다. 따라서 기업은 각 회계기간의 유형자산 소모량을 예측하여 해당기간의 비용, 즉 감가상각비로 인식한다. 감가상각비의 예측과 배분은 원자재 가격 또는 인건비처럼 정확하게 당기 수익과 대응시키기 어렵지만, 기본적으로 수익비용대응의 원칙에 어긋나지 않는다.

넷째, 대손상각비가 있다. 외상매출금의 회수가 불확실할 경우 매출채권에 대하여 대손충당금을 설정하고 대손상각비를 인식하여야 한다. 매출을 인식한 회계기간이 지나고 나서 미수금을 회수할 수 없게 되었음을 발견하게 되는 경우가 많다. 이 경우 고객이 지급능력이 없음을 발견한 이후에 대손상각비를 인식하면, 수익은 이미 과거 회계기간에 인식하였으므로 수익과 비용이 대응되지 않는다. 그러므로 외상매출이 발생하는 회계기간에 미래기간 동안 발생할 대손상각비를 예측하여, 손익계산서에 이를 인식하고 이익을 감소시켜야 한다.

수익인식과 동일하게 비용의 인식도 현금흐름과 불일치하는 두 가지 경우가 있다. 첫째는 미지급비용(accrued expense)이다. 기업이 특정 회계기간에 비용이 발생하여 발생주의에 따라 인식하고 이익을 감소시켰지만, 현금은 지급하지 않았을 수 있다. 예를 들어, 12월 동안 직원들이 회사를 위해 일한 대가로 회사가 직원들에게 지급해야 하는 급여 중 일부는 일반적으로 다음 회계연도인 1월에 현금으로 지급된다. 그러나 12월 말에 반드시 그 금액을 인건비 및 미지급급여(부채)로 기록하여 비용과 부채를 인식해야 한다. 그리고 다음 회계기간에 현금으로 지급할 때, 현금계정과 미지급급여 계정을 감소시킨다. 두 번째 경우는 선급비용(prepaid expense)이다. 기업은 상품이나 서비스의 공급자에게 대금을 미리 지급하지만 그 대가로 받는 상품이나 서비스는 미래의 회계기간에 수취하게 되는 경우가 있다. 예를 들어, 기업이 정기간행물을 3년간 구독하기로 하였는데 할인을 받기 위해 비용을 일시에 납부하였을 경우, 현금지급시 자산계정인 선급비용으로 인식하여야 한다. 기업이 아직 상품을 수령하지 못했기 때문에 당기 비용으로 인식하지 않고, 주문을 취소할 경우 이론적으로 공급자는 비용을 환급해 주어야 한다. 이는 기업이 공급자에게 현금을 저축해 두는 것과 유사하다. 1년 후 기업이 1/3의 서비스를 수령하면 전체 구독비용의

1/3을 비용으로 인식하고 선급비용 계정을 감소시킨다. 상기 두 가지 경우의 비용인식은 모두 발생주의 회계와 수익비용대응의 원칙에 근거한 것이다.

수익비용대응의 원칙은 투자자가 기업의 미래이익을 예측하는 데 많은 도움이 된다. 우리는 기업의 미래 예상수익을 추정한 후 과거의 원가비율에 근거하여 비용을 예측하고, 그에 따라 이익을 예측할 수 있다.

아쉬운 것은 손익계산서에는 수익비용대응의 원칙에 부합되지 않는 비용 및 이익과 손실항목이 존재한다는 점이다. 이런 항목들의 미래이익에 대한 영향을 정확하게 예측하기 어렵다. 예를 들면, 앞서 소개하였던 보수주의 원칙 역시 손익계산서에 미치는 영향이 매우 크다.

보수주의 원칙에 따르면 기업은 부정적인 정보가 발생하는 즉시 당기 손익계산서에 그 영향을 반영하여야 하는데, 설사 이 부정적인 정보가 당기가 아니라 미래 현금흐름에 영향을 미칠 뿐일 경우에도 당기에 그 영향을 인식한다. 즉, 이에 해당하는 손실은 당기 수익과는 직접적인 관련이 없기 때문에, 당기 손익계산서에 이를 반영하는 것은 사실 수익비용대응의 원칙에 위배되는 것이다.

보수주의에 따라 손익계산서에 앞당겨 인식되는 주요항목은 다음과 같다.

첫째, 재고자산평가손실이다. 기업이 매입한 재고의 시가가 취득원가보다 하락하였을 경우 재고자산평가손실을 인식해야 한다. 회계처리는 차변에 재고자산평가손실(손익계산서 항목으로 이익을 감소시킴), 대변에 재고자산 또는 재고자산충당금(재고의 장부가액을 시가로 조정함으로써 자산을 감소시킴)이다. 보수주의에 근거한 이와 같은 회계처리는 이익을 감소시키는 비용항목이 당기 수익에 대응시킬 부분이 없기 때문에(즉, 해당 재고가 아직 판매되지 않았기 때문) 수익비용대응의 원칙에 위배된다.

둘째, 유형자산평가손실이다. 재고와 마찬가지로 만약 유형자산(기계설비, 건물 등)의 시가가 장부가액보다 하락하였을 경우, 이와 같은 부정적인 정보가 차기 수익에 영향을 미치는 부분까지 당기에 즉시 반영해야 한다. 회계처리는 차변에 유형자산평가손실(손익계산서 항목으로 이익을 감소시킴), 대변에 유형자산 또는 유형자산충당금(유형자산의 장부가액을 시가로 조정함으로써 자산을 감소시킴)이다. 보수주의에 근거한 이런 회계처리는 수익비용대응의 원칙에 위배된다.

셋째, 광고 및 홍보비 지출이다. 판매를 촉진하기 위해 기업은 광고 및 홍보비 지출을 하게 된다. 광고 및 홍보의 효과는 당기 매출뿐 아니라 차기 매출에도 영향을 줄 수 있다. 따라서 이런 항목들은 자산과 유사한 특성을 가지고 있다. 만약 광고 및 홍보비 지출을 자산으로 인식하게 되면 여러 회계기간에 걸쳐 감가상각 처리를 할 수 있다. 그러나 회계기준에 의하면 광고 및 홍보비 지출은 자산으로 인식할 수 없고 전액을 당기에 비용처리해야 한다. 이렇게 처리하는 주요 이유는 광고 및 홍보비 지출에 따라 각 회계기간에 창출할 수 있는 수익과 현금흐름을 정확히 예측할 수 없기 때문이다. 이를 정확히 예측할 수 없다면 자산의 정의에 부합하지 않는다. 따라서 보수주의 원칙에 근거하여 광고 및 홍보비 지출은 차기 매출에 도움이 되더라도 당기 비용으로 인식한다.

넷째, R&D 지출이다. 광고 및 홍보비 지출과 마찬가지로 R&D 지출도 당기 수익보다 차기 수익에 더 많은 영향을 미치지만 회계기준에 따라 대부분 당기에 비용처리한다.

종합적으로 볼 때 비용인식을 결정하는 주요 원칙은 수익비용대응의 원칙과 보수주의 원칙의 두 가지이다. 이 두 가지 경우는 서로 모순되는 경우도 종종 있다. 여기서 우리는 비용의 주요 항목만 열거하였는데, 손익계산서의 기타 항목 역시 이 두 가지 원칙에 따라 인식한다. 서로 다른 원칙에 의하여 인식된 비용은 기업의 미래이익을 예측하는 데 미치는 영향이 다르다. 대체적으로 수익비용대응의 원칙은 이익예측에 도움이 되며, 보수주의 원칙은 이익예측을 어렵게 만든다. 이 책의 뒷부분에서 이 원칙들이 이익예측에 미치는 영향에 대해 더 알아보도록 한다.

05　지출의 비용처리와 자본화

제 2 장에서 자산인식의 원칙에 대해 알아보았고, 제 3 장의 제 4 절에서는 비용인식의 원칙을 설명하였다. 특정 회계기간의 경제적 자원의 유출(주로 현금지출, expenditure)은 반드시 기타 자산항목 또는 비용으로 인식해야 한다. 자산은 재무상태표에 누적되어 있는 차기의 비용으로 이해할 수 있다. 즉, 모든 재무상태표상의 자산은 미래 회계기간에 소모되어 손익계산서에 비용으로 인식된다. 다시 말해, 자산은 차기 수익창출에 도움을 주는 경제적 자원이기 때문에 수익비용대응의 원칙에 따라 경제적 자원의 소모분은 수익이 발생하는 기간에 비용으로 인식되며, 비용으로 인식되기 이전에는 자산의 형식으로 재무상

태표에 반영되어 있는 것이다. 따라서, 당기의 수익창출에만 도움이 되고 차기 수익의 창출과 관련이 없는 경제적 자원의 유출은 자산으로 인식될 수 없고, 전액 당기에 비용처리해야 한다.

예를 들어, 특정 회계기간에 100억원을 기계설비에 투자하여 자산으로 인식하면, 이 100억원이 자본화(capitalization)되었다고 한다. 이 지출은 재무상태표에 자산으로 반영되어 당기 이익에 영향을 주지 않는다. 이 기계설비가 당기간 동안 일부 사용되었다면 그 사용된 부분만 감가상각비로 인식되어 손익계산서에 포함된다. 반면에 100억원이 기계설비에 투자된 것이 아니라 직원 급여로 지급된다면, 이는 인건비로 기록되고 비용화되었다고 한다. 이때 100억원은 전액 손익계산서에 인식되어 당기 이익을 감소시킨다.

회계기준은 자산과 비용의 정의를 규정하고 있지만, 실무에서 일부 지출은 자산으로 인식할지 비용으로 인식할지 명확하지 않을 수 있다. 만약 기업이 이익조정을 할 인센티브가 있을 경우 상황은 더욱 복잡해지게 된다. 앞서 살펴본 바와 같이, 경제적 자원의 지출을 자본화하느냐 또는 비용화하느냐에 따라 당기이익이 크게 변한다. 예를 들어, 당기에 비용처리해야 하는 지출을 자본화하는 경우 당기이익은 증가하게 된다.

MCI WorldCom은 미국 최대의 통신사 중 하나로서, 1990년대 들어 성장을 거듭하면서 미국 증시에서 가장 주목받는 기업 중 하나였다. 그러나 2002년 6월 26일 지난 수년간 회사가 38억 달러의 허위 이익을 보고했다고 발표하면서 파산보호를 신청하기에 이르렀다. MCI의 사례는 미국 역사상 최대 규모의 분식회계 사례이다.

MCI WorldCom은 어떻게 거액의 허위 이익을 만들어냈을까? 제 2 장에서 살펴본 Enron의 사례를 기억하는 독자들은 이익조정은 매우 복잡한 방법을 통해 이루어지는 것이라고 생각할 수도 있다. 그러나 MCI WorldCom의 이익조정 방식은 매우 간단하여서, 당기에 비용으로 인식해서 당기이익을 감소시켜야 할 항목을 자본화함으로써 당기이익을 감소시키지 않은 것뿐이다.

MCI WorldCom은 지하 광케이블 등 대량의 통신설비를 보유하고 있었는데, 통신설비의 유지를 위해서 매년 대규모 지출이 필요했다. 회계기준에 따르면 이런 유지비는 비용으로 인식해야 한다. 그러나 MCI WorldCom은 이익을 증가시키고 주가를 상승시키기 위해 2002년까지 수년간 거액의 비용을 자본화하였다. 예를 들어 2001년에는 15억 달러의 당기순이익을 발표하였는데, 사후 조사결과 유지비용을 자본화하지 않았다면 당기순손실을 기록했어야 했음이 밝혀졌다.

| 표 3-2 | MCI WorldCom 1999~2001년 손익계산서 분석 | | | | | (단위: 백만 달러) | |

MCI WorldCom	1999		2000		2001	
매 출	35,908	100%	39,090	100%	35,179	100%
영업비용 총계	28,020	78%	30,937	79%	31,665	90%
영업비용 중 시설 유지비	14,739	41%	15,462	40%	14,739	42%
영업이익	7,888	22%	8,153	21%	3,514	10%
당기순이익	4,013	11%	4,153	11%	1,501	4%
AT&T	1999		2000		2001	
매 출	54,973	100%	55,533	100%	52,550	100%
영업비용 총계	43,515	79%	51,305	92%	48,796	93%
영업비용 중 시설 유지비	11,013	20%	12,795	23%	13,960	27%
영업이익	11,458	21%	4,228	8%	3,754	7%
당기순이익	3,428	6%	4,669	8%	6,811	13%

2005년 7월 13일, MCI WorldCom 창립자이자 CEO였던 63세의 Bernard Ebbers는 회계부정으로 25년형을 선고받았다.

물론 회계부정을 저지른 범죄자를 벌하는 것은 당연한 일이다. 그러나 투자자에게 더욱 중요한 것은 분식회계 스캔들이 터지기 전에 회계부정을 저지른 기업의 의심스러운 점을 발견하고 손실을 면하는 것이다. 스캔들이 터지기 전 투자자들은 간단한 재무제표 분석을 통해서 회계정보상의 이상한 점을 발견할 수 없었을까?

[표 3-2]는 MCI WorldCom의 1999~2001년 매출, 영업비용 총계 및 시설 유지비, 영업이익 및 당기순이익을 보여준다. 앞서 재무제표를 분석할 때 금액만을 보면 추세와 문제점을 발견하기 어렵다고 설명한 바 있다. 따라서 공통형 분석방법으로 재무상태표의 항목들이 총자산에서 차지하는 비중을 살펴보았다. 여기서도 동일하게 공통형 분석방법을 이용하여 손익계산서 항목이 수익에서 차지하는 비중을 살펴본다.

동시에 산업 내에서 공통적으로 발생하는 현상을 특정 기업에서 발생하는 특수한 현상 또는 의도된 회계조정과 혼동하지 않기 위해, AT&T를 비교기업으로 선택하여 횡단면 분석을 한다. 이를 통해 산업 공통적인 요소가 기업의 회계정보에 미치는 영향을 통제하였다.

1999년 MCI WorldCom의 영업비용은 매출액의 78%였으나 2001년에는 90%로 증가하였으며, 증가분은 주로 2001년에 발생하였다. 그러나 영업비용의 주요 구성부분인 시설유지비용은 동일한 비율로 증가하지 않으며, 1999년은 매출액의 41%, 2001년에는 42%이다. 비교기업인 AT&T의 변화추이는 약간 다르다. 1999년 영업비용은 매출액의 79%이지만 2001년에는 93%로 증가하여 MCI WorldCom과 유사한 변화를 보여주지만, 큰 폭의 변화는 MCI WorldCom보다 한 해 앞서 2000년에 발생하였다. 동시에 AT&T의 시설유지비용은 1999년 매출액의 20%로부터 2001년에는 27%로 증가하여 MCI WorldCom의 1% 증가보다 매우 큰 증가율을 보여주었다.

이와 같은 분석을 통해 MCI WorldCom이 분식회계를 하고 있다고 의심해야 할까? 그렇다. 경기가 안정적인 시기에는 대부분 기업의 운영도 안정적이며 비용이 매출액에서 차지하는 비율도 크게 변하지 않는다. 그러나 경기침체기에는 기업이 수익은 하락하고 비용은 상승하는 문제에 직면하면서 비용이 매출액에서 차지하는 비중이 늘어나고 이익률은 줄어들게 된다. 2001년은 닷컴 버블이 끝나고 미국의 경제침체가 시작되는 시기로, MCI WorldCom과 AT&T 두 회사 모두 영업비용이 매출액에서 차지하는 비중이 10% 포인트 넘게 증가했다.

한편, 비용이 증가할 때에는 일반적으로 모든 종류의 비용이 유사한 비율로 동시에 증가할 것으로 예상할 수 있다. 이것은 마치 아이가 성장하는 것과 같다. 키가 크는 동시에 팔다리도 길어져야지, 어떤 부분의 성장 속도가 비례에 맞지 않으면 질병이 있는 것이 아닌지 의심해 보아야 한다. AT&T의 시설 유지비용의 증가폭은 영업비용의 증가폭과 비슷하지만, MCI WorldCom의 경우는 불일치한다. 즉, 기타 영업비용이 증가할 때 시설 유지비용은 거의 증가하지 않았다. 이는 의심스러운 현상으로, MCI WorldCom이 시설 유지비용을 적게 인식하였을 가능성이 있음을 보여준다.

간단한 분석을 통해 이런 의심을 가지게 된 후, 애널리스트 또는 투자자는 MCI WorldCom의 과거 사업보고서를 심층분석할 수 있다. 통신산업의 비용구조 등 산업에 영향을 미치는 요소를 연구하여 심층분석을 해야만 MCI WorldCom이 이익을 조정하였는지 판단할 수 있다. 이를 통해 투자자들은 회계부정 스캔들이 터지기 전에 거액의 투자손실을 회피할 수 있다.

MCI WorldCom의 사례에서 간단한 재무제표 분석을 통해 큰 문제를 발견할 수 있으며, 그 결과 투자자는 심각한 투자손실을 회피할 수 있다는 것을 알 수 있다. [그림 3-2]

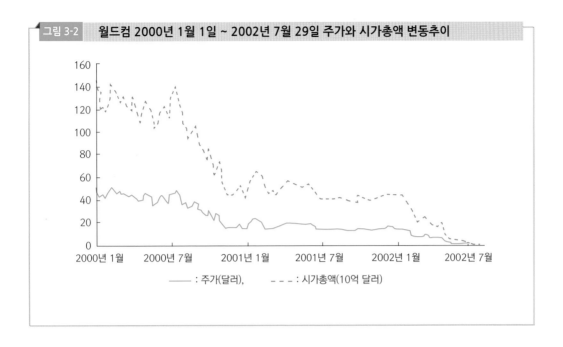

그림 3-2   월드컴 2000년 1월 1일 ~ 2002년 7월 29일 주가와 시가총액 변동추이

는 회계부정 스캔들 이후 MCI WorldCom의 주가와 시가총액의 변화를 보여준다. 월드컴의 주가와 시가총액은 2000년 1월 2일의 56.94 달러, 1,470억 달러로부터 2002년 7월 29일의 0.25달러와 7.3억달러로 추락하였다.

MCI WorldCom과 앞부분의 제약회사에 대한 분석에서, 모두 공통형 분석, 시계열분석, 횡단면분석을 사용하였다. 앞선 사례를 통해 재무제표 분석의 세 가지 기본방법을 알아보았다. 이런 분석방법들은 이익조정 분석에만 사용되는 것이 아니라 수익성 분석, 위험분석 등의 분야에서 광범위하게 응용되고 있다.

06   증권 애널리스트와 이익예측

손익계산서에서 가장 중요한 정보는 특정 회계기간 동안 기업의 경영성과를 나타내는 당기순이익이다.

제 1 장에서 우리는 이익정보가 주식시장에서 얼마나 중요한지 간단하게 알아보았다. 투자자가 투자의사결정에서 가장 관심을 가지는 지표는 기업의 이익이다. 주식시장에서 일부 정보중개자들은 여러 애널리스트의 예측치를 수집하여, 이를 종합하여 상장기업의 여러 애널리스트들이 예측한 미래기간의 평균치를 집계하여 발표한다.[2]

예를 들어, Yahoo! Finance는 당일까지 주식 애널리스트들이 Google에 대해 발표한 이익예측 정보를 제공한다. 2022년 5월 13일 총 34명과 33명의 애널리스트가 Google의 2022년 2분기 및 3분기 이익을 예측하였는데, 평균 예측치는 각각 주당 26.55달러, 28.65달러이다. 동시에 애널리스트들의 최저 및 최고 예측치와 Google의 전년 동기 실제 주당순이익을 볼 수 있다.

애널리스트들의 이익예측의 평균치는 투자자들이 기업의 향후 실적에 대해 갖는 주식시장의 평균적인 기대치를 나타낸다고 볼 수 있다. 그래서 상장기업들은 애널리스트들의 예측을 예의주시한다. 만약 실제 공시된 이익이 애널리스트들의 예측평균치를 상회하면, 시장은 이를 긍정적인 정보로 받아들여 일반적으로 주가가 상승한다. 그러나 실제 이익이 애널리스트들의 예측평균치에 도달하지 못하면 시장은 이를 부정적인 정보로 여겨 주가는 하락한다. 심지어 제 1 장 사례에 나타난 Rainforest Café처럼 주가가 대폭 폭락할 수도 있다.

표 3-3 Google에 대한 애널리스트 예측(2022년 5월)				(단위: 달러)
	이번 분기	다음 분기	이번 연도	다음 연도
분기/연도 마감일	2022.6월	2022.9월	2022.12월	2023.12월
애널리스트수	34	33	41	41
평균 예측치	26.55	28.65	111.51	132.62
최저 예측치	22.56	23.98	96.67	115.95
최고 예측치	30.87	33.49	124.21	146.85
전년 동기 주당이익	27.26	27.99	112.2	111.51

---

[2] 이와 같은 정보는 당연히 증권 애널리스트의 유료고객들이 분석 보고서를 받아본 이후에 발표된다.

사례 3-2

포스코에 대한 애널리스트들의 예측

국내의 경우 finance.naver.com을 보면 국내 기업들에 대한 애널리스트들의 이익 예측치와 투자추천 의견을 확인할 수 있다. 이 이외에도 여러 국내의 대표적인 포털 사이트들은 모두 주식투자에 대한 홈페이지를 운영하고 있다. 네이버에서 2022년 5월 13일 기준 포스코(POSCO)의 이익예측치를 찾아보았다. 이를 위해서는 '포스코 주식 → 종목분석 → 기업현황' 순으로 찾아가서 '투자의견 컨센서스'와 '추정실적 컨센서스' 부분을 참고하면 된다.

구체적으로 기업분석 내용을 살펴보면, 대신, NH투자, 한국투자 등 20개의 증권사 애널리스트들이 포스코에 대한 리서치 보고서를 발표하고 있는데, 이들이 발표한 이익 예측치의 평균(컨센서스(consensus)라고 부른다)은 2021년 EPS가 75,897원, 2022년 EPS가 63,688원이다. 목표주가는 428,667원인데 반해, 현재의 주가는 292,500원(2022년 5월 13일자)이다. 현재주가와 목표주가를 비교했을 때, 목표주가가 더 높으므로 현재 포스코의 주식을 매수하면 장기적으로 주가가 459,500원 정도로 상승하여 투자수익을 얻을 것으로 예상된다. 평균 투자의견은 4.00이다. 이는 각 애널리스트들이 발표한 투자의견에 대해, 강력매도는 1, 매도는 2,

투자의견 컨센서스

4.00

| 강력매도 | 매도 | 중립 | 매수 | 강력매수 |

투자 의견	목표주가 (원)	EPS (원)	PER (배)	추정 기관수
4.00	428,667	63,688	4.41	15

투자의견 및 목표주가

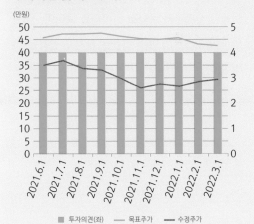

투자의견 분포

제공처	최종일자	목표가	직전목표가	변동률(%)	투자의견	직전투자의견
삼성	2022-04-26	440,000	440,000	0	BUY	BUY
신한금융투자	2022-04-26	400,000	390,000	2.56	매수	매수
대신	2022-04-26	440,000	390,000	12.82	Buy	Buy

추정설적 컨센서스

주재무제표 ▼   검색

연간	분기

재무년월	매출액(억원, %)		영업이익 (억원, %)	당기순 이익 (억원, %)	EPS (원)	PER (배)	PBR (배)	ROE (%)	EV/ EBITDA (배)	순부채 비율(%)	주재무 제표
	금액	YoY									
2019(A)	643,668	-0.94	38,689	18,351	21,048	11.24	0.43	4.18	4.04	18.82	IFRS연결
2020(A)	577,928	-10.21	24,030	16,021	18,376	14.8	0.47	3.61	4.77	10.54	IFRS연결
2021(A)	763,323	32.08	92,381	66,172	75,897	3.62	0.41	13.97	2.22	8.25	IFRS연결
2022(E)	874,144	14.52	80,756	55,528	63,688	4.59	0.4	10.54	2.34	3.1	IFRS연결
2023(E)	879,201	0.58	78,124	52,899	60,673	4.82	0.37	9.26	2.17	-0.97	IFRS연결

중립은 3, 매수는 4, 강력매수는 5로 수치를 부여한 후 이 수치값을 평균한 것이다. 즉, 평균 투자의견 4.00란 애널리스트들이 발표한 평균적인 투자의견이 '매수'라는 것을 말한다. 투자의견 및 목표주가의 평균치와 분포가 1달 전부터 어떻게 변해 왔는지에 대해서도 그래프를 통해 알 수 있다. 이를 보면 목표주가는 상승추세를 보이나 실제주가가 다소 하락세를 보이며, 16명의 애널리스트가 매수 의견을 가지고 있음을 알 수 있다.

07 결론

　　제 3 장에서 손익계산서와 관련된 수익과 원가 및 비용의 인식과 측정문제를 다루었다. 재무회계를 배운 독자들은 손익계산서를 이미 충분히 이해하고 있다고 생각한다. 이 장의 목적은 손익계산서 항목의 인식 및 측정에 대한 중요한 회계원칙을 공부함으로써 뒷부분의 이익예측 문제를 쉽게 이해하도록 하기 위한 것이다. 동시에 이 장에서는 시계열분석과 횡단면분석을 소개하였다. 공통형 분석과 같이 이런 방법들은 간단하지만 재무제표 분석에서 매우 중요한 역할을 한다.

　　우선, 연도별 재무정보에 대규모 비정상적인 변화가 있으면 주의해서 살펴보아야 한다. 기업경영은 연속적이기 때문에, 대부분 서서히 변화하지 갑작스럽게 변하는 경우는 거의 없기 때문이다. 둘째, 각 재무제표 정보 사이에는 논리적 관련성이 있기 때문에, 이런 흐름에 이상이 발생하면 재무제표에 반영되지 않은 정보가 있을 가능성이 높다. 셋째, 동종업계에 규모가 유사한 기업간에는 회계정보의 추이가 비슷하여 비교가능성이 존재한다. 그러므로 비교기업의 회계정보와 큰 차이가 있다면 그 원인을 파악하여야 한다.

　　손익계산서와 관련된 증권투자시 꼭 알아두어야 할 중요한 개념은 주가순이익비율(price-to-earnings ratio: PER)이다. 주가순이익비율은 특정 시점의 주가를 주당순이익으로 나눈 것이다. 예를 들어, 어떤 주식의 오늘의 종가는 20,000원이고, 직전 회계연도의 주당순이익은 1,000원이었다면 오늘의 주가순이익비율은 20배이다. 주가순이익비율은 기업이 주당 1원의 이익을 창출할 때 그 1원의 시장가치가 얼마인지를 나타낸다.

　　일부 독자는 이런 의혹을 가질 수 있다. 기업이 1원의 이익을 창출하면 그 가치는 1원이 아닌가? 어떻게 1원의 이익의 가치가 20원이 될 수 있는가? 이는 기업의 이익이 지속적이기 때문에 나타나는 현상이다. 당기 1원의 이익은 기업의 이익수준을 나타내며, 기업이 향후에도 매기 1원의 이익을 창출할 수 있음을 나타낸다. 20원의 시장가치는 이 미래에 대한 기대치가 반영된 것이지 기업이 이미 취득한 1원의 이익에 대한 반응이 아니다.

　　주가순이익비율을 계산할 때 몇 가지 주의해야 할 점이 있다. 첫째, 직전 회계기간의 주당순이익을 사용할 수도 있고, 지난 3개 회계기간의 평균치를 사용할 수도 있다. 또는 당기 주당순이익의 예상치(당기 이익이 아직 공시되지 않았으므로)를 사용할 수도 있다.

| 표 3-4 | 주가순이익비율과 미래 수익률 간의 관계(Fama and French, 1992) |

주가순이익비율 포트폴리오

최고	9	8	7	6	5	4	3	2	최저
0.93	0.94	1.03	1.18	1.22	1.33	1.42	1.46	1.47	1.74

둘째, 주당순이익은 기업의 지속적인 이익 창출능력을 나타내야 하므로, 주당순이익 계산 시 일부 단기적·일시적 이익은 계산에서 제외하는 것이 합당하다. 따라서 일부에서는 주당순이익 대신 주당영업이익 수치를 사용하기도 한다. 셋째, 주당순이익이 음(-)일 경우 주가순이익비율을 계산할 수 없다. 물론 우리는 주당영업이익이나 주가수익비율(price-to-revenue ratio)을 이용하여 주가순이익비율을 대체할 수 있다. 만약 동종업계의 기업이 모두 순손실을 기록했다면, 두 기업을 비교할 때 주가수익비율을 대신 사용할 수 있다. 1990년 대 말 닷컴버블 시기에 대부분의 인터넷 산업 주식은 갓 설립된 기업으로서 적자를 기록하고 있었기 때문에, 증권 애널리스트들은 주가수익비율을 주가순이익비율 대신 사용하였다.

주가순자산비율과 마찬가지로 증권투자시 투자자는 주가순이익비율을 기준으로 주가가 과대평가되었는지 또는 저평가되었는지를 판단한다. 주가순이익비율이 과도하게 높을 경우 투자자는 해당 주가가 본질가치보다 높을 수 있다고 판단하여 미래의 투자수익이 낮을 것이라고 여기고, 주가순이익비율이 너무 낮을 경우 주가가 본질가치보다 저평가되어 미래의 투자수익이 높을 것이라고 생각한다.

예를 들어, Fama and French(1992)[3]는 1963~1990년 미국시장의 자료를 이용하여 다음과 같은 분석을 실시하였다. 연도별로 모든 상장사를 주가순이익비율이 낮은 기업부터 높은 기업까지 순서에 따라 10개 투자 포트폴리오로 나눈 뒤, 각 포트폴리오의 향후 12개월 월평균 투자수익률을 계산하였다. 그 결과 주가순이익비율이 가장 낮은 포트폴리오의 향후 12개월 월평균 투자수익률은 1.74%인 데 반해 주가순이익비율이 가장 높은 포트폴리오는 0.94%뿐이었다. 이 연구와 이후의 많은 연구들은 주가순이익비율이 주가순자산비율과 마찬가지로 가격결정 오류의 중요한 지표로 사용될 수 있다는 것을 보여주었다.

---

3 Fama, E. F., and K. R. French, 1992, "The Cross-Section of Expected Stock Returns," *Journal of Finance*, 47, pp. 427-465.

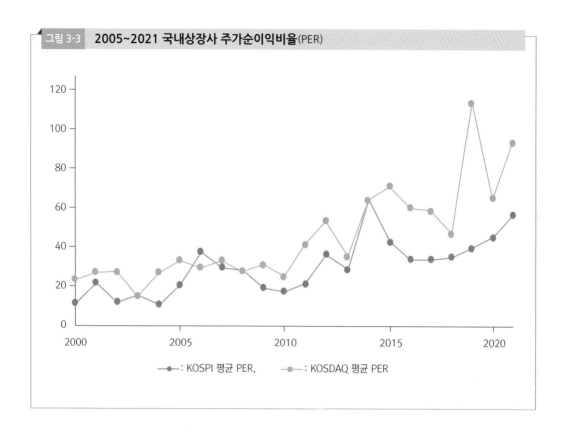

그림 3-3　2005~2021 국내상장사 주가순이익비율(PER)

─●─: KOSPI 평균 PER,　　─■─: KOSDAQ 평균 PER

　[그림 3-3]은 2005~2021년 12월 기간 동안의 국내 증시의 주가순이익비율 변화를 보여준다. 이 기간의 주가순이익비율의 변동추이는 [그림 2-4]의 주가순자산비율의 변동추이와 매우 유사하다. 2005년부터 2021년 동안에 KOSPI 평균주가순이익비율은 최고 64.30에서 최저 17.75까지 변동폭이 컸다. 이 기간 동안 주가순이익비율의 평균값은 34.89이다.

　Fama and French(1992)의 방법에 따라 국내 상장사의 주가순이익비율과 향후 12개월 투자수익률의 관계를 계산하였다. 수익률 계산을 위해서는 12개월 구매보유총수익(Buy-and-Hold Return)을 사용하였다. 결과는 [표 3-5]에 표시하였다.

　우리나라 데이터를 사용하여 분석한 결과도 미국 데이터를 사용한 것과 유사하다. 주가순이익비율이 가장 낮은 포트폴리오의 향후 1년간 수익률은 12.5%이고, 흑자를 낸 기업 중 주가순이익비율이 가장 낮은 기업(포트폴리오 3)의 수익률은 30.2%에 달한다. 하지만 주가순이익비율이 가장 높은 포트폴리오의 경우 6.7%밖에 안 된다. 이는 투자자들이

| 표 3-5 | 국내상장사 주가순이익비율과 미래 수익률 간의 관계 |

포트폴리오	최저	2	3	4	5	6	7	8	9	최고
주가순이익비율	−25.5	−2.2	2.7	5.9	7.8	10.0	13.0	17.7	27.5	84.9
투자수익률	12.5%	19.9%	30.2%	26.3%	21.1%	16.8%	13.5%	11.9%	6.9%	6.7%

주가순이익비율이 가장 높은 포트폴리오의 주가가 과대평가되었다고 여기고, 주가순이익비율이 가장 낮은 포트폴리오의 주가가 저평가되었다고 여긴다는 것을 반영한다.

다음 장에서는 현금흐름표의 분석을 설명할 것이다.

과제

❶ Excel 과제

Excel에서 새로운 Spreadsheet을 만들고 "손익계산서"로 명명한다. 표에 대상기업 및 비교기업의 손익계산서 연간 데이터를 입력한다. 최근 회계연도 및 그 전의 최소 5개 연도의 데이터를 포함해야 하며, 여러 해 자료를 입력할수록 좋다. 입력시 대상기업은 앞에, 비교기업은 뒤에 입력한다.

중요하지 않은 항목들은 여러 항목을 합쳐서 입력한다. 분석 대상기업과 비교기업의 항목이 최대한 유사하고 내용이 비슷할수록 좋다.

동일한 Spreadsheet에서 두 회사의 손익계산서에 대해서 공통형 분석을 실시한다. 공통형 분석 결과는 데이터의 오른쪽에 작성한다.

❷ Chapter report

Chapter report에서는 대상기업의 손익계산서를 설명하도록 한다. 독자는 기업이 영위하는 사업을 충분히 이해한 후에 손익계산서에 대하여 깊이 알아보도록 한다.

Chapter report의 중점은:
- 손익계산서 주석에 포함되는 수익 및 비용항목에 관련된 중요한 회계원칙을 알아본다.
- 회사의 수익구성 및 비용의 구성을 분석한다.
- 보수주의 회계원칙이 기업의 비용인식에 어떤 영향을 주는지 분석한다.
- 기업의 주요 사업 이외의 수입원이 무엇이 있는지, 그 성격과 지속가능성 여부를 토론한다.
- 주가순이익비율을 계산하고 가격결정 오류의 가능성을 토론한다.
  분석을 진행할 때 비교기업과의 비교 내용도 적절하게 포함하라.

❸ 대한항공과 아시아나항공의 항공기 및 항공기 리스자산에 대한 감가상각비는 매출원가에 포함되므로 손익계산서에 직접 표시되지 않는다. 현금흐름표에 표시되는 금액은 이들 두 항목 및 기타 유형자산의 감가상각비가 모두 포함된 금액이다. 또한 재무

상태표에 포함된 항공기 및 항공기 리스자산의 감가상각누계액 금액의 연간 변화분은 당기에 쌓은 감가상각누계액뿐만 아니라 보유하고 있던 항공기나 항공기 리스자산의 처분시 함께 제거한 해당 자산의 감가상각누계액도 포함된 수치이므로 정확한 금액이 아니다. 따라서 정확한 해당 자산의 당기 감가상각비 금액을 찾기 위해서는 주석사항을 살펴보아야 한다. 주석사항 내용 중 유형자산 부분에 대한 주석사항을 보면, 당기 각 유형자산 항목별 감가상각액이 얼마인지 표시되어 있다.

(1) 대한항공과 아시아나항공의 재무제표와 재무제표의 주석사항으로부터 최근 5년 동안의 항공기 및 항공기 리스자산의 기초 장부가액과 당해연도 동안의 감가상각 금액을 계산하여라.

(2) 전체 항공기 및 항공기 리스자산의 기초 장부금액과 비교해 볼 때, 대한항공과 아시아나항공이 평균적으로 사용하고 있는 해당자산의 감가상각 내용연수가 각각 연도별로 얼마인지 계산하여라.

(3) 대한항공과 아시아나항공이 사용하는 내용연수가 왜 차이가 있는지 그 이유를 설명하여라.

(4) 대한항공과 아시아나항공이 만약 상대방 기업과 동일한 내용연수를 사용한다면 당기순이익이 어떻게 바뀌는지 각각 계산하여라. 단, 각 기업이 이익이 변하여도 법인세율은 변하지 않는다고 가정한다.

❹ 한국에서는 국내에서 자체적으로 제정한 기업회계기준을 오랫동안 사용해 왔다. 그러다가 상장회사의 경우 2011년도부터 IFRS의 사용이 의무화되었다. 2009년부터 기업들은 자발적으로 IFRS를 채택할 수 있다. LG생활건강의 2009년 재무제표의 주석사항을 살펴보면, LG생활건강은 2009년 현재 기업회계기준을 사용하고 있지만 IFRS 적용시의 당기순이익 금액과, 그 금액이 현행 회계기준 적용시의 금액과 차이가 있는 원인이 무엇인지를 설명하고 있다.

(1) LG생활건강의 경우 IFRS 적용 당기순이익과 기업회계기준 적용 당기순이익에서 가장 큰 차이가 생기는 이유는 무엇인가? 이 두 회계기준에 따르면 해당 항목에 대한 회계처리 방법은 어떻게 다른지 설명하여라.

(2) 만약 2009년부터 IFRS를 적용하는 경우와 현재의 순이익 수치를 이용하여, 2009년 12월 말 종가 기준 및 2010년 3월 말 종가 기준의 주가순이익비율을 계산하여라.

(3) 서로 다른 회계기준을 사용할 경우 산출되는 주가순이익비율에 차이가 있을 때, 회계정보 이용자들이 어떻게 이를 해석하여 반응할지 논의해 보아라.

❺ 아래 주어진 내용을 보고 해당 업종을 찾으시오.[1][2]

제약(동아제약), 음료산업(롯데칠성), 보험산업(삼성생명), 유통산업(현대백화점), 철강산업(현대제철), 대형마트(이마트), 조선(현대중공업), 통신(SK 텔레콤)

	회사 번호							
	(1)	(2)	(3)	(4)	(5)	(6)	(7)	(8)
현금 및 단기투자증권	17.0%	3.8%	441.3%	0.8%	6.4%	0.7%	3.0%	11.9%
매출채권	15.8%	13.3%	107.1%	38.3%	16.4%	2.3%	24.0%	10.2%
재고자산	13.3%	12.6%	0.0%	3.6%	16.6%	4.8%	9.1%	0.1%
유형자산	52.2%	89.6%	7.2%	217.7%	83.2%	69.3%	38.5%	49.8%
기타자산	37.9%	103.9%	151.0%	106.7%	19.5%	26.6%	43.0%	91.2%
총자산	136.3%	223.2%	706.6%	367.1%	142.1%	103.7%	117.6%	163.2%
매입채무[1]	6.5%	11.9%	469.3%	33.7%	5.4%	8.8%	46.8%	0.0%
차입금	30.6%	38.5%	0.0%	52.6%	66.2%	27.4%	4.2%	29.4%
총부채	55.6%	86.4%	628.6%	140.4%	82.6%	49.4%	71.3%	68.0%
자본	80.7%	136.7%	78.0%	226.6%	59.6%	54.3%	46.4%	95.2%
매출	100.0%	100.0%	100.0%	100.0%	100.0%	100.0%	100.0%	100.0%
매출원가[2]	44.4%	59.8%	95.5%	20.0%	88.1%	71.1%	85.1%	83.4%
판매비와 관리비	44.7%	31.9%	na	53.0%	3.5%	21.8%	4.4%	na
영업이익	10.9%	8.3%	4.5%	27.0%	8.4%	7.1%	10.5%	16.6%
감가상각비	2.7%	3.7%	0.2%	4.6%	4.6%	2.5%	1.9%	13.2%
광고선전비	5.3%	3.2%	0.6%	7.3%	0.1%	1.1%	0.2%	1.9%
연구개발비	8.0%	0.2%	0.0%	0.1%	0.1%	0.0%	0.5%	1.9%
이자비용	1.5%	1.5%	0.2%	1.4%	2.5%	1.1%	0.2%	1.6%
법인세비용	2.8%	2.5%	1.1%	8.7%	1.0%	1.5%	2.4%	4.6%
총비용	93.3%	96.7%	95.9%	72.6%	95.2%	97.2%	89.8%	86.5%
순이익	6.7%	3.3%	4.1%	27.4%	4.8%	2.8%	10.2%	13.5%
영업활동현금흐름/자본적 지출	1.59	1.41	807.70	1.26	0.46	1.34	1.40	1.95

---

1 (3)번 회사의 경우 영업관련부채. (7)번 회사의 경우 선수금 포함

2 (3)번 회사와 (8)번 회사의 경우 영업비용 계정

현진고속과 동진운수의 감가상각추정 변경이 손익에 미친 영향[3]

여객운송사업은 국민생활과 밀접한 관련이 있는 사업으로서 공익성을 지니고 있다. 따라서 정부의 규제와 허가에 매우 민감하다. 노선의 결정에 정부의 인가가 필요하고, 운행횟수 역시 업체간의 자율경쟁이 아니라 지정된 노선에 따른 운행횟수를 사업자들이 공동으로 조정하는 방식으로 운영되고 있다. 따라서 실질적으로 시장이 매우 제한되어 있어서, 어느 한 기업이 절대적인 시장점유율을 차지하지 않고 여러 사업자가 거의 변동이 없는 시장점유율을 차지하고 있다. 연간 매출액의 변동폭 역시 크지 않고 일정한 수준을 유지하고 있다.[3]

특히 버스사업은 일반적으로 경기변동에 의하여 승객수가 민감하게 변동하지는 않지만, 승용차 보급 증가 및 대체운송수단인 항공과 철도 서비스 경쟁력의 향상으로 사업자간 경쟁보다는 대체 수단간의 경쟁이 심화되고 있다. 그 결과 시외버스나 고속버스를 이용하는 승객수는 점차 감소하고 있는 상황이지만, 업종의 성격상 신규 고속도로가 건설되지 않는 한 새로운 노선을 개발하여 시장을 늘리기도 어렵다. 게다가 버스요금은 정부가 물가인상률과 유가 등 주요 원가상승요인을 반영하여 적정요금을 평가하고 있기 때문에, 사업자가 임의로 요금을 인상하여 매출을 늘리기도 쉽지 않은 형편이다. 따라서 이익창출을 위해서는 비용의 관리가 매우 중요하다. 버스사업은 원가 중에서 인건비의 비중이 높은 노동집약적 산업이고 경유가격의 비중이 높은 사업이다. 그 결과 지속적인 인건비 인상과 경유가의 인상은 그동안 계속적으로 버스회사의 비용증대 요인이 되었다. 또한 도로공사의 고속도로 통행료 인상도 버스회사에게는 무시할 수 없는 비용상승 요인이 되었다.

고속버스 회사들은 대부분 관광버스, 시외버스, 우등고속버스 등 여러 가지 종류의 버스들을 운행하고 있다. 관광버스나 시외버스는 일반적으로 우등고속에 비하여 초기구입비용이 적다. 하지만 그만큼 정비 편의성이나 소모품의 가격, 힘, 연비, 내구성이 열위에 있다. 노선측면에서 보자면 시외버스 노선은 노선의 거리가 짧고 왕복 운행수가 높은 편이다. 또한 시외버스의 경우 최종 목적지까지 가는 도중에 정류장을

---

3 본 사례는 서울대학교 경영대학 곽수근 교수가 BK21 연구비 지원을 받아 2010년 작성한 것이다. 저자의 허락을 받아 본 사례를 일부 수정하여 본 교재에 포함하였다. 본 사례의 작성에는 최종학 교수와 서울대학교 박사과정의 최선화 양 및 이준일 군, 신동준 석사가 함께 참여하였다.

거치기 때문에 정차하는 빈도가 높으며, 노선의 특성상 노면의 상태가 고르지 않아 버스의 수명에 악영향을 주고 있다. 시외버스의 운전자의 피로도가 높아 접촉사고 역시 고속버스에 비하여 잦다. 즉 시외버스 업체들은 고속버스 업체들과 비교할 때 구조적으로 경쟁력이 떨어질 가능성이 높다.

참고자료 고속버스와 시외버스의 차이

고속버스는 운행거리가 100km 이상이고 운행구간의 60% 이상을 고속도로로 운행하는 버스를 말하며, 기점과 종점에서만 정차를 하고 중간에서 새로운 승객을 태우기 위해 정차하지 않는다.[4] 시외버스는 보통 기점과 종점 간에 중간정류소를 두어 중간 정차를 하며, 고속도로와 국도의 이용 비중에 제약을 받지 않는다. 예를 들어 고속버스는 서울 - 부산간 운행시 서울터미널과 부산터미널에서만 정차하는 데 반해 이천-대구간 시외버스는 최종 목적지인 북대구에 도착하는 중간에 여주터미널과 구미터미널에서도 정차를 한다.

고속버스와 시외버스는 노선 인가기관과 요금체계가 다른데, 고속버스는 국토교통부 장관의 인가를 받지만 시외버스 노선은 각 지방자치단체장의 인가를 받아야 한다. 국토교통부에서 정한 기준에 의하여 거리별 요율 상한선이 제한되어 있는데, 사업자들은 경쟁하는 교통편의 요금과 지역 사정에 따라 상한선 내에서 요금을 책정하며 경쟁 대상이 없을 경우 법에서 허용하는 최대의 요금을 받는 경우가 많다.

본래 고속버스는 장거리 노선을, 시외버스는 그보다 짧은 노선을 운행하였지만, 시외버스가 고속도로를 운행하지 못한다거나 중간 정차를 반드시 하여야 된다는 규정이 없기 때문에 종종 시외버스가 고속버스와 같은 형태로 중간정차 없이 고속도로를 통해 운행되고 있다. 따라서 근래에 고속버스와 시외버스의 영역이 명확히 구분되지 않고 있다. 그러나 고속버스의 차량 규정이 시외버스보다 엄격하여, 시외버스에 비하여 차량의 단가가 높기 때문에 동일 노선의 경우 시외버스의 가격경쟁력이 더 높은 편이다.

---

4 2009년부터 고속버스 환승제도가 시범운영되고 있다. 고속버스 환승제도는 고속도로 휴게소에 환승정류소를 설치하여 고속버스를 갈아탈 수 있는 제도로서 고속버스 운행노선수와 운행횟수가 적은 중소도시 주민들의 고속버스 이용 불편을 해소하기 위한 목적으로 도입되었다.

현진고속의 영업현황 및 재무현황

현진고속은 1986년에 서울을 근거지로 설립된 고속버스 회사로서, 설립과 동시에 전국 사업권을 취득하여 전국을 대상으로 노선을 제공하였다. 현진고속은 서울 근교에 서비스를 제공하기보다는 원거리 노선 서비스에 집중하고 있다. 특히 성능이 좋은 우등고속버스 위주로 노선을 편성하기 때문에, 버스 운임이 다른 버스 업체에 비해 높은 편임에도 불구하고 승객들의 만족도가 높다. 또한 정시운행, 안전운행 등 항목에서도 승객의 만족도가 높아서 동일 노선의 다른 고속버스 업체에 비해서도 승객의 탑승비율이 높다. 현진고속은 이러한 우수한 서비스로 2006~2009년까지 4년 연속 승객이 뽑은 최우수 고속버스 회사에 선정되기도 하였다. 그 결과 영업이익률 측면에서는 업계 최고수준을 기록하고 있다.

현진고속은 우등고속버스를 집중적으로 보유하고 있다. 현진고속은 서울·경기의 근거리 노선보다는 원거리 노선을 많이 운행하기 때문이다. 원거리 노선을 이용하는 고객들은 가격보다는 상대적으로 긴 시간을 편안하고 안전하게 목적지에 도착하느냐를 고려하기 때문에, 시외버스나 일반고속버스보다는 우등고속버스를 선호한다.

현진고속 역시 다른 운수업체와 마찬가지로 높은 물가상승과 유가상승으로 인한 원가 부담 및 고속철도와 비행기 등 대체 교통수단의 개발에 따른 경쟁심화에서 자유롭지 않다. 특히 고속철도의 대중화로 현진고속이 집중하고 있는 원거리 여행의 수요가 분산된 상황이다. 하지만 현진고속은 확장 위주의 경영보다는 내실 있는 경영에 치중하여, 철저한 노선 수익성 검토와 프리미엄 서비스를 제공함으로써 승객의 승차율을 높여 경영에 심각한 타격을 받지는 않았다. 오히려 2000년대 들어 여행 수요가 급증함에 따라 고속철도 등이 미치지 못하는 강원도 지역이나 남해안 지역에 대한 노선의 개발로 수익성이 상승하였고, 인근의 다른 운수업체들을 인수하여 노선과 운행 시간을 최적화하고 규모를 늘림으로써 운영 효율을 높이고 있다.

현진고속은 고품질의 서비스를 강점으로 내세우고 있다. 현진고속의 이준일 사장은 정시운행과 안전운행을 강조하며, 고객에게 안정성과 편안함을 주는 서비스 제공을 기업의 목표로 삼고 있다.

현진고속도 원가 절감을 위해 모든 아이디어를 동원하고 있다. '출발 5분 전 시동걸기'를 도입하여 공회전으로 낭비되고 있던 연료를 절감하였고, 차량의 무게를 줄이기 위하여 불필요한 물건은 절대로 싣지 않는다. 심지어 철로 된 휠의 무게를 줄이기 위하여 특별히 알루미늄 휠을 제작하여 교체하는 등 노력을 기울이고 있다. 현진고속은 소모품을 정시에 교환하고 차량점검을 자주 하는 것이 차량 수명의 연장으로 이어져 장기적으로 원가를 절감할 수 있을 뿐만 아니라 차량의 안정성을 높이는 비결이라고 생각하고 있다. 그러나 유지보수만으로는 승객에게 최상의 서비스를 제공할 수 없기 때문에, 현진고속은 관리가 잘 된 중고차량을 제값을 받고 팔고 신규차량으로 교체하는 주기를 짧게 하여 신차의 비율을 높이는 전략을 함께 사용하고 있다. 따라서 보유차량의 평균 수명이 4년 미만으로서 경쟁업체에 비하여 상대적으로 짧다.

다음 [표 1]은 현진고속의 주요 재무현황을 보여주고 있다. 단, 현진고속의 2011년 재무자료와 차량운반구 자료는 회사의 최종 공표 재무제표가 아닌 회사내부의 가결산 결과를 반영하고 있다.

현진고속의 매출액은 꾸준히 상승하여 왔고 매출액 대비 영업이익의 비율 또한 2008년에 비하여 상당히 양호한 모습을 보이고 있다. 영업활동으로 인한 현금흐름 역시 매우 우수함을 확인할 수 있다. 포괄손익계산서상 유형자산처분이익이 많은 이유는, 잘 관리된 차량을 운행하다가 차량이 노후화하기 전에 매각하는 것이 회사의 경영정책이기 때문이다.

현진고속의 경우 2011년의 전체 자산 중 유형자산이 차지하는 비중이 53.26%, 유형자산 중 차량운반구가 차지하는 비중이 38.32%로서 차량운반구가 유형자산의 가장 큰 부분을 차지한다.

판매비와 관리비 중 감가상각비는 [표 1]에 보고된 포괄손익계산서상의 감가상각비 항목에 보고되는 금액과 같다. 한편 판매비와 관리비에 포함된 감가상각비와 매출원가에 속하는 감가상각비를 더한 총 감가상각비는 [표 1]에 보고된 현금흐름표상의 감가상각비와 동일하다.

매출원가 중 감가상각비가 차지하는 비중은 2008년 28.31%, 2011년 29.35%로서 큰 차이는 없다.

| 표 1 | 현진고속 주요 재무현황 |

재무상태표의 일부   (단위: 천원)

구 분	2011	2010	2009	2008
자산총계	37,469,419	31,413,152	22,846,037	21,937,174
유형자산	19,957,760	16,351,860	14,366,444	13,975,842
유형자산/총자산	53.26%	52.05%	62.88%	63.71%

포괄손익계산서[5]

구 분	2011	2010	2009	2008
매출액	61,773,551	53,010,490	49,174,970	46,716,222
매출원가	38,979,519	34,008,314	31,723,316	30,965,841
매출원가/매출액	63.10%	64.15%	64.51%	66.28%
매출총이익	22,794,032	19,002,176	17,451,654	15,750,381
판매비와 관리비	14,235,939	12,582,252	11,396,737	11,095,103
감가상각비	658,261	553,339	618,133	606,902
영업이익	8,558,093	6,419,923	6,054,917	4,655,278
영업외수익	829,564	961,279	235,335	78,176
유형자산처분이익	207,159	738,254	175,299	52,349
영업외비용	958,124	966,756	80,723	49,416
당기순이익	8,429,533	6,414,447	6,209,530	4,684,038
영업이익/매출액	13.85%	12.11%	12.31%	9.97%
당기순이익/매출액	13.65%	12.10%	12.63%	10.03%

(단, 법인세 비용은 고려하지 않는다.)

5

5 '기업회계기준서' 제1001호에 따르면 기업은 포괄손익계산서를 작성할 때 비용을 성격별로 분류하거나 기능별로 분류하는 방법 중에서 보다 신뢰성 있고 목적적합한 방법을 선택할 수 있다. 성격별 분류는 당기손익을 계산하기 위해 비용항목을 분류할 때 각 항목의 성격에 따라 분류하는 방법으로 감가상각비, 원재료의 구입, 운송비, 종업원 급여, 광고비 등으로 구분한다. 기능별 분류는 매출원가법으로도 불리며 비용을 매출원가, 물류비, 관리비 등으로 구분하는 방법으로서 이 경우 비용을 기능별로 배분하는 과정에서 자의성과 판단이 개입될 가능성이 높으므로 비용의 성격에 대한 추가정보를 제공해야 한다. 본 사례에서 제시하는 포괄손익계산서는 현재 실무에서 많이 쓰고 있는 기능별 분류를 따랐다.

현금흐름표의 일부

구 분	2011	2010	2009	2008
I . 영업활동으로 인한 현금흐름	17,224,811	15,686,891	16,152,987	16,582,398
1. 당기순이익	8,429,533	6,414,447	6,209,530	4,684,038
2. 현금의 유출이 없는 비용 등의 가산	13,187,404	12,487,027	11,076,433	11,004,283
감가상각비	11,441,769	10,453,160	9,808,378	9,373,332

표 2　현진고속 차량운반구 현황　　(단위: 천원)

	2011	2010	2009	2008
차량운반구	30,545,536	25,221,581	24,234,156	23,375,598
(감가상각누계액)	(22,898,593)	(19,266,959)	(18,563,298)	(17,457,651)
순 액	7,646,943	5,954,622	5,670,858	5,917,947

표 3　현진고속 감가상각비 현황　　(단위: 천원)

구 분	2011	2010	2009	2008
판매비와 관리비 중 감가상각비	658,261	553,339	618,133	606,902
매출원가에 속하는 감가상각비	10,783,509	9,899,820	9,190,245	8,766,430
총 감가상각비	11,441,769	10,453,160	9,808,378	9,373,332

포괄손익계산서의 감가상각비와 현금흐름표의 감가상각비

포괄손익계산서를 작성할 때 기업은 비용항목을 성격별 또는 기능별로 분류하는 것을 선택할 수 있다. 주석 5에 제시하였듯이 성격별 분류란 비용항목을 분류할 때 동일한 성격별로 분류하여(예: 감가상각비 및 기타상각비, 제품과 재공품의 변동, 종업원 급여비용 등) 보고하는 방법이며, 기능별 분류방법은 비용을 기능에 따라 매출원가, 물류비, 관리비 등으로 구분하는 방법이다. 그 결과 포괄손익계산서에 보고되는 감가상각비는 비용항목의 분류방법(성격별, 기능별)에 따라 차이가 발생한다.

　예를 들어 동진운수와 현진고속의 경우 본래의 영업활동인 고객수송을 위해 사용하는 버스 외에 회사 내에서 업무용으로 사용하기 위한 차량을 보유할 것이다. 이 차량들은 기업의 수익을 창출하는 데 쓰이고 용역잠재력이 점차 감소할 것이기 때문에, 각각 감가상각을 해야 한다. 따라서 매년 감가상각비를 처리해야 하는데, 포괄손익계산서를 성격별 분류방법에 따라 작성할 경우 고객수송용 버스와 회사 업무용 차량에 대한 감가상각비는 동일한 성격을 가지고 있으므로 '감가상각비' 항목에 합산되어 보고될 것이다.

한편 포괄손익계산서를 기능별 분류방법에 따라 작성할 경우, 고객수송용 버스에 대한 감가상각비는 매출원가에 포함되어 보고될 것이다. 그러나 회사 업무용 차량의 감가상각비는 판매비와 관리비에 포함되어 보고될 것이다. 그 결과 비용을 기능별로 분류하는지 성격별로 분류하는지에 따라 포괄손익계산서상의 감가상각비 금액에 차이가 발생하게 된다.

이와 유사하게 기능별 분류방법에 따라 작성한 포괄손익계산서상의 감가상각비와 현금흐름표상의 감가상각비에도 차이가 있다. 그 이유는 기능별 분류를 따른 포괄손익계산서상의 감가상각비는 판매비와 일반관리비에 표시된 감가상각비만을 보고하고, 현금흐름표의 감가상각비는 판매비와 일반관리비에 속하는 감가상각비 이외에 제조원가명세서의 감가상각비까지 포함하기 때문이다.[6]

즉, 현금흐름표상의 [감가상각비=기능별 분류 포괄손익계산서상의 감가상각비+매출원가에 포함된 감가상각비]이다. 예를 들어, [표 1]에 포함된 2011년 포괄손익계산서상의 감가상각비(판매비와 관리비의 일부) ₩658,261([표 3]에 다시 보고됨)과 [표 3]에 포함된 2011년의 매출원가에 속하는 감가상각비 ₩10,783,519를 합한 금액 ₩11,441,769이 [표 1]의 현금흐름표에 나타난 감가상각비 금액이 된다.

현금흐름표는 실제 현금의 유출입을 기록한 표이다. 현금흐름표를 작성할 때는 보통 당기순이익에서부터 시작하여 현금의 유출입을 수반하지 않는 수익과 비용을 가감하여 계산하는 간접법을 많이 사용하는데, 감가상각비는 실제 현금의 유출이 일어나지는 않는 비용이기 때문에 당기순이익에 더해지게 된다.

동진운수의 영업현황 및 재무현황[6]

동진운수는 1967년 경상북도 대구에서 시외버스회사로 설립되었다. 동진운수의 사업초기에는 경상북도 지방을 연결하는 시외버스 단거리 노선을 제공하였으나, 고속도로가 보편화되기 시작한 1980년대부터는 경상남북도 전역까지 영역을 넓혀 시외버스 서비스 영역을 확대하였다. 사업을 확장해 나가던 동진운수는 마침내 2002년에

---

6 포괄손익계산서의 비용항목을 성격별로 분류할 경우 포괄손익계산서상의 감가상각비와 현금흐름표상의 감가상각비가 일치할 것이다.

업체 8위 업체였던 진수교통을 합병하여 시외버스 업계 5위로 성장하였다. 현재 동진운수는 309대의 시외버스 차량을 보유하고 있다. [표 4]는 주요 시외버스 업체별 현황을 보여주고 있다.

　　동진운수는 매출액 기준으로는 버스 업체 중 5위이지만, 승객 1인당 대비 매출액은 6,518원 수준으로 상위 5개 업체 중 가장 낮다. 동진운수의 승객수 대비 매출액이 낮은 이유는 다른 업체에 비해 경상북도 내 근거리 사업비중이 큰 편이기 때문이다. 근거리 노선의 경우 운임료가 저렴한 시외버스가 운행차량의 대부분을 차지하고 있는데, 동진운수의 경우 고속버스 없이 시외버스만을 운영하고 있다. 한편 시외버스는 근거리 노선을 운행할 뿐만 아니라 이용객이 적은 지역까지도 운행하고 있기 때문에, 영업이익률도 고속버스 업체에 비하여 낮다. 참고로 원거리 노선인 경우 운임료가 높은 우등고속버스의 운행 빈도가 높기 때문에, 원거리 노선에 집중하고 있는 사업자의 승객수 대비 매출액은 상대적으로 높은 편이다.

　　동진운수는 2002년 진수교통을 인수할 당시 사업확장을 위해 다수의 시외버스를 신규 구매하였다. 하지만 그 이후 매출의 감소와 자가용 이용 증대에 따른 계속적인 승객감소를 예상하여 일부 노후차량의 교체를 제외하고는 신차의 구매를 축소하였다. 그 결과 2010년 현재 동진운수의 차량은 평균연령은 5.4년으로 신차의 비중이 적은 편이다.

　　1990년대 후반에 들어서면서 시외버스사업의 수익성은 날로 악화되어 쇠락하고 있었다. 지방 국도의 확충으로 승용차 이용이 더욱 증대되었고, 시외버스를 주로 이용하던 지역의 인구가 감소하고 남아 있는 지역주민들도 노령화되어 이동 수요가 감

표 4	**주요 시외버스 업체 현황**(2010년 기준)				
업체명	승객수 (천 명)	매출액 (백만원)	승객 단위당 매출 액(원)	연결도시수 (개)	노선수 (개)
서동교통	16,155	124,230	7,690	56	89
옥계버스	13,416	117,472	8,756	48	65
금진여객	10,134	87,678	8,652	41	55
석현교통	5,491	52,789	9,614	38	43
동진운수	**7,770**	**50,643**	**6,518**	**45**	**61**

| 표 5 | 동진운수 주요 재무현황 |

재무상태표의 일부

(단위: 천원)

구 분	2011	2010	2009	2008
자산총계	21,687,586	22,585,192	21,846,869	21,611,211
유형자산	13,747,782	14,380,449	14,679,463	13,881,027
유형자산/총자산	63.39%	63.67%	67.19%	64.23%

포괄손익계산서

구 분	2011	2010	2009	2008
매출액	14,162,277	15,396,431	16,379,781	16,379,309
매출원가	11,218,503	12,163,513	12,080,571	11,894,452
매출원가/매출액	79.21%	79.00%	73.75%	72.62%
매출총이익	2,943,774	3,232,918	4,299,210	4,484,857
판매비와 관리비	3,149,543	3,261,616	3,261,586	3,214,309
감가상각비	206,248	203,411	270,331	225,974
영업이익	−205,769	−28,698	1,037,624	1,270,548
영업외수익	132,123	75,617	153,471	202,584
유형자산처분이익	7,250	2,974	20,630	1,765
영업외비용	95,142	178,025	299,918	269,620
당기순이익	−168,788	−131,106	891,177	1,203,512
영업이익/매출액	−1.45%	−0.19%	6.33%	7.76%
당기순이익/매출액	−1.19%	−0.85%	5.44%	7.35%

(단, 법인세 비용은 고려하지 않는다.)

현금흐름표의 일부

구 분	2011	2010	2009	2008
Ⅰ. 영업활동으로 인한 현금흐름	2,471,074	2,832,135	2,952,366	3,076,202
1. 당기순이익	−168,788	−131,106	891,177	1,203,512
2. 현금의 유출이 없는 비용 등의 가산	3,283,108	3,151,412	3,054,293	2,881,115
감가상각비	3,036,967	3,014,538	2,925,475	2,761,280

표 6	동진운수 차량운반구 현황			(단위: 천원)
	2011	**2010**	**2009**	**2008**
차량운반구	19,047,000	20,351,000	20,251,424	20,135,125
(감가상각누계액)	(13,118,621)	(12,083,406)	(11,543,312)	(11,215,265)
순 액	5,928,379	8,267,594	8,708,112	8,919,860

소하였기 때문이다. 특히, 농번기의 매출은 급감했다.

대부분의 노선이 경상북도 지역에 집중된 동진운수 역시도 시외버스 업체이기 때문에 잠재 이용객 감소와 대체 교통수단의 증가에 따른 수익성 하락에서 자유로울 수 없었다. 다른 시외버스 업체들의 영업이익률도 계속 하락하고 있었지만 동진운수의 영업이익률의 악화는 다른 업체에 비해 심각한 수준이었다. 계속되는 적자로 인하여 동진운수는 2008년에 적자노선의 폐지, 흑자노선 위주의 노선 개편과 인원감축을 골자로 한 구조조정을 실시하였다. 하지만 2010년에 이어 2011년에도 계속해서 적자를 기록할 형편이다.

동진운수는 매출이 줄어드는 상황에서 적정이윤을 확보하기 위하여 원가절감을 최우선 목표로 하고 있다. 버스 회사의 원가 중 가장 많은 비중을 차지하는 것은 인건비와 연료비로서, 동진운수는 경력이 긴 승무원보다는 경력이 짧은 신입 승무원을 다수 채용함으로써 인건비 비중을 줄이고자 노력하고 있다. 차량의 유지관리 및 정비보수도 원가절감을 위하여 차량의 안전에 문제가 없는 한에서 최소한도로 유지하고 있다.

[표 5]는 동진운수의 주요 재무현황을 나타낸 표이다. 단, 동진운수의 2011년 재무자료와 차량운반구 자료는 회사의 최종 공표 재무제표가 아닌 회사내부의 가결산 결과를 반영하고 있다.

동진운수의 주요 감가상각 대상 자산은 차량이다. 동진운수의 사업보고서에 보고된 자료에 따르면 동진운수의 차량 감가상각 현황은 [표 6]과 같다.

[표 5]에 포함된 자료에서 알 수 있듯이 동진운수는 5년간 매출액과 영업이익이 지속적으로 감소하고, 2010년에 이어 2011년에도 손실이 예상되어 회사가 위험에 처해 있다는 것을 알 수 있다. 매출액이 감소하는 정도에 비하여 매출원가가 감소하는 비율이 작은데, 그 이유는 매출원가의 상당 부분을 차지하고 있는 경유비가 동 기

표 7	동진운수 감가상각비 현황				(단위: 천원)
구 분	2011	2010	2009	2008	
판매비와 관리비 중 감가상각비	206,248	203,411	270,331	225,974	
매출원가에 속하는 감가상각비	2,830,719	2,811,127	2,655,144	2,535,306	
총 감가상각비	3,036,967	3,014,538	2,925,475	2,761,280	

간 중 상승하였고 인건비 역시 상승하였기 때문이다. 총자산 중 유형자산이 차지하는 비중은 2011년 기준으로 63% 정도를 차지하는데, 유형자산 중 차량운반구의 비중은 43%로 가장 큰 부분을 차지하고 있다. 현진고속과 비교하여 총자산 중 차량운반구의 비중이 더욱 크다. 동진운수의 감가상각비에 대한 정보는 [표 7]에 보고되어 있다.

매출원가 중 감가상각비가 차지하는 비중은 2008년 25%로서 해마다 증가해 왔다. 감가상각비가 원가의 상당 비중을 차지하고 있어서, 감가상각방법의 변경이나 감가상각 추정의 변경이 이루어질 경우 감가상각비의 차이가 영업이익이나 당기순이익에 미치는 영향이 클 것으로 여겨진다.

감가상각 추정의 변경

회계기준상 원칙적으로 감가상각비를 계산할 때 사용하는 감가상각방법, 내용연수, 잔존가치 등은 일관되게 계속적으로 사용하는 것이 일반적이지만, 과거의 추정치가 더 이상 기업의 재무상태나 경영성과를 적정하게 반영하지 못한다면, 정당한 사유를 입증할 경우 감가상각 추정을 변경할 수 있다.

현진고속과 동진운수는 각각 2011년 가결산 재무제표를 작성할 때 차량의 감가상각 추정을 변경하기로 결정하였다. 제시된 감가상각비 계산방법과 회계변경에 대한 내용을 참조하여 다음 장에 주어진 문제에 대해 답하라.

감가상각비

감가상각

유형자산의 사용기간은 여러 회계기간 동안 지속된다. 보통 유형자산의 가치는 시간이 갈수록 감소하기 때문에 감가상각(減價償却, depreciation)이란 시간의 흐름에 따라 유형자산의 가치가 감소하는 것을 반영하는 것으로 생각하기 쉽다. 그러나 회계학에서 감가상각의 의미는 단순히 자산의 사용에 따라 '가치가 감소'하는 것을 반영하는 것이 아니라, '취득한 자산의 용역잠재력 중 소멸된 부분을 비용으로 배분'하는 과정을 의미한다.

두 개념의 차이를 간단한 예를 들어 확인해 보자. 건물을 10억원에 취득하여 사무실로 사용하고 있는 기업이 있다. 그런데 매년 건물의 가치가 상승하여 10년이 지난 후 건물의 가치가 15억원이 되었다. 경제적으로는 시간의 흐름에 따라 자산의 가치가 상승하였기 때문에, 건물의 가치 감소를 반영하기보다는 오히려 가치 상승분을 반영하여야 할 것이다.

그러나 건물을 구매한 기업은 10년 동안 건물을 사무실로 이용하여 영업활동을 통해 수익을 창출하였다. 10년 동안 건물이란 자산을 이용하여 수익을 창출해 냈을 때, 건물이란 자산은 비록 가격 자체는 올랐을지라도 앞으로 사무실로 사용할 수 있는 수명은 줄어들었을 것이다. 즉, 앞으로 건물이 사무실로 역할을 할 수 있는 용역잠재력이 10년이란 기간 동안 감소하였을 것이다. 이처럼 수익을 창출하기 위해 건물의 용역잠재력을 이용한 만큼의 금액을 비용으로 처리해야 한다. 따라서 이론적으로 감가상각비를 계산할 때 유형자산의 경제적 효익(용역잠재력)이 소멸된 만큼을 정확히 감가상각비로 비용처리하는 것이 가장 합리적이다.

그러나 실제로 사용하고 있는 자산의 용역잠재력을 평가하는 것과 당기에 얼마만큼의 용역잠재력을 사용했는지를 파악하는 것은 지극히 어려운 일이며, 그렇게 한다고 해도 경제적인 실익이 별로 없다. 따라서 실무적으로는 일정한 가정을 하고 규칙에 따라 감가상각비를 계산하여 비용으로 인식한다.

다음의 예를 통해서 감가상각비 계산방법을 이해해 보자. A라는 기계를 2,000만원에 구입하여 제품제조에 사용하였다. 이 기계로 기업은 매년 10,000개씩의 제품을 생산하였고, 그 제품을 판매하여 매년 충분한 매출을 기록하였다. 제품을 생산할수록 기계는 노후화되어, 결국 5년 후 그 기계를 200만원에 팔았다. 이 경우 기계 구매액과 판매액의 차이인 1,800만원은 기계가 처음 지니고 있던 경제적인 효익이 감소한 부분이라고 생각할 수 있다. 즉, 기업의 5년 동안 수익창출에 기여한 비용인 것이다. 이렇게 잠재적인 경제적 효익 중 소멸된 부분은 감가상각비로 비용처리해야 한다.

그런데 1,800만원의 가치를 판매시점에 모두 비용으로 인식한다면, 매년 감소하는 용역잠재력이 재무제표에 반영되지 않을 뿐만 아니라 수익비용대응의 원칙에도 위배된다. 즉 지난 5년 동안 수익이 발생했지만 감가상각비는 최초 4년 동안 전혀 계산하지 않다가, 마지막 5년차에 5년 동안 발생한 모든 비용이 한꺼번에 비용처리가 되는 것이다. 그 결과 지난 4년간의 수익과 자산은 모두 과대 계상되는 결과가 된다. 이런 문제점을 방지하려면 5년 동안 발생한 1,800만원의 가치 변동을 5년 동안 적절히 나누어 반영해야 한다. 이와 같이 취득한 자산의 원가를 자산의 사용기간에 걸쳐 체계적이고 합리적으로 배분하여 비용으로 인식하는 과정(cost allocation)을 감가상각이라 한다. 그리고 이처럼 유형자산의 사용에 따른 비용을 사용기간 동안 적절히 나누어 반영한 것을 감가상각비라 한다. 앞서 제시한 예에서 매년 동일한 개수의 상품을 생산했으므로, 기계의 용역잠재력 감소분은 매년 동일하다고 가정하는 것에 무리가 없을 것으로 여겨진다. 즉 매년 360만원씩 감가상각비를 계상하는 것이 해당 기계의 용역잠재력이 소멸된 부분을 잘 반영할 것으로 생각된다.

감가상각비의 계산

일반적으로 용역잠재력 감소분을 정확히 알기 어려우므로 용역잠재력 감소분에 대한 합리적인 가정을 하여 감가상각비를 계산한다.

감가상각비를 계산하여 인식하기 위해서는 감가상각대상금액, 내용연수, 감가상각방법의 세 가지 요소를 알아야 한다.

① 감가상각대상금액

감가상각대상금액(depreciable amount)은 유형자산의 원가에서 추정잔존가치를 차감한 금액이다. 잔존가치(residual value)란 자산의 내용연수 종료시점에 자산의 처분금액에서 처분부대원가를 차감한 금액의 추정치이다.

② 내용연수

내용연수(useful life)란 자산이 사용가능할 것으로 기대되는 기간, 또는 자산으로부터 예상되는 생산량이나 이와 유사한 단위 수량을 의미한다. 내용연수는 일반적으로 예상 사용기간(예 : 3년, 10년)으로 표시되는 경우가 많지만, 생산량 등이 더 적절한 경우에는 생산량이나 이와 유사한 단위 수량으로 표시할 수 있다. 예를 들어, 특정 기계장치가 제품 1,000개를 생산하면 더 이상 사용할 수 없다고 할 때, 내용연수를 총생산제품개수인 1,000개로 정할 수 있다. 내용연수 기간에 걸쳐 감가상각비를 비용으로 인식하므로, 내용연수를 짧게 설정하면 해당 자산의 감가상각비를 짧은 기간 내에 모두 인식하게 되어 각 연도의 비용이 증가하는 효과가 있고, 내용연수를 길게 설정하면 좀더 긴 기간 내에 감가상각비를 배분하게 된다.

③ 감가상각방법

감가상각방법은 유형자산의 감가상각대상

금액을 자산의 내용연수 동안 체계적으로 배분하는 구체적인 방법이다. 이러한 감가상각 방법에는 정액법, 체감잔액법 및 생산량비례법이 있다. 기업은 해당 유형자산의 미래 경제적 효익이 소비되는 형태를 반영해서 감가상각방법을 결정해야 한다.

• 정액법

정액법(straight-line method)은 자산의 내용연수 동안 매기간 일정액의 감가상각액을 인식하는 방법이다. 해당 자산의 경제적 효익이 시간의 경과에 따라서 일정하게 감소하는 경우에 적합한 방법이다. 정액법에 의한 연간 감가상각비는 감가상각대상금액(=취득원가 - 잔존가치)을 내용연수로 나누어서 계산한다.

• 체감잔액법

체감잔액법(diminishing or declining balance method)은 자산의 내용연수 동안 감가상각액이 매기간 감소하는 방법이다. 감가상각 초기에는 많은 금액이 상각되고, 시간이 경과할수록 상각액이 점차 감소한다. 체감잔액법의 대표적인 방법으로 정률법과 연수합계법이 있다. 해당 자산의 경제적 효익이 사용 초기에 더 많이 감소하는 경우에 적합한 방법이다.

• 생산량비례법

생산량비례법(units of production method)은 생산량, 운행거리, 작업시간 등에 비례하여 감가상각비를 계산하는 방법이다. 예를 들어, 특정 기계가 총 1,000개의 제품을 생산할 수 있는 경우, 해당 자산의 감가상각비는 총제품생산량(1,000개) 대비 당기생산량의 비율로 계산하는 것이 적절할 것이다.

회계변경

회계정책(accounting policy)은 기업이 재무제표를 작성·표시하기 위하여 적용하는 구체적인 원칙, 근거, 관습, 규칙 및 관행 등을 일컫는 것으로서, 기업들은 일반적으로 한국채택국제회계기준 또는 관련 법규를 따른다. 한편 대손상각을 비롯한 재무제표의 많은 항목들은 불확실성이 존재하기 때문에, 회계처리 과정에서 미래에 대한 추정을 필요로 한다. 일반적으로 기업은 회계정책과 추정을 일관성 있게 사용하여 재무제표의 신뢰성과 비교가능성을 유지한다. 그러나 회계정보의 신뢰성과 목적적합성을 향상시킬 수 있는 경우에 회계정책의 변경이 있을 수 있고, 보다 합리적인 추정이 가능할 때 회계추정(accounting estimates)을 변경할 수 있다. 이처럼 기업이 회계정책을 변경하거나 회계추정을 변경하는 경우를 합쳐서 회계변경이라 한다.

회계정책 변경의 예로 재고자산의 평가방법을 선입선출법에서 후입선출법으로 변경하는 것이나, 유형자산 측정모형을 원가기준에서 시가기준으로 변경하는 것을 들 수 있다. 재무제표 작성시에 필수적으로 사용되는 회계추정은 추정의 근거가 되었던 상황이 변하거나 새로운 정보의 획득, 추가적인 경험이

축적되는 경우 수정이 필요할 수 있다. 매출채권의 대손추정률을 변경한다거나 유형자산의 잔존가치나 내용연수를 변경하는 것 등을 회계추정 변경의 예로 들 수 있다. 참고로 감가상각방법을 변경(예를 들어, 정액법에서 정률법으로 변경)하는 것은 회계추정의 변경으로 본다.[7]

회계정책의 변경은 한국채택국제회계기준 또는 관련 법규의 개정이 있거나, 과거의 회계처리방법이 기업의 재무상태나 경영성과 등을 적정하게 표시하지 못할 경우에 이루어진다. 그런데 일반적으로 인정된 회계원칙에 위배되지 않는다고 해서 아무 때나 회계정책을 변경할 수 있는 것은 아니다. 회계변경을 통해 회계정보의 유용성을 높이는 경우 정당성 있는 회계변경으로 보며, 정당성 있는 사유를 입증하지 않고 회계정책을 바꾸는 경우에는 회계기준에 위배되는 회계상의 오류로 취급한다. 합병이나 대규모 투자 등 기업의 환경에 중대한 변화가 생겨 기존의 회계정책을 사용할 경우 재무제표가 왜곡될 때, 동종업계의 합리적인 관행을 수용하는 경우, 증권거래소에 상장하거나 코스닥 시장에 등록을 통해 기업을 최초로 공개하기 위한 때, 또는

---

7 기존 기업회계기준(K-GAAP)에서는 감가상각방법의 변경을 회계정책의 변경으로 보았으나, 2011년부터 적용되는 한국채택국제회계기준에서는 감가상각방법의 변경은 회계추정의 변경으로 하도록 하고 있다. 또한 한국채택국제회계기준에서는 재고자산의 원가흐름가정으로 후입선출법을 인정하지 않는다.

한국채택국제회계기준이 바뀌었을 때 변경이 이루어지는 경우 등이 정당성 있는 회계변경의 예로 제시되고 있다. 회계추정의 변경 역시 그 사유의 정당성을 입증해야 한다.

회계정책의 변경과 회계추정의 변경은 회계처리 방법에도 차이가 있다. 한국채택국제회계기준을 최초로 적용하는 경우의 회계정책 변경은 해당 경과규정이 있는 경우 그에 따라 회계처리하고, 경과규정이 없는 경우에는 소급적용을 한다. 자발적인 회계정책 변경의 경우는 경과규정 자체가 존재하지 않기 때문에 소급적용을 한다. 소급적용시 회계정책의 변경에 의한 누적효과를 실무적으로 소급 재작성할 수 있는 최초의 시기가 당기가 될 경우에는 당기부터 전진법을 적용한다. 한편 회계추정을 변경하는 경우에는 전진법을 적용한다.

소급법은 새로운 회계정책이나 추정을 처음부터 적용한 것처럼 거래, 기타 사건 및 상황에 적용하는 방법으로, 전기의 재무제표를 새로운 원칙을 적용하여 수정한다. 과거의 재무제표를 새로 수정해서 작성하기 때문에 재무제표의 비교가능성은 높아지지만 신뢰성이 저하된다는 단점이 있다.

전진법은 과거의 재무제표는 수정하지 않고, 새로 변경된 회계처리방법을 회계변경을 하기로 한 당해와 그 이후의 회계연도에 적용하는 방법이다. 즉, 당해부터 새로운 회계처리방법을 적용하면 된다. 과거의 재무제표를 수정하지 않기 때문에 재무제표의 신뢰성은 유지되지만 재무제표의 비교가능성은 떨어지게 되며 변경으로 인한 효과를 파악하기 어려운 단점이 있다.

기존 기업회계기준에서 감가상각방법의 변경은 회계정책의 변경으로 구분하여 처리하고, 내용연수나 잔존가치에 대한 변경은 회계추정의 변경으로 구분하여 회계처리하였다. 그러나 2011년부터 의무적으로 적용되는 한국채택국제회계기준에서는 감가상각방법을 감가상각자산에 내재된 미래 경제적 효익의 기대소비 형태에 대한 추정으로 규정하여, 감가상각방법의 변경 또한 회계추정의 변경으로 회계처리하도록 하고 있다. 따라서 전진법을 사용하게 된다.

다음의 예제를 통하여 소급법과 전진법에 대해 상세히 알아보자.

소급법과 전진법의 예시

동진운수는 2010년 1월 1일에 취득한 기계장치에 대해서 2012년 1월 1일을 기준으로 다음과 같이 회계변경을 하였다. 회계변경에는 정당한 사유가 있었고, 변경대상이 되는 사업연도는 2012년이다.

(1) 취득원가: ₩100,000원

(2) 감가상각방법: 정액법에서 연수합계법으로 변경

(3) 내용연수: 4년에서 5년으로 변경

(4) 잔존가치: ₩10,000원에서 ₩8,000원으로 변경

(5) 회계변경에 따른 법인세 효과는 무시한다.

  1) 위의 회계변경을 소급법을 적용하여 기록할 경우 2012년에 해야 할 회계처리는 다음과 같다.

   - 회계변경의 누적효과

   정액법에 의한 감가상각누계액:

   (₩100,000−₩10,000)×2/4=₩45,000(잔존가치 10,000과 내용연수 4년 적용시)

   연수합계법에 의한 감가상각누계액:

   (₩100,000−₩8,000)×(5+4)/(1+2+3+4+5)=₩55,200(잔존가치 ₩8,000과 내용연수 5년 적용시)

   (차) 전기이월이익잉여금 ₩10,200   (대) 감가상각누계액 ₩10,200

즉, 2010년과 2011년 동안 계속해서 연수합계법을 사용했다면 총 ₩55,200의 감가상각비(=감가상각누계액)가 기록되었을 것인 데 반해, 그 동안 정액법이 사용되어 왔으므로 ₩45,000의 감가상각비만이 과거에 기록되었었다. 그 결과 차액인 ₩10,200만큼 과거의 감가상각비가 적게 기록되었으므로 이익잉여금이 과다하게 기록된 것이다. 따라서 이 차이를 조정해서, 이익잉여금을 감소시키고 감가상각누계액을 증가시키는 분개를 행하는 것이다.

   - 2012년의 감가상각비

   (₩100,000−₩8,000)×(3)/(1+2+3+4+5)=₩18,400

   (차) 감가상각비 ₩18,400   (대) 감가상각누계액 ₩18,400

회계변경의 누적효과는 변경 이전의 방법과 변경 이후의 방법에 의한 차액인 ₩10,200으로서, 소급법에 의하면 이를 전기이월이익잉여금으로 처리하고 재무제표는 과거에서부터 적용한 것처럼 수정한다.

	2012년	2011년
기계장치	₩100,000	₩100,000
감가상각누계액	(₩73,600)	(₩55,200)
계	₩26,400	₩44,800

2) 위의 회계변경을 전진법을 적용하여 기록할 경우 2012년에 해야 할 회계처리는 다음과 같다.
   - 회계변경의 누적효과
   회계처리 없음
   - 2012년의 감가상각비
   $$(₩100,000-₩45,000-₩8,000) \times (3)/(1+2+3)=₩23,500$$

   (차) 감가상각비 ₩23,500   (대) 감가상각누계액 ₩23,500

2010년과 2011년 동안 이미 기록한 총 감가상각비(=감가상각누계액)는 ₩45,000이다. 내용연수 5년 중 2년이 이미 경과했으므로 잔존내용연수는 3년뿐이다. 따라서 연수합계법 적용시 분모를 (1+2+3)으로 사용한다.

	2012년	2011년
기계장치	₩100,000	₩100,000
감가상각누계액	(₩68,500)	(₩45,000)
계	₩31,500	₩55,000

위처럼 전진법은 회계변경으로 인해 새로이 채택한 회계처리방법을 당해부터 적용하고, 과거의 재무제표를 수정하지 않는다.

감가상각 추정 변경공시의 예

본 사례에서는 감가상각의 추정을 변경했다. 실무에서는 감가상각방법을 변경하는 경우도 많다. 감가상각 추정이나 방법을 변경하는 경우 해당 내용을 공시해야 하며, 변경이 손익에 미치는 영향이 어느 정도인지를 함께 제공해야 한다.

참고로 감가상각 추정에 대한 공시는 다음과 같이 이루어진다.

[공시 원문]

회계추정의 변경

1. 변경대상: 기계장치의 감가상각 내용연수

2. 변경내용

　가. 변경 전 10년

　나. 변경 후 8년

3. 변경기준일: 2002년 01월 01일

4. 변경사유(이유, 근거): 기술발전의 가속화로 기계의 진부화가 빨라져 교체주기가 짧아짐. 또한 초기 계획된 생산량에 비해 매년 20% 정도를 더 생산함으로써 기계의 수명이 감소함.

5. 손익에 미치는 영향: 2002년 사업연도 감가상각비 약 32억원 증가 예상으로 이익감소

6. 변경일(이사회결의일): 2003년 02월 05일

　- 사외이사 참석여부: 참석(명) 3, 불참(명)

　- 감사 참석여부: 참석

7. 기타: -

사례문제

❶ 현진고속의 차량정비를 담당하고 있는 이완벽 부장은 임원회의에서 다음과 같이 보고하였다.

> "지난 20년간의 우리 회사의 정비기록과 차량운행 기록 및 차량매매 자료를 확인한 결과 차량의 수명이 크게 증가한 것을 확인하였습니다. 일단 국내 자동차 기술이 크게 향상되어 버스의 내구성이 증가하였습니다. 특히 우리 회사가 주력하고 있는 우등고속 버스는 일반고속버스나 시외버스에 비하여 장거리 여행을 위하여 더욱 내구성이 뛰어난 고급 부품을 사용하기 때문에 수명이 더 길어졌습니다.
>
> 또한 단거리 노선보다는 장거리 노선에 집중한 것도 수명 증가의 이유가 되었습니다. 예를 들어 잦은 주정차는 차량 수명의 단축을 가져오는데, 장거리를 운행하기 때문에 주정차 횟수가 이전보다 감소하였습니다. 이 외에도 고속도로 사정이 좋아져 차량에 손상을 줄 수 있는 급가속, 급제동이 보다 적어졌고, 포장이 이전에 비해 잘 되어 보다 나은 운행환경하에 있게 되었기 때문입니다.
>
> 버스 회사의 유지·보수 정책 역시 버스의 실질적인 수명증가에 영향을 미쳤다고 생각합니다. 유지·보수를 강화하여 정비설비를 증설한 결과 빠른 시간 내에 고품질의 정비가 가능하게 되었습니다. 철저한 일일 정비 및 운행 후 정비로 고장의 발생이 현저히 감소하였습니다. 기사들에게 충분한 휴식시간을 제공한 것도 결과적으로 사고 감소로 이어져 차량의 수명이 증가하게 된 원인이 되었습니다.
>
> 우리 회사는 현재 운영하는 버스의 감가상각 기간을 6년으로 가정하고 잔존가치는 취득가액의 10%로 가정하여 정액법을 통한 감가상각을 하고 있습니다. 그런데 말씀 드렸듯이 최근 우리 회사 차량의 수명이 크게 증가하였습니다. 계산해 본 결과 감가상각 기간을 7년 정도로 하고 잔존가치는 취득가액의 20% 정도로 하여도 될 것 같습니다. 20%의 잔존가치는, 7년 정도 차량을 운행하고 중고차량으로 매각할 수 있는 매각예상금액입니다."

연초에 1,000만원의 버스를 취득했다고 가정하자. 위의 두 가지 경우의 감가상각기간과 잔존가치에 대한 추정을 이용하여 새로 취득한 버스의 연간 감가상각비를 계산하여라. 결과를 바탕으로 감가상각기간과 잔존가치의 변경의 효과에 대해 논의해 보아라.

표 1	현진고속의 감가상각 추정 변경		
		변경 전	변경 후
현진고속	상각기간	6년	7년
	잔존가치	취득가액의 10%	취득가액의 20%

❷ 동진운수의 재무담당이사(CFO)인 김승기 씨는 2011년 가결산자료를 보고받고 큰 고민에 빠졌다. 2010년에 처음으로 영업손실과 당기순손실을 보고한 이래 2011년에도 역시 당기순손실이 발생한 것이다. 전반적인 경기침체로 동일 산업의 다른 업체들도 전년에 비해서 실적이 부진하기는 하였으나, 시외버스 사업을 중점으로 하고 있는 동진운수에게 미치는 타격은 더 컸다. 이렇게 2년 연속 적자를 기록한다면 은행들도 더 이상 차입을 해 주지 않을 것이고, 기존 차입금에 대해서 요구하는 이자율도 훨씬 높아질 것이다. 이렇게 실적부진이 유동성 악화로 이어지면 회사의 전반적인 생사가 불확실해질 수도 있다. 김승기 씨는 여러 가지 대안을 검토하던 중 회사의 감가상각비가 전체 비용에서 차지하는 비중이 높다는 것에 집중하였다. 감가상각비를 조금 줄이기만 하면 전반적인 수익성이 크게 상승할 것이었다. 동진운수가 차량을 감가상각할 때 사용하고 있는 추정내용연수는 8년으로서 업계 평균인 8.4년보다 짧았다. 또한 업계 선두 그룹인 서동교통과 옥계버스의 감가상각기간인 9년보다도 1년이나 짧았다. 과거에 다른 업계에 비해 짧았던 감가상각기간을 업계평균보다 조금 더 길게 변경하는 것은 외부투자자나 감사인들이 보아도 합리적으로 보일 것이라고 판단하였다. 기술의 발달로 과거보다 차량의 수명이 길어진 상황은 감사인도 인정할 것으로 생각되었다.

그러나 이런 감가상각 관련 내용연수와 잔존가치의 변경은 부정적인 효과도 가져올 수 있다. 2010년 회사가 적자를 기록한 때부터 현재까지 비용절감을 위해 임금인상을 억제하고 배당금 지급도 하지 않았지만, 회사가 흑자를 기록한다면 그 이유를 잘 알지 못하는 노조와 주주들이 임금인상과 배당금 지급을 요구할 수도 있다. 이들의 요구를 들어준다면 회사의 현금상황이 더욱 악화될 수도 있을 것이다. 반대로 요구를 들어주지 않는다면, 노사관계와 주주관계에 문제가 생길 수도 있다. 단 세무보고 목적으로는 감가상각 내용연수나 잔존가치에 대한 추정치를 변경하지 않을 예정이므로, 회사가 흑자를 기록하더라도 소득세 지급액이 변하지는 않는다.

이런 장단점들에 대한 고민 끝에, 결국 김승기 씨는 보유 차량의 감가상각 내용연수에 대한 추정치를 8년에서 10년으로 변경하기로 결정하였다. 또한 기존 취득가액의 5%로 설정하던 잔존가치를 취득원가의 10%로 증가시켰다. 노조와 주주들에게는 이런 변경의 이유를 김승기 씨가 직접 나서서 자세히 설명하기로 하였다.

[표 9]는 동진운수가 사용하고 있는 추정감가상각기간과 잔존가치를 보여주고 있다. 동진운

표 2	**동진운수의 감가상각 추정 변경**		
		변경 전	**변경 후**
동진운수	상각기간	8년	10년
	잔존가치	취득가액의 5%	취득가액의 10%

수는 감가상각방법으로 정액법을 사용한다.

　연초에 1,000만원의 버스를 취득했다고 가정하자. 위의 두 가지 경우의 감가상각기간과 잔존가치에 대한 추정을 이용하여 새로 취득한 버스의 연간 감가상각비를 계산하여라. 결과를 바탕으로 감가상각기간과 잔존가치의 변경의 효과에 대해 논의해 보아라.

❸ (1) 동진운수는 감가상각추정의 변경을 반영하여 2011년 가결산 재무제표를 새로 작성하였다. 변경된 동진운수의 감가상각기준을 적용해서 동진운수의 차량에 대한 감가상각비가 얼마나 바뀌었는지 생각해 보자. 감가상각비 계산시 차량의 가치는 차량운반구 계정의 2011년 기초금액([표 6]에 보고된 2010년 차량운반구 금액이 2011년의 기초금액이 될 것임)을 사용하고, 기초 시점에서 차량의 사용연수는 동진운수 차량의 평균연령인 5.4년을 사용한다. 즉 연중 취득하거나 매각하는 차량이 동일한 금액이라고 가정하는 것이다. 이 가정들은 문제 3에 공통적으로 적용된다.

(2) (1)번에서 계산된 금액을 바탕으로 감가상각 기준의 변경이 동진운수의 재무상태표와 포괄손익계산서에 어떻게 영향을 미쳤는지 계산해 보자. 단, 다음의 가정을 고려하라.
- 감가상각대상 기간과 잔존가치에 대한 추정의 변화는 오직 차량운반구에 국한한다.
- 계산 편의상 법인세 효과는 고려하지 않는다.
- 감가상각에 대한 추정의 변경은 전진법을 사용하여 회계처리한다. 즉, 회계 추정변경의 효과는 오직 변경한 회계기간과 그 이후에만 적용한다.

❹ 현진고속과 동진운수 경영진이 감가상각 기간과 잔존가치에 대한 추정을 변경한 목적의 차이에 대해 생각하여 보고, 회계정보의 이용자 측면에서 주의할 점은 무엇인지 논의하여 보라.

❺ 동일한 업종에 속한 기업들의 가치평가시 감가상각방법에 차이가 있다면, 이를 가치평가시 어떻게 고려해야 할지 설명해 보라.

❻ 국내 주식시장에 상장되어 있는 기업들 중 제조업 분야 5개의 산업군을 골라, 각 산업군별로 가

장 큰 회사를 선택하라. 해당 회사의 현금흐름표에서 작년도 감가상각비가 얼마인지 찾아라. 또한 해당 회사의 감가상각대상 자산 중 감가상각비가 차지하는 비중이 얼마인지를 계산하고, 해당 회사의 당기 세금을 제외한 비용 중 감가상각비가 차지하는 비중이 얼마나 되는지 계산하여라. 그리고 감가상각방법을 바꿔 감가상각비를 20%씩 늘리거나 줄인다면 해당 기업의 세전이익이 어떻게 바뀔지 계산하여라.

CHAPTER

4

가치평가에 기반한
현금흐름표 분석

01 현금흐름표 개요

　　현금흐름표는 손익계산서와 마찬가지로 특정 회계기간의 기업의 경영성과를 반영하는 재무제표이다. 다만, 손익계산서에 반영된 경영성과는 발생주의 회계원칙에 근거하여 계산한 것이고, 현금흐름표에 반영된 경영성과는 현금주의 회계원칙에 근거하여 계산한 것이라는 차이가 있다. 본장의 2절에서는 손익계산서 외에 왜 현금흐름표가 추가적으로 필요한지를 설명한다. 현금흐름표를 통해 우리는 영업활동으로 인한 현금흐름의 적정성, 이익의 질, 잉여현금흐름의 변화, 주요 투자내용, 자본조달의 원천 등을 쉽게 알아낼 수 있다. 다음은 현금흐름표에 대한 기본적인 소개이다.

　　America Online의 회계연도는 6월 말에 마감한다. 이 회사의 2000년 사업보고서에 따르면, 현금계정 잔액이 1999년 936백만 달러에서 2000년 2,490백만 달러로 대폭 증가했다. 경영상의 어떤 변화가 있어서 현금계정 기말잔액이 이렇게 많이 변했을까? 이에 대한 답은 현금흐름표에서 찾을 수 있다. 현금흐름표는 세 부분으로 구성되는데, 첫째는 영업활동으로 인한 현금흐름이다. 이는 기업이 특정 회계기간 중 제품판매 또는 서비스제공을 통해 얻은 현금유입액에서 제품생산 또는 서비스제공을 위해 지출한 현금유출액을 감한 차액을 나타낸다. 만약 기업의 영업활동으로 인한 현금흐름이 양(+)이면 당기의 영업활동이 기업의 현금보유량을 증가시켰음을 의미하고, 음(−)이면 영업활동에서 현금유출이 현금유입보다 크다는 것을 나타낸다.

　　영업활동으로 인한 현금유입은 제품을 판매하거나 서비스를 제공함으로써 고객에게서 수취한 현금을 말하는 것으로, 비교적 간단한 개념이다. 주식에 투자하여 받은 현금배당금, 채권에 투자하여 얻은 이자 역시 영업활동으로 인한 현금유입이다. 영업활동으로 인한 현금유출은 상대적으로 복잡한데, 제품생산 및 서비스 제공을 위하여 구매한 원자재 대금, 직원들에게 지급한 급여, 사무실 임대료, 각종 세금, 광고, 홍보 및 R&D 지출, 부채때문에 지급한 이자 등의 현금지출을 포함한다. 여기서 유의하여야 할 점은, 모든 영업활동으로 인한 현금유출은 비용처리된 현금 또는 유동자산 취득을 위해서 지출된 현금을 말한다. 비유동자산 취득을 위해 투자된 현금지출은 경영활동으로 인한 현금유출이 아니라 투자활동으로 인한 현금유출에 속한다.

　　America Online의 2000년 현금흐름표에 따르면 1년간 영업활동으로 인한 순현금흐름

표 4-1	America Online의 1999~2000년 현금흐름표	(단위: 백만 달러)	
		2000	**1999**
당기순이익 (손실)		1,232	754
	비현금성 구조조정비용	2	7
	감가상각비	363	298
	이연 네트워크 서비스 부채 감가상각비	−76	−76
	스톡옵션	13	20
	이연법인세	769	334
	투자자산 처분이익	−413	−564
	영업활동으로 인한 자산과 부채의 변동	576	365
영업활동으로 인한 현금흐름		1,808	1,119
	기계설비의 취득	−642	−303
	제품개발비	−92	−49
	투자자산의 처분	513	743
	투자자산의 취득	−1,248	−2,295
	단기 투자자산의 취득 및 처분	−382	133
	Digital City 소수지분의 취득	−80	0
	자회사의 취득 및 처분	10	31
	기타 투자활동	−80	−69
투자활동으로 인한 현금흐름		−2,001	−1,809
	보통주의 발행	429	905
	이자비용	−15	−22
	기타 재무활동	51	8
	우선주의 상환	0	−9
	부채의 발행	1,282	66
재무활동으로 인한 현금흐름		1,747	948
현금의 증가 (감소)		1,554	258
기초의 현금		936	678
기말의 현금		2,490	936

은 1,808백만 달러이다. 동 기간 동안 영업이익은 1,398백만 달러로서, 이를 종합하면 기업의 경영상황이 양호하다는 것을 알 수 있다. 영업활동으로 인한 현금흐름이 발생주의에 근거한 영업이익보다 많은 것은 당기 영업비용 중 상당부분이 감가상각비 등 현금지출이 발생하지 않은 비용이기 때문이다. 여기에서 영업활동으로 인한 현금흐름을 순이익이 아닌 영업이익과 비교하는 것은 순이익의 계산에는 유형자산처분이익 등 일부 영업활동과 관련이 없는 손익이 포함되기 때문이다.

현금흐름표의 두 번째 구성요소는 투자활동으로 인한 현금흐름이다. 투자활동으로 인한 현금유출은 기업이 기계설비, 공장건물 등 비유동자산의 취득을 위해 투자한 현금지출이며, 현금유입은 비유동자산을 처분하여 수취한 현금이다. America Online의 2000년 현금흐름표에 따르면, 기계설비 등 유형자산을 매입하기 위하여 642백만 달러의 현금을 지불했다. 또한 주식, 채권 등 금융자산의 취득을 위해 1,248백만 달러를 투자하였다. 그리고 주식, 채권 등 금융자산을 매각하여 513백만 달러의 현금을 수취하였다는 것을 보여준다. 그외 기타 항목을 합하면 투자활동으로 2,001백만 달러의 순현금유출이 발생하였다.

영업활동과 투자활동을 구분하는 이유는 영업활동은 기업의 경영성과를 반영한 것이고, 투자활동은 비록 경영활동의 기초이지만 경영활동 그 자체는 아니기 때문이다. 투자자들이 기업의 경영능력을 더욱 정확하게 평가하기 위해 양자를 반드시 구분해야 한다.

현금흐름표의 세 번째 구성요소는 재무활동으로 인한 현금흐름이다. 이는 기업의 자금조달 활동에 따라 주주 및 채권자들과의 거래에서 발생한 현금흐름을 말한다. 재무활동으로 인한 현금유입은 주식 및 채권의 발행, 차입을 통해 주주와 채권자로부터 유입된 현금을 말한다. 재무활동으로 인한 현금유출은 채권자에게 상환한 만기채무, 자기주식의 매입, 현금배당 지급액 등이 포함된다. 2000년 America Online의 재무활동으로 인한 순현금유입은 1,747백만 달러였는데, 그 중 신주발행을 통한 현금유입이 429백만 달러이고, 채권발행을 통한 현금유입이 1,282백만 달러이다.

그러므로 2000년 America Online의 현금계정 잔액이 936백만 달러에서 2,490백만 달러로 증가한 것은 주주와 채권자들로부터 1,747백만 달러를 조달하였고, 영업활동으로 인해 1,808백만 달러를 창출하였기 때문이다. 이 두 가지 금액을 합하면 총 3,555백만 달러가 된다. 이 중 2,001백만 달러를 비유동자산 취득에 투자한 후 남은 1,554백만 달러만큼이 America Online의 현금계정 잔액을 증가시킨 것이다.

02　현금흐름표의 의의

　　세계 각국의 회계기준은 본래 재무상태표와 손익계산서의 작성만을 요구했으며 현금흐름표의 작성은 상대적으로 최근에 들어서야 의무화되었다. 미국은 1988년, 한국은 1994년에야 현금흐름표를 의무적으로 공시하도록 하였다. 수백년 전부터 사용되어 온 재무상태표와 손익계산서에 비교해 볼 때 현금흐름표가 개발되어 실제 사용되기 시작한 것은 불과 수십 년 전의 일인 것이다. 기업의 경영성과를 보여주는 손익계산서가 이미 공시되는데 현금흐름표를 추가적으로 작성하게 하는 이유는 무엇일까?

　　손익계산서는 발생주의 회계원칙에 근거하여 작성된 것이다. 따라서 특정 회계기간의 수익이 이미 현금을 수취하였다는 것을 의미하지 않으며, 비용도 이미 현금을 지급하였다는 것을 의미하지 않는다. 그러므로 현금유입과 수익의 인식, 현금유출과 비용의 인식 시점은 일치하지 않는다. 손익계산서의 당기순이익은 기업이 당기간 동안 획득한 부를 의미하는 것이지만 순이익이 주주가 진정으로 소유할 수 있는 부가 되기 위해서는 현금의 형식으로 회수되어야 한다. 그러나 부실채권이 발생하여 현금이 회수되지 않을 수도 있고 수익이나 비용의 인식에 사용된 미래에 대한 경영자의 추정(감가상각비나 대손상각비 등)이 정확하지 않을 수도 있다. 따라서 당기 손익계산서에 인식된 부의 증가(순이익)는 미래기간 동안 현금화되지 않을 수 있다. 그러므로 현금흐름표의 영업활동으로 인한 현금흐름은 경영활동을 통해 얼마나 많은 실제적이고 즉시 주주가 가져갈 수 있는 부, 즉 현금이 생성되었는지 투자자들이 이해하도록 도와줌으로써 손익계산서를 보완해 준다.

　　한편, 현금흐름표는 기업의 현금계정 잔액의 변화가 어떻게 일어났는지 보여준다. 예를 들면, America Online의 현금계정의 증가 중 영업활동을 통해 창출된 것이 얼마이며 투자자들로부터 조달한 부분이 얼마인지 알 수 있다. 현금의 증가가 기업 자체의 영업을 통한 창출에 의한 것인지 아니면 투자자들로부터 조달한 것인지에 따라 기업의 가치창출 능력을 판단할 수 있다. 투자자들로부터 조달한 현금은 투자자들에게 가치를 창출해 주지 않는다. 오직 영업활동을 통해 창출한 현금이 투자자들에게 이익을 가져다 준다.

　　현금은 기업의 생명을 유지시켜 주는 피와 같다. 현금 공급이 부족할 경우, 아무리 좋은 사업을 영위하고 있더라도 지속적인 경영은 어려워질 것이고 심지어 파산에까지 이를 수 있다. 이를 반영하듯 투자업계에서는 "현금이 왕이다"는 말이 있다. 손익계산서와

146

표 4-2	Montgomery Ward 당기순이익과 현금흐름 비교						(단위: 백만 달러)
연 도	매 출	영업이익	당기순이익	영업활동으로 인한 현금흐름 (A)	투자활동으로 인한 현금흐름 (B)	재무활동으로 인한 현금흐름 (C)	현금의 변화 (A+B+C)
1988	5,403	322	139	882	−903	604	583
1989	5,349	282	151	229	−158	−296	−225
1990	5,465	267	153	233	−127	−105	1
1991	5,655	214	135	224	−90	−154	−20
1992	5,780	194	100	155	0	−516	−361
1993	6,002	203	101	129	−163	51	17
1994	7,038	237	117	156	−304	83	−65
1995	7,085	101	11	−182	−109	295	4
1996	6,620	−264	−237	−356	−148	499	−5
1997	5,386	−863	−1,152	−192	−93	442	157
1998	3,634	−362	−942	−163	−66	123	−106

현금흐름표를 결합하여 기업의 건전성을 체크하는 것은 투자자들이 기업의 생명력과 가치를 더욱 정확하게 예측할 수 있도록 도와준다. 다음 예시를 통해 손익계산서만으로 기업의 생명력을 판단할 경우 발생하는 문제에 대해서 알아보자.

　　Montgomery Ward는 1872년에 설립된 미국 최초의 DM(Direct Mail)발송 전문업체로, 혁신적인 판매방식을 도입해서 대성공을 거두었다. 그러나 1997년, 이 회사는 만기채무를 상환하지 못하여 법원에 파산보호 신청을 하였으며 2000년에 최종 파산하였다. 만약 투자자들이 이 회사의 경영난을 좀 더 일찍 예측하였더라면 투자손실을 피할 수 있었을 것이다. [표 4-2]는 파산 전 수년간의 순이익과 현금흐름 상황을 보여주고 있다. 손익계산서만 본다면 1994년 이전 회사의 이익수치는 매우 좋았으며 1995년에도 순이익을 기록하였다. 하지만 현금흐름표는 전혀 다른 그림을 보여주고 있다. 1989년부터 회사의 순현금흐름은 기본적으로 마이너스였다. 즉, 기업이 사용한 현금이 취득한 현금보다 더 많을 뿐만 아니라 순이익에 비하면 순현금유출액은 상당히 큰 액수였다. 만약 이 회사를 하나의 생명체에 비교한다면 이 생명체는 1989년부터 1995년까지 7년이란 시간 동안 지속적으로 과다출혈 상황에 있었던 셈이다. 손익계산서만을 보아서는 이 문제를 발견할 수 없다.

현금흐름표에서 우리가 가장 관심을 가지고 있는 부분은 손익계산서와 마찬가지로 특정 회계기간의 기업의 경영성과를 평가하는 영업활동으로 인한 현금흐름이다. Montgomery Ward사의 영업활동으로 인한 현금흐름을 보면 1995년 이전에는 비록 하락하는 추세였지만 총체적으로는 비교적 안정되고 건전한 상태였다. 하지만 1995년 기업이 11백만 달러의 이익을 발표할 때, 영업활동으로 인한 현금흐름은 1994년보다 338백만 달러 감소한 -182백만 달러였다. 투자자들은 손익계산서와 현금흐름표가 서로 다른 방향의 정보를 제공할 경우 주의해야 한다. 현금흐름 상황이 대폭 악화된 것이 나타나면 기업의 재무상태에 대해 의구심을 가져야 하며 그 원인에 대한 분석을 해야 한다. 만약, 투자자들이 단순히 손익계산서에만 의존하였다면 기업의 재무건전 상태에 대해 의문을 가지지 않았을 것이다. 그 결과 지속적으로 Montgomery Ward사의 주식을 보유함으로써 심각한 손실을 입었을 것이다.

이 사례에서 우리는 현금흐름표가 기업의 경영성과와 재무상태를 평가하는 데 없어서는 안 될 중요한 정보를 제공해 준다는 것을 알 수 있다. 만약 투자자가 손익계산서에만 의존한다면 현금흐름 상태를 소홀히 할 수 있어 기업의 지속가능 경영능력을 잘못 판단할 수 있다. 이 때문에 더욱 더 많은 국가에서 상장기업에 대한 현금흐름표 공시를 의무화하고 있다.

03 현금흐름표와 재무상태표, 손익계산서의 관계

이 책의 목적은 재무제표를 분석하기 위한 것이지 재무제표를 작성하고자 하는 것은 아니다. 그러나 여기서 현금흐름표가 어떻게 작성되는지 간략하게 짚고 넘어가기로 한다. 현금흐름표 작성법을 이해한다면 재무제표 정보를 더욱 잘 이해하는 데 도움이 된다. 현금흐름표 작성법을 안다면 현금흐름표 공시가 의무화되기 전에도 현금흐름 정보를 다른 재무제표로부터 계산해서 얻을 수 있었다. 전기와 당기 재무상태표 및 당기 손익계산서만 있으면 자체적으로 현금흐름표를 작성할 수 있다.

현금흐름표의 세 가지 구성요소 사이에서 현금의 이동은 기본적으로 다음과 같은 과정을 통해 발생한다. 기업은 우선 자금조달을 통해(=재무활동) 사업에 필요한 현금을 조달하고, 조달한 현금으로 기계설비, 공장건물 등 비유동자산을 취득하여(=투자활동) 영업활동을 준비한다. 한편, 기업은 영업활동에 필요한 유동자산 구입과 인건비 및 재료비 등의 지출 때문에 영업활동으로 인한 현금유출이 발생한다. 즉, 재무활동으로 조달된 자금이 투자활동과 영업활동에 사용되는 것이다. 이런 과정을 거쳐서 기업이 영업을 시작하면 매출이 발생하여 현금유입이 일어난다. 영업활동으로 인한 순현금유입의 일부는 비유동자산의 유지보수 활동, 소모되는 비유동자산 부분을 보충하거나 투자규모를 확대하는 등 투자활동에 사용되고 다른 일부는 부채상환 또는 배당금 지급 등 재무활동에 사용된다.

　그러므로 영업활동으로 인한 현금흐름의 변화는 재무상태표의 유동자산과 유동부채 및 이와 대응되는 손익계산서 항목과 관련되고, 투자활동으로 인한 현금흐름의 변화는 재무상태표의 비유동자산의 변동 및 이와 대응되는 손익계산서의 항목과 관련된다. 그리고 재무활동으로 인한 현금흐름은 재무상태표의 장기부채와 자본의 변동 및 이와 대응되는 손익계산서 항목과 관련된다.

　재무상태표 등식(자산=부채+자본)으로부터 수식 (4.1)을 도출할 수 있다. 여기서 Δ는 전기에서 당기로의 변화량을 의미한다.

4.1

자산=부채+자본

Δ자산=Δ부채+Δ자본

Δ현금성자산+Δ비현금성자산=Δ부채+Δ자본

Δ현금 +Δ비현금성 유동자산+Δ비유동자산

=Δ유동부채+Δ비유동부채+Δ자본

Δ현금=[Δ유동부채 − Δ비현금성 유동자산]

　　　 −Δ비유동자산+[Δ비유동부채+Δ자본]

영업활동으로 인한 현금흐름 관련 계정	투자활동으로 인한 현금흐름 관련 계정	재무활동으로 인한 현금흐름 관련 계정

투자활동과 재무활동으로 인한 현금흐름을 작성하는 것은 비교적 간단하다. 예를 들어, 전기와 당기 재무상태표에서 기계설비 계정이 당기에 100만원 증가하였고, 손익계산서에서 당기 기계설비 감가상각비가 30만원이며, 기계설비의 매각이 발생하지 않았다고 하자. 이 경우 당기의 기계설비 매입에 따른 투자활동으로 인한 현금유출은 130만원이다. 또, 당기에 미지급채무 계정이 500만원 증가하였다면, 당기의 채무증가에 따른 현금유입은 500만원이 된다.

영업활동으로 인한 현금흐름을 이해하고 작성하는 것은 상대적으로 더 어렵다. 영업활동으로 인한 현금흐름을 도출하는 방식은 두 가지가 있는데, 첫째는 직접법이다. 이는 기업의 매출관련 현금유입 정보와 비용관련 현금유출 정보를 모두 알고 있을 때, 양자의 차액으로 영업활동으로 인한 현금흐름을 구하는 방법이다. 하지만 대부분의 기업은 간접법을 이용하여 현금흐름표를 작성한다.

우리는 손익계산서의 당기순이익과 현금흐름표의 영업활동으로 인한 현금흐름이 동일한 회계기간의 경영성과를 평가한다는 것을 알고 있다. 양자의 차이는 당기순이익은 발생주의 회계원칙에 근거하여 계산되는 데 반해 현금흐름은 현금주의 회계원칙에 따라 계산된다는 것이다. 간접법은 손익계산서에 보고된 당기순이익에서 출발하여 발생주의와 현금주의의 차이를 조정하여 영업활동으로 인한 현금흐름을 도출하는 방법이다.

재무상태표에서 특정 회계기간의 모든 비현금성 유동자산과 유동부채 항목의 변화를 계산할 수 있다. 당기순이익에서 출발하여 비현금성 유동자산과 유동부채 항목의 변화를 조정하는 과정을 통해 영업현금흐름을 계산한다. 기본 수식은 아래와 같다.

4.2

당기순이익−유동자산의 증가+유동자산의 감소−유동부채의 감소+
유동부채의 증가+감가상각비 (및 기타 비현금 비용)
=영업활동으로 인한 현금흐름

이렇게 조정하는 이유는 수식 (4.1)로부터 알 수 있다. 예를 들어, 유동자산 중 재고가 당기에 100원 증가하였다고 하자. 재고가 현금흐름의 변화에 주는 영향을 고려할 때, 수식 (4.1)에서 오직 현금계정과 재고계정이 변화하고 다른 계정은 변화하지 않는다고 가정한다. 그러면 수식 (4.1)에서 재고가 100원 증가하였고(=비현금성 유동자산의 증가), 앞에 음(−)의 부호가 있기 때문에 우변이 −100이 된다. 따라서 좌변의 현금도 100원이 감소해야 한다. 그러므로 수식 (4.2)에서 당기순이익에서 재고계정의 증가치를 감하는 것이다. 예를 들어, 다른 모든 계정이 변하지 않을 때, 어떻게 하면 재고계정을 증가시킬 수 있는지 생각해 보자. 100원의 현금을 지불하여 재고를 100원만큼 구매해야만 재고계정을 증가시킬 수 있다. 즉, 현금이 100원 감소한 것이다. 그 반대로 만약 재고계정이 100원 감소하였다면 재고를 과거보다 100원만큼 덜 구매한 것이므로 현금 100원이 증가한 것이다. 그러므로 당기순이익에서 출발하여 비현금성 유동자산의 감소액을 더하고 증가액을 감하는 것이다.

수식 (4.1)에서 유동부채 계정은 양(+)의 부호를 가지고 있기 때문에 이해하기 쉽다. 조정과정에서 유동부채 계정의 증가액을 더하고 감소액을 빼면 된다. 예를 들면, 만약 미지급급여 계정이 200원 증가하였다면 영업활동으로 인한 현금흐름을 계산할 때 당기순이익에 200원을 더해 주어야 한다. 수식 (4.1)의 다른 모든 계정이 변화하지 않는다는 가정 하에 미지급급여 200원이 증가한 것은 이미 확정된 급여 200원을 지급하지 않았다는 의미이다. 순이익에서 이미 200원의 급여 비용이 감소된 상황에서 현금이 지불되지 않은 것이므로 현금계정은 변하지 않았다. 그 결과 현금계정이 당기순이익보다 200원이 많으므로 당기순이익에 이 금액을 추가해야 현금을 계산할 수 있다. 마찬가지로 만약 미지급금이 300원 감소하였다면 이 300원을 당기순이익에서 빼주어야 현금 금액을 계산할 수 있다. 미지급금이 감소한 이유는 기업이 300원을 지불하여 미지급금을 상환하였기 때문이다. 따라서 당기순이익에 유동부채의 증가액은 더하고 감소액은 빼주어야 한다.

또 하나의 중요한 조정항목은 감가상각비(및 기타 비현금 비용)이다. 당기순이익에 감가상각비를 더하여 영업활동으로 인한 현금흐름을 얻을 수 있다. 감가상각비는 당기에 귀속된 유형자산 소모로 인한 비용이며, 손익계산서에서 당기순이익을 계산하는 과정에서 당기순이익을 줄이는 역할을 한다. 하지만 유형자산의 취득은 이전 회계기간에 이루어진 것으로 당기에는 현금지급이 발생하지 않는다. 즉, 감가상각비는 비현금 비용으로 이익을 감소시켰을 뿐 현금흐름을 감소시키지는 않았다. 그러므로 조정과정에서 감가상각비를 당기순이익에 더해 줌으로써 영업활동으로 인한 현금흐름을 얻을 수 있다.

이제까지 설명한 내용은 간접법으로 영업활동으로 인한 현금흐름을 계산하는 데 가장 중요한 조정항목들이다. 이외에도 다른 조정항목들이 있으나 일일이 설명하지 않기로 한다. 관심이 있는 독자들은 중급회계 교재를 참고하기 바란다.

조정과정을 통해 당기순이익이 현금이익(영업활동으로 인한 현금흐름, cash earnings)에 발생주의에 따른 조정항목에서 생성된 이익을 더한 값과 같다는 것을 알 수 있다. 우리는 후자를 발생액 또는 발생이익(accrued earnings)이라고 한다. 회계분석은 대개 발생액 부분에서 일어난다.

4.3

당기순이익 = 현금이익 + 발생이익

수식 (4.3)은 이해하기 어렵지 않다. 특정 회계기간 내의 경영성과인 당기순이익 중 이미 현금으로 수취한 부분은 현금이익이고, 아직 현금으로 받지 못하였지만 발생주의 회계원칙에 근거하여 이익으로 인식된 부분은 발생이익이다.

비록 두 부분의 이익이 모두 기업의 경영성과를 구성하지만, "산에 있는 열 마리 새보다 손 안에 든 한 마리 새가 낫다"는 속담처럼 현금이익은 "손안에 든" 이익이지만, 발생이익은 "산에 있는" 이익이므로 양자의 질은 다르다. [표 4-3]은 양자의 차이점을 비교해서 보여준다.

흔히 영업현금흐름과 감가상각비의 차를 순이익으로 나눈 값을 이익의 질(quality of earnings)을 평가하는 지표로 사용한다. 이 지표가 큰 기업일수록 이익의 질이 높다고 평가된다. 본 책의 뒷부분에서 발생이익과 현금이익의 차이에 따른 이익의 질이 주식투자에 미치는 영향에 대해서 구체적으로 다루기로 하겠다.

표 4-3　발생이익과 현금이익의 차이점

발생이익	현금이익
이익잉여금의 변화를 반영	현금계정 잔액의 변화를 반영
발생주의 회계기준에 근거하여 계산	현금주의 회계기준에 근거하여 계산
회계기준에 의한 이익의 획득 강조	실제 수취한 현금을 강조
수익과 비용에 대한 예상치가 포함	예상치를 포함하지 않음
예상치의 추정과정에 경영자의 의견이 반영됨	사실만이 반영됨
조정이 쉬움	쉽게 조정할 수 없음
장기적자인 기업도 꼭 파산하는 것은 아님	장기적인 음(−)의 현금흐름은 파산을 초래함

국내 주요기업의 이익의 질

2021년 시가총액을 기준으로 상위업체 5개의 당기순이익과 영업현금흐름를 보면 이익의 질이 많이 차이가 남을 알 수 있다. 예로 삼성전자의 경우 발생이익(당기순이익-영업현금흐름)이 약 -25조 2천억원이 되는 반면 SK하이닉스는 -10조 2천억원이다. 위에 설명한 대로 영업현금흐름과 감가상각비의 차를 순이익으로 나눈 값을 이익의 질로 정의했을 때 삼성전자의 이익의 질은 1.58이고 SK하이닉스는 1.98이다. SK하이닉스의 이익의 질이 삼성전자보다 좋음을 알 수 있다.

국내상장사 중 흑자를 낸 기업을 이용하여 2009년부터 2021년까지 기간동안 이익의 질로 포트폴리오를 만들어 보았다. [표 4-5]에서 보듯이 이익이 질이 가장 낮은 포트폴리오의 향후 1년간 수익률은 -6.8%밖에 안 되었으나, 이익의 질이 가장 높은 포트폴리오의 경우는 4.7%나 되었다.

표 4-4 **국내 시가총액 상위 제조업체들의 2021년 연결기준 재무성과 및 이익의 질** (단위: 천원)

	삼성전자	LG에너지솔루션	SK하이닉스	삼성바이오로직스	삼성SDI
총자산	426,621,158,000	23,764,137,000	96,386,474,000	7,970,010,787	25,833,192,997
영업이익	51,633,856,000	768,470,000	12,410,340,000	537,309,408	1,067,575,600
당기순이익	39,907,450,000	929,868,000	9,616,188,000	393,589,468	1,250,401,560
영업현금흐름	65,105,448,000	978,585,000	19,797,648,000	454,596,217	2,176,027,359
감가상각비	2,073,051,000	149,165,000	744,854,000	8,793,965	91,300,969
발생이익	−25,197,998,000	−48,717,000	−10,181,460,000	−61,006,750	−925,625,798
이익의 질	1.58	0.89	1.98	1.13	1.67

표 4-5 **국내 상장사 이익의 질과 미래 연평균 수익률 간의 관계**(2009~2021년)

포트폴리오	최저	2	3	4	5	6	7	8	9	최고
평균이익의 질	−4.4	−0.7	−0.1	0.2	0.5	0.8	1.1	1.5	2.6	10.3
수익률(%)	−6.8	−11.3	−8.1	1.5	3.8	5.0	5.2	4.6	4.6	4.7

04   현금흐름표에 기반한 기업의 성장주기 분석

현금흐름표의 세 구성부분의 상호관계로부터 우리는 기업의 성장주기에 대한 더욱 깊은 이해가 가능하다. 기업의 성장주기는 초기 설립단계부터, 발전단계, 성숙단계, 쇠퇴단계, 파산 또는 재발전단계를 거치게 된다. 기업은 여러 성장주기를 거칠 수 있으며 오래된 기업이라고 해서 반드시 쇠퇴나 파산에 이르는 것은 아니다. 서로 다른 발전단계에서 현금흐름표의 세 구성부분의 상호관계에는 비교적 큰 차이가 존재한다. 그러므로 우리는 이 상호관계로부터 기업이 위치한 성장주기를 판단할 수 있다. 이런 정보는 우리가 기업의 이익을 예측하고 가치를 평가하는 데 큰 도움이 된다.

[표 4-6]은 각 성장주기의 현금흐름표 구성부분간의 상호관계를 보여준다. 비교가능성을 높이기 위해 모든 단계의 순현금흐름을 0이라고 가정하여 현금흐름구조를 더욱 쉽게 비교할 수 있도록 하였다.

첫 번째 단계는 기업의 설립 및 고속성장 단계이다. 이 단계에서 기업은 투자자(주주 및 채권자)로부터 성장에 필요한 대량의 자금을 확보해야 하므로 재무활동 부분에서 대량의 현금유입이 나타난다. 조달된 자금은 먼저 기계설비 및 공장건물의 매입 등 비유동자산에 투자되고, 일부는 재고, 원자재 등 유동자산에 투자된다. 그러므로 투자활동 부분에서 대량의 현금지출이 나타나고 영업활동 부분에서는 상대적으로 적은 양의 현금지출이 나타난다.

두 번째 발전단계에서는 첫 번째 단계의 투자가 운영에 투입되어 제품을 생산하게 되며, 기업의 성장은 계속되지만 성장속도가 느려진다. 이때, 영업활동으로 인해 양(+)의 현금유입이 나타나기 시작하나 금액은 아직 많지 않다. 투자활동도 초기보다 줄어들기는 하

표 4-6   **각 기업 성장주기에 따른 현금흐름 구조 비교**

	고속성장단계	저속성장단계	성숙기	쇠퇴기
영업활동으로 인한 현금흐름	-3	7	15	8
투자활동으로 인한 현금흐름	-15	-12	-8	-2
재무활동으로 인한 현금흐름	18	5	-7	-6
순현금흐름	0	0	0	0

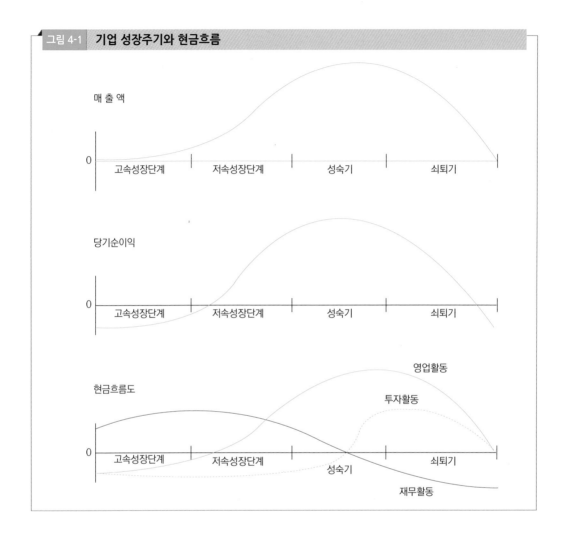

그림 4-1   기업 성장주기와 현금흐름

나 영업활동으로 인한 현금유입만으로 투자활동에 필요한 현금흐름을 충당할 수는 없다. 그러므로 기업은 투자자로부터 소량의 자금을 추가적으로 조달해야 한다. 이 단계에서 재무활동으로 인한 현금흐름과 영업활동으로 인한 현금흐름은 소량의 유입이 나타나며, 이 두 부분의 현금유입은 재생산을 위한 투자지출에 사용된다.

세 번째 단계에서 기업의 영업활동이 안정적으로 이루어지면서 대량의 현금유입이 발생하기 시작한다. 이 유입은 유형자산의 생산능력을 유지하기 위해 재투자될 뿐만 아니라 나머지 부분은 투자자에게 지급하는 보상으로 사용된다. 즉, 기업설립시 차입으로 조달된 자금을 상환하고 주주들에게는 배당을 지급한다. 그러므로 영업활동 분야에서 대량의 현금유입이 나타나며, 투자활동은 소액의 유출, 재무활동으로 인한 현금흐름은 순유출로 나타난다.

　마지막으로 기업은 쇠퇴단계에 들어선다. 이때 영업활동으로 인한 현금흐름은 유입이지만 성숙단계에 비하여 금액이 줄어든다. 현금유입의 아주 적은 부분은 유형자산을 유지하기 위해 사용되고 대부분은 투자자들에게 돌아간다.

　그러므로 현금흐름표를 분석할 때 세 구성부분의 상호관계를 통해서 기업이 위치한 성장주기를 추측할 수 있으며 이를 미래의 예상이익수준을 예측하는 데 활용할 수 있다.

05 　결론

　이 장에서는 기업의 현금흐름표를 소개하였다. 현금흐름표는 손익계산서가 기업의 영업실적을 보고하는 데 부족한 부분을 보완하고 투자자가 기업의 현금흐름의 과정을 이해하는 데 도움을 주어 경영성과와 재무상태를 정확하게 판단하는 기초를 제공한다.

　현금흐름과 관련된 중요한 개념은 잉여현금흐름(free cash flow)이다. 잉여현금흐름은 영업활동으로 인한 현금흐름과 투자활동으로 인한 현금흐름의 합이다. 이는 기업경영을 통해 창출된 현금이 재생산을 위한 투자에 사용되고 남은 잉여분으로, 투자자(주주 및 채권자)에게 원금을 상환하거나 투자수익을 분배(=이자나 배당금 지급)하는 데 사용될 수 있다. 양(+)의 잉여현금흐름은 기업이 성숙단계에 위치해 있어 투자자들에게 가치를 창출하고 있음을 나타내고, 음(−)의 잉여현금흐름은 자체적으로 창출한 현금흐름만으로는 재생산을 위한 투자에 필요한 자금을 충당하지 못하고 있다는 것을 나타낸다. 따라서 음의 현금흐름이 있는 상황이라면 모자라는 자금을 투자자로부터 추가적으로 조달해야 한다. 이런 경우에는 투자자들에게 보상을 지급할 여유가 거의 없을 것이다.

　기업이 양(+)의 잉여현금흐름을 창출하는 것은 당연히 좋은 일이지만 많은 학술연구와 여러 사례들은 잉여현금흐름이 풍부한 것이 최선은 아니라는 것을 나타내 준다. 오늘날의 기업은 대부분 소유권과 경영권이 분리되어 있다. 기업을 경영하는 경영자는 주주가 아니지만(또는 소량의 주식만 보유하고 있지만) 기업경영 전반에 대한 의사결정권을 가지고 있다. 그런데 경영자의 의사결정은 종종 주주가치 극대화를 위한 최선의 결정이 아닐 수도 있다. 잉여현금흐름이 풍부한 기업은 흔히 좋은 투자처를 발굴하지 못해서 현금을 쓰지 않고 쌓아두고 있는 기업이다. 적합한 투자처가 없다면 현금을 투자자에게 배당하여 투자자로 하여금 더 좋은 다른 투자안에 투자할 수 있도록 하는 것이 최선이다. 하지만 이렇게 하면 경영자가 통제할 수 있는 자원이 줄어들게 된다. 상당수의 경영자들은 이를 원치 않는다. 대신 경영자는 확장을 통해 더욱 많은 자원을 통제하고 싶어한다. 즉, 더 큰 기업을 경영하려고 하는 유인을 가지고 있다. 이를 제국건설(empire building)을 한다고 표현한다. 따라서 잉여현금흐름이 풍부할 때, 좋은 투자처가 없더라도 경영자는 잉여현금을 주주들에게 돌려주기보다는 음(−)의 순현재가치(net present value)를 가진 것으로 평가되는 프로젝트에 투자할 가능성이 있다. 그 결과 주주의 이익이 훼손되게 된다. 이런 현상은 전문경영자가 운영하는 회사에서 종종 발견되는데 투자자들은 이런 일이 발생하지 않도록 주의해야 한다.

제 2 장부터 제 4 장까지 가치평가를 위해 3가지 기본 재무제표를 분석하는 방법을 설명하였다. 3가지 기본 재무제표에 대한 이해와 심층분석은 이후의 분석을 위한 기초가 된다. 3가지 기본 재무제표에 대한 더욱 심층적인 분석을 진행하기 전에, 제 5 장에서 가치평가시 비재무정보의 중요성에 대해 소개하기로 한다. 이런 정보는 우리가 기업의 상태를 이해하고 미래를 예측하는 데 중요한 역할을 한다.

과제

❶ Excel 과제

Excel에서 새로운 Spreadsheet을 만들고 "현금흐름표"로 명명한다. 표에 대상회사 및 비교회사의 현금흐름표의 연간데이터를 입력한다. 최근 회계연도 및 그 전의 최소 5개 연도의 데이터를 포함해야 하며, 여러 해 자료를 입력할수록 좋다. 입력시 대상회사는 앞에, 비교회사는 뒤에 입력한다.

중요하지 않은 항목은 적당하게 합쳐서 입력한다. 분석 대상기업과 비교기업의 항목이 최대한 유사하고 내용이 비슷할수록 좋다.

동일한 Spreadsheet에서 두 회사의 현금흐름표의 구성에 대하여 분석하고, 기업이 대체적으로 어느 발전단계에 위치해 있는지 판단하라.

❷ Chapter report

Chapter report에서는 대상기업의 현금흐름표를 설명하도록 한다. 독자는 기업의 업무를 충분히 이해하여야 하며, 현금흐름표의 구조와 의미에 대해서도 이해를 하고 있어야 한다.

Chapter report의 중점은:
- 대상기업의 영업활동으로 인한 현금흐름과 당기순이익, 영업이익간의 차이 및 이런 차이가 발생한 주요 원인을 분석한다.
- 발생이익과 현금이익의 차이는 왜 발생하는지 알아본다.
- 현금흐름표의 구성에는 어떤 특징이 있으며, 기업이 발전단계 중 어느 위치에 처해 있는지 생각해 본다.
- 잉여현금흐름이 성장단계별로 어떻게 달라지는지 분석한다.
  분석을 진행할 때 비교회사와의 비교 내용도 적절하게 포함하라.

❸ 2010년 중 파산한 네오세미테크의 2007년부터 3년간 재무제표에서 EBITDA를 계산하여라. 이를 영업활동으로 인한 현금흐름, 영업이익, 잉여현금흐름, 당기순이익 수

치의 변화와 비교하여 보아라. 왜 추세들에서 큰 차이가 나타나는지 설명해 보아라.

❹ 아래 현금흐름표를 보고 성장 초기와, 성장, 성숙(구조조정)기의 각각 다른 기업을 찾아보아라. (SK텔레콤, 두산, 엔씨소프트)

1. 회사 A
(단위 : 원)

사업연도	2000년	1999년
영업활동으로 인한 현금흐름	**36,334,818,619**	**4,858,214,841**
당기순이익	24,201,247,313	3,120,083,895
현금유출이 없는 비용 등의 가산	8,484,632,971	676,352,464
감가상각비	3,292,501,100	461,188,353
무형자산상각비	2,515,122	3,700,210
개발비 상각	4,487,783,438	72,686,279
유형자산처분손실	42,048,556	-
기타	638,606,672	138,777,622
영업활동으로 인한 자산부채의 변동	3,670,116,418	1,061,778,482
매출채권의 증가	(−)4,248,726,167	(-)1,565,160,922
미수금의 증가	(−)26,020,805	(−)7,438,371
기타	7,944,863,390	2,634,377,775
투자활동으로 인한 현금흐름	**(−)90,551,356,307**	**(−)4,777,898,492**
투자활동으로 인한 현금 유입액	72,191,734,821	1,033,004,488
보증금의 감소	1,132,000	831,736
단기금융상품의 감소	67,029,873,545	50,000,000
유가증권의 감소	4,845,010,000	-
기타	315,719,276	982,172,752
투자활동으로 인한 현금 유출액	(−)162,743,091,128	(-)5,810,902,980
단기금융상품의 증가	124,356,600,000	2,003,187,306
유가증권의 취득	9,845,000,000	-
유형자산의 취득	7,023,799,684	1,315,528,889
개발비의 발생	3,566,183,128	814,242,063
기타	17,951,508,316	1,677,944,722
재무활동으로 인한 현금흐름	**59,535,414,720**	**2,649,229,400**
재무활동으로 인한 현금 유입액	61,222,914,720	3,193,229,400
유상증자	61,222,914,720	3,193,229,400
재무활동으로 인한 현금 유출액	(−)1,687,500,000	(−)544,000,000
유동성장기부채의 상환	-	16,333,333
장기차입금의 조기상환	-	527,666,667
중간배당금의 지급	1,687,500,000	-
현금의 증가	**5,318,877,032**	**2,729,545,749**
기초의 현금	**2,944,255,841**	**214,710,092**
기말의 현금	**8,263,132,873**	**2,944,255,841**

2. 회사 B

(단위 : 천원)

사업연도	2011년	2010년
영업활동으로 인한 현금흐름	**6,034,056,934**	**4,071,157,783**
1) 영업에서 창출된 현금흐름	6,584,320,368	4,744,420,928
당기순이익	1,694,363,093	1,947,007,919
수익비용의 조정	2,297,668,169	2,215,787,508
영업활동으로 인한 자산부채의 변동	2,592,289,106	581,625,501
2) 이자수익의 수취	131,788,962	190,752,754
3) 배당금의 수취	40,766,839	38,980,767
4) 이자비용의 지급	(−)182,831,408	(−)246,916,177
5) 법인세납부	(−)539,987,827	(−)656,080,489
투자활동으로 인한 현금흐름	**(−)3,533,430,472**	**(−)2,130,299,331**
투자활동으로 인한 현금 유입액	611,258,637	1,116,529,604
단기투자자산의순감소	125,000,000	168,259,809
단기대여금의감소	185,844,961	210,034,790
장기투자자산의처분	215,084,508	608,257,901
종속회사및관계기업투자의처분	42,954,953	50,000,000
기타	42,374,215	79,977,104
투자활동으로 인한 현금 유출액	(−)4,144,689,109	(−)3,246,828,935
단기금융상품의 증가	328,000,000	-
단기대여금의증가	226,164,401	213,874,428
장기금융상품의증가	7,509,000	50,000
장기투자자산의취득	242,287,705	58,761,670
종속회사및관계기업투자의취득	257,336,013	987,390,764
유형자산의 취득	2,552,804,018	1,865,298,256
기타	530,587,972	121,453,817
재무활동으로 인한 현금흐름	**(−)1,462,547,709**	**(−)2,005,512,314**
재무활동으로 인한 현금 유입액	641,699,953	-
사채의 발행	641,699,953	-
재무활동으로 인한 현금 유출액	(−)2,104,247,662	(−)2,005,512,314
자기주식의 취득	208,011,648	210,356,321
장기차입금의 상환	500,000,000	200,000,000
사채의 상환	532,160,000	605,140,000
배당금의 지급	668,292,991	680,015,993
기타	195,783,023	310,000,000
현금의 증가	**1,038,078,753**	**(-)64,653,862**
기초의 현금	**357,469,908**	**422,124,745**
기말의 현금	**1,395,548,661**	**357,470,883**

3. 회사 C

(단위 : 원)

사업연도	2009년	2008년
영업활동으로 인한 현금흐름	**28,684,506,525**	**115,564,101,363**
당기순이익	232,298,744,300	109,736,257,826
현금 유출이 없는 비용의 가산	235,973,259,874	343,804,002,211
현금 유입이 없는 수익의 차감	(−)426,496,572,907	(−)296,042,453,637
영업활동으로 인한 자산부채의 변동	(−)13,090,924,742	(−)41,933,705,037
투자활동으로 인한 현금흐름	**298,583,759,754**	**95,562,581,358**
투자활동으로 인한 현금 유입액	961,247,984,210	275,446,025,868
단기금융상품의감소	212,945,000,435	44,329,415,300
장기투자증권의처분	17,730,165,239	16,704,842,622
지분법적용투자주식의처분	154,744,437,830	192,891,804,686
기계장치의처분	6,074,238,077	1,616,652,619
사업양도	564,439,529,026	11,575,139,764
기타	5,314,613,603	8,328,170,877
투자활동으로인한현금유출액	(−)662,664,224,456	(−)179,883,444,510
단기금융상품의증가	221,027,198,363	46,622,339,094
지분법적용투자주식의취득	407,017,424,865	35,000,000,000
유형자산의취득	27,387,355,040	71,494,724,021
기타	7,232,246,188	26,766,381,395
재무활동으로 인한 현금흐름	**(−)273,817,970,677**	**(−)59,863,237,974**
재무활동으로인한현금유입액	372,431,244,328	350,664,792,530
단기차입금의차입	168,351,829,329	64,280,768,740
사채의발행	199,298,449,999	180,000,000,000
장기차입금의차입	-	100,000,000,000
신주의발행	4,780,965,000	116,852,290
신주청약증거금의 증가	-	6,267,171,500
재무활동으로 인한 현금 유출액	(−)646,249,215,005	(−)410,528,030,504
단기차입금의 상환	274,251,728,993	98,146,131,498
유동성사채의 상환	255,927,597,969	-
유동성 장기부채의 상환	74,154,600,000	68,190,819,047
사채의 상환	-	210,617,608,556
배당금의 지급	35,780,519,650	-
기타	6,134,768,393	33,573,471,403
현금의 증가	**53,450,295,602**	**131,574,689,336**
기초의 현금	**135,132,178,852**	**3,557,489,516**
기말의 현금	**188,582,474,454**	**135,132,178,852**

롯데칠성의 두산주류 인수가격 적정성 논란과 EBITDA

　　2009년 1월 롯데칠성이 '처음처럼' 소주를 생산하는 두산주류의 인수자로 뽑혔다. 언론 보도에 따르면 인수금액은 5,030억원, EV/EBITDA 비율은 13.3이었다. 일부 언론은 9~10배가 적정한 EV/EBITDA 비율이 13.3이니 롯데칠성이 비싼 가격에 두산주류를 인수했다고 평가했다. 두산그룹이 장부가치가 2,000억원대에 불과한 두산주류를 매각해 3,000억원의 막대한 처분이익을 기록했다는 이유로 인수가격이 비싸다고 분석한 언론도 있었다. 일부에서는 M&A를 잘못했다 망한 기업들의 경우를 예로 들면서, 승자의 저주(winner's curse)라는 섬뜩한 단어를 사용하기도 했다. 그렇다면 이런 해석이 과연 옳은지에 대해 생각해 보자.

　　EBITDA란 용어는 이자비용, 세금, 감가상각비, 무형자산상각비 차감전이익(earnings before interest, tax, depreciation, and amortization)의 약자다. 이 용어는 종종 언론기사, 각종 경영·경제관련 서적, 기업실적 보고서, 애널리스트 보고서 등에 등장한다. 특히 시장에 홍수처럼 쏟아져 나온 주식투자 관련 책들은 대부분 EBITDA를 소개하고 있다. EV/EBITDA가 저평가된 주식을 발굴할 수 있는 유용한 주식투자 지표라는 설명도 으레 뒤따른다. 하지만 저자는 이 지표의 정확한 의미가 무엇인지에 대해 자세히 설명한 책을 거의 보지 못했다.

　　EV는 기업가치(enterprise value)의 약자로 기업을 인수할 때 필요한 총자금을 의미한다. EV는 '기업의 시가총액+부채총액-현금성 자산'이다. 이때 시가총액은 인수에 필요한 웃돈까지 포함한 가격이다.

　　예를 들어, 롯데칠성이 두산주류의 지분을 100% 인수한다면 시가총액 전부를 지불해야 한다. 그런데 두산주류의 지분을 100% 인수하더라도 두산주류의 전부가 롯데칠성의 재산이 되는 것은 아니다. 두산주류가 가지고 있는 부채까지 갚아야 하기 때문이다. 이때 두산주류가 보유하고 있는 현금성 자산이 부채를 갚는 데 사용될 수 있다. 이것이 EV에서 부채총액은 더하고 현금성 자산은 빼는 이유다. 즉, 이 차액을 시가총액에 더해 준 수치인 EV가 두산주류를 100% 소유하는 데 필요한 총자금이다.

　　EBITDA는 '기업이 영업활동을 통해 벌어들이는 현금창출 능력을 나타내는 지

1　본 사례의 내용은 최종학 교수가 2009년 출판한 「숫자로 경영하라」에 실린 내용의 일부를 편집한 것이다. 독자들은 이 사례를 통하여 EBITDA의 정확한 의미 및 현금흐름 정보와 이익정보의 상대적 유용성에 대해 알 수 있을 것이다.

표'라고 정의된다. 두산주류의 EV/EBITDA가 13.3배라는 것은 두산주류가 영업활동을 통해 벌어들이는 현금의 약 13.3배가 인수를 위해 지불되었다는 뜻이다. 현재와 같은 EBITDA가 매년 지속적으로 발생한다면 M&A 투자자금을 회수할 때까지 13.3년이 걸린다는 의미다. 즉, EV/EBITDA 수치가 낮다면 상대적으로 투자자금의 회수기간이 짧다는 의미이며, 현금흐름에 비해 주가가 낮아 저평가된 주식으로 분류할 수 있다. 이런 기준에서 보면 13.3년이라는 회수기간이 길어보이는 것은 사실이다.

그러나 13.3년이라는 회수기간은 약간 과장된 면이 있다. 롯데칠성이 두산주류를 인수한 후 두산주류의 부채를 100% 다 갚을 필요는 없다. 롯데칠성이 일정기간 후 두산주류의 지분 일부를 상장시켜 인수대금의 일부를 회수할 수도 있다. 때문에 실제 투자자금 회수기간은 13.3년보다 훨씬 짧을 가능성이 높다. M&A를 통해 짧은 기간 내 덩치를 급격히 불려온 STX그룹도 인수회사의 경영을 호전시킨 후 지분 일부를 상장시켜 짧은 기간에 손쉽게 투자자금을 회수한 바 있다.

몇몇 책들은 손익계산서에 등장하는 이익정보 대신 EBITDA를 사용해서 주식가격의 적정성을 평가하는 이유를 다음과 같이 설명한다. 회계이익은 발생주의라는 가정 때문에 기업의 경제적 실질을 반영하지 못하지만 EBITDA는 경제적 실질이익을 나타내는 지표여서 훨씬 구체적이고 현실적이다.

EBITDA와 OCF의 정확한 의미

그렇다면 이 해석은 과연 올바른 것일까? 우선 EBITDA가 개발된 이유부터 살펴보자. 현금흐름표는 현재 기본 재무제표의 하나로 포함되어 있다. 그러나 1980년대 말까지는 현금흐름표 자체가 존재하지 않았다. 대신 재무상태변동표가 쓰여졌다. 재무상태변동표는 회사의 순운전자본(유동자산−유동부채)이 일정기간 어떻게 변화했는지를 나타내는 표이다. 즉 한 기업의 유동성이 풍부한지 아닌지를 나타내는 목적으로 쓰였다.

그런데 여러 회계학자들의 연구 결과, 순운전자본보다는 현금흐름 자체가 기업의 유동성 여부를 훨씬 잘 나타낸다는 결과가 나왔다. 특히 기업의 도산 예측에는 현금흐름 지표의 유용성이 훨씬 뛰어났다. 그 결과 1990년대 이후 현금흐름표가 재무상태변동표의 위치를 완전히 대체했다. 그리고 재무상태변동표는 폐지되어 더 이상 작성되지 않는다.

현금흐름표는 한 기업이 특정기간 조달하고 사용한 현금, 즉 현금흐름을 영업활동, 투자활동, 재무활동으로 구분해 보여준다. 이 중 영업활동으로 인한 현금흐름(operating cash flow: OCF)은 기업이 영업활동을 통해 당기간 동안 얼마만큼의 현금을 창출했느냐를 나타낸다. 놀랍게도 이 OCF의 정의는 위에서 소개한 EBITDA의 정의와 똑같다. 즉 EBITDA를 사용하는 사람들이나 소개하는 책들조차 EBITDA의 정확한 의미를 알지 못해 EBITDA와 OCF의 개념을 혼동하고 있다는 의미다. 그렇다면 양 용어의 정확한 차이는 무엇일까?

현금흐름표가 나오기 수십년 전부터 회계학자나 기업 재무담당자들은 OCF의 근사치를 손익계산서로부터 계산해 투자 및 평가목적으로 사용했다. 이 지표가 바로 EBITDA이다. OCF를 계산하는 공식은 다음과 같다.[2]

OCF = (1) 당기순이익
+ (2) 현금유출이 없는 비용(감가상각비, 대손상각비 등)
− (3) 현금유입이 없는 수익(지분법 이익 등)
− (4) 영업자산의 증가(재고자산, 매출채권 등의 증가분)
+ (5) 영업부채의 증가(매입채권 등의 증가분)

이때 (1)+(2)−(3)을 한 값이 EBITDA와 대단히 유사하다. 영업자산이나 영업부채 증가분이 매년 비슷하다면 OCF와 EBITDA는 상당히 비슷해진다. 그렇다면 처음 EBITDA를 개발할 때 (4)와 (5)를 제외한 이유는 무엇일까? 영업자산 및 부채에 속하는 항목이 많아 계산이 복잡하다는 이유에서였다. 즉, OCF 대신 EBITDA가 등장한 이유는 회계를 잘 모르는 일반인들도 손쉽게 EBITDA를 재무제표의 수치로부터 계산해서 사용할 수 있도록 하기 위해서다.

이제 독자들은 저자가 무엇을 말하려는지 대충 예상할 수 있을 것이다. 결론적으로 OCF는 기업의 현금창출 능력을 나타내는 지표로 EBITDA보다 훨씬 우수하다. 이유는 (4)나 (5)의 영업자산·부채의 증가 및 감소 정도가 상당히 큰 금액일 수 있기

2 OCF를 계산하는 방법은 직접법과 간접법의 두 가지가 있다. 이 책에서 설명하는 방법은 간접법으로서, 대부분의 회사에서 발표하는 현금흐름표에 사용되는 방법이다.

때문이다. 특히 요즘처럼 심각한 경기침체 때는 영업이 잘 되지 않는다. 재고자산이 쌓이고 현금회수가 늦어져 매출채권이 증가하는 일이 허다하다. 많은 현금이 재고나 채권에 묶여있는 셈이다.

반대로 매입채권이 이와 거의 비슷한 수준까지 증가하지 않는다면 (4)나 (5)의 합계액이 상당히 큰 수치가 된다. 즉 EBITDA에 비해 OCF가 훨씬 작을 수 있다. 때문에 이럴 때는 EV/EBITDA 대신 EV/OCF를 사용해야 훨씬 정확한 계산이 이뤄진다.

회계학계가 이미 이십 여년 전부터 재무상태변동표 대신 현금흐름표를 사용하고, OCF가 현금흐름표에 별도로 보고되어 있는 데도 불구하고 아직도 실무 현장에서는 여전히 EBITDA를 쓰고 있다. 관성의 법칙 때문이다. OCF의 우수성을 학교에서 배우지 못한 많은 사람들이 과거에 배운 대로 EBITDA를 계속 사용하고 있다는 뜻이다. 일부 교과서나 주식 투자법을 소개하는 수많은 책들도 정확한 의미를 알지 못하면서 똑같은 설명을 되풀이하고 있는 셈이다.

장기적으로는 이익, 단기적으로는 현금흐름 수치를 주목하라

그렇다면 EBITDA를 OCF로 바꾼 EV/OCF라는 지표가 과연 기업가치를 얼마나 적정하게 나타내는지 살펴보자. 이 지표는 투자활동으로 인한 현금흐름을 고려하지 않고 있다. 즉, 투자활동으로 인한 현금흐름을 영(0)이라고 가정하는 셈이다. 만약 단기투자를 목적으로 회사를 인수했다면 EV/OCF도 지표로서의 의미를 지닌다. 단기간 후 회사를 다시 매각할 예정이라면 설비투자 등을 할 필요가 없기 때문이다.

그 결과 투자활동으로 인한 현금흐름이 보유자산을 매각하여 플러스(+)가 되거나, 현행 설비의 유지보수에 필요한 수준의 최소 투자를 단행해 미미한 마이너스(−)가 나타날 것이다. 이 마이너스는 무시해도 좋을 수준이다. 이것이 바로 사모펀드가 어떤 회사의 인수가격을 결정할 때 EV/EBITDA를 사용하는 이유다. 사모펀드의 목적은 한 기업을 인수한 후 단기간에 되팔아 최대한의 수익을 올리는 데 있기 때문이다. 단기간 후에 매각할 회사를 위해 많은 현금이 소요되는 설비투자를 하는 경우는 별로 없을 것이다. 따라서 투자활동으로 인한 현금의 변화를 고려하지 않아도 무방하므로 EBITDA를 사용하는 것이다. 그러나 이런 목적으로도 앞서 설명한 이유에서처럼 EBITDA보다는 OCF를 사용하는 것이 더 합리적이다.

그러나 회사경영이라는 장기적 목적으로 인수를 단행했다면 투자활동으로 인한 현금흐름을 반드시 고려해야 한다. 투자를 안 하면 단기적으로는 회사의 영업활동으로 인한 현금흐름이나 영업이익이 별다른 영향을 받지 않는다. 하지만 장기적으로는 회사의 성장가치를 크게 훼손시킨다. 투자를 전혀 안 한다면 현재 보유하고 있는 유형자산의 수명이 끝난다면 기업은 시장에서 존속하지 못할 것이다.

기업은 생존이 아니라 성장을 위해 존재한다. 성장하려면 끊임없는 투자를 거듭해야 한다. 특히, 많은 설비투자가 필요한 산업에 속한 기업은 가치평가시 투자에 필요한 현금흐름이 얼마라는 점을 반드시 고려해야 한다. 이때 영업활동으로 인한 현금흐름에서 투자에 쓰인 현금을 뺀 잉여현금흐름(free cash flow)을 고려해야 한다. 투자에 쓰인 자금을 가치평가시 고려하지 않는다면 설사 영업을 통해 상당한 현금을 벌어들인다 해도 정작 투자할 때는 필요한 자금이 부족할 수 있다.

한때 세계 2위 부자인 투자의 귀재 워렌 버핏도 비슷한 주장을 펼쳤다. 버핏은 "감가상각비는 매우 중요한 비용이다. 감가상각비를 고려하지 않고 현금흐름과 EBITDA만 고려하는 경영자는 잘못된 의사결정을 내리는 셈"이라고 강조한 바 있다. 투자활동에 쓰이는 현금은 시차를 두고 감가상각비로 바뀌어 비용에 반영된다. 결국 버핏의 말은 영업이익이나 당기순이익을 잘 살펴보고 그 기업이 진정으로 돈을 벌 능력이 있는지를 평가해야 한다는 뜻이다.

저자도 버핏의 견해에 적극 동의한다. 기업의 장기적 가치는 결국 당기순이익이 결정한다. 순이익의 보조지표가 영업이익과 OCF일 뿐이다. 장기적으로 순이익을 창출하지 못하는 기업이라면 이 기업이 아무리 높은 영업이익과 양(+)의 단기 현금흐름을 기록한다 해도 투자가치가 낮다. 회계학자들의 오랜 연구 결과에서도 기업가치를 가장 정확히 반영하는 지표는 순이익이라는 결론이 나왔다. 특히, 장기투자를 할 때는 이익 수치의 유용성이 더욱 커진다.

물론 현금흐름도 무시하면 안 된다. 현금흐름은 기업의 유동성을 단기적으로 평가할 때 특히 유용하다. 흑자를 기록했음에도 불구하고 현금이 부족해 부채를 상환하지 못하고 파산하는 기업이 종종 있기 때문이다. 즉 장기적으로는 이익, 단기적으로는 현금 수치에 비중을 두고 살펴봐야 재무제표를 올바로 이해할 수 있다. 특히, M&A시 단기적인 매각차익의 극대화를 위해 단기이익을 부풀리려는 경우가 많이 있으므로 꼭 이익과 현금흐름의 추세를 같이 고려해 보아야 한다. 예를 들어, 부실한 거래처에 외상매출을 늘리는 식으로 이익을 부풀리는 경우가 많다. 이처럼 이익을 부풀려도 현금흐름을 부풀리기는 쉽지 않다. 그러나 장기적으로는 현금흐름보다는 이익을 사용하는 것이 더 정확한 기업가치 수치를 제공해 준다.

두산주류 인수가격은 과연 적정한가

그렇다면 EBITDA는 불필요한 수치일까? 그렇지는 않다. 서비스 업종은 재고자산이나 매출채권이 거의 없고 상당한 설비투자가 필요하지 않다. 이런 기업은 EBITDA와 OCF의 차이가 거의 없다. 따라서 EBITDA를 사용해도 무방하다. 회사 내에서 부서별 평가를 단행할 때도 마찬가지다. 생산 및 채권회수 책임이 없이 판매만 담당하는 부서라면 얼마든지 EBITDA를 사용해도 좋다. 앞서 언급했듯 EBITDA에는 재고자산, 매출채권 및 매입채권의 변동분이 포함되지 않는다. 때문에 제품생산, 매출채권 회수, 매입채무 지급 업무를 담당하지 않는 부서는 EBITDA를 성과평가 지표로 써도 무방하다. 그렇다고 하더라도, 굳이 보다 정확한 측정치인 OCF를 무시하고 EBITDA를 사용할 필요는 크지 않을 것이다.

논의를 종합하면, 저자는 EV/EBITDA 비율을 이용해 인수가격이 높거나 낮다고 평가하는 일이 별로 의미가 없다고 생각한다. 이익과 현금흐름을 이용해 인수가격의 적정성을 평가하는 것이 가장 정확하기 때문이다. 역사적으로 볼 때, EBITDA가 갑자기 널리 사용되게 된 것은 2000년대 초반 닷컴 버블(dotcom bubble) 당시부터였다. 투자은행(investment bank, 한국의 증권회사에 해당함)들이 이익이나 현금흐름이 모두 적자인 IT 기업들을 상장시키기 위해 투자자들에게 내세울 것을 찾다가 EBITDA 규모가 늘어나고 있다는 것을 적극 홍보하면서부터 이익이나 현금흐름이 아니라 EBITDA가 널리 사용되게 된 것이다. 이익이나 현금흐름의 적자규모가 계속 커져도 EBITDA는 얼마든지 증가할 수 있다. 기업을 상장시켜야만 투자은행들이 막대한 상장 수수료를 받을 수 있으므로 EBITDA 정보를 이용하여 회계에 대해 무지한 다수의 투자자들을 유혹한 것이다. 그 결과 닷컴 버블이 꺼지면서 투자자들은 많은 피해를 봤다.

저자는 두산주류의 이익과 현금흐름에 대한 자세한 정보를 가지고 있지 못해 개인적으로 인수가격의 적정성을 평가하기가 어렵다. 두산주류가 별개의 회사가 아니라 두산의 한 사업부였던 만큼 공개된 재무제표가 없기 때문이다.[3] 두산주류 매각으로 두산그룹이 획득한 매각이익이 3,000억원에 달한다는 점은 별 의미가 없다. 이는 장부가로 기록된 매각이익에 불과하기 때문이다. 장부가로 표시된 기업가치보다 실제 미래의 이익창출능력이 훨씬 더 중요한 평가기준임은 말할 나위가 없다.

매각 실무를 담당했던 삼일회계법인이 현금흐름할인 모형을 이용해 평가한 두산주류의 가치는 4,800억원에서 6,200억원 사이였다. 5,030억원이라는 실제 매각금액은 이 평가금액의 범위 안에 속하므로 꼭 비싸다고는 할 수 없다. AB인베브가 OB맥주를 팔겠다고 제시한 가격이 2조원에서 2조 5천억원 정도라는 점과 비교해도 5,030억원이 그렇게 비싸 보이지는 않는다.[4]

풍부한 현금을 보유한 롯데는 사실 투자회수기간이 예상보다 몇년 길다고 하더라도 크게 신경 쓸 필요가 없다. 롯데가 부채로 인수비용을 조달한 것이 아니라 대부분 보유했던 현금을 이용해서 두산주류를 샀기 때문에 이자지급이나 원금상환에 대해 고민할 이유도 없다.[5] 현금을 은행에 예금하는 대신 미래를 위해 투자하는 일이 기업가치를 더욱 높일 수 있는 일이기도 하다. 특히, 롯데는 두산주류 인수로 소주, 양주, 와인에 이르기까지 거의 모든 주류를 공급하는 종합 주류업체로 변모할 계기를 잡았다. 만약 OB맥주까지 인수하거나 외국 회사와 합작법인을 설립해 맥주 시장에

---

[3] 언론보도에 따르면 2007년 두산주류의 영업이익은 214억원이었다. 영업이익을 이용해서 투자금을 회수하는 데 걸리는 시간은 20년이 넘는다(5,030/214=23.5). 이 비율은 매우 높은 수치이다. 그러나 두산주류 인수 후 시너지 효과가 발생해서 영업이익이 늘어날 수 있으며, 롯데가 그 이후 주식의 50~60% 정도를 상장시킬 수 있기 때문에 실제 회수기간은 이 수치의 절반 이하인 10년 정도로 예측된다. 단, 저자가 소주시장이나 두산주류의 원가구조에 대한 정확한 전망이나 통계수치, 재무제표 등을 가지고 있지 않으므로 이런 단순한 계산이 부정확할 수 있다는 점을 강조하고 싶다.

[4] 「숫자로 경영하라」가 출판된 직후 AB인베브가 OB맥주를 미국의 대형 사모펀드인 KKR에 18억 달러(당시 환율로 약 2조 3천억원 정도)에 매각한다고 언론에 보도되었다. KKR은 전체 인수자금의 약 40% 정도만 직접 투자하며 나머지 자금은 차입을 이용할 것으로 알려졌다. 이 인수자금은 영업이익의 약 14배에 해당하는 수치로서 롯데가 두산주류를 구입한 가격이 영업이익의 약 23.5배라는 것과 비교하면 낮은 가격이라고 할 수 있다. 그러나 인수가를 OCF와 비교하면 인수가는 약 29배로 껑충 뛰어올라 오히려 비싼 가격이 된다. 또한 인수가를 평가할 때 롯데는 두산주류를 인수하면 다른 제품들과 연관성이 있기 때문에 시너지 효과를 볼 수 있지만, KKR은 제조회사가 아닌 사모펀드일 뿐이므로 시너지 효과를 거의 기대할 수 없다는 점도 고려해야 한다. 그리고 AB인베브가 완전히 OB맥주를 매각하는 것이 아니라 KKR로부터 다시 되살 수 있는 옵션을 보유하고 있는 만큼, 양 거래를 단순 비교하기는 힘들 것이다. 즉, 이 거래는 AB인베브가 OB맥주를 완전히 포기하는 것이 아니라 AB인베브가 현재 현금이 급히 필요하기 때문에 일정기간 동안 KKR에 OB맥주를 경영을 위탁하고 나중에 현금이 충분히 생기면 다시 구매하기로 약속한 형태로 보인다.

[5] 롯데칠성 자체가 보유한 현금 및 단기에 현금화가 가능한 현금성 자산은 약 3,000억원 정도이다. 또한 롯데칠성은 장기 금융상품을 약 4,000억원어치 보유하고 있다. 롯데칠성 이외의 다른 롯데그룹 계열사들이 인수에 공동으로 참여할 것이므로 인수자금의 거의 전액이 자체자금으로 충분히 조달될 수 있는 상황이다.

진입한다면 한국 주류시장의 최강자가 될 가능성도 있다.

장기적으로는 롯데가 두산주류를 통해 많은 현금을 창출하고, 안정적 이익을 얻을 가능성이 높다고 본다. 안전성 위주의 경영을 펼치고 있는 롯데의 기업문화를 감안하면 두산주류는 롯데의 기업문화에 가장 적합한 기업이라고 하겠다. 30년 전 한국 10대 기업 중 지금까지 생존해 있는 기업은 3개에 불과하다고 한다. 하지만 30년 전에도 그랬고, 지금도 그렇고, 앞으로 30년이 지나도 사람들은 계속 술을 마실 것이다. 이처럼 안정적인 사업이 또 있을까?

사례문제

❶ 롯데는 보수적이고 현금흐름을 중시하는 기업문화로 잘 알려져 있는 기업이다. 롯데가 두산주류를 인수한 것은 기존 롯데의 기업문화에 잘 맞는 선택이라고 생각된다. 그리고 롯데그룹은 서비스 산업과 식음료업 등에 특화된 분야에만 집중하고 있다. 그러나 그 반대로 롯데가 좀 더 공격적으로 성장사업 분야에 진출해야 그룹이 발전할 수 있을 것이라는 논리도 제기할 수 있다. 서비스 산업과 식음료업은 아무래도 미래의 발전가능성이 제한적일 수 있기 때문이다. 당신은 롯데의 소주분야 진출에 대해서 어떻게 생각하는가? 롯데그룹의 미래 발전방향이라는 큰 틀에서 소주분야 진출이나 미래의 가능한 맥주분야 추가진출 가능성[6]에 대해 토론해 보라.

---

6 롯데는 이미 아사히 맥주와 협력하면서 아사히 맥주를 국내시장에 판매하고 있다. 롯데가 아사히 맥주와 합작하여 한국시장에 진출할 것을 검토한다는 소식도 일부 언론에 보도된 바 있다. 또는 롯데가 시간을 가지고 기다리다가 다시 OB맥주 인수에 도전할 수도 있다. KKR은 사모펀드이니만큼 경영권을 원한 것이 아닐 것이므로, 적당한 시간이 지나면 AB인베브 또는 다른 회사에 OB맥주를 매각하려고 할 것이기 때문이다.

CHAPTER

5

가치평가에 기반한 비재무적 정보분석

01 비재무정보 개요

제 1 장에서 우리는 기업가치와 관련된 정보는 회계정보뿐만 아니라 비회계적 정보를 포함한다는 것을 설명하였다. 투자자는 기업경영과 가치창출에 영향을 미치는 모든 정보를 고려하여야 한다. 이런 기타정보는 거시적 경제정보, 산업정보 및 기업의 비재무정보를 포함한다.

[그림 1-6]은 애널리스트가 알고 있어야 할 여러 정보들의 종류를 보여주었다. 우리는 거시적인 측면에서 전쟁과 평화, 갈등과 외교 등의 국제정세와, 금리정책, 환율정책, 정부계획, 실업률, 국민총생산 등의 국내정세면에 관심을 기울여야 한다. 산업정보 측면에서는 기업이 속한 산업의 전망, 경쟁상황 등의 산업정보와 임직원의 능력, 직원의 자질, 지배구조 및 재무상태표에 반영되지 않은 숨겨진 자산 또는 부채와 같은 기업의 비재무정보에도 주목하여야 한다.

이 장에서 우리는 다양한 예제를 통하여 비재무정보가 기업가치 평가에 미치는 영향에 대해 소개할 것이다. 그러나 이러한 예제들은 비재무정보에 대한 기본적인 소개일 뿐, 비재무정보에 해당하는 모든 정보를 포함하고 있는 것은 아니다. 독자는 대상회사와 관련된 비재무정보를 스스로 발굴하고, 이를 분석하여 이익예측과 가치평가에 응용해 보도록 하여야 할 것이다.

애널리스트는 호기심이 많아야 한다. 겉으로 보기엔 생소할 수도 있는 다양한 사건에 관해서도 관심을 가져야 한다. 예를 들어, 1998년 5월 3일, NEWYORK TIMES는 암치료 연구의 최신기술을 소개하면서, 이 분야의 신기술을 개발한 생명공학기업 EntreMed의 연구성과를 중점적으로 보도하였다. 보도 직후 거래일에 EntreMed의 주가는 그 전날의 12달러 종가에서 52달러로 하루 동안 무려 3배 이상 폭등하였다. 이 사건에서 가장 흥미로운 점은 「뉴욕타임스」지에 게재된 이 정보는 사실 1997년 11월 저명한 학술지인 NATURE지에 이미 게재된 것이었다. 당연히 NATURE는 몇몇 전문가만 구독하는 전문 학술지로서 구독량으로 비교한다면 NEWYORK TIMES에 비할 바가 못 되지만, 첨단기술과 관련된 기업을 분석하는 애널리스트는 NATURE 같은 전문 학술지에도 관심을 기울여야 한다. 과학연구의 최신발전에 지속적인 호기심을 가져야 관련 기업의 가치평가시 비재무적 정보를 충분히 활용할 수 있기 때문이다.

학술 연구 결과에 따르면 애널리스트들도 비재무적 정보를 기업 예측에 활용한다.[1] 또한 Cohen, Malloy, Nguyen(2020)의 연구에 따르면 최근 비재무적 정보 공시가 급격하게 증가하고 있고 이러한 정보는 기업의 향후 성과 예측에 상당한 도움이 된다.[2] 다만, 공시되는 비재무적 정보의 양이 과도하게 증가함에 따라 일반 투자자들이 이를 모두 소화하여 주가에 반영하기 까지는 상당한 시간이 걸리고 있다.

사례 5-1

헬스케어 지식과 수익률

헬스케어 분야에서 뛰어난 성과를 낸 펀드매니저가 있어 월가에서 화제이다. T. Rowe Price에서 자산을 관리해온 Kris Jenner이다. Jenner는 1997년에 이 회사에 합류하여 2000년부터는 58억 달러 규모의 Health Science Fund를 운용하여왔다. 연평균 13%에 달하는 수익률을 달성하며 설립 5년 만에 대부분의 경쟁사들의 수익률을 압도하였다. 최근에는 이런 명성에 힘입어 자기 이름으로 헬스케어 부분에 자산을 운용하는 헤지펀드를 만들었다. Jenner의 투자 성공 비결은 무엇일까?

비결은 다름 아닌 Jenner의 특이한 이력에 있다. 펀드매니저 하면 보통 MBA학위나 회계, 재무, 통계관련 박사학위를 떠올릴 수 있다. 하지만 Jenner는 의학과 과학 분야에 독특한 배경을 가지고 있다. 학부 때 화학을 전공하고, 존스 홉킨스 대학에서 의학 학위를 취득하였고 2년 간 의사로서 진료 경험도 있다. 또한 영국 옥스포드 대학에서 분자생명학 박사 학위를 받았다. 이러한 경력이 Jenner가 월가에서 탁월한 성적을 낼 수 있는 비결이다. 화학, 생물학, 의학지식을 활용하여, Jenner는 각기 다른 정보를 융합하여 새로운 정보를 창출하는 데 탁월한 능력이 있었던 것이다. 이를 바탕으로, 혁신적인 치료법을 개발했으나 일반인들에게 잘 알려지지 않았던 중소형 제약 기업들을 발굴하고 투자하는데 큰 성공을 거둘 수 있었다.

[1] Simpson, Ana Vidolovska. "Analysts' use of non-financial information disclosures." *Contemporary accounting research* 27.1 (2010).

[2] Cohen, Lauren, Christopher Malloy, and Quoc Nguyen. "Lazy prices." *The Journal of Finance* 75.3 (2020): 1371–1415.

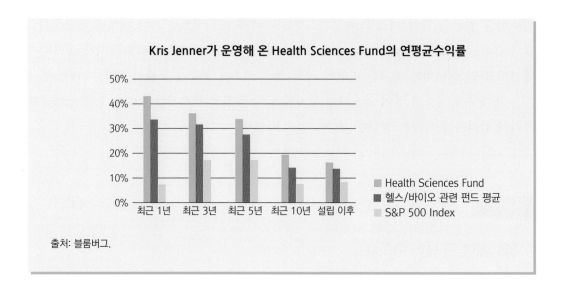

Kris Jenner가 운영해 온 Health Sciences Fund의 연평균수익률

출처: 블룸버그.

02 ╲ 거시적 정보

거시적 정보는 우선 국제정치, 경제, 군사 등과 관련된 정보를 일컫는다.

S-Oil은 우리나라의 주요 에너지 기업 중 하나로서, 1970년대 두 차례에 걸친 석유파동의 위기 속에서 원유의 안정적 확보와 석유제품의 원활한 공급이 절실했던 당시의 시대적 요구에 부응하여 1976년 설립되었다. 1987년 5월에는 공장가동 7년 만에 기업공개를 한 이후 주식시장에서 거래되고 있으며, 1982년부터 흑자경영을 시현하여 안정적으로 성장하고 있다.

2005년 3월 8일 세종증권의 최지환 연구원은 「이데일리」 김춘동 기자와의 인터뷰에서 "최근 유가강세는 아시아지역의 높은 경제성장과 석유수출국기구(OPEC)의 감산 가능성, 미국의 난방류 수요증가, 달러화 약세 등에 기인한다"며 "국제유가는 당분간 고공행진을 이어갈 것으로 예상된다"고 밝혔다. 비록 이미 에너지 회사의 주식가격이 충분히 높지만 지속적인 주가 상승을 예견한 기사였다. 김춘동 기자는 재무제표 분석전문가는 아닌 듯 싶었고, 그의 기사에도 S-Oil의 재무제표에 대한 분석은 없었다. 그의 분석요점은 거시적 경제환경에 근거한 것이었는데, 자신이 인터뷰한 투자전문가의 의견을 종합한 것이었다. 그 결과 유가강세와 경제성장, 국제 수요증가와 환율변동 등의 거시적 요인이 유가를 상승시킬 것으로 전망하였다. 이러한 전망과 같이 S-Oil의 주가는 종가기준 2005년 3월 78,800원에서 2005년 9월 85,500원으로 상승하였다.

S-Oil의 예는 기업의 투자가치를 분석할 때 재무제표에 있는 정보에만 분석대상을 국한하면 안 된다는 것을 보여준다. 한 기업을 분석할 때 우선 이 기업이 소속되어 있는 산업을 이해하여야 하고, 거시적인 정치, 경제, 군사, 외교와 같은 환경요인이 그 산업과 이 기업에 어떤 영향을 미치고 있는 지를 파악해야 한다. 이런 거시적인 정보를 이해하지 못하면, 이런 외부환경들이 기업의 미래성과에 어떤 영향을 미칠 것인지 판단하기 어렵다. 특히 경영위험을 판단할 때 거시적 환경을 무시한다는 것은 불가능하다.

예를 들어 S-Oil 또는 기타 석유회사의 투자가치를 분석할 때, 세계의 정치, 경제, 군사, 외교환경을 무시하고 재무제표만을 분석하여 가치를 판단하는 것은 아주 위험하다. 사실 대부분 석유기업의 가치는 원유 비축량과 국제 원유가격에 의해 결정된다. 그러나 국제 원유가격은 비시장적 요인의 영향을 상당히 많이 받고 있기 때문에 정확한 예측을 하기가 매우 힘들다.

[그림 5-1]은 1995~2021년 사이의 국제 원유가격의 변동추이를 보여준다. 이 기간의 국제 원유평균가격은 배럴당 52.54달러였지만 1980년대 초반 이라크-이란전쟁 기간에는

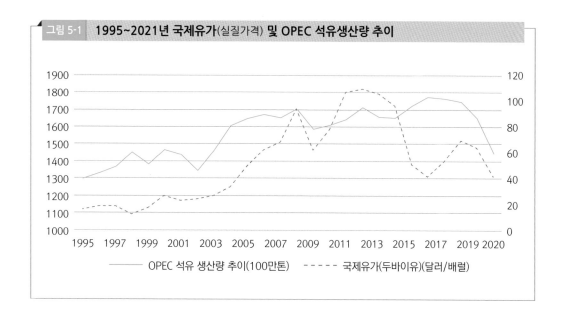

그림 5-1 1995~2021년 국제유가(실질가격) 및 OPEC 석유생산량 추이

무려 100달러 가까이까지 폭등하였다. 국제유가는 여러 사건들로부터 큰 영향을 받는다. 1973년 이전 국제유가는 안정적으로 10~20달러 사이에 머물렀으나, 1973년 아랍-이스라엘 분쟁으로 인해 50달러 이상으로 급등하였다. 그후 이란의 이슬람혁명과 이라크-이란 전쟁으로 60달러 이상으로 상승하였다. 1980년대에 들어 전쟁이 종식되면서 유가도 신속히 20달러 전후로 하락하였다. 1990년대 이후에 중동지역에 크고 작은 충돌이 계속 있었지만 원유가격에 대한 영향은 크지 않았다. 그렇다면 1998년 이후 국제유가가 10달러대에서 90달러대로 폭등한 이유는 무엇인가?

[그림 5-1]의 점선은 석유수출국기구(OPEC)의 원유생산량을 나타낸다. 사실 1998년 이후 석유수출국기구가 지속적으로 원유생산량을 통제하고 있지만 총생산량은 증가하고 있었다. 큰 군사충돌도 없고 원유공급 또한 증가하고 있는데 왜 유가는 단기간에 폭등한 것일까?

그 답은 1998년 이후 국제시장 원유 소비구조의 변화에 있다. 미국의 원유소비는 지속적으로 증가하고 있지만 원유소비 증가율로 보면 그렇게 높지 않다. 그런데 이 기간 동안 중국의 원유소비가 폭발적으로 증가하였고, 인도 및 기타 신흥시장의 수요도 증가하였다. 그 결과 원유공급의 증가정도가 수요증가 정도에 비해 상대적으로 낮았기 때문에 국제유가가 폭등하게 된 것이다. 그리하여 1970년대 말~1980년대 초의 국제유가 폭등이 정치와 전쟁에서 비롯한 것이라면, 1990년대 말~21세기 초의 폭등은 국제경제 환경의 변화, 특히 신흥시장의 수요증가로 인한 것이다.

우리는 위의 분석을 통해 거시적 정보가 기업의 발전전망을 예측하고 투자가치를 판단하는 데 큰 영향을 준다는 것을 알 수 있다. 사실 S-Oil의 예는 기업전망에 영향을 주는 전통적 요인(전쟁과 평화, 갈등과 외교)과 새로운 거시적 영향요인을 동시에 반영한다. 과학기술의 발전에 따라 바다를 건너 화물을 운송하는 능력은 근 수십년간에 대폭 발전하였으며, 정보기술의 혁신으로 인해 장거리 교류와 통제는 더욱 쉬워졌다. 세계경제는 점점 일체화 되고 있어, 세계경제 환경의 변화는 기업의 발전에 과거보다 더욱더 큰 영향을 미치고 있다. 그리하여 중국, 인도 등 신흥시장의 발전은 S-Oil뿐만 아니라 모든 대기업에 점차 큰 영향을 끼치고 있다. 이런 기업을 분석할 때 우리는 반드시 국제경제 환경이 기업가치에 미치는 영향을 고려하여야 한다.

국제정치, 경제, 군사, 외교 등의 거시적 정보는 S-Oil과 같이 원자재 공급자가 외국에 있거나 제품수요자가 외국에 있는 기업뿐만 아니라, 순수 국내경영을 하는 기업에도 영향을 미치고 있다.

누가 '아마존에서 나비 한 마리의 날개짓이 카리브해에 토네이도를 일으킬 수 있다'고 하면 우리는 이것을 농담이라고 받아들인다. 그러나 오늘날 세계 각국의 경제는 아주 밀접하게 연결되어 있다. 우리는 미국의 경제에 비가 내리면 한국경제는 홍수가 날 수 있다거나, 중국경제가 재채기를 하면 한국경제가 감기에 걸릴 수도 있는 현실을 무시할 수 없다. 2000년대 말 미국에서 부동산 담보대출이 부실화되면서 시작한 경제위기가 전 세계로 순식간에 전파된 예를 보면 잘 알 수 있다.

국제정치, 경제, 군사, 외교 등 거시적 정보 외에, 투자자는 국내의 거시적인 정보에도 유의하여야 한다. 국내의 거시적 정보는 거시경제 추세, 금리정책, 환율정책 등을 포함한다. 호황기에는 대부분 기업의 상황이 양호하지만, 불황기에는 기업들이 대부분 어려움을 겪게 된다. 중앙정부는 금리와 화폐공급이라는 두 가지 수단을 이용하여 경제를 거시적으로 조정하려고 한다.

정부의 정책은 일개 기업을 넘어 전체 산업에 아주 큰 영향을 미칠 수 있다. 특히 한국처럼 정부가 경제계획의 주도권을 쥐고 미래발전방향을 선도해 나가는 나라에서는 더욱 그렇다.

우수한 애널리스트는 거시적인 요인을 충분히 이해하고, 그로 인한 변화를 세심하게 주시해야 한다. 즉, 가치평가는 거시경제란 큰 그림 속에서 진행되어야 한다.

사례 5-2

미국의 양적 완화와 한국의 환율 및 주가

2010년 말 미국의 오바마 대통령은 지지부진한 미국경제를 회복시키기 위해 더 많은 돈을 시장에 공급하겠다고 발표했다. 이를 소위 '양적 완화(quantitative easing)'라고 부른다. 이런 발표는 국제적으로 많은 반발을 가져왔다. 그러나 그런 발표 직후 한국을 비롯한 신흥시장의 주가는 일제히 상승하여, 2008년 금융위기 발발 이전의 수준을 거의 회복하였다. 왜 이런 일이 발생했을까?

세계 금융위기 이후 미국은 실질금리를 거의 0의 수준으로 유지시키고 있다. 1980년대 이후 지속적인 불황을 겪고 있는 일본도 비슷한 상황이다. 이렇게 금리를 낮은 수준으로 유지하면, 시중의 유동자금을 보유한 사람들이 은행에 유동자금을 예금하지 않고 다른 투자처를 찾게 된다. 그런 자금의 일부가 주식시장으로 흘러들기 때문에 주가가 오르게 된다. 미국의 경우 2010년까지만 해도 막대한 재정적자를 기록하면서 상당한 달러를 찍어내어 시장에 공급하고 있는 상황이었는데, 앞으로 더 많은 달러가 시장에 풀린다면 시장의 유동자금 달러가 더 많아진다는 뜻이다. 이렇게 달러가 과다 공급되면 달러화의 통화가치가 하락하게 된다. 즉, 상대적으로 한국의 원화가치가 달러화에 비해 상승하는 원화의 평가절상이 이루어지는 셈이다.

미국의 달러화 추가공급 때문에 시중에 넘친 유동자금 중의 일부가 실물경제의 투자에 사용되는 것이 아니라 투기자금으로 변모해 신흥시장에 쏟아져 들어오고 있는 상황이다. 이들 자금은 한국을 비롯한 신흥시장의 주식이나 채권을 사모으고 있다. 주식이나 채권에 투자하여 수익을 올리겠다는 의도도 있지만, 보다 중요한 것은 원화절상을 노리는 것이다. 미국이 달러화를 더 많이 공급하여 원화의 가치가 더 절상되기 전에 한국시장에 투자했다가, 나중에 원화절상이 이루어진 후 보유하고 있던 주식이나 채권을 매각해 달러로 바꿔 나가면 원화절상된 만큼 이익을 볼 수 있기 때문이다. 한국은 무역에서 상당한 흑자를 보고 있는 상황이므로, 이런 투기자금 이외의 무역을 통한 달러 공급도 많은 상황이다. 따라서 원화의 절상압력이 더 클 수 있기 때문에 특히 한국시장에 몰려드는 외국 자금이 많은 것이다.

이처럼 금리, 환율, 주가는 서로 밀접하게 관련되어 있다. 원화절상이 있으면 모든 기업의 주가가 반드시 오르는 것은 아니다. 수출기업은 상대적으로 달러화로 표시된 수출가격이 비싸지므로 어려워지는 반면, 수입기업은 원화로 표시되는 수입품 가격이 저렴해지므로 오히려 유리한 면도 있다. 따라서 산업별로 효과가 다르므로 면밀한 분석이 필요하다.

03 산업정보

재무제표를 분석할 때 산업정보 역시 거시적 정보와 마찬가지로 매우 중요하다. 산업정보는 기업이 속한 산업의 전망, 산업 내에서의 위치, 산업의 경쟁상황 등을 포함한다. 산업 내의 경쟁에서 우위를 차지하고 있는 기업의 가치가 더 높고, 산업 내에서 이미 독점적인 위치를 차지한 기업의 경우 안정적인 수익을 앞으로도 계속 올릴 수 있는 가능성

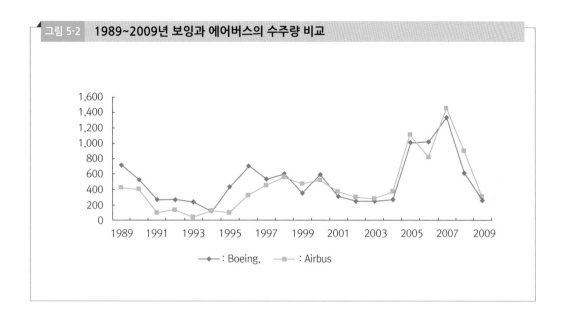

그림 5-2　1989~2009년 보잉과 에어버스의 수주량 비교

이 높다.

　산업의 경쟁상황은 특별히 중요한바, 과도한 경쟁은 기업으로 하여금 부득불 제품가격 인하 및 원가절감 등의 노력을 하도록 하는 압력을 가져온다. 그러므로 특정기업을 분석할 때 그 기업만 개별적으로 분석하는 것이 아니라 동종업계에 속한 경쟁기업들도 주의깊게 살펴야 한다. 이런 업계 추세에 관한 가장 좋은 예는 보잉과 에어버스의 경쟁사례이다.

　보잉사는 1997년 The Boeing Company와 McDonnell-Douglas Corporation의 합병으로 탄생하였다. 그 후 보잉사와 에어버스는 상용 항공기 제조산업 분야에서 복점(Duopoly) 지위를 가지게 되었다. 이렇게 한 회사의 중요한 경영환경 변화는 그 회사뿐만 아니라 다른 회사의 가치에도 영향을 미칠 수 있다.

　[그림 5-2][3]는 1989~2009년 사이 두 회사 항공기 수주량을 보여준다. 전체적으로 보면 보잉사의 수주량이 약간 더 높다. [그림 5-3]은 1989~ 2009년 사이 두 회사의 실제 납품수량을 보여주는데, 과거 보잉사가 절대적 우세를 차지하였으나 2003년 이후에는 에어버스가 보잉을 초과하였다. 요즘은 두 회사의 업적이 엇비슷한 상황이다.

　치열한 경쟁에서 승리하기 위해 두 회사는 '대형 항공기'를 제작하는 계획을 수립하였

3 이 자료는 베이징대 광화관리학원 李溪의 학사학위 논문에서 인용하였다.

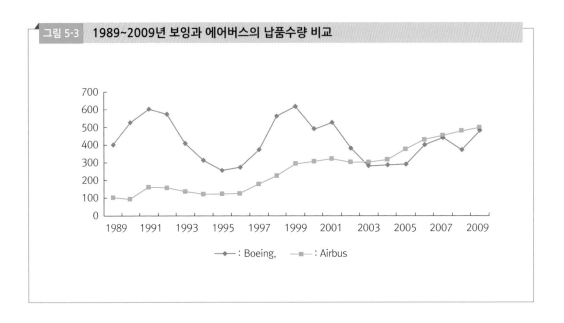

그림 5-3 1989~2009년 보잉과 에어버스의 납품수량 비교

다. 대형 항공기일수록 주유 없이 더 많은 거리를 날 수 있고, 또 한번에 더 많은 승객을 실을 수 있어서 경제적이기 때문이었다. 그 결과 보잉과 에어버스는 각각 'Dreamliner'와 A380 개발계획을 발표하였다. A380은 555명의 승객을 수용할 수 있으며, 모든 승객에게 편안하고 충분한 공간을 제공해 줄 수 있는 대형 항공기이다. 2005년 4월 27일에 처녀비행을 성공적으로 마쳤으며, 당일에 139대 비행기의 주문을 받았다. 에어버스는 250대 이상의 주문을 받으면 개발비를 회수할 수 있었다. 그러나 보잉은 개발비가 너무 많이 든다는 판단하에 중도에 Dreamliner의 개발계획을 중단하였다.

그런데 2005년 6월 2일, 에어버스는 기술적 문제로 인하여 A380의 제1차 납품이 3~6개월 정도 지연될 것이라고 발표했다. 2006년 6월 14일에는 제1차 납품이 6개월 더 지연될 것이며, 2007년 납품수량을 27대로부터 9대로 감소시킨다고 발표하였다. 2006년 10월 4일, 에어버스는 A380의 납품 일자가 재차 지연될 것이며, 2007년에는 한 대만 납품할 수 있다고 발표하였다. 이 세 차례 납품지연으로 에어버스는 계약에 따른 납품지연 페널티를 제외하더라도 막대한 손실을 입게 되었다.

그런데 에어버스의 손실은 보잉에게 희소식이 되었다. [그림 5-4]는 에어버스가 세 차례 납품지연을 발표하기 전후 16거래일 동안 보잉의 주가변화를 보여준다. 그림에서 수평선이 거래일을 나타내며, 수직선은 주가수익률이다. 수평선에서 -1은 에어버스의 납기지연 발

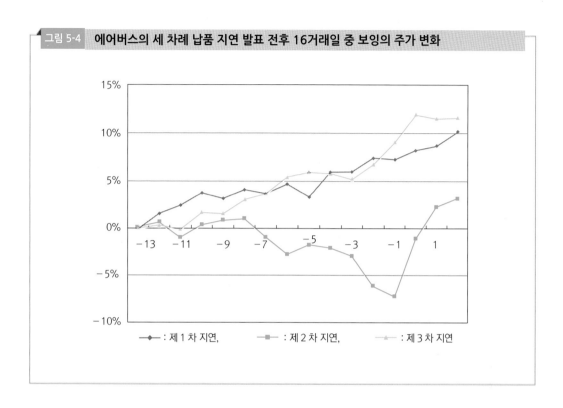

그림 5-4   에어버스의 세 차례 납품 지연 발표 전후 16거래일 중 보잉의 주가 변화

◆ : 제 1 차 지연,   ■ : 제 2 차 지연,   ▲ : 제 3 차 지연

표 하루 전, 0은 발표 당일을 나타낸다. 첫 번째와 세 번째 발표 전후의 16거래일 중 보잉의 주가는 각각 10.17%와 11.55% 상승하였다. 두 번째 발표 전 보잉의 주가는 하락하고 있었는데, 에어버스의 소식발표 당일 75.84달러부터 80.79달러로 대폭 상승하였다.

　　보잉과 에어버스의 경쟁을 통해서 우리는 산업분석이 기업가치평가에 가지는 중요성을 알 수 있다. 특정 기업이 산업 내에서 차지하는 지위 및 산업 경쟁상황은 기업전망 및 미래이익창출능력에 큰 영향을 미친다. 시장규모가 한정되어 있을 때 경쟁사의 이득은 자사의 손실이 되기 때문에, 만약 경쟁사의 경영상황을 긴밀히 주시하지 않으면 자사의 과거 재무실적에서 출발한 예측이 잘못될 가능성이 높다.

　　보잉과 에어버스의 예를 통해 증권투자시 산업경쟁정보의 중요성을 알 수 있다. 재무제표 분석과 적정주가 산정 과정에서 각종 재무 및 시장지표의 산업평균수준은 매우 중요한 정보이다. 제 1 장에서 우리는 기업주가 분석시 비교회사를 선정하는 것이 매우 중요하다고 설명하였다. 만약 산업의 각종 지표(산업평균 자산수익률 등)를 얻을 수 있다면 이 지표를 사용하는 것이 특정 비교회사 하나만을 사용하는 것보다 더욱 효과적이다. 산업평균치를 얻을 수 없더라도 산업 내 몇몇 주요 비교회사의 평균치를 이용하는 것도 좋은 방법이다. 대부분의 경우 분석사들이 비교대상으로 삼는 것이 바로 동일한 산업에 속하면서 유사한 규모를 가진 몇몇 회사의 평균치이다.

예를 들어 시가총액 기준으로 세계 최대의 은행인 중국 공상은행의 투자가치를 분석한다고 하자. 공상은행은 2006년 10월 27일에 상하이와 홍콩 증권거래소에서 동시 상장하였는데, 신주발행가격은 각각 3.12위엔과 3.07홍콩달러였다. 공상은행의 220억 위엔 신주발행 총액은 전 세계 최대규모 IPO 기록을 갱신하였고, 상장당일 시가총액은 1,565억 달러를 넘어, 시가기준 세계 5위 은행이 되었다. 상장 직후 주가가 급속히 상승하여, 일 주일 만에 Citibank, HSBC, Bank of America, JP Morgan Chase & Co을 제치고 시가총액 기준 세계 최고 은행으로 등극하였다. 2007년 4월 20일, 공상은행의 상하이와 홍콩 증시 거래가격은 5.32위엔과 4.28홍콩달러로, 발행 당시보다 각각 70.5%와 39.3% 상승하였다. 한국의 여러 금융기관이나 펀드들도 공상은행에 투자를 하고 있다.

공상은행의 내재가치를 평가하려면 중국 은행업 전체의 평균수준이 어떤지를 아는 것이 필수적이다. 그래야만 공상은행의 경영성과에 대하여 비교적 합리적인 평가를 내릴 수 있다.

[표 5-1]은 공상은행을 포함한 중국 10대 상업은행의 총자산, 총대출금, 총예금, 자본, 수익 및 당기순이익을 보여준다. 공상은행을 평가할 때 기타 9개 은행의 평균치를 산업수준으로 간주하여 비교할 수 있다. 다음의 표로부터 공상은행의 규모가 산업평균 수준보다 훨씬 커서, 9개 은행의 평균 총자산은 1.75조 위엔이나 공상은행은 7.51조 위엔이며, 기타 지표도 공상은행이 평균수준보다 훨씬 높은 것을 알 수 있다. 공상은행의 규모가 평균치보다 많이 큰 것은 9개 은행의 평균치와 공상은행을 비교하는 것이 적절치 않다는 것을 의미할 수 있다. 그러므로 상대적으로 9개 은행 중 제일 큰 은행인 중국은행과 건설은행을 비교회사로 선택하는 것이 더 합당할 수 있다. 그러나 규모가 은행업의 특징을 충분히 대표하였다고 할 수는 없기에, 규모가 비슷한 이 두 은행과 비교하는 것도 단점이 있다. 그리하여 아래의 분석과정에서 우리는 계속 이 9개 은행의 평균치를 사용할 것이다.[4]

은행의 경영성과와 이익창출능력은 일반적으로 아래의 사항에 근거하여 평가된다.

---

4 참고로 국내 시중은행 중 가장 큰 KB금융지주와 신한금융지주가 2009년 말 현재 각각 총자산 262조원, 255조원으로 약 1.5조 위엔 규모이다. [표 5-1]에서 교통은행과 규모가 유사하다고 볼 수 있다(환율 1위엔=170원).

표 5-1	공상은행과 기타 중국 대형 은행들의 재무지표 비교				(단위: 백만 위엔)	
	총자산	**총부채**	**총예금**	**자본**	**총수익**	**당기순이익**
중국은행	5,327,653	2,337,726	4,091,118	412,956	148,378	48,264
건설은행	5,166,242	2,744,927	4,491,566	305,139	70,864*	23,223*
교통은행	1,588,988	886,856	1,346,998	84,242	20,180*	6,035*
초상은행	934,102	565,702	773,757	55,161	25,084	6,794
민생은행	725,087	472,088	583,315	19,305	17,455	3,758
포동발전은행	689,344	460,893	596,488	24,706	18,928	3,353
흥업은행	617,704	324,512	423,197	16,200	13,650	3,798
화하은행	445,287	259,767	371,295	11,876	9,803	1,482
심천발전은행	260,498	182,182	232,206	6,597	7,136	1,463
9개은행 평균	1,750,545	914,961	1,434,438	104,020	36,831	10,908
공상은행	7,509,118	3,533,978	6,351,423	466,896	178,889	49,336

* 상반기 데이터.

- 전통업무: 예금, 대출금, 총자산 증가율 및 예대율의 재무지표를 이용하여 평가한다.
- 업무구성: 총수익에 대한 비이자수익비율, 비이자수익 증가율의 재무지표를 이용하여 평가한다.
- 자산의 질: 부실채권비율, 대손충당금비율(부실채권충당금/부실채권), 기본자본비율, 자기자본비율의 재무지표를 이용하여 평가한다.
- 경영효율: 영업비용률(영업비용/수익)의 재무지표를 이용하여 평가한다.
- 이익창출능력: 자산수익률, 자기자본이익률, 순이자수익률의 재무지표를 이용하여 평가한다.

우리는 상기 5개 사항에 해당하는 평가지표들 중 몇몇 지표를 선정하여 공상은행과 기타 9개 은행의 평균치를 비교하였다. [표 5-2]는 각 은행의 경영성과에 큰 차이가 있음을 보여준다. 공상은행의 예대율과 총자산 증가율은 평균수준보다 낮고, 부실채권비율은 높지만, 자기자본비율은 산업평균치보다 높고 영업비용률은 산업평균수준보다 낮다. 공상은행의 비이자수익률이 낮은 것은 신규업무 개발능력이 산업평균수준보다 낮다는 것을 보여준다. 공상은행의 자산이익률은 산업평균수준과 비슷하지만 자기자본이익률은 평균수준보다 낮다. 민생은행, 심천발전은행, 흥업은행이 자기자본이익률이 비교적 높고, 전

| 표 5-2 | 공상은행과 기타 중국 대형 은행의 경영상황 비교 | | | | | | | (단위: %) |

| 은행
명칭 | 전통 업무 | | 업무
구성 | 자산의 질 | | 경영
효율 | 이익
창출능력 | |
	예금-대출 비율 (예대율)	총자산 증가율	비이자 수입 비율	부실 채권 비율	자기 자본 비율	영업 비용률	자산 이익률	자기 자본 이익률
중국은행	57.14	12	18.20	4.24	13.59	46.32	0.91	11.69
건설은행	61.11	13	7.87	3.51	13.15	41.65	0.90	15.22
교통은행	65.84	12	9.10	2.48	11.07	44.36	0.76	14.33
초상은행	73.11	27	14.25	2.12	11.40	37.94	0.73	12.32
민생은행	80.93	30	7.35	1.23	8.12	47.73	0.52	19.47
포동은행	77.27	20	6.04	1.83	9.27	40.35	0.49	13.57
흥업은행	76.68	30	2.92	1.53	8.71	38.55	0.61	23.44
화하은행	69.96	25	27.37	2.73	8.28	43.90	0.33	12.48
심천발전은행	78.46	17	9.15	7.98	3.71	45.56	0.56	22.18
9개은행평균치	71.17	21	11.36	3.07	9.70	42.93	0.65	16.08
공상은행	55.64	16	8.82	3.79	14.05	36.04	0.66	10.57

통적인 국영은행은 이익률이 보편적으로 낮다.

이처럼 산업정보와 분석대상에 대한 비교를 통해, 우리는 분석대상이 전체 산업군에서 차지하는 지위를 판단할 수 있다. 또한 경영전략을 개선하여 이익창출능력을 향상시킬 수 있는 방향도 알 수 있다. 공상은행의 경우 총수익에서의 비이자수익의 비율을 제고, 즉 예금 및 대출업무 이외의 서비스업무의 비중을 높여야 할 것이다. 또한 대출심사에 보다 만전을 기해 부실채권을 줄여야 한다.

동시에 산업평균수준에 대한 이해는 회사의 미래이익창출능력의 발전방향을 판단하는 데도 도움이 된다. 우리는 이 책의 뒷부분에서 기업이익창출능력의 중요한 특징인 평균 회귀적 특징, 즉 대부분 기업의 이익창출능력은 산업평균치로 접근하는 경향이 있다는 것을 소개할 것이다. 이 특징을 알게 되면 기업의 미래이익창출능력을 예측할 때 방향감각이 생길 것이다. 개별기업의 미래에 대한 예측은 단기적으로는 가능하지만 중장기 예측에는 한계가 있기 때문에, 중장기적으로 보면 회사의 미래이익수준은 산업평균치로 회귀하는 것으로 가정하는 것이 합리적이다.

산업평균수준에 대한 이해는 기업의 미래이익수준을 예측하는 데 도움이 될 뿐 아니라 가치평가에도 직접적인 도움을 줄 수 있다. 가치평가 과정에서는 비교법을 종종 사용한다. 투자자들이 유사한 기업의 동일한 이익 또는 순자산에 부여하는 가치는 비슷할 것이며, 그들의 주가순이익비율 및 주가순자산비율도 비슷하다는 의미에서 비교법을 사용하는 것이다. 그러므로 특정 기업의 가치를 평가하려면 주당순이익 또는 주당순자산에 산업

표 5-3 **2007년 4월 20일 중국 대형 상업은행 거래현황**

은행명칭	주가 (인민폐)	유통시가 (백만 인민폐)	주가 순자산비율	주가 순이익비율
공상은행	5.32	1,776,981	3.8	36.0
중국은행	5.52	1,401,191	3.4	29.0
건설은행	4.82	1,083,152	3.5	23.3
교통은행	8.35	382,338	4.5	31.7
초상은행	19.45	285,973	5.2	42.1
민생은행	12.28	124,851	6.5	33.2
포동발전은행	27.95	121,722	4.9	36.3
흥업은행	32.03	128,088	4.8	33.7
화하은행	11.84	49,728	4.2	33.6
심천발전은행	22.6	43,980	6.7	30.1

표 5-4 **2007년 4월 20일 미국 대형 상업은행 거래현황**

은행명칭	주가 (달러)	유통시가 (백만 달러)	주가 순자산비율	주가 순이익비율
Bank of America	51.0	231.058	1.7	10.9
JP Morgan Chase & Co.	52.5	181,893	1.6	12.6
Citibank	53.4	261,080	3.6	12.1
Wachovia	55.9	106,338	1.5	13.6
Wells Fargo	36.3	122,269	2.7	14.4
U.S. Bancorp	34.6	61,430	2.9	12.9
The Bank of New York Meilon	41.5	31,368	3.6	10.4

표 5-5	2007년 4월 20일 홍콩 대형 상업은행 거래현황			
은행명칭	주가 (달러)	유통시가 (백만 달러)	주가 순자산비율	주가 순이익비율
Hang Seng Bank	111.50	213,166	4.4	17.3
Bank of East Asia	47.70	73,942	2.7	21.2
Wing Hang Bank	93.00	27,589	3.0	16.6
DahSing Bank	69.95	34,987	2.8	20.6

평균 주가순이익비율과 주가순자산비율을 곱해 주면 된다.

[표 5-3]~[표 5-5]는 2007년 4월 20일 일부 중국, 미국 및 홍콩 은행의 주가순이익비율(Price Earnings Ratio: PER)과 주가순자산비율(Price Book-value Ratio: PBR)을 보여준다. 중국 은행들의 주가순이익비율은 30배 이상으로 비교적 높으나 미국은 15배 이내, 홍콩은 20배 전후이다. 중국 은행들의 주가순자산비율도 비교적 높아 3.4~6.7배 사이지만, 미국은 3.6배 이하, 홍콩은 2.7~4.4배 사이이다. 세 지역의 주가순이익비율과 주가순자산비율의 차이 원인을 토론하는 것은 이 장의 내용이 아니지만, 산업 내 기타 회사의 주가순이익비율과 주가순자산비율을 이해하는 것이 기업가치평가에 매우 중요한 작용을 한다는 것을 이해할 필요가 있다.

이 절에서는 두 가지 예시를 통해 산업별 경쟁정도 및 산업평균수준의 두 가지 중요한 산업정보가 기업가치평가 과정에서 차지하는 중요성을 설명하였다. 물론 산업정보는 기술혁신 등 기타 내용도 포함하고 있기 때문에, 애널리스트는 평소에 이런 내용에도 관심을 가져야 한다.

04 기업의 비재무정보

재무제표를 분석할 때 우리는 회계정보에 더 많은 관심을 가지곤 한다. 그러나 기업가치와 관련된 비재무정보도 가치평가시 고려해야 하는 중요한 사항이다. 기업가치에 영향을 주는 모든 정보는 시차를 두고 최종적으로 재무제표에 반영되게 되지만, 많은 정보는 현재 단계에서 실시간으로 재무제표에 인식되는 것은 아니다. 예를 들어, 조선소의 새로운 선박 주문 수주는 미래의 수익에 영향을 미치지만 현재의 재무제표에는 반영되지 않는다. 따라서 이런 미래의 수익이나 비용에 영향을 미칠 수 있는 여러 요인들을 면밀하게 관찰해야 한다.

애플사(Apple Inc.)는 세계 최초로 개인용 컴퓨터를 개발한 회사이다. 애플사의 공동창립자인 Steve Jobs는 1976년부터 그의 파트너와 함께 개인용 컴퓨터를 판매하였으며, 그 후에 맥킨토시 컴퓨터를 개발하여 출시하였다. 이 컴퓨터는 큰 성공을 거두어 회사는 급성장하였으며, 1984년 9월 주식시장에 상장되었다. 그러나 1년 뒤 회사 경영상의 의견 충돌로 Steve Jobs는 자신이 창립한 회사를 떠나게 되었다.

Steve Jobs는 나이는 젊었지만 탁월한 식견을 가지고 있었는데, 개인용 컴퓨터 시장에 대한 예측이 바로 그 예이다. 그러나 그는 인내심이 없고, 독선적이며 이기적이었다. 그리하여 그가 애플사를 떠날 때 동료들은 마치 테러리스트를 쫓아내듯이 환영하였으나, 시간이 지나고 흥분이 가라앉은 후에는 Steve Jobs가 없는 애플이 과연 발전할 수 있을 것인지 우려하는 목소리도 나왔다.

Steve Jobs는 애플사를 떠난 후 픽사 애니메이션 스튜디오스를 창립하였다. 1995년 픽사는 역사상 최초로 풀 3D 애니메이이션 영화인 〈토이스토리〉를 제작하여 큰 성공을 거두었다. 그 후 제작한 〈벅스 라이프〉(1998년), 〈토이스토리 2〉(1999년), 〈몬스터 주식회사〉(2001년), 〈니모를 찾아서〉(2003년)와 〈인크레더블〉(2007년) 등이 모두 많은 인기를 얻었으며, Steve Jobs도 이로 인해 억만장자가 되었다. 그러나 애플은 치열한 경쟁을 이기지 못하고, 1996년 막대한 적자를 내고 파산의 위기에 직면하게 되었다. 그 결과 1997년 Steve Jobs는 애플사의 CEO로 복귀하여, 애플이 당초에 자신을 해고한 것이 얼마나 어리석은 결정이었는지를 보여주었다.

1986년 1월 애플의 주가는 주당 2.64달러이고 1997년 6월 스티브 잡스가 복귀할 때는 3.56달러였지만 2007년 5월 1일의 주가는 112.89달러였다. Steve Jobs가 CEO로 있었던 십년과 그 외의 십년은 이렇듯 큰 차이를 보이는데, 이는 Steve Jobs의 탁월한 능력 때문이다. Steve Jobs가 경영하는 애플은 iPod을 출시하였는데, 이는 맥킨토시에 비할 만한 또 하나의 획기적인 상품이었다.

위대한 기업(great company)은 높은 진입장벽과 성장성, 강한 브랜드파워를 소유한 제

비재무적 정보를 이용하는 헤지펀드

2017년에 언더아머사(Under Armour)는 두 분기 연속으로 적자를 기록하였다. 많은 투자자들이 이에 놀랐지만 몇 헤지펀드들에게는 특별히 놀라운 소식이 아니었다. 웹사이트의 채용공고가 줄어드는 것, 직원들의 경영진평가 점수가 낮아지는 것, 온라인 쇼핑몰에서 언더아머 제품 가격이 떨어지는 것 등 다양한 대체 데이터(alternative data)를 통해 이를 예측할 수 있었기 때문이다. 투자자들이 전통적으로 이용해왔던 재무제표는 사업 분기가 끝나고 일정 시간이 지나야 접근할 수 있기 때문에 적시성이 떨어진다. 때문에 최근 헤지펀드들은 사례에서와 같이 실시간에 가까운 정보를 수집할 수 있는 비재무적 대체 데이터를 이용하기 시작했다.

헤지펀드들이 이용하는 대체 데이터 중의 하나로 웹크롤링(website scraping)이 있다. 언더아머사의 사례에서 사용된 데이터가 이에 속한다. 소비자들의 리뷰, SNS 기록, 심지어는 어플스토어의 어플 다운로드 기록까지 소비자 반응과 트렌드를 알려주어 투자결정에 유용한 정보가 된다. 소비자뿐 아니라 기업이나 정부가 온라인에 게시하는 정보 역시 무수히 많아 그 또한 수집되고 분석된다. 또 다른 대체 데이터는 신용카드 사용기록이 있다. 이는 소비자들의 소비행태를 직접 보여주는 빅데이터로 재무제표와 달리 소비자들의 반응이 즉각 반영된다. 또한 십수년 전까지는 투자회사들이 직원을 보내 매장의 방문객 양태를 조사하도록 하였다. 그러나 이제는 직접 발품을 팔 필요 없이 스마트폰의 위치 기록과 인공위성으로 주차장을 찍어 주차된 차 대수를 분석하여 소비자들이 어디에 얼마나 머무르는지 실시간으로 파악할 수 있다.

이렇듯 일반적으로 접근하기 어려운 데이터들도 투자 분석을 위해 유용하게 사용되고 있다. 때문에 전문적으로 빅데이터, 대체데이터를 수집, 가공하여 헤지펀드와 같은 투자자에게 판매하는 기업들도 우후죽순으로 생겨나는 추세이다. 나아가 자체적으로 데이터를 분석하기 위해 데이터분석 전문 엔지니어를 고용하는 헤지펀드들도 늘어나고 있다.

Costco 주차장 Google Earth

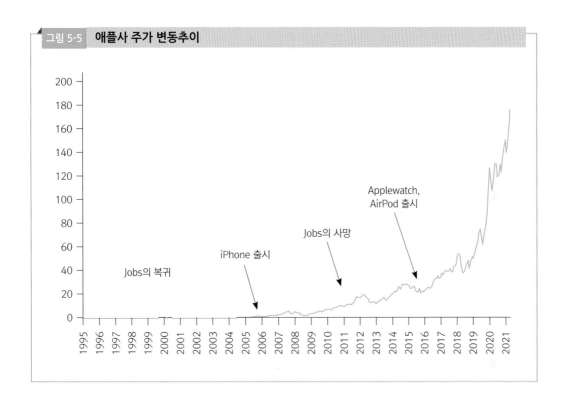

그림 5-5　애플사 주가 변동추이

품을 만들어낸다. 보통 10년에서 15년 이상 초과수익을 내는 기업을 일컫는다. 인텔, 마이크로소프트, 애플을 들 수 있다. 하지만 올라온 것은 내려온다는 속담은 기업에도 적용된다. 침체와 쇠퇴없이 영원히 성장하는 기업은 없다.

　1996년에서 2006년을 애플사 iPod의 십년이라고 하면, 2007년부터 2017년은 iPhone에 의해 결정되었다. 향후 10년은 경영자가 어떤 innovation을 하느냐에 결정될 것이다. 선도기업도 큰 혁신이 없으면 뒤쳐지게 된다. 페어차일드 반도체가 그랬고 IBM, 노키아도 그랬다. Microsoft도 잃어버린 10년을 겪었다. 따라서 애플에 투자하는 것은 사실 애플 경영자에게 투자하는 것과 같다. 챈들러의 저서 보이는 손(Visible hand)이 주장하듯이 경영자 역할의 중요성은 아무리 강조해도 지나치지 않다.

　지배구조와 경영자의 지분 보유비율 역시 중요한 비재무정보이다. 투자자는 기업의 지배구조가 분산적인지 집중적인지를 알아야 하며, 집중적일 경우 지배주주가 개인인지 국가인지 또는 국내자본인지 국외자본인지 등 성격을 파악하여야 한다. 또한 경영자들이 기업의 주식을 얼마만큼 보유하고 있는지도 파악하여야 한다.

지배구조와 경영자 지분 보유율이 투자수익에 중대한 영향을 미치는 이유는 대리인 문제가 있기 때문이다. 기업의 주식이 잘 분산되어 있다면 모든 주주들이 소액주주가 되는 셈이다. 이런 경우는 주주들이 비용을 들여가며 경영층의 행동을 감시할 인센티브가 없으므로, 대리인 문제가 초래될 수 있다. 즉, 경영진이 주주가치의 극대화가 아니라 자신 스스로의 부를 극대화하기 위해서 행동하는 일이 발생할 수 있다. 스스로 막대한 보너스를 받거나, 회사 경비로 화려한 생활을 하는 것을 예로 들 수 있다. 이런 상황에서 경영자의 주식보유 비중을 증가시키면 경영자의 이익과 주주의 이익을 일치시켜 경영자들이 주주가치극대화에 더 관심을 기울이게 할 수 있다. 이것이 대부분 기업들이 인센티브 제도 등을 통하여 경영자의 지분보유를 권장하는 이유이기도 하다. 경영자의 급여도 마찬가지이다. 주주에게 있어 경영자의 급여는 비용이지만, 기업들은 경쟁력 있는 급여수준을 제공함으로써 경영자가 더욱 열심히 일하여 주주에게 더 많은 이익을 창출할 것을 바란다.

기업의 지분이 분산되어 있지 않고 소수의 대주주가 주식을 상당히 많이 소유하고 경영권을 행사하고 있을 경우, 투자자들은 대주주의 이익과 기타 소액주주들의 이익이 일치하는지에 관심이 많다. 왜냐 하면 대주주는 기업을 통제하고 있기 때문에, 자신의 이익을 위해 소액주주들의 이익을 침해할 가능성이 있기 때문이다. 대주주의 자금유용, 회사자원의 낭비, 책임 부재는 이런 문제점의 실례라고 하겠다.

경영자의 능력, 경영자의 integrity, 지배구조 및 경영자 지분율 등은 비재무정보의 일부분이다. 그외에도 이미 체결된 수주계약, 영업권(예를 들어, 코카콜라의 브랜드 가치 등), 특허권, 기업의 정치관계와 사회 이미지, 핵심인력의 충성도 등도 중요한 정보이다. 그외 비재무정보에는 재무상태표에 반영되지 않은 부채, 예를 들면 환경비용, 소송위험 등도 포함된다.

학계에서도 비재무정보의 중요성을 인식하고 이와 관련하여 활발한 연구가 진행되고 있다. Blankespoor, deHaan, Marinovic(2020)의 연구에 의하면 투자자들은 기업의 비재무 정보를 획득하고(acquisition) 통합하는(integration) 비용을 감수하여야 한다. 일반적으로 비재무정보의 원활한 확산(dissemination)은 투자자들의 정보처리비용(processing costs)을 감소시키며, 이해하기 쉬운 정보를 제공하는 것 역시 정보처리비용을 감소시킨다.[5] 이처럼 기

---

5 Blankespoor, Elizabeth, Ed deHaan, and Ivan Marinovic. "Disclosure processing costs, investors' information choice, and equity market outcomes: A review." *Journal of Accounting and Economics* 70.2–3 (2020): 101344.

업이 제공하는 재무정보와 더불어 비재무정보를 이해하고 투자의사결정에 반영하는 것은 매우 중요하다.

05   비재무정보의 활용

21세기는 바야흐로 인터넷을 통한 정보 습득의 장이다. 전문 투자자가 아니더라도 누구나 원하는 정보를 손쉽게 찾아볼 수 있고 기업 역시 이러한 트렌드에 발맞추어 새로운 형태의 공시를 자발적으로 수행하고 있다. 실제로 Loughran과 McDonald 교수의 연구에 의하면 2003년부터 2012년 기간 동안 미국 기업의 공시자료를 다운로드 받을 수 있는 EDGAR 웹 페이지에서 미국 상장사의 연간 공시(10-K)가 발표 직후 다운로드된 횟수는 회사당 연간 평균 28.4건에 그친다.[6] 즉, 투자자들은 10-K처럼 전문적인 재무정보가 아닌 대체 정보를 활용하여 투자를 하고 있다.

따라서 최근에는 이러한 비재무정보가 투자의사결정 및 자본시장에 미치는 영향에 대한 연구가 활발히 진행되고 있다. 예컨대, Blankespoor, Miller, White 교수는 2014년 논문에서 Twitter를 통한 정보 공시가 기업과 투자자 사이의 정보비대칭을 완화함을 보였다.[7] 또한 Drake, Guest, Twedt 교수는 2014년 논문에서 온라인 신문 기사가 투자자들의 이익 공시 정보 이해를 돕는다는 것을 밝혔다.[8] 이들 연구의 공통점은 투자자들이 접근하기 쉬운(accessible) 온라인 매체를 통해 정보를 얻게 되면서 정보처리비용(information processing costs)이 감소한다는 것이다.

온라인 매체를 통해 제공되는 비재무정보 이외에도 대체 데이터(alt data)를 이용한 투자 전략에 대한 연구도 활발하다. Zhu교수는 신용카드 사용 데이터가 공개될 때 이익

---

6 Loughran, Tim, and Bill McDonald. "The use of EDGAR filings by investors." *Journal of Behavioral Finance* 18.2 (2017): 231–248.

7 Blankespoor, Elizabeth, Gregory S. Miller, and Hal D. White. "The role of dissemination in market liquidity: Evidence from firms' use of Twitter™." *The accounting review* 89.1 (2014): 79–112.

8 Drake, Michael S., Nicholas M. Guest, and Brady J. Twedt. "The media and mispricing: The role of the business press in the pricing of accounting information." *The Accounting Review* 89.5 (2014): 1673–1701.

의 정보성이 증가함을 보였고,[9] Li와 Venkatachalam 교수는 휴대 전화의 기상 경보를 이용하여 제조업을 영위하는 기업의 생산 중단을 예측할 수 있음을 보였다.[10] Kang, Stice-Lawrence, Wong은 2021년 논문에서 인공위성 사진을 이용하여 매장 주차장에 주차된 차량의 대수를 계산하였고 이러한 정보가 애널리스트 예측 정확도와 연관되어 있음을 밝혔다.[11] 심지어 Edmans, Fernandez-Perez, Garel, Indriawan 교수는 2021년 연구에서 각 나라에서 유행하는 음악의 분위기가 주식 시장에 영향을 미칠 수 있다는 것을 제시하고 있다.[12]

정리하자면, 기술의 발전을 통해 투자자들은 다양한 종류의 데이터에 손쉽게 접근할 수 있게 되었다. 이러한 데이터들은 기존의 회계 정보의 의미를 넘어서서 투자자들에게 다양한 인사이트를 제공하여 주고 있다. 더불어 비전문 투자자들도 양질의 정보를 통해 재무정보를 깊이 있게 이해할 수 있게 되었다. 이러한 기술의 발전은 투자자들의 정보처리비용을 감소시킴으로써 궁극적으로 자본 시장의 발전에 기여할 것으로 기대된다. 기업도 전통적인 회계정보가 빅데이터 및 비정형데이터(unstructured data)와 상호보완적인 관계를 이루어 자본시장에 영향을 준다는 것을 고려해 IR(Investor Relations) 활동을 해야 할 것이다.

06 결론

이 장에서는 가치평가에 영향을 미칠 수 있는 몇몇 중요한 비재무정보를 설명하였지만 모든 비재무정보를 나열한 것은 아니다. 독자는 분석대상기업의 구체적 상황에 따라 스스로 관련 비재무정보를 발굴하고 그 영향을 분석하여야 한다. 기업에 영향을 미치는

9 Zhu, Christina. "Big data as a governance mechanism." *The Review of Financial Studies* 32.5 (2019): 2021-2061.

10 Li, Bin, and Mohan Venkatachalam. "Leveraging big data to study information dissemination of material firm events." *Journal of Accounting Research* (2021).

11 Kang, Jung Koo, Lorien Stice-Lawrence, and Yu Ting Forester Wong. "The firm next door: Using satellite images to study local information advantage." *Journal of Accounting Research* 59.2 (2021): 713-750.

12 Edmans, Alex, et al. "Music sentiment and stock returns around the world." *Journal of Financial Economics* (2021).

비재무적 요인은 모두 열거할 수 없을 만큼 많기 때문에, 그런 영향을 모두 알기란 거의 불가능하다.

[그림 1-6]에서 우리는 기업가치의 분석과정은 하방식(top-down)으로 이루어짐을 알 수 있다. 재무제표의 분석은 거시적 정보와 산업정보에 대한 이해에 기초하여 기업의 재무정보와 비재무정보를 융합시키는 것이다. 거시적 환경에 대한 이해 없이는 미시적 정보를 해석하기 어려운 것이다.

제 6 장에서는 기업의 이익창출능력과 관련한 분석을 다룰 것이다.

과제

❶ Excel 과제

분석기업과 관련된 거시적 정보, 산업정보 및 기업의 비재무정보를 광범위하게 수집하여 분석한다. 이 장에 언급된 각종 비재무정보를 포함시켜 이런 정보들이 기업의 발전에 대한 영향을 토론한다.

❷ 한국의 은행업종 기업들을 골라, [표 5-3]~[표 5-5]와 동일한 형식으로 서로 비교하는 표를 가장 최근연도 12월 말 기준으로 작성하라. 그리고 전체적인 산업평균수준과 비교하여 볼 때 어떤 은행의 비율이 더 높고 낮은지 설명하여라.

❸ 삼성전자의 직전 연도 연차보고서를 찾아서, 삼성전자의 지배구조에 대한 다음 내용을 확인하여라.
(1) 연차보고서 내용 중 '주주에 관한 사항' 부분에서 삼성전자의 지분구조를 확인하여라.
(2) 임원 및 직원의 현황' 부분에서 삼성전자의 경영진들이 얼마만큼의 지분을 보유하고 있는지 확인하여라.
(3) 임원 및 직원의 현황' 부분에서 삼성전자의 경영진들 중 가장 많은 주식선택권(스톡옵션)을 부여받은 경영진이 누구인지 3인을 골라라.
(4) '임원이 보수' 부분에서, 각 임원들이 받은 평균보수가 얼마인지 확인하여라.
(5) 삼성전자의 지분공시 내용 중 '임원 및 주요주주 특정증권 등 소유상황보고서'를 찾아라. 공시된 보고서 중 하나를 골라, 해당 임원이 지분 또는 주식선택권과 관련된 어떤 보고에 대한 내용인지 설명하여라.

❹ 2021년 국민은행과 우리은행 감사보고서를 찾아 우발채무의 내용과 규모를 비교하여라.

기업의 사회적 책임점수

　　ESG(environment, social, and governance) 경영은 기업이 지속가능 경영을 위해 지배구조를 투명하게 하고, 환경경영, 윤리경영, 사회공헌과 지역사회 등 사회전체의 이익을 동시에 추구하는 것을 말한다. 전세계적으로 ESG 경영에 대한 관심은 지속적으로 커지고 있다. 1997년 NIKE 같이 청소년을 저임금으로 고용하여 회사의 이미지도 나빠지고 매출도 떨어지는 경험이 다른 회사에게도 시사점이 컸다 할 수 있다. 하지만 ESG 평가에 따라 투자하는 펀드(ESG investment)의 증가가 기업에게 ESG를 경영활동의 일환으로 여기게 한 가장 큰 동인이다. ESG 투자의 순자산규모는 아래 표를 보듯이 2019년에 80조 달러에 이르게 된다. 하지만 얼마 전 세계적 식음료 기업 다농의 CEO 파버가 ESG만을 강조하다 해고된 사례에서 보듯이 주주의 이익을 무시한 ESG만의 경영은 시장에서 받아들여지지 않는 듯하다.

　　포춘 1,000 중 절반 이상이 자발적으로 ESG보고서를 발표하고 있다. 국제적으

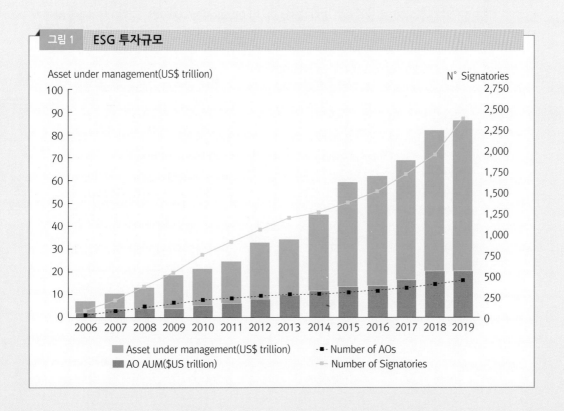

그림 1　ESG 투자규모

로 표준화된 ESG보고서에 대한 논의가 진행되고 있다. 그러면 기업별 ESG비교가 더욱 용이해지겠다.

제3자의 입장에서 기업의 ESG점수를 매기는 기관인 MSCI(Morgan Stanley Capital International) KLD(Kinder, Lyndenberg, Domini) Research and Analytics, Inc는 주목할 만하다. MSCI KLD는 매일 재무제표, 서베이, 정보 보고자료, 미디어 등 14,000여 개가 넘는 자료에서 나온 정보로 여러 항목의 장단점을 분석한다.

2000년부터 2018년까지 KLD가 평가한 기업들을 샘플로 사회적 책임수치와 애널리스트 커버리지, 기관투자지분, 이익의 질, 지배구조의 건전성에 대해 살펴보았다. 12,000여 개가 넘는 기업을 조사하면서 ESG이 기업의 경영에 중요한 활동임을 확인할 수 있었다. 자료분석결과 시장이 ESG에 긍정적으로 반응을 하며 사회적책임이 강한 기업에 더 많은 투자를 하는 경향을 보였다. 다음 표에서 알 수 있듯이, ESG평균치가 낮은 그룹에서는 평균 10명에서 11명 정도의 애널리스트가 따라다니나 ESG점수가 높은 그룹에서는 평균 13~14명 정도의 애널리스트 커버리지를 보여준다.

또한 기관투자자의 지분도 ESG점수와 양의 관계를 보인다. 증권사 애널리스트

연도	ESG 평균치	환경	종업원
1991	0.41212	0.50000	0.33333
1992	0.42641	0.57143	0.33333
1993	0.46126	0.57143	0.41667
1994	0.49221	0.64286	0.50000
1995	0.49221	0.64286	0.50000
1996	0.51039	0.64286	0.50000
1997	0.47792	0.57143	0.50000
1998	0.47792	0.57143	0.50000
1999	0.47110	0.57143	0.50000
2000	0.47110	0.57143	0.50000
2001	0.43474	0.57143	0.50000
2002	0.45974	0.57143	0.50000
2003	0.47944	0.57143	0.41667
2004	0.51429	0.57143	0.50000
2005	0.46277	0.57143	0.33333
2006	0.46667	0.50000	0.33333

와 기관투자자들이 ESG점수에 따라 움직임을 알 수 있다. 흥미로운 것은 기업의 이익의 질에서도 차이가 난다. 이익의 질은 Dechow and Dichev(2002)[1] 방법으로 계산하였는데 수치가 높을수록 이익의 질이 떨어진다. 따라서 ESG점수가 높은 그룹이 낮은 그룹보다 이익의 질이 좋아 사회적 책임이 강한 기업이 회계투명성도 높다고 볼 수 있다. 지배구조가 건전한 기업이 ESG에도 투자를 많이 한다.

미국 기업의 ESG는 누가 압력을 행사하기 때문에 마지못해 하는 게 아니라 시장의 요구에 따라 경쟁력을 키워 스스로 살아남으려고 적극적으로 추진하는 것처럼 보인다. 우리나라 기업들이 ESG를 단순 기부나 봉사활동이 아니라 중요한 경영활동 일부로 전략적으로 접근하고 있는 것은 긍정적인 신호이다.

최근 ESG와 주가에 대한 연구가 학계에서 활발히 진행되고 있다. ESG경영이 주가를 높일까?

늘 그렇지는 않다. 각 산업별로 ESG경영에 중요한 요소가 다르기 때문이다. 예로 금융산업에서 경영윤리, 리스크 관리, 공정하고 투명한 마케팅이 중요한 반면 헬스케어 분야에서는 제품의 안정성, 소비자의 복지, 폐기물, 유해물질 관리가 중요하다. Khan,[2] Serafeim, and Yoon[3](2016)은 영업과 관련된 중요한 이슈에 ESG경영을 집중하는 회사가 더 좋은 주가수익률을 나타냄을 보인다. 반면 중요성이 낮은 이슈에 ESG자원을 낭비하는 회사는 주가가 높지 않다. 또한 유능한 경영자가 ESG자원을 효율적으로 사용하여 기업가치를 향상시키는 경향을 보인다(Welch and Yoon, 2020).

ESG경영이 장밋빛만으로 보이는 것은 아니다. ESG정의가 십인십색이다. 어떻게 측정할지도 의견이 나누어져 있고 평가 주체에 따라 ESG점수가 천차만별이다. ESG경영의 많은 부분이 계량화하기 힘든 정성적 성격을 가지고 있다. 무엇보다도 기업이 무늬만 ESG경영(Greenwashing)을 할 유인도 있어서 문제가 더 복잡하다 하겠다.

---

1 Dechow, P. M., & Dichev, I. D. 2002. "The quality of accruals and earnings: The role of accrual estimation errors." *The Accounting Review*, 77(s-1), pp. 35–59.

2 Welch, K., & Yoon, A. (2020). Do High-Ability Managers Choose ESG Projects that Create Shareholder Value? Evidence from Employee Opinions. *Forthcoming, Review of Accounting Studies*.

3 Khan, M., Serafeim, G., & Yoon, A. (2016). Corporate sustainability: First evidence on materiality. *The accounting review, 91*(6), 1697–1724.

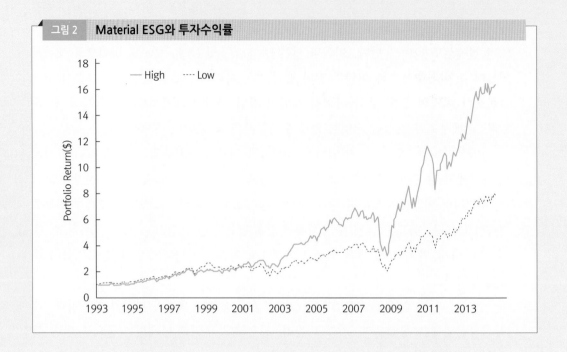

그림 2 **Material ESG와 투자수익률**

사례문제

❶ 기업을 하나 선택하여 가장 최근의 ESG 보고서를 살펴보고 감사보고서와 어떤 차이점이 있는지 알아 보아라.

❷ 해당 산업에 속한 경쟁사를 선택하여 두 기업의 ESG 보고서 간 어떤 공통점과 차이점이 있는지 분석해 보아라.

❸ ESG 경영을 하는 데 어려운 점이 어떤 것이 있는지 찾아보아라.

호남석유화학(분석 보고서)

2011년 실적을 바라볼 시점으로 판단된다

● 시장의 기대수준에 소폭 미흡한 2010년 3분기 실적

2010년 3분기 실적은 시장의 기대수준을 소폭 하회하였는데, 매출액은 1조 7,512억원, 영업이익은 1,855억원, 순이익은 1,667억원을 달성하였다. 이것은 전분기 매출액, 영업이익, 순이익 대비 각각 4.9%, 14.3%, 22.9% 하락한 실적이다. 이렇게 실적이 감소한 주요 이유는 주요 제품가격이 하락하면서 제품 마진이 감소하였기 때문이다.

● 2011년 1분기부터 본격적으로 실적 회복 기대

2010년 4분기 실적은 2010년 3분기 대비 소폭 회복될 것으로 전망된다. 매출액은 1조 8,062억원, 영업이익은 1,922억원, 순이익은 1,709억원으로 예상된다. 2011년 1분기부터 본격적으로 실적이 회복될 것으로 전망되는데, 주요 이유는 석유화학 제품 수요 대비 공급물량이 현저히 줄어들 것으로 예상되기 때문이다. 2011년 연간 수요 증가분은 약 600만톤인 데 반해, 공급 증가분은 약 430만톤으로 전망되어 수요가 공급을 상회할 것으로 분석된다.

● 투자의견 매수, 목표주가 260,000원으로 상향

2011년 이후에도 호남석유화학의 이익이 과거 대비 높은 수준에서 안정적으로 증가될 것으로 본다. 이에 따라 호남석유화학의 주가가 주식시장에서 적절한 평가를 받을 것으로 판단된다. 다소 실망스러운 2010년 3분기 실적으로 인해 주가가 하락한다면, 그 시점이 적절한 매수 적기라고 판단된다. 목표주가 260,000원을 제시하는데, 목표주가는 2011년 예상 실적에 10.5배의 P/E를 적용하였다.

---

1 본 사례는 한화증권의 차홍선 애널리스트가 2010년도에 작성한 호남석유화학에 대한 분석보고서의 일부분이다. 차홍선 애널리스트는 화학분야 베스트 애널리스트로도 선정된 바 있는 유망한 애널리스트이다. 저자들은 본 보고서를 저자들의 책에 포함시키도록 흔쾌히 허락해 준 차홍선 애널리스트에게 감사를 표한다. 화학분야는 비재무정보인 전 세계적인 시장수요나 공급물량, 원료인 원유의 가격이 회사의 수익구조에 큰 영향을 미치는 업종으로서, 독자들은 이 보고서를 통해 비재무정보의 중요성을 이해할 수 있을 것이다.

Financial Data	2008	2009	2010E	2011E	2012E
매출액(억원)	30,982	59,698	72,023	72,975	74,151
영업이익(억원)	903	7,176	8,405	8,844	9,501
세전계속사업손익(억원)	−714	8,533	10,089	10,346	11,335
순이익(억원)	−453	7,967	7,741	7,863	8,615
EPS(원)	−1,421	25,006	24,298	24,681	27,039
증감률(%)	적전	흑전	−2.8	1.6	9.6
PER(배)	−52.0	3.1	9.5	9.4	8.6
PBR(배)	0.8	0.7	1.7	1.4	1.2
EV/EBITDA(배)	9.7	3.1	6.3	5.6	4.7
영업이익률(%)	2.9	12.0	11.7	12.1	12.8
EBITDA 마진(%)	5.3	15.9	14.5	14.9	15.5
ROE(%)	−1.6	24.4	18.9	16.3	15.4
순부채비율(%)	−2.2	−8.1	−17.7	−26.0	−33.0

Stock Data	
KOSPI(10/18)	1,875.42pt
시가총액	73,915억원
발행주식수	31,860천주
52주 최고/최저	238,500/77,500원
90일 일평균거래대금	532.4억원
외국인지분율	26.2%
배당수익률(10.12E)	0.6%
BPS(10.12E)	140,232원

• 시장의 기대수준에 미흡한 2010년 3분기 실적

2010년 3분기 실적은 시장의 기대수준을 소폭 하회하였는데, 실적이 감소한 주요 이유는 주요 제품가격이 하락하면서 제품 마진이 감소하였기 때문이다. 2010년 3분기 EG가격은 톤당 757달러로 전분기 대비 8% 하락하였으며, PP가격은 톤당 1,214달러로 5% 하락하였고, HDPE가격은 톤당 1,100달러로 7% 하락하였다. HDPE마진은 톤당 441달러로 전분기 대비 2% 감소하였고, 벤젠마진은 톤당 187달러로 전분기 대비 0.3% 하락, SM마진은 톤당 422달러로 전분기 대비 24% 감소하였다.

• 안정적인 이익증가가 기대되는 2011~2013년

2010년 4분기까지 포함할 2010년 실적은 호황이었던 2009년 실적을 상회할 것으로 전망된다. 매출액은 2009년 대비 20.6% 증가한 7조 2,023억원, 영업이익은 17.1% 확대된 8,405억원, 순이익은 2.8% 감소한 7,741억원으로 예상된다. 영업이익은 증가하지만 순이익은 감소하는 주요 이유는 2009년에 발생한 법인세 환입효과가 2010년에는 발생하지 않기 때문이다.

2011년 실적은 2010년 대비 소폭 증가할 것으로 기대된다. 매출액은 2010년 대비 1.3% 증가한 7조 2,975억원, 영업이익은 5.2% 확대된 8,844억원, 순이익은 1.6% 증가한 7,863억원을 달성할 것으로 예상된다. 2012년과 2013년에도 이러한 높은 수준의 실적 증가추세는 이어질 것으로 전망된다. 이렇게 실적이 점진적으로 증가하는 주요 이유는 부타디엔, EOA 등 제품별 증설효과가 발생하고, 화학제품은 공급부족이며, 대체재가 적어 원재료 상승분을 제품가격에 적절하게 전가시킬 것으로 예상되기 때문이다.

• 향후 신·증설 물량이 적고, M&A로 인해 경쟁이 줄어들 것으로 판단된다

2011~2013년에 출회되는 석유화학 공장은 약 1,000만톤인 데 반해, 신규 수요는 약 2,000만톤으로 신규 수요가 신규 공급규모를 상회할 것으로 전망된다. 특히 2011년에는 신규 수요가 약 600만톤 발생하는 데 반해, 신규 공급은 약 430만톤으로 수요가 공급을 상회하는 첫 해가 될 것으로 기대된다. 큰 폭의 신규 석유화학 제품 수요가 발생할 것으로 전망하는 주요 이유는 중국, 인도, 중동, 동남아 등 이머징 시장 주도에 의한 석유화학 제품 수요가 확대될 것으로 전망되기 때문이다.

표 1 호남석유화학 2010년 및 향후 연간 실적 전망 (단위: 억원)

	2006	2007	2008	2009	2010E	QoQ	2011E	2012E	2013E
매출액	21,813	22,553	30,982	59,698	72,023	20.6%	72,975	74,151	74,970
영업이익	2,554	2,734	903	7,176	8,405	17.1%	8,844	9,501	10,094
순이익	3,816	4,634	−453	7,967	7,741	−2.8%	7,863	8,615	9,332
영업 이익률	11.7%	12.1%	2.9%	12.0%	11.7%	−	12.1%	12.8%	13.5%
	17.5%	20.5%	−1.5%	13.3%	10.7%	−	10.8%	11.6%	12.4%

자료: 호남석유화학, 한화증권 리서치본부.

| 그림 1 | 에틸렌 설비 신 · 증설 및 신규 수요 추이 |

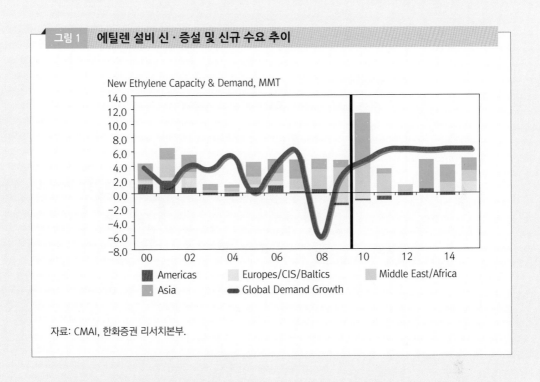

자료: CMAI, 한화증권 리서치본부.

| 그림 2 | 석유화학 공급 사이클 |

자료: CMAI, 한화증권 리서치본부.

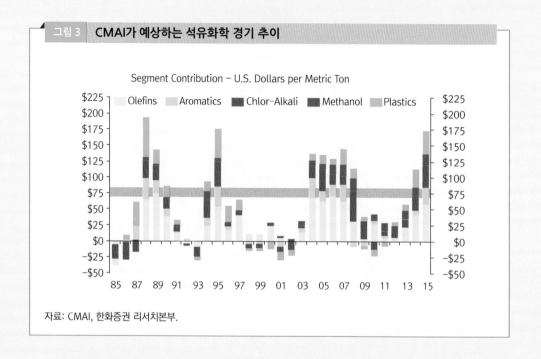

그림 3 CMAI가 예상하는 석유화학 경기 추이

Segment Contribution – U.S. Dollars per Metric Ton

Olefins   Aromatics   Chlor-Alkali   Methanol   Plastics

자료: CMAI, 한화증권 리서치본부.

또한 세계 석유화학 시장에서 진행중인 활발한 M&A로 인해 국내 석유화학 경기의 수혜가 예상된다. M&A는 불경기일 때 주로 발생하는 현상인데, 국내 경기와 달리 세계 석유화학 경기는 최저점에 위치하고 있다. 북미와 서유럽에서 주로 발생하는 M&A로 인해 시장에 저가로 출회될 악성 공급물량이 사라져 화학업종은 과점체제가 될 것으로 기대된다. 또한 석유화학 공장의 진입장벽이 높아져 신규 진입은 거의 불가능한 것으로 판단되는데, 과거에는 석유화학 신규 공장의 규모가 약 500,000톤이었으나, 현재는 약 1,000,000톤으로 투자비가 과거 대비 2배 이상 증가하였다. 이에 따라 신규 진입자에 의한 공급 과잉 가능성은 현저히 낮아진 것으로 본다.

● 호남석유화학의 주가가 저평가 상태에서 해소되어, 적절한 평가를 받을 것으로 보는 이유는?

2011년 이후에도 호남석유화학의 이익이 과거 대비 높은 수준에서 형성되며, 증설효과로 인해 점진적으로 증가될 것으로 본다. 이에 따라 사이클 산업으로 인해 할인되었던 저평가 영역에서 호남석유화학 주가가 해소되는 계기가 2011년부터 마련될 것으로 판단된다.

1920년부터 1970년까지 S&P500 지수의 EPS는 약 8배가 증가하였고, 평균 P/E

는 약 17배이었다. 1945년부터 1950년까지 S&P500 지수 종목의 주당순이익은 330%
증가하였지만 주가는 완만하게 상승하였다. 즉, 급증한 주당순이익이 일시적인 현상
으로 주식시장은 예상하였던 것으로 판단된다. 그러나 1950년과 유사한 높은 실적이
5년 동안 점진적으로 지속되면서 S&P500 지수는 급격하게 상승한 실증사례가 있다.

　　이러한 현상이 호남석유화학 주가에서 2011년 이후 발생될 것으로 판단된다. 최
근까지 호남석유화학의 주가가 상승하였지만 아직까지도 호남석유화학의 주가는 이
익을 적절하게 반영 못하는 저평가상태로 예상된다. 중동, 중국발 증설물량에 의해
이익이 하락할 것이므로 현재의 이익이 충분히 주가에 반영되어 있지 않은 것이다.

　　호남석유화학의 이익은 2001년부터 10년 동안 약 17배가 상승하여, 1970년대의
S&P500 지수의 50년간 상승률을 큰 폭으로 상회하였다. 또한 2011년 이후에도 EPS
상승률이 1950년대의 S&P500 지수를 상회할 것으로 예상된다. 이러한 실적 추이로
인해 1950년대의 S&P500 지수처럼 호남석유화학 주가가 적절한 평가를 받을 것으
로 본다. 즉, 부족한 석유화학 제품 공급물량으로 인해 2011년 이후 3년 동안 호남석
유화학의 이익이 증가된다는 확신이 주식시장에 회자되면서, 호남석유화학의 주가가
점진적으로 상승할 것으로 본다.

사례문제

❶ 본 보고서에 등장하는 핵심 비재무정보들을 골라, 해당 정보들이 호남석유화학의 주가에 어떤 영향을 미칠 것인지 설명하여라.

❷ 석유화학 업종 이외의 다른 업종 중에서, 비재무정보가 큰 영향을 미칠 수 있는 산업을 골라 어떤 비재무정보가 어느 정도의 영향을 미칠 수 있는지에 대해서 설명하여라.

CHAPTER

6

이익창출능력 분석

01   이익창출능력 분석의 기본 프레임 개요

수식 (2.1)로부터 우리는 기업의 미래현금흐름과 위험수준의 두 가지 요소가 기업가치를 결정하며, 두 요소 모두 기업의 미래 이익창출능력에 달려있다는 것을 알 수 있다. 우리는 기업의 미래 이익창출능력을 예측함으로써 미래 회계기간의 이익수준(현금흐름)과 위험수준을 예측하고, 이를 수식 (2.1)에 대입하여 기업의 내재가치에 대한 평가치를 얻을 수 있다. 본장의 이익창출능력 분석은 수식 (2.1)의 분자(이익수준)에 대한 예측을 위한 것이고, 다음 장의 위험분석은 분모(할인율)에 대한 예측을 위한 내용을 설명한다.

기업의 과거와 현재 이익창출능력에 대한 분석은 미래의 이익창출능력을 예측하는 기초 정보를 제공한다. 일반적으로 기업의 경영활동은 지속성을 가지므로, 과거 및 현재의 이익창출능력과 미래의 이익창출능력은 긴밀하게 연관되어 있다. 동시에 현재의 이익창출능력은 경영자의 경영능력을 반영하기 때문에, 과거에 양호한 이익성과를 거둔 경영자는 미래에도 좋은 이익성과를 거둘 가능성이 높다.

제 9 장에서 우리는 기업이 회계처리 방법이나 회계추정을 변경하여 보고이익을 늘리거나 줄이는 이익조정(earnings management)에 관한 문제를 소개하고, 재무제표에서 이익조정과 분식회계를 발견하는 방법을 설명할 것이다. 그리고 이에 대한 이해를 바탕으로 하여 기업이 공시한 회계정보를 분석함으로써 이익조정 전의 상대적으로 보다 진실에 가까운 정보를 찾아내는 방법을 배울 것이다. 우리는 이런 진실된 정보에 기초하여 더욱 정확한 이익창출능력 분석을 진행할 수 있다. 본장에서는 재무제표에 포함된 이익조정 정도가 그다지 심각하지 않다는 가정하에서, 재무제표에 공시된 자료를 그대로 이용하여 이익창출능력을 분석하는 방법을 공부할 것이다.

기업의 이익창출능력이란 이익수준을 가리키는 것이 아니다. 이익수준에서 그 수준을 달성하기 위하여 사용된 자원의 총량을 나눈 값, 즉 한 단위의 자원이 얼마나 많은 이익을 창출하였는가를 의미하는 것이다. 단순한 기업간의 절대적 이익수준의 비교는 의미가 없다. 자산규모가 수백억인 대기업은 작은 규모의 기업과 비교할 때 이익창출능력이 동일하더라도 더 많은 이익을 보고하는 것이 당연하다.

기업의 이익창출능력을 평가하는 주요지표는 (총)자산이익률(Return on Assets: ROA)과 자기자본이익률(Return on Shareholders' Equity: ROE 또는 Return on Common Shareholders'

Equity: ROCE)의 두 가지가 있다. 자산이익률은 기업이 모든 자산(주주와 채권자가 투입한 자금인 자본과 부채를 모두 포함)을 사용하여 창출한 이익비율이고, 자기자본이익률은 기업이 주주가 투입한 자금을 이용하여 창출한 이익비율이다. 이익창출능력 분석은 자산이익률과 자기자본이익률의 틀 안에서 양자의 수준과 변화를 분석하고, 그 결과에 근거하여 미래의 이익수준을 예측하는 것이다.

가치평가모형에서는 미래의 예측 이익수준(주당 이익수준)을 평가과정에 사용하게 된다. 이때 이익창출능력 분석을 통하여 미래 회계기간의 자산이익률과 자기자본이익률을 먼저 예측한 후, 이를 미래 회계기간의 자산 또는 자본의 기초금액에 곱하여 이익수준을 예측할 수 있다.

이익창출능력 분석과정에서 이익률의 변화를 가져오는 요인이 무엇인가에 주의하여야 한다. 이를 위해 이익률을 구성하는 원천을 각 요소별로 나누어, 이익률이 어떻게 구성되는지를 살펴볼 수 있다. 그리고 이런 하부 구성요소들 중 가장 중요한 요소들을 찾는다. 가장 중요한 요소에 대한 분석과 예측이 이익창출능력 분석의 중점인데, 이런 재무제표분석기법을 듀퐁(DuPont) 분석방법이라고 부른다. 이 장의 내용은 기본적으로 듀퐁 분석방법을 따르고 있다.

이익창출능력 분석과정에서 우리는 절대적 이익창출능력을 분석할 뿐만 아니라 상대적 이익창출능력, 즉 타회사와 비교했을 때 이익창출능력이 어떠한지, 동종업계에서 어떤 위치를 차지하고 있는지도 살펴야 한다. 또한 이익창출능력의 변화추이가 상승세인지 안정 또는 하락세인지도 검토한다. 구체적인 분석방법은 앞에서 사용하였던 시계열분석, 비교분석 및 성장률분석 등이 있다.

02 자산이익률 분석

자산이익률은 기업이 총자산을 사용하여 획득한 이익의 비율이다. 총자산의 자금의 원천은 주주와 채권자(자산=자본+부채)이므로, 자산이익률은 기업의 주주와 채권자를 위한 가치창출능력을 나타내는 수치이다. 수식은 다음과 같다.

자산이익률=(당기순이익+이자비용×(1-법인세율))/평균총자산

수식 (6.1)의 분자는 특정 회계기간 중 주주와 채권자가 얻은 이익의 총계이고, 분모는 주주와 채권자의 투자총계(총자산)이다. 분자와 분모는 모두 주주와 채권자에게 해당하는 것으로, 그 평가대상이 일치한다.[1]

수식 (6.1)을 보면 분자의 의미를 이해하기가 쉽지 않을 것이다. 손익계산서에서는 당기순이익을 계산할 때 이미 기업이 채권자에게 지불한 이자비용(채권자의 이익)이 차감되어 있다. 기업이 창출한 이익 중에서 주주가 획득한 부분은 당기순이익이고 채권자가 획득한 부분은 이자가 된다. 자산이익률은 주주와 채권자가 기업이 창출한 부 중에서 총 얼마를 획득하는지를 측정하는 것이다. 그러므로 자산이익률의 분자를 계산할 때는 당기순이익과 이자를 합해야만 한다. 하지만 이자비용은 과세소득을 계산하기 전에 공제된 것으로 세금효과가 고려되지 않았다. 자산이익률을 계산할 때 주주와 채권자는 하나의 동일체로 여겨지므로, 이 동일체는 모든 이익에 대하여 법인세를 납부하여야 한다. 채권자가 납부하는 세금은 이자비용×법인세율 이다. 따라서 채권자가 벌어들이는 총이익은 이자비용×(1-법인세율)이 된다. 그러므로 자산수익률의 분자를 구할 때 이자비용에 (1-법인세율)을 곱한 값을 당기순이익에 더해 주어야 한다. 즉, 이자비용의 세금절감효과를 감안한 채권자에게 귀속되는 실제이익을 주주들이 벌어들인 당기순이익에 더하는 것이다. 이 금액이 주주와 채권자가 벌어들인 총이익이 된다. 기업이 매 1원의 이자비용이 발생할 때, 만약 세율이 33%라면 수식 (6.1)의 분자에는 0.67원만 더한다. 당기순이익은 그 자체가 세후이익이기에 세무조정이 필요없다.

[표 6-1]은 자산이익률을 계산하는 과정을 보여준다. 손익계산서의 당기순이익 자료에는 회사가 지불한 이자비용 16원이 차감되어 있다. 자산이익률을 계산하는 과정에 주주와 채권자의 공동소득을 계산하여야 하기에, 16원의 이자는 비용이 아닌 소득이 된다. 그리하여 세전이익은 86원에서 102원으로 증가되었고, 법인세비용(세율 30%)은 4.8원 증가하였다. 주주와 채권자의 공동소득은 (16-4.8)원 증가하여 71.2원이 된다. 이는 주주와 채권자가 당기에 기업으로부터 얻은 공동소득이다. 총자산의 당기 평균금액은 520원이므

---

[1] 일부 책에서는 자산이익률을 당기순이익(영업이익 또는 세전이익)을 기초자산으로 나누어 계산하기도 한다. 이는 채권자가 아닌 주주의 입장에서만 이익률을 계산하는 셈이다.

표 6-1	X회사 손익계산서		(단위: 원)
	손익계산서 데이터	조 정	조정 후 데이터
수 익	475		475
(−) 비용			
매출원가	280		280
판 매 비	53		53
관 리 비	22		22
감가상각비	18		18
이자비용	16	−16	0
비용총계	389	−16	373
법인세비용차감전순이익	86	16	102
법인세비용(30%)	26	4.8	30.8
당기순이익	60	+16−4.8	71.2

로, 자산이익률은 (71.2/520)=13.7%가 된다. 이 정도 수치는 상당히 높은 이익률이라고 할 수 있다.

듀퐁 분석방법은 자산이익률을 더욱 자세하고 기본적인 구성부분으로 분해함으로써 투자자들이 미래추세를 더욱 잘 예측할 수 있도록 도와준다.[2] 우선, 자산이익률은 매출액이익률(Profit Margin, PM)과 자산회전율(Asset Turnover: ATO) 두 부분으로 분해할 수 있다.

6.2

자산이익률=[(당기순이익+이자비용×(1−법인세율)]/매출액
　　　　　×(매출액/평균총자산)

이 중 '(당기순이익+이자비용×(1−법인세율))/매출액'은 매출액이익률로서, 매출액 대비 순이익이 어느 정도인지, 즉 매 1원의 매출액이 주주와 채권자를 위하여 얼마나 많은 이익을 창출하는지를 측정한다. 매출액이익률을 제고시키는 관건은 기업의 비용통제 능력으로서, 매출액이 동일할 경우 비용통제를 잘 할수록 매출액이익률이 높아진다.

---

2 이런 분석방법을 듀퐁 분석방법이라고 부르는 이유는, 다국적 화학회사인 듀퐁(DuPont)사에서 처음으로 이 방법을 이용해 회사의 성과를 분석했기 때문이다.

효율적 자본시장가설과 재무제표분석

재무관리 수업시간에 배운 효율적 자본시장 가설(efficient market hypothesis)에 따르면 자본시장은 합리적으로서, 이용가능한 모든 정보는 이미 시장가격에 반영되어 있다. 따라서 재무제표 분석을 열심히 수행하여 투자한다고 하더라도 재무제표에 포함된 정보는 이미 공개된 정보이므로 이 정보를 이용해서는 위험수준을 조정한 후 시장수익률을 능가하는 초과수익률을 얻을 수 없다. 그렇다면 본 교재에서처럼 재무제표 분석을 통해 기업가치 평가를 연구하는 것은 아무런 소용이 없을 것이다.

그러나 실제 자료의 회계정보를 자세히 분석하면 상당한 초과수익률을 얻을 수 있다. Francis and Schipper(1999, *Journal of Accounting Research*)나 Collins, Maydew, and Weiss(1997, *Journal of Accounting and Economics*) 등의 연구에 의하면, 회계정보를 분석하면 상당한 초과수익률을 얻을 수 있다. 만약 ROE를 사전에 정확히 예측하였다는 가정하에, ROE가 증가할 것으로 예측된 기업의 주식을 연초에 매수하고 그 반대로 ROE가 감소할 것으로 예측된 주식을 역시 연초에 공매도(short sale)하였다가 연말에 청산하면 수익률이 43%나 되었다. 이에 반해 현금흐름 수치를 기준으로 동일한 투자를 실시하면 수익률이 9%에 불과하였다. 이 연구결과는 정확한 이익을 예측하는 것이 얼마나 중요한지를 잘 보여주는 사례이다.

앞의 연구 결과는 투자자가 1년 동안 ROE나 현금흐름을 정확히 예측할 수 있다는 가정하에 분석을 수행한 것이다. 이런 가정 없이 이미 공표된 회계자료만을 이용하여 분석을 수행하면 어떤 결과가 얻어질까? Ou and Penman(1989, *Journal of Accounting and Economics*)이 총 89개의 각종 재무비율들을 이용하여 분석한 바에 의하면, 최대 18개 정도의 중요한 재무비율만 사용하면 미래이익을 충분히 예측할 수 있다고 한다. 그 결과에 따라 투자를 하면 1년 동안 23% 정도의 초과수익률을 올릴 수 있었다. 이런 연구들은 모두 효율적 시장가설이 꼭 옳은 것은 아니며, 재무제표 분석을 열심히 공부하면 투자의 성과를 높이는 데 상당한 효과가 있다는 것을 나타낸다. 그렇다면, 이런 증거들에도 불구하고 왜 아직까지 효율적 시장가설을 공부해야 할까? 그 이유는 시장이 꼭 100% 합리적인 것은 아니지만 상당한 수준에서 합리적이며, 효율적 시장가설을 통한 판단이 의사결정의 벤치마크로서 사용되기 때문이다. 회계 분야에서는 기업의 내재가치가 존재하는데, 이 내재가치가 시장가격과는 일부 다를 수 있지만 시장가격은 내재가치 근처에 형성되며, 더 자세한 정보가 미래에 알려지면 내재가치로 수렴한다고 가정한다. 따라서 효율적 시장가설에 의해 형성되는 시장가격이 의미를 가지는 것이다.

　　기업의 핵심경쟁력은 제품 또는 서비스의 희소성이다. 기업이 독점적 지위에 있을 때는 가격을 통제할 수 있기 때문에, 원가통제능력은 기업의 성공여부를 결정하는 중요한 이슈가 되지 않는다. 우리는 폭리를 취하는 독점기업에 대한 뉴스를 언론에서 접하곤 한다. 독점기업에게 원가통제는 이익창출 여부를 결정하는 핵심요인이 아니기 때문에, 독점기업은 원가가 높다면 가격을 쉽게 높여서 이익을 늘릴 수 있다. 하지만 경쟁이 치열하거나 산업이 쇠퇴할 경우, 기업은 독점지위를 잃게 되거나 경영난에 부딪쳐 제품 또는 서비스 가격에 대한 통제능력이 약해질 수 있다. 이런 경우에는 원가통제가 아주 중요한 요소로 부상하게 된다. 대부분의 기업들은 경영난에 부딪쳤을 때 우선 원가절감을 위해 노력한다. 그러므로 우리는 특정 기업이 위기를 극복하기 위해 직원을 대량 해고하거나 보너스를 삭감하는 등 원가절감 조치를 취하였다는 뉴스를 자주 볼 수 있다.

　　매출이익률은 기업의 현재 원가통제능력을 나타낸다. 만약 기업의 원가가 잘 통제되고 있다면 매출이익률은 비교적 높을 것이다. 이런 기업은 경기가 침체되거나 경쟁이 치열해졌을 때 또는 경영난에 부딪쳤을 때 제품가격 인하를 통해 경쟁력을 향상시킬 수 있는 여지가 커 위험시기를 더욱 용이하게 견뎌낼 수 있다. 그러므로 매출이익률이 높을수록 기업이 투자자를 위해 창출하는 부는 많고 위험을 극복할 수 있는 능력도 강하다.

　　'매출액/평균자산'은 자산회전율로서 기업이 소유하고 있는 자산을 효율적으로 운영하는 능력, 즉 매 1원의 자산이 어느 정도의 매출액을 창출하는지를 나타낸다. 매 1원의 자산이 창출한 매출액이 많을수록 자산회전율이 높다. 효율성이 높은 기업은 모든 자산을 수익을 창출할 수 있는 생산활동에 이용할 수 있어야 하지만, 사실상 모든 자산이 수익을 창출하는 데 사용되는 것은 불가능하다. 불량자산 또는 비효율적인 자산이 항상 있기 때문이다. 따라서 재무상태표를 분석할 때 저효율자산과 고효율자산을 구분해야 한다. 자산회전율은 기업의 효율성을 이해하는 데 많은 도움을 준다.

　　자산의 효율성을 분석할 때, 특정 공장이 얼마나 많은 양의 제품을 생산하고 있는지, 특정 설비가 얼마나 사용되고 있는지는 쉽게 구분할 수 있다. 필요하면 평가자는 직접 현장에 가서 이런 정보를 수집할 수 있다. 하지만 특별히 주의해야 하는 저효율적인 자산은 현금과 금융자산이다. 비금융기업의 경우 효율적으로 자산을 운영한다는 것은 대부분의 자산을 생산과 경영활동에 활용하는 것으로, 보유하고 있는 현금과 금융자산이 많다면 자금이 효율적으로 사용되지 못하고 있음을 나타낸다. 물론 기업은 일정금액의 현금을 보유하면서 현금수요가 있을 때 사용해야 한다. 만약 현금이 단기간 내에 필요하지 않을 때는 금융자산에 현금을 투자할 수도 있다. 하지만 적절한 금액을 초과한 현금 또는 금융자산을 보유하고 있는 것은 자원을 낭비하는 셈이다. 현금은 이익을 창출하지 않으며, 비금융기업은 금융자산 보유를 통해서는 본래의 사업에 종사하는 것보다 더 많은 가치를 창출하지 못하는 것이 대부분이기 때문이다. 그러므로 모 기업이 대량의 현금 또는 금융자산을 장기간 동안 보유하고 있다면, 이는 기업의 가치가 극대화되지 않는다는 것으로서 주주에게 나쁜 소식이다. 우리가 앞에서 소개한 Microsoft사의 경우가 바로 이런 회사의 예로 볼 수 있다.

자산이익률은 매출액이익률과 자산회전율을 곱한 것과 같으며, 이 두 비율은 자산이익률의 변화를 일으키는 주요한 요인으로, 이들이 높을수록 자산이익률이 높다. 모든 기업은 높은 자산회전율을 유지함과 동시에 높은 매출액이익률을 실현하려고 한다. 그러나 이런 꿈을 실현하는 것은 대단히 어렵다. 예를 들면, 자산회전율을 제고하는 효과적인 방법 중의 하나는 광고와 제품홍보 강화를 통하여 매출을 증가시키는 것이다. 매출액이 증가하면 자산회전율이 증가한다. 하지만 광보와 제품홍보는 필연적으로 비용을 증가시키게 되는데, 이런 증가한 비용이 증가한 수익보다 클 수도 있다. 그렇다면 매출액이익률은 하락한다. 반대로 매출액이익률을 제고시키는 효과적인 방법은 적자공장의 폐업 또는 직원해고 등을 통한 원가절감이지만, 이런 조치는 사업의 축소를 나타내므로 수익을 감소시킬 수 있어 자산회전율을 감소시킨다. 그러므로 대부분의 기업에게, 자산회전율과 매출액이익률을 동시에 증가시키는 것은 상당히 달성하기 힘든 목표이다.

이익창출능력을 분석할 때 자산회전율과 매출액이익률 중 어느 요인이 분석대상기업의 자산이익률에 더 큰 영향력을 지니고 있는지를 분별할 필요가 있다. 이들의 자산이익률에 대한 영향을 판단한 후, 더 많은 시간과 노력을 더 중요한 요인을 예측하는 데 투입할 수 있다.

자산회전율 또는 매출액이익률 중 어느 요인이 자산이익률의 결정에 더 큰 작용을 하는지는 산업별로 다르다. 일반적으로 경쟁이 치열한 산업에서는 자산회전율이 더 중요한 반면 독점정도가 높은 산업에서는 매출액이익률이 더 중요하다. 예를 들면, 사치품산업은 독점정도가 높지만 매출량이 적기 때문에 자산회전율은 낮다. 그러나 이런 기업은 제품을 원가에 비해 매우 높은 가격에 판매할 수 있으므로 매출액이익률이 비교적 높다. 그러므로 이런 기업의 이익창출능력을 분석할 때는 매출액이익률에 더 많은 관심을 기울여야 한다. 그러나 소매업의 경우는 다르다. 소매업은 경쟁이 매우 치열한 분야로서, 기업은 제품가격 책정에 대한 통제력이 부족하여, 경쟁업체와 가격경쟁을 하는 경우가 많다. 그 결과 매출액이익률이 아주 낮다. 따라서 자산이익률을 높이기 위하여 기업은 대량판매에 의지할 수밖에 없고, 그러므로 자산회전율은 아주 높게 된다.

다음 그림들은 미국 기업들의 평균적인 자산이익률의 변화추세를 보여준다.

[그림 6-1]은 1970~2020년 미국 전체 상장사의 연간 평균 자산이익률(중앙값)을 보여준다. 51년간 미국 상장사의 평균 자산이익률은 10.28%이고, 가장 높은 해는 1978년으로 16.14%이며 가장 낮은 해는 2020년으로 3.51%였다. 이 지표는 미국기업의 이익창출능력은 비교적 안정적이라는 것을 보여준다. 이렇게 긴 기간 동안, 오직 70년대 말에만 비교적 높을 뿐이며 이를 제외한 기타 기간의 변동폭은 그다지 크지 않았다. 비록 미국경제에 이 수십 년간 커다란 변화가 있었지만 시장의 경쟁이 비교적 충분하기에 기업의 이익창출능력은 작은 변동폭을 유지하였다.

[그림 6-2]와 [그림 6-3]은 1970~2020년 미국 상장사의 매출액이익률과 자산회전율을 보여준다. 미국기업의 평균 매출액이익률은 11.52%이고, 가장 높은 해는 2011년으로 13.86%이며 가장 낮은 해는 1986년으로 9.45%이다. 평균 자산회전율은 99%이고, 가장 높은 해는 1979년으로 47%이며 가장 낮은 해는 2020년으로 51%이다. 이 두 그림으로부

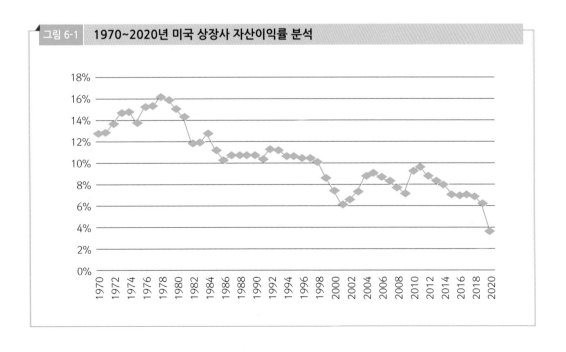

그림 6-1　1970~2020년 미국 상장사 자산이익률 분석

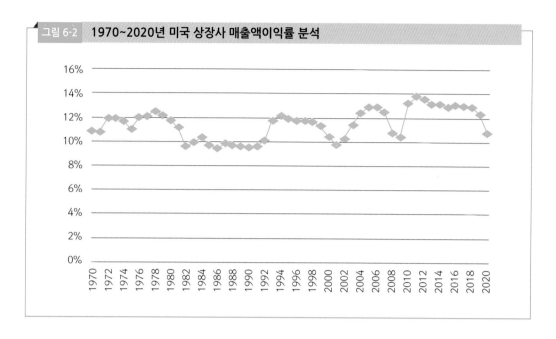

그림 6-2 1970~2020년 미국 상장사 매출액이익률 분석

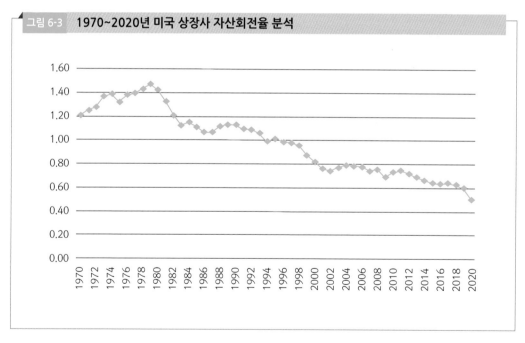

그림 6-3 1970~2020년 미국 상장사 자산회전율 분석

터 매출액이익률과 자산회전율 간에 비교적 뚜렷한 음(-)의 상관관계가 존재한다는 것을 알 수 있다. 1970년 이전 매출액이익률 수준은 비교적 높았으나 70년대까지 하락세를 보

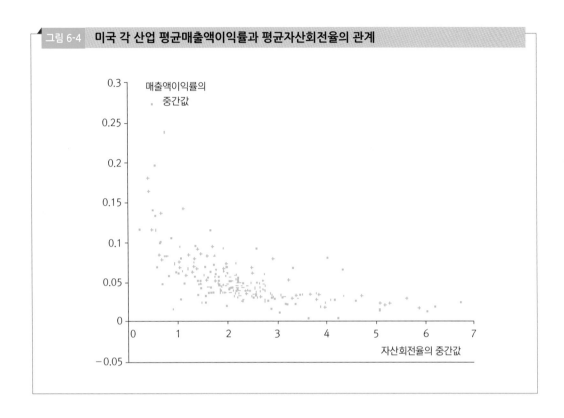

그림 6-4   미국 각 산업 평균매출액이익률과 평균자산회전율의 관계

였고, 자산회전율 수준은 비교적 낮았으나 70년대까지 상승세를 보였다. 70년대 이후 매출액이익률은 비교적 안정된 수준을 유지하였지만 자산회전율은 먼저 상승하고 나중에 하강하는 추세를 보였다. 1970년 이후 미국기업의 자산이익률은 주로 자산회전율의 영향을 받아서, 그 변화에 따라 먼저 상승하고 나중에 하강하는 과정을 거쳤다. 이로써 이 기간 동안 과학기술의 발전이나 경영혁신은 주로 기업의 자산 활용수준을 제고시켰으나 원가통제에 대해서는 별다른 영향을 미치지 못하였다는 것을 알 수 있다.

　　[그림 6-4]는 미국기업의 자산회전율과 매출액이익률 사이의 관계를 보여준다. 이 그림은 각 산업의 평균 자산회전율과 매출액이익률을 계산하여 그린 것으로서, 그림에서 하나의 점은 한 산업의 평균을 나타낸다. 가로축은 자산회전율을, 세로축은 매출액이익률을 나타낸다. 이 그림에서 양 비율 사이에 음(−)의 상관관계가 있다는 것을 쉽게 발견할 수 있다. 매출액이익률이 높은(원가통제를 잘 하거나 독점제품을 취급하는) 기업은 자산회전율이 비교적 낮고, 그 반대로 자산회전율이 높은(자산이용률이 높은) 기업은 매출액이익률이 비교적 낮다. 그러므로 평균적인 기업은 자산회전율과 매출액이익률을 동시 제고하

220

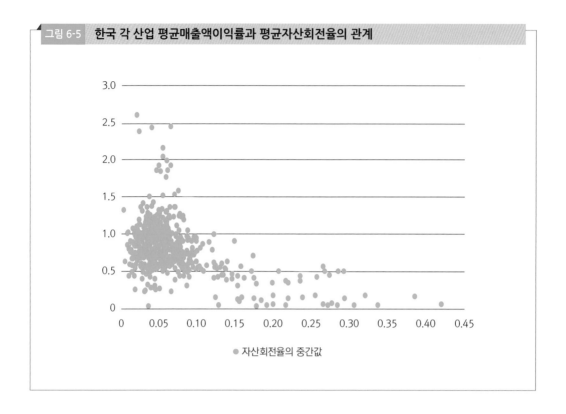

그림 6-5　한국 각 산업 평균매출액이익률과 평균자산회전율의 관계

● 자산회전율의 중간값

여 자산이익률을 증가시키는 것이 상대적으로 어렵다는 것을 알 수 있다. 어떤 기업이 동종의 산업에 속한 다른 기업에 비해 자산회전율과 매출액이익률이 모두 낮을 때는 경쟁력(competitive advantage)이 떨어진다고 할 수 있다. 일반적으로 산업의 특징과 기업의 전략(원가우위전략 또는 차별화 전략)이 자산이익률의 변화를 가져오므로, 기업의 이익창출능력을 예측함에 있어 자산이익률의 변화요인을 분석/예측하는 것이 상대적으로 더욱 중요하다. 예를 들어, 원가절감 전략은 자산회전율을 높이고 차별화 전략은 매출액이익률을 높인다 하겠다. Fairfield and Yohn(2001)[3]의 연구결과에 의하면, 일반적으로 미래 자산이익률을 증가시키기 위해서는 매출액이익률의 증가보다는 자산회전율의 증가가 보다 중요하다고 한다.

　[그림 6-5]는 한국자료를 이용하여 앞의 [그림 6-4]와 동일한 분석을 행한 결과이다. 한국의 자료를 사용한 결과도 미국의 자료를 사용한 경우와 대동소이하다는 것을 알 수

3　Fairfield P.M. and T.L. Yohn, 2001, "Using Asset Turnover and Profit Margin to Forecast Changes in Profitability," *Review of Accounting Studies* 6(4), pp. 371-385.

있다.

우리는 제 5 장에서 재무제표분석과 주식가격결정에서 산업정보가 매우 중요하다는 점을 강조하였다. 기업의 이익창출능력 분석시 일반적으로 산업평균수준이 그 비교대상이다. 그러므로 훌륭한 애널리스트는 산업정보에 대해 충분히 이해를 하고 있어야 하며, 그 중에서도 산업평균 이익창출능력을 잘 알고 있어야 한다. 위의 그림들은 미국 및 한국시장 전체 상장사의 평균이익창출능력을 보여주고 있어, 분석을 수행할 때 참조할 수 있을 것이다. 동일한 분석방법은 산업분석에도 활용될 수 있다. 그러므로 독자들은 관심이 있는 산업의 정보를 수집하여 수시로 활용할 수 있도록 준비할 것을 권장한다.

03 자기자본이익률 분석

제 2 절에서 소개한 자산이익률은 기업이 모든 자산(주주와 채권자의 자금투입을 모두 포함)을 사용하여 창출한 이익을 평가하는 것으로서, 기업 경영활동의 성과를 나타낸다. 하지만 주식투자자들은 주주의 입장에서의 이익률을 나타내는 자기자본이익률에 더 큰 관심을 가진다. 자본의 가치는 기업의 경영활동 성과(자산이익률)뿐만 아니라 기업이 채권자의 자금을 사용하여 주주를 위해 가치를 창출하는 능력에 의해서도 영향을 받는다. 채권자의 자금을 사용하는 정도는 일반적으로 재무레버리지(부채자산비율=부채/총자산)로 측정한다.

기업이 차입금을 사용하는 것은 주주의 자금이 부족하여 기업의 자금수요를 충분히 만족시키지 못하기 때문일 수 있다. 하지만 이 이외에도 다른 이유가 존재한다. 차입금을 사용하는 결정적인 이유는 차입금이 자기자본이익률을 제고할 수 있기 때문이다. 기업은 수익을 창출하면 주주들에게 배당을 주기 전에 우선 채권자에게 이자비용을 지급해야 하며, 기업의 청산시에도 채권자가 주주보다 우선권을 가진다. 채권자가 부담하는 위험수준이 주주의 위험수준보다 작기 때문에, 차입금의 자본비용(=이자비용)은 자기자본비용보다 낮다. 기업이 채권자의 자금을 사용하기 위해서는 채권자에게 차입금의 자본비용을 지불해야 한다. 만약 차입금을 사용해서 기업이 투자를 하고, 그 투자를 통해 창출한 이익률

(자산이익률)이 차입금의 자본비용보다 높다고 가정하자. 그렇다면 창출한 이익이 차입금의 자본비용을 초과하는 부분은 주주에게 귀속되어 주주의 부를 늘리게 된다. 그 반대로, 창출한 이익이 차입금의 자본비용보다 낮으면 부족한 부분만큼 주주의 몫이 줄어드는 셈이다. 그러므로 기업의 차입금 사용여부는 자산이익률의 기대치가 차입금의 자본비용보다 큰가에 달려있다. 기업들이 채권을 발행해서 자금을 조달하는 이유는 평균적으로 기업의 자산이익률이 차입금의 자본비용보다 높기 때문이다. 즉, 기업은 채권자의 자금을 사용하여 주주를 위해 추가적인 부를 창출하는 것이다.

6.3

자기자본이익률＝당기순이익/평균자본

위 식의 분자는 특정 회계기간 내 기업이 주주를 위해 창출한 이익인데, 이미 채권자를 위해 창출한 이익(이자비용)을 감한 수치이다. 분모는 평균자본으로서, 기업운영에 사용된 주주의 자금이다. 자기자본이익률은 주주가 투자한 1원의 자금이 당기간 동안 어느 정도의 이익을 획득하였는지를 나타낸다.

6.4

자기자본이익률

$$= \frac{\text{당기순이익}}{\text{당기순이익}+\text{이자비용}\times(1-\text{법인세율})} \times \frac{\text{당기순이익}+\text{이자비용}\times(1-\text{법인세율})}{\text{평균자본}}$$

$$= \frac{\text{당기순이익}}{\text{당기순이익}+\text{이자비용}\times(1-\text{법인세율})} \times \frac{\text{당기순이익}+\text{이자비용}\times(1-\text{법인세율})}{\text{평균총자산}} \times \frac{\text{평균총자산}}{\text{평균자본}}$$

$$= \frac{\text{당기순이익}}{\text{당기순이익}+\text{이자비용}\times(1-\text{법인세율})} \times \text{자산이익률} \times \text{자산자본비율}$$

우리는 (당기순이익/(당기순이익+이자비용×(1-법인세율)))을 자본부채이익비율이라 부른다. 그러므로

6.5

자기자본이익률 = 자본부채이익비율 × 자산이익률 × 자산자본비율

　　수식 (6.4)에서 기업의 자기자본이익률은 자산이익률뿐만 아니라 기업의 자산자본비율(재무레버리지)에 의해서도 결정된다는 것을 알 수 있다. 기업이 사용한 부채금액이 클수록 자산자본비율이 커진다. 즉, 자기자본이익률에 미치는 재무레버리지의 영향이 더욱 커지는 것이다.

　　자본부채이익비율은 자산이 창출한 총이익 중 주주에게 귀속하는 비율을 나타낸다. 분자인 당기순이익이 주주가 취득한 이익이며, 분모인 (당기순이익+이자비용×(1−법인세율))이 주주와 채권자가 창출한 총이익의 합계이다. 이 비율이 높을수록 주주가 취득한 이익이 많고, 그 결과 자기자본이익률이 높아진다. 일반적으로 자산자본비율을 재무레버리지라고 부르는데, 이는 재무상태의 레버리지 효과를 의미한다.4 이와 유사하게, 자본부채이익비율은 손익계산서의 레버리지 효과라 부를 수 있는데, 이는 자산이 창출한 이익이 주주와 채권자 간에 배분되는 비율을 나타낸다. 일반적으로 이자비용은 총이익보다 금액이 매우 작으므로, 자본부채이익비율은 1보다 작지만 1에 근접한 수치이다.[4]

　　자기자본이익률은 아래와 같은 수식으로도 표현할 수 있다.

6.6

자기자본이익률

$$= \frac{당기순이익 + (당기순이익 + 이자비용 \times (1-법인세율)) - (당기순이익 + 이자비용 \times (1-법인세율))}{평균자본}$$

$$= \frac{(당기순이익 + 이자비용 \times (1-법인세율)) - (이자비용 \times (1-법인세율))}{평균총자산} \times \frac{평균총자산}{평균자본}$$

$$= (자산이익률 - 이자자산율) \times 자산자본비율$$

4　앞에서 부채자산비율(부채/자산) 역시 재무레버리지를 나타내는 지표라고 설명한 바 있다. 자산자본비율(자산/자본)도 마찬가지로 재무레버리지를 나타내는 지표이다. 재무레버리지란 부채를 사용하는 정도를 나타내는 의미로서, 부채자산비율이나 자산자본비율 모두 전체 자산금액 중 부채가 얼마인지를 나타낸다. 재무상태표의 레버리지 효과란 말의 의미는 부채가 재무상태표에 표시되기 때문에 붙여진 이름이다. 부채의 비중이 높을수록 자산자본비율이 증가하고, 그 결과 수식 (6.4)에 따라 자기자본이익률이 자산자본비율이 증가하는 것보다 더 높은 비율로 증가하게 된다. 이처럼 처음의 변화보다 나중에 더 큰 변화가 일어나는 현상을 레버리지 효과라고 부른다.

수식 (6.6)의 첫 번째 부분은 자산이익률인데, 자산이익률 중 일부분은 주주가 아닌 채권자가 벌어들인 이익에 해당된다. 자산이익률과 이자자산율의 차이는 기업이 자산을 운영한 이익과 차입금을 사용한 자본비용의 차이를 나타내는 것으로서, SPREAD(스프레드)라 부른다. 만약 SPREAD가 0보다 크면 기업은 차입금을 효율적으로 사용한 것으로서, 자본비용을 지급한 후의 나머지 이익은 주주에게 귀속된다. 만약 SPREAD가 0보다 작으면 기업이 차입금을 사용해 창출한 이익이 자본비용을 지급하기에 부족한 것으로, 기업이 자기자본을 이용하여 벌어들인 이익 중의 일부를 이자비용으로 채권자들에게 지급하여야 한다.

수식 (6.6)을 보면 부채의 레버리지 작용을 이해할 수 있다. 자산이익률을 기본으로 하여 계산한 SPREAD에 자산자본비율을 곱하는 것이므로, 자산자본비율의 크기에 따라서 자기자본이익률이 크게 달라지게 된다. 자산자본비율(평균총자산/평균자본)은 대부분 양수이고 1보다 크기 때문에, SPREAD가 0보다 클 때 자기자본이익률은 자산이익률보다 크게 된다. 그 반대로 SPREAD가 0보다 작을 때 자기자본이익률은 자산이익률보다 작게 된다. 즉, 자산이익률의 변동보다 자기자본이익률의 변동이 더 크게 되기 때문에 이를 레버리지

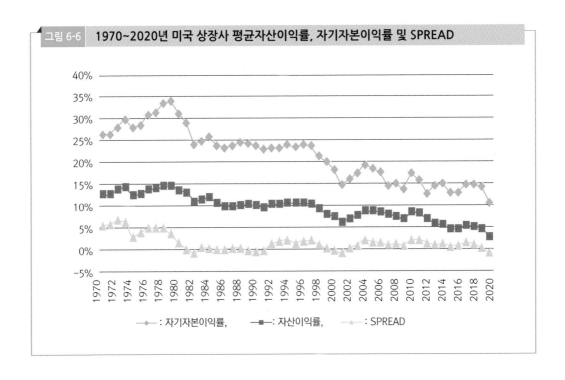

그림 6-6 1970~2020년 미국 상장사 평균자산이익률, 자기자본이익률 및 SPREAD

◆ : 자기자본이익률, ■ : 자산이익률, ▲ : SPREAD

효과라고 부르는 것이다.

　　[그림 6-6]은 1970~2020년 미국 상장사의 평균자산이익률, 자기자본이익률 및 SPREAD를 보여준다. 이 51년간 평균자기자본이익률(중앙값)은 21.61%이고 자산이익률은 9.45%로서, 전자가 후자보다 평균 12.16% 높았다. 이는 미국기업들이 부채를 활용하여 주주를 위해 이익을 창출하는 데 성공하였으며, 부채가 자기자본이익률에 대해 56%(=[21.61-9.45]/21.61) 정도 공헌하였음을 보여준다. 평균 SPREAD는 3.21%로서, 이는 미국기업들이 채권자의 자금을 이용하여 창출한 이익이 차입금 자본비용보다 1.60% 높으며, 이 차액이 주주에게 귀속됨을 나타낸다.

　　1970~2020년 중 자기자본이익률이 가장 높은 해는 1979년으로 34.05%, 가장 낮은 해는 2020년으로 10.59%였다. 자기자본이익률과 자산이익률은 거의 동일한 변동추이를 보이고 있어, 자산이익률이 자기자본이익률을 대부분 결정한다는 것을 알 수 있다. 그러나 양자의 변화추이가 완전히 일치하는 것은 아니다. 양자의 추세에 차이가 생기는 이유는 재무레버리지 때문이다.

　　[그림 6-7]은 1970~2020년 미국 상장사의 평균부채비율(부채/자본)을 보여준다. 이

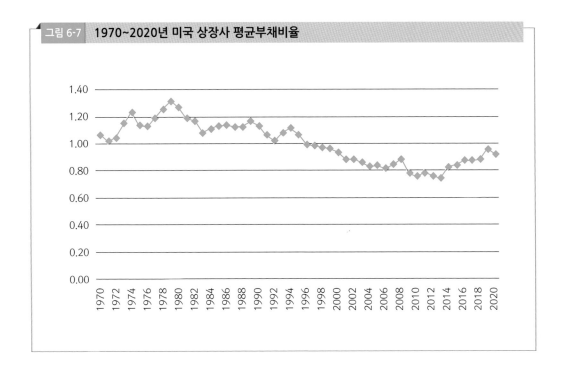

그림 6-7 1970~2020년 미국 상장사 평균부채비율

기간 동안 미국기업들의 부채에 대한 자금조달의존도는 감소하였다. 1970년에는 주주가 기업에 1달러를 투자할 때 기업은 1.07달러의 차입금을 사용하였으나, 2020년에는 0.92 원의 차입금을 사용함으로써 51년 동안 부채에 대한 자금조달의존도는 14%나 감소하였다. 이는 부채가 늘 기업자산의 자금원으로 덜 사용되고 있으며, 미국기업들이 재무레버리지를 이용하고 있음을 나타낸다.

자산이익률은 자산회전율과 매출액이익률로 분해될 수 있기에, 수식 (6.4)에서 자기자본이익률은 자산회전율, 매출액이익률 및 자산자본비율(재무레버리지) 등 세 개의 주요 요소로 분해될 수 있다. Nissim and Penman(2003)은 재무레버리지를 보다 정교하게 세부요소로 나누었을 때, 영업레버리지(영업부채/영업자산)가 미래의 자기자본이익률에 더 큰 영향을 미친다는 것을 보여주었다.

이런 분해과정을 거쳐서 기업의 자기자본이익률을 더 손쉽게 예측할 수 있다. 그 이유는 기업의 자산활용효율(자산회전율)과 원가 통제능력(매출액이익률)을 분석하는 외에도 기업이 타인의 자금(차입금)을 이용하여 주주를 위해 이익을 창출하는 능력(자본부채이익비율 및 자산사본비율)을 고려하여야 하기 때문이다. 이 세 요소가 결합되어 자기자본이익률에 영향을 미친다.

증권애널리스트 또는 투자자는 개별기업 산업의 이익창출능력 비율에 대한 기본적인 이해를 할 수 있어야 한다.

04 자산회전율과 매출액이익률 분석

자산이익률을 자산회전율과 매출액이익률로 분해하고, 자기자본이익률을 자산회전율, 매출액이익률과 자산자본비율(재무레버리지)로 분해하는 것은 이익률의 변화를 가져오는 주요 요인들이 무엇인지를 찾는 데 도움을 준다. 이런 주요 요인들에 대한 예측을 한후, 이를 기반으로 자산이익률이나 자기자본이익률을 다시 예측하는 것이 자산이익률이나 자기자본이익률을 직접 예측하는 것보다 더 정확한 예측을 가능하게 해 준다. 또한 이런 요인들은 기업경영의 여러 측면들을 나타내주기 때문에, 이렇게 지표를 세분화함으로써 기업경영의 여러 측면들이 이익률에 주는 영향을 더욱 잘 파악할 수 있다.

　　자산회전율과 매출액이익률을 더욱 잘 분석하고 예측하기 위하여 이 두 지표를 한 단계 더 분해할 수 있다. 매출액이익률을 분해하는 목적은 기업의 원가항목 중 비중이 큰 것과 작은 것을 구분하기 위한 것이고, 자산회전율을 분해하는 목적은 자산항목 중 이용률이 높은 것과 작은 것을 구분하기 위한 것이다. 우선 매출액이익률의 분해에 대하여 소개하겠다.

6.7

매출액이익률＝(당기순이익＋이자비용×(1－법인세율))/매출액

　　이 식에서 분자는 주주와 채권자가 벌어들이는 총소득으로서, 매출액에서 매출원가, 영업비용 및 관리비용을 차감한 것이다. 즉, 여러 비용항목 중 재무비용만 차감하지 않은 것이다. 재무비용은 대부분 이자비용이다. 재무비용을 제외한 기타 비용항목들은 매출원가, 영업비용 및 관리비용으로 구분할 수 있다. 그러므로 매출액이익률의 주요 구성부분은 아래와 같이 표현할 수 있다.

6.8

매출액이익률＝1-(매출원가/매출액)-(영업비용/매출액)

　　　　　　 -(관리비용/매출액)

　　위의 수식에 따라 기업의 주요 비용구조를 분석하여 비중이 큰 항목과 작은 항목을 구분할 수 있다. 또한 동일 산업 내 기타 기업과 비교하여 비율이 높은 항목이나 낮은 항목을 구분할 수 있다. 이런 분석에 근거하여, 해당 비용항목을 절감하여 매출액이익률을 제고할 수 있는지를 판단할 수 있다. 예를 들어, 사치재 산업은 평균적으로 볼 때 매출원가는 낮지만 광고비가 높아서 영업비용이 높은 편이며, 삼성전자 등의 대규모 전자업체는 매출원가의 비중이 높은 편이다.

　　재무제표의 주석에 포함된 내용을 살펴보면 더욱 자세한 비용정보를 발견할 수 있다. 예를 들면, 충당금은 비용의 중요한 구성부분이다. 대부분 기업은 매출채권이 있기 때문에, 반드시 해당 매출채권에 따라 당기의 대손충당금을 예측하여야 한다. 은행업종의 경

우 특히 대손충당금 예측이 중요하다.

자산회전율도 각 자산항목별로 회전율을 분해할 수 있다. 자산회전율의 주요한 하위 지표에는 매출채권회전율, 재고자산회전율 및 고정자산회전율 등이 있다.

6.9

매출채권회전율=신용매출액/평균매출채권

일반적으로 기업은 신용매출액을 별도로 공시하지 않고, 신용 및 현금매출을 모두 포함한 총매출액을 공시한다. 이럴 경우는 신용매출액을 알 수 없으므로 총매출액을 대신 사용한다. 평균매출채권은 매출채권 계정의 기초와 기말 잔액의 평균치이다. 매출채권회전율은 기업이 거래선으로부터 대금을 회수하는 능력을 반영하는 지표로서, 이 수치가 높을수록 매출채권이 빨리 현금으로 회수된다는 의미이다. 따라서 매출채권회전율이 높을수록 기업의 판매수익의 질이 높다고 할 수 있다.

매출채권회전율과 관련된 지표는 매출채권회전일수이다.

6.10

매출채권회전일수=(평균매출채권/신용매출액)×365

이 지표는 기업이 현금을 회수하기 전 매출채권을 보유한 일수로서, 또 다른 측면에서 기업의 현금회수능력을 반영한다.

6.11

재고자산회전율=매출원가/평균재고자산

이 지표는 기업이 재고를 판매하는 속도를 나타내는 지표로서, 재고자산회전율이 높을수록 재고가 빨리 판매된다는 것을 나타낸다. 합리적인 재고수준을 유지하는 것은 기업의 이익창출능력에 큰 영향을 미친다. 재고수준이 너무 높으면 자금이 재고에 묶여있는 것으로서, 이익창출에 공헌하지 못하는 저효율적인 자산을 많이 보유하고 있는 셈이다. 따라서 자산회전율과 이익률이 하락한다. 그러나 재고가 너무 적어도 판매수요를 충족시

소매업종의 수익구조

소매업은 크게 백화점, 통신판매, 할인점, 인터넷 등으로 구분할 수 있다. 물론 소매업 중 가장 높은 비중을 차지하는 것이 개인 소매업자들이겠지만, 개인 소매업자는 상장회사가 아니다. 미국의 경우, 이들 소매업의 수익구조를 분리해 보면 다음과 같은 특징이 있다.

매출액이익률이란 순이익/매출액을 말한다. 백화점의 경우 시설비나 광고선전비, 인건비 등의 비용이 판매관리비로 추가될 것이기 때문에 실제 매출액이익률이 다음 표에서 처럼 높은 것은 아니다.

대표적인 인터넷 서점인 Amazon.com의 경우, 서적이 입고된 후 평균 2주일 안에 판매되기 때문에 재고자산 회전율이 매우 높다. 그에 반해 책의 대금은 출판사에게 책을 받은 후 2개월 후에 지급하므로, 약 6주간 여유자금을 보유할 수 있다. 이에 반해 일반 서점의 경우는 책이 판매되는 시점은 책을 공급받은 후 평균 5.5개월이 지난 이후이다. 그러나 대금은 3개월 후에 지급해야 한다. 따라서 2.5개월 동안의 운영자금이 반대로 필요한 셈이다. 이를 보더라도 일반 서점이 인터넷 서점과 경쟁해서 이기기가 얼마나 어려운 것인지를 알 수 있다.

이처럼 수익성을 구성하는 여러 요소들을 분해하여 비교해 보면, 앞으로 어떤 방향으로 해당 업계가 변해갈 것인지를 더 손쉽게 전망할 수 있다.

	백화점	통신판매	할인점	인터넷
매출액이익률(A)	40%	30%	23%	5%
재고자산회전율(B)	300%	400%	500%	2,500%
재고투자에 대한 수익률(A×B)	120%	120%	115%	125%

출처: Christensen and Tedlow, 2000, "Patterns of Disruption in Retailing," *Harvard Business Review.*

키지 못할 수 있기 때문에 좋지 않다. 그러므로 재고회전율을 분석할 때 산업평균수준과 비교하여 상대적인 수준을 알아야 한다. [표 6-2]는 대형 유통업체인 Walmart, Carrefour와 E-mart의 재고회전율을 비교한 것이다. 이 수치를 보면 2006년에 Walmart와 Carrefour

표 6-2	국내 디스카운트 스토어간 재고자산회전율과 재고 평균보유일 비교(2005년)	
	재고자산회전율	재고 평균보유일
E-mart	26.78	13.63
Walmart	11.56	31.57
Carrefour	10.92	33.43

가 한국시장에서 철수한 이유를 이해할 수 있다. E-mart가 재고자산회전율이 월등히 높고, 재고 평균보유일은 짧다는 것을 알 수 있다.

마지막으로 고정자산회전율을 살펴보자. [5]

6.12

고정자산회전율=매출액/평균고정자산

대부분 기업에서 고정자산은 자산 중 상당한 비중을 차지하고 있다. 기업이 고정자산을 운영하여 수익을 창출하는 능력은 매우 중요한데, 고정자산회전율은 이 능력을 반영한다. 고정자산은 주로 기계설비, 공장건물 등을 포함한다. 분모인 평균 고정자산은 기초와 기말 금액의 평균을 말한다. 제조업의 경우 고정자산의 비중이 높으므로, 고정자산회전율은 기업의 수익성에 큰 영향을 미친다.

상기 분석으로부터 우리는 이익창출능력을 분석하는 관건은 자기자본이익률을 한 단계 한 단계씩 더욱 구체적인 하위 지표로 분해하는 것임을 알 수 있다. 하위 지표에 대한 분석과 예측을 통하여 기업의 이익창출능력, 즉 자기자본이익률을 더욱 잘 예측할 수 있다.

[그림 6-10]은 이 분해과정을 정리하였다. 그림은 듀퐁 분석방법의 기본구조를 나타낸다. 자기자본이익률을 예측하기 위해, 이를 세 단계로 나누어 가장 기본적인 손익계산

---

5 회계용어의 변경에 따라 2008년부터 '고정자산(fixed assets)'이라는 용어가 '비유동자산(non-current asset)'으로 바뀌었지만, 아직까지 대부분의 기업에서는 고정자산이라는 용어를 더 빈번히 사용하고 있다. 따라서 고정자산회전율을 비유동자산회전율이라고 부르기도 한다.

서와 재무상태표 항목까지 세분화하였다. 이런 분석을 하는 목적은 자기자본이익률의 변화를 가져오는 제일 중요한 요인을 발견하기 위한 것이다.[6]

그림 6-8   자기자본이익률의 분해도

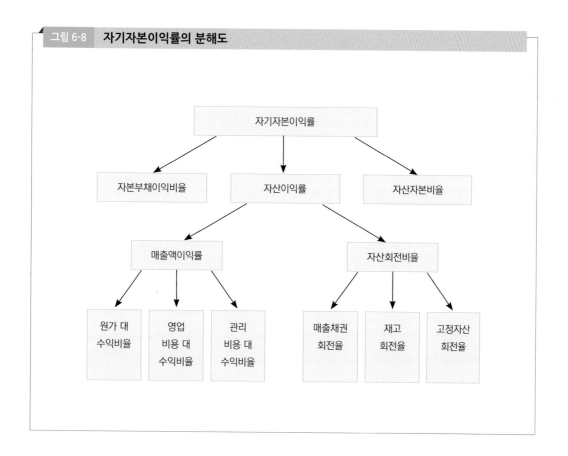

---

6 이런 가치평가 목적 이외에도 듀퐁 분석은 기업 내부에서의 성과평가와 보상 및 통제 목적으로도 널리 사용될 수 있다. 예를 들어, 모 기업의 수익성이 나쁘다면, 구체적으로 어떤 문제점 때문에 수익성이 나쁜지 경쟁상대가 되는 벤치마킹 기업과 비교하여 원인을 찾아볼 수 있다. 따라서 해당 부서의 원인을 발견하여 문제를 해결하고, 부서별 보상 수치를 결정하는 데도 듀퐁 분석은 자주 활용된다.

사례 6-3

경제구조 고도화와 운전자본(working capital)[7]

운전자본은 기업의 자금조달과 투자를 위한 중요한 원천이다. 매출채권과 매입채무는 고객이나 거래처와의 신용거래에 따른 산물로 실질적으로 기업의 자금수요를 상당 부분 충족시키는 역할을 수행한다. 재고자산 역시 미래의 수익 창출을 위한 단기 투자로 볼 수 있다. 이처럼 운전자본은 기업의 핵심 활동인 영업(operating activity)을 위한 필수 요소다.

미국 제조업은 1964년부터 2016년까지 50여년의 기간 동안 현금회수기간(CCC), 순유동영업자산(또는 운전자본; NCOA) 모두 뚜렷한 감소세를 보이고 있다. 이러한 현상은 정보기술의 발달로 인해 기업 대 기업(B2B), 기업 대 고객(B2C) 간 거래 등 결제 방식이 진화하고, 유통구조와 물류시스템의 발전으로 재고자산 관리 능력이 향상된 결과로 해석된다. 즉, 경제구조가 고도화됨에 따라 효율적 결제와 자원관리로 인해 기업이 운전자본을 보유할 유인이 지속적으로 감소하고 있다.

먼저 현금회수기간의 경우 1960~1970년대에 100일이 넘어갔으나, 2000년대에 20일 수준까지 감소한다. 2010년대 들어 다시 40일 이상으로 증가하나 과거에 비해 현금회수기간이 상당히 감소했음을 육안으로 확인할 수 있다. 이를 현금회수기간의 세 가지 구성항목별로 살펴보면 그 원인을 보다 명확히 확인할 수 있다. 매출채권회전일의 경우 1960년대 50일 수준에서 현재 80~90일 수준으로 증가하였으나, 동 기간 재고자산회전일이 90에서 60~70일대로 감소하여 양 자를 합산한 영업주기 측면에서는 큰 변화가 없다. 그러나 매입채무회전일을 보면 상황이 다르다. 1960년대에는 50일 수준으로 매출채권회

〈참고 : 용어 정의〉

매출채권회전일(Days Sales Outstanding; DSO) = (평균 매출채권 / 매출액) × 365

재고자산회전일(Days Inventory Outstanding; DIO) = (평균 재고자산 / 매출원가) × 365

매입채무회전일(Days Payable Outstanding; DPO) = (평균 매입채무 / 매출원가) × 365

영업주기(Operating Cycle) = 매출채권회전일 + 재고자산회전일

현금회수기간(Cash Conversion Cycle; CCC) = 매출채권회전일 + 재고자산회전일 − 매입채무회전일

순유동영업자산(Net Current Operating Assets; NCOA) = 유동영업자산 − 유동영업부채

유동영업자산(Current Operating Assets; COA) = 유동자산 − 현금성자산

유동영업부채(Current Operating Liabilities; COL) = 유동부채 − 단기금융부채

---

7 Kang & Na, 2017 "Working Capital Management," GWC working paper.

전일과 유사한 수준이었으나, 현재 200일 수준으로 크게 증가했음을 알 수 있다. 이는 미국 상장사의 경우 보다 유리한 거래조건으로 타인의 자금으로 영업활동을 하고 있음을 의미한다.

미국의 순운전자본도 현금회수기간과 마찬가지로 뚜렷한 감소 추세를 보인다.[8] 순운전자본이 1960년대에는 자산총계의 30% 수준이었으나, 1970년대부터 꾸준히 감소하기 시작하여 2000년대에 접어들며 음(-)의 값을 보이기 시작한다. 그리고 계속된 감소 추세로 현재 -30% 수준까지 떨어진 상태다. 순운전자본이 음이라

는 것은 사실상 타인의 자금으로 영업활동을 영위하고 있음을 의미한다.

이와 관련한 회계적 영향도 눈여겨 볼만하다. 회계적 이익(당기순이익)과 현금 이익(영업현금흐름)의 차이를 발생액(accrual)이라고 하는데, 매출채권, 매입채무, 재고자산 등 운전자본의 경우 이러한 발생액을 구성하는 주요 요소이다. 따라서 운전자본이 감소할 경우 추소액 규모 역시 감소하게 되고, 그 결과 회계적 이익과 현금 이익 간의 상관관계도 높아진다.

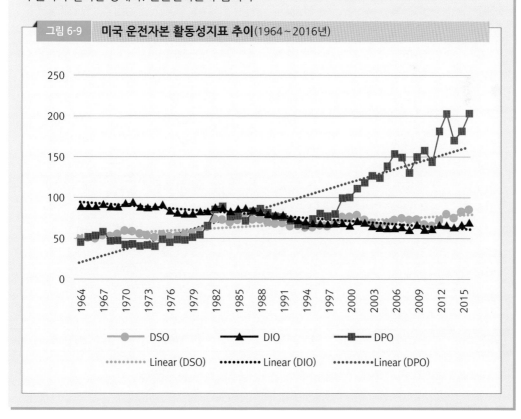

그림 6-9 미국 운전자본 활동성지표 추이(1964~2016년)

---

8 순운전자본의 경우 현금회수기간과 유사한 추세를 보인다. 이는 현금회수기간이 순운전자본을 매출액으로 나누어 365일을 곱한 것과 유사하기 때문이다.

표 6-3	1997~2021년 국내 상장사의 이익창출능력 분석(KOSDAQ 포함)			
연도	평균 ROA	평균 ROE	평균 매출액이익률	평균 자산회전율
1997	6.05%	21.69%	6.26%	95.59%
1998	6.25%	19.84%	6.90%	83.33%
1999	6.63%	17.22%	7.12%	90.91%
2000	6.61%	16.00%	6.77%	95.77%
2001	6.11%	14.42%	6.24%	95.84%
2002	6.28%	14.09%	6.07%	97.65%
2003	6.08%	12.96%	5.82%	98.49%
2004	6.27%	13.32%	5.76%	105.93%
2005	5.87%	12.10%	5.68%	103.73%
2006	5.52%	11.54%	5.33%	101.23%
2007	5.25%	11.69%	5.36%	99.05%
2008	5.27%	10.94%	5.11%	99.59%
2009	5.46%	11.52%	5.96%	90.54%
2010	6.17%	12.58%	6.48%	95.94%
2011	5.04%	10.58%	5.51%	93.97%
2012	4.47%	9.46%	4.82%	92.39%
2013	4.17%	8.39%	4.40%	89.23%
2014	3.97%	8.15%	4.50%	85.01%
2015	4.10%	8.12%	4.71%	82.20%
2016	4.03%	7.93%	4.97%	80.28%
2017	3.75%	7.42%	4.67%	81.85%
2018	3.14%	6.53%	3.87%	78.07%
2019	2.82%	5.80%	3.75%	73.54%
2020	2.52%	5.17%	3.57%	67.73%
2021	3.31%	6.57%	4.50%	69.82%
평균	5.01%	11.36%	5.37%	89.91%

05 우리나라 상장사의 이익창출능력 분석

우리나라 증시는 1930년 취인소라는 이름으로 시작되었다. 그러다가 1956년 3월에 한전주와 시중은행주 등 12개사의 주식이 상장된 현대적인 의미의 증권거래소가 개장되었다. 그러나 낮은 국민소득으로 인해 투자 여력이 없었고 공모를 할 만큼 신용 있는 회사도 드물었기 때문에 주식거래는 미미할 수밖에 없었다. 그러나 1968년 12월에 〈자본시장 육성에 관한 특별법〉이 제정되어, 상장기업에 혜택을 주는 등 증권시장 정착을 위한 제도적 장치가 마련되었다. 1970년 5월에는 투자신탁회사가 설립되어 "기관투자가"시대가 시작되었다. 1973년에 〈기업공개촉진법〉을 제정하여 반강제적으로 강력한 공개정책을 시행하자 1978년 말까지 상장기업이 356개사로 증가했다. 2021년 현재 우리나라 증시에는 2,487개의 상장회사와 2,618개의 상장종목이 있다.

우리나라 증시는 1990년대 초반 활발한 성장을 경험했으나 1997년 외환위기 속에서 큰 위기를 겪었다. 하지만 국가경제의 회복과 더불어 기업의 경영상황이 호전됨에 따라 증시 또한 위기를 이겨냈으며, 그 이후 상장사 수와 시가총액이 지속적으로 증가하고 있는 상황이다.

상장사의 질을 결정하는 요인은 이익창출능력, 즉 회사가 얼마나 많은 현금을 창출하고 있는지를 나타내는 능력이다. [표 6-3]에는 1989~2017년 사이의 우리나라 상장사의 평균 이익창출능력을 총정리하였다.

[표 6-3]에서, 1997~2021년 우리나라 상장사(KOSDAQ 상장사 포함)의 평균 자기자본이익률(ROE)은 11.35%이고, 자산이익률(ROA)은 5.01%이며, 매출액이익률은 5.37%, 자산회전율은 99.91%임을 알 수 있다. 미국기업과 비교할 때 한국기업은 매출액이익률도 낮고, 자산회전율도 낮은 편이어서, 그 결과로 자산이익률과 자기자본이익률이 낮다.

이처럼 국내 기업들의 이익수준이 낮은 이유는 상대적으로 이익수준이 낮은 코스닥 기업들의 실적이 1996년부터 통계에 포함되었기 때문이다. 표를 살펴보면 한국 상장사의 이익창출능력이 1997~2021년간 크게 개선되지 못하고 있다는 사실을 알 수 있다. 자기자본이익률은 1997년의 21.69%로부터 2021년의 6.57%로 하락하였고, 자산이익률은 1997년의 6.05%로부터 2021년의 3.31%로 하락하였다. 자산회전율은 1997년의 95.59%로부터 2021년의 69.82%로 낮아졌다. 또한 매출액이익률도 비슷한 변화를 보여준다.

또한 [표 6-3]의 통계숫자들은 우리나라 상장사의 이익창출능력이 위험수준에 이르렀음을 보여준다. 2021년의 평균 자기자본이익률은 6.57%로, 동일한 시기 시중은행의 무위험이자율보다 낮다. 이런 수준의 자기자본이익률로는 주주의 자본비용을 감당할 수 없다. 한국 증시가 지속적으로 발전하지 못하는 중요한 원인 중 하나는, 이처럼 상장사들의 이익창출능력이 낮아 투자자들에게 합리적인 수익을 제공할 수 없기 때문이다.

이 표는 한국증시 이익창출능력의 전체적인 평균만을 보여주는 것으로서, 개별기업의 경우는 다른 추세가 나타날 수 있다. 예를 들어, 삼성전자의 경우를 분석해 보면 위의 표와는 완전히 다른 수치가 나타날 것이다. 또한 특정 상장사를 분석할 때는 그 상장사와 함께 해당 상장사가 속한 산업의 평균 이익상황을 분석하여야만 비교가능한 데이터를 얻을 수 있다.

한국 상장사의 이익창출능력의 하락은 한국증시의 장기 발전을 저해하는 중요한 원인 중의 하나이다. 미래 이익창출능력의 변화추세가 증시가 투자가치가 있는지를 판단하는 근본적인 요소이기 때문이다.

06 결론

이 장에서는 이익창출능력을 분석하는 기본적인 틀을 제시하였다. 우리는 듀퐁 분석방법에 근거하여 자기자본이익률을 한 단계 한 단계 분해하여 이익창출능력의 각 구성부분으로 세분화하였다. 각 구성부분의 변화 추세를 분석하여 미래의 변화방향을 예측할 수 있다. 그러므로 기업의 미래 자기자본이익률을 예측할 때 먼저 각 구성부분, 특히 자기자본이익률에 대한 공헌이 비교적 큰 구성요인을 예측한 후, 각 구성부분에 대한 예측을 종합하여 자기자본이익률을 최종적으로 예측할 수 있다.

여기서 우리는 다시 한번 비교분석과 시계열분석의 중요성을 강조한다. 어떠한 비율일지라도 단독으로만 보면 그 의미나 변화방향을 알기가 쉽지 않다. 오직 비교대상 기업의 동일한 지표와 비교할 때만 우리는 분석대상기업의 비율이 높은지 낮은지를 알 수 있으며, 여러 연도의 자료를 가지고 추세를 분석해야만 미래의 변화방향을 예측할 수 있다.

과제

❶ Excel 과제

Excel에서 새로운 Spreadsheet를 만들고 "이익창출능력 분석"으로 명명한다. 분석대상 회사의 이익창출능력 비율을 분석하고 비교회사의 비율을 참조한다.

[그림 6-8]의 절차에 따라 자기자본이익률을 차례로 제일 기본적인 원가항목 대 수익비율과 각 자산회전율 항목까지 분해한다. 각 비율을 Spreadsheet의 한 행으로 하고 연도별 숫자를 입력하여 시계열 변화를 분석한다.

❷ Chapter report

Excel에서 분석대상회사의 이익창출능력 수준과 변화추이를 분석한다. 어느 항목이 기업의 이익창출능력의 변화를 가져오는 제일 중요한 요인인지를 분석한다. 이런 요인들이 향후 수년 간 어떤 추세로 변화해 갈 것인지에 대해서도 예측한다.

❸ 신세계, 롯데쇼핑, 현대백화점의 3개 회사를 백화점 3사라 부른다. 이 중 신세계는 E-Mart, 롯데쇼핑은 롯데마트의 디스카운트 스토어도 함께 운영하고 있지만 현대백화점은 백화점만을 운영한다. 3사에 대해 듀퐁 분석을 실시하여라. 그리고 3사의 비율들에 차이가 나는 이유가 무엇인지에 대해 설명하여라. 문제를 해결하는 과정에서, 디스카운트 스토어와 백화점의 비율들이 어떻게 다른지에 대해서 주목하기 바란다.

❹ 대한항공과 아시아나항공의 2017년 연차보고서와 감사보고서를 찾아라. 두 항공사가 각각 얼마나 많은 항공기를 보유하고 있는지를 찾고, 그 중 몇 대의 항공기가 운용리스로 분류되어 재무상태표에 포함되지 않고 있는지를 찾아라(금융리스로 분류된 경우만 자산과 부채가 재무상태표에 포함되게 된다). 만약 이들 항공기가 모두 자산과 부채로 재무상태표에 기록된다면, 재무상태표에 기록된 자산과 부채의 가액은 얼마로 변할 것인지를 재무상태표에 있는 평균적인 항공기의 가액을 이용하여 계산하여라. 그 후 원래 재무상태표에 있는 수치를 사용하여 계산한 자산이익률과 새롭게 금융리스를 고

려하여 추산된 자산이익률이 2017년까지 과거 5년간 어떻게 달라지는지를 비교하여라.

2020년 재무제표를 보고 리스 회계 기준 변화 이후 리스자산, 부채를 살펴보고 자산이익률을 구해보라.

❺ **재무비율의 계산 및 분석**

다음은 국내의 한 제조업 기업의 재무제표이다. 이를 보고 아래의 문제를 푸시오.

재무상태표

(단위 : 백만원)

	2022	2021	2020
자산			
유동자산	54,847,586	48,926,350	43,520,154
현금및현금성자산	6,759,338	6,231,946	6,215,815
단기금융상품	12,384,057	9,182,575	7,421,776
매출채권	3,686,824	3,845,517	3,192,003
기타채권	2,304,410	2,240,482	2,117,900
기타금융자산	109,299	356,444	125,746
재고자산	6,772,864	6,237,752	5,491,437
기타자산	1,905,445	1,137,862	1,188,813
당기법인세자산	34,575	36,084	35,109
금융업채권	20,867,467	19,657,688	17,731,555
매각예정비유동자산	23,307		
비유동자산	66,690,228	60,553,625	51,193,977
장기금융상품	1,359	211,540	1,121,612
장기성매출채권	43,801	76,843	98,384
기타채권	1,036,609	987,207	1,060,151
기타금융자산	1,594,464	1,897,943	2,145,803
기타자산	44,424	1,288	1,497
유형자산	20,739,858	19,548,048	18,514,209
투자부동산	282,832	282,427	267,116
무형자산	2,883,218	2,660,109	2,651,568
조인트벤처 및 관계기업투자	13,117,731	11,709,238	6,909,451
이연법인세자산	489,080	458,287	588,674

금융업채권	18,626,764	17,452,441	15,233,444
운용리스자산	7,830,088	5,268,254	2,602,068
자산총계	121,537,814	109,479,975	94,714,131
부채			
유동부채	32,835,699	33,163,508	31,445,486
매입채무	6,841,326	6,666,406	6,353,365
미지급금	4,542,007	3,752,684	3,559,083
단기차입금	6,781,749	7,880,014	9,336,468
유동성장기부채	7,912,341	8,320,194	6,522,705
당기법인세부채	550,847	925,519	894,913
충당부채	1,768,014	1,686,161	1,595,229
기타금융부채	148,311	455,914	117,715
기타부채	4,291,104	3,476,616	3,066,008
비유동부채	40,784,540	35,988,765	30,380,672
장기성매입채무	0	0	45,540
장기성미지급금	8,271	29,471	9,419
사채	26,370,689	23,654,325	20,276,590
장기차입금	4,142,473	3,484,127	2,460,485
퇴직급여채무	821,749	648,639	489,597
충당부채	5,240,744	4,960,992	4,390,349
기타금융부채	356,193	200,197	622,624
기타부채	1,482,358	1,537,003	1,172,667
이연법인세부채	2,362,063	1,474,011	913,401
부채총계	73,620,239	69,152,273	61,826,158
자본			
지배기업소유주지분	44,039,059	37,113,033	30,097,791
자본금	1,488,993	1,488,993	1,488,993
자본잉여금	4,158,988	4,114,010	3,900,935
기타자본항목	(1,128,779)	(1,128,779)	(918,214)
기타포괄손익누계액	(473,373)	375,281	409,914
이익잉여금	39,993,230	32,263,528	25,216,163
비지배지분	3,878,516	3,214,669	2,790,182
자본총계	47,917,575	40,327,702	32,887,973
부채와자본총계	121,537,814	109,479,975	94,714,131

손익계산서

(단위 : 백만원)

	2022	2021	2020
매출액	84,469,721	77,797,895	66,985,271
매출원가	64,972,145	58,902,023	51,265,794
매출총이익	19,497,576	18,895,872	15,719,477
판매비와 관리비	11,060,629	10,867,043	9,833,517
영업이익	8,436,947	8,028,829	5,885,960
조인트벤처 및 관계기업투자 손익	2,579,906	2,403,753	1,681,883
금융수익	969,726	747,546	688,335
금융비용	624,473	779,666	797,156
기타수익	1,231,360	1,030,593	1,127,986
기타비용	988,336	983,945	1,095,454
법인세비용차감전순이익	11,605,130	10,447,110	7,491,554
법인세비용	2,548,853	2,342,247	1,490,372
연결당기순이익	9,056,277	8,104,863	6,001,182
기타포괄손익	(1,202,730)	(251,659)	222,160
매도가능금융자산평가손익	(80,693)	(91,860)	454,338
현금흐름위험회피파생상품평가손익	55,471	4,004	30,650
지분법평가	(293,487)	158,977	34,994
보험수리적손익	(247,197)	(175,500)	(164,704)
해외사업환산손익	(636,824)	(147,280)	(133,118)
총포괄손익	7,853,547	7,853,204	6,223,342
지배기업소유주지분	7,378,454	7,415,551	5,855,762
비지배지분	475,093	437,653	367,580

현금흐름표

(단위 : 백만원)

	2022	2021	2020
영업활동으로 인한 현금흐름	5,339,686	4,132,119	4,376,236
1. 영업으로부터 창출된 현금흐름	7,868,089	6,426,813	6,454,907
(1) 당기순이익	9,056,277	8,104,863	6,001,182
(2) 조정	7,123,391	6,918,040	5,668,504
(3) 영업활동으로 인한 자산부채의 변동	(8,311,579)	(8,596,090)	(5,214,779)
2. 이자의 수취	617,736	550,026	402,691
3. 이자의 지급	(1,660,401)	(1,722,736)	(1,766,216)
4. 배당금의 수취	744,132	605,273	363,002
5. 법인세의 지급	(2,229,870)	(1,727,257)	(1,078,148)
투자활동으로 인한 현금흐름	(7,199,133)	(7,116,095)	(8,631,153)
단기금융상품의 순증감	(1,900,099)	(337,862)	(1,229,658)
기타금융자산의 감소	448,109	764,699	3,227,628
기타채권의 감소	93,261	412,462	69,927
장기금융상품의 감소	0	5	0
유형자산의 처분	69,230	108,727	211,537
무형자산의 처분	1,935	11,047	1,539
조인트벤처 및 관계기업투자의 처분	241,806	355,584	1,341
기타금융자산의 증가	(539,551)	(764,965)	(5,793,828)
기타채권의 증가	(97,098)	(394,144)	(191,012)
장기금융상품의 증가	(1,160,000)	(500,000)	(1,950,033)
유형자산의 취득	(3,000,038)	(2,899,177)	(2,044,702)
무형자산의 취득	(798,607)	(763,234)	(831,243)
종속기업의 취득	(290,989)	0	0
조인트벤처 및 관계기업투자의 취득	(275,104)	(3,105,180)	(66,895)
연결범위 변동으로 인한 현금의 감소	0	0	(5,085)
기타 투자활동으로 인한 현금유출입액	8,012	(4,057)	(30,669)
재무활동으로 인한 현금흐름	2,572,831	3,108,804	5,033,312
단기차입금의 순증감	(1,363,213)	(1,084,499)	1,404,299
장기차입금 및 사채의 차입	23,448,538	15,501,739	12,896,095
종속기업의 유상증자	277,476	10,618	128,918
장기차입금 및 사채의 상환	(18,890,467)	(10,436,527)	(8,455,190)
기타금융부채의 상환	(341,484)	0	0
자기주식의 취득	0	(400,137)	(452,515)
배당금의 지급	(523,367)	(457,650)	(587,864)
기타 재무활동으로 인한 현금유출입액	(34,652)	(24,740)	99,569
환율변동효과 반영 전 현금및현금성자산의 순증가(감소)	713,384	124,828	778,395
현금및현금성자산에 대한 환율변동효과	(185,992)	(108,697)	37,330
기초현금및현금성자산	6,231,946	6,215,815	5,400,090
기말현금및현금성자산	6,759,338	6,231,946	6,215,815

1) 위에 제시된 재무제표를 이용하여 2021년과 2022년에 대해 다음의 재무비율을 계산하시오.

   (1) 자산이익률(ROA)

   (2) 총자산회전율

   (3) 매출채권회전율

   (4) 재고자산회전율

   (5) 고정자산회전율

   (6) 자기자본이익률(ROE)

   (7) 자본구성비율(capital structure ratio)

   (8) 유동비율

   (9) 당좌비율

   (10) 영업현금흐름대비 유동부채(cash flow from operations to current liabilities ratio)

   (11) 매출채권회전일수(days accounts receivables outstanding)

   (12) 재고자산평균보유일(days inventory held)

   (13) 매입채무회전율

   (14) 매입채무회전일수(days accounts payable outstanding)

   (15) 부채비율(부채/자산)

   (16) 비유동부채비율

   (17) 부채비율(부채/자본)

   (18) 영업현금흐름대비 총부채(cash flow from operations to total liabilities ratio)

   (19) 이자보상비율

2) 위에서 계산한 재무비율을 바탕으로 자산이익률, 자기자본이익률, 단기유동성, 자기상환능력 측면에서 분석하시오.

❻ 미국의 대형 DVD 대여업체인 넷플릭스(Netflix)와 블록버스터(Blockbuster)의 2004년 손익계산서다.[1] 동 손익계산서와 주어진 추가 정보를 바탕으로 다음 물음에 답하라.

2004년 넷플릭스 손익계산서

넷플릭스(NETFLIX, INC.)
연결포괄손익계산서(단위 : 천달러)

	2002	2003	2004
수익 :			
온라인스트리밍서비스(subscription)	$ 150,818	$270,410	$500,611
판매(sales)	1,988	1.833	5,617
총수익	152,806	272.243	506,228
비용 :			
온라인스트리밍서비스(subscription)	77,044	147,736	273,401
판매(sales)	1.092	624	3,057
총비용	78,136	148,360	276,458
총이익(gross profit)	74,670	123,883	229,770

2004년 블록버스터 손익계산서

블록버스터(BLOCKBUSTER, INC.)
연결포괄손익계산서(단위 : 천달러)

	2002	2003	2004
수익 :			
기본 렌탈 수익 (base rental revenues)	$ 3,806.2	$3,811.4	$ 3,720.9
연장 렌탈 수익 (extended viewing fee revenues)	622.4	722.1	739.5
총 렌탈 수익	4,428.6	4,533.5	4,460.4
상품 매출 수익(merchandise sales)	1,532.6	1,281.6	1,019.7
기타 수익(other revenues)	92.0	96.6	85.8
총수익	6,053.2	5,911.7	5,565.9
비용 :			
렌탈 관련 비용	1,250.7	1,362.1	1,513.8
상품 판매 관련 비용	1,190.7	1,027.7	844.9
총비용	2,441.4	2,389.8	2,358.7
총이익(gross profit)	3,611.8	3,521.9	3,207.2

[1] 한때 미국 DVD 대여 1위업체이던 블록버스터는 온라인스트리밍 서비스를 통해 신규 시장을 개척한 넷플릭스와 달리 시장변화에 효과적으로 대처하지 못 해 결국 2013년 폐업했다.

〈추가정보〉

구분	DVD 재고자산		2004년 기준 오프라인 영업장수
	2003년	2004년	
넷플릭스	$22,238 (thousand)	$42,158 (thousand)	35개
블록버스터	$457.6 (million)	$354.4 (million)	9,100개

Q1. 넷플릭스와 블록버스터의 재고자산회전율(inventory turnover ratio)을 계산하고, 차이가 발생하는 원인에 대해 논하라.

Q2. 넷플릭스와 블록버스터의 DVD 렌탈과 관련한 매출총이익률을 계산하고, 차이가 발생하는 원인에 대해 논하라.

❼ 아래 2021년 ㈜이마트의 재무상태표와 손익계산서를 참조하여 다음의 질문에 답하라.

㈜이마트의 재무상태표와 손익계산서

연결재무상태표

제11기 2021년 12월 31일 현재
제10기 2020년 12월 31일 현재

주식회사 이마트와 그 종속기업   (단위: 원)

과목	제 11(당)기	제 10(전)기
자산		
유동자산	5,188,352,945,043	4,062,967,203,059
현금및현금성자산	1,010,167,136,773	1,113,268,736,193
매출채권 및 기타수취채권	1,626,321,833,112	765,362,719,308
미청구공사	19,582,531,309	12,860,312,000
재고자산	1,558,569,874,543	1,261,835,862,371
당기손익-공정가치 측정 금융자산	430,777,138,556	387,342,182,056
단기파생상품자산	5,094,724,305	1,756,736
기타단기금융자산	296,726,761,716	416,023,573,545
기타유동자산	154,209,817,753	106,272,060,850
매각예정비유동자산	86,903,126,976	
비유동자산	26,053,729,455,903	18,277,456,516,292
유형자산	10,006,743,648,830	9,667,449,021,874
투자부동산	1,619,382,070,157	1,572,533,569,225
무형자산	7,777,703,257,291	1,655,152,845,549
사용권자산	3,035,739,836,205	2,366,825,469,324
관계기업 및 공동기업 투자	563,908,106,018	750,863,386,727
당기손익-공정가치 측정 금융자산	600,510,428,356	355,116,933,198
기타포괄손익-공정가치 측정 금융자산	922,959,704,863	947,913,672,660
장기파생상품자산	73,458,492,732	13,102,604
순확정급여자산	52,768,956,357	
이연법인세자산	121,805,758,107	56,556,375,398
기타장기금융자산	1,216,626,957,416	864,849,225,367
기타비유동자산	62,122,239,571	40,182,914,366
자산 총계	31,242,082,400,946	22,340,423,719,351

과목	제11(당)기	제10(전)기
부채		
유동부채	9,816,971,044,837	5,988,152,922,316
매입채무 및 기타지급채무	2,804,201,643,362	2,315,967,897,198
초과청구공사	86,938,488,178	98,307,411,383
단기차입금	2,566,131,979,504	1,199,235,847,185
단기파생상품부채	1,266,112,995	25,074,400,795
상품권	1,197,427,264,756	1,012,385,654,638
미지급법인세	328,699,991,920	194,960,436,724
기타단기금융부채	1,818,446,037,479	911,576,495,075
기타유동부채	1,013,859,526,643	230,644,779,318
비유동부채	9,024,858,042,286	5,855,691,897,405
장기차입금	4,117,338,304,751	2,109,544,551,296
장기파생상품부채	4,822,770,969	53,495,404,944
순확정급여부채	43,264,395,013	114,876,658,907
이연법인세부채	1,061,994,121,274	295,438,670,792
기타장기금융부채	3,475,819,360,041	3,053,798,691,864
기타비유동부채	321,619,090,238	228,537,919,602
부채 총계	18,841,829,087,123	11,843,844,819,721
자본		
지배기업의 소유지분	10,259,527,869,710	9,073,680,160,816
납입자본	4,332,912,902,329	4,332,912,902,329
자본금	139,379,095,000	139,379,095,000
주식발행초과금	4,193,533,807,329	4,193,533,807,329
신종자본증권	398,749,480,000	777,718,380,000
이익잉여금	4,577,962,993,796	3,071,078,721,209
기타자본항목	949,902,493,585	891,970,157,278
비지배주주지분	2,140,725,444,113	1,422,898,738,814
자본 총계	12,400,253,313,823	10,496,578,899,630
부채와 자본 총계	31,242,082,400,946	22,340,423,719,351

연결재무상태표

제11기 2021년 1월 1일부터 2021년 12월 31일 현재
제10기 2020년 1월 1일부터 2020년 12월 31일 현재

주식회사 이마트와 그 종속기업　　　　　　　　　　　　　　　　　(단위: 원)

	제11(당)기	제10(전)기
매출액	24,932,680,935,679	22,033,009,980,862
매출원가	18,183,524,819,214	16,224,206,310,238
매출총이익	6,749,156,116,465	5,808,803,670,624
판매비와관리비	6,432,365,214,086	5,571,651,991,183
영업이익	316,790,902,379	237,151,679,441
기타수익	1,819,707,349,748	680,988,374,177
기타비용	88,765,821,331	87,755,419,370
금융수익	372,587,721,635	150,157,140,597
금융비용	318,723,925,226	243,718,752,198
지분법손익	83,942,609,293	70,967,233,614
손상차손환입	3,000,938,895	10,566,057,901
손상차손	74,843,053,148	196,560,502,467
법인세비용차감전순이익	2,113,696,722,245	621,795,811,695
법인세비용	524,622,674,744	259,223,164,179
당기순이익	1,589,074,047,501	362,572,647,516
당기순이익의 귀속		
지배기업소유주지분	1,570,745,461,376	361,794,825,719
비지배주주지분	18,328,586,125	777,821,797
주당순이익		
기본주당순이익	56,152	12,378
희석주당순이익	56,152	12,378

Q1. ㈜이마트의 2021년 매출채권회전일, 재고자산회전일, 매입채무회전일 및 현금회수기간을 계산하라.

Q2. 위 분석내용을 토대로 ㈜이마트의 운전자본 관리 효율성에 대해 논하라.

❽ 가장 최근 재무제표를 이용하여 아래 회사들의 ROE를 구하여 보아라. 그리고 ROE 의 구성요소를 분석하여라.

Ford, General Motors, Honda, Takeda Pharma, Mitsubish Financial, Stabucks, Goldman Sachs, JP Morgan

워런 버핏 투자 따라하기

투자의 귀재로 일컬어지는 워런 버핏은 주식투자만으로 세계 2위의 갑부에 오른 세계 최고의 투자자이다. 그와 그의 투자스타일에 대한 수십 종의 책이 현재까지 발간되었을 정도로, 워런 버핏은 증권투자를 하는 사람들이 바라보는 최고의 로망이라고 할 수 있다. 이러한 사회의 관심과는 달리 부에 걸맞지 않게 소탈한 라이프스타일로도 유명한 그는 오래된 중고차를 몰고 다니며 경호원도 데리고 다니지 않는다. 은사인 Steve Penman의 이야기에 따르면 그의 오피스에는 컴퓨터도 없다고 한다.

워런 버핏이 CEO로 있는 투자회사 Berkshire Hathaway는 1965년에 주당 18달러에 거래가 되었지만, 2010년 현재 100,000달러가 넘는 가격에 거래되고 있다. 주식시장에서 투자자들은 위험정도를 제거하면 평균적인 수익률 이상을 얻을 수 없다는 효율적 시장가설을 지지하는 노벨 경제학상 수상자인 Paul Samuelson 교수마저도 Berkshire Hathaway에 오랫동안 투자했었다고 한다. 즉, 학술적인 이론과는 달리 투자를 통해 더 큰 수익을 얻을 것이라는 기대를 가지고 Berkshire Hathaway의 주식을 산 셈이다. 오마하의 현인이라 불리는 워런 버핏은 어떤 투자기준을 가지고 있을까?[3] 장기투자자로 자기가 잘 아는 기업의 주식에만 투자한다는 워런 버핏의 투자대상 선정기준 6단계는 다음과 같다.

(1) 시가총액이 전체 상장사의 30% 이내인 기업
(2) 최근 3년간 ROE가 15% 이상인 기업
(3) 매출액이익률이 업종 평균 이상인 기업
(4) 주당 현금흐름이 상위 30% 이내인 기업
(5) 최근 3년간 평균 시가총액 증가율이 자본총계 증가율 이상인 기업
(6) 향후 5년간 예상되는 현금흐름의 합계가 현 시가총액 이상인 기업

---

2 본 사례는 백복현 교수가 본 교재를 위해 별도로 집필하였다.

3 Berkshire Hathaway는 본사가 미국 네브래스카 주 오마하 시에 위치하고 있으며, 워런 버핏도 오마하에 살고 있다. Berkshire Hathaway는 실제 영업을 하는 것이 아니라 소유하고 있는 주식들을 관리하며 새로운 투자처를 물색하는 등의 역할만을 하기 때문에 근무하는 직원수가 별로 많지 않은 작은 회사이다. 즉, 지주회사 성격을 가진 회사이다.

워런 버핏의 투자내용

워런 버핏이 규모가 크며 이익이 많이 나고 현금흐름이 좋은 가치주를 찾는 것은 그리 놀랍지 않다. 아래는 Berkshire Hathaway의 재무제표에 나타난 투자내역이다. 그의 포트폴리오는 주로 은행업, 서비스업, 보험, 출판업 등 전통적인 산업에 집중되어 있고, 해당 산업군에서 주로 업계의 leader들에 투자하고 있음을 알 수 있다. 아마도 이 분야가 워런 버핏이 가장 잘 아는 산업이라 생각된다. 장기투자자로 알려진 것에 걸맞게 한번 주식을 투자하면 평균 1년 이상 주식을 보유하고 있으며, 최대주주로서 경영권을 행사하여 경영자를 통제하기도 한다.[4]

Berkshire Hathaway는 1965년에서 2021년까지의 35년 동안 평균 20.1%의 수익을

표 1	**Berkshire Hathaway의 보통주 투자현황**(2021년 12월 31일 기준)		
기업	지분율(%)	매입가격(백만 달러)	공정가치(백만 달러)
American Express Company	19.9	1,287	24,804
Apple Inc.	5.6	31,089	161,155
Bank of American Corp.	12.8	14,631	45,952
The Bank of New York Mellon Corp.	8.3	2,918	3,882
BYD Co. Ltd.	7.7	232	7,693
Charter Communications, Inc.	2.2	643	2,496
Chevron Corporation	2.0	3,420	4,488
The Coca-Cola Company	9.2	1,299	23,684
General Motors Company	3.6	1,616	3,106
ITOCHU Corporation	5.6	2,099	2,728
Mitsubishi Corporation	5.5	2,102	2,593
Mitsui & Co., Ltd.	5.7	1,621	2,219
Moody's Corporation	13.3	248	9,636
U.S. Bancorp	9.7	5,384	8,058
Verizon Communications Inc.	3.8	9,387	8,253
기　타		26,629	39,972
총　　계		104,605	350,719

---

4 워런 버핏은 종종 자신은 '영원히 보유하는 것'을 목표로 투자를 한다고 말할 정도로 장기투자를 한다. 물론 실제로 그가 모든 주식을 영원히 보유한다는 것은 아니다. 워런 버핏도 가끔 투자가 실패했다고 판단되면 주식을 신속히 매각하는 경우가 있다.

내었는데, 이는 같은 기간 동안 S&P 500 평균수익률인 13.9%의 두 배에 이른다. 어떤 이는 이런 성과가 운이 좋아서 생긴 결과라 하는데, Martin and Puthenpurackal(2008)의 연구에 따르면 지난 35년간 S&P 500을 지속적으로 능가할 수익률을 올릴 확률은 0.01%라 한다.[5] 또한 Hughes, Liu, and Zhang(2010)의 연구에 의하면, 워런 버핏의 투자를 따라 할 경우 이미 시장에 알려진 정보를 이용하여 투자함에도 불구하고 매년 6%에서 6.6%의 초과수익률을 얻을 수 있다고 한다.[6] 효율적 시장가설이 잘 맞지 않는다는 예로 볼 수 있다.

　　[표 1]에서 정리한 보통주 투자현황을 보면 Berkshire Hathaway는 아메리칸 익스프레스의 지분을 12.7%나 보유하고 있다. 그 외에 비와이디, 코카콜라도 많은 지분을 가지고 있다. 우리나라 기업인 포스코도 5.2%의 지분을 가지고 있다. 2002년 워런 버핏이 우리나라 포스코 주식을 매수한 것이 크게 화제가 된 바 있었는데, 무려 8년이 넘도록 해당 주식을 계속해서 보유한 결과 워런 버핏은 포스코 투자로 2010년 말까지 약 13억 달러의 평가차익을 올린 것으로 보인다.

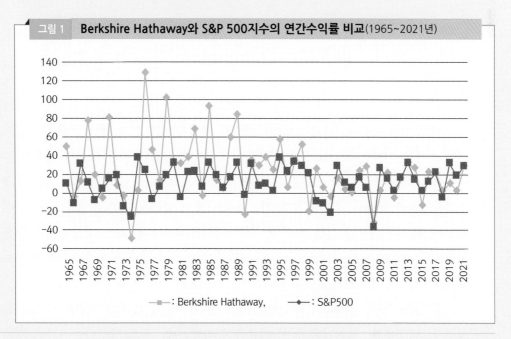

그림 1　Berkshire Hathaway와 S&P 500지수의 연간수익률 비교(1965~2021년)

5　Martin, G, and J. Puthenpurackal, 2008, "Imitation is the Sincerest Form of Flattery: Warrant Buffet and Berkshire Hathaway".

6　Hughes, J., J. Liu, and M. Zhang, 2010, "Overconfidence, Underreaction, and Warren Buffet's Investment," *Working paper*, UCLA.

워런 버핏의 투자기준 적용 사례

국내 기업들 중 워런 버핏의 투자기준을 통과하는 기업이 얼마나 될까? 1,800여 개 상장기업들을 대상으로, 워런 버핏의 투자기준을 만족시키는 기업을 골라 보았다. 6가지 기준 중 마지막 기준은 미래의 현금흐름을 추정해야 하기 때문에 제외하고, 나머지 5개 기준만을 따져 보았을 때, 2010년 기준 최근 3년간 이들 기준을 통과하는 기업은 다음과 같다.

2007년	2008년	2009년
호남석유화학	동원산업	동원산업
LG생활건강	케이티엔지	LG생활건강
대웅제약	LG생활건강	LG화학
LS산전	대웅제약	아모레퍼시픽
웅진코웨이	LS산전	고려아연
현대미포조선	현대중공업	LS산전
대한해운	대한해운	웅진코웨이
SK		현대모비스
삼성엔지니어링		글로비스
에스원		신세계푸드

위의 기업 중 2007년과 2008년 선정된 기업을 대상으로, 회계연도 종료 후 동일한 비중을 가지는 포트폴리오를 구성해서 1년 또는 2년 동안 보유할 경우의 주식수익률을 계산해 보았다. 그 결과, 1년 보유할 경우 시장 전체의 움직임을 초과한 초과수익률을 약 3%, 2년 보유할 경우는 6% 정도 올리는 것으로 추산되었다. 이는 KOSPI 지수와 비교한 것일 뿐이며, 위의 기업들이 대부분 대형 우량주이기 때문에 위험수준(베타)이 낮을 것이라는 점을 고려하면 실제 위험조정 초과수익률은 이보다 더 높을 것으로 예측된다.

흥미로운 것은 2000년부터 2002년에도 같은 기준을 통과한 기업을 찾아보니 삼성전자, 남양유업, 제일기획 등이 기준을 통과했는데, 포스코는 이들 5가지 기준을 통과하지 못했다. 아마도 겉으로 내세운 투자기준이 아닌 다른 비밀의 레시피가 있는가 보다. 최근 버핏과 점심을 할 수 있는 가격이 250억에 낙찰되었다고 한다. 기회가 된다면 비밀의 레시피에 대해 물어보고 싶다.

사례문제

❶ 2020년 3월 1일 기준으로, 위에서 설명한 워런 버핏의 투자기준을 2019년 동안 맞춘 기업 10개의 주가를 찾아라. 이 주식을 2021년 2월 27일까지 1년간 보유하였을 경우 주식수익률이 얼마인지를 계산하여라. 이 수치를 동 기간 동안의 KOSPI 수익률과 비교하여라. 단, 상장기업 전체의 배당수준이 어느 정도였는지는 발견하기 쉽지 않으므로 배당금은 무시하고 주가수준의 변화만을 이용하여 수익률을 계산하여라.

❷ LG생활건강과 LS산전은 3년 모두 워런 버핏의 투자기준을 만족시켰다. 이 두 회사의 주식을 2018년 3월 1일 매수하여 2020년 2월 27일까지 2년간 보유했을 경우의 수익률과 KOSPI 수익률을 비교하여라. 마찬가지로 배당금은 무시하여라.

❸ 삼성전자, 남양유업, 제일기획, 포스코의 주식을 2013년 3월 1일 매수하여 2021년 2월까지 8년간 보유하였을 경우의 수익률과 KOSPI 수익률을 비교하여라. 마찬가지로 배당금은 무시하여라.

❹ 배당까지 포함한 경우, 위의 문제 1, 2, 3에 제시된 개별기업들의 투자수익률이 각 문제에 제시된 기간동안 얼마인지 계산하여라. 배당금 정보는 각 기업의 이익잉여금처분계산서나 자본변동표에서 발견할 수 있다.

아마존의 운전자본 관리

　미국의 대표 유통업체인 아마존(Amazon.com, Inc.)은 어떻게 운전자본을 관리할까? [표 1]에서 보듯이 아마존의 경우 평균 매출채권회전일(DSO, Days Sales Outstanding)과 평균 재고자산회전일(DIO, Days Inventory Outstanding)이 각각 18.05일, 49.2일로 평균 매입채무회전일(DPO, Days Payables Outstanding)인 112.43일보다 월등히 짧다. 그 결과 평균 현금회수기간이 –45.17일로 사실상 거래처 자금으로 회사를 운영하고 있다고 볼 수 있는 수준이다. 반면, 동일한 유통업체인 중국의 알리바바(Alibaba Group Holdings Limited)는 아마존과 사뭇 다른 추이를 보인다. 알리바바의 경우 평균 매출채권회전일이 26.32일, 평균 재고자산회전일은 18.6일, 평균 매입채무회전일 29.89이다.

　알리바바의 평균 현금회수기간은 15일로 아마존보다 60일이나 길다. 우리나라 쿠팡도 아마존을 벤치마크해 운전자본을 관리하는 것으로 보인다. 평균 매출채권 회전일

표 1　아마존, 알리바바, 쿠팡 현금회수기간 추이

	AMAZON				ALIBABA				COUPANG			
	DSO	DIO	DPO	CCC	DSO	DIO	DPO	CCC	DSO	DIO	DPO	CCC
2010	14.129	44.936	112.985	-53.920								
2011	16.201	50.212	112.101	-45.688								
2012	15.534	49.724	109.803	-44.545								
2013	14.707	52.341	106.878	-39.830								
2014	13.536	51.209	101.561	-36.816								
2015	15.009	56.010	111.533	-40.514								
2016	17.610	51.076	112.789	-44.103	49.697	6.943	27.081	29.559				
2017	19.889	56.809	122.546	-45.848	37.268	17.964	33.987	21.245				
2018	20.861	47.860	109.749	-41.028	28.980	17.250	34.613	11.617				
2019	22.982	48.221	114.517	-43.314	14.169	21.466	29.815	5.820				
2020	18.891	38.579	121.974	-64.505	13.778	26.304	28.900	11.182	2.355	42.464	106.340	-61.521
2021	20.588	46.472	115.110	-48.050	14.040	21.730	24.976	10.794	3.882	33.571	81.305	-43.852
2022	24.713	46.273	110.092	-39.106	(NOT RELEASED YET)				3.672	38.099	83.297	-41.527
평균	18.050	49.209	112.434	-45.174	26.322	18.610	29.900	15.036	3.303	38.045	90.314	-48.967

은 3.3일이고 평균재고자산회전일은 38.04일, 매입채무회전일은 903일이다. 쿠팡이 아마존과 같이 지속적으로 운전자본관리를 할지 주목된다. 이처럼 미국, 중국, 우리나라의 대표적 유통기업 3사를 비교해 보면 아마존의 운전자본 관리 역량이 뛰어나다는 것을 간접적으로 알 수 있다. 시장도 아마존의 이러한 운전자본 관리 능력과 이를 기반으로 한 기업가치를 높게 평가하고 있는 것으로 보인다. 금융위기 이전 주당 $100 미만이던 주가가 2021년말 현재 $3,334에 육박한다. 재무성과도 이를 뒷받침한다. 매출은 2008년 190억 달러 수준에서 2021년 4,700억 달러 수준으로 19년 만에 25배 정도 증가했다. 당기순이익도 2014년을 기점으로 폭발적으로 증가하여 2021년말 현재 300억 달러 수준에 이르렀다. 영업현금흐름은 당기순이익보다 훨씬 인상적이다. 2000년대 초반부터 꾸준히 증가하기 시작해 2021년말 현재 무려 463억 달러에 육박한다. 이를 300억 달러 수준인 당기순이익 규모와 비교할 때 아마존이 결제 및 물류 시스템을 포함한 운전자본 관리의 효율성을 제고하기 위해 얼마나 많은 투자를 하고 있는지 추론할 수 있다.

그림 1　아마존 주가 추이　　(단위 : $)

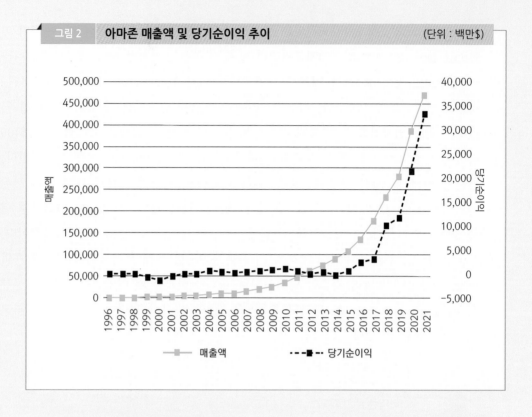

그림 2 　아마존 매출액 및 당기순이익 추이　(단위 : 백만$)

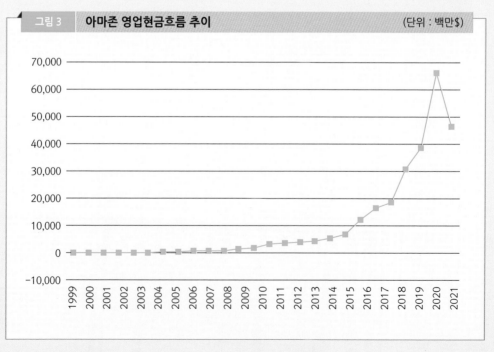

그림 3 　아마존 영업현금흐름 추이　(단위 : 백만$)

사례문제

❶ 월마트(Walmart)의 2021년도 재무제표를 찾아 운전자본 관련 지표를 구하고 아마존과 비교하여라.

❷ 애플(Apple)의 최근 재무제표를 찾아 재고자산 규모를 알아보고 재고자산이 매출원가에 비해 매우 적은 이유를 알아보아라.

❸ 아래 내용이 맞는지 논하여라.

- 영업인력을 증가시켜 매출을 늘리는 것은 운전자본관리에 좋지 않다.

- 최고의 품질을 유지하려는 노력은 재고자산관리와 양립하지 않는다.

- 운전자본관리는 이익관련 성과평가지표(KPI)에 중심을 둔다.

❹ 아마존과 쿠팡의 최근 재무제표를 찾아 비즈니스 모델의 공통점과 차이점을 살펴보아라. 이 두 회사의 운전자본 지표를 비교해 보아라.

CHAPTER

7

투자위험 분석

01 위험의 정의

    우리가 위험을 분석하는 이유는 위험이 자본비용(할인율)을 결정하는 매우 중요한 요인이기 때문이다.

    전형적인 가격결정모형(아래의 수식 (7.1))에서, 자산의 가치는 두 가지 요인으로 구성된다. 하나는 미래현금흐름(분자)이고 다른 하나는 자본비용(할인율, 분모)이다. 이 책의 핵심내용은 재무제표를 통해 수식 중의 분자 부분, 즉 기업이 미래에 창출하는 현금흐름을 예측하는 것이다. 그러나 적정한 할인율을 알지 못하면 정확한 미래현금흐름을 예측할 수 있다고 하더라도, 이 수치를 현재의 가치(수식 (7.1)에서의 V)로 환산할 수 없다. 그러므로 이 장에서 위험과 자본비용에 대한 내용을 설명하며, 이들의 기본적인 측정방법을 소개할 것이다. 이 장의 토론내용은 상대적으로 기초적인 수준에 국한된다. 왜냐하면 위험과 자본비용에 대한 자세한 분석은 재무제표 분석의 핵심 대상이 아니기 때문이다.[1]

7.1

$$V = \frac{CF_1}{(1+r)} + \frac{CF_2}{(1+r)^2} + \frac{CF_3}{(1+r)^3} \cdots\cdots + \frac{CF_n}{(1+r)^n} + \cdots$$

    위험이란 무엇인가? 전통적인 관점에 따르면 위험은 미래 기간 동안 불리한 결과가 초래되는 사건이 발생할 가능성이다. 예를 들어, 대학생들은 학창시절 동안 미래의 직업을 선택하게 되는데, 선택한 직업이 속한 산업이 몰락하여 미래에 비인기업종으로 될 위험이 존재한다. 인터넷 붐 시기 컴퓨터 프로그래머가 인기 직업이었을 때 수많은 사람들은 전공을 포기하고 프로그래밍을 배우면서 전망 좋은 직업을 찾을 것으로 기대하였다. 그러나 닷컴 버블 붕괴 이후 이 분야의 종사자들 중에서 많은 실직자가 양산되었으며, 살아남은 사람들에 대한 대우도 나빠졌다. 이것이 바로 직업선택의 위험이다. 식사를 위해 식당을 선택할 때도 선택한 식당에서 제공하는 음식이 맛이 없을 위험이 있다. 배우자를

---

1 이 문제에 대한 심도 깊은 토론과 설명은 증권투자론 또는 자산가격결정이론 등을 참조하기 바란다. 금융공학의 자산가격결정(Asset Pricing)이론은 위험과 자본비용을 연구하는 전문분야이다. 즉, 자산가격결정이론은 수식 (7.1)의 분모 부분에, 회계의 기업가치평가는 분자 부분에 보다 집중한다는 데서 그 접근방법에 약간의 차이가 있다.

선택할 때도, 처음에는 서로 사랑해서 결혼했다고 하더라도 결혼 후 시간이 지나서야 두 사람이 서로 어울리지 않음을 발견할 위험이 있다. 그러므로 일반적으로 위험이란, 결정을 내린 후 손해를 입을 확률을 의미한다.

그러나 이것은 위험에 대한 적절한 해석이 아니다. 이 해석은 결정을 내린 후 부정적인 결과가 발생할 가능성을 지적하였지만, 사실 긍정적인 결과의 발생도 위험의 한 부분이다. 어떤 결정을 내린 후 다양한 발생가능한 결과가 있을 수 있는데, 그 중 일부분은 긍정적이고 일부분은 부정적일 수 있다. 일단 결과가 불확실하다면 우리는 위험에 직면한다. 예를 들어, 어떤 고등학교 졸업생이 대학입학시험을 볼 때, 그가 반드시 대학에 갈 수 있다고는 단정할 수 있어도 여전히 어느 대학에 진학할 것인지를 확신할 수 없는 위험이 존재한다.

그러므로 우리는 미래의 발생가능한 결과를 두 종류로 구분할 수 있다. 긍정적인 결과는 기대수준 이상의 결과를 가리키고, 부정적인 결과는 기대수준 이하의 결과를 가리킨다. 직업선택의 예를 들어, 기존의 직업을 바꿔 프로그래머가 된 것이 좋은 선택이었음이 사후에 증명된다면 긍정적인 결과가 발생하였다고 하며, 만약 기존의 직업보다 못한 선택이었다면 부정적인 결과가 발생하였다고 한다. 또 얼마나 좋을지, 얼마나 나쁠지에 따라 긍정적 또는 부정적 결과 역시 다양한 경우가 있을 수 있다. 긍정적인 결과 중의 불확실성을 우리는 상방향 리스크(upside risk)라 부르고, 부정적인 결과 중의 불확실성은 하방향 리스크(downside risk)라고 부른다. 위험의 완전한 정의는 상방향 리스크와 하방형 리스크의 합이다.

사실 한문의 '위기'란 단어는 영어의 'risk'보다 위험의 의미를 더 잘 반영한다. 위험이란 '위(危)(downside risk)'와 '기(機)(upside risk, 또는 기회)'의 합이다. 이성적인 사람이 어떤 일에 대한 의사결정을 내리는 이유는 '위험'과 '기회'가 동시에 존재하기 때문이다. 만약 '위험'만 있고 '기회'가 없다면 이성적인 인간은 참여하지 않을 것이다. 그 반대로 '기회'만 있고 '위험'이 없는 의사결정이란 거의 존재하지 않는다.

전통적인 위험의 개념은 하방향 리스크만 고려하고 상방향 리스크를 고려하지 않았기에 완전하지 못하다. 미래의 결과에 불확실성이 존재하는 한 우리는 의사결정을 내릴 때 위험에 직면하게 된다.

02 주식투자 위험과 자본비용

위험의 일반적인 개념을 설명한 후 주식투자의 위험에 대해 토론해 보자. 투자자가 주식투자 결정을 내리는 것은 투자이익을 취득하기 위한 것으로, 결정 전 미래의 투자수익에 대한 기대치가 있을 것이다. 미래 1년 동안의 기대수익을 예를 들어 설명하자. 미래 1년 동안의 수익은 미래 1년 중의 현금흐름의 영향을 받는데, 현금흐름은 거시적 경제환경 등 여러 요인의 영향을 받아 결정되게 된다. 만약 이런 요인의 영향이 긍정적이면 미래 현금흐름이 높아지므로 투자수익도 높을 것이다. 그러나 이런 요인의 영향이 부정적이면 현금흐름도 적고 투자수익도 낮을 것이다.

다음 1년 동안 거시경제가 현금흐름에 대한 영향(GNP 성장률)이 좋음, 중간, 나쁨의 세 가지 가능성이 있으며, 각 가능성의 발생확률은 동일하다고 가정하자. [표 7-1]은 각 경제상황하의 현금흐름과 수익률 기대치를 나타낸다. 만약 다음 연도 실제 경제상황이 '좋음'일 경우 주당현금흐름은 1.0원이고 수익률은 20%이며, '중간'일 경우 주당현금흐름은 0.5원, 수익률은 5%이며, '나쁨'일 경우 주당현금흐름은 -2.0원, 수익률은 -15%이다.

물론 우리가 결정을 내리는 시점은 현재로서, 미래에 어떤 경제상황이 발생할지는 아직 모른다. 그러나 현재시점에서 예측하는 다음 연도의 수익률은 20%, 5%, -15%의 세 가지 가능성이 있다. 그러면 미래 1년 동안의 평균투자수익률에 대한 기대치는 (20%+5%-15%)/3=3.34%이다.

즉, 주어진 정보에 의한 미래수익률의 가장 정확한 예측치는 3.34%이다. 투자위험이란 세 가지 수익의 발생가능성(20%, 5%, -15%)이 기대값 3.34%로부터 얼마나 떨어졌는지를 나타내는 수치(dispersion, variance)이다. 우리는 이 세 가지 수익의 발생가능성의 표준편차(Standard Deviation)를 이용하여 위험 정도를 측정할 수 있다. 수식은 다음과 같다.

$$[((20\%-3.34\%)^2+(5\%-3.34\%)^2+(-15\%-3.34\%)^2)/(3-1)]^{1/2}$$
$$=17.5\%$$

표준편차 수치 17.5%만을 보면 위험의 의미가 쉽게 이해되지 않는다. 예를 들어, 또 다른 주식의 세 가지 거시경제 상황하의 수익의 발생가능성은 25%, 5%, -20%라고 가정

거시경제 상황	좋 음	중 간	나 쁨
주당현금흐름(원)	1.0	0.5	−2.0
투자수익률	20%	5%	−15%

표 7-1　투자수익률과 위험

하면, 이 주식의 예상 평균수익률은 똑같이 3.34%이나 표준편차는 22.5%이다. 그러면 양자의 예상 평균수익률은 동일하지만 후자의 표준편차(분산)가 전자보다 크기 때문에 후자의 투자위험이 더 크다. 즉, 경제상황이 좋으면 후자의 수익률이 전자보다 높지만, 그 반대로 경제상황이 악화되면 후자의 수익률은 전자보다 낮게 된다. 후자를 보유하면 경제상황이 좋을 때는 수익이 더 높고 경제상황이 나쁠 때는 수익이 더 낮기 때문에, 두 경우의 수익률 차이가 첫 번째 주식보다 크다. 즉, 위험정도가 크다.

그렇다면 두 번째 주식에 투자하는 사람이 있을까? 그 답은 '거의 없다'이다. 왜냐하면 두 번째 주식의 평균수익률은 첫 번째 주식과 같지만 위험은 첫 번째 주식보다 크기 때문이다. 투자자는 위험을 기피(risk-averse)하기 때문에 투자자로 하여금 더 큰 위험을 감당하게 하려면 더 높은 수익으로 보상해 주어야만 한다. 즉, 위험정도가 같을 경우 투자자는 평균수익이 높은 주식을 선택할 것이고, 평균수익이 동일할 경우에는 위험정도가 낮은 주식을 선택할 것이다. 이는 위험을 기피하는 투자자의 이성적인 행위의 결과이다.

기업이 투자자로부터 자금을 투자받는 것은 입장을 바꿔서 생각해 보면 투자자의 자금에 대한 사용권을 구매하는 것과 같다. 투자자의 물건(자금사용권)을 구매하기에, 모든 매매행위와 마찬가지로 판매자에게 합당한 가격을 지불하여야 한다. 이 가격은 투자자가 자금을 양도한 후 회수하는 과정(주식의 투자수익)에서 감당해야 하는 위험수준에 따라 달라진다. 그러므로 위험정도가 높은(미래수익의 확률분포의 표준편차가 큰) 기업은 투자자에게 높은 자본비용(구매가격)을 지급하여 투자자의 위험을 보상해 주어야 하며, 위험정도가 낮은 기업은 낮은 자본비용을 지급하면 된다. 그러므로 자본비용과 위험정도 사이에는 정비례 관계가 존재하여, 위험정도가 높을수록 자본비용이 높다.

지금까지 우리는 위험이란 무엇이고, 이론적으로 위험을 어떻게 측정하는지, 그리고 위험과 자본비용의 관계를 개략적으로 설명하였다. 위험은 투자자가 직면한 미래수익률의 불확실성으로서, 미래수익의 확률분포의 분산도(표준편차)로 측정할 수 있다. 위험수준은 자본비용을 결정하는 유일한 요인이다.

앞에서 설명한 두 주식의 예는 위험의 의미와 측정방법을 보여준다. 현실에서는 발생 가능한 미래경제상황이 본 예에서처럼 세 가지뿐만이 아니라 무한히 많다. 예를 들어, 다음 해 GNP의 성장률은 이론적으로 -100%에서 무한까지 가능하다. 당연히 실제 결과는 -100%~+100% 사이일 가능성이 대부분이며, 0%에 가까울수록 가능성이 높다. 그러므로 GNP 성장률의 확률분포는 0% 또는 0보다 약간 큰 값을 평균값으로 한 정규분포이다. 평균적으로 주식수익률은 주로 거시경제 상황에 의하여 결정되기 때문에, 미래 주식수익률도 유사한 정규분포를 따른다. [그림 7-1]의 두 정규분포도는 두 주식의 미래 1년간 수익 가능성의 분포이다. 이 분포는 앞에 언급한 예처럼 이산변수가 아닌 연속변수이다. 대부분의 주식수익률의 분포도도 이와 같은 형태이다.

[그림 7-1]에서 두 주식의 평균수익률은 동일하지만 폭넓게 분산된 주식수익률의 표준편차가 더욱 크기에 위험수준이 높고, 폭이 좁게 분산된 주식수익률의 표준편차는 작아서 위험수준이 낮다. 위험수준이 더 높은 데 예상수익이 비슷한 주식에 투자할 사람은 거의 없을 것이다.

지금까지 주식의 위험수준과 자본비용(가치평가모형 중의 할인율)의 이론적 관계를 설명하였다. 위험수준이 높을수록 자본비용이 높아진다. 가치평가의 시각에서 보면, 위험수준이 높을수록 할인율이 커지게 되어 미래현금흐름이 동일할 때 주식의 가치는 낮아지게

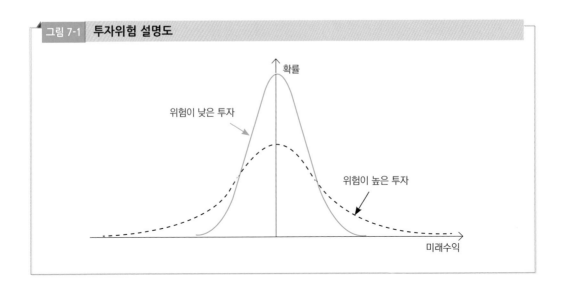

그림 7-1 투자위험 설명도

된다. 즉, 가치평가모형 중의 분모가 클수록 가치가 낮아지게 된다.

　　그러나 여기에서 주의해야 할 점이 한 가지 있다. 앞에서 계산한 미래수익의 분산, 즉 미래수익분포의 표준편차는 특정 주식에 투자하는 총위험(total risk)을 측정하는 것으로서 단일 주식에 투자할 때 직면하는 위험을 나타낸다. 그러나 실생활에서 투자자는 하나의 주식에만 투자하지 않는다. 투자자가 여러 개의 주식에 포트폴리오로 투자할 때, 일반적으로 투자 포트폴리오의 위험은 그 포트폴리오에 속한 개별 주식에 투자하는 것보다 낮게 된다.

　　예를 들어, 투자자가 A, B 두 주식을 각각 전체 투자금액 절반씩 구입했다고 가정하자. 주식 A와 주식 B 및 양자로 구성된 투자 포트폴리오의 평균수익률은 모두 3.34%이며, 주식 A와 주식 B의 위험은 모두 17.56%이다. 이 포트폴리오의 예가 [표 7-2]에 설명되어 있다. [표 7-2]를 보면 이 두 개의 주식으로 구성된 포트폴리오의 위험은 1.44%에 불과하다. 그 결과, 평균수익률은 동일하지만 포트폴리오의 위험이 그 어느 특정 주식보다 낮기 때문에, 위험을 기피하는 투자자에게 합리적인 선택은 개별 주식에 투자하는 것이 아니라 포트폴리오에 투자하는 것이다.

　　그렇다면 포트폴리오의 수익률 표준편차가 이렇게 낮아지는 이유는 무엇인가? 두 주식의 미래수익의 분포구조를 살펴보면, 경제상황이 좋을 때는 주식 A의 수익률이 높은 반면 주식 B의 수익률이 낮고, 경제상황이 나쁠 때는 주식 A의 수익률이 낮고 주식 B의 수익률이 높다. 양자 사이에는 반비례 관계가 존재한다. 이런 사례를 보더라도, 평균수익률과 위험수준에 근거하여 투자를 결정한다면 어느 특정 주식이 아닌 포트폴리오에 투자하는 것이 가장 이성적인 선택이라는 것을 알 수 있다.

　　이런 투자방법은 평균수익률을 하락시키지 않으면서 여러 개의 주식을 보유함으로써 위험수준을 감소시키므로 분산투자(diversification)라고 부른다. 분산투자가 위험수준을 감소시킬 수 있는 이유는 개별 주식들의 투자수익률의 분포가 서로 다르기 때문이다. 포트폴리오에 포함된 주식들의 수익률 사이에 완벽한 1:1의 상관관계가 존재하지 않는 한 포

표 7-2　투자 포트폴리오의 수익과 위험

거시경제 상황	좋 음	중 간	나 쁨	평균수익률	표준편차
주식 A의 수익률	20.00%	5.00%	−15.00%	3.34%	17.56%
주식 B의 수익률	−15.00%	5.00%	20.00%	3.34%	17.56%
A, B로 구성된 포트폴리오	2.50%	5.00%	2.50%	3.34%	1.44%

266

트폴리오의 위험은 개별 주식의 위험수준보다 낮아지게 된다. 한 주식의 수익률 변동을 다른 주식의 수익률 변동이 상쇄시키게 되므로 전체 포트폴리오의 미래수익의 분산을 감소시킬 수 있기 때문이다. 이는 마치 학생들의 시험성적을 예측하는 것과 같다. 특정 학생의 시험성적을 예측하는 정확도는 전체 반 학생들의 평균성적을 예측하는 것보다 낮다. 왜냐하면 특정 학생이 이번 시험에서 어떤 이유 때문에 정상적인 실력발휘를 하지 못하거나 단지 운이 좋아서 실력보다 더 시험을 잘 볼 가능성은 충분히 있지만, 한 반의 학생 모두를 합하면 서로 다른 학생들의 이런 사연들이 각각 상쇄되어 평균적인 실력이 측정되기 때문이다. 한 학생이 평소보다 잘할 때 다른 학생은 평소보다 못할 수 있어 양자의 영향이 서로 상쇄되고 전체 평균성적에 큰 영향을 미치지 않을 수 있다.

　　분산투자의 효과는 보유하고 있는 주식의 종류가 늘어날수록 포트폴리오의 위험이 낮아지는 것이다. 그렇다면 무제한적으로 더 많은 주식을 보유하기만 하면 포트폴리오의 위험수준을 감소시킬 수 있을까? 그것은 아니다. 우리가 보유할 수 있는 주식의 최대 개수는 시장에서 거래되는 주식 전 종목(시장 포트폴리오라고 부름)이지만, 그럴지라도 위험을 완전히 제거할 수는 없다. 시장포트폴리오의 미래수익률은 여전히 불확실하므로 위험은 항상 존재한다. 즉, 미래수익분포의 표준편차는 양수(+)이지 0은 아니다. 사실 우리가 무작위로 주식을 선택할 경우, 대략 15개 종류 이상의 주식을 취득하면 대부분 경우 그 포트폴리오의 위험수준은 이미 시장 포트폴리오의 위험수준에 근접한다. [그림 7-2]의 가로축은 투자 포트폴리오에 포함된 주식의 종류를 뜻하고, 세로축은 이 포트폴리오의 미래수익의 표준편차를 뜻한다. 주식보유 숫자가 증가함에 따라 표준편차는 급속히 감소하지만, 15개를 초과한 이후에는 주식의 종류가 증가하여도 표준편차에 뚜렷한 변화가 없다. 즉, 포트폴리오의 비시장위험은 이미 분산되었으며, 나머지는 체계적 위험으로서 분산될 수 없는 위험이다.

　　주식 A의 위험수준은 17.56%이지만 여러 주식에 분산투자하는 투자자는 이 위험수준을 감당하지 않아도 된다. 투자자는 동일한 자금으로 시장가치비율에 따라 여러 주식을 동시에 매입함으로써 평균수익률을 유지하면서 위험수준을 감소시킬 수 있다. 투자자가 충분히 분산투자를 하였을 때, 즉 시장에서 거래되는 증권 전 종목을 매입하였을 때[2] 투자자는 피할 수 없는 위험만 감당하게 된다. 예를 들어, 투자자가 증권 전 종목을 매입

2　이 목표를 달성하는 가장 간단한 방법은 인덱스 펀드를 구매하는 것이지 시장에서 거래되는 모든 종목의 주식을 매입하는 것이 아니다.

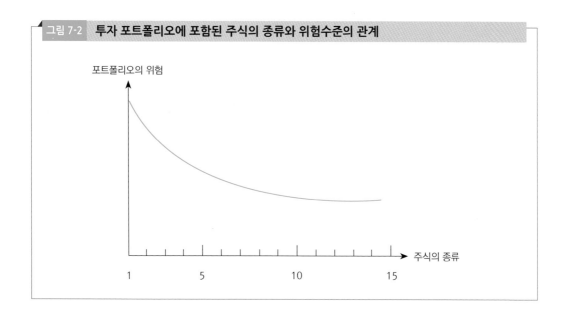

그림 7-2 투자 포트폴리오에 포함된 주식의 종류와 위험수준의 관계

하였을 때 이 시장 포트폴리오의 미래수익의 위험수준, 즉 표준편차가 8%이면 우리는 이를 분산불능위험(non-diversifiable risk), 즉 더 많은 종류의 주식을 보유함으로써 감소시킬 수 없는 위험이라고 부른다. 주식 A의 총위험 17.56%와 분산불능위험 8% 사이의 차이 9.56%는 분산가능위험(diversifiable risk)이라고 부른다.

그렇다면 총위험, 분산가능위험 및 분산불능위험의 세 가지 중 어느 것이 자본비용을 결정하는가? 다시 말하면, 투자자는 어떤 위험을 감당함으로써 기업으로부터 보상을 받게 되는가? 답은 분산불능위험이다. 투자자가 기업의 주식을 보유함으로써 직면하게 되는 위험은 총위험이지만, 기업과 투자자 모두 투자자가 평균수익을 감소시키지 않으면서 분산투자를 통해 분산가능위험을 제거시킬 수 있음을 알고 있다. 그러므로 기업은 분산불능위험에 대하여서만 투자자에게 보상을 제공한다. 즉, 분산불능위험에 따른 자본비용을 지불하면 된다.

결론적으로 시장 포트폴리오를 통해 분산할 수 없는 분산불능위험만이 보상을 받아야 하는 위험으로서, 자본비용을 결정하는 요인이 된다. 다음 절에서 현실에서는 어떻게 분산불능위험을 통해 자본비용을 측정하는지를 설명할 것이다.

03 투자위험의 측정

앞에서 위험과 관련된 개념을 설명하기 위해서 백분율로 투자수익률의 표준편차를 표시하였다. 그러나 이런 백분율은 위험의 직접적인 측정지표가 아니다. 자본비용을 계산하기 위해서는 직접적인 위험측정지표를 설정하여 표준편차의 개념을 구체화하여야 한다. 위험측정지표를 설정한 후에야 그에 근거하여 자본비용을 계산할 수 있다.

그러나 위험은 보이지 않고 만질 수 없는 것이기 때문에 현실적으로 정확히 측정하기가 대단히 어렵다. 20세기에 접어들어 1950년대 이후 Harry Markowitz와 William F. Sharpe 및 기타 여러 재무 전공학자들의 노력을 통해 위험을 측정하고 자본비용을 계산하는 도구인 자본자산가격결정모형(Capital Asset Pricing Model: CAPM)이 탄생하였다. 이 모형은 다음과 같이 표시될 수 있다.

7.2

기대수익률=무위험이자율+Beta×(시장수익률−무위험이자율)

이 모형을 보면 자본비용(기대수익률)을 결정하는 요인으로 위험수준을 측정하는 Beta와 무위험이자율 및 (시장수익률−무위험이자율)의 총 세 가지 요인이 존재한다. 우리는 (시장수익률−무위험이자율)을 위험프리미엄이라고 부른다.

자본자산가격결정모형은 자본비용이 투자자의 자금의 시간가치를 보상해 주는 무위험이자율과 분산불능위험수준에 근거하여 투자자의 투자위험을 보상해 주는 위험보상(=Beta×(시장수익률−무위험이자율))의 두 부분으로 구성되어 있음을 보여준다. 이 절에서는 무위험이자율과 Beta에 관해 논하고, 다음 절에서는 위험프리미엄에 관해 논할 것이다.

기업이 투자자의 자금을 사용하려면 우선 자금의 시간가치를 보상해 주어야 한다. 자금의 시간가치란 위험이 없는 상황에서 투자자가 요구하는 투자수익이다. 쉽게 설명하면 투자자의 자금은 투자에 쓰이지 않으면 소비에 사용될 것인데, 소비만이 투자자에게 효용을 가져다 준다. 투자는 투자자의 소비를 지연시켰기 때문에 기업은 소비지연으로 인한 효용손실을 보상해 주어야 한다. 즉, 투자자에게 1년 후의 1원의 효용은 현재의 1원의 효용보다 작다. 그러므로 투자자로 하여금 현재의 1원의 소비를 포기하게 하려면 1년 후에는 1원보다 더 많은 돈을 돌려주어야 하는데, 그 차액이 바로 시간가치이다.

일반적으로 자금의 시간가치를 측정하는 지표는 무위험이자율이다. 보통 국채금리가 무위험이자율을 대표하는데,[3] 이는 투자자가 아무 위험도 부담하지 않으며 취득할 수 있는 투자수익이다. 기업은 우선 이 부분을 보상해 주어야 투자자들이 주식에 투자할 것이다.

자본비용의 두 번째 부분은 위험보상인데, 위험보상은 Beta(분산불능위험 수준)와 위험 프리미엄의 두 변수에 의해 결정된다. William F. Sharpe 교수는 Beta의 측정방법을 개발 하여 이 분야에 큰 업적을 남겼다. 자본자산가격결정모형(CAPM)에 따르면, 분산투자의 효과로 인해 투자자는 개별주식의 시장 포트폴리오를 통해 분산되지 않는 체계적 위험만 을 부담하면 된다. 주식의 체계적 위험은 개별기업의 주식수익률과 시장수익률 사이의 연 관성정도에 의해 결정되는데, Beta는 이런 연관성을 측정해 준다.

이해하기 쉽도록 먼저 특정 주식에 대한 Beta의 측정방법을 설명하겠다. 만약 주식 A 와 시장지수(예를 들면, 한국의 KOSPI지수나 미국의 S&P지수)의 지난 60개월 월간 수익률과 동일 기간의 무위험이자율(5년 만기 국채금리) 데이터를 가지고 있다면, 통계적 방법론을 이용하여 아래와 같은 선형회귀분석을 진행할 수 있다.

(주식 A의 기대수익률−무위험이자율)

$= a + b \times$ (시장지수수익률−무위험이자율)

회귀분석을 거쳐 위의 식에서 a와 b의 추정치를 얻을 수 있다. 그 중 a의 추정치가 Beta의 측정결과이고, 주식A의 분산불능위험 수준이 된다.

Beta가 왜 주식의 분산불능위험(이하 위험으로 약칭함)의 측정치인가? 시장지수수익률 은 시장 포트폴리오의 투자수익률이다. 앞에서 설명하였듯이 시장 포트폴리오의 위험은 분산할 수 없는 위험(체계적 위험이라고도 함)으로서, 투자자가 반드시 감수해야 하는 부분 이며 동시에 기업이 반드시 자본비용을 지불해야 하는 위험이다. 개별 주식의 위험은 투 자자가 시장 포트폴리오를 보유하여도 분산시킬 수 없는 위험을 의미한다. Beta는 바로 이 부분을 측정하는 것이다.

경제적 의미에서 Beta가 위험측정지표로서 의미하는 바를 이해하도록 하자. 재화는

---

3 사실 국채도 완전히 위험이 없는 것은 아니다. 정부도 파산할 수 있으며, 역사적으로 파산한 정부들도 있었다. 그러나 일 반적으로 전쟁 등 극단적 상황을 제외하고는 정부가 화폐를 인쇄하는 권력을 가지고 있기에 파산할 확률은 매우 낮다.

사람들에게 효용을 제공해 주지만, 실질적으로 효용을 느낄 수 있을 때는 재화를 소비할 때뿐이다. 대부분 사람에게 지폐형식의 재화는 직접적인 효용을 부여할 수 없다. 그러나 한계효용체감의 법칙으로 인하여 동일 소비항목의 소비가 증가할수록 새로 증가하는 소비의 효용은 그 전의 소비가 가져다 주는 효용보다 낮게 된다. 예를 들면, 맛있는 음식도 폭식을 하게 되면 만족감을 더 증가시키지 않는다. 바로 이것이 사람들이 돈이 있어도 바로 소비하지 않는 이유 중의 하나이다. 사람들은 보유하고 있는 재화를 이용해서 최대 효용을 누리기를 바란다. 그래서 현재 충분히 소비하고도 남을 정도의 현금이 있는 경우, 모든 현금을 소비하는 것이 아니라 일부를 투자함으로써 미래의 소비를 위해 준비한다. 그 결과 특정 기간에 소비가능한 재화의 원천은 당기수익(급여, 보너스 등)과 투자수익의 두 가지이다.

투자수익은 시장수익에 의해 결정되며, 시장수익은 경제상황에 의해 결정된다. 일반적으로 급여수익과 경제상황은 양(+)의 상관관계를 가진다. 경제상황이 좋으면 사람들의 수익이 높고, 경제상황이 나쁘면 수익이 낮을 뿐만 아니라 심지어 해고되기도 한다. 개별 주식의 Beta가 크면 그에 대한 기대수익과 시장수익 및 경제상황은 강한 양(+)의 상관관계를 가지고 있다. 즉, Beta가 큰 주식은 경제상황이 좋을 때 수익률이 높고, 경제상황이 나쁠 때 수익률이 낮다. 동시에 경제상황이 좋을 때는 투자자의 급여수익이 높아 투자수익률의 한계효용이 낮고, 경제상황이 나쁠 때는 급여수익이 낮아 투자수익률의 한계효용이 높다. 그러므로 이런 주식은 위험성이 높다. 반대로 개별 주식의 Beta가 작으며 심지어 음수(-)인 경우는 시장수익률이 변화해도 상대적으로 개별 기업의 주식수익률이 적게 변동하므로 그 위험성이 낮다.

본 절에서 자본비용을 계산하는 자본자산가격결정모형 및 관련된 무위험이자율과 위험수준 Beta의 계산방법을 설명하였다. 다음 절에서는 위험프리미엄에 대해 소개할 것이다. 본 절과 다음 절의 내용을 모두 이해하면 자본비용의 계산을 할 수 있을 것이다.

위험과 자본비용은 무형의 것이지만 자본자산가격결정모형(CAPM)을 통하여 측정할 수 있다.

사례 7-1

주주와 채권자 간의 이해상충

주주와 채권자는 기업의 주요한 자금원이다. 주주는 회사에 영구자금을 제공하는 대신 배당금과 함께 주식가치 상승에 따른 자본이득을 향유하며, 채권자는 자금을 대여하는 대가로 약정된 이자를 수령하고 만기에 원금을 회수한다. 문제는 두 투자자 그룹 간 기업의 잔여재산 배분에 있어 우선순위가 존재하며, 배분되는 현금흐름 구조에 차이가 있어 기업의 파산 위험이 높아짐에 따라 주주와 채권자의 이해가 상충될 수 있다는 점이다. 이해를 돕기 위해 다음의 두 경우를 비교해 보자.

저위험 프로젝트의 경우 채권자는 프로젝트의 성공 여부와 무관하게 채권가액인 100을 회수하게 된다. 반면 주주는 채권자에 비해 청구권

에 있어 후순위에 있으므로 프로젝트가 성공할 경우 200, 보통 수준일 경우 100, 실패할 경우 0에 해당하는 금액을 배부받게 된다. 이를 기대현금흐름 관점에서 살펴보면 프로젝트 기대현금흐름인 200이 대해 채권자와 주주가 100으로 균등하게 배부됨을 알 수 있다. 한편, 고위험 프로젝트의 경우 채권자는 프로젝트가 성공하거나 보통 수준일 경우 100이라는 원금을 회수할 수 있으나, 실패할 경우에는 회수금액이 0이 된다. 그 결과 기대현금흐름이 100에서 66.7로 33.3만큼 감소하게 된다. 이에 반해 주주는 유한책임으로 인해 프로젝트가 실패할 경우 저위험 프로젝트와 마찬가지로 회수가능액이 0이 되는 것

표 7-3   **채권자 및 주주 간 프로젝트(기업) 가치 분배 현황**

Case 1. 저위험 프로젝트

상황	확률	예상현금흐름			기대현금흐름		
		프로젝트	채권자	주주	프로젝트	채권자	주주
성공	33.3%	300	100	200	100.0	33.3	66.7
보통	33.3%	200	100	100	66.7	33.3	33.3
실패	33.3%	100	100	-	33.3	33.3	-
합계					200.0	100.0	100.0

Case 2. 고위험 프로젝트

상황	확률	예상현금흐름			기대현금흐름		
		프로젝트	채권자	주주	프로젝트	채권자	주주
성공	33.3%	400	100	300	133.3	33.3	100.0
보통	33.3%	200	100	100	66.7	33.3	33.3
실패	33.3%	-	-	-	-	-	-
합계					200.0	66.7	133.3

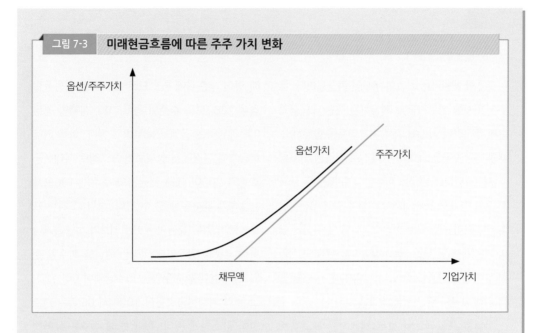

그림 7-3 미래현금흐름에 따른 주주 가치 변화

은 동일하나, 성공할 경우 현금흐름이 300으로 크게 증가하게 되어 실질적으로 기대현금흐름이 100에서 133.3으로 33.3만큼 증가하게 된다. 요약하면 200으로 동일한 기대현금을 갖는 프로젝트라 하더라도 고위험 프로젝트를 선택할 경우 채권자의 부가 주주에게로 33.3만큼 이전되는 효과가 발생하게 되는 것이다.

이처럼 주주에게 귀속되는 현금흐름의 특성은 옵션(option) 관점에서 일반화시켜 설명하는 것이 가능하다. 프로젝트로 대변되는 기업가치가 채무액을 넘지 않을 경우 잔여지분인 주주가치는 0이다. 그러나 기업가치가 채무액을 넘어갈 경우 추가적으로 증가하는 기업가치는 모두 주주에게 귀속된다. 따라서 이러한 주주가치의 변화를 그래프로 나타내면 채무액을 행사가액으로 하는 콜옵션과 유사한 형태가 됨을 알 수 있다.

여기서 한 가지 주목할 점은 콜옵션의 경우 기초자산 가치 변화에 따른 옵션 가치의 변화 정도를 나타내는 델타가 행사가액 근처에서 가장 크다는 점이다. 따라서 콜옵션과 유사한 현금흐름을 가진 주주의 경우 기업가치가 채무액 이하로 떨어지거나 그에 근접할 경우(즉, 자본잠식이 되거나 파산가능성이 높아지는 경우) 잔여지분의 가치를 높이기 위해 채권자 관점에서는 하지 않아야 할 위험한 프로젝트에 무리하게 뛰어들 가능성이 증가하게 된다는 점이다. 결국 기업의 재무상황이 악화될수록 경영자가 고위험 프로젝트를 통해 주주가치를 증대시키는 시도가 있을 수 있으므로 투자자는 주주와 채권자 간의 이러한 이해상충 관계를 이해하고 기업가치 분석 시 기대현금흐름 외에도 분산과 같은 변동성도 함께 고려할 필요가 있다.

04　위험프리미엄과 자본비용의 측정

　　위험프리미엄(시장수익률−무위험이자율)은 투자자가 한 단위의 분산불능위험을 감수할 때 요구하는 추가수익률이다. 위험은 Beta로 측정되는데, 시장 포트폴리오의 Beta는 1이다. 위험의 수준은 위험프리미엄과 시장 포트폴리오의 위험에 의하여 결정된다.

　　무위험이자율과 위험수준이 확정된 후 개별 주식의 자본비용을 결정하는 요인은 투자자가 위험에 대하여 요구하는 단위 위험프리미엄 또는 위험의 단위가격이다. 위험프리미엄을 구한 후 직접 자본자산가격결정모형에 대입하여 주식의 기대수익률, 즉 자본비용을 계산할 수 있다. 무위험이자율은 이미 주어진 것이기 때문에 위험프리미엄의 크기는 투자자가 시장위험을 감수할 때 요구하는 기대수익률에 따라 결정된다.

　　위험프리미엄의 결정요인을 명확히 파악하는 것은 어려운 일이므로 본 서에서는 기본적인 원칙만 제시하도록 한다. 우선 위험프리미엄은 투자자가 위험을 감수하는 데 대한 보상을 주는 것이므로 0보다 커야 한다. 그렇지 않으면 아무도 투자를 하지 않을 것이다. 둘째, 위험프리미엄은 투자자들의 위험기피 정도와 관련된다. 위험기피 정도가 높을수록 위험프리미엄이 높아진다. 셋째, 시장 포트폴리오의 위험수준이 높을수록 위험프리미엄이 높아진다. 예를 들어, 신흥 자본시장의 평균 위험수준은 성숙한 자본시장보다 높기 때문에 위험프리미엄도 후자보다 높다.

　　위험프리미엄은 시장에 따라 다를 뿐 아니라 동일 시장에서도 시간에 따라 달라진다. 왜냐하면 투자자들의 위험기피 정도가 시간에 따라 달라지기 때문이다.

　　실무에서 사용하는 위험프리미엄은 세 가지 방법으로 구할 수 있다. 첫째, 투자자들에 대한 설문조사를 통하여 그들이 요구하는 위험프리미엄을 얻어 자본비용을 계산한다. 그러나 이 방법은 실제로 잘 사용되지 않으며, 정확하지도 않다. 사람들이 실제 행동하는 것과 설문조사에 응할 때 하는 답 사이에는 많은 차이가 있기 때문이다. 둘째, 과거 평균 시장수익률과 과거 평균 무위험이자율의 차이를 위험프리미엄으로 사용하는 것이다. [표 7-4]는 미국의 과거 데이터에 근거하여 계산한 위험프리미엄이다. 무위험이자율을 미국 재무부 발행 단기채권(treasury bills)의 이자율을 이용한 경우와 장기채권(treasury note)의 이자율을 이용한 경우의 두 가지로 나누어 위험프리미엄을 계산하였다.

　　셋째, 시장 포트폴리오의 미래예상현금흐름과 그 현금흐름의 현재가치를 알고 있다

274

는 가정하에 가치평가모형을 사용하여 시장 포트폴리오에 내포되어 있는 위험프리미엄을 계산하는 것이다. 개별 주식의 현재가치와 미래예상현금흐름을 알고 있으므로, 이를 이용하여 할인율을 역추적(reverse engineering)하는 방식이다.[4]

예를 들어, 애플사의 2007년 4월의 자본비용을 두 번째 방법을 이용하여 계산해 보자. 2002년 4월~2007년 4월까지 총 60개월 동안의 월간수익률과 무위험이자율 및 위험프리미엄을 사용하도록 한다.[5] 회귀모형은 다음과 같다.

(애플사 수익률−무위험이자율)
$= a + b \times$ (시장지수수익률−무위험이자율)

회귀분석 결과 a는 -2.29로 통계적으로 유의하지 않으며, b(Beta)는 1.53으로 통계적으로 유의하다. 베타가 1보다 크므로, 이는 애플사의 분산불능위험이 시장 포트폴리오보다 큼을 보여준다. 애플사는 첨단과학기술회사로서 위험수준이 당연히 높은 편이다.

2006년 미국시장의 무위험이자율은 4.81%이며 위험프리미엄은 11.41%였다. 자본자산가격결정모형에 대입하면 애플사의 자본비용은 4.81%+1.53×11.41%=22.27%이다. 만약 애플사의 주식가치를 평가하려면 그의 미래예상현금흐름을 구한 후 22.27%의 할인율

표 7-4 **미국시장의 과거 위험프리미엄**

미국시장의 과거 위험프리미엄				
	산술평균(arithmetic mean)		기하평균(geometrical mean)	
기 간	단기채권 사용시	장기채권 사용시	단기채권 사용시	장기채권 사용시
1928~2001	8.09%	6.84%	6.21%	5.17%
1962~2001	5.89%	4.68%	4.74%	3.90%
1991~2001	10.62%	6.90%	9.44%	6.17%

4 두 번째 방법이 재무/금융 분야에서 보편적으로 사용되는 방법이다. 2000년대 이후 회계 분야에서는 세 번째 방법을 주로 사용하고 있다. 두 번째 방법은 전통적으로 사용되어 왔고 계산하기가 상대적으로 용이하지만, 과거의 추세가 미래에도 계속될 것이라는 가정하에서만 적용 가능하다. 세 번째 방법은 현재 시점에서 투자자들이 생각하고 있는 위험프리미엄으로서 이런 단점을 극복할 수 있지만 계산하기가 상당히 복잡하다는 단점이 있다. 이 방법을 이용할 경우 미래예상현금흐름은 애널리스트의 미래이익 예측치를 이용하고, 현재의 주식가격을 이용하여 할인율을 계산한다. 이 방법은 이 장의 사례에서 자세히 다루기로 한다.

5 무위험이자율 및 위험프리미엄은 Ken French의 개인 홈페이지에서 얻었다.

로 현재가치를 계산하면 된다.

　　한편 개별기업의 베타를 구하여 자기자본비용을 구할 때 베타가 시간에 따라 특별한 이유 없이 변하는 경우가 많다. 이러한 시계열의 불안정성을 줄이기 위해 산업 베타를 쓰기도 한다. 아래 표는 Fama and French(1997)이 제시한 산업베타이다.

표 7-5　미국시장의 산업베타

산업	Beta	산업	Beta
제약산업	0.92	선적컨테이너	1.03
의료장비	1.17	건축재료업	1.13
의료서비스	1.56	보험	1.01
컴퓨터	1.04	귀금속업	0.78
전자기기	1.38	잡화업	1.26
격영서비스	1.34	운송업	1.21
측량/제어장치	1.29	고무/플라스틱 제조업	1.21
수비재	0.97	가공업	1.31
호텔서비스업	1.32	의류	1.24
주류업체	0.92	화학	1.09
인적서비스	1.25	레저산업	1.34
건설업	1.28	조선업	1.19
소매업	1.11	음료산업	1.24
엔터테인먼트	1.35	석유 및 천연가스	0.85
식료품	0.87	비금속광산업	0.98
농업	1.00	담배	0.80
기계장비	1.16	사무용품	1.11
출판업	1.17	섬유산업	1.12
항공업	1.26	은행업	1.09
석탄산업	0.96	통신업	0.66
방위산업	1.04	수도/전기/가스	0.66
도매업	1.15	부동산업	1.17
무역업	1.16	철강산업	1.16
전기장치업	1.15	자동차업	1.01

국내 펀드들의 위험과 수익률 비교

펀드 평가사인 제로인에서 운영하는 홈페이지 펀드닥터(funddoctor.co.kr)에 가면 국내 각 증권사나 자산운용사에서 운용하는 펀드들에 대한 각종 자료를 얻을 수 있다. 이 중 일부 고급 정보는 유료정보이기 때문에 보다 자세한 정보를 원하면 회원으로 가입할 수도 있을 것이다. 그러나 무료정보 중에서도 펀드의 위험수준을 평가할 때 사용할 수 있는 유용한 정보를 찾을 수 있다.

우리나라 최대의 기관투자자인 국민연금으로부터 2010년 최우수 자산운용사로 선정된 프랭클린템플턴 자산운용과 트러스톤 자산운용 펀드의 위험과 수익률 정도에 대해 찾아 보자. 홈페이지의 오른쪽 위편에 있는 검색 윈도우에 프랭클린템플턴이라고 입력한 후 나타나는 화면에서 유형 중 주식형 펀드를 선택하면 된다. 그 후 개별 펀드를 선택한 후 위험분석을 선택하면 자세한 내역을 알 수 있다. 트러스톤 자산운용의 경우도 마찬가지 방법으로 하면 된다. 한 운용사에서 다수의 펀드를 운용하고 있으므로, 그 중에서 펀드 설정액이 제일 많은 대표펀드의 통계치를 보는 것이 제일 합리적이다. 펀드 설정액이 적은 펀드들은 인기가 별로 없거나 펀드가 설립된지 얼마 되지 않아 아직 신뢰할 만한 장기간 동안의 자료가 없는 경우가 대부분이기 때문이다.

위험분석을 선택해 보면 표준편차, BM민감도(베타), 트래킹 에러, Sharpe Ratio, 젠센의 알파,

정보비율 등의 수치가 공개되어 있다. 이 중 표준편차, BM민감도(베타), 트래킹 에러의 3가지 정보는 펀드의 변동성, 즉 위험수준을 나타내며 나머지 3가지 정보는 위험수준을 고려한 후의 수익성을 나타내는 변수이다. 이들 정보의 정확한 의미와 계산방법에 대해서도 홈페이지에서 찾을 수 있다. 이 중 BM민감도란 벤치마크(benchmark) 대비 개별 펀드 수익률의 민감도로서, 바로 본 교재에서 설명하는 베타에 해당된다.

트러스톤 자산운용의 대표펀드인 칭기스칸 주식 A클라스 펀드의 1년과 2년 동안의 자료를 살펴보자. 이런 자료를 살펴볼 때도 되도록이면 3개월이나 6개월 등의 단기간이 아닌 최소한 1년 이상의 장기간 동안 자료를 중점적으로 살펴봐야 한다. 단기간 동안은 운이 좋아서 성과가 좋은 경우도 생기지만, 결국 펀드의 실력은 장기간 동안의 업적에서 드러나기 때문이다. 트러스톤 자산운용 펀드의 2010년 11월 현재 1년 또는 2년 위험정도를 보면, 위험의 %순위가 대부분 21~60% 정도에 분포되어 있다는 것을 알 수 있다. 즉, 위험 정도는 낮거나 보통 정도인 셈이다. 그러나 수익성 측정치들을 보면 1~24% 정도에 분포되어 있으며, 특히 2년 자료를 보면 1~3% 이내이다. 1%란 의미는 전체 펀드들 중 수익률이 상위 1% 정도에 포함된다는 의미로서, 위험 정도를 고려한 후 평가한 수익성은 최상급이라는 뜻이다. 프랭클린 템플턴의 경우를

살펴봐도, 최소 중위권 이상 대부분 상위권에 수익률이나 위험이 분포되어 있음을 알 수 있다.

그렇다면 한때 수익률 1위라고 홍보를 열심히 하던 모 유명 운용사의 대표 펀드는 어떨까? 이 회사의 대표 펀드를 찾아보니 위험 측정치들은 62~86%로서 위험수준이 높은 편이었다. 그 반대로 수익성 수준은 68~93% 정도로 상당히 하위권에 분포되어 있다. 이 내용을 보면 유명세와 실력이 꼭 일치하는 것은 아니라는 점을 알 수 있다.

05 　재무제표에 근거한 위험분석

앞에서 우리는 투자위험의 개념과 측정방법을 체계적으로 설명하였다. 투자위험은 하방향 리스크뿐만 아니라 상방향 리스크도 포함한다. 위험측정의 대상은 미래투자수익률의 분산도이다. 이론적으로 미래수익률은 마이너스 무한대로부터 플러스 무한대까지의 연속변수이나, 주주의 유한책임 때문에 최저치는 -100%가 된다. 즉, 주주는 자신이 투자한 자금을 모두 잃게 되면 더 이상의 손실에 대해서는 법적인 책임이 없다.

전통적인 재무제표분석에 의한 위험분석과 본 장에서 설명한 위험분석은 그 접근방법이 좀 다르다. 전자는 하방향 리스크, 그 중에서도 기업파산 관련 예측과 분석에 치중한다. 즉, [그림 7-1]의 미래수익분포의 맨 왼쪽부분에 치중한다.

제 2 장에서 설명한 보수주의 원칙에 따라 왜 재무제표분석에 근거한 위험분석이 일반적으로 기업파산예측분석인지를 설명할 수 있다. 초기의 재무재표 사용자는 주로 채권투자자였는데, 그들은 기업이 미래기간 동안 기업이 얼마나 발전할 것인가가 아니라 파산하지 않을지에 대해 관심을 가지고 있었다. 왜냐하면 기업이 크게 성장한다고 해도 정해진 이자 이상의 수익을 올릴 수 있는 것은 아니지만, 만약 기업이 파산하면 투자자금을 회수하기 어렵기 때문이다. 반대로 주식투자자에게 있어서는 미래수익에 불확실성이 존재하기만 하면 상방향 리스크든 하방향 리스크든 위험이 존재하는 것이다. 이 책은 주식투자자를 대상으로 하기 때문에 주로 총위험에 대한 분석에 치중하였다. 물론 파산이란 극단적인 하방향 리스크도 분석대상에 포함된다. 아래는 이런 위험의 예측에 대한 간략한 소개이다.

  파산위험은 유동성위험(liquidity risk)과 채무상환위험(insolvency risk)의 두 가지로 나눌 수 있다. 유동성위험은 기업이 단기 미지급금을 지급할 현금이 충분한지를 가리키며, 채무상환위험은 장기 미지급금을 지급할 현금이 충분한지를 가리킨다. 단기 미지급금은 만기일이 도래한 미지급차입금과 채권 및 장기차입금과 채권의 미지급이자를 포함하며, 장기 미지급금은 장기차입금과 채권을 포함한다. 기업은 채무를 상환할 충분한 자산이 없으면 파산하게 된다. 따라서 채무상환위험이 존재한다는 것은 쉽게 이해할 수 있다. 채무상환위험과 비교할 때 유동성위험은 투자자나 경영자가 소홀히 취급할 수도 있는 위험이다. 기업이 장기 미지급금을 지급할 충분한 자산이 있으면 파산하지 않을 것 같지만, 꼭 그런 것만은 아니다. 장기 채무상환위험이 낮은 기업이라도 당장 단기 미지급채무를 지급할 현금이 충분하지 않으면 유동성위험에 빠질 수 있다. 그러므로 기업의 파산위험을 예측할 때 장기 채무상환위험을 주의하여 관찰함과 동시에 단기 유동성위험도 눈여겨 보아야 한다.

  유동성위험을 분석할 때 주로 유동자산과 유동부채의 비례관계를 확인한다. 유동자산은 신속히 현금으로 전환되어 단기 유동부채를 상환하는 데 사용될 수 있다. 이런 면에서 아래에 제시하는 몇 가지 비율을 주목하자.

7.3

유동비율=유동자산/유동부채
당좌비율=당좌자산/유동부채

  당좌자산은 현금및현금성자산, 매출채권 등을 포함하나 유동성이 낮은 재고자산은 포함하지 않는다.

7.4

영업현금흐름비율=영업활동으로 인한 현금흐름/유동부채

  영업현금흐름비율은 당기 영업활동으로 인한 현금흐름이 유동부채를 상환할 수 있는 정도를 측정한다.

  채무상환위험을 분석할 때 우리는 기업의 총자산과 총부채의 비례관계에 관심을 기울여야 한다. 이런 면에서 아래의 몇 가지 비율을 주목하자.

7.5

재무레버리지=총부채/자본

재무레버리지는 기업의 부채와 자기자본의 비율로서, 이 비율이 클수록 경영상황이 어려워질 경우 채무를 상환하지 못할 확률이 높음을 뜻한다.

7.6

이자보상비율(interest coverage ratio)=EBIT/이자비용

EBIT(Earnings before interest and tax)는 이자 및 법인세 차감 전 이익을 의미한다. 이자보상비율은 이자 및 법인세 차감 전 이익과 당기 이자비용의 관계를 나타낸다. 이 비율이 클수록 기업이 이자비용을 지급하는 능력이 높다.

이런 특정비율 이외에 자주 사용되는 기업파산확률 예측방법은 Edward Altman이 1968년 발표한 Altman Z지수이다. 이 지수는 최근 자료를 사용하여 계속 업데이트되고 있으며, 여러 다양한 연구에서 널리 사용되고 있다.

7.7

$Z = 0.72 \times X_1 + 0.85 \times X_2 + 3.11 \times X_3 + 0.42 \times X_4 + 1.0 \times X_5$

여기에서,

X_1=(유동자산−유동부채)/총자산

X_2=이익잉여금/총자산

X_3=EBIT/총자산

X_4=자기자본의 시장가치/총부채

X_5=매출액/총자산

Z지수는 통계적 방법론을 사용하여 대량의 기업의 재무 데이터를 분석하여 기업파산에 대한 예측능력이 가장 큰 다섯 가지 재무지표를 발굴하고, 과거 데이터에 근거하여 각 지표의 가중치를 예측하여 개발한 수치이다. 최근 발전된 버전에 따르면 Z지수 2.675가 임계치로 여겨지는데, 개별 기업의 재무데이터를 이 수식에 대입하여 얻은 결과가 2.675

보다 작으면 파산확률이 매우 높다고 판단할 수 있다.[6] 최근에는 제5장에서 설명한 바와 같이 비재무정보를 이용한 파산위험 예측 모형 역시 개발되고 있다. Mayew, Sethuraman, Venkatachalam(2015)의 연구에 의하면 기업 공시 중 경영진의 경영진단(MD&A)에서 비재무정보를 추출하여 기존의 파산위험 예측모형에 추가하면 모형의 예측력이 유의적으로 증가한다.[7] 비록 파산위험은 기업의 하방 리스크 중 극단치에 속하는 위험이기는 하나, 투자자들의 투자의사결정에 큰 영향을 미치는 만큼 이를 정확하게 예측하기 위한 모형을 개발하고자 하는 시도가 계속되고 있다.

결론적으로 재무제표 분석에 근거한 위험분석은 특정비율분석이든 Altman Z지수이든 모두 극단적인 하방향 리스크, 즉 기업의 파산확률을 예측하는 것이지 전체 투자위험에 대한 측정이 아니다.

기업의 파산위험은 전체 위험 중 아주 작은 부분일 뿐으로서, 하방향 리스크의 극한값이라고 할 수 있다.

사례 7-3

신용평가기관의 이해상충문제

주주와 달리 은행, 채권투자자는 원금과 이자를 받는 것이 중요하기에 투자 기업이 원금과 이자를 갚을 능력이 있는지 알고 싶어한다. 이런 요구에 신용평가기관(credit rating agency)은 회사 채권의 위험 정도를 평가하고 등급을 매긴다. 신용평가기관의 애널리스트는 이자율보상비율, 수익성, 레버리지 등 기업의 파산위험을 고려해 신용등급을 결정한다. 제 1 장에서

설명했듯이 증권사 애널리스트들은 기업과 좋은 관계를 갖기 위해 매도추천을 하지 않는 유인이 있다. 신용평가기관 애널리스트는 어떨까? 신용평가기관이 공정한 신용등급을 내기 위해선 소속 애널리스트의 독립성과 integrity가 무엇보다도 중요하다. 해외 신용평가기관은 주주와 client간의 이해상충을 없애려 상장을 안 하고 비상장회사(private company) 형태로 유

---

6 공인회계사도 회사의 재무제표를 감사한 후 회사가 파산할 가능성이 있다고 판단하면 '계속기업존속가능불확실성 의견'을 발표하게 된다. 공인회계사는 재무비율 이외에도 감사 과정에서 수집한 다양한 비계량 정보를 사용하여 파산가능성을 판단하므로, 공인회계사의 감사의견도 기업의 파산위험에 대한 좋은 예측치라고 할 수 있다.

7 Mayew, William J., Mani Sethuraman, and Mohan Venkatachalam. "MD&A Disclosure and the Firm's Ability to Continue as a Going Concern." *The Accounting Review* 90.4 (2015): 1621–1651.

표 7-6	Moody's의 대주주의 평균 지분율
기업명	**평균 지분율**
BERKSHIRE HATHAWAY	16.4%
DAVIS SELECTED ADVISERS	6.9%
GOLDMAN SACHS	2.9%
CAPITAL RESEARCH GBL INVESTORS	8.8%
CAPITAL WORLD INVESTORS	6.1%
BARCLAYS	3.8%
SANDS CAPITAL MANAGEMENT	3.0%
FIDELITY MGMT & RESEARCH	2.6%
HARRIS ASSOCIATES	2.4%
MSDW & COMPANY	2.3%

지해 오고 있다. Moody's도 2000년 전까지는 비상장으로 유지해 오다가 이후 상장을 했다. 최근 Kedia, Rajgopal, and Zhou(2014a)는 Moody's의 상장 이후 Moody's가 평가하는 신용등급이 동일한 기업에 대해 S&P가 평가하는 것보다 관대하다는 것을 보여주고 있다.[8] 단기의 수익을 위해 신용평가기관의 명성을 희생시키는 것이다. [표 7-5]는 상장 후 Moody's의 대주주에 대한 내용이다. Warren Buffett의 Berkshire Hathaway가 16% 이상을 소유하고 있고 Goldman Sachs도 약 3%의 지분을 가지고 있다.

전형적인 이해상충의 예이다. Goldman Sachs가 발행하는 채권이나 자산운용 포트폴리오에 들어있는 회사에 대해 Moody's가 신용등급을 내리기 쉽지 않다. Kedia, Rajgopal, and Zhou (2014b)에 따르면 Moody's 대주주가 발행한 회사채에 대해 S&P보다 Moody's가 후한 신용등급을 주는 경향이 있다.[9] 마치 영화평론가가 가족이 만든 영화에 대해 우호적인 평론을 하는 것과 별반 다를 바 없다. 이러한 소유구조에 따른 이해상충문제에 국내 신용평가기관도 자유롭지 않다. 국내 신용평가기관은 나이스신용평가, 한국기업평가, 한국신용평가가 있는

---

8   Kedia, S., S. Rajgopal, and X. Zhou, 2014a, "Did going public impair Moody's crediting ratings?", *Journal of Financial Economics* 114, pp. 293–315.

9   Kedia, S., S. Rajgopal, and X. Zhou, 2014b, "Does it matter who owns Moody's?", *Working paper*, Emory University.

데 이들은 각각 나이스 P&I, 한국자산평가, KIS 채권평가의 대주주이다. 국내 자산평가업무를 과점하는 나이스 P&I, 한국자산평가, KIS채권평가를 이들 신용평가기관이 가지고 있기 때문에 독립성이 훼손될 가능성이 있다. 예로 자산평가 업무를 맡긴 기업에 좋은 신용등급을 줄 여지가 있다. 신용평가기관에 수익을 가져다 주는 기업에 박하게 신용등급을 주기가 쉽지 않을 것이다.

06 결론

이 장에서 우리는 위험과 자본비용의 개념을 소개하고, 그 측정과 계산방법을 소개하였다. 자본자산가격결정모형은 자본비용을 계산하는 전형적인 방법으로 널리 사용되고 있지만, 사실 정확도가 높지는 않다. 최근의 여러 연구결과들은 자본자산가격결정모형의 자본비용에 대한 예측능력이 매우 낮음을 보여주고 있다.[10] 앞서 소개한 애플사의 예를 볼 때도, 애플사가 위험에 민감한 첨단과학기술 회사일지라도 계산된 22.27%의 자본비용은 너무 높다. 유감스러운 것은 지금까지 자본자산가격결정모형을 대체할 수 있는 간편한 대안이 없다는 것이다.

실무에서 일반 투자자는 스스로 자본비용을 계산할 필요가 없다. 증시에는 주식의 자본비용을 예측하여 투자자에게 제공하는 중개기관들이 있으므로 필요시 구매하여 사용할 수 있다. 직접 계산하더라도 모두 동일한 과거 데이터와 자본자산가격결정모형을 사용하기에 결과는 큰 차이가 없다. 이는 매우 흥미로운 점을 시사해 준다. 만약 자본비용이 부정확하다면 모든 투자자가 동시에 정확하지 않은 수치를 사용한다는 것이다. 따라서 분모에 대한 예측이 동일하므로 다른 투자자들과 비교할 때 투자의사결정이 정확한지의 여부

---

10 예를 들어, 저명한 재무관리 교수인 Fama and French는 1992년과 1993년 *Journal of Finance*와 *Journal of Financial Economics*에 발표한 논문에서, 베타 이외에도 기업의 규모와 장부시장가치 비율이 위험을 결정하는 요인이라는 것을 보여주었다. 이를 Fama and French의 3요소 모형(3 factor model)이라고 부른다. 이 연구를 더 확장하여, Carhart(1997, *Journal of Finance*)는 모멘텀 요소(momentum factor)를 추가한 4요소 모형을 개발하였다. 2015년에는 Fama and French 교수가 수익성(profitability)과 투자 패턴(investment patterns)을 추가하여 5요소 모형(5 factor model)을 개발하였다.

는 가격결정모형의 분자(현금흐름의 예측)에 있지 분모(자본비용의 측정)에 있지 않게 된다.

　　그러므로 주식가격을 정확하게 예측하기 위해서는 미래현금흐름에 대한 예측의 정확도를 높이는 것이 더 중요하다. 현금흐름을 더욱 정확하게 예측할수록 가치평가도 정확하고, 그 결과 투자수익률도 증가한다. 따라서 재무제표 분석의 핵심목적은 투자자의 미래현금흐름의 예측 정확성을 제고시키는 데 있다.

과제

❶ Excel 과제

Excel에서 새로운 Spreadsheet를 만들고 "위험분석"으로 명명한다.

가치평가 기준일 전 60일 거래일의 분석대상회사와 비교회사의 수익률, 시장수익률, 무위험이자율 자료를 수집한다. 대상회사의 수익률과 시장수익률은 한국거래소 홈페이지(www.krx.co.kr)에 나와 있는 주가 및 지수를 기초로 계산한다. 무위험이자율은 한국은행 경제통계시스템(ecos.bok.or.kr)에 공시된 91일물 CD금리를 사용한다.

(1) 1일수익률은 다음의 식을 사용하여 계산할 수 있다.

$$1일수익률 = \frac{당일\ 가격 - 전일\ 가격}{전일\ 가격}$$

(2) Beta는 주식의 수익률과 시장수익률의 공분산을 시장수익률의 분산으로 나눈 값이다. Excel에서는 COVAR과 VAR 함수를 이용하면 된다.

$$Beta = \frac{Cov(주식수익률,\ 시장지수수익률)}{Var(시장지수수익률)}$$

(3) 마지막으로 자산가격결정모형에 앞서 구한 수치를 대입한다.

기대수익률 또는 자본비용 = 무위험이자율+Beta×(시장지수수익률 - 무위험이자율)

또한 분석대상회사와 비교회사 주식의 매년 각종 유동성비율, 채무상환비율과 Altman Z지수를 계산한다.

❷ Chapter report

제7장의 내용과 Excel과제의 결과에 근거하여 주식의 위험을 평가한다.

❸ 최근 3년간 파산한 기업 또는 워크아웃 상황에 진입한 기업을 최소 3개 선정하여라.

(1) 이들 기업의 파산한 연도까지 과거 3년간 Z지수를 계산하여 보아라.

(2) 동일 산업에 속하지만 파산하지 않은 비교기업을 선정하여 역시 3년간 Z지수를 계산하여 서로 비교하여라.

(3) 이들 기업에 대해 동 기간 동안 공인회계사의 감사의견이 무엇인지 찾아라.

❹ 최근 3년간 파산이나 워크아웃의 이유 이외의 이유로 상장폐지된 기업을 최소 3개 선정하여, 위의 3번 문제의(1)번과 동일한 분석을 행하여라.

❺ 네이버나 다음 등의 증권관련 웹사이트 홈페이지에서, 조선업종에 속한 현대중공업, 삼성중공업, 대우조선해양의 베타를 찾아라. 기업간 베타가 어떻게 다른지, 그리고 그 의미가 무엇인지 토론하여라.

❻ 아래 네 회사의 이자보상비율, 자산수익률(ROA), 레버리지를 구하여라. 이를 바탕으로 네 회사의 신용등급 순위를 정하여라.

	A		B		C		D	
	2021	2020	2021	2020	2021	2020	2021	2020
손익계산서								
영업이익	1,195,700	948,600	-8,900	39,300	398,200	418,200	546,400	568,200
이자비용	33,900	33,200	12,500	20,400	19,600	19,600	40,000	50,400
기타손익	45,700	165,400	13,600	-53,600	-73,200	35,400	-308,600	15,700
세전이익	1,207,500	1,080,800	-7,800	-34,700	305,400	434,000	197,800	533,500
법인세비용	338,200	310,700	-400	6,400	55,700	95,400	21,100	133,600
경상이익	869,300	770,100	-7,400	-41,100	249,700	338,600	176,700	399,900
특별손익	0	0	700	0	-6,400	-137,100	28,900	0
당기순이익	869,300	770,100	-6,700	-41,100	243,300	201,500	205,600	399,900
감가상각비	301,100	266,100	4,600	11,100	108,200	103,200	105,700	97,100
재무상태표								
단기차입금	523,200	565,000	2,900	9,600	127,500	142,100	405,700	106,800
유동성사채	1,400	4,600	7,900	7,900	0	0	0	0
총 유동부채	1,923,600	1,729,300	28,200	45,700	657,500	701,800	1,252,900	828,600
사채	190,700	68,600	86,400	99,600	498,600	421,400	339,600	351,100
주주 자본	2,283,900	2,080,400	2,500	-13,600	1,296,400	1,252,900	863,600	950,000
총 자산	4,778,200	4,313,600	129,300	139,300	2,993,200	2,855,400	3,000,400	2,533,900

❼ 최근 5년간 강원랜드의 주가 수익률과 시장수익률을 비교하여라.

경기순환(business cycle)과 죄악주(sin stock)

　　죄악주(sin stock)는 사람의 육체와 정신에 해악을 끼치는 상품과 서비스를 제공하는 기업의 주식일 일컫는다. 엄밀한 정의가 있는 것은 아니지만, 전통적으로 술, 담배, 도박 관련 산업에 속한 기업이 죄악주로 분류된다. 죄악주의 경우 경기흐름에 민감하지 않고 꾸준히 매출이 발생하는 특성이 있는데, 특히 경기불황 시 통상 영업성과가 악화되는 일반 주식과 달리 고객의 수요 증가로 오히려 성과가 개선되는 경향을 보이기도 한다. 여기에 연기금과 같은 기관투자자(institutional investor)의 경우 투자의사 결정 시 피투자기업의 사회적 영향과 규범을 고려하지 않을 수 없어 죄악주에 대한 투자가 여의치 않는 경우가 많다. 위험 프리미엄이 높아 기업의 본질가치(fundamental)보다 낮게 평가되고, 결과적으로 유사한 본질가치를 가진 기업보다 높은 투자수익률을 보일 수 있다. 실제 죄악주를 전문으로 취급하는 뮤추얼 펀드인 Vice Fund(VICEX)는 주로 필립 모리스(담배), 칼스버그(주류), 록히드 마틴(무기) 등과 같은 주식을 보유하고 있으며 시장 평균을 상회하는 연평균 2.24% 수준의 높은 투자수익률을 달성하고 있는 것으로 알려져 있다.

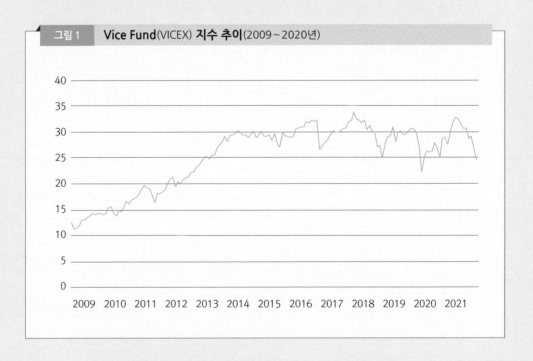

그림 1　**Vice Fund**(VICEX) **지수 추이**(2009~2020년)

　　1949년 설립된 미국의 대표적인 총기제조사 중 하나인 Sturn, Ruger & Company, Inc.를 예로 들면, 2008년 금융위기 이전 6달러 수준이었던 주가가 금융위기에 불구하고 안정적인 모습일 보인다. 금융위기 당시 동 사의 최저 주가가 5.91 달러로 사실상 금융위기의 영향을 거의 받지 않은 것으로 보인다. 그 후 경기 회복과 맞물려 주가가 2013년 77달러로 10배 이상 급등하였으며, 각종 총기 사고에 따라 여러 번 주가가 하락하나 꾸준히 회복하는 모습을 보인다. 2021년말 현재 주가가 68달러 수준인데, 이는 동 기간 2배 수준인 미국 주식시장의 평균 주가상승률을 크게 상회한다.

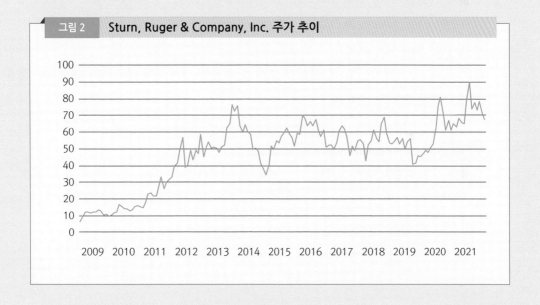

그림 2　Sturn, Ruger & Company, Inc. 주가 추이

　　학술 연구결과도 이를 뒷받침한다. Hong과 Kacperczyk(2009)[1]의 연구 결과에 따르면 1965~2006년 미국 죄악주의 경우 기관투자자의 주식보유 비중이 평균 23%로 유사한 특성을 지닌 비죄악주 기업의 28%에 비해 낮고, 죄악주를 담당하는 재무분석가 수도 1.3명으로 유사 특성을 지닌 비죄악주 기업의 1.7명에 적으며, 죄악주에 투자할 경우 평균적으로 연 3.12%(월 26 basis point)의 초과수익률을 보이는 것으로 나타났다.

　　우리나라의 경우에는 2001~2015년 기간을 대상으로 죄악주에 대해 유사한 분석을 실시한 결과 위와 같은 명확한 특성이 관측되지는 않았다. 세부 현황을 살펴보

1　Hong, H., & Kacperczyk, M. 2009. "The price of sin: The effects of social norms on markets." *Journal of Financial Economics*, 93(1), pp. 15~36.

면 연도별로 게임과 무기 산업을 중심으로 죄악주가 증가추세를 보인다. 동 기간 중 연평균 주가수익률은 죄악주의 경우 20.7%로 비죄악주의 35.9%보다 낮게 나타났다. 반면, 주가수익률 변동성은 죄악주가 40.5%로 비죄악주의 62.6%로 낮게 나타나 죄악주의 특성에 부합했다. 우리나라에서 죄악주의 주가수익률이 낮은 이유에는 여러 가지가 있을 수 있다. 첫째, 우리나라 죄악주 기업의 경우 죄악 사업 외에 다른 사업을 부가적으로 영위하기 때문일 수 있다. 주류 회사의 경우 주류 외에도 각종 음료 사업을 겸하고 있거나, 가파른 증가세를 보이는 게임 회사도 게임 외에 각종 엔터테인먼트 사업을 함께 영위하고 있는 경우가 많다. 둘째, 첫 번째와 같은 이유로 인해 죄악주에 대한 국내 투자자의 인식이 미국만큼 부정적이지 않고, 그 결과 사회적 규범과 같은 비경제적 요인으로 주가가 저평가될 유인이 적을 수 있다. 다만, 우리나라와 미국의 죄악주 특성이 큰 차이를 보이는 이유를 정확하게 분석하기 위해서는 향후 보다 엄밀한 연구가 필요해 보인다.

표 1 **우리나라 죄악주 현황** (2001 ~ 2015년)

연도	죄악주(계)	게임	주류	담배	도박	무기	성인
2001	26	5	9	1	3	7	1
2002	29	6	9	1	4	8	1
2003	30	7	8	1	4	9	1
2004	30	7	8	1	4	9	1
2005	30	7	8	1	4	9	1
2006	30	7	8	1	4	9	1
2007	32	9	8	1	4	9	1
2008	34	10	8	1	4	10	1
2009	38	13	8	1	5	10	1
2010	39	14	8	1	5	10	1
2011	40	14	8	1	5	11	1
2012	39	14	8	1	4	11	1
2013	39	14	8	1	4	11	1
2014	39	14	8	1	4	11	1
2015	41	15	8	1	4	12	1
계	516	156	122	15	62	146	15

사례문제

❶ 죄악주의 수익 원천이 무엇인지에 대해 서술하여라.

❷ 강원랜드의 최근 3년간 이익과 영업현금흐름의 추이를 살펴보아라. 이익의 질과 배당비율도 살펴보아라.

❸ KT&G의 최근 3년간 배당의 추이를 살펴보아라. 애널리스커버리지와 기관투자자 지분의 변화도 알아보아라.

내재적 자기자본비용(implied cost of equity capital)의 추정

자본비용은 경영자의 자본예산 의사결정과 투자자의 투자가치평가에서 중요한 역할을 한다. 그렇다면 어떻게 자본비용을 추정할 수 있을까? 일반적으로 자본비용은 자기자본과 타인자본의 구성비율에 따라 주주가 요구하는 자기자본비용과 채권자가 요구하는 타인자본비용을 가중평균함으로써 결정된다. 타인자본비용은 이자비용의 형태로 지급되므로 추정이 용이한 반면, 자기자본비용은 주주의 입장에서 인지하고 있는 투하자본 회수의 불확실성을 반영해야 하므로 그 추정이 상대적으로 어렵다고 알려져 있다. 자기자본비용은 주주의 입장에서 기업의 본질가치를 평가할 때 이용하는 할인율이므로 주주의 기대수익률이라고 불리기도 한다.

주주의 기대수익률(expected return), 즉 자기자본비용을 추정하는 방법은 크게 두 가지가 있다. 첫 번째 방법으로는 주식의 사후(ex-post realized) 평균수익률(이하 실현수익률)을 자기자본비용의 대용치로 이용하는 것이다. 이 방법은 지난 30~40년간 실무적으로 쉽게 추정이 가능하다는 이유로 자기자본비용 추정에 가장 많이 사용된 방법이다. 이론적으로 실현수익률은 충분히 오랜 표본 기간 동안 대량의 기업 표본들을 평균함으로써 실현수익률에 포함되고 기대수익률에는 포함되지 않은 정보효과가 제거될 것이라는 가정을 전제로 한다. 그러나 Elton(1999)[3]과 Lundblad(2007)[4]에 의하면, 실증연구에서 표본 기간을 충분히 오래 늘려도 실현수익률에 포함된 정보효과가 제거되지 않기 때문에 실현수익률과 기대수익률 간에 차이가 많이 나며, Fama and French(1997)[5]도 실현수익률로 추정한 자기자본비용이 기업수준뿐만 아니라 산업수준에서도 상당히 부정확함을 보였다.

이러한 실현수익률이 갖는 문제점을 극복하려는 목적으로, 1990년대 말부터 회계학계에서는 주주지분의 가치평가모형을 적극적으로 활용하는 방법을 제시하였다. 개별 주식의 가격이 주주지분의 본질가치라고 가정하고 애널리스트들이 추정하는 주

2 본 사례는 백복현 교수가 본 교재를 위해 별도로 집필하였다.

3 Elton, E.J., 1999, "Expected Return, Realized Return, and Asset Pricing Tests," *Journal of Finance* 54(4), pp. 1199–1220.

4 Lundblad, C., 2007, "The risk return tradeoff in the long run: 1836–2003," *Journal of Financial Economics* 85(1), pp. 123–150.

5 Fama, E.F., and K.R. French, 1997, "Industry Costs of Equity," *Journal of Financial Economics* 43(2), pp. 153–193.

당순이익의 예측치를 이용하여 가치평가모형에서의 할인율, 즉 내재적 자기자본비용 (Implied cost of equity capital)을 역산하는 방법이다. 내재적 자기자본비용은 미래에 대한 예측치에 기반한 평가모형에서 도출된 사전적(ex-ante)인 기대수익률이라는 점에서 이론적으로 우월한 방법이므로 최근 많은 연구가 진행되고 있다.[6]

이제, 구체적으로 내재적 자기자본비용을 구하는 방법을 살펴보자. 내재적 자기자본비용을 계산하기 위해서 다시 한번 제2장에서 설명한 기업가치평가 기본모형을 되돌아보자.

$$V^f = \frac{CF_1}{(1+r)^1} + \frac{CF_2}{(1+r)^2} + \frac{CF_3}{(1+r)^3} \cdots\cdots + \frac{CF_t}{(1+r)^t} + \cdots\cdots \qquad (1)$$

$$= \sum_{t=1}^{T} \frac{CF_t}{(1+r)^t} + \frac{TV_{T+1}}{(1+r)^T} \quad \text{단, } TV_{T+1} = \frac{CF_{T+1}}{(r-g)} \qquad (2)$$

$g = (T+1)$ 이후의 미래 현금흐름의 성장률

수식 (1)은 기업가치가 미래 현금흐름의 현재가치임을 보여준다. 수식 (1)의 좌변의 V(기업가치) 대신 현재 거래되는 주식가격과 부채가치 합을 넣고, 수식 (1)의 우변의 분자에 있는 미래 현금흐름을 추정한 후 수식 (1)의 좌변과 우변을 같게 해 주는 수식 (1)의 우변의 분모에 있는 할인율(r)이 내재적 자본비용이다. 간단히 말하자면, 내재적 자본비용은 미래 현금흐름의 현재가치를 현재 거래되는 주식가격과 부채의 가치 합을 같게 만드는 할인율이다. 다만, 수식 (1)의 우변의 분자에 있는 무한개의 확정되지 않은 미래 현금흐름을 실무적으로 추정하기는 어렵다. 따라서, 내재적 자본비용을 구할 경우에는 수식 (2)와 같이 특정시점(T)까지 미래 현금흐름은 직접추정하고, ($T+1$) 이후의 기간부터 미래 현금흐름은 성장률 g로 일정하게 성장한다는 가정하에 잔존항(Terminal Value)[7]으로 처리하여 추정한다. 많은 경우, 특정시점(T)까지 미래

6　이외에도 투자자들에게 직접 설문조사를 실시하여 자본비용을 추정할 수 있다. 그러나 설문조사 방법은 정확하지 않기 때문에 실무에서는 거의 사용되지 않는다.

7　잔존항(Terminal Value)은 미래 현금흐름이 특정시점($T+1$) 이후의 기간부터 성장률 g로 일정하게 성장한다는 가정에 영구연금(Perpetuity) 공식을 이용해서 아래와 같이 유도할 수 있다.

$$TV_{T+1} = \frac{CF_{T+1}}{(1+r)^{T+1}} + \frac{CF_{T+2}}{(1+r)^{T+2}} + \frac{CF_{T+3}}{(1+r)^{T+3}} + \cdots = \frac{CF_{T+1}}{(1+r)^{T+1}} + \frac{CF_{T+1}(1+g)}{(1+r)^{T+2}} + \frac{CF_{T+1}(1+g)^2}{(1+r)^{T+3}} + \cdots = \frac{CF_{T+1}}{(r-g)}$$

292

현금흐름은 애널리스트 예측치를 이용한다. 내재적 자본비용을 구했으면 부채비율과 부채비용을 찾아내어 내재적 자기자본비용을 구한다.

기업가치(Enterprise Value) 대신 주가를 이용하여 내재적 자기자본비용을 구할 수 있다. 내재적 자기자본비용은 수식 (1) 또는 수식 (2)의 분자부분을 측정하는 방법에 따라 크게 초과이익모형(Residual Income Model)에 근거한 방법(Claus and Thomas, 2001; Gebhardt 외 2인, 2001)과 초과이익성장모형(Abnormal Earnings Growth Model)에 근거한 방법이 있다(Gode and Mohanram, 2003; Easton, 2004).

초과이익모형은 배당할인모형을 기본으로 배당과 당기순이익 및 자기자본(순자산) 증감 사이의 일정한 관계(Clean Surplus Relation: CSR)를 전제로 하여 유도된 모형으로서, 주로 회계정보에 근거하여 주주지분의 가치를 산출하는 모형이다.[8] 여기서 초과이익이란 주주의 기대이익을 초과하는 이익으로 "당기순이익-주주의 요구수익률×순자산가치"로 측정된다. 일반적인 초과이익모형은 다음 식과 같으며, 여기서 $(eps_t - r_e \cdot bps_{t-1})$은 t시점에서의 초과이익을 의미한다.

$$V_e = bps_0 + \sum_{t=1}^{\infty} \left(\frac{eps_t - r_e bps_{t-1}}{(1+r_e)^t} \right)$$

V_e: 주주지분의 가치(주식가격), bps_0: 기초 주당 순자산가치,

eps_t: t기 주당 당기순이익, bps_t: t기 주당 순자산가치, r_e: 자기자본비용

이와 같은 초과이익모형은 주주의 관점에서 출발하여, 회사의 순자산이 주주의 요구수익률을 초과하는 순이익을 창출하는 경우에만 주주의 경제적 부가 증가한다는 것을 명확히 보여준다. 또한 초과이익모형은 현재의 순자산 장부가치(bps_0)를 기초로 미래 초과이익의 추정치를 가산하여 주주지분의 가치를 산출하기 때문에, 미래 현금흐름의 추정치만을 사용하는 현금흐름할인모형이나 배당할인모형에 비하여 불확실성이 크게 감소하는 장점이 있다.

다음으로, 초과이익성장모형은 초과이익모형과 마찬가지로 배당할인모형을 기본으로 유도되는 주주지분 가치평가 모형이다. 초과이익성장모형이 초과이익모형과 다른 점

---

8 CSR이란, 기말 자기자본(순자산)과 기초 자기자본(순자산)의 차액에서 배당을 뺀 금액이 당기순이익과 동일하다는 등식관계를 의미한다.

은, CSR의 가정을 배제하고 기대이익과 기대이익의 초과성장에 초점을 두어서 순자산의 장부가치 대신 자본화된 기대이익을 사용하고 있다는 점이다. 초과이익모형에서는 재무상태표 정보(순자산의 장부가치)가 필요한 반면, 초과이익성장모형은 기대이익 정보만을 이용하는 특징이 있다. 위의 초과이익모형에서 순자산의 장부가치를 자본화된 기대이익으로 바꾸고 이를 직관적으로 이해하기 쉽게 변형시킨 초과이익성장모형은 다음과 같다.

$$V_e = \frac{eps_1}{r_e} + \sum_{t=2}^{\infty} \left(\frac{eps_t + r_e dps_{t-1} - (1+r_e)\,eps_{t-1}}{r_e\,(1+r_e)^{t-1}} \right)$$

$$= \frac{eps_1}{r_e} + \sum_{t=2}^{\infty} \left(\frac{agr_t}{r_e\,(1+r_e)^{t-1}} \right)$$

V_e: 주주지분의 가치(주식가격), dps_t: 주당 배당금,
eps_t: t기 주당 당기순이익, r_e: 자기자본비용

초과이익성장모형은 초과이익의 흐름에 추가적인 제약을 덧붙임으로써 보다 간단하게 표현될 수 있다. 즉, 초과이익은 γ의 비율로 성장하되 그 성장률($\gamma = g_{agr}$)이 할인율보다는 작아야 한다는 제약이 반영된 초과이익성장모형은 다음과 같다.[9]

$$V_e = \frac{eps_1}{r_e} + \frac{agr_2}{(r_e - g_{agr})\,r_e}$$

$Z_t: = [eps_{t+1}: + r_e dps_t: -(1+r_e)eps_t]/r_e = agr_2/\mathrm{re},$
$Z_{t+1} = \gamma,$
$Z_t:$ where $1 \leq \gamma(=g_{agr}) < (1+r_e)$ and $Z_1: > 0)$

흥미롭게도 실무에서 흔히 접하는 price-earnings-growth(PEG) ratio와 price-earnings(PE) ratio는 초과이익성장모형의 특수 형태이다. 기본적인 초과이익성장모형에 $g_{agr} = 0$과 $dps_1 = 0$이라는 가정이 더해지면 PEG ratio를 계산할 수 있고, 여기에 추가로 $agr_2 = 0$이라는 가정이 더해지면 PE ratio를 계산할 수 있다.

---

9 초과이익성장모형의 유도과정을 좀 더 자세히 알고 싶다면 Gode and Mohanram(2003, *Review of Accounting Studies*)과 Ohlson and Juettner-Nauroth(2005, *Review of Accounting Studies*) 연구를 참조하기 바란다.

	year					
	2006	2007	2008	2009	2010	2011
Earnings per Share(eps)		3.02	3.45	3.83	4.22	4.60
Dividends per Share(eps)		1.41	1.54	1.66	1.78	1.90
Book value per Share(eps)	20.15	21.76	23.67	25.85	28.28	30.98

다음에서는 간단한 P&G 사례를 이용하여 초과이익모형과 초과이익성장모형을 이해하도록 해 보자.

2006년에 ValueLine이라는 투자자문회사에서는 P&G의 미래 주당순이익(eps), 주당배당금(dps), 주당 순자산 장부가치(bps)에 대한 추정 정보를 아래의 테이블과 같이 제공하고 있다. 추정시점의 주식가격(p)은 \$55.60, 2011년 이후 회사의 초과이익성장률 g는 4.324%, g_{agr}은 0.12%라고 가정하고 초과이익모형과 초과이익성장모형에서 각각 자기자본비용을 계산해 보자.

초과이익모형에서 자기자본비용을 구하기 위해서, 위에서 소개한 모형을 특정시점까지 초과이익을 직접 추정하고, ($T+1$) 이후의 기간부터 초과이익은 성장률 g로 일정하게 성장한다는 가정하에 잔존항(Terminal Value)으로 처리하여 추정하는 모형으로 변환해야 한다. P&G 사례에서는 T=5를 가정한다. 다음의 식을 이용하여 초과이익모형에서의 자기자본비용을 추정해 보면 r_e=9.05%이다.

$$V_e(p_0)=bps_0+\sum_{t=1}^{T}\left(\frac{eps_t-r_ebps_{t-1}}{(1+r_e)^t}\right)+\left(\frac{(eps_T-r_ebps_{T-1})(1+g)}{(r_e-g)(1+r_e)^T}\right)$$

$$55.60 = 20.15+\frac{(3.02-r_e\times20.15)}{(1+r_e)}+\frac{(3.45-r_e\times21.76)}{(1+r_e)^2}+\frac{(3.83-r_e\times23.67)}{(1+r_e)^3}$$

$$+\frac{(4.22-r_e\times25.84)}{(1+r_e)^4}+\frac{(4.60-r_e\times28.28)}{(1+r_e)^5}+\frac{(4.60-r_e\times28.28)\times1.04324}{(r_e-0.04324)\times(1+r_e)^5}$$

한편, 초과이익성장모형은 모형의 유도과정은 복잡하지만 위에서 간단하게 정리하였고 $agr_2(=eps_2+r_edps_1-(1+r)eps_1)$=0.266이므로 이를 이용하여 자기자본비용을 추정해 보면 r_e=10.18%임을 알 수 있다.

$$55.60 = \frac{3.02}{r_e} + \frac{0.266}{(r_e - 0.001) \times r_e}$$

초과이익모형과 초과이익성장모형은 이론적으로 동일한 모형임에도 불구하고, 위의 사례에서는 자기자본비용이 각각 9.05%와 10.18%로 조금 다르게 나타나고 있다. 이는 영구(perpetuity) 기간을 가정하는 이론적인 모델과는 달리 실증연구에서는 유한한 기간 동안만 추정이 가능하기 때문이다. 추정기간 동안의 초과이익이나 초과이익의 장기성장률에 대한 가정이 다르기 때문에, 실무에서는 이런 차이가 발생하게 된다.[10]

사후 실현수익률과 비교했을 때, 내재적 자기자본비용이 주주의 기대 요구수익률의 대용치(proxy)로서 갖는 장점은 크게 두 가지이다. 첫째, 내재적 자기자본비용은 본질적으로 미래관점(forward-looking)의 측정치이다. 즉, 회사의 미래 현금흐름의 현재가치를 미래의 정보를 반영하는 주식가격과 같게 만드는 할인율이다. 따라서, 기대 요구수익률의 합리적인 대용치가 될 수 있고, 사후 실현수익률을 사용하였을 때에 생길 수 있는 잡음에 관한 문제들을 피할 수 있다. 둘째, 내재적 자기자본비용은 특정한 자산가격결정모형(asset pricing model)에서만 국한되어 쓸 수 있는 측정치가 아니다. 즉, 어떤 가격결정모형에 연결되어서 측정되지 않으므로, 잘못된 자산가격결정모형에서 자유롭다고 할 수 있다.

내재적 자기자본비용의 유용성을 제시하는 연구결과들은 많다. 일례로, Gebhardt 외 2인(2001)[11]은 초과이익모형에 근거한 자기자본비용이 산업분야(industry membership), 장부가치/시장가치 비율(B/M ratio), 예측장기성장률(forecasted long-term growth rate), 애널리스트의 예측이익분산도(the dispersion in analyst earnings forecasts)와 같은 변수들의 함수임을 보였다. 그리고 이 변수들이 미래 자기자본비용에 대한 예측력을 가지고 있다는 연구결과는 투자계획을 하는 경영자나 종목선정을 하는 투자자들을 위하여 자본비용을 예측하는 새로운 가능성을 시사했다고 볼 수 있다.

10 Easton et al.(2002, *Journal of Accounting Research*)과 Easton(2004, *The Accounting Review*)은 내재적 자기자본비용 추정시 장기성장률의 가정이 매우 중요함에도 불구하고 선행 연구에서는 장기성장률에 대해 임의적으로 가정하고 있다고 지적하고, 포트폴리오를 구성하여 자기자본비용과 장기성장률을 모델 내에서 동시에 추정하는 방법을 제시하였다.

11 Gebhardt, W., C. Lee, and B. Swaminathan, 2001, "Toward an implied cost of capital," *Journal of Accounting Research* 39(1), pp. 135-176.

표 1	국내 주식시장의 평균 자기자본비용(Implied cost of equity capital, 2000~2009년)				
연 도	Claus and Thomas (2001)	Gebhardt 외 2인 (2001)	Gode and Mohanram (2003)	Easton (2004)	국고채 5년
2000	10.70%	17.90%	21.20%	20.50%	8.86%
2001	10.90%	18.20%	19.40%	18.70%	6.45%
2002	12.40%	18.00%	20.10%	19.50%	6.29%
2003	12.00%	17.80%	18.30%	18.10%	4.18%
2004	14.10%	20.90%	21.00%	20.80%	4.55%
2005	12.10%	16.30%	18.40%	18.30%	3.93%
2006	12.00%	15.10%	18.90%	18.60%	5.01%
2007	9.30%	12.80%	15.80%	15.30%	5.26%
2008	10.70%	13.50%	18.00%	17.40%	5.80%
2009	10.40%	14.40%	18.60%	18.20%	4.69%

한편, 내재적 자기자본비용은 기존의 가격결정이론으로는 설명되지 않는 미국 주식시장의 높은 주식프리미엄에 대한 새로운 시각을 제시하기도 한다. Claus and Thomas(2001)[12]는 내재적 자기자본비용을 이용해서 1985~1998년 사이의 미국 주식시장의 평균 주식 프리미엄이 약 3%라고 추정했다. 이 수치는 그동안 쓰여져 왔던 사후 실현수익률을 통해 구해진 약 8%와 비교해 보면 상당히 낮은 것을 알 수 있다.

그렇다면 국내 주식시장에 대한 투자자들의 기대 요구수익률은 얼마나 될까? 흔히 많이 사용되는 네 종류[13]의 방법을 이용해 보았다. [표 1]에서 보듯이 각각의 방식에 의해 추정된 내재적 자기자본비용은 최저 9.3%에서 최고 21.2%, 평균적으로는 16.4%에 달하는 것을 볼 수 있다. 일반적으로 무위험 이자율로 간주되는 만기 5년

---

12 Claus, J., and J. Thomas, 2001, "Equity premia as low as three percent? Evidence from analysts' earnings forecasts for domestic and international stock markets," *Journal of Finance*, 56(5), pp. 1629–1666.

13 Claus and Thomas(2001)와 Gebhardt, Lee and Swaminathan(2001)의 모형은 초과이익모형에 근거한 자기자본비용이고, Gode and Mohanram(2003)와 Easton(2004)의 모형은 초과이익성장모형에 근거한 자기자본비용이다.

| 표 2 | 국내 주요기업의 자기자본비용(Implied cost of equity capital, 2021년 12월 31일 기준) |

기업	Claus and Thomas(2001)	Gebhardt 외 2인(2001)	Gode and Mohanram(2003)	Easton (2004)
CJ대한통운	5.58%	5.95%	18.00%	16.95%
SK하이닉스	16.17%	12.82%	32.45%	31.46%
현대차	8.90%	10.76%	24.21%	23.24%
삼성전자	11.76%	8.79%	21.73%	20.78%
삼성SDI	16.61%	13.46%	12.38%	11.32%
삼성물산	5.49%	6.66%	15.16%	14.20%
NAVER	14.33%	13.33%	11.80%	10.76%
카카오	19.51%	11.24%	6.58%	5.50%
포스코인터내셔널	13.77%	15.15%	32.01%	31.10%
LG화학	13.16%	15.39%	14.86%	13.86%
셀트리온	14.08%	12.18%	8.77%	7.69%
KB금융	14.12%	19.04%	40.85%	39.93%
평균	12.79%	12.06%	19.90%	18.90%

국고채 이자율과 비교해 볼 때, 위험에 대한 보상으로 투자자가 요구하는 추가 수익률이 크다는 것, 즉 기업측면에서는 자기자본비용이 크다는 것을 알 수 있다.

　　[표 2]는 국내 주요 상장기업의 자기자본비용은 얼마나 되는지 보여준다. 한국거래소에 상장된 가장 큰 12개 기업을 골라 보았다. 자본비용은 5.58~40.85%의 범위로, 평균적으로는 15.91%이며 앞서의 전체 주식시장의 경우와 마찬가지로 높은 수준의 자기자본비용이 드는 것을 볼 수 있다.

　　하지만 내재적 자기자본비용이 앞에서 언급한 많은 장점에도 불구하고 몇 가지 단점을 갖고 있다. 위에서 언급했듯이 대부분의 경우 내재적 자기자본비용을 계산할 때 미래 현금흐름추정치로 애널리스트 예측치를 사용한다. 하지만 애널리스트는 상장회사 전체에 대한 예측치를 제공하지는 않는다. 따라서 애널리스트 예측치가 없는 회사의 경우에는 자본비용을 계산할 수 없다. 또한 연구결과에 의하면 애널리스트 예측치는 낙관주의적(optimistic) 편의(bias)를 갖는다고 잘 알려져 있다. 이러한 경우에, 내재적 자기자본비용 또한 편의(bias)를 갖게 된다. 이렇게 애널리스트가 예측치를 사용해서 미래 현금흐름을 추정할 경우의 문제점을 극복하기 위하여 최근의 연구[14]에서는 통계모형을 사용해서 미래 현금흐름을 예측하는 방법이 제시되었다.

결론적으로, 아직까지 자기자본비용을 계산하기 위한 최선의 방법이 밝혀지지 않은 상황에서 내재적 자기자본비용은 단점에 비해 장점이 많고 지금도 활발히 연구되고 있으며 향후에도 지속적인 발전이 기대되는 자기자본비용 추정방법이다.

---

14 관심 있는 독자는 다음의 연구를 참조하기 바란다. Hou, K., M.A. van Dijk, and Y. Zhang, 2012, "The Implied Cost of Capital: A New Approach", Journal of Accounting and Economics 53(3), pp. 504–526.

사례문제

❶ 자기자본비용을 구할 때 실현 수익률을 쓰거나 내재적 기대수익률을 쓰는 두 가지 방법이 주로 사용되는데, 이 두 방법의 차이점을 설명하라.

❷ [표 3]에 등장한 기업 중 5개의 기업을 선정하여라. P&G 사례를 참고하여 이 기업들의 작년도 말 재무제표를 분석하고, FnGuide 등에서 수집한 애널리스트 예측치를 이용하여 내재적 자기자본비용을 구하라. FnGuide가 이용가능하지 않다면 인터넷에서 애널리스트가 발표한 미래 이익 예측치를 찾아 사용해도 된다.

❸ 인터넷에서 선정된 5개 기업의 베타를 찾아라. 이 베타 수치가 계산한 내재적 자기자본비용과 어떤 상관관계가 있는지 설명하여라.

CHAPTER

8

이익의 특징, 이익의 질 및 이익예측

01　이익의 특징과 이익의 질

　　제 6 장에서 우리는 이익창출능력을 분석하는 기본적인 틀을 소개하였다. 이익창출능력분석은 기업의 과거와 현재의 이익상황을 보여줌으로써 미래의 이익수준을 분석하는 기초를 제공한다. 이익예측에 대해 설명하기 전에 이 장에서 먼저 이익과 같은 회계정보의 시계열적인 특징을 소개하고자 한다. 과거와 현재의 이익수치는 미래의 이익창출능력과 밀접하게 관련되어 있다. 이익예측과정에서 이런 시계열적 특징의 영향을 이해해야만 예측정확도를 높일 수 있다.

　　이익의 특징과 이익의 질은 불가분의 관계에 있다. 여기서 말하는 이익의 질은 다른 정보를 활용하지 않고 과거의 이익 수치만으로 예측한 미래이익의 정확도를 의미한다. 만약 과거와 현재의 이익수준에 근거한 미래이익 예측의 정확도가 높으면 이익의 질이 높다고 하며, 예측의 정확도가 낮으면 이익의 질이 낮다고 한다. 그 이유는 실무에서 이익정보가 투자결정에 미치는 영향이 다른 정보보다 훨씬 크기 때문이다. 이론적으로 기업의 가치는 미래현금흐름(이익)의 현재가치이기 때문에 이익은 가치평가 및 가치변동 과정에서 핵심적인 역할을 한다. 실무에서 볼 때에도 투자자가 제일 큰 관심을 가지는 회계정보는 기업이 공시하는 연간 및 분기 이익이다. 상장사가 이익정보를 공시할 때가 되면 투자자들은 각별한 관심을 보인다. 그렇기 때문에 이익이 공시되자마자 주가가 급변한다. 이 타이밍을 놓치면 큰 손실을 입을 수도 있다. 따라서 이익공시 후 신속한 변화가 발생하는 상황하에서 투자자는 공시된 정보가 기업가치에 미치는 영향을 빨리 판단해야 한다. 이런 가치판단 과정에서 기타 많은 정보를 모두 종합하기 어렵기 때문에, 다른 모든 정보를 요약한 핵심적인 정보라고 할 수 있는 이익정보가 투자결정을 하는 데에 가장 중요한 정보가 되는 것이다. 그러므로 이익의 질이 가치평가 과정에서 아주 중요하다.

　　그렇다면 짧은 시간 내에 비교적 정확한 미래이익예측에 필요한 이익의 질은 어떻게 측정하는 것일까? 이익의 질을 결정하는 가장 중요한 요소는 이익의 지속성이다. 이익의 지속성은 현재의 이익이 미래 기간에도 계속 유지될 수 있는 정도를 가리킨다. 만약 올해의 주당순이익이 1원이고 내년 주당순이익도 1원이면 이익의 지속성이 높다고 할 수 있다. 그러나 내년 주당순이익이 0.8원 또는 1.2원이면 지속성이 비교적 낮다고 할 수 있다. 만약 투자자가 특정기업의 이익의 지속성이 비교적 높다는 것을 알고 있다면 현재의 이익에 근거하여 비교적 정확하게 미래이익을 예측할 수 있다. 그러나 이익의 지속성이 낮다면 현재의 이익수준에만 근거하여 짧은 시간 내에 미래이익을 정확히 예측하기는 어렵다.

이익의 지속성을 이익의 질을 측정하는 지표로 삼는 것에는 이론적 근거뿐 아니라 실증적인 근거 또한 존재한다. 이론적으로 통계학적 예측을 위한 방법론 중 랜덤워크모형(Random Walk Model)이라는 모형이 있는데, 이 모형은 한 변수의 시계열 데이터가 랜덤워크모형에 부합하면 현재의 수치가 미래의 예상치에 대한 가장 적합한 예상치라는 이론이다. 그러므로 해당 변수의 당기수치를 미래수치에 대한 예측값으로 사용하는 것이다. 미국 상장사의 이익 자료를 이용하여 회계학자들이 분석한 연구결과를 보면 주당이익이 기본적으로 랜덤워크모형에 따라 움직인다는 사실이 드러난다. 그러므로 투자자는 현재의 이익수준에 근거하여 미래이익수준을 예측할 수 있다.

당연히 랜덤워크모형에 부합하는 이익은 지속성이 높은 이익이다. 그러나 학술연구의 대상은 전체 상장사의 평균수준이므로 회사간 지속성 수준의 차이를 무시한 것이다. 일반적으로 투자자는 모든 상장사의 주식을 보유할 수 없기 때문에 기업간 이익지속성의 차이는 투자자가 보유하고 있는 주식의 이익예측에 부정적인 영향을 끼치게 된다. 그러므로 이 장은 투자자들이 상장사간 이익지속성의 차이를 체계적으로 분석하여 이익예측의 정확성을 향상시키도록 도와주는 것을 목적으로 한다.

현실적인 측면에서 보면 인간의 정보처리능력에는 한계가 있다. 우리는 아주 짧은 시간 내에 복잡한 정보를 처리하는 능력이 제한되어 있다. 예를 들면, 이익공시 후 몇 분 이내에 공시된 모든 정보를 처리하지 못한다. 그러므로 복잡한 정보 중에서 비교적 간단하고 명확한 정보를 선택하여 판단의 근거로 사용한다. 예를 들면, 다양한 회계정보 중에서 다양한 정보가 집약된 이익정보를 이용하여 투자의사결정을 하는 것이다. 그 결과 투자자는 투자결정의 초점을 의식적으로 이익정보에 고정시키고 기타 다른 정보의 영향을 무시하게 된다. 이익에는 많은 정보가 요약되어 있기는 하지만 모든 정보가 다 포함된 것은 아니다. 하지만 투자자들은 의사결정과정에서 이익정보를 가장 중요시한다.

결론적으로 이익의 질은 투자분석과정에서 고려하는 중요한 요소들 중 하나이고, 이익의 지속성은 이익의 질의 가장 중요한 측면이다. 이 장에서는 발생주의 회계, 보수주의 원칙 및 이익의 평균 회귀적 특징 등이 이익의 지속성에 미치는 영향을 공부할 것이다.

이익의 지속성은 이익의 질을 측정하는 중요한 지표이다. 이익의 지속성이 높을수록
투자자가 공시된 이익에 근거하여 내린 투자의사결정이 더욱 정확하다.

02 발생액(accruals), 현금 및 이익의 지속성

발생주의 회계는 현대 회계체계의 기초이다. 우리가 앞장에서 설명하였듯이 발생주의 회계에 근거한 수익인식 기준은 해당 수익에 대한 권리취득 여부이지 현금수취 여부가 아니며, 비용의 인식기준은 지출의무 발생여부이지 현금지급 여부가 아니다. 그러므로 발생주의 회계에 근거한 손익계산서의 이익은 기업이 취득할 권리가 있다고 판단하여 인식한 이익이지 이미 수취한 현금이 아니다. 따라서 이익은 이미 현금으로 수취한 현금이익과 아직 현금으로 수취하지 못하였지만 미래기간에 현금으로 수취할 권리가 있는 발생액 두 부분으로 구분할 수 있다. 예를 들면, 기업이 100만원의 상품을 판매하였는데 고객이 60만원은 현금을 지급하였고 나머지 40만원은 차후에 지급하기로 하여 40만원의 미수금이 발생하였다. 이 경우 손익계산서에서 이익은 100만원 증가(비용을 고려하지 않음)하는데, 그 중 60만원은 현금이익이고 40만원은 발생액이다.

현금주의 회계에 비해 발생주의 회계의 장점은 기업이 취득한 이익과 지불한 대가를 더욱 잘 대응시킬 수 있다는 점이다. 그러나 현금이익은 불확실성이 거의 존재하지 않고 이미 달성한 영업성과이지만 발생액은 그렇지 않다. 예를 들어, 거래처가 파산하여 미수금을 회수하지 못할 가능성도 있다. 기타 원인으로 형성된 발생액 역시 회수에 불확실성이 존재한다. 그러므로 발생액은 최종적으로 현금으로 전환되지 못할 가능성도 있기 때문에 기업가치창출의 측면에서 보면 발생액의 질은 현금이익보다 낮다. 즉, 금액이 동일하다면 현금이익은 발생액보다 가치가 더 높다.

발생액과 현금이익이 기업의 미래이익예측에 미치는 영향은 약간 다르다. 발생액은 현금이익보다 지속성이 낮다. 여러 회계학자들이 발생액과 현금이익의 지속성 차이에 대한 연구를 수행한 바 있다. 이 중 상대적으로 후대의 연구인 Sloan(1996)은 체계적이고 설

득력 있는 연구를 수행하였다. 이 논문은 1962~1991년 동안의 30년간 미국 상장사의 데이터를 이용하여 발생액과 현금이익의 지속성 차이를 연구하였다.[1]

현재 국제회계기준, 미국회계기준 및 한국회계기준 모두 기업이 현금흐름표를 작성할 것을 요구한다. 현금흐름표에는 영업활동으로 인한 현금흐름, 즉 현금이익을 보고하여야 한다. 발생액은 당기순이익에서 영업활동으로 인한 현금흐름을 차감하여 계산한다. 현금흐름표가 없을 경우에도 발생액을 손익계산서와 재무상태표로부터 직접 계산할 수 있다. Sloan(1996)에서 제시된 다음 계산방법은 현재 비교적 보편적으로 사용되고 있다.

8.1

발생액=비현금유동자산의 변화-(유동부채의 변화-유동성 장기부채의 변화-미지급법인세의 변화)-당기 감가상각비

수식 중의 모든 항목의 변화는 당기 초부터 당기 말까지 해당항목 잔액의 변화를 가리킨다. 기본적으로 이 계산방법에 따르면 발생액은 경영활동중의 비현금수익에서 비현금비용을 감한 잔액, 즉 인식한 이익 중 현금으로 수취하지 못한 부분을 보여준다. 당기순이익에서 발생액을 빼면 현금이익이 된다.

Sloan(1996)은 미국 상장사의 과거이익 자료를 이용하여 당기이익과 차기이익의 관계를 연구하였다. 차기이익을 종속변수로 당기 현금이익과 당기 발생액을 독립변수로 놓고 회귀분석한 결과를 보면, 현금이익의 계수값은 0.855이고 발생액의 계수값은 0.765였다. 즉, 당기이익 중의 현금이익이 1원일 경우 차기에 대응되는 이익은 0.855원인데, 당기의 발생액이 1원일 경우에는 차기에 대응되는 이익이 0.765원이라는 의미이다. 즉, 당기 발생액 1원 중 차기에 지속적으로 발생하는 이익은 0.765원이라는 의미이다. 이런 내용을 보면 발생이익의 지속성이 현금이익보다 약간 낮다는 것을 알 수 있다. 만약 투자자가 차기이익을 예측할 때 랜덤워크모형을 사용하고, 당기이익 중 발생액의 비중이 아주 크다고

---

[1] Sloan(1996)은 투자자들이 이익의 두 구성요소인 발생액과 현금이익의 지속성을 잘 파악하고 있지 못하며, 이를 투자의사결정에 반영하지 않는다는 것을 보여주었다. 발생액은 상대적으로 지속성이 낮아서 이익에서 발생액 비중이 높은 기업은 미래에 이익이 감소할 확률이 높고, 따라서 주가가 하락할 가능성이 높다. 그럼에도 불구하고 투자자들은 이익 수치에만 집착하여 투자의사결정을 내리는 것으로 분석됐다. 하지만 발생액과 현금이익의 지속성을 잘 파악하고 투자할 경우에 초과수익률을 얻을 수 있음을 보여주었다. 본 연구는 회계학 연구에 큰 반향을 일으켰으며 실무에서도 이를 이용한 투자전략이 실행되었다.

가정해 보자. 그렇다면 현재이익에 기초해서 미래이익을 평가할 경우 투자자가 기업가치를 과대평가할 가능성이 더 높고, 과대평가의 정도 또한 더 심할 것이다.

위에서 설명한 두 회귀계수가 모두 0과 1 사이에 있다는 것은 이 두 가지 이익이 모두 평균 회귀적 특징을 가지고 있음을 보여준다.

Sloan(1996)은 1962~1991년 사이의 자료를 이용하여 매년 모든 상장사를 '발생액/자산'의 크기에 따라 가장 작은 것으로부터 큰 기업까지 10개 포트폴리오로 나누었다. 첫 번째 포트폴리오는 그 해의 자산대비 발생액 비중이 제일 적은 10% 기업들이고, 열 번째 포트폴리오는 발생액이 가장 많은 10% 기업들이다. 그 다음 각 포트폴리오의 매년 자산 대비 발생액 비중의 평균치를 계산한 후, 다시 각 포트폴리오 발생액의 평균치의 30년간 평균을 구하였다. [표 8-1]에서, 첫째 포트폴리오의 자산대비 발생액 비중의 30년간 평균 치가 -18%(총자산 대비 발생액의 비중이 18%라는 의미이다)로 음수(-)이다. 바로 아랫줄에 괄호 안에 표시된 수치는 중간값을 의미한다. 즉, 첫 번째 포트폴리오에 속한 기업들의 총자산 대비 발생액 비중의 중간값이 -15%라는 것이다. 그 아래에는 포트폴리오별로 현금이익의 평균값과 중간값, 당기순이익의 평균값과 중간값이 보고되어 있다. 열 번째 포트폴리오를 보면 30년간 평균 자산대비 발생액 비중은 15%라는 것을 알 수 있다.

이제 발생액의 비중이 낮은 포트폴리오와 높은 포트폴리오를 비교해 보자. 발생액의 비중이 커질수록 현금이익의 비중이 줄어드는 것을 볼 수 있다. 반대로, 발생액의 비중이 커질수록 당기순이익은 늘어나는 것을 볼 수 있다. 발생액과 현금이익은 음의 상관관계를

표 8-1 **당기순이익, 발생액 및 현금이익간의 대조관계**(Sloan, 1996)

이익 구성	발생액의 크기에 따른 포트폴리오 구분									
	최저	2	3	4	5	6	7	8	9	최고
발생액	-0.18	-0.09	-0.07	-0.05	-0.03	-0.02	0.00	0.02	0.05	0.15
	(-0.15)	(-0.09)	(-0.06)	(-0.05)	(-0.03)	(-0.02)	0.00	(-0.02)	(-0.05)	(-0.12)
현금 이익	0.22	0.18	0.16	0.15	0.13	0.12	0.12	0.10	0.08	0.00
	(0.23)	(0.18)	(0.16)	(0.15)	(0.13)	(0.13)	(0.11)	(0.10)	(0.07)	0.00
당기 순이익	0.07	0.09	0.10	0.11	0.11	0.11	0.12	0.13	0.13	0.15
	(0.07)	(0.09)	(0.09)	(0.10)	(0.10)	(0.11)	(0.11)	(0.12)	(0.13)	(0.13)

가지고 있으며 발생액과 당기순이익은 양의 상관관계를 가지고 있다는 것을 알 수 있다.

발생액의 지속성이 현금이익보다 낮으며, 투자자는 랜덤워크모형에 의해 당기이익에 근거하여 미래이익을 예측하는 경향을 갖고 있다는 것을 위에서 설명한 바 있다. 그 결과 첫 번째 포트폴리오나 열 번째 포트폴리오에 속한 기업의 차기이익을 예측할 때 체계적 오차가 발생할 가능성이 높다. 투자자는 발생액이 높은 열 번째 포트폴리오에 속한 기업들의 당기의 높은 이익수준이 지속될 것이라고 짐작하지만, 실제로는 그 반대로 차기이익이 오히려 감소할 가능성이 높다. 이와 동일하게 첫 번째 포트폴리오에 속한 기업들의 당기의 낮은 이익수준이 지속될 것이라고 투자자들이 생각할 가능성이 높지만 사실 이들 기업의 차기이익은 증가할 가능성이 높다. 그러므로 투자자는 열 번째 포트폴리오에 속한 기업들의 차기이익과 주가를 과대평가하게 된다. 그 결과 시간이 지남에 따라 실제 이익이 알려져서 주가가 하락할 때 발생액 비중이 높은 기업의 주식을 보유한 투자자들은 손실을 입게 된다. 마찬가지로 투자자들은 첫 번째 포트폴리오에 속한 기업들의 차기이익과 주가를 과소평가할 수 있다. 이들 기업은 시간이 지남에 따라 높은 미래이익이 알려져서 주가가 상승하는데, 발생액에 대한 잘못된 판단으로 해당 주식을 매입하지 않았거나 매도한 투자자들은 손실을 입게 된다.

투자자들이 발생액이 높은 회사의 주식가치를 과대평가하고 발생액이 낮은 회사의 주식가치를 저평가한다는 것을 증명하기 위하여, Sloan(1996)은 발생액에 근거하여 가상의 투자를 해 보았다. [표 8-2]는 Sloan(1996)에서 보여준 1962~1991년 30년간의 각 발생액 투자포트폴리오의 미래 1~3년간의 자료를 평균규모조정한 초과 투자수익률이다. 각 포트폴리오별로 첫 번째 행은 평균수익률, 두 번째 행은 수익률이 0과 유의적으로 다른지를 측정한 t값이다. *(**)의 표시는 해당 수익률이 5(1)% 수준에서 0과 유의적으로 다르다는 의미이다.

당기 발생액/자산에 근거하여 투자포트폴리오를 구성하였을 때, 1년 보유시 첫 번째 포트폴리오(발생액이 제일 낮은 기업)의 초과 투자이익은 4.9%이고 열 번째 포트폴리오(발생액이 제일 높은 기업)의 초과 투자이익은 -5.5%였다. 이는 투자자가 발생액의 지속성 때문에 미래의 이익수준을 잘못 예측하였음을 보여준다. 사실 미국증시에서는 공매도가 가능하기 때문에 투자자는 헤징(hedging)전략을 세워 먼저 열 번째 포트폴리오의 주식을 공매도하여 취득한 자금으로 첫 번째 포트폴리오의 주식을 매입할 수 있다. 그러면 투자자는 자신의 자금을 사용하지 않고도 매입과 공매도를 통하여 위험을 헤지하여 미래 1년간에

308

발생액에 따른 포트폴리오 구분	규모조정 초과 투자수익		
	year $t+1$	year $t+2$	year $t+3$
최저	0.049	0.020	0.010
	(2.65)**	(1.17)	(0.55)
2	0.028	0.019	0.006
	(3.60)**	(1.65)	(0.68)
3	0.024	0.012	−0.006
	(3.84)**	(2.27)*	(−0.86)
4	0.012	0.001	0.020
	(1.66)	(0.05)	(2.72)*
5	0.001	0.002	0.006
	(0.03)	(0.22)	(0.86)
6	0.010	0.005	0.016
	(1.43)	(0.72)	(1.90)
7	−0.002	0.003	−0.006
	(−0.22)	(0.60)	(−0.83)
8	−0.021	−0.002	−0.001
	(−3.03)**	(−0.31)	(−0.01)
9	−0.035	−0.018	−0.015
	(−3.70)**	(−2.52)*	(−1.60)
최　고	−0.055	−0.032	−0.022
	(−3.98)**	(−2.25)**	(−1.61)
헤지 수익률	0.104	0.048	0.029
	(4.71)**	(3.15)**	(1.64)

표 8-2　발생액과 미래 투자이익의 관계

10.4%(=4.9%−(−5.5%))의 초과 투자이익을 취득할 수 있다.

[표 8-2]는 발생액에 근거한 헤징전략이 두 번째 해에도 통계적으로 유의한 4.8%의 초과이익을 창출할 수 있으며, 세 번째 해가 되어서야 초과이익이 사라진다는 것을 보여준다. 즉, 당기 발생액에 의한 가격결정 오류를 바로잡는 데 2년이란 시간이 필요하다.

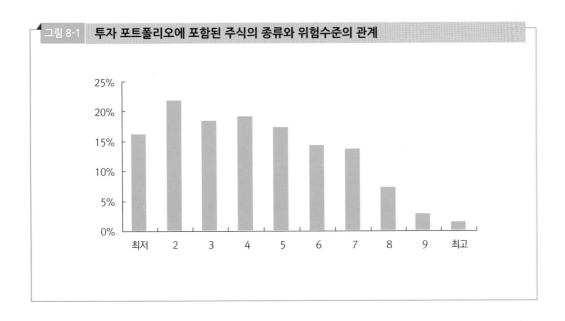

그림 8-1   투자 포트폴리오에 포함된 주식의 종류와 위험수준의 관계

투자자의 이런 착오를 발견한 사람은 반대방향으로 투자함으로써 미래 2년간 초과 투자 이익을 획득할 수 있다.

Sloan(1996)의 연구결과는 학계의 광범위한 관심을 끌었다. 발생액에 근거한 헤징전략은 '발생액 이상현상(accrual anomaly)'이라 불린다. 후속연구들은 왜 투자자들이 발생액의 미래이익과 주가에 대한 영향을 정확히 이해하지 못하는지를 해석하려 하였다(Xie, 2001; Thomas and Zhang, 2002; Desai, Rajgopal, and Venkatachalam, 2004).[2] 이 책에서는 후속연구들이 수행한 발생액 이상현상의 근원적인 이유에 대해 자세히 공부하기보다는 실무적인 관점에서 발생액이 이익의 지속성과 이익의 질을 낮춘다는 것을 강조하고 싶다. 만약 미래 이익을 예측할 때 이 점을 고려하지 않는다면 예측과정에서 오류를 범하게 된다.

[그림 8-1]은 국내 상장기업들을 1994년부터 2006년까지 발생액을 기준으로 10개 포트폴리오를 만들어서 향후 1년간 평균수익률을 계산한 결과를 보여준다. 우리나라에서

---

2   Xie(2001)은 Sloan(1996)의 연구를 발전시켜서 발생액을 다시 재량적 발생액(discretionary accruals)과 비재량적 발생액(normal accruals)으로 구분하였다. 투자자들이 미래이익을 잘못 예측하게 되는 원인이 재량적 발생액에 있다는 것을 보여줌으로써 경영자들이 투자자로 하여금 잘못된 투자결정을 하도록 유도한다고 주장하였다. Thomas and Zhang(2002)은 발생액 이상현상이 발생액의 한 구성요소인 재고자산의 변동으로부터 기인한다고 주장하였다. Desai et al.(2004)는 발생액 이상현상이 투자자들의 잘못된 판단에 의한 것이 아니라 발생액 비중이라는 것이 위험요소(risk factor)를 반영하고 있을 뿐이라고 주장하였다. 따라서 발생액 이상현상을 기존 연구에서 거론된 가치주 – 성장주 이상현상(value–glamour anomaly)의 일종으로 해석했다.

도 Sloan(1996)의 결과와 비슷하게 발생액과 미래수익률은 음의 관계가 있음을 확인할 수 있다. 비록 본서에서는 발생액과 이익의 질 사이의 음의 상관관계에 대해 강조하지만, 최근 연구들은 이익의 질을 다른 측면에서 조명하고 있다. Nikolaev(2018)는 이익을 발생액과 영업현금흐름으로 구분하는 대신 기업의 성과(performance)와 관련된 부분과 그렇지 아니한 부분으로 구분하는 방법을 제시하였다. 기업 이익 중 성과와 관련되지 아니한 부분은 회계처리 오차(accounting noise)로 구분한 것이다.[3] 또한, 최근 연구 중 일부에서는 미래현금흐름을 예측하는 데에 발생액이 현금흐름보다 예측력이 높다는 점을 지적하고 있다.[4] 이처럼 발생액은 비록 경영자의 주관이 개입될 수 있으며 평균으로 회귀(mean-reverse)할 수 있다는 단점이 있지만, 경제적 실질(economic substance)을 더욱 정확하게 반영할 수 있다는 장점도 있다. 따라서 재무 분석을 수행함에 있어 발생액이 많다고 무작정 나쁜 것도, 발생액이 적다고 무작정 좋은 것도 아님에 주의하여야 한다.

03 보수주의 원칙과 이익의 지속성

보수주의 원칙(conservatism principle)은 우리가 알아야 할 중요한 회계처리 특징 중의 하나이다. 우리는 제 2, 3 장에서 각각 보수주의 원칙이 자산의 인식과 수익비용의 인식에 주는 영향을 소개하였다. 기본적으로 보수주의 원칙은 자산인식시 취득원가와 공정가액을 비교하여 낮은 금액으로 인식하고, 수익비용 인식시 '좋은 소식'은 늦게, '나쁜 소식'은 즉시 인식하는 것을 말한다. 보수주의 원칙을 적용하면 당기이익이 덜 인식되기 때문에, 장기적으로 보면 재무상태표상의 순자산이 과소 보고되는 결과를 초래할 수 있다.

보수주의 원칙은 기업이익의 시계열 추이에 중대한 영향을 미치기 때문에 이익능력 분석에 기초한 미래이익 예측시 보수주의 원칙을 고려하여 수치를 조정해 주어야 한다.

---

3 Nikolaev, Valeri V. "Identifying accounting quality." *Chicago Booth Research Paper* 14-28(2018).

4 관심있는 독자들은 다음의 연구들을 참고하라. (1) Ball, Ray, and Valeri V. Nikolaev. "On earnings and cash flows as predictors of future cash flows." *Journal of Accounting and Economics* 73.1 (2022): 101430. (2) Ball, Ray, et al. "Accruals, cash flows, and operating profitability in the cross section of stock returns." *Journal of Financial Economics* 121.1 (2016): 28-45.

기업투자의 산출수준이 일정할 때 보수주의 원칙은 초기에 비용은 높게, 이익은 낮게 보고하는 결과를 초래한다. 그러므로 기업은 사실상 이익의 일부분을 손익계산서에 인식하지 않고 적립해 놓은 셈이다. 이를 '숨겨진 이익적립금(Earnings Reserve)을 가지고 있다'는 말로 표현하기도 한다. 투자활동에 사용된 자금의 대부분이 초기에 비용으로 인식되기 때문에 후기에는 인식되는 비용이 비교적 줄어들게 되어 이익이 자동적으로 증가되며, 그 결과 이익적립금이 손익계산서에서 이익으로 인식된다.

보수주의 원칙이 적용되는 여러 항목들 중 세 가지 항목을 여기서 소개하겠다.

Penman and Zhang(2002)[5]은 보수주의 원칙이 재고의 측정, R&D지출 및 광고지출의 인식과 측정에 주는 영향 및 이런 영향들이 기업이익의 시계열적 특징에 주는 영향을 연구하였다.

재고는 기업이 구매하여 생산에 사용하는 원자재, 재공품, 완제품 등을 지칭한다. 판매업체 입장에서 재고는 판매를 위해 매입한 상품이다. 판매되기 전 이런 상품들은 재무상태표에 재고자산으로 기록되며, 제조 또는 구매원가로 측정된다. 판매 후, 재고의 원가는 손익계산서에서 매출원가로 전환되어 이익을 감소시킨다. 재고는 제조되거나 구매된 순서에 따라 원가도 다르게 계산된다. 대부분의 경우 인플레이션에 따라 재고원가도 상승하기 때문에 먼저 입고된 재고의 원가는 늦게 입고된 재고의 원가보다 낮다. 실물의 흐름에서는 재고를 판매할 때 입고순서를 구분하여 판매하는 것은 아니지만 손익계산서에서 당기 판매수량에 근거하여 매출원가를 계산할 때는 재고기록법이 이익에 큰 영향을 미칠 수 있다. 초기의 재고원가가 최근의 재고원가보다 낮기 때문에 선입선출법을 사용하면 당기 매출원가는 비교적 낮고 이익은 높지만, 후입선출법을 사용하면 당기 매출원가는 비교적 높고 이익은 낮게 기록된다. 그러므로 선입선출법에 비해 후입선출법이 보수주의 원칙에 근거한 처리방법이다.[6] 후입선출법은 원가가 높은 최근의 재고를 먼저 매출원가로 인식하여 당기 이익을 낮추기 때문에 회계장부에 인식되지 않은 이익이 이익적립금(최근 재고와 초기 재고의 원가차이)을 형성한다. 만약 기업이 새로운 재고를 매입하지 않는다면 미래기간에 판매될 재고는 초기의 낮은 매입단가에 따라서 매출원가를 인식하게 된다. 그

---

5 Penman, S.H., and X.-J. Zhang, 2002, "Accounting conservatism, the quality of earnings, and stock returns," *The Accounting Review* 77(2), pp. 237–264.

6 이는 인플레이션에 따라 재고자산의 매입가격 또는 생산가격이 계속 상승한다는 가정하에서 서술된 내용이다. 기술이 급격히 발전하는 일부 첨단산업의 경우에는 그 반대로 제품이나 재료의 매입가격이 시간이 지남에 따라 점차 감소하기도 한다. 또한 IFRS하에서는 특수한 경우가 아닌 한 후입선출법의 적용이 허용되지 않는다는 점도 유의해야 한다.

결과 당기에 형성된 이익적립금이 미래기간의 이익증가로 나타나는 것이다.

그러므로 보수주의 원칙에 입각한 재고와 매출원가의 측정은 당기이익을 낮추고 미래이익을 높이는 결과를 초래한다. 만약 이익능력 분석과 이익예측 과정에서 이런 요소를 고려하지 않는다면 기업의 이익수준을 저평가하고 미래이익을 너무 낮게 예측하여 예측오류를 범할 수 있다.

R&D지출의 회계처리 방법은 보수주의 원칙이 적용되는 또 다른 중요한 예이다. 앞장에서 소개한 바와 같이 평균적으로 볼 때 R&D지출은 기업을 위해 미래효익을 창출할 수 있다. 그러나 미래기간 동안 구체적으로 얼마만큼의 효익을 창출할 것인지는 현재 시점에서 정확히 알 수 없다는 문제점이 있다. 즉, 미래효익의 정확한 금액 및 시기의 추정이 어렵기 때문에 미국회계기준은 보수주의 원칙에 근거하여 특정조건을 맞추지 못하는 R&D지출을 당기에 비용으로 인식하도록 규정하고 있다. 즉, R&D지출을 자산으로 인식한 후 감가상각하는 회계처리를 특정조건에 부합되지 않는 한 못하도록 하고 있다.[7] 그렇기 때문에 대부분의 R&D지출은 당기비용을 증가시키고 당기이익을 감소시킨다. 미래기간에 연구개발의 성과가 효익을 창출할 때 기업은 수익을 인식하게 된다. 이런 보수주의 원칙에 근거한 처리 방법은 R&D지출이 발생하는 당기의 이익이 낮게 보고되고, 미래기간의 이익은 높게 보고되는 결과를 가져온다. 만약 이익능력분석과 이익예측 과정에서 이런 영향을 고려하지 않으면 미래이익을 너무 낮게 예측하여 기업의 가치를 저평가할 것이다. 국내기업은 IFRS 도입후 동일한 R&D지출이라도 관련 제품이나 서비스가 상용화 단계에 이르러 현금창출에 직접적으로 기여할 수 있을 것으로 판단될 경우 개발비(development expense)를 자본화하도록 하고 있어 미국회계기준을 따르는 기업보다 덜 보수적으로 처리한다.[8]

세 번째 사례는 광고비 지출이다. 광고비 지출도 미래기간 동안 얼마만큼의 효익을 기업에 가져다 줄지 불확실하기 때문에 회계기준은 광고비 지출이 발생하는 당기에 비용

---

7 과거 1980년대까지는 R&D지출을 자산으로 회계처리하고, 자산의 추정수명 기간 동안 감가상각 처리하는 것을 허용했었다. 그러다가 현재의 즉시 비용처리하는 회계처리 방법으로 바꾼 이후 회계처리 방법의 차이로 인해 이익이 약간 줄어서 표시되게 되었다.

8 R&D의 인식 자체도 보수적이지만, 미국 회계기준에서는 R&D 비용을 별도 표기하지 않고 판매비와 관리비에 통합하여 표기하는 방식을 허가하고 있다. 따라서 일부 기업들은 전략적으로 R&D 비용 자체를 손익계산서에 기재하지 않는다. 일례로, 음료 회사인 코카콜라는 신제품 개발을 위해 R&D에 많은 투자를 하는 것이 알려져 있음에도 불구하고 실제로 재무제표에 기록되는 R&D 비용이 없는데, 이는 해당 금액을 판매비와 관리비에 포함하여 제시하고 별도 공시하지 않기 때문이다(Koh, Ping-Sheng, and David M. Reeb. "Missing r&d." *Journal of Accounting and Economics* 60.1 (2015): 73-94). 따라서 R&D비용은 단순히 회계처리의 보수성을 보여주는 예로 이해하기에는 다소 복잡한 측면이 있다.

사례 8-1

현대자동차의 R&D지출 회계처리

다음은 현대자동차의 2009년 감사보고서 주석사항에서 발췌한 자료이다.

9. 무형자산

(3) 당기 및 전기 중 연구개발활동과 관련하여 지출된 내용은 다음과 같습니다.

(단위: 백만원)

구 분	당 기	전 기
개발비	882,022	681,708
경상개발비 (제조경비)	45,955	98,991
연구비(판관비)	346,572	395,935
계	1,274,549	1,176,634

이 내용 중 개발비는 회계기준에서 규정한 자산의 조건을 맞추어서 당기의 R&D지출 금액 중 자산으로 회계처리된 금액이며, 나머지 금액들은 당기 비용으로 회계처리된 금액이다. 이 중 제조경비에 포함된 금액이 경상개발비이며, 판매관리비로 처리된 금액이 연구비이다. 2008년 현대자동차의 세전이익이 1조 8천억원, 2009년의 경우는 3조 7천억원대라는 것과 비교하면, 회계처리 방법의 차이가 당기 세전이익에 어느 정도의 영향을 미치는지를 파악할 수 있다.

으로 처리하도록 하고 있다. 즉, R&D지출과 동일한 방법으로 회계처리하는 것이다. 따라서 미래기간 동안에도 양자가 동일한 효과를 가져오게 된다.

Penman and Zhang(2002)은 보수주의 원칙에 근거한 회계처리 방법이 기업이익예측과 가치평가에 미치는 영향을 연구하였다. 우선 저자들은 보수주의 원칙에 근거한 재고측정, R&D지출 및 광고비 지출의 회계처리방법에 의해 형성된 이익적립금 수준에 근거하여 보수주의 지수를 계산하였다. 이 지수는 후입선출법하의 최근 재고와 초기 재고의 원가차이, R&D지출을 직접 비용화하지 않고 자본화하였을 경우의 자산잔액(감가상각누계액을 감한 잔액), 광고비 지출을 직접 비용화하지 않고 자산화하였을 경우의 자산잔액(감가상각누계액을 감한 잔액)을 측정하여 계산한다. 이렇게 이익적립금을 계산하는 이유는 보수주의 원칙에 근거한 처리방법을 사용하지 않았을 경우 이런 지출은 발생당기에 자산으로 기록되었다가 각 회계기간의 판매 또는 감가상각을 통하여 원가로 전환되어 미래기간 동안 점차적으로 이익을 감소시킬 것이기 때문이다. 하지만 보수주의 원칙에 근거한 처리방법 때문에 이런 지출은 지출 즉시 비용으로 인식되었기에 미래이익을 증가시키는 결과를 가져온다. 마치 이 부분의 금액을 적립하여 미래이익을 증가시키는 데 사용한 것과 같다.

보수주의 지수와 이익적립금의 크기는 비례한다. Penman and Zhang(2002)은 전기와 당기의 보수주의 지수의 변화를 '이익의 질 지수'라고 불렀다. 이 지수는 이익적립금이 당기이익에 미친 영향을 나타낸다. 보수주의 원칙에 근거하여 형성된 당기 이익적립금이 많을수록, 즉 당기비용이 높을 수록 당기이익은 낮고 이익의 질 지수는 높다. 반대로 보수주의 원칙에 근거하여 형성된 당기 이익적립금이 적을수록, 즉 당기비용이 낮을수록 당기이익은 높고 이익의 질 지수는 낮다. 이익의 질 지수가 낮은 기업은 이전연도에 형성된 이익적립금을 방출하여 당기이익을 제고하고 있는 것이고, 그 반대로 이익의 질 지수가 높은 기업은 당기이익을 낮추므로 더욱 많은 이익적립금을 형성하고 있는 것이다. 그러므로 이익예측의 시각에서 보면, 이익의 질이 높은 기업은 미래이익 수준이 높고 이익의 질이 낮은 기업은 미래이익 수준이 낮게 된다. 그러므로 이익예측시 이익의 질 지수의 영향을 고려하지 않는다면 미래이익을 잘못 예측할 수 있다.

Penman and Zhang(2002)은 투자포트폴리오 분석방법을 사용하여 1975~1997년 사이 미국 상장사의 자료를 연구하였다. 저자는 모든 상장사를 매년 이익의 질 지수에 따라 가장 높은 기업들로부터 낮은 기업들의 순서로 세 그룹으로 나누고, 질이 높은 그룹과 낮은 그룹이 동일한 그룹으로 묶이기 전후 수년간의 이익능력(순영업자산이익률)의 변화를 관찰하였다. [그림 8-2]는 이 변화를 보여주는데, 기업의 순영업자산이익률에서 산업 평균치

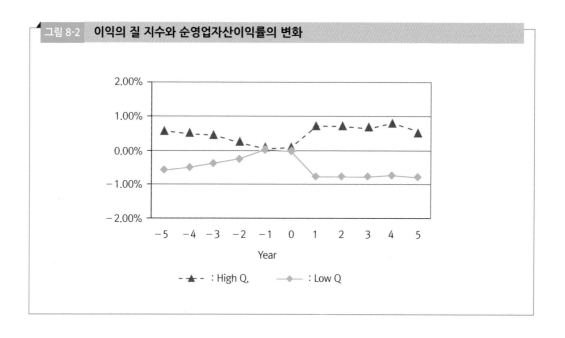

그림 8-2 이익의 질 지수와 순영업자산이익률의 변화

를 감한 수치가 그림에 보고되어 있다. 이 그림에서 이익의 질이 높은 그룹(High Q)은 그룹화되기(0번째 해) 전 5년간 이익능력이 줄곧 하락상태이다. 이는 보수주의 원칙에 근거한 회계처리를 통해 이 기간에 비용을 높게 인식하여 이익수준이 하락했음을 나타낸다. 그러나 이 과정에서 이익적립금을 증가시켰기 때문에 미래기간에 이익적립금이 방출되어 비용을 감소시키므로 이익이 상승하는 것이다. 그러므로 만약 당기 및 그 전 기간의 이익수준만을 보고 이익의 질 지수의 영향을 고려하지 않은 채 이익예측을 하면 미래이익을 낮게 평가하여 기업가치를 저평가할 가능성이 있다.

동시에 이익의 질이 낮은 그룹(Low Q)은 0번째 해 이전의 5년간 이익수준이 계속 상승상태로 이 기간 동안 예전에 형성한 이익적립금을 방출하고 있음을 나타낸다. 0번째 해에 이익적립금은 이미 아주 작아져서 미래기간에 사용할 수 있는 금액이 거의 없어진다. 그 결과 미래기간의 이익은 하락하였다. 따라서, 만약 과거의 이익수준만을 보고 이익의 질 지수의 영향을 고려하지 않은 채 이익예측을 하면 미래이익을 높게 평가하여 기업가치를 과대평가할 가능성이 있다.

Penman and Zhang(2002)은 투자포트폴리오 분석방법을 사용하여 투자자들이 보수주

표 8-3   **이익의 질과 미래수익률의 관계**(Penman and Zhang, 2002)

이익의 질 Q 포트폴리오	−2	−1	0	1	2	3	4	5
최저 Q	3.39	5.4	4.21	−3.17	−0.26	−0.09	−0.24	−0.06
2	0.08	0.72	−0.57	−0.66	0.48	1.58	−1.29	−0.22
3	2.33	0.72	1.21	1.72	1.35	1.05	−0.47	3.9
4	2.97	3.27	1.56	0.12	2.58	1.09	5.34	1.99
5	1.32	2.68	0.54	1.51	1.46	2.15	2.23	0.65
6	1.07	2.2	0.27	1.06	1.78	1.59	3.47	2.86
7	1.34	2.41	0.87	2.85	2.12	1.99	2.09	1.79
8	2.61	1.23	3.14	2.91	1.44	3.05	0.8	1.29
9	0.79	−0.12	2.1	2.76	2.4	1.02	0.39	2.06
최고 Q	−0.42	0.19	2.34	5.78	1.8	2.38	2.63	2.9
헤지 수익률	−3.81	−5.21	−1.87	8.95	2.05	2.46	2.86	2.96
통계적 유의성	0.000	0.000	0.071	0.000	0.070	0.036	0.024	0.031

316

의 원칙에 근거한 회계처리방법이 이익의 시계열에 주는 영향을 충분히 이해하지 못하고 있음을 발견하였다. 투자자는 이익의 질이 높은 기업의 미래이익을 낮게 예측하고 기업가치를 저평가한다. 이런 기업들이 미래기간에 비교적 높은 이익수준을 보여줄 때 주가가 상승하게 되며 양(+)의 초과 투자이익이 창출된다. 동시에 투자자는 이익의 질이 낮은 기업의 미래이익을 높게 예측하고 기업가치를 과대평가한다. 이런 기업들이 미래기간에 비교적 낮은 이익수준을 보여줄 때 주가는 하락하게 되며 음(-)의 초과 투자이익을 발생하게 된다.

[표 8-3]은 1975~1997년 사이 0번째 해에 이익의 질이 높은 그룹의 회사주식을 매입하면 미래 1년간에 5.78%의 초과 투자이익을 얻을 수 있고, 0번째 해에 이익의 질이 낮은 그룹의 회사주식을 공매도하면 미래 1년간 3.17%의 초과 투자이익을 얻을 수 있음을 보여준다. 해징전략을 통하여서는 양자의 합, 8.95%의 초과 투자수익을 얻을 수 있다.

04 이익의 평균 회귀적 특징과 이익의 지속성

자연계의 많은 현상들은 평균 회귀적 특징을 나타낸다. 평균 회귀적 특징이란 어떤 현상이 그 과거평균수준을 대폭 벗어났을 때 그 이후에는 과거평균수준으로 접근하는 것을 말한다. 만약 과거평균수준보다 높아졌다면 미래추세는 낮아지게 되고, 과거평균수준보다 낮아졌다면 미래추세는 높아지게 된다. 예를 들어, 모 야구선수의 타율이 0.3이라고 가정해 보자. 2010년 이 선수가 특별히 활약을 해서 0.35의 타율을 기록했다면 그 다음 해에는 0.3보다 못한 타율을 기록할 가능성이 높아진다. 그 결과 평균은 항상 0.3 근처가 되는 것이다.

기업의 이익창출능력은 발생액, 보수주의 등 이익에 영향을 미치는 요소들을 제거한 후에도 평균 회귀적 특징을 나타낸다. 즉, 당기 이익수준이 매우 높으면 차기 이익수준은 낮아질 가능성이 높으며, 당기수준이 매우 낮으면 차기는 높아질 가능성이 있다. 만약 기업 현재의 이익능력이 매우 높거나 매우 낮음을 발견하고, 이에 근거하여 미래이익을 예측할 때 평균 회귀적 특징을 고려하지 않는다면 기업가치를 잘못 평가할 수 있다.

기업이익창출능력의 평균 회귀적 특징은 아주 오래전에 경제학자들에 의해 발견된 것이다. 노벨 경제학상 수상자 George Stigler는 1963년에 이미 '경제학이론에서 이것보다 더 중요한 이론은 없다. 경쟁환경에서 각 산업의 투자수익률은 동일한 수준으로 수렴한다'고 말한 바 있다. 경쟁환경에서 기업이익의 평균 회귀적 특징은 아주 이해하기 쉽다. 경쟁환경에서는 자본이 자유롭게 유동할 수 있기 때문에, 개별산업의 이익수준이 매우 높을 때 새로운 경쟁자들이 시장에 진입하여 경쟁이 강화되고 이익수준은 하락한다. 그 반대로 개별산업의 이익수준이 아주 낮을 때 경쟁자들이 시장에서 점차 철수하게 되어 경쟁정도가 완화됨에 따라 이익수준이 제고된다.

위에서 설명한 산업별 경쟁요소 이외에 기업 자체적인 원인도 이익의 평균 회귀 현상을 불러 일으킨다. 이익수준이 높은 기업은 투자수익률의 최고단계에 위치해 있어 미래에는 불가피하게 하락단계로 진입하게 될 수도 있다. 높은 이익수준은 경영자의 자만과 해이를 가져와서 관리를 소홀히 하거나 비이성적 투자 등을 실시하여 미래기간 동안 실적하락이 발생할 수 있다. 이익수준이 낮은 기업은 마침 투자수익률의 최저단계에 위치해 있을 수 있다. 예를 들면, 기업이 확장단계에 있어 상당한 투자를 실시할 경우, 그에 따라 많은 비용이 기록되지만 투자로 인해 창출된 수익은 미래 수년 후에야 실현될 수 있는 경우이다. 이런 기업은 비록 현재 이익수준은 낮지만 투자성과가 나타남에 따라 미래수익은 증가할 것이다. 설사 기업이 경영부진으로 낮은 이익수준을 초래하였더라도 주주들이나 경영자들이 이런 상황을 방치하지 않을 것이다. 여러 가지 경영혁신 조치를 실시할 것이기 때문에 미래이익 수준은 제고될 가능성이 있다.

Nissim and Penman(2001)은 미국 상장사들의 자료를 이용하여 이익의 평균 회귀적 특징을 연구하였다. 저자들은 투자포트폴리오 분석방법을 이용하여 매년 모든 상장사를 서로 다른 이익능력지표에 따라 높은 기업들로부터 낮은 기업들까지 10개 포트폴리오로 나눈 다음, 각 포트폴리오의 동일한 지표가 미래 수년간 평균적으로 어떻게 변화하는지를 관찰하였다. 예를 들면, [그림 8-3]에서 첫 번째 해의 자기자본이익률에 근거하여 당해 모든 상장사를 10개 포트폴리오로 나누고, 각 포트폴리오들의 평균자기자본이익률을 계산하였다. 그리고 나서 그후 5년간 각 포트폴리오의 평균자기자본이익률의 변화를 관찰하였다. 다음의 그림들은 각 이익능력 지표의 평균 회귀적 특징을 보여준다.

[그림 8-3]~[그림 8-9]는 자산회전율 이외의 모든 이익능력을 반영하는 비율들이 강

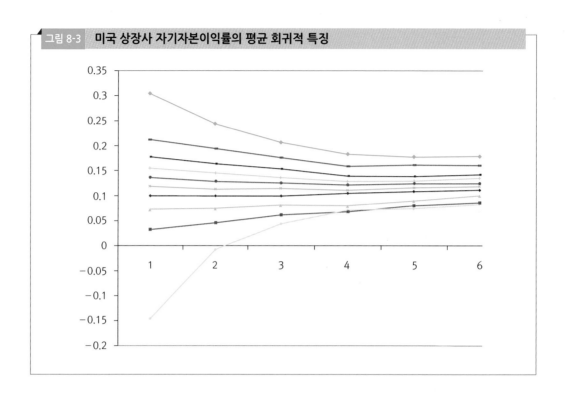

그림 8-3 미국 상장사 자기자본이익률의 평균 회귀적 특징

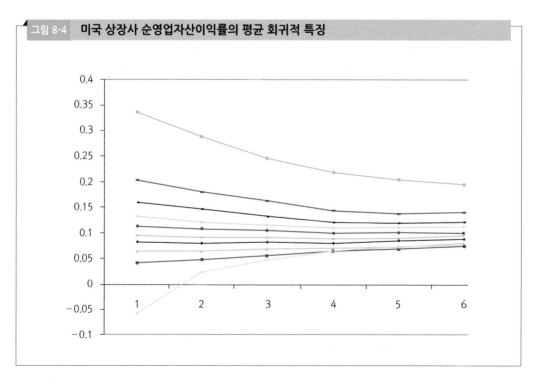

그림 8-4 미국 상장사 순영업자산이익률의 평균 회귀적 특징

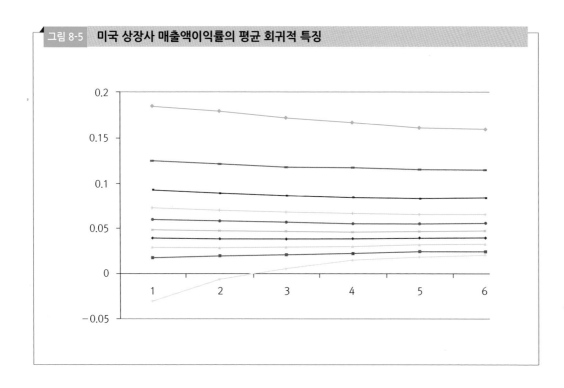

그림 8-5   미국 상장사 매출액이익률의 평균 회귀적 특징

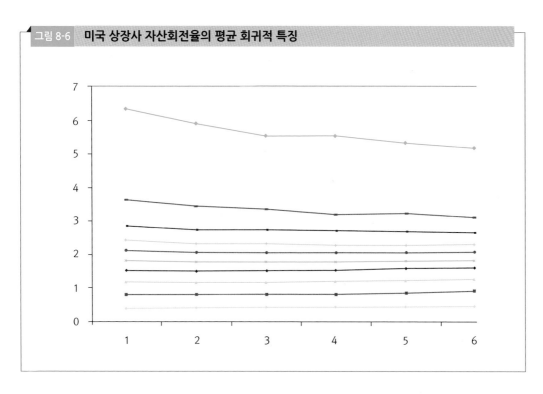

그림 8-6   미국 상장사 자산회전율의 평균 회귀적 특징

| 그림 8-7 | 미국 상장사 매출성장률의 평균 회귀적 특징 |

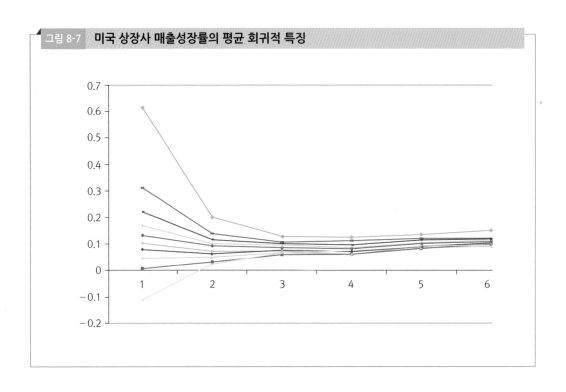

| 그림 8-8 | 미국 상장사 매출액이익률 변화치의 평균 회귀적 특징 |

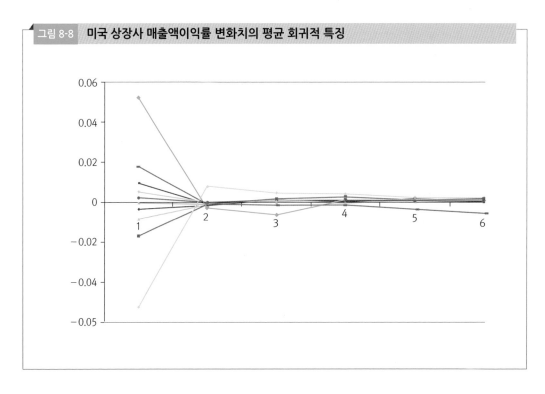

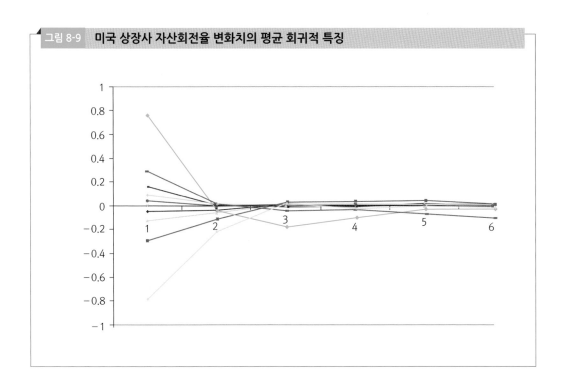

그림 8-9   미국 상장사 자산회전율 변화치의 평균 회귀적 특징

한 평균 회귀적 특징을 가지고 있음을 뚜렷하게 보여준다. 이익비율이 높을 경우 차후 연도에는 해당비율이 하락하고, 낮을 경우에는 차후 연도에 비율이 상승한다는 것을 뚜렷이 알 수 있다.

　　우리는 개별기업이 특정연도의 실적이 특별히 좋아 전년동기 대비 대폭 성장하였을 때 기자발표회 등을 통하여 업적을 크게 홍보하는 것을 볼 수 있다. 이때 투자자들은 기업의 미래에 대해 과도하게 낙관적 전망을 가지게 된다. 기업이익의 평균 회귀적 특징을 고려할 때 우리는 이런 상황에서 기업가치를 과대평가하는 것을 조심해야 한다.

　　다음은 우리나라 상장사들의 이익능력의 평균 회귀적 특징을 보여준다. 다음 그림 중의 0번째 해는 위의 그림에서의 첫 번째 해와 동일하게 포트폴리오가 형성된 연도를 가리킨다. 이 그림들은 국내기업의 이익능력도 현저한 평균 회귀적 특징을 지니고 있음을 보여준다.

평균 회귀적 특징은 자연경제 현상들의 보편적 특징이다. 재무제표 수치 중에서 특히 이익과 관련된 수치들은 전형적인 평균 회귀적 특징을 지니고 있다.

322

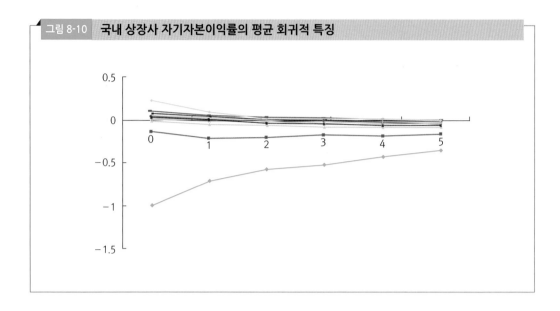

그림 8-10   국내 상장사 자기자본이익률의 평균 회귀적 특징

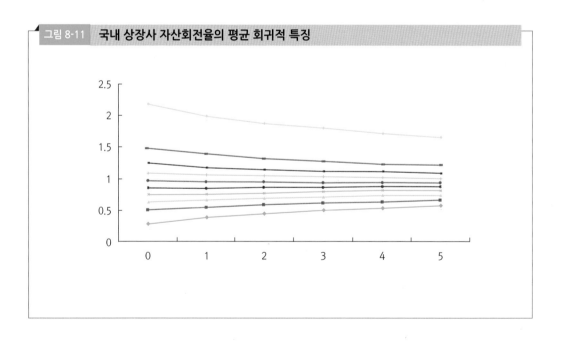

그림 8-11   국내 상장사 자산회전율의 평균 회귀적 특징

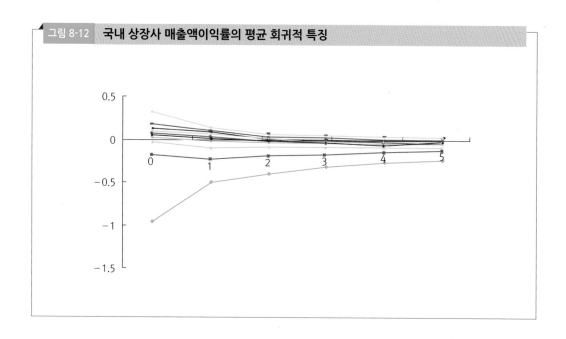

그림 8-12   국내 상장사 매출액이익률의 평균 회귀적 특징

05 결론

이 장에서 우리는 발생주의 회계처리, 보수주의 원칙과 평균 회귀적 특징이 이익의 시계열에 주는 영향을 소개하였다. 또한 이런 문제들이 이익의 지속성에 미치는 영향에 대해서도 설명하였다. 일반적으로 투자자는 매우 짧은 시간 내에 기업이 공시한 이익정보에 반응하여야 하기 때문에, 보통 당기 이익에 기초하여 미래이익을 예측한다. 이런 랜덤 워크모형에 기초한 투자자들의 정보처리방식 때문에 이익의 지속성이 투자의사결정과정에서 더욱 중요해진다. 지속성이 낮은 이익은 투자자가 미래이익을 과대 또는 과소평가하여 가격책정 오류를 범하게 할 가능성이 높다.

그러므로 투자자와 애널리스트는 이 장에서 설명한 회계이익의 특징을 충분히 이해하여 새로운 이익정보를 접하였을 때 신속히 그 지속성을 판단하여야 한다. 그리고 각 기업의 이익특징에 근거하여 기계적인 예측모형의 오차를 수정하여 정확성을 제고하여야 한다.

다음 장에서는 이익조정 문제를 다루기로 한다.

과제

제 6 장의 과제에서 이미 여러 이익창출능력과 관련된 비율을 계산해 보았다. 이 장의 중점은 이익의 질 및 이익의 질이 이익창출능력의 추세에 미치는 영향을 분석하는 것이다.

❶ Chapter report

모든 연도의 분석대상회사와 비교회사의 당기순이익을 현금이익과 발생액으로 구분하고, 각각을 기초 자산총액으로 나눈다. 발생액이 분석대상회사의 이익 중 차지하는 비중의 크고 작음을 토론하고 미래이익예측에 미치는 영향을 토론하라.

❷ 분석대상회사의 R&D지출 및 광고비지출의 비용화 정도 등 보수주의 원칙에 근거한 회계처리가 당기이익과 미래이익에 주는 영향을 토론하라.

❸ 평균 회귀적 특징이 분석대상회사의 미래이익을 예측하는 데 주는 영향을 토론하라.

❹ 현대자동차 감사보고서의 주석사항 중에서, 직전 3개연도의 연구개발활동과 관련된 지출을 설명하는 주석사항을 찾아라.

(1) 전체 연구개발활동 관련 지출 중 어느 정도의 비율이 자산화되었는지를 계산하고 비교하여라.

(2) 자산으로 처리되어 무형자산 중 개발비로 기록된 항목의 ①기초잔액과 ② 당기 증가액, 그리고 ③ 당기중의 상각 및 손상처리 금액을 계산하여라. ①과 ②의 합계액 중 ③이 차지하는 비중을 계산하여라.

(3) 만약 자산으로 처리된 지출 중 $\frac{1}{2}$이 자산이 아니라 비용으로 처리되었다면 당기 세전이익은 얼마가 될지 계산하여라. 해당 금액이 자산으로 처리되지 않고 비용으로 처리되었다면 위에서 계산한 당기의 상각금액도 달라질 것임에 유의하라.

❺ 삼성전자와 LG전자의 연구개발비에 대한 회계처리방법을 서로 비교하여라.

❻ 건설업에 소속된 기업 10개를 골라서, 과거 5년 동안의 ROE, 자산회전율, 매출액이익률이 어떻게 변했는지 그래프를 그려 보아라. 그리고 그 추세의 특징에 대해 설명하여라.

❼ 2020년 KT와 SKT의 연구개발비 중 자본화한 부분을 비교하고 비용으로 처리할 경우 이익에 얼마나 영향을 받는지 분석하여라.

❽ 철강을 생산하는 한 제조업체의 포괄손익계산서에 다음과 같은 손익 항목이 나타난다면 재무분석가로서 해당 기업의 미래 이익 예측 시 어떻게 조정하는 것이 타당한지 설명하여라.

손익항목 1) 전환사채 매각이익
손익항목 2) 유형자산 처분손실
손익항목 3) 영업권 손상차손

❾ 연구개발비 회계 처리에 있어 미국 회계기준과 K-IFRS의 차이를 논하라.

숨겨진 그림자, 풋옵션을 양지로

2008년 8월 이창용 금융위원회 부위원장은 앞으로 과도한 차입매수를 허가해주지 않겠다고 발표했다. 차입매수란 기업 인수합병(M&A)시 필요한 비용의 일부 또는 전부를 차입을 통해 해결하는 방식을 말한다. 즉 금융위원회의 발표는 향후 남의 돈을 빌려서 M&A를 하지 말고, 대부분 자신의 자금만을 이용해서 분수에 알맞은 수준의 M&A만 하라는 선언이다.

이창용 부위원장이 왜 이런 선언을 했을까? 가장 큰 이유는 과도한 차입을 통한 M&A 때문에 많은 기업들이 어려움에 빠졌기 때문이다. 2008년 말 한화그룹이 대우조선해양 인수의 우선 협상대상자로 뽑히자마자 한화그룹 주가가 폭락했다는 사실은 투자자들이 무리한 자금을 동원하는 M&A를 얼마나 우려하는지를 잘 보여준다. 그와 반대로 인수경쟁에서 탈락한 포스코나 GS그룹은 오히려 탈락 소식이 알려지자 주가가 상승했었다. 그 후 한화그룹도 산업은행과의 분쟁 끝에 협상대상자 자격을 박탈당하자마자 주가가 상승했다.

금호아시아나의 재무상태와 풋옵션 문제

이런 여러 기업들의 사례 중에서도 가장 대표적인 사례는 2006년 말 대우건설을 인수한 금호아시아나의 경우라고 할 수 있다. 금호아시아나 유동성 위기의 핵심은 풋옵션(put option) 또는 풋백옵션(put back option)이다. 풋옵션은 일정 자산을 약정한 날짜에 정해진 가격에 팔 수 있는 권리를 말한다. 기업 M&A시에 주로 발생하는 풋백옵션은 풋옵션과 구조가 같지만 원래의 매각자에게 되판다(back)는 뜻을 강조하고, 일반적인 풋옵션과 구분하기 위해 풋백옵션이라 부른다. 즉, 일부 기관이 보유하고 있는 대우건설의 주식을 대우건설의 대주주인 금호아시아나 그룹에게 되팔 수 있는 권리가 풋백옵션이다.

회계 전문가가 아니면 도대체 사소한 회계처리가 왜 이렇게 큰 문제를 야기하는지 이해하기 힘들 것이다. 하지만 이 회계 문제가 그룹의 생사를 가를 수 있고, 그

---

1 본 사례는 2007년 말에 최종학 교수가 최초 작성하여 「동아비지니스리뷰」에 기고하였고, 그 후 2009년 일부 보완되어 「숫자로 경영하라」에 출판된 내용을 다시 수정 및 보완한 것이다. 사례에 포함된 문제들은 2010년 말 시점에서 추가되었다. 독자들은 본 사례가 금호아시아나 그룹이 소멸되기 이전에 작성된 것이라는 점을 염두에 두길 바란다.

규모 또한 최소 2조 5천억원에서 최대 4조원이라면 이야기가 완전히 달라진다.

이 때문에 2008년 9월 초 금호아시아나 그룹은 비상경영 상태를 선언하고, 그룹의 비주력 계열사인 금호생명 등을 매각해 필요 자금을 확보하겠다고 선언했다. 즉, 부채 만기가 돌아오는 2009년 말까지 금호아시아나 그룹 전체가 현금을 착실하게 마련하겠다는 선언을 한 것이다.

흥미로운 사실은 금호아시아나 그룹 계열사의 재무제표를 아무리 들여다 봐도 이 막대한 부채가 재무제표에 전혀 나타나지 않는다는 것이다. 2008년 12월 말 현재 금호아시아나 그룹 주력회사인 금호산업의 부채는 약 3조 1천억원, 부채비율은 약 250%다. 금호타이어의 부채는 약 2조 2천억원, 부채비율은 약 240%다. 아시아나 항공의 부채는 약 5조 2천억원, 부채비율은 약 660%다.

금호아시아나 그룹 전체의 부채비율 역시 비슷한 수준의 200% 정도이다. 어떤 기준에서 봐도 부채 액수 자체가 크고 부채비율 또한 매우 높다. 게다가 세계 경제 상황이 계속 나빠지고 있으므로 2009년 기준으로는 부채비율이 더 커질 가능성이 높다. 계열사의 영업성적도 좋지 않아, 상당한 수의 기업이 2008년 대규모 적자를 기록하였다.

문제는 현 부채 규모에 풋옵션에 의한 최소 2조 5천억원, 최대 4조원의 추가 부채 가능성이 전혀 포함되지 않았다는 것이다. 만약 위에서 언급한 3개 회사가 이 기록되지 않은 부채를 각각 1조원씩 추가 부담한다고 가정해 보자. 이 경우 3개 회사 모두 부채비율이 평균 100%포인트 정도 증가한다. 금호산업, 금호타이어, 아시아나항공의 부채비율이 각각 약 330%, 350%, 780%에 이른다는 의미다. 물론 금호아시아나 그룹이 금호생명 등 보유 자산을 매각하는 구조조정을 실시하는 등 대책 마련에 나설 것이므로 실제 부채비율이 이 정도까지 증가하지는 않을 것이다. 설사 그렇다 해도 부채비율의 절대적 수준이 높다는 사실은 분명하다.

대우건설 M&A 과정중에 생겨난 풋옵션

그렇다면 이 풋백옵션이 왜 생겨났는지를 살펴보자. 2006년 금호아시아나가 대우건설 주식을 인수할 당시 금호아시아나는 자력으로 모든 인수자금을 조달할 수 없었다. 때문에 미래에셋, 팬지아데카, 티와이스타, 국민은행, DKH, 칸서스 등 여러 재무적 투자자들(financial investors: FI)과 함께 공동 인수라는 방식을 택했다. 이들은 금호아시아나와 공동으로 2만 6,200원에 대우건설 주식을 구입했고 주식의 의결권은 금호아시아나측에 위임했다. 당시 주가가 약 1만 4,000원 정도였으므로, 매입가는 주가에 약 90% 이상 프리미엄을 붙인 가격이었다. 당시 여러 기업들이 대우건설 인수를 위해 치열하게 경쟁했으므로 프리미엄이 상당히 올라간 것이다.

인수를 위해서 금호아시아나 그룹에서는 금호산업이 약 1조 6천 5백억원, 금호타이어가 5천억원, 금호석유화학이 4천억원, 아시아나항공이 2천 5백억원 정도의 자금을 동원했다. 당시 재무적 투자자가 투자한 총 금액은 3조 5천억원 정도로 금호아시아나가 동원한 2조 9천억원보다 더 많았다. 대신 이들은 금호아시아나와 2009년 12월 15일 금호아시아나가 이들이 보유한 주식을 3만 4,000원에 되사주기로 하는 계약을 맺었다.

이 시점까지는 불과 몇 개월 남지 않았다. 2009년 3월 현재 대우건설의 주가는 급락에 급락을 거듭해 약 10,000원 정도에 불과하다. 금호아시아나가 재무적 투자자가 보유한 주식을 모두 3만 4,000원에 되사주려면 무려 약 4조원의 자금이 필요하다. 현재 주가와 3만 4,000원의 차액만큼만 지급한다 해도 거의 2조 5천억원 이상이 든다. 앞서 언급한 최소 2조 5천억원에서 최대 4조원의 자금은 이러한 계산을 통해 나온 수치다.

이때 3만 4,000원이라는 미래 매입가격은 재무적 투자자들이 자신들의 투자금액에 복리 9%의 수익률을 가져다 주는 수준에서 결정한 것이다. 배당이나 감자를 통해 지불한 금액을 차감해야 하기 때문에 실제 매입가격은 3만 4,000원보다 약간 작은 3만원 정도이다.

그렇다면 금호아시아나는 이 풋백옵션을 연차보고서의 어떤 부분에 기록했을까? 답은 간단하다. 금호아시아나는 이를 재무제표에 포함시키지 않았다. 단지 우발채무라는 이름하에 주석사항으로만 기록했을 뿐이다.

내용 또한 대단히 복잡해서 회계에 대해 자세히 알지 못하는 투자자들의 입장에서는 금호아시아나가 연차보고서에 주석으로 서술한 내용의 의미를 이해하는 것조차 힘들 지경이다. 그 내용은 다음과 같다.

대우건설 주식인수와 관련하여 회사는 주식매매종결일로부터 1년 3개월 후부터 3년 이내의 기간 동안에 대우건설 주식에 대하여 기준일평균주가가 인수일로부터 3년째 되는 날의 1주당 기준가격(인수가액에 연 복리 9%를 가산하고 배당액을 차감한 금액이며 일부 유상소각의 경우 유상소각 대가를 제외한 금액)을 단 1회도 상회하지 못하는 경우 재무적 투자자가 계속 보유하고 있는 투자지분 전부에 대하여 매도할 수 있는 권리인 매도선택권을 재무적 투자자에게 부여하고 있습니다. 동 주식 매도선택권의 부여로 인하여 대우건설의 평균주가가 기준가격을 상회하지 못할 경우 회사는 2009년 12월 15일부터 1개월 이내에 재무적 투자자의 보유주식 134,447,192주에 대하여 기준가격(주당 34,000원에서 배당액 등을 차감한 금액)으로 인수하게 되는 의무를 부담할 수 있습니다.

대우건설과 두산인프라코어의 차이

저자는 금호아시아나가 왜 이 막대한 금액을 부채로 기록하지 않았는지를 이해하기 어렵다. 금호아시아나보다 먼저 대형 M&A를 성공시켰던 두산그룹의 경우를 보자. 2005년 두산은 당시 대우종합기계를 인수해 두산인프라코어로 이름을 바꿨다. 당시 인수자금 중 군인공제회 등 재무적 투자자로부터 지원받은 자금은 약 2천억원에 달했다.

두산측은 이 자금을 모두 부채로 표시했다. 그러나 실제 거래는 두산이 재무적 투자자들로부터 돈을 빌린 것이 아니라, 금호아시아나의 사례처럼 재무적 투자자들이 두산인프라코어의 주식을 사주는 형태였고, 풋옵션 또한 붙어 있었다. 이 풋옵션은 재무적 투자자들이 주당 12%의 이익을 볼 수 있는 수준이었다.

두산이 재무적 투자자와 맺은 거래는 금호아시아나의 거래와 매우 유사하다. 한 가지 차이점은 두산의 경우 재무적 투자자들이 보유한 주식을 살 수 있는 콜옵션(call option)을 설정했다는 것이다. 금호아시아나의 대우건설 인수 거래에는 콜옵션은 포함되지 않았다.

콜옵션은 앞서 설명한 풋옵션의 반대 개념이다. 재무적 투자자가 보유 주식을 금호아시아나에게 3만 4,000원에 팔 수 있는 권리를 풋옵션이라고 한다면, 금호아시아나가 재무적 투자자의 주식을 4만원 정도에 살 수 있는 권리를 주는 조건이 콜옵션이다.

만약 대우건설의 주가가 3만 4,000원 이상으로 오르면 재무적 투자자의 입장에서는 이 주식을 금호아시아나에게 3만 4,000원에 팔기보다는 주식시장에서 더 비싼 가격으로 매각하는 것이 유리하다. 하지만 이 경우 금호아시아나가 보유한 대우건설

경영권이 위협받을 수 있으므로, 금호아시아나가 주식을 4만원에 매수할 수 있도록 권리를 부여했다는 의미다.

대우건설을 인수한 금호아시아나, 관련 회계법인, 금융감독원측에서는 협의를 거쳐 풋옵션 거래를 부채로 표시하지 않기로 했을 것이다. 이렇게 큰 거래의 회계처리를 회사나 회계법인이 단독 결정하는 것은 매우 위험하기 때문이다. 이 정도 규모의 거래를 부채로 회계처리했다면 실제 M&A가 일어나지 못했을 가능성이 대단히 높다. 부채비율이 이렇게 높은 기업이라면, 부채비율을 대출 의사결정의 가장 중요한 지표로 삼는 금융기관들이 대출을 해 줄 가능성이 별로 없을 것이다.[2]

풋옵션의 회계처리, 할 것인가 말 것인가

하지만 저자는 이 거래를 부채로 회계처리하는 것이 당연하다고 생각한다. 풋옵션이 존재한다는 것은 부채의 최소가액을 알 수 있다는 의미다. 물론 부채의 가액이 현 주가와 관련 있으므로 최소나 최고가액이라 표현하는 것이 정확하지는 않다. 어쨌든 현재 대우건설 주가가 3만 4,000원 이상이라면 금호아시아나에게는 아무 문제가 없다. 문제는 현재 주가가 불과 1만 1,000원 정도에 불과하다는 것이다. 때문에 이 막대한 규모의 부채가 생기는 것이다.

콜옵션이 없어 이 부채의 최고가액이 얼마인지 모른다는 이유로 재무제표에 부채를 표기하지 않은 것은 이치에 맞지 않는다. 왜냐하면 풋옵션에 따라 부채의 최저가액(현재 주가와 미래 옵션 행사가격의 차이)이 얼마인지 알 수 있기 때문이다. 이 최저가액을 부채로 표시하면 그만이다. 예를 들어, 최저가격이 2조 5천억원이라고 하면 최고가격을 모른다고 해도 부채가 최소 2조 5천억원은 된다는 의미이므로 이 금액을 부채로 표시해야 한다.

반대로 부채의 최저가액을 모르고 최고가액만을 안다면 이 최고가액 전부를 부채로 표시한다는 것은 더더욱 논리에 맞지 않는다. 최고가액이 50조라고 해도 최저가격이 0일 수도 있으니, 부채의 최고가격만 안다고 최고가격을 부채로 회계보고서

---

2 재무적 투자자의 경우도 마찬가지이다. 재무적 투자자들이 투자한 인수대금을 금호아시아나의 부채비율 계산에 반영하면 그룹의 부채비율이 300%가 넘는다는 것을 알았다면 대부분의 재무적 투자자들이 대우건설 인수를 위해 금호아시아나 그룹에게 돈을 빌려주지 않았을 것이다. 이런 내용들을 보면 금융기관이나 재무적 투자자들이 회계수치의 의미를 좀 더 열심히 공부할 필요가 있지 않을까 생각된다. 단지 회계처리를 어떻게 하느냐에 따라 다르게 계산되는 부채비율이 아니라 실제 회사가 부담해야 하는 부채수준을 계산해서 대출금액을 결정하는 것이 올바르기 때문이다.

에 적을 수는 없다.

부채의 최고가액이 얼마냐는 것은 투자자들이 의사결정을 할 때 상대적으로 덜 중요한 정보다. 부채의 최고가액은 연차보고서에 주석으로 표시할 수 있다. 사실 현 시점에서 시간가치나 변동성 등을 고려한 풋옵션의 공정가격은 3만 4,000원보다는 약간 적다. 하지만 논의를 쉽게 하기 위해 3만 4,000원이라고 표현했다.

물론 대우건설의 현재 주가가 낮기 때문에 2009년 12월 15일 시점의 주가 역시 낮을 것이란 보장은 없다.[3] 그렇지만 현재 주가는 미래 주가를 예측하는 데 도움을 주는 지표다. 같은 의미에서 스톡옵션 역시 현재 주가를 이용해 미래의 옵션 행사 시점에서 회사가 부담해야 할 현금을 계산, 스톡옵션 부여 시점에서 현재의 비용으로 인식하고 있다. 파생상품에 대한 회계처리도 동일한 방식을 적용, 미래에 발생할 사건들을 예측해서 가치를 평가하여 거래가 발생했을 때 당기 수익이나 비용으로 처리한다.

2008년 말 금호아시아나가 재무적 투자자들과 풋옵션 만기 연장을 위한 협의를 진행하고 있다는 소식이 보도된 적이 있었다. 그 뒤에 별다른 뉴스가 없는 것으로 보아 이 협상이 순조롭게 진행되지 않는 것으로 보인다. 재무제표를 살펴본 결과 금호아시아나 그룹이 대우건설 인수를 위해 계열사들이 자체적으로 동원한 자금 2조 9천억원 중 약 2조 5천억원 정도가 계열사에서 차입한 자금으로 조달된 것으로 판단된다. 이들 자금의 상환일이 점차 도래하고 있으므로, 금호아시아나는 자금상환을 위해 여러 노력을 하고 있는 것으로 보인다. 금호생명을 매각하고, 기타 서울고속도로 지분 매각 등 다른 유휴자산을 매각하는 작업을 성공적으로 수행한다면 금호아시아나 그룹은 좀 숨을 돌리고 다시 힘차게 이륙을 준비할 수 있을 것이다. 지난 10년간 탄탄한 성장세를 보여줬던 금호아시아나가 숨은 저력을 발휘해 무사히 이 난국을 헤쳐나가기를 바란다.

---

3 금호아시아나의 대우건설 인수 후 주가가 상승을 거듭해서, 주가지수가 최고점에 달했던 2007년 말에는 33,000원 정도까지 대우건설의 주가가 올라간 적도 있었다. 이때 기준으로 생각해 보면 부채는 거의 존재하지 않는 것과 마찬가지였다. 즉 주가가 많이 상승해서 34,000원 근처까지 올라간다면 이 책에서처럼 부채를 갚아야 하는 문제로 고민을 할 필요가 전혀 없다.

332

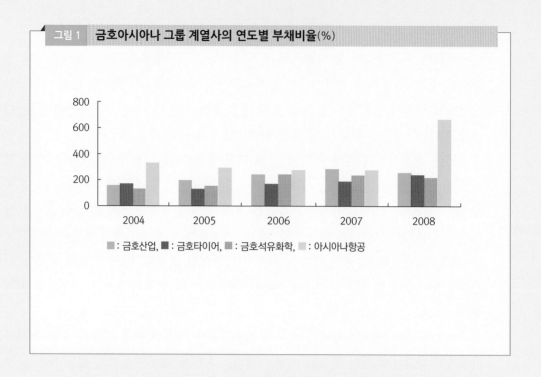

그림 1 　금호아시아나 그룹 계열사의 연도별 부채비율(%)

■ : 금호산업, ■ : 금호타이어, ■ : 금호석유화학, ■ : 아시아나항공

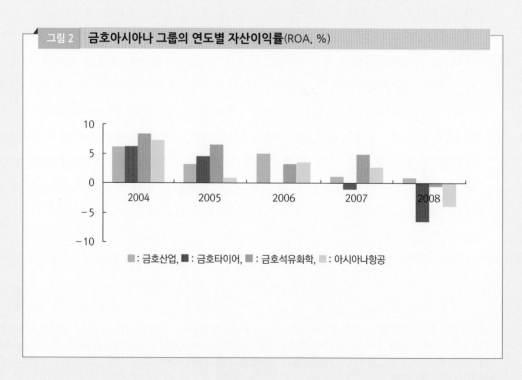

그림 2 　금호아시아나 그룹의 연도별 자산이익률(ROA, %)

■ : 금호산업, ■ : 금호타이어, ■ : 금호석유화학, ■ : 아시아나항공

사례문제

❶ 대우건설과 금호아시아나 그룹의 주요 계열사들의 2004년부터 인수가 있었던 2006년까지의 재무제표를 찾아라. 현금흐름표와 손익계산서로부터 현금이익과 발생액을 계산하여라. 발생액 금액이 왜 큰 수치가 나오는지 그 원인에 대해 토론하여라.

❷ 인수 이후인 2007년부터 2010년까지의 재무제표에서 당기순이익, 영업이익, 영업활동으로 인한 현금흐름, 부채비율이 어떻게 변하는지 계산하여라. 부채비율 계산시에는 자산재평가로 인한 영향은 제거하여라. 이 내용을 근거로, 금호아시아나 그룹 계열사들의 영업성과가 어떠한지에 대해 토론하여라.

❸ 2007년부터 2010년까지의 발생액을 계산하여라. 앞의 문제 1에서 계산한 발생액 수치와 비교하고, 이런 발생액의 변화가 문제 2에서 살펴본 영업성과의 추세에 어떤 영향을 미쳤는지 토론하여라. 또한 2006년까지의 발생액 수치를 이용하여 그 이후의 업적이 얼마나 예측가능한지에 대해서도 토론하여라.

❹ 금호아시아나 그룹의 해체에 대한 내용을 언론에서 찾아 2페이지 이내로 요약하고, 위의 분석을 토대로 금호아시아나 그룹의 대우건설 인수를 위한 재무정책의 적정성에 대해서 논하라. 왜 이런 일이 발생했는지, 지배구조에 대해서도 생각해 보라.

CHAPTER

9

이익조정 분석

01 이익조정 개요

우리나라의 증권시장에 대해서 이야기할 때 빠지지 않고 등장하는 단어가 "코리아 디스카운트(Korea discount)"이다. 한국 기업들의 주가가 외국의 동등한 기업의 주가와 비교해 볼 때 낮다는 의미이다. 즉, 한국 기업이라는 이유만으로 주식이 평가절하되는 현상을 말한다. 북한관련 잠재된 위험이 가장 큰 원인이지만 종종 분식회계가 적발되는 등 회계정보가 투명하지 않아 외부 투자자들이 재무제표를 신뢰할 수가 없다는 점도 코리아 디스카운트가 생기는 이유들 중의 하나이다. 이처럼 회계정보의 정확성과 투명성은 국가의 경쟁력에 영향을 미치는 매우 중요한 요소라고 할 수 있다.

2000년대 초반 미국에서는 Enron과 MCI WorldCom의 분식회계 스캔들이 발생했다. 이 일련의 사건은 분식회계의 규모, 경제 전반에 끼친 영향, 투자자 손실규모 등에서 증권시장 역사상 전무후무한 사례로, 미국 경제의 9·11 사태라고까지 불린다. 당시 회계부정 스캔들은 미국뿐 아니라 캐나다, 유럽 등 전세계적으로 영향을 끼쳤다.

[표 9-1]은 Enron과 MCI WorldCom의 스캔들 전후 시가총액의 변화를 나타낸다. 스캔들 발생 6개월 전부터 발생 1개월 후까지의 7개월 동안 Enron의 시가총액은 415억 달러에서 67억 달러로 추락하여 투자자들은 83.8%의 손실을 입었으며, MCI WorldCom의 시가총액은 420억 달러에서 5.6억 달러로 추락하여 투자자들에게 98.6%의 손실을 안겼다. 경제적인 손실규모만 따지자면 두 기업의 회계부정으로 인한 손실은 9·11 테러로 인한 손실보다 더 크다.

2000년대 초 미국 정부는 대외적으로는 대테러 전쟁, 대내적으로는 회계부정에 맞선

표 9-1 회계스캔들 전후 시가총액 비교 (단위: 억 달러)

기 업	6개월 전	1개월 전	1일 전	1일 후	1개월 후
Enron (2001년 10월 16일)	415	230	250	240	67
MCI WorldCom (2002년 6월 26일)	420	54	25	1.8	5.6

전쟁을 치렀다. 이때 제정된 Sarbanes-Oxley 법은 대내적인 경제 전쟁의 산물로, 미국 기업의 내부통제제도를 강화하고 지배구조를 개선하여 Enron 사태와 같은 분식회계를 방지하기 위해 제정된 것이다.

[표 9-2]는 Enron 사태의 이해관계자들과 그들이 받은 영향을 정리한 것이다. 심각한 투자손실을 입은 투자자 외에 가장 큰 피해를 입은 것은 Enron의 직원들이다. 그들이 당한 고통이 언론을 통해 알려지면서 경영진의 탐욕과 후안무치함에 대한 비판이 한층 증가했다.

우선 Enron 사태로 인해 많은 직원들이 실직하게 되었다. Enron 본사가 휴스턴 외진 곳에 위치하여 재취업이 어려웠으며 외지에 새로운 직장을 잡는 경우에도 이사비용 등의 부담이 가중되었다. 둘째, Enron 직원들의 퇴직연금의 상당부분이 자사주에 투자되어 있었는데, Enron 주식이 폭락함에 따라 큰 손실을 입었다. 퇴직연금은 직원들이 스스로 관리할 수 있는 것이 아니라 경영진이 직원들을 대신해서 투자전략을 정하고 전문 펀드운용사에 위임하여 관리한다. 퇴직연금의 상당부분을 자사주에 투자하면 주식에 대한 수요도 증가시키고 회사 전망에 대한 자신감도 보여줄 수 있기 때문에, Enron의 경영진에게는 이렇게 하는 것이 여러모로 유리한 결정이었다. 제 2 장에서 설명하였듯이 주가 유지는 Enron의 분식회계를 유지하는 필수조건으로 경영진이 직원들의 퇴직연금을 이용하여 자신들의 부정행위에 유용한 것이라고 볼 수 있다.

그러나 직원들의 입장에서 볼 때 이런 투자전략은 리스크와 보상이 대응되지 않는다

표 9-2   Enron 사태가 이해관계자들에게 미친 영향

이해관계자	영 향
주 주	투자손실([표 9-1] 참조)
채 권 자	대출금 회수실패(제 2 장에서 설명한 Royal Bank of Canada 등)
직 원	실업, 재취업에 어려움, 퇴직연금 손실, 개인의 명예훼손
투자은행	은행 이미지 실추, 투자자 피해배상에 따른 손실
외부감사인	회계법인 Arthur Andersen 해체
증권시장	투자자 신뢰 하락, 증시 하락장 진입
경 영 진	회장, CEO, CFO 등 고위경영진 징역 선고, 부회장 자살

는 점에서 기본적인 투자원칙에 어긋나는 결정이다. 위험분산의 관점에서 보았을 때, 직원들은 이미 자신의 인적자본을 기업에 투자하였기 때문에 금융자본까지 해당기업에 투자하는 것은 매우 위험하다. 만약 기업이 파산하게 되면 인적자본이 수익을 창출하지 못하게 되는 동시에 금융자본도 손실을 입는 이중 부담을 안게 되기 때문이다. 이런 최악의 경우가 Enron 직원들에게 발생한 것이다.

경영진의 후안무치함은 여기서 또 드러난다. 분식회계 스캔들이 곧 터질 것을 알게 된 경영진은 자신들이 보유한 자사주를 대량 매각하면서도 퇴직연금 운용사를 변경한다는 핑계로 직원들의 자사주 매각을 금지한 것이다. 즉, 자신의 피해는 최소화하면서 많은 직원들이 주식을 매각하면 주가가 폭락할 것을 우려해 직원들의 자사주 매각을 막은 것이다. 매각 제한기간이 끝나 직원들이 가진 주식을 매각할 수 있게 되었을 때 Enron의 주가는 이미 추락할 대로 추락한 후였다.

Enron과 MCI WorldCom 같은 극단적인 경우 외에 일반적으로 기업이 이익조정을 하는 이유는 무엇일까? 그 이유는 다양하다. 기업은 많은 이해관계자들로 구성된 네트워크이다. 이들 이해관계자들이 기업이 창출한 부를 공유하는데, 기업이 창출한 부가 일정하기 때문에 특정 이해관계자들이 더욱 많은 부분을 차지하려면 다른 사람들의 몫이 줄어들어야 한다. 기업의 이익은 다양한 이해관계자들간에 부를 분배하는 기준이 되기 때문에 이익을 조정하는 것이다. 따라서 재무제표에서 이익조정이 있었는지 판단할 때 무엇보다 이익을 조정할 동기가 있었는지를 우선 의심해 보아야 한다.

손익계산서는 기업의 수익배분 순서에 따라 작성된다. 영업활동을 통해 수익을 창출하면 우선 직원들의 급여를 지불해야 한다. 그러므로 직원들은 기업의 수익배분에서 최우선순위를 차지한다. 각종 원재료 및 서비스 공급업체도 직원들과 동등한 최우선순위를 차지한다. 제2순위는 은행 등 채권자로, 기업은 창출한 수익으로부터 채무에 대한 이자와 원금을 지급해야 한다. 정부는 제3순위로 이자를 지급하고 남은 이익에 대해서 세금을 징수할 권리가 있다. 주주는 가장 후순위로서 직원, 공급업체, 채권자 및 정부에게 지급하고 남은 이익을 가져가게 된다.

현대 기업제도에서 기업의 소유권은 주주가 가지고 있다. 주주는 소유권을 갖는 동시에 수익배분의 우선권을 포기하게 되었다. 만약 기업이 당기에 창출한 수익으로 기타 우선권자들을 만족시키지 못할 경우 주주는 자신이 기업에 누적해 둔 부의 일부를 쪼개 지급해야 한다.

　위와 같은 상황에서 이해관계 상충이 쉽게 발생할 수 있음을 짐작할 수 있다. 주주는 기업의 활동에 대한 의사결정권을 장악하고 있는 한편, 수익배분 과정에서는 타인에게 배분하고 남은 부분을 가져가야 하는 위치에 있다. 그러므로 주주는 자신이 더욱 많은 부를 가져가기 위해 이익을 조정할 동기가 있다. 즉, 주주와 타 이해관계자들 사이에는 이해관계의 상충이 종종 발생하게 된다.

　대표적으로 주주와 직원간의 이해관계 상충이 있다. 기업은 의도적으로 이익을 적게 보고하여 기업이 어려운 상황에 처해 있다는 인상을 줌으로써 노조와의 임금협상에서 유리한 위치를 차지할 수 있다. 이와 같은 현상은 미국 항공업계에서 가장 잘 드러난다. 역사적인 이유로 미국 항공사에서는 노동조합의 세력이 강했으며, 이에 따라 직원들은 많은 혜택을 받아왔다. 임금협상 과정에서 직원들은 상당히 유리한 임금, 보험, 퇴직금 혜택 등을 받아냈다. 그러나 최근들어 항공산업의 경쟁이 치열해지고 유가가 상승하며, 9·11 테러 이후 항공여행객 수요가 감소하는 등의 어려움이 닥치자 항공산업의 대다수의 기업들이 도산위험에 처하게 되었다. 이런 환경 속에서 항공사는 노조와 협상하기 전에 이익을 조정하고 기업경영의 어려움을 과장되게 포장해서 직원들로 하여금 임금동결과 복지혜택 축소에 동의하도록 하였다.

　주주와 채권자간에도 이해관계 상충이 존재한다. 기업은 주주에게 유리하지만 채권자에게 불리한 결정을 내리는 경우가 있는데, 예를 들면 위험한 투자를 감행할 때이다. 일반적으로 기업은 기대되는 보상과 감수해야 하는 위험이 다른 여러 가지 투자안들 중에서 선택을 해야 한다. 고위험 투자안은 성공시 보상이 크지만 실패시 손실 또한 크다. 그러나 저위험 투자안은 성공시 고위험 투자안보다 보상은 작지만 실패시 손실도 작다. 채권자의 요구수익률(=이자율)은 일정하고 상대적으로 낮다. 따라서 채권자 입장에서는 기업이 선택하는 투자안의 기대수익률이 자신의 요구수익률보다 높고 기업이 도산하지만 않으면 손실을 입지 않는다. 기업의 투자가 실패하면 채권자에게 원금과 이자를 지급할 수 없기 때문에 채권자에게는 저위험 투자안이 유리하다. 반면, 투자안에 따른 기대이익이 채권자의 요구수익률을 초과하는 부분은 전액 채권자에게 무의미하다. 그러므로 주주가 고위험 투자안을 고집한다면 주주에게는 유리하나 채권자에게 불리하게 된다.

　주주와 정부 사이에도 이해관계 상충이 발생한다. 기업의 이익에 대해서 정부가 세금을 징수하기 때문에 기업은 절세 목적으로 이익조정을 할 동기가 있다. 또한, 정부의 세금감면 제도 또는 재정지원 대상이 되는 기업은 이익조정을 통해 경영난을 부풀려 더욱

IMF 구제금융과 은행권 구조조정시의 이익조정

1997년 겨울 한국은 매서운 겨울을 맞이했다. 그 전까지 한국의 대다수 은행들은 단기 외화대출을 받아 이를 국내 기업들에 장기로 대출해 주는 역할을 했다. 즉, 상당한 외화부채를 보유하고 있었다. 그런데 한보철강과 삼미그룹 등 몇몇 회사들이 파산하면서 은행들이 상당히 부실화되었다. 그러자 국내 은행에 대출을 해 주었던 외국 은행들은 만기가 돌아온 대출금의 차환을 거부하고 회수하기 시작했다. 그러나 국내 은행들은 기업들에게 대출해 준 자금이 만기가 되지 않았으므로 대출금을 회수할 수 없었다. 은행들은 일시에 달러부족과 유동성 문제로 파산위기에 몰리게 되었다. 그 결과 원화가 급격히 평가절하되어 원/달러 환율이 1,000원대 미만에서 1,900원대까지 치솟았다. 달러 부족 때문에 한국은 IMF의 구제금융을 받는 신세로 전락하게 된다. 즉, 국가파산상태가 된 것이다.

부실화된 은행들을 살리기 위해서 당시 새로 집권한 정부는 은행을 합병하여 은행의 대형화를 추진하기로 하였다. 은행의 강제합병에 대한 반발을 무마하기 위해 정부는 엄격한 실사를 거쳐 발견되는 모든 부실은 정부가 공적자금(즉, 세금)을 투입해 보전해 주기로 했다. 또한, 일부 은행은 해외 매각을 추진하였다. 퇴출된 은행도 생겨났다. 그 결과 은행의 구조조정 작업은 성공적으로 마무리되었다.

그 후 상당한 시간이 지난 후 당시의 구조조정 작업에 대한 숨겨진 이야기들이 조금씩 알려지기 시작했다. 당시 합병하는 은행들이 공적자금을 정부로부터 더욱 많이 받기 위해서 부실을 확대 보고하였다는 주장이나 증언도 자주 제기되었다. 외국에 매각된 은행의 경우, 싼 값으로 매각하기 위해 부실을 과장해서 재무제표에 표시했다는 주장도 있었다. 그 과정에서 외국의 숨겨진 은행계좌로 상당한 자금을 송금받은 일부 은행관련 인사나 당시 고위 정치인들에 대한 이야기도 조금씩 알려진 바 있다.

많은 혜택을 얻으려 노력하기도 한다.

앞서 나열한 사례들은 주주와 기타 이해관계자간의 이해관계 상충으로 인해 발생하는 이익조정 동기를 보여준다. 이와 같은 문제가 발생하는 근본원인은 주주가 기업을 소유하고 의사결정을 내리는 권한을 가지고 있지만 타인에게 배분하고 남은 이익만을 취득할 수 있기 때문이다. 상장기업의 경우 주식소유가 분산되어 경영진을 감시하고 통제할 수 있는 대주주가 없는 경우가 많다. 따라서 경영진이 실질적인 의사결정권을 장악하게 되어 소유권과 경영권의 분리가 나타난다. 이런 경우 경영진은 자신의 보수를 극대화하기 위해 이익조정을 감행할 동기가 있다. 즉, 주주의 이익보다 개인의 이익을 우선시할 수 있다.

일반적으로 경영진의 보상은 기본급, 성과급 및 스톡옵션 등을 포함한다. 대부분 경우 기본급은 기업의 실적에 따라 변하지 않고 일정한 금액이 지급되며 보너스는 이익이 늘어날수록 증가한다. 스톡옵션은 정해진 가격에 자사주를 매입할 수 있는 권리를 의미하는데, 주가가 높아질수록 그 가치가 올라간다. 주가는 이익수준에 영향을 많이 받기 때문에 경영진은 스톡옵션 행사차익을 극대화하기 위해서 옵션 행사 시점에서 이익을 과다하게 부풀려 보고할 가능성이 있다.

신흥 자본시장에 주로 나타나는 문제로, 대주주와 소액주주간의 이해관계 상충에 따른 이익조정 동기도 있다. 대주주가 상장기업의 지분을 대부분 소유하면서 경영권도 지배하는 경우, 자신의 지분율이 더 높은 다른 회사로 이익의 일부를 이전시켜서 해당회사의 이익이 줄어들 수 있다. 거래조건을 정상적인 경우보다 상대방 회사에 약간 유리하도록 하면 된다.

결론적으로, 다양한 집단간의 이해관계 상충으로 인해 기업은 다양한 이익조정 동기를 가지고 있다.

이익조정이 포함된 재무제표는 기업의 실제 경영상황과 가치를 반영하지 못하기 때문에 이익예측과 가치평가를 왜곡시킨다. 제 1 장에서 설명하였듯이 이익정보는 주가에 큰 영향을 미치기 때문에 잘못된 이익정보에 근거하여 기업의 가치를 잘못 판단하면 큰 손실을 입을 수 있다. 그러므로 미래이익을 예측하고 기업가치를 평가할 때는 우선 재무제표상에 이익조정이 있었는지 판단해야 한다. 이익조정이 있었다면 이익조정의 영향을 제거한 실제 경영상황이 어떤지 파악해야 한다. 가공된 수치를 그대로 믿고 투자했다가 심각한 손실을 입을 수 있다.

이 장에서는 이익조정이 이루어지는 방법에 대해서 알아보고 간단한 재무제표 분석을 통해 이익조정을 발견할 수 있는 방법을 소개하고자 한다.

02 기업이 사용하는 이익조정과 이익조정을 발견하는 기본적인 분석방법

아직까지 우리는 이익조정의 정확한 개념을 정리하지 않았다. 회계학에서 말하는 이익조정(earnings management)의 의미는 독자들이 일반적으로 이익조정이라는 단어를 글자 그대로 해석했을 때의 의미와 크게 다르지 않다. 여기서 이익조정에 대한 정의를 내리도록 하자.

주주가 재무제표에서 가장 관심 있어 하는 부분은 현재 자기자본의 내재가치가 얼마인지, 그리고 회계기간 동안 자기자본의 내재가치가 얼마나 변했는지이다. 우리는 자기자본의 내재가치 변화분을 경제적 이익이라고 한다. 이는 회계기간 동안 주주 부의 순변화량이며, 기업(경영진)의 진정한 경영실적을 반영하는 개념이다.

효율적인 시장에서 기업의 내재가치는 시장가치와 동일하며, 경제적 이익은 기초대비 기말 주가 변화분으로 계산할 수 있다. 그러나 대다수 기업은 상장기업이 아니기 때문에 주식의 시장가치를 평가할 수 없으며, 증권시장 역시 충분히 효율적이지 않아 주식의 시장가치의 변화가 기업 내재가치의 변화와 반드시 일치하지는 않는다.[1] 재무제표의 근본 목적은 기업(경영진)의 진정한 경영실적, 즉 기업의 내재가치와 경제적 이익을 측정하고 보고하는 것이다. 그러나 기업의 내재가치와 경제적 이익은 직접 관찰하고 측정할 수 없기 때문에 우리는 회계측정 및 보고시스템과 회계기준을 정하고, 이에 따라 기업의 가치를 최대한 정확하게 반영하는 방식으로 재무제표를 보고한다. 따라서 재무제표에 나타난 자기자본의 장부금액 및 이익 수치는 그 측정대상인 내재가치 및 경제적 이익과 차이가 있을 수밖에 없다. 그렇기 때문에 기업의 내재가치와 경제적 이익을 더욱 정확히 측정하기 위하여 재무제표 정보에 기초하여 가치평가를 진행하는 것이다.

기업의 내재가치와 경제적 이익을 직접적으로 측정하는 방법은 없다. 그렇다고 기업이 임의로 경영실적을 보고하게 할 수 없다. 그래서 회계기준을 제정하여 기업이 이에 따라 수익, 비용 및 이익을 인식하도록 하고 있다. 회계기준에 따른 이익 인식방법이 기업의 내재

---

1 많은 재무학자들은 (미국)증시가 효율적이라고 간주하여 주가는 내재가치와 일치한다고 가정한다. 이런 효율적 시장 가설에 따르면 투자결정에 필요한 모든 정보가 이미 현재의 주가에 반영되어 있고, 주가는 주식의 가치를 잘 반영하기 때문에 재무제표 및 투자분석이 불필요하다.

가치와 경제적 이익을 그대로 반영하는 정확한 측정은 아니지만, 최소한 회계정보의 가치관련성과 신뢰도를 동시에 고려하여 기업이 임의로 회계정보를 보고하는 것을 방지할 수 있다.[2] 우리는 100% 회계기준을 준수하여 측정한 기업의 이익을 기준이익이라고 부른다.

　　이익조정은 두 가지로 분류할 수 있다. 첫째, 기업이 실제 보고한 이익이 기준이익과 다른 경우이다. 즉, 기업이 수익, 비용, 자산, 부채 등을 인식할 때 회계기준을 완전히 따르지 않은 것이다. 대부분의 이익조정은 이 경우에 해당되는데, 2장에서 소개한 MCI WorldCom의 이익조정이 여기에 해당한다. MCI WorldCom은 회계기준을 따랐다면 비용으로 인식하여 당기순이익을 감소시켜야 할 시설유지 지출을 자산화하여 당기순이익을 허위로 증가시켰다.

　　둘째, 기업의 이익측정 및 보고방법이 회계기준에는 부합하지만 경제적 이익을 측정하고 보고하는 본연의 목표를 위배하는 경우가 있다. 겉으로는 회계기준에 부합하지만 실제로는 이익조정을 통해 경영실적을 허위보고하는 경우이다. 2장에서 소개한 Enron의 이익조정이 이런 경우에 해당한다. Enron의 특수목적법인은 회계기준에 부합하는 것으로, 특수목적법인의 재무제표를 모기업에 연결하여 보고해야 한다는 규정은 없었다. Enron은 이를 악용하여 대량의 부채를 은닉하고 이익을 허위로 부풀렸다. 첫 번째 경우는 보고 단계에서만 이익조정이 일어나는 반면, 두 번째 경우는 이익조정을 위해 특수목적법인을 설립하는 등 실질적인 업무의 실행이 필요하다는 특징이 있다.

　　이익조정을 판단할 때는 반드시 이익조정 동기가 있는지 살펴보아야 한다. 그리고 기업은 손익계산서상에서만 이익조정을 하는 것이 아님을 명심해야 한다. 기업은 재무상태표를 조정함으로써 이익조정을 할 수도 있다. 투자자들은 일반적으로 손익계산서에 비해 재무상태표에 주의를 많이 기울이지 않기 때문에 재무상태표를 이용한 이익조정도 빈번히 일어난다.

　　기업에서 사용하는 이익조정 방법은 기본적으로 두 가지로 분류할 수 있다. 첫째, 회계기간이 끝나고 모든 업무가 종료된 후에 이익 수치를 조정하는 것이다. 기업은 한 회계기간이 끝나면 그 동안의 기업활동에 대하여 회계적 이익을 어떻게 측정하고 보고할 지 결정한다. 이 과정에서 기업이 회계기준에 부합하지 않는 측정 및 보고방식을 선택한다면 첫 번째 이익조정 방법을 이용한 것이다. 이와 같은 이익조정은 매우 보편적으로 발생한다. 일례로,

---

2　회계기준은 실무적으로 적용가능한 여러 측정 및 보고방법 중의 하나이며 인위적인 보고방법임을 이해해야 한다. 다만, 이 방법은 공인된 방법 또는 정부에 의해 정해진 방법인 것이다.

신용매출을 통해 매출채권이 발생하면 대손충당금을 설정해야 하는데, 회계기준에서 일정한 충당금 설정비율을 정하고 있지 않다는 점을 이용하여 실제 예상보다 적게 충당금을 설정하여 이익을 증가시킬 수 있다. 손익계산서에는 경영자의 재량에 따라 금액을 판단해야 하는 항목이 많기 때문에 이와 같은 이익조정은 매우 손쉽게 할 수 있다.

경영자가 첫 번째 방법만으로 충분히 이익을 조정할 수 없을 것으로 판단할 때, 두 번째 방법을 이용하게 된다. 이 두 번째 방법은 이익조정을 하지 않는다면 기업의 정상적인 운영에 필요하지 않기 때문에 실행하지 않았을 실질 활동을 실행하여 회계기준에 따라 재무제표에 보고하는 것으로, 회계기간 끝이 아니라 회계기간 중에 실행에 옮겨야 한다.

회계적 이익이 주가에 미치는 영향을 배제했을 때, 첫 번째 방법은 기업의 내재가치에 근본적으로 영향을 미치지 않는다. 반면, 두 번째 방법은 이익조정을 위해 기업의 정상운영에 불필요한 실질 활동을 하는 과정에서 비용이 발생하므로 기업의 내재가치를 훼손시킬 수 있다. 예를 들어, 이익을 인위적으로 증가시키기 위해 당기의 연구개발비 투입을 억제한다면 당기 이익은 증가하지만 기업의 미래 성장 잠재력이 훼손된다.

이익조정을 발견하기 위해서는 두 단계 절차를 거쳐야 한다. 우선, 이 책에서 소개하는 기본적인 분석방법을 사용하여 이익조정을 할 동기가 있는 기업을 골라낸다. 이는 단순한 작업으로 시간과 비용이 많이 들지 않는다. 이익조정이 의심되는 기업을 찾았으면, 더 많은 시간과 노력을 투입하여 개별기업에 대한 심도 깊은 분석이 필요하다. 기업과 관련된 정보를 수집하고 필요하다면 기업 내부자 인터뷰, 기업 방문 등을 통해 수집한 더 많은 정보를 바탕으로 이익조정 여부를 판단한다. 만약, 이익조정이 의심되는 기업을 골라내는 작업을 하지 않고 모든 기업을 대상으로 이익조정 여부를 조사하려고 한다면 굉장한 시간과 노력이 낭비될 것이다.

기본적인 재무제표 분석을 통하여 이익조정이 의심되는 기업을 발견하는 방법은 다음과 같다. 기업은 우리의 몸과 같은 유기적인 생명체이다. 인체의 각 부분이 자연스럽게 어우러져야 하는 것처럼 재무제표에 나타난 회계정보간에도 자연스러운 관계를 나타내야 한다. 인체의 각 부분이 자연스러운 관계를 이루지 못하면 병에 걸렸을 가능성이 높은 것처럼, 회계정보간의 관계가 부자연스러우면 이익조정이 발생했을 확률이 높다. 예를 들어, 2장에 소개한 MCI WorldCom의 경우, 설비보수비용의 변화가 기타 영업비용의 변화와 일관되지 않으며 비교기업인 AT&T의 설비보수비용의 변화와도 일치하지 않기 때문에 MCI WorldCom의 비용 인식방법에 문제가 있음을 의심해 볼 수 있다. 제 3 장의 [표 3-1]

의 모 제약회사의 사례에서도 매출채권의 성장속도가 매출액 성장속도를 뛰어넘는데 비교기업에서는 이런 현상이 발견되지 않기 때문에 이 기업이 매출액을 허위로 부풀리고 있음을 의심해 볼 수 있다.

이익조정 분석방법으로는 앞서 설명한 재무제표의 공통형분석, 시계열분석, 비교기업분석, 성장률분석 등이 있다. 기업의 당기 회계정보, 특히 재무비율을 과거 자료와 비교하거나 비교기업 및 산업평균과 비교하여 비정상적인 경향을 찾아보고, 이에 근거하여 이익조정 여부를 판단한다. 실제 사례를 통해 이익조정에 대해서 더 자세히 알아보도록 한다.

경찰이 범죄사건을 조사할 때 모든 사람에 대해서 심도 깊은 조사를 진행할 수 없다. 따라서 범죄자의 전형적인 특징을 파악한 후 이런 특징이 나타나는 용의자들을 중점적으로 조사한다. 이와 마찬가지로 애널리스트가 재무제표를 분석할 때에도 모든 상장기업에 대해서 이익조정 여부를 심도 깊게 분석할 수 없다. 따라서 우선 간단한 분석을 통해 이익조정의 전형적 특징을 나타내는 기업을 골라내고, 이들을 대상으로 집중적인 분석한다.

03 | 수익을 증가시키는 이익조정

Computer Associates(CA)는 중국 출신 Charles Wang과 인도 출신 Sanjay Kumar가 미국에서 설립한 세계적인 소프트웨어 회사이다.

1990년과 1991년 CA의 매출액 성장률은 각각 4.03%와 11.91%였으나 1992년에는 22.02%로 급성장하였고 그 후로도 줄곧 높은 성장률을 유지하여 1995년에는 매출액 성장률이 33.61%에 이르렀다. [그림 9-1]은 CA의 1992~1999년 매출액 성장률을 보여준다. [그림 9-2]에 따르면 이 기간동안 CA의 주가는 4.04달러에서 66.54달러까지 증가했다.

CA의 경영실적은 실제로 그렇게 좋았을까? [그림 9-1]은 1992~1999년 영업이익률과 매출액 대비 영업활동으로 인한 현금흐름 비율을 나타내고 있다. 영업이익률은 21.09%에서 45.45%로 증가하고 있으나 매출액 대비 영업활동으로 인한 현금흐름 비율은 18~25% 사이에 머무르고 있다. 이 두 비율이 크게 차이가 나는 원인으로 신용매출이

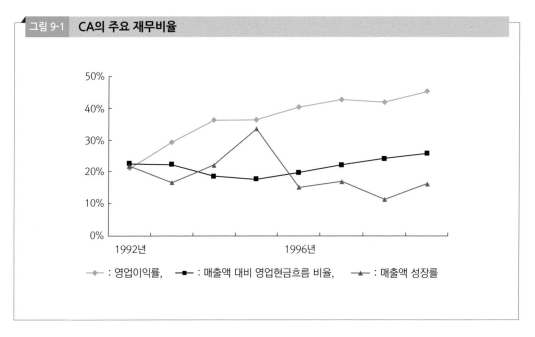

그림 9-1　CA의 주요 재무비율

◆ : 영업이익률,　■ : 매출액 대비 영업현금흐름 비율,　▲ : 매출액 성장률

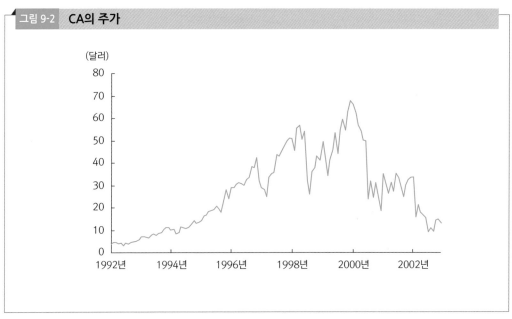

그림 9-2　CA의 주가

발생한 후에 현금회수가 원활하게 이루어지지 않고 있음을 의심해 볼 수 있다. 이로부터 CA의 영업활동이 과도하게 공격적인 것으로 판단할 수 있다.

2001년 미국 증권거래위원회는 CA의 수익인식기준에 대한 조사에 들어갔다. 조사결과 CA가 수익인식에 대한 분식회계를 통해 22억 달러 규모의 이익을 부풀려 보고한 것이 드러났다. 그렇다면 CA는 수익과 이익을 어떻게 조정한 것일까?

CA는 고객이 소프트웨어를 구입하면 라이센스를 제공해서 일정기간 동안 소프트웨어를 사용할 수 있도록 하고 있다. 예를 들어, CA로부터 3년간 사용할 수 있는 소프트웨어를 구입하면, 해당 제품을 인도받고 3년 동안 업데이트 등 관련 서비스를 제공받는다. 이에 대해 고객은 첫 해에 300만 달러, 이듬해와 그 이듬해에 각각 30만 달러를 지불한다. 이 거래에서 CA는 총 360만 달러 매출을 올리게 된다. 문제는 3년간 매출을 어떻게 나누어 인식할까 하는 것이다. 한 가지 방법은 첫 해 360만 달러 매출을 전부 인식하고 60만 달러의 매출채권을 기록하는 것이다. 다른 한 가지 방법은 매년 120만 달러의 매출을 인식하는 것이다. 소프트웨어 제품은 제조원가가 거의 없으며, 오히려 소프트웨어 판매 이후 서비스 제공이 중요하기 때문에 대다수의 소프트웨어 기업들은 두 번째 수익인식 방법을 선택하고 있다. 반면, CA는 첫 번째 수익인식 방법을 선택했다. 이와 같은 회계처리 방식을 선택하면 매출액과 이익은 증가하지만 현금흐름의 증가는 수익과 이익의 증가에 미치지 못한다.

만약 CA의 신규고객이 매년 일정하다면 어느 회계처리 방식을 선택하든 큰 차이가 없다. 그러나 CA는 매출액 성장, 이익 성장과 더불어 주가상승도 원했기 때문에 주주들에게 높은 매출액 성장률 및 이익 성장률을 보여주려고 했다. 따라서 매년 신규고객을 늘려서 매출액을 늘려야 했다. CA가 선택한 수익인식 방법에 따르면 고객당 매출액의 대부분이 매출 첫해에 일어나기 때문이다. 이를 위해 CA가 선택한 수익인식 방법은 정상적인 매출액 증가 이외에 추가적인 매출액 증가율을 만들어내는 것이었다. 이와 같은 비정상적인 매출액 증가는 미국 증권거래위원회가 중점적으로 조사한 부분이다.

[그림 9-1]과 [그림 9-2]를 비교하면 CA의 이익조정이 매우 성공적임을 볼 수 있다. 매출액과 이익의 대폭 증가에 따라 주가는 더욱 빠르게 상승하였다. 그러나 높은 성장률을 유지하려면 다른 기업과의 경쟁을 통해서 신규고객을 지속적으로 확보해야 한다. 하지만 더 많은 신규고객을 확보하는 데 성공하지 못하면 어떻게 할 것인가?

신규고객을 끌어들이지 못하면 신규고객을 사들이는 방법이 있었다. CA는 큰 폭으로 상승한 주가를 효과적으로 사용했다. CA 주식을 이용하여 다른 소프트웨어 회사를 인수하고, 인수한 회사의 고객을 자신의 신규고객으로 삼았다. 그리하여 CA는 지속적으로 높은 매출액 증가율을 유지할 수 있었고, 이에 따른 주가상승으로 더욱 많은 기업 인수활동을 펼칠 수 있었다. 그리하여 1990년대 CA는 [매출액 증가 → 이익 증가 → 주가상승]이라는 일종의 선순환 구조를 만들어 냈다.

하지만 CA는 또 다른 문제에 직면하게 되었다. 인수할 만한 유사한 분야에 종사하는 소프트웨어 회사가 더 이상 없을 때는 어떻게 해야 할까? 이런 상황에서는 이익조정을 위한 창의적인 방안을 찾기 어렵다. 2000년 CA의 매출액 증가율은 1999년의 16.18%에서 -31.21%로 추락하였고 2001년에는 -29.39%를 기록하였다. CA가 이어가던 이익조정의 순환구조는 끊어졌고, 미국 증권거래위원회에서 분식회계 여부를 조사하기 시작하였다. 주가는 2000년 1월 초의 66.54달러에서 2002년 말의 13.25달러까지 추락했다. 그 손실은 고스란히 투자자들의 몫이었다.

2002년 11월 Charles Wang은 사퇴했고, 2006년 11월 Sanjay Kumar는 법원으로부터 징역 12년을 선고받았다.

이제 Xerox의 사례를 살펴보자. Xerox는 세계적인 사무기기 제조업체로 복사기와 프린터 분야에서 눈부신 성공을 거두었다. 2007년 Fortune 500대 기업 순위에서 145위를 차지하였고 회사 매출규모는 160억 달러에 달하였다. Xerox 같이 유구한 역사와 사회적 영향력을 가진 기업도 분식회계를 했다는 것은 매우 안타까운 일이다. 2000년 미국 증권거래위원회는 Xerox의 회계처리에 대해 조사를 시작했다. 2002년 Xerox는 과거 5년간의 재무제표를 재작성했다. 그러면서 기존의 재무제표는 60억 달러 규모의 매출을 과대보고했다는 것을 실토했다. Xerox는 1,000만 달러의 벌금을 선고받았다.

앞에서 언급하였듯이 상장기업의 미래 주당순이익에 대한 애널리스트의 이익예측은 투자자에게 매우 큰 영향을 미친다. 실제 주당순이익이 애널리스트의 예측치보다 낮을 경우 시장은 매우 부정적인 반응을 보이며 주가가 대폭 하락하기도 한다. 그래서 최근들어 상장기업들은 수단과 방법을 가리지 않고 애널리스트의 이익예측치와 동일하거나 이를 초과하는 이익을 발표하려고 노력하고 있다.

1997년 애널리스트들이 예측한 Xerox의 평균 주당순이익은 1.99달러 였다. Xerox가 발표한 실제 주당순이익은 2.02달러로 애널리스트 예측치를 초과하였다. 1998년의 예측치는 2.33달러였고 실제 주당순이익도 2.33달러였다. 1999년에는 실제 주당순이익이 예측치보다 0.10달러 높았다. 물론 이런 결과는 애널리스트의 예측이 정확했기 때문이라고 할 수도 있겠으나, 미국 증권거래위원회의 조사에 의하면 이는 Xerox의 이익조정의 결과였다. 이익조정의 효과를 제거했더니 Xerox의 1997년, 1998년, 1999년 실제 주당 순이익은 보고된 주당 순이익보다 각각 1.65달러, 1.72달러, 0.50달러나 낮았다. 이는 매우 심각한 수준의 이익조정이라고 할 수 있다.

　　Xerox가 매출액과 이익을 조정한 방법은 아주 간단하다. Xerox는 대형 복사기 및 프린터 설비를 판매할 뿐만 아니라 이를 임대해 주는 사업을 하고 있다. 어떤 고객이 Xerox로부터 매년 500만 달러의 비용을 지불하고 5년간 설비를 임대할 경우, 회계기준에 따른 특정 조건을 충족시키지 못하는 한 이는 운용리스로 분류하고 매년 500만 달러의 임대수익을 인식해야 한다. 특정 조건을 충족시킬 경우에만 이 거래를 금융리스로 인정하여, 제품을 판매했을 때와 마찬가지로 임대계약의 첫 해에 미래의 모든 현금유입, 즉 2,500만 달러를 매출로 인식할 수 있다. Xerox는 임대계약이 금융리스의 조건을 충족시키지 않는 경우에도 금융리스로 회계처리하여 당기의 수익을 부풀렸다. 이 사례에서는 2,000만 달러의 미래 임대수익을 매출로 미리 인식한 것이다. CA의 경우를 분석하기 위해 사용한 방법과 같이 영업현금흐름과 영업이익의 추세를 비교해 보면, Xerox의 재무제표가 의심스럽다는 것을 알 수 있다.

　　[그림 9-3]은 1990년 1월~2006년 12월 Xerox의 주가변화를 보여준다. 1990년대 초

그림 9-3　Xerox의 주가 변화

Xerox의 주가는 지속적으로 상승하는 추세였지만 1997년 이후 특히 급격한 상승을 보여준다. 1997년 1월 2일의 주가는 26.66달러였으나 1999년 1월 4일에는 58.26달러까지 치솟았다. 여기서 1990년 1월부터 2006년 12월까지 장기간의 주가자료를 보여주는 이유는 이익조정이 주가에 미치는 영향이 얼마나 큰지 보여주기 위함이다. 장기간의 주가추이가 Xerox의 주가를 대변한다고 가정하면, 20달러 정도가 비교적 합리적인 주가 예측치일 것이다. 그러나 1990년대 후반에는 이익조정의 결과 주가가 세 배 가까이 뛰었다. 이 시기에 높은 가격에 주식을 매입한 투자자는 손실이 막중했을 것이다.

CA와 Xerox가 이익조정을 감행했던 시기는 마침 미국의 IT 버블 기간과 일치한다. 따라서 이들 기업의 주가 폭등과 폭락이 과연 이익조정의 결과로만 발생한 것인지 따져봐야 한다. 그러나 사실 증시 버블과 이익조정은 밀접한 관련이 있다고 볼 수 있다. 버블과 무관하게 언제든지 이익조정을 통해 투자자에게 잘못된 정보를 제공하고 주가를 부풀릴 수 있지만 이런 효과는 증시에 버블이 있을 때 더욱 확장되어 나타나 주가상승의 효과가 더 크게 된다. 즉, 이익조정을 통해 경영자가 얻을 수 있는 효과는 버블시기에 더 크다. 말하자면 이익조정은 화약고이고 증시 버블은 여기에 불을 붙이는 불씨라고 할 수 있다. 불씨가 있을 때 화약이 많을수록 폭발력이 강해진다. 이 같은 이유로 Xerox와 같은 세계적인 기업도 증시 버블을 이용하여 이익조정을 감행하는 것인지도 모른다.

04 비용을 감소시키는 이익조정

이익을 부풀리기 위해 기업은 수익을 늘릴 수도 있고 비용을 줄일 수도 있다. 수익을 부풀리는 것은 비용을 적게 인식하는 것보다 발각될 가능성이 많다. 수익의 인식은 모두 실제 거래와 판매계약에 근거해야 하기 때문에 허위로 수익을 인식하면 사후에 쉽게 적발될 수 있다. 반면, 비용의 인식에 대해서는 회계기준의 범위 내에서 경영자가 재량적으로 판단하고 추정할 수 있다. 그리고 기업이 추정한 수치는 필연적으로 불확실성을 포함하고 있다. 기업이 가진 정보를 외부감사인이나 감독기관이 모두 살펴볼 수 없기 때문에 기업의 추정치가 의도적으로 왜곡되었음을 증명하기는 쉽지 않다. 이 때문에 기업이 이익조정을 위해 비용을 과소 보고했을 때 상대적으로 발각되기 어렵다. 따라서 비용의 조정이 수익의 조정보다 더욱 보편적이다. 여기서 대손충당금 설정을 예로 살펴보도록 하자.

기업이 신용매출을 할 경우 매출채권을 인식하게 되는데, 매출채권 중의 일부는 최종적으로 현금으로 회수되지 못할 가능성이 있다. 그렇기 때문에 기업은 매출채권이 발생하는 시점에 회수가능성을 판단하여 대손충당금을 추정하고 설정해야 한다. 그러나 기업은 이익을 증가시키기 위해 의도적으로 대손충당금을 적게 설정하고 대손상각비를 덜 인식할 수 있다.

비교적 발달한 자본시장에 상장된 기업들은 일반적으로 발생일로부터 경과기간 1년을 초과한 채권에 대해서 100% 대손충당금을 설정한다. 그러나 중국 상장기업의 재무상태표에는 1년 이상 회수가 안 된 매출채권이 대량 존재하며, 심지어 5년 이상된 매출채권도 있다.

[표 9-3]은 2000~2002년 중국 상장사 2,416개 기업-연도(firm-year)의 대손상각비 인식 상황을 보여준다. 평균적으로 기말채권 금액은 당기 총매출액의 17%, 총자산 금액의 11%에 달한다.[3]

경과기간별로 보면 1년 이내인 채권이 전체 채권금액의 69%, 1~2년 사이인 채권이 12%, 2~3년 사이인 채권이 6%, 3년 이상인 채권이 12%를 차지한다. 대손충당금의 설정 비율은 경과기간이 1년 이내인 채권은 12%, 1~2년 사이인 채권은 27%, 2~3년 사이인 채권은 38%, 3년 이상은 48%의 충당금을 설정하였다. 간단히 말해, 3년 전에 빚을 진 거래기업이 아직까지 빚을 갚지 않고 있어도 돌려받아야 할 금액의 절반 정도는 받아낼 수 있다고 판단한다는 것이다. 일반적인 기준에 따르면 중국기업이 재무상태표에 인식하고 있는 매출채권의 31%(발생일로부터 1년이 경과된 부분)는 즉시 전부 대손충당금을 설정해 주어야 한다. 중국 상장기업들은 대손충당금 설정비율을 낮게 함으로써 비용을 줄이고 이익을 부풀린 것이다.

[표 9-3]의 최대치를 보면 어떤 기업들은 발생기간이 3년 이상된 매출채권도 100% 회수할 수 있다고 판단하고 있음을 알 수 있다.

그렇다면 모든 매출채권이 회수가능하다는 비현실적인 가정을 해 보도록 하자. 발생기간이 1~2년 사이인 채권은 발생 후 2년 후에 회수할 수 있고, 2~3년 사이인 채권은 3

3　본문 내용 및 [표 9-3], [표 9-4], [표 9-5]는 祝継高의 "应收帐款坏帐准备, 企业未来盈余和股票回报." 2008년 북경대 working paper를 참고하여 작성되었다.

표 9 -3	중국 상장기업의 대손충당금 인식 현황			
	조사 대상 기업 – 연도	평 균	중 간 값	최 대 값
매출액(백만 위엔)	2,416	1,085.35	544.42	10,867.16
매출채권(백만 위엔)	2,416	179.43	101.17	1450.76
매출채권/매출액	2,416	0.17	0.19	
자산수익률	2,416	0.02	0.03	0.18
매출채권/자산총액	2,416	0.11	0.09	0.45
경과기간별 분류				
1년 이내	2,416	0.69	0.75	1.00
1~2년	2,416	0.12	0.09	0.91
2~3년	2,416	0.06	0.04	0.99
3년 이상	2,416	0.12	0.05	1.00
대손충당금 설정비율				
전체 평균	2,416	0.12	0.07	0.82
1~2년	2,416	0.27	0.20	0.99
2~3년	2,416	0.38	0.33	1.00
3년 이상	2,416	0.48	0.50	1.00

년 후에 회수할 수 있으며, 3년 이상인 채권은 평균적으로 4년 후에 회수할 수 있다고 가정하자. 이런 낙관적인 가정하에 기업의 실제 손실을 계산해 보도록 하자. 여기서 우리는 매우 낙관적인 추정을 하고 있음을 기억하자.

[표 9-4]의 두 번째 열은 매출채권을 발생 후 1~4년 후에 회수할 경우 1원의 현재가치(8% 할인율 적용)를 보여준다. [표 9-3]에서 평균채권잔액이 179.43(백만 위엔)이며, 경과기간이 1~2년 사이인 채권이 전체 채권금액의 12%, 2~3년 사이가 6%, 3년 이상이 12%를 차지하고 있다. 이들의 장부가치는 각각 21.35백만 위엔, 11.48백만 위엔, 21.89백만 위엔이다. 이 매출채권 잔액에 8% 할인율을 적용하면 그 현재가치는 각각 18.31백만 위엔, 9.12 백만 위엔 16.09백만 위엔이다. 그러므로 채권을 전부 회수할 경우 총 장부가액은 54.73백만 위엔이지만, 장기연체로 인해 그 현재가치는 43.51백만 위엔에 불과하다. 2000~2002년 사이, 경과기간이 1년 이내인 채권이 회수되지 못해 발생하는 손실을 제외

| 표 9-4 | 미회수 매출채권으로 인한 손실 |

	1원의 현재가치	매출채권의 장부가치	매출채권의 현재가치
1년 후 회수	0.93		
2년 후 회수	0.86	21.35	18.31
3년 후 회수	0.79	11.48	9.12
4년 후 회수	0.74	21.89	16.09
합 계		54.73	43.51

하더라도 중국 상장기업들의 매출채권 미회수로 인한 손실은 평균적으로 1,100만 위엔이다. 이 기간동안 상장사들의 평균 자산총액과 평균 자기자본은 1,089백만 위엔과 1,002백만 위엔이다. 그러므로 모든 매출채권을 회수한다고 할지라도 장기연체로 인한 자산이익률 손실은 최소 0.54%이며 자기자본이익률 손실은 1.12%이다. 2002년 중국 상장기업의

| 표 9-5 | 대손충당금 과소 설정이 투자자에게 미치는 영향 |

	자산이익률		자기자본이익률		조정 주가수익률		
	당기	향후 3년 평균	당기	향후 3년 평균	향후 1년	향후 2년	향후 3년
최 저	3.00%	0.23%	5.50%	−0.27%	−3.20%	−4.00%	−1.80%
2	2.40%	0.27%	4.00%	0.30%	−1.20%	−2.60%	−2.00%
3	2.70%	0.63%	4.60%	2.77%	−1.40%	0.10%	−2.50%
4	2.40%	0.67%	3.40%	0.80%	−1.50%	1.40%	3.50%
5	2.60%	0.43%	4.40%	1.87%	−2.20%	−1.80%	0.40%
6	2.60%	1.40%	3.40%	3.67%	−0.20%	0.30%	1.30%
7	2.50%	0.83%	3.90%	2.03%	−0.90%	0.70%	−1.50%
8	1.10%	1.07%	1.20%	1.93%	0.60%	−0.80%	−1.20%
9	1.00%	1.90%	0.50%	3.83%	3.60%	2.90%	−0.90%
최 고	0.50%	1.70%	2.60%	4.87%	3.50%	3.70%	0.60%
최고−최저	−2.50%	1.47%	−2.90%	5.13%	6.70%	7.70%	2.30%

평균 자산이익률은 2.4%, 평균 자기자본이익률은 2.2%이다. 따라서, 미회수 매출채권으로 인한 손실을 장부에 반영하면 평균 자산이익률이나 자기자본이익률이 크게 감소할 것임을 알 수 있다.

결과적으로 기업이 대손충당금을 적게 설정하여 이익과 기업가치를 부풀려 보고하면 투자자들이 잘못된 투자의사결정을 하게 된다.

그렇다면 비용을 축소하고 수익을 부풀리는 이익조정 행위가 투자자에게 미치는 영향을 살펴보도록 하자. [표 9-5]에서 경과기간이 2년 이상인 매출채권에 대하여 설정한 대손충당금의 비율에 따라 상장사를 10개 그룹으로 나누어 수익성과 주식수익률을 살펴보았다.

우선 대손충당금 설정비율이 낮을수록 당기 비용은 낮아지므로 이익률은 높아진다. 그 반대로 설정비율이 높을수록 당기 비용이 높아지므로 이익률이 낮아진다. 투자자가 현재의 수익성에 근거하여 미래 수익성을 예측한다면 대손충당금 설정비율이 낮은 기업들의 미래 수익성을 과대평가하고 설정비율이 높은 기업들의 미래 수익성을 과소평가할 가능성이 있다. 당기 대손충당금 설정비율이 낮을수록 미래 수익성은 낮아진다. 향후 3년 동안의 변화를 살펴보면, 현재 대손충당금 설정비율이 가장 낮은 기업들의 평균 자산이익률과 자기자본이익률이 현재 설정비율이 가장 높은 기업들보다 각각 1.47%와 5.13% 낮다. 중국 상장기업들의 이익률이 보편적으로 낮은 것을 고려하였을 때 이런 차이는 매우 크다.

또한 투자자들은 대손충당금 설정에 따른 이익조정의 영향을 파악하지 못하고 있음을 알 수 있다. 향후 3년간 대손충당금 설정비율이 가장 낮은 기업들의 평균 주가수익률은 설정비율이 가장 높은 기업들보다 각각 6.70%, 7.70%, 2.30% 낮다. 이것은 이익조정으로 인해 투자자들이 기업의 가치를 잘못 추정하고 있음을 보여준다.

[표 9-6]은 중국 모 상장사의 대손충당금 설정 상황을 보여준다. 이 회사는 2003년 이전에는 거액의 매출채권에 대하여 대손충당금을 거의 설정하지 않았다. 그러다가 2003년에 1.94%의 대손충당금을 설정하였다. 이는 거래선의 신용이 양호하기 때문이 아니라 의도적으로 대손충당금을 설정하지 않음으로써 이익을 부풀리기 위한 것이다. 2004년 이 회사는 갑자기 대량의 대손상각비를 인식하였는데, 절반 이상의 채권(54.44%)을 회수불가한 것으로 간주하였다. 이는 전형적인 빅 배스(big bath, 이익을 고의적으로 낮추는 행위)로, 그 결과 2004년 큰 손실을 보고하였다. 그 후 2005년 및 2006년의 이익은 다시 대폭 증

표 9-6 중국 모 상장사의 대손충당금 설정 상황

연 도	매출채권 (총액)	매출채권 (순액)	대손충당금	매 출 액	당기순이익	매출채권/ 매출액	대손충당금/ 매출채권
1995	192,271	191,694	577	?	?	?	0.30%
1996	162,855	162,366	489	?	?	?	0.30%
1997	2,558,619	2,550,943	7,676	?	?	?	0.30%
1998	1,207,850	1,204,227	3,624	11,602,667	2,003,951	10.41%	0.30%
1999	3,111,827	3,111,827	0	10,095,156	525,318	30.82%	0.00%
2000	1,821,454	1,821,454	0	10,707,214	274,236	17.01%	0.00%
2001	2,882,777	2,880,708	2,069	9,514,619	88,536	30.30%	0.07%
2002	4,223,555	4,220,209	3,346	12,585,185	176,203	33.56%	0.08%
2003	5,083,511	4,985,133	98,378	14,133,196	205,738	35.97%	1.94%
2004	4,785,351	2,180,288	**2,605,063**	11,538,698	− 3,681,120	41.47%	**54.44%**
2005	5,633,351	3,084,964	2,548,387	15,061,115	285,037	37.40%	45.24%
2006	4,425,473	1,948,809	2,476,664	18,757,318	305,907	23.59%	55.96%

표 9-7 국내 모 상장사의 대손충당금 설정

연 도	매출채권 (백만원)	대손충당금 (백만원)	매 출 액 (백만원)	당기순이익 (백만원)	매출채권/ 매출액	대손충당금/ 매출채권
2002	13,328	178	174,605	43,042	7.63%	1.34%
2003	13,841	293	155,017	3,039	8.93%	2.12%
2004	14,876	420	190,675	519	7.80%	2.82%
2005	15,285	1,287	160,559	− 2,504	9.52%	8.42%
2006	9,115	2,752	82,446	− 6,449	11.06%	30.19%
2007	15,417	3,197	82,953	100	18.59%	20.74%
2008	7,803	319	99,865	533	7.81%	4.09%
2009	10,037	12	100,555	4,670	9.98%	0.12%

가하였다.

[표 9-7]은 국내 모 상장사의 대손충당금 설정과 관련된 수치를 나타내고 있다. 이 회사는 2005년까지 매출채권에 대한 대손충당금을 10% 이내에서 설정하였다. 그러나 2006년 갑작스레 매출채권의 30%를 회수불가능한 것으로 판단하였다. 동시에 64억원 상당의 당기순손실을 보고하였다. 그러나 이듬해에는 1억원의 당기순이익을 기록하면서 흑자전환을 하는 모습을 볼 수 있다. 이 기업은 2006년 초 다른 기업에 인수되면서 새로운 경영진이 취임하였는데, 대손상각비 인식을 통한 미래의 비용을 당겨서 인식했다고 볼 수 있다.

05 비용을 증가시키는 이익조정(빅 배스)

Sears Roebuck은 미국의 대표적인 종합유통기업 중 하나로, 국제무역뿐만 아니라 백화점 분야에서도 잘 알려진 회사이다. 그러나 1988년 이후 경영실적은 지속적으로 하락하여 1991년까지 자산 대비 당기순이익 비율은 1.86%에서 1.20%까지 하락하였고, 자산 대비 영업활동으로 인한 현금흐름 비율은 10.89%에서 7.31%까지 하락하여 전반적인 경영상황이 매우 어려웠다.

1992년 Sears Roebuck은 Saks Fifth Avenue의 CFO였던 Arthur Martinez를 영입하여 하락세에 접어든 회사를 회생시켜줄 것을 주문하였다. 먼저 [그림 9-4]를 통해 Martinez 취임 전후 Sears Roebuck의 경영실적 변화를 살펴보자.

역시 Martinez는 회사의 기대를 저버리지 않았다. 1995년 Sears Roebuck의 자산 대비 당기순이익 비율은 5.44%까지 증가하였다. 그는 특출난 인재임이 틀림없었다!

그러나 [그림 9-4]를 자세히 살펴보면 몇 가지 특이점을 발견할 수 있을 것이다. 첫째, 1992년 Martinez 취임 당해에 39억 달러에 달하는 거액의 손실이 발생했음을 알 수 있다. 둘째, Martinez 취임 후 이익률은 개선되고 있으나 영업활동으로 인한 현금흐름은 개선되지 않고 오히려 악화되고 있다는 점이다. 앞서 살펴보았던 이익과 현금흐름의 불일치 사례들을 생각했을 때 이익조정을 했다고 충분히 의심해 볼 수 있다.

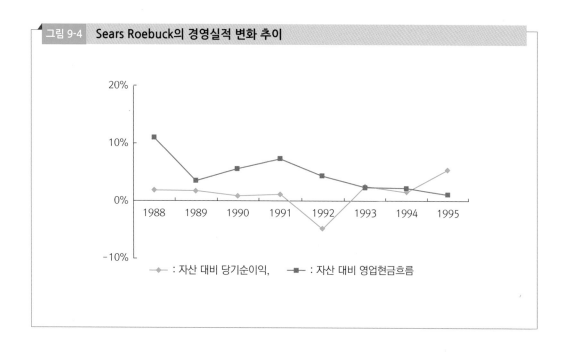

그림 9-4　Sears Roebuck의 경영실적 변화 추이

Sears Roebuck을 아는 사람들은 이 기업이 백화점 체인을 운영하는 회사라고 생각한다. 그러나 재무제표를 자세히 살펴보면 특이한 점을 발견할 수 있다. 대부분 매출과 이익은 백화점에서의 제품판매로 인한 것이 아니라 신용카드 업무에서 발생하고 있다. 애널리스트들의 분석에 따르면, 1995년 영업이익의 72%, 당기순이익의 55%가 백화점 매출이 아닌 신용카드 사업에서 발생했다. 그러므로 Sears Roebuck은 백화점이라기보다 금융기관이라고 분류하는 것이 더 적합할 수도 있을 것이다.

다른 백화점 체인이나 유통업체와 마찬가지로 Sears Roebuck은 자체의 신용카드 사업부를 운영하고 있었는데, 백화점에 오는 고객들은 할인 및 포인트적립 등의 혜택을 누리기 위해 Sears Roebuck 신용카드를 발급받아 사용했다. 이렇게 발급한 신용카드 결제로 인한 Sears Roebuck의 매출채권은 자산의 매우 큰 부분을 차지하게 되었다.

Martinez는 취임 후 회사의 매출채권 계정을 검토하고 대손충당금을 충분히 설정하지 않았다고 판단하였다. 그리하여 취임 당해 20억 달러의 신규 대손충당금을 설정하여 39억 달러 상당의 거액의 손실을 보고하였다. 여기서 우리는 자연스레 '빅 배스(big bath)'라는 단어를 떠올릴 수 있다. Martinez는 취임 즉시 Sears Roebuck의 재무제표에서 손실을 모두 떨어낸 것이다. 이런 회계처리를 통해 그는 향후 수 년간에 발생할 20억 달러 비

358

용을 1992년에 전부 인식한 것이다. 사실 향후 수 년간의 미회수 매출채권은 미리 설정한 대손충당금에 비해 상대적으로 적었기 때문에 대손상각비는 줄어들고 이익은 증가한 것이다.

그렇다면 1992년에 인식한 거액의 손실이 Martinez에게 부정적인 영향을 미쳤을까? 그렇지 않다. 1992년의 손실에 대해서 Martinez에게 책임을 물을 사람은 없다. 외부인사들은 모두 전임자의 잘못이라고 생각할 뿐이다. 내부인사들 중에서도 회계를 잘 알지 못하는 대부분의 사람들은 동일한 생각을 할 것이다.

이와 같은 '빅 배스(big bath)'의 효과는 다음과 같다. 첫째, 이사회 구성원들과 투자자들은 1992년의 당기순이익을 기준으로 Martinez의 경영능력을 평가한다. 고위 경영진의 성과평가는 취임기간 동안의 경영실적에 의해 이루어지는데, 기준이 낮을수록 향후 이익이 증가할 여지도 크고 신임 경영자에 대한 평가 및 보상도 나아진다. 둘째, 1992년의 '빅 배스(big bath)' 이후 개선된 실적은 비용을 미리 인식했기 때문에 나타나는 현상일 뿐 기업의 실제 경영상황이 나아진 것은 아닌데 투자자들은 기억력이 그리 좋지 못하다. 그들은 곧 1992년에 발생한 손실에 대한 기억을 털어버리고 이후의 경영실적이 인위적으로 조작된 것이라고 생각하지 못한다. 그리고 훗날 기업이 개선된 이익을 보고하면 기업의 가치를 과대평가한다.

1993년 Martinez는 23.7억 달러의 당기순이익을 달성하고 자산 대비 당기순이익 비율을 1992년의 -4.71%에서 2.61%로 개선시켰다. 이 비율은 1994년에 1.58%, 1995년에 5.44%였다. 주가는 1991년 말 37.8달러에서 1993년 말의 52.8달러로 상승하였다. 그러나 1995년 말에 주가는 다시 39달러로 회귀했다. 여기서 또 한 가지 의문이 생길 수 있다. 1995년에는 이익이 사상 최대 수준까지 올랐는데 왜 주가는 1993년까지 상승하다가 1995년에는 다시 하락하였을까?

그 답 역시 [그림 9-4]에서 찾을 수 있다. 1993년, 투자자들은 Martinez가 일궈낸 성공을 보고 그의 경영능력에 대해서 믿음과 희망을 가지게 되어 주가가 대폭 상승하였다. 그러나 1995년이 지나면서 투자자들은 Martinez 취임 이후에 이익은 증가하였지만 현금흐름은 지속적으로 줄어들었다는 사실을 의식하기 시작했다. 사실 지난 3년 동안 Martinez는 Sears Roebuck의 경영실적을 근본적으로 개선시키지 못하고 있었다. 그리하여 투자자들은 Sears Roebuck 주식에 대해 흥미를 잃었고, 주가는 다시 1991년 말 수준으로 되돌아간 것이다.

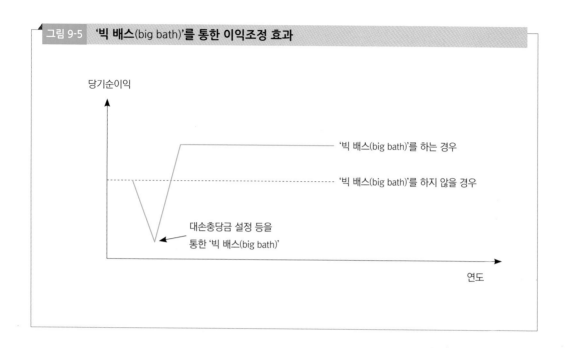

그림 9-5   '빅 배스(big bath)'를 통한 이익조정 효과

당기순이익

'빅 배스(big bath)'를 하는 경우

'빅 배스(big bath)'를 하지 않을 경우

대손충당금 설정 등을
통한 '빅 배스(big bath)'

연도

이 사례를 통해 기업이 이익조정을 통해 이익을 부풀려서 보고할 뿐만아니라 어떤 경우에는 '빅 배스(big bath)'를 통해 미래의 비용을 앞당겨 인식하여 당기 이익은 줄이고 미래의 이익을 증가시키기도 한다는 것을 알 수 있다.

'빅 배스(big bath)'는 일반적으로 경영진이 교체되는 시기 또는 대규모 손실이 예상되는 시기에 의도적으로 더 많은 손실을 인식하여 향후에 더욱 개선된 경영실적을 보여주기 위한 의도로 자주 발생한다.

'빅 배스(big bath)'에 이용될 수 있는 계정은 매출채권과 관련된 대손충당금 외에도 많이 있다. 많은 경우에 장기자산, 고정자산 또는 재고자산 계정을 통해 이루어진다. 위의 사례에서처럼 불필요한 충당금을 설정하여 당기비용을 증가시키는데, [그림 9-5]는 '빅 배스(big bath)'의 기본 원리를 보여준다.

[그림 9-5]에서 기업의 이익수준은 원래 직선형이었는데 어느 해 '빅 배스(big bath)'를 통해 큰 손실을 인식했다. 이때 기업의 실질적인 경영상황과 이익수준에는 아무 변화가 없어도 향후 이익수준은 당연히 높아질 것이다.

최고경영자의 교체와 이익조정

이아영 등(2009)[4]의 연구는 국내자료를 사용하여 최고경영자의 교체와 관련된 흥미로운 발견을 보여주고 있다. 2001년부터 2005년 사이 발생한 총 239개의 최고경영자 교체는 크게 내부승진(74%)과 외부영입(26%)의 경우로 구분할 수 있었다. 이들 표본을 대상으로 분석한 결과에 따르면, 경영자 교체 연도에서 빅 배스가 발생하고 있다. 단, 빅 배스가 발생하는 회사는 실적이 부진하여 경영자가 교체되었을 가능성이 높은 기업들로, 신임 최고경영자가 외부에서 영입된 경우이다. 즉, 신임 경영자가 내부승진한 경우에는 빅 배스 현상이 평균적으로 발생하지 않는다는 것이다. 이는 내부승진한 최고경영자의 경우 전임 최고경영자를 보조하면서 전임 최고경영자와 긴밀한 관계를 형성했을 것이기 때문일 것이다. 즉, 빅 배스를 실시하여 악화된 결과를 보고하면서, 그 결과를 전임자의 잘못이라고 돌리기가 곤란한 것이다. 그에 반해 외부영입 최고경영자의 경우 전임 최고경영자와 긴밀하게 관련되어 있을 가능성이 낮다. 따라서 빅 배스를 활발히 실시하는 것이다. 또한 실적이 부진해서 경영자의 문책성 교체가 있었을 경우가 상대적으로 빅 배스를 수행하여 더 부진한 업적을 보고하기가 용이할 것으로 예상된다. 따라서 이런 결과가 얻어지는 것이다.

06 실제 영업활동을 이용한 이익조정 (Real Transaction Earnings Management)

앞서 살펴본 바와 같이, 경영진이 현금흐름이 없는 발생액을 이용해 이익을 조정하는 것 이외에 실제 영업/투자 활동을 통해 이익 조정을 할 수도 있다.[4] 사반 악슬리로 규제가 강화되고 외부 감사인의 감시가 심하여 발생액 이익조정대신 실제 거래를 변경하여 이익을 조정하는 경향이 증가하고 있다. 기업이 당기 매출액을 일시적으로 올리기 위해 일부

4 이아영 · 전성빈 · 박상수 · 최종학. 2009, "최고경영자의 교체이유와 내부승진 및 외부영입 최고경영자의 이익조정 수준의 차이," 「회계학연구」 34(2), pp. 45–78.

러 가격을 할인하여 판매하거나, 매출원가를 줄이기 위해 필요 이상으로 생산량을 늘린다거나, 영업이익률을 좋아 보이게 하기 위해 재량적 지출(R&D나 광고비/시설유지비)을 줄여서 이익을 조정하기도 한다. Roychowdhury(2006)[5]는 실제 거래활동을 통한 이익조정을 계량화하는 모형을 보여주었는데 영업현금흐름이 비정상인지, 제조원가가 비정상인지, 재량적 지출이 비정상인지를 산업 내의 다른 기업과 비교하여 찾아내었다.

최근 미국 400여 명의 CFO를 대상으로 설문조사를 실시한 결과, 이익이 목표치를 미달할 때는 80%의 CFO가 당기 재량적 지출액(R&D, 광고비, 시설유지비)을 줄인다 답했고 55%의 CFO가 시간을 늦추면 프로젝트의 가치가 조금 떨어지더라도, 신규 프로젝트 착수를 미룰 것이라 답했다(Graham et al. 2005).[6] 이는 발생액뿐만 아니라 실제 거래를 바꾸어서라도 이익을 조정한다는 사실을 뒷받침해 준다. 국내 연구에서도 기업이 투자, 영업활동을 통해 이익을 조정하는 경향이 있음을 보여주고 있다. 예로 약간의 흑자를 내는 기업은 실제 영업활동을 바꾸어 이익을 상향 조정하고 이익을 많이 내는 기업은 역으로 이익을 줄이는 거래를 한다(김지홍 등, 2008).[7] 또한 이러한 실제 영업활동 통한 이익조정이 자본비용에도 영향을 주는 것으로 나타난다(문종열 · 김문철, 2009).[8]

실제 거래를 통한 이익조정과 발생액을 이용한 이익 조정은 기업마다 실제 영업활동을 통한 이익조정과 발생액 이익조정에 따르는 비용이 다르고 타이밍이 문제가 되기 때문에 서로 보완적으로 혹은 대체적으로도 사용될 수 있다.

Zang(2012)은 경영자가 회계기간 중 실제 거래를 통해 이익조정을 실시하게 되며, 회계기간 종료 후 그 결과에 따라 추가적으로 발생액을 이용한 이익 조정을 실시한다는 것을 입증함으로써 두 이익조정 방법이 대체적 관계(substitute)가 있음을 보였다. 반면 Cohen and Zarowin(2010)은 경영자가 두 가지 이익조정에 대한 의사결정을 동시에 내림으로써 양자가 보완적 관계에 있다는 시각을 제시하고 있다.

발생액 이익조정과 달리 영업활동을 이용한 이익조정은 단기간의 영업성과를 올리려 기업의 장기 수익성, 성장률 등을 포기할 수도 있어, 큰 비용이 따르고 주주의 부에 손해

---

5 Roychowdhury, S., 2006, "Earnings management through real activities manipulation," *Journal of Acounting and Economics* 42(3), pp. 335-370.

6 Graham, J. R., Harrey, C. R., and Rajgopal, S., 2005, "The economic implications of corporate financial reporting," *Journal of Accounting and Economics* 40(1), pp. 3-73.

7 김지홍 · 고재민 · 고윤성, 2008, "적자회피 및 이익 평준화를 위한 실제 이익조정 활동," 「회계저널」 17(4), pp. 31-63.

8 문종열 · 김문철, 2009, "회계정보의 질과 지배구조가 자기자본에 미치는 영향," 「세무와 회계저널」 10(3), pp. 41-80.

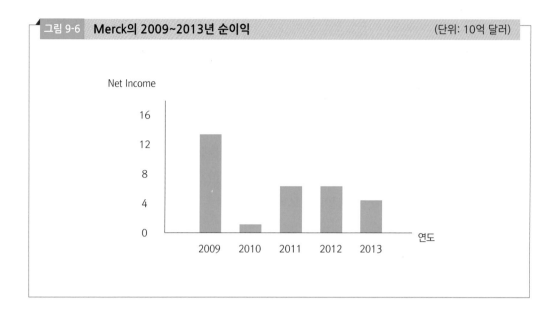

그림 9-6 **Merck의 2009~2013년 순이익** (단위: 10억 달러)

를 끼칠 수도 있다.

예로 미국의 대규모 제약회사인 Merck&Co.는 2013년 10월, 향후 2년간 전체 인력의 20%를 감축하겠다고 밝혔는데 이러한 조치로 회사는 2015년까지 매년 약 25억 달러를 절감할 수 있게 되었다.

Merck는 1980년대부터 신진 과학자들을 대거 기용하여 사업 규모를 키워왔다. 특히 과감한 R&D 투자를 통해 시장 점유율을 늘려왔던 Merck는 산업 내 매출액 규모 2위에 해당하는 건실한 제약 회사로 자리매김하나 최근 신약 개발에 어려움을 겪고, 일반 약품과의 경쟁이 심해지자 점차 사업에 난항을 겪게 되었다. 더불어 2000년대 유전공학과 의학이 급격히 발달함에 따라서, 신규 기업의 틈새 제약 시장 공략도 현저히 증가하게 되었다. 인력 감축 조치로 인해 최고 100,000명의 인원에서 2015년에는 64,800여 명으로 감소하게 된다.

Merck의 이러한 조치는 기업의 성과에 어떤 영향이 있을까? [그림 9-6]에서와 같이 Merck의 최근 연도 재무제표를 살펴보면, 순이익은 뚜렷한 증가세를 보이지 않는다. 그러나 Merck는 R&D 인력 감축을 통해 연간 25억 달러를 절감하게 되면서, 영업 성과는 단기적으로 좋게 나타날 것이다. 그러나 전술한 바와 같이, 이러한 R&D 비용 감축을 통한 이익조정은 기업의 장기 성과에는 악영향을 줄 수 있다. 특히 R&D투자를 통한 신약 개발이 핵심 역량이 되는 제약 회사의 경우, 그러할 가능성이 더욱 높을 것이다. 다만, 최근 학술 연구에 의하면 R&D 비용을 통하여 이익 조정(income smoothing)을 하는 경우, 해당 이익의 정보성(informativeness)이 높아진다(Baik, Gunny, Jung, and Park, 2022).[9] 경영자들은 R&D 금액을 조정함으로써 단기적 이익 변동을 상쇄하고 이러한 정보를 투자자들에게 전달한다. 따라서 재량적 지출액의 조정은 전술한 것처럼 비용이 발생할 수도 있지만 동시에 이익의 정보성을 개선한다는 점에서 양날의 검과 같다.

07　기업 이익조정의 주요 동기와 F 및 M지수

　　Dichev, Graham, Harvey, and Rajgopal(2013)[10]은 최근 미국 상장기업 169사, 비상장기업 206사의 CFO를 대상으로 재미있는 서베이를 했다. 크게 두 가지 질문인데 하나는 "기업의 이익 조정을 위해 동기가 무엇인가'이고 또 하나는 "이익조정을 감지할 신호로 어떤 것이 있느냐"이다. 설문조사의 결과는 [표 9-8]과 [표 9-9]에 정리되어 있다. 기업이익 조정동기와 위험신호가 어떤 것인지 잘 보여준다.

　　Dichev, Graham, Harvey, and Rajgopal(2013)에서 재무제표에 나타난 시그널을 사용해 이익조정을 예측할 수 있는 지수를 만들 수는 없을까? 이 문제에 대한 답을 얻기 위해 Dechow, Ge, Larson, and Sloan(2011)[11]은 기업의 재무제표 왜곡을 예측하는 모형을 개발하였다. 미국 Securities and Exchange Commission(SEC)에 재무제표 왜곡으로 지적을 받은 기업들의 특성을 분석하여, 특정 기업의 이익 조작 가능성을 조기에 진단할 수 있는 F지수(Fraud score)를 만든 것이다. 이는 제7장에서 파산위험을 예측하는 Z지수와 비슷한 아이디어이다.

　　F지수 계산에 활용되는 변수들을 구체적으로 살펴보자. 발생액의 질(Accrual quality)과 관련된 지표들이 모형 속에 포함되어 있는데, 대표적으로 총 발생액과 매출채권 변화량,

9　Baik, Bok, et al. "Income Smoothing through R&D Management and Earnings Informativeness." *The Accounting Review* 97.3 (2022): 25–49.

10　Dichev, I., Graham, J., Harrey, C. R., and Rajgopal, S., 2013, "Earnings quality: Evidence from the field", *Journal of Accounting and Economics*, 56(2–3), pp. 1–33.

11　Dechow, P. M., Ge, W., Larson, C. R., and Soan, R. G. 2011, "Predicting Material Accounting Misstatements", *Contemporaneous Accounting Research*, 28(1), pp. 17–82.

표 9-8	기업 이익 조정의 주요 동기			
		상장 기업		비상장 기업
이익 조정의 동기		그렇다	평균 점수	그렇다
기업 주가에 영향력을 행사하기 위해		93.5%	4.55	94.1%
이익 기준 달성에 대한 외부의 압력 때문		92.7%	4.41	90.6%
이익 기준 달성에 대한 회사 내부의 압력 때문		91.0%	4.28	86.7%
경영진 보상을 위해		88.6%	4.46	93.0%
고위 경영진의 커리어 상의 불리함을 피하기 위해		80.4%	4.02	83.7%
부채 계약 위반을 피하기 위해		72.5%	3.88	89.2%
이익 유연화(smoothing)를 위해서		69.1%	3.74	76.8%
해당 이익 조정이 발각되지 않을 거라고 믿기 때문		60.1%	3.55	64.9%
고위 경영진이 지나치게 낙관적이어서		49.4%	3.40	51.7%
미래 이익에 대한 기대치를 낮추기 위해		41.7%	3.13	39.9%
고객, 공급자, 종업원들에게 영향력을 행사하기 위해		37.7%	3.16	53.7%
다른 기업도 그렇게 한다고 믿기 때문		26.2%	2.73	34.5%

재고자산 변화량, 총 자산 중 현금 또는 고정자산이 아닌 자산(soft asset)의 비율 등이 들어 간다. 발생액이 클수록, 기업이 재무제표를 왜곡할 확률이 높아진다. 또한 재무제표를 통해 얻을 수 있는 성과 지표인 현금판매량, ROA의 변화량, 증권발행여부가 유의미한 예측 변수로 포함되어 있다. 현금판매가 급증하고, 해당 회계연도에 증권을 발행했으며, ROA 가 줄어드는 경향을 나타낼수록 왜곡을 할 확률이 높다.

위에서 언급한 예측 변수들을 이용하여 F지수를 구하는 절차는 다음과 같다.

| 표 9-9 | 이익 조정 감지를 위한 위험 신호들(Red flags) | | |

위험 신호	상장회사	비상장회사
기업 이익과 영업현금흐름의 불일치, 현금흐름이 좋지 않음, 이익과 현금흐름이 6~8분기간 반대방향, 현금흐름이 악화되지만 이익은 좋아짐	58	38
산업 관행(평균)과 현저히 다른 지표(현금주기, 변동성, 수익성, 감사료 등)	40	46
이익 목표를 지속적으로 달성하거나 혹은 지속적으로 달성하지 못함	29	18
큰 규모의 특별 항목(구조조정, 자산판매손익 등)이 빈번함	28	25
큰 규모의 발생액, 발생액의 큰 변동, 발생액 변동에 대한 설명 부재; 자본적 지출의 큰 변동	25	45
지나치게 유연화(smooth)된 이익 전개, 이익 및 이익 증가율이 지나치게 일관적임, 변동성이 높은 산업임에도 불구하고 지나치게 유연한 이익	24	25
중대한 회계 정책의 잦은 변화	17	9
Non-GAAP 지표 사용	14	9
경영진의 잦은 교체, 최고경영진의 갑작스런 교체, 재무 관리자의 교체, 임원진 교체, 높은 직원 이직률	14	12
재고 비축 및 원재료 노후화, 재공품(Work-in-Progress) 비축, 재고자산 및 매출원가의 불일치	12	13
사업에는 큰 변화가 없음에도 불구하고 이익의 변동이 큼	12	14
매출채권의 증가, 현금 주기 예측과 일치하지 않는 매출채권 잔고, 부실 매출채권에 대한 충당금 증가	9	14
장기 추정치의 공격적인 사용(결과적으로 재무제표의 변동성 증가), 경영진의 판단/추정을 요하는 계정 사용, 추정 방법에 대한 설명 부족	8	6
공시가 점차 불투명해짐, 경영진단의견서의 정보가 부실함, 공시 자료 속 각주가 지나치게 복잡함, 재무제표가 복잡함, 기업의 현금 창출 능력에 대한 이해 부족, 외부이해관계자들과의 허술한 의사소통	7	10
기업회생 및 중대한 턴어라운드를 겪음, 과거의 성과가 중단됨; 영업이익률의 큰 변동성	7	8
대규모 인센티브 보상비용 지출, 경영진 보상의 불일치, 보상비용 지출 후 경영진 교체	7	8
이익 (반복적) 수정공시, 과거 기간 재무제표 항목 조정	5	10
발생액/자산/운전자본이 매출액보다 빨리 혹은 늦게 증가함	5	4
사채 증가/높은 수준의 부채	5	2
산업 대비 낮은 매출 증가율	5	3

1. 다음 식을 이용하여 예측값을 구한다.

예측값(Predicted Value)

$$=-7.893+0.790\times(총발생액/평균총자산)+2.518\times(매출채권증가량/평균총자산)$$
$$+1.191\times(재고자산증가량/평균총자산)+1.979\times(Soft\ asset\ /평균총자산)$$
$$+0.171\times(현금판매증가비율)-0.932\times(ROA의변화)+1.029\times(증권발행여부[1\ 또는\ 0])$$

2. 위에서 구한 예측값을 다음 식에 넣어 이익 왜곡 확률을 구한다.

$$이익왜곡확률=\frac{e^{Predicted\ Value}}{1+e^{Predicted\ Value}}$$

3. 전체 기업 중 감리 지적을 받은 기업의 비율을 구한다.

$$\frac{494}{132,967+494}=0.0037$$

4. 2에서 구한 이익 왜곡 확률을 3에서 구한 감리 지적 비율로 나누어 F지수를 계산한다.

2000년 Enron의 경우를 생각해보자. 위 계산 방법에 따라 2000년 Enron의 F지수를 계산하면 다음과 같다.

예측값(Predicted Value)

$$=-7.893+0.790\times(0.0166)+2.518\times(0.1764)+1.191\times(0.0078)$$
$$+1.979\times(0.7997)+0.171\times(1.3334)-0.932\times(-0.0128)+1.029\times(1)$$
$$=-4.57$$
$$F지수=\frac{0.0102}{0.0037}=2.76$$

Dechow et al.(2011)에 의하면 F지수가 1보다 크면 이익조작 가능성이 높아진다. 예로 Enron의 경우 무작위로 선택한 기업보다 이익조정을 할 가능성이 2배 이상 올라간다.

다음 그래프는 전체 기업에 대해 F지수를 계산하여 다섯 그룹으로 나누어, 각 그룹별 실제 이익조정여부를 나타낸 것이다. F지수가 높은 상위 20%의 기업의 경우, 약 47%의 기업이 이익조정을 했던 반면, 하위 20%의 기업의 경우 10% 미만의 기업이 이익조정

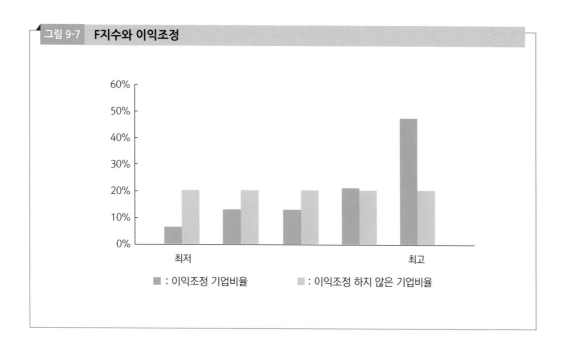

그림 9-7   F지수와 이익조정

을 했다. 이는 F지수를 통해 특정 기업의 이익조정 여부를 사전에 예측할 수 있다는 것을 보여준다.

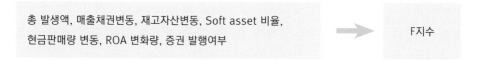

총 발생액, 매출채권변동, 재고자산변동, Soft asset 비율, 현금판매량 변동, ROA 변화량, 증권 발행여부   →   F지수

F지수와 유사하게 기업 이익조정을 조기에 진단하는 또 다른 지표로 M지수 (manipulation score)가 있다. M지수는 1999년에 Beneish에 의해 개발된 뒤에 코넬대 MBA 학생들이 이 지수를 이용하여 관련 첫 애널리스트 보고서가 나오기 1년 전에 미리 엔론 사태를 예측하며 유명세를 얻었다. Beneish, Lee and Nichols(2012)[12]가 M지수를 1998년에서 2002년까지의 실제 회계부정 사건들에 적용시켜본 결과, 17개 중 12개의 회계부정을 평균 1년 반 먼저 적발할 정도로 유용한 모델이다.

그렇다면 M지수가 실제로 어떻게 계산되고 사용되는 변수들이 무엇인지 살펴보자.

12 Beneish, M., Lee, C., &Nichols, D. C. 2012. "Fraud detection and expected returns." Working Paper.

M지수에는 총 8가지의 변수가 사용되는데 이는 크게 세 종류로 정리해볼 수 있다. 첫째, 급격한 성장과 관련된 변수이다. 자본 소요, 시장의 기대 등으로 인해 급격히 성장하는 기업들에서 이익조정의 유인이 더 크기 때문이다. 여기에는 SGI(Sales Growth Index; 매출액 성장 지수)가 해당된다.

둘째, 기업의 펀더멘탈(fundamental; 경제기초)이 악화되는 경우이다. 펀더멘탈이 악화되면 비관적인 기업의 미래를 감추기 위해 경영자가 이익조정을 할 유인이 높아지기 때문이다. 관련 변수들에는 GMI(Gross Margin Index; 매출총이익률 지수), SGAI(Sales, General, and Administrative expense Index; 판매관리비 지수), LEVI(Leverage Index; 부채 지수), AQI(Asset Quality Index; 자산 질 지수)가 있다. GMI는 매출총이익률이 감소가, SGAI는 판관비율의 증가가 기업의 미래에 비관적인 신호임을 반영하고 있다. LEVI는 부채가 늘어날 때 발생하는 부채약관(debt covenant)을 준수하기 위해 이익조정의 유인이 증가함을 반영한다. AQI는 미래에 수익을 실현할 것이 불확실한 자산의 비율이 증가하는 것이 무리한 자산화로 비용을 이연한 증거라는 직관을 담고 있다.

셋째, 공격적인 회계처리(aggressive accounting practice)를 도입하는 경우이다. 이 종류의 변수들은 직접적으로 이익조정을 감지해내는 역할을 한다. 정당한 필요에 의해 회계처리 방식을 바꾸는 경우도 있지만 이익조정을 위해 회계처리 방식을 변경하는 경우가 잦기 때문이다. 여기에는 DSR(Days' Sales in Receivables index; 매출채권회수기일 지수), DEPI(Depreciation Index; 감가상각 지수), TATA(Total accruals to total assets; 총자산 대비 총발생액 비율)가 포함된다. DSR은 매출채권의 급격한 증가가 매출 증가를 위한 이익 조정의 결과일 수 있음을 반영한다. DEPI는 감가상각 속도가 줄어드는 것이 이익조정 때문일 수 있음을 나타낸다. TATA는 발생액이 이익조정을 위해 종종 이용됨을 반영한 변수이다. 각 변수의 실제 계산법은 아래와 같다.

변수	계산식
DSRI	$\dfrac{\text{당기매출채권}/\text{당기매출}}{\text{전기매출채권}/\text{전기매출}}$
GMI	$\dfrac{(\text{전기매출액}-\text{전기매출원가})/\text{전기매출액}}{(\text{당기매출액}-\text{당기매출원가})/\text{당기매출액}}$
AQI	$\dfrac{(\text{당기자산}-\text{당기유동자산}-\text{당기유형자산})/\text{당기자산}}{(\text{전기자산}-\text{전기유동자산}-\text{전기유형자산})/\text{전기자산}}$

SGI	$\dfrac{당기매출액}{전기매출액}$
DEPI	$\dfrac{전기감가상각비/(전기감가상각비+전기유형자산)}{당기감가상각비/(당기감가상각비+당기유형자산)}$
SGAI	$\dfrac{당기판매관리비/당기매출}{전기판매관리비/전기매출}$
LVGI	$\dfrac{당기부채/당기자산}{전기부채/전기자산}$
TATA	$\dfrac{당기발생액}{당기자산}$

위와 같은 방식으로 계산된 변수들을 아래의 공식에 대입하여 M지수를 도출할 수 있다.

$$M지수 = -4.84 + 0.920 \times DSRI + 0.528 \times GMI + 0.404 \times AQI + 0.892 \times SGI$$
$$+ 0.115 \times DEPI - 0.172 \times SGAI + 4.679 \times TATA - 0.327 \times LVGI$$

통상 M지수가 -1.78을 초과하면 이익 조정이 의심되는 기업으로 볼 수 있다. 필요하다면 F지수에서와 마찬가지로 $(e^{M지수})/(1+e^{M지수})$를 이용해 지수를 확률로 변환할 수 있다.

이제 이 M지수를 2000년 Enron 사례에 적용해보자. 2000년 Enron의 DSRI는 1.365, GMI는 0.466, AQI는 0.771, SGI는 2.513, DEPI는 0.901, SGAI는 0.378, TATA는 0.017, LVGI는 1.354로 이를 위 공식에 대입하면 -1.11의 M지수를 얻는다. 이는 기준인 -1.78을 초과하는 수치로 이익 조정이 의심되는 기업으로 볼 수 있다.

M지수에 의해 이익조정이 의심된다고 지적된 기업 중 실제 이익 조정으로 고발되는 기업은 그리 많지 않다. 그렇다면 M지수의 유용성은 떨어지는 것일까? Beneish, Lee and Nichols(2012)는 M지수가 이익조정 가능성뿐 아니라 시장수익률에 관한 정보도 준다는 것을 발견하였다. M지수를 구성하는 변수들을 다시 살펴보자. 급격히 성장한 기업일수록 M지수가 높은데, 해당 기업들은 시장에서 과대평가 되어 있을 가능성이 높다. 또한 펀더멘탈이 악화되고 이익의 질이 낮은 특성 역시 미래 시장수익률에 부정적인 영향을 준다. 연구 결과, 실제로 M지수가 -1.78을 초과하는 이익조정 의심기업(flagged firm)들이 다른 기업에 비해 1년간 평균 10.7% 적은 시장수익률을 보였다. 특히 주목할 만한 것은 이 경향이 발생액

이 적은 기업에서 더 극심하게 나타난다는 것이다. 발생액 기준으로 기업들을 10분위로 나누었을 때, 10분위 기업들에서의 시장수익률 차이는 8.5%인 반면, 1분위 기업에서는 26.1%였다. 즉, M지수는 발생액이 낮은 기업들에서 특별히 유용하다. 발생액 역시 이익의 질을 측정하는 지표 중 하나인데, 이를 통해 M지수가 발생액에 비해 이익의 질을 측정하는 데 추가적인 정보를 준다고 결론지을 수 있다. 그것은 M지수를 구성하는 변수들 중 '부정을 저지를 유인이 커지는 환경(즉, 첫 번째와 두 번째 유형)'이 포함되어 있기 때문이다.

누가 회계부정을 찾아내는가? Dyck, Morse, and Zingales(2010)[13]는 수십년의 데이터로 회계부정을 찾아내는 주체가 누구인지 알아보았다. 다음 표와 같이 이들 교수는 기업의 부정을 고발한 주체를 기업의 경영진 이사회로 구성된 내부 지배구조와 애널리스트, 외부 감사인, 고객 등 외부지배구조로 나누어 보았다. 흥미롭게도 외부지배구조가 기업의 부정을 찾는 데 효율적임을 알 수 있다. 3분의 2 이상의 고발이 외부 지배구조에 의해 이루어지고 있고, 그 중 언론, 애널리스트, 직원들이 큰 비중을 차지한다. 독일 온라인 결제업체인 와이어카드의 회계부정을 2019년 초 가장 먼저 제기한 파이낸셜 타임즈의 역할은 이런 연구를 뒷받침해 준다.

Dyck, Morse, and Zingales(2010)가 찾아낸 내용을 보자. 첫 번째 열은 가중치 없이 단순 고발자들의 분포이다. 두 번째 열은 고발자 중 유의적인 공매도를 한 주체의 분포이다. 구체적으로, 고발 주체가 기업 범죄 폭로 직전 지난 3달 간의 공매량의 평균으로부터 표준편차의 3배 이상 공매를 한 경우, 그 고발 주체를 '공매자'로 분류하였고, 이 '공매자'들의 분포이다. 세 번째 열은 두 번째 열의 '공매자'들에게 가중치를 부여한 분포이다. 이 때의 가중치는 합의금, 벌금 등 기업 범죄 때문에 부담한 직접적인 기업의 분쟁 비용이다. 분쟁 비용이 공개되지 않은 일부 경우들은 중앙값으로 대체하였다.

기업 범죄 고발자 분포			
고발자	단순 분포 (가중치 없는 모델) (1)	공매자 분포 (가중치 없는 모델) (2)	공매자 분포 (가중치 있는 분포) (3)
내부지배구조	74(34.3%)	64(29.6%)	60(27.9%)
외부지배구조	142(65.7%)	152(70.4%)	156(72.1%)
전체	216(100%)	216(100%)	216(100%)
외부지배구조 고발자 분포			
애널리스트	24(16.9%)	21(13.8%)	24.1(15.9%)
외부감사인	16(11.3%)	16(10.5%)	11.3(7.4%)
고객/경쟁업체	9(6.3%)	7(4.6%)	2.7(1.8%)
직원	26(18.3%)	26(17.1%)	25.6(16.8%)
주주	5(3.5%)	5(3.3%)	5.3(3.5%)
유관 정부기관	20(14.1%)	20(13.2%)	14.1(9.3%)
법무법인	5(3.5%)	5(3.5%)	5.3(2.3%)
언론(학계 포함)	22(15.5%)	20(13.2%)	35.7(23.5%)
금융위원회	10(7.0%)	10(6.6%)	8.6(5.7%)
공매자	5(3.5%)	22(14.5%)	21.2(13.9%)
전체	142(100%)	152(100%)	152(100%)

08　결론

　　이 장에서 우리는 기업의 이익조정 동기, 결과, 기본 방법 및 식별 방법을 소개하였다. 이익조정을 발견하면 해당기업의 재무제표 수치에서 의도적으로 왜곡된 정보를 제거하고 기업의 실제 영업상황을 나타내는 수치로 바꾸어 주어야 한다. 기업의 본질을 반영하는 수치로 바꾼 후에야 비교적 정확한 수익성 분석, 리스크 분석, 이익예측 및 가치평가를 진행할 수 있다.

　　안타까운 것은 기업의 이익조정이 있었다는 확신을 하더라도 정확한 이익금액을 판단할 수 없기 때문에 재무제표의 수치를 정확하게 수정할 수 없다는 점이다. 이익조정의 정도를 계산해 내는 방법이 있긴 하지만, 이 책의 수준에서 그 방법을 소개하기는 어렵다. 어쨌

372

그림 9-8 | 미국과 한국 기업의 자기자본이익률 분포도

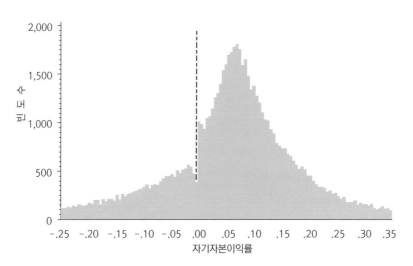

(a) 미국 기업의 자기자본이익률 분포(Burgstahler and Dichev, 1997)

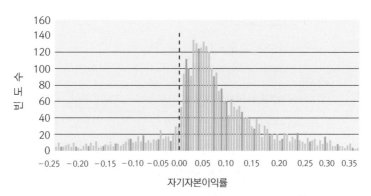

(b) 한국 기업의 자기자본이익률 분포(송인만 · 백원선 · 박현섭, 2004)[12]

든 투자자들은 기업에 대한 본인의 이해에 근거하여 이익조정이 발생한 구체적인 상황을 고려하고 그 영향을 판단하여 회계정보를 이용해야 한다. 이 장의 목적은 간단한 방법으로 이익조정 여부를 발견하여 투자자로 하여금 심각한 손실을 피할 수 있도록 하는 것이다.

　　한국 증권시장에 대한 '코리아 디스카운트'를 해소하고 회계 투명성을 제고하기 위해서 이익조정을 규제하는 것은 매우 중요한 문제이다. IMF 구제금융 이후 회계 관련 규정이 지속적으로 보완되고 있으나 아직까지 상장기업의 이익조정에 대한 처벌은 미약한 편이다. 또한, 기업과 투자자 모두 투자자의 이익을 보호해야 한다는 의식이 완전히 정립되지 않았다. 적자기업에 대한 언론, 투자자 및 감독기관의 관심이 몰리는 현상이 기업들에게 이익조정 동기를 부여하기도 한다.

　　[그림 9-8]은 한국과 미국 상장기업의 자기자본이익률 분포도이다. 미국 기업도 손실을 피하기 위해 이익조정을 통해 이익을 보고하려는 경향이 있다. 그림에서 손실과 이익의 분계점인 자기자본이익률이 0인 지점에서 기업들의 분포가 오른쪽으로 몰려있는 것을 볼 수 있다. 미국 기업의 경우 영(0)보다 약간 작은 이익을 보고한 기업은 약 0.8%, 영(0)보다 약간 큰 이익을 보고한 기업은 약 1.4%이다. 여러 연구들에 따르면, 기업들이 당기순손실을 보고하면 상당한 부정적인 평판을 얻게 된다. 따라서 기업들은 당기순손실을 보고하지 않기 위해 노력한다. 그래서 이들 기업은 작은 손실을 피할 수 있다면 이익조정을 감행하는 것이다. 따라서, 그림에 나타나듯이 작은 이익을 보고한 기업의 비중은 작은 손실을 보고한 기업의 비중보다 월등히 높다.

　　한국 기업의 이익률 분포도를 보면 몇 가지 특징을 찾아 볼 수 있다.[14] 첫째, 미국과 마찬가지로 영(0)보다 약간 작은 이익을 보고하는 기업보다 영(0)보다 약간 큰 이익을 보고한 기업이 적지만 그 차이가 미국만큼 크지는 않다. 오히려 영(0)보다 상당히 큰 이익을 보고한 기업이 많은데, 이를 바탕으로 한국 기업들의 이익조정 규모가 상대적으로 크다고 볼 수 있다. 둘째, 전반적으로 손실을 기록한 기업의 비중이 매우 낮다. 이는 이익조정을 하지 않을 경우, 영(0)보다 약간 작은 이익을 보고하였을 기업뿐 아니라 큰 적자를 보고하였을 기업까지도 이익조정을 통해 흑자를 기록하고 있음을 의심해 볼 수 있다.

　　결론적으로 한국과 미국 기업의 자기자본이익률 분포 비교를 통해, 한국 기업들은 이익조정 동기가 강하고 이에 대한 규제가 상대적으로 약하다는 것을 알 수 있다. 이런 이

---

14 Burgstahler, D. and I. Dichev, 1997, "Earnings management to avoid earnings decreases and losses," *Journal of Accounting and Economics* 24 (1), pp. 99–126.

익조정은 한국 증시의 발전을 저해하고 투자자들에게 피해를 준다.

지금까지 우리는 재무제표에 대하여 충분한 분석을 진행하였다. 이제 이 책의 핵심 내용인 이익예측을 공부하기 위한 충분한 준비를 마쳤다. 다음 장에서는 이익예측에 대해 알아보기로 한다.

과제

❶ Excel 과제

Excel에서 새로운 Spreadsheet을 만들고 "이익조정 분석"으로 명명한다. 손익계산서 항목을 매출로 나누어 분석하는 공통형분석(Common size analysis), 과거 자료를 연도별로 분석하는 시계열분석(Time series analysis), 경쟁사와 비교하는 비교분석(Comparative analysis) 등을 통하여 수익, 원가 및 비용, 일회적 손익항목 간의 관계와 변화를 분석하고 이익조정행위를 하고 있는지 검토한다.

❷ Chapter report

Excel의 이익조정 분석에 근거하여 기업이 이익조정 동기가 있는지, 있다면 어떤 동기인지, 어떤 방법으로 이익조정을 하였는지 생각해 본다. 기업의 재무제표 이외에 인터넷이나 다른 공시자료에서 정보를 수집하여 이익조정이 기업의 당기이익과 미래이익에 미치는 영향을 검토한다(예: CEO의 교체, 성과급체계의 변화 등).

여기서 유의할 점은 이익조정 분석을 위한 정해진 절차가 없다는 점이다. 이익조정에 사용될 만한 모든 항목을 찾아 분석해야 한다. 이렇게 만든 Excel 템플릿은 향후에 다른 기업의 재무제표를 분석할 때도 유용하게 사용될 것이다.

❸ 최근 3년간 최고경영자의 교체가 있었던 상장기업을 3개 찾아라. 최고경영자에 대한 정보는 연차보고서에서 얻을 수 있다. 이들 기업에서 신규 최고경영자가 내부 승진인 경우인지 또는 외부영입의 경우인지를 구별하여라. 교체연도를 대상으로 하여 이익조정의 흔적이 있는지 재무제표를 검토하여라.

❹ 최근 3년간 M&A 활동이 있었던 기업을 1개 찾아라. 인수회사와 피인수회사를 모두 M&A 활동이 있기 2년 전 자료부터 M&A 당해연도까지 이익조정의 흔적이 있는지 검토하여라.

❺ 최근 3년 이내에 신규상장된 기업을 1개 찾아라. 이 기업의 재무제표를 분석하여 신규상장 2년 전부터 상장 당해연도까지 이익조정의 흔적이 있는지를 검토하여라.

❻ 금융감독원 공시자료(dart)에서 네오세미테크와 모뉴엘의 재무제표를 찾아보고 최근 3년간 F지수와 M지수를 계산하여 보아라. 또한 동일 산업에 속하지만 파산하지 않은 다른 비교기업을 선정하여 3년간 F지수와 M지수를 계산하여 서로 비교하여라.

❼ 다음은 휴렛패커드(Hewlett Packard)의 2004~2008년 Beneish M지수이다. 현재 2009년이라 가정하고 휴렛패커드의 M지수가 시사하는 바를 논하라.

M지수 (Beneish) 변수	2008	2007	2006	2005	2004
매출채권회수기일 지수 (Days Sales in Receivables Index)	1.039	1.022	1.011	0.889	1.023
매출총이익 지수 (Gross Margin Index)	1.005	0.997	0.97	1.056	1.085
자산 질 지수 (Asset Quality Index)	1.186	1.153	0.92	1.02	0.958
매출액성장률 지수 (Sales Growth Index)	1.135	1.138	1.057	1.085	1.094
감가상각비 지수 (Depreciation Index)	1.081	1.013	1.051	1.021	1.107
판매관리비 지수 (SG&A Index)	0.926	0.937	0.958	0.931	0.906
부채 지수 (Leverage Index)	1.072	1.067	1.037	1.033	0.984
총자산 대비 총발생액 비율 (Total Accruals/Total Assets)	-0.055	-0.027	-0.063	-0.073	-0.021
M지수 (8-variable model)	-2.51	-2.41	-2.76	-2.81	-2.41

코스닥시장 우회상장과 이익조정: 네오세미테크 사례

2010년 8월, 시가총액 4천억 원에 달했던 네오세미테크가 결국 상장폐지되었다. 이는 상장폐지된 기업들 중 시가총액 기준 최고였다. 네오세미테크의 상장폐지로 7천 여 명의 소액주주들이 손실을 입게 되었다. 네오세미테크는 우회상장제도를 이용해서 2009년 10월 코스닥시장에 상장하였으나, 그 과정에서 막대한 분식회계를 저질렀고 이로 인해 결국 상장폐지를 맞게 되었다. 네오세미테크의 우회상장부터 상장폐지까지의 과정을 살펴보자.

1. 우회상장이란?

기업이 주식시장에 상장되기 위해서는 크게 신규상장과 우회상장의 두 가지 방법이 있다. 우선 기업이 신규상장을 통해 주식시장에 상장되려면, 증권거래소의 복잡한 상장심사 절차와 공모과정을 거쳐야 한다. 이러한 과정은 통상적으로 2~3여 년의 시간이 소요된다. 반면, 우회상장은 비상장사가 이미 상장된 기업과 합병하는 형태로 주식시장에 상장하는 방식을 의미한다. 우회상장의 경우, 신규상장에 비해 심사 요건들이 다소 완화되어 있다. 따라서 신규상장의 엄격한 심사 절차를 통과하지 못하는 기업들은 우회상장제도를 통해서 주식 시장에 상장하려 한다. 또한, 우회상장은 상장에 걸리는 시간을 단축할 수 있다는 큰 장점이 있다. 외부 자금을 신속하게 조달할 필요가 있는 기업에게 이는 큰 장점이 된다. 이 밖에도, 기상장된 회사는 우회상장과정을 통해 재무 구조를 개선하고 소유 구조를 개선할 여지가 있다는 장점이 있다. 이러한 장점으로 인해 우회상장을 통해 자본시장에 진입하는 기업들이 꾸준히 증가하였다.

2. 네오세미테크의 우회상장 과정

네오세미테크는 2000년에 설립된 반도체 웨이퍼 전문업체로 세계 유일 특허의 생산기술을 적용하여 원가경쟁력을 갖춘 기업이었다. 2008년 이후 녹색성장 등이 새

---

[1] 본 사례는 백복현 교수가 백복현, 김범준, 김영준, 심호식(2011)을 바탕으로 작성한 것이다.
백복현 · 김범준 · 김영준 · 심호식, 2011, "우회상장과 관련된 이익조작: 네오세미테크사례", 「회계저널」, 20(5), pp. 203-231.

378

로운 화두로 떠오르면서 네오세미테크는 더욱 각광받기 시작했다. 이러한 성장은 재무제표 수치로도 확인할 수 있는데, 2001년 130억원에 불과하던 자산규모는 2008년 2,200억원으로 껑충 뛰었고, 당기순이익도 2008년 무려 230억원에 달했다. 이러한 성과를 인정받아 네오세미테크는 2009년 지식경제부(현 산업통상자원부) '차세대 기술 개발 국책과제'를 수주하기도 하였다.

이후 네오세미테크는 미래 성장이 예상되는 태양광 및 웨이퍼의 수요 증가에 적극적으로 대응하고자 증권시장으로의 상장을 계획하게 된다. 이를 위하여 2008년 6월, 네오세미테크는 특수모니터를 생산하고 있던 KOSDAQ 상장법인인 디엔티와의 합병을 통하여 우회상장을 추진하였다. 디엔티는 2004년 IBM에 서버용 모니터를 납품하기 시작하면서 매출이 급성장하였으나, 2007년 들어 매출 정체, 재고증가 등의 영업/재무상의 어려움을 겪게 되면서, 추가적인 자금 확충이 필요한 상황이었다. 이러한 상황을 타개하고자, 디엔티의 대주주들은 코스닥 상장프리미엄을 활용하여 현금도 확보하면서, 주력사업을 비상장으로 전환할 수 있는 우회상장기업(Shell)으로 나서기로 결정하였다. 결국 디엔티의 대주주들은 우회상장대상을 물색하던 네오세미테크에 33%의 지분을 전량 매각하게 된다. 이 거래를 통해 네오세미테크는 시가기준 주당 4,720원의 디엔티 주식을 장외에서 주당 10,559원에 인수함으로써 주당 5,839원의 경영권 프리미엄을 지불하였다. 나아가 2008년 7월 4일, 네오세미테크는 약 20억원 규모의 디엔티의 주식 745,318주를 추가로 취득하여 디엔티의 13.72%의 지분을 확보하게 된다.

2008년 9월 5일, 기존 대주주간 주식매매계약을 통해 주식을 이전받은 네오세미테크는 디엔티의 최대주주로 변경되었으며, 마침내 네오세미테크의 경영권은 디엔티에게 승계되었다. 이 과정에서, 디엔티는 상호를 모노솔라로 변경하고, 본격적인 반도체 회사로 탈바꿈하며 네오세미테크와의 합병을 준비하였다.

2009년 9월 23일, 모노솔라는 네오세미테크를 흡수합병하는 데 성공한다. 자본시장과 금융투자업에 관한 법률 제161조에 따라 상장사인 모노솔라는 기준주가로, 비상장법인인 네오세미테크는 상대가치와 본질가치로 평가한 결과, 모노솔라:네오세미테크의 최종 합병비율은 1 : 1.204로 산정되었다. 그 결과, 네오세미테크는 15,510원에 코스닥시장에 상장되었다.

3. 합병 후 감사의견 거절 및 상장폐지

2009년 9월 합병 후, 네오세미테크는 2009년 10월부터 2010년 4월까지 10여 차례의 국내외 주요 거래처에 판매 및 공급계약을 체결한 것으로 공시하였다. 이러한 호재성 정보 공시에도 불구하고, 2009년 11월 신규설비투자를 목적으로 하여 발행하고자 한 350억원 규모의 전환사채는 발행에 실패하고, 단 100억원만 발행하게 된다. 일부 대형증권사는 공시한 공급계약거래 및 재무상태를 신뢰할 수 없다는 이유로 전환사채 발행 주관업무를 거절하였다. 결국, 네오세미테크는 2009년 12월에 신주인수권부사채 250억원을 추가로 발행하여 목표한 350억원을 간신히 조달하였다.

2010년 3월 24일, 네오세미테크의 주주들은 충격적인 결과를 접하게 된다. 상장 직후 첫 번째 발행된 감사보고서에서 회계감사인인 대주회계법인은 네오세미테크의 재무제표를 신뢰할 수 없다며 '의견 거절'을 선언하고, 다음과 같이 분식회계의 가능성을 설명하였다.

"회사는 당기와 전기의 시스템매출로 각각 196억원 및 101억원을 계상하고, 이에 대한 매출원가로 당기와 전기에 각각 0원 및 5억원을 계상하였다가 수차례에 걸쳐 기계장치 및 건설중인자산을 매각한 것으로 수정하여 원가를 제시하였으나, 원가자료의 신뢰성을 검증할 수 없었습니다. 또한, 유형자산에 대한 실사를 실시하였으나 실사시 제시되었던 자산도 매각한 것으로 제시하는 등 기계장치 및 건설중인자산의 실재성 및 장부가액의 적정성에 대하여 신뢰할 수 있는 합리적인 감사증거를 확보할 수 없었으며, 또한 대체적인 절차에 의해서도 만족할 만한 결과를 얻지 못하였습니다."

외부감사인의 '의견 거절'은 코스닥시장 상장폐지 요건에 해당하기 때문에, 네오세미테크는 주당 8,500원에서 거래가 즉시 정지되고 상장폐지 심사를 받게 되었다. 한국증권거래소(KRX) 상장위원회는 상장폐지 사유인 감사의견 거절에도 불구하고, 네오세미테크의 시가총액이 4,000억원 규모에 해당하고, 소액 주주의 수가 7,000여 명에 달한다는 점을 참작하여 이례적으로 3개월의 개선기간을 부여하였다. 해당 기간 동안 네오세미테크는 외감법인인 대주회계법인과 재감사계약을 체결하고, 삼일회계법인과 회계제도 자문계약을 체결하는 등 상장폐지를 막기 위하여 노력하였다. 특히, 재감사과정에서 경영진은 2008년 매출을 1,032억원에서 312억원으로, 당기순이익이 229억원에서 당기순손실 274억원으로 수정하였다. 뿐만 아니라, 회사는 1차 회계감사에서 발표하였던 매출을 979억원에서 187억원으로, 당기순손실을 224억원에서 838억원으로 더욱 낮추어 보고하였다. 그럼에도 불구하고, 대주회계법인은 재감사결과 끝내 의견표명을 거절하였다. 즉, 회사가 수정하여 제시한 재무제표의 적정성이 여전히 검증되지 않은 것이다. 여기에 더하여, 대주회계법인은 감사보고서의 주석사항에 기업이 이용한 분식회계 방법을 다음과 같이 지적하였다.

"TOP TOWER[2](홍콩)과의 매출거래 78,271백만원, TOP TOWER(대만)과의 매출 거래 11,278백만원, GTC와의 매출거래 12,037백만원 그리고 기타 37,455백만원이 자전거래로 판명되어 해당연도의 매출에서 감액되었으며 관련 채권은 구상채권으로 처리하였습니다."

"REC와의 매입거래 39,469백만원, 옵트리온과의 매입거래 27,253백만원, GTC와의 매입거래 3,626백만원 그리고 기타 10,110백만원이 자전거래로 판명되어 해당연도의 원재료매입에서 감액되었으며 관련 채권은 구상채권으로 처리하였습니다."

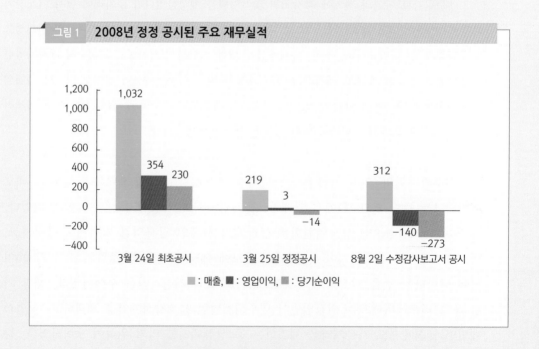

그림 1 **2008년 정정 공시된 주요 재무실적**

■ : 매출, ■ : 영업이익, ■ : 당기순이익

---

2 추후, Top tower, GTC, REC는 홍콩과 타이완에 위치한 페이퍼컴퍼니로 밝혀졌다.

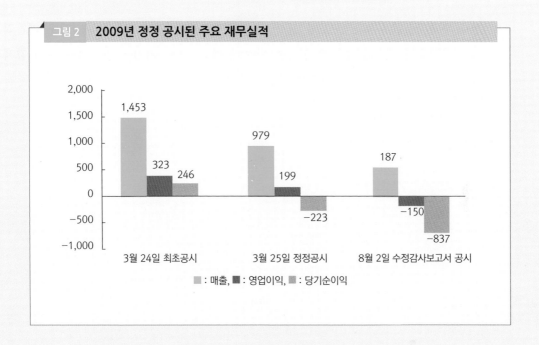

그림 2   2009년 정정 공시된 주요 재무실적

■ : 매출, ■ : 영업이익, ■ : 당기순이익

"TOP TOWER(대만)과의 매입거래 4,271백만원 GTC와의 매입거래 2,389백만원 그리고 기타 2,910백만원이 자전거래로 판명되어 해당연도의 개발비 및 경상연구 개발비에서 감액되었으며 관련 채권은 구상채권으로 처리하였습니다."

이러한 주석의 내용은 최초 감사보고서에서 제시한 유형자산 회계처리와 매출원가 문제뿐만 아니라, 관계사와의 가공의 매출 및 매입거래를 통한 새로운 유형의 분식이 발견되었음을 의미한다. 다시 말해서, 네오세미테크는 해외에 페이퍼컴퍼니를 설립하여 이 페이퍼컴퍼니에 웨이퍼를 수출했다고 가짜로 장부에 기록함으로써 매출액을 부풀리거나, 이 페이퍼컴퍼니로부터 물품을 가짜로 수입하거나 장비를 구입했다고 허위로 장부에 기록함으로써 거래대금을 빼돌린 것이다.

분식회계의 결과, 2010년 8월 23일 네오세미테크는 결국 정리매매를 거쳐 증권시장에서 퇴출되었다. 당시의 정리매매가격은 295원이었다. 15,150원에 상장되었던 기업의 주식이 휴지조각이 된 것이다. 이로 인해 수많은 개인투자자들은 막대한 손실을 입게 되었다.

2011년 1월, 증권거래소는 부실 기업이 우회상장제도를 악용하는 것을 막기 위해서 우회상장과 관련된 코스닥 상장 요건을 강화했다. 우회상장을 하더라도 일반적인 신규상장과 비슷한 수준의 심사를 받아야 하고, 해당 기업은 반드시 지정된 감사인으로부터 감사를 받아야 한다는 조건이 추가되었다.

사례문제

❶ 코스닥 시장에서 신규상장(IPO)과 우회 상장의 차이를 논하시오.

❷ 네오세미테크의 재무제표를 이용하여 2007년, 2008년(수정 전), 2009년(수정 전)의 성장률(매출액, 영업이익)과 활동비율(매출채권회전일수, 매입채무회전일수)을 구하여라. 그리고 수익성 비율(ROA, ROE, 영업이익률), 레버리지(부채/자본비율, 영업현금흐름이자보상비율), 유동비율, 발생액, EVA를 각 연도별로 구하여라. 각 비율에서 이익 조정을 의심케 하는 특이한 점이 발견되는가?

❸ 2010년 3월 24일, 대주회계법인은 네오세미테크의 2009년 재무제표에 대해 의견 거절을 선언하였다. 한국거래소는 3개월 간의 유예기간을 주었고, 2010년 8월 2일, 네오세미테크는 2008년과 2009년의 재무제표를 수정하여 다시 보고하였다. 그러나 대주회계법인은 또다시 의견 거절을 표명했다. 2008년과 2009년의 재무제표를 이용하여, 위 문제의 재무비율을 연도별로 구하고 수정 전과 수정 후를 비교하여라. 수정 전과 후에 각각 재무비율은 어떻게 바뀌었는가? 이것은 무엇을 의미하는가?

표 1   주요재무비율

주요재무비율	계산식
매출액증가율(%)	(당기매출액 - 전기매출액) ÷ 전기매출액
영업이익증가율(%)	(당기영업이익 - 전기영업이익) ÷ 전기영업이익
매출액영업이익률(%)	영업이익 ÷ 매출액
매출채권회전율(%)	매출액 ÷ [(기초매출채권 + 기말매출채권) ÷ 2]
매출채권회수기간(일)	365일 ÷ 매출채권회전율
매입채무회전율(%)	매입액(매출원가) ÷ [(기초매입채무 + 기말매입채무) ÷ 2]
매입채무지급기간(일)	365일 ÷ 매입채무회전율
ROA	당기순이익/총자산
ROE	당기순이익/총자본
부채/자본	총부채 ÷ 총자본
영업활동현금흐름이자보상비율(%)	이자비용 ÷ 영업활동으로인한현금흐름
유동 비율(%)	유동자산 ÷ 유동부채
발생액	당기순이익 - 영업활동으로인한현금흐름

Wirecard

2002년 엔론 분식회계 사태는 현재까지도 세계에서 가장 큰, 영향력 있는 분식회계 사건으로 회자된다. 당시 시가총액 7위였던 엔론의 몰락으로 인해 수많은 투자자들 뿐 아니라 당시 '빅5' 회계법인 중 하나인 'Arthur Andersen'이 해체되었다. 그리고 2019년, 독일의 Wirecard가 분식회계 사건에 휘말리면서 엔론의 충격을 재현하였다.

Markus Braun이 2002년에 와이어카드에 합류하기 전까지, 와이어카드는 온라인 도박, 성인 컨텐츠 결제 대행을 하는 아류 기업이었다. 하지만 브라운 씨가 CEO로 합류한 이후 와이어카드는 독일의 가장 주목받는 금융 기업으로 발돋움했다. 브라운 씨는 와이어카드 합류 전까지 KPMG에서 컨설턴트로 경력을 쌓은 만큼, 외부감사 과정에 대해 누구보다 자세하게 알고 있었고, 그것이 와이어카드의 분식회계 사기극의 시작이 되었다.

와이어카드의 핵심 영업활동은 국제신용거래를 타국의 제3자 업체를 이용하여 가능하게 하는 것입니다. 전자상거래가 나날이 성장하는 시대에서, 와이어카드는 전 세계의 유통업자들을 연결하는 중심에 서서 금융거래 서비스를 제공하였다. 더 나아가 와이어카드는 기존의 영업활동과 연계하여 자체 신용카드 서비스를 시작하였고, Allianz, Alipay, Tencent와 같은 초대형 금융기관들이 와이어카드의 제3자 업체에 참가하였다. 즉, 와이어카드는 결제 대행업체 플랫폼으로 전세계의 판매자와 구매자들을 연결하였고, 그 결과 2018년 처리한 거리대금은 1,250억 달러에 육박한다. 또한, 브라운 씨는 사내에서 영어를 사용할 것을 지시하고, 언론에 노출될 때에는 스티브 잡스를 연상케 하는 패션을 고집하면서, 와이어카드가 시대를 선도하는 핀테크 기업이라는 이미지를 심어주었다. 이러한 성장과 언론의 관심에 힘입어 와이어카드는 2018년 독일 유가증권시장(DAX) 인덱스에 포함되었다.

와이어카드의 파죽지세에 대한 의심은 2019년 파이낸셜 타임즈의 리포트에서 시작되었다. 이듬해 Zatarra Research & Investigations은 와이어카드가 외국자회사를 통해 돈세탁을 하고 있는 정황에 관한 리포트를 발간했다. 와이어카드의 한여름밤의 꿈은 아시아-태평양 지역(APAC)에서의 거래들이 상당 부분 조작되었다는 것이 밝혀지면서 산산조각 났다. 와이어카드는 영업 자격이 없는 아시아-태평양 국가들, 예컨대 싱가포르와 필리핀에서 프록시를 이용하여 거래를 할 때 제3자 업체가 영업이익을 챙기고 와이어카드는 수수료를 챙긴다. 하지만 그러한 거래들이 조작되었고, 심지어는 존재하지 않았다는 증거들이 드러나면서, 이로부터 발생하였다고 기록된 20억 달러의 와이어카드 수익이 의심받기 시작했다. 더 구체적으로는, 와이어카드의 소비자 구성과 그들의 구매 패턴에서 수상한 점들이 발견되었다. 1유로보다 작은 거래규모의 소비자가 40% 이상을 차지하지만, 100만 유로 이상의 거래를 한 소비자는 0.05%도 되지 않는다. 하지만 100만 유로 이상의 거래를 한 소비자로부터의 매출이 와이어카드 매출의 45%에 육박하다는 점은 많은 관계자들의 관심, 혹은 의심을 끌기 충분했다.

　규제기관은 베일에 싸여 있는 20억 달러의 수익을 쫓기 위해 필리핀으로 향했다. 하지만 규제 당국은 필리핀에 와이어카드 사무소 하나조차 존재하지 않았다는 것을 파악하였고, 조사를 이어나가자 분식회계의 증거들이 터져나왔다. 특히, 와이어카드는 굉장히 모호한 계정들로 자산을 증가시켰다. 예컨대, 와이어카드는 '고객 관계(Customer Relationship)'라는 계정 항목을 이용하여 자산을 4억 5천만 유로를 증가시켰고, 같은 방식으로 '영업권'을 이용하여 자산을 증가시켰다. 이러한 자산은 무형자산의 82%를 차지하였고, 대부분은 회계기준에 어긋나는 자산 인식으로 이후 밝혀졌다. 와이어카드가 이용한 다른 방법은 round tripping'이다. 와이어카드는 세계 각국의 휴면 자회사들에게 돈을 송금하고, 자회사들이 돈을 다시 입금할 때 이를 매출로부터의 현금흐름으로 인식하는 방법이다. 와이어카드는 200만 유로를 이런 식으로 독일 본사에서 송금하여 인도의 자회사로부터 받고, 매출 및 영업과 관련된 현금흐름 유입으로 인식하였다.

　시간이 갈수록 기업의 영업활동이 복잡해지고 있고, 감사인, 규제기관들은 이에 발맞추기 위해 노력했다. 감사인과 규제기관은 어떤 종류의 회계부정이든 예방하고 적발할 수 있어야 대중의 기업에 대한 신뢰를 유지하고, 금융시장이 정상적으로 작동하게끔 할 수 있을 것이다. 이를 위해 관련 기관들은 와이어카드 사태가 재발하지 않게끔 기업의 다변화되고 전문화된 기업 활동을 이해할 수 있어야 할 것이다.

386

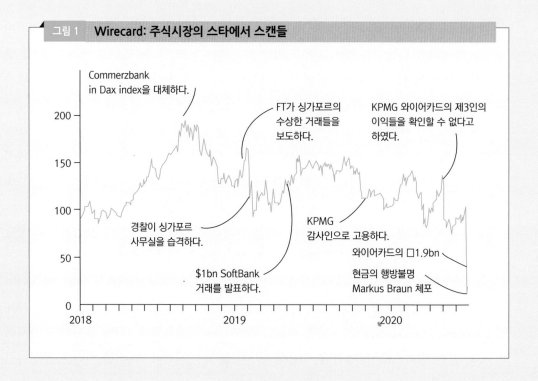

그림 1 **Wirecard: 주식시장의 스타에서 스캔들**

사례문제

❶ 와이어카드의 비니지스 모델을 간단히 설명하시오.

❷ 와이어카드가 어떻게 자산을 부풀렸는지 설명하시오.

❸ 와이어카드의 카드의 회계부정을 누가 처음 찾아 내었는지 알아 보시오.

❹ 와이어카드 감사인이 누구 있지 찾아보고 회계부정 후 이 회계법인에 어떤 변화가 일어났는지 알아 보시오.

America Online의 Time Warner 인수

America Online은 Stephen Case 등이 1985년에 설립한 온라인 서비스 제공업체로 주요 수익원은 멤버십 가입비와 광고수입이다. Time Warner의 전신은 Henry Luce가 1922년에 설립한 Time Inc.로 1990년대 말에 이미 세계에서 가장 큰 미디어 회사로 발돋움하였다. Time Warner의 주요사업은 영화, 드라마 제작, 드라마 방송 및 인터넷 관련 사업, 출판, 음반 제작 및 유통 등을 포함한다. 미국을 비롯해 세계적으로 널리 알려진 케이블 TV 채널인 Turner Broadcasting System(TBS), CNN, Home Box Office(HBO), 영화사 Warner Brothers 등이 모두 Time Warner의 소유였다. 이 두 회사는 2001년 초 합병하였다. 당시로서는 세계 최대규모의 합병으로 많은 관심을 받았다. 물론 합병시 주가도 폭등했으며 언론이나 재계로부터의 찬사도 받은 바 있다.

[표 1]을 통해 Time Warner와 America Online의 1999년의 재무제표를 비교해 보자. 1999년 말과 2000년 초 두 회사가 인수합병 협상을 시작할 때 1999년 재무제표는 아직 공시되지 않은 상태였으나 협상 상대방에게는 최신 재무제표를 제공해야 하기 때문에 쌍방은 상기 데이터를 공유하고 있었다.

1999년의 재무제표는 Time Warner가 America Online보다 거의 모든 면에서 나아 보인다. 재무상태표를 볼 때 Time Warner의 총자산은 512억 달러로 America Online의 5배이며, 자기자본은 97억 달러로 America Online의 1.5배이다. Time Warner와 America Online의 부채비율을 살펴보면 Time Warner의 부채비율이 상대적으로 높다. 그러나 이 차이가 Time Warner의 파산 가능성이 더 높음을 의미하지는 않는다. 왜냐하면 두 회사의 부채비율은 각 기업이 속한 산업의 평균수준과 비슷하기 때문이다.

손익계산서를 볼 때 1999년 Time Warner의 매출액은 273억 달러로 America Online의 4.8배이다. 재무제표상의 매출액에는 일회성 항목이 많이 포함되어 있기 때문에 별도로 영업이익을 계산해 본 결과 Time Warner의 영업이익은 35.8억 달러로 America Online의 3.8배이다. 기타 이익수준을 측정하는 항목들도 Time Warner가 훨씬 양호함을 알 수 있다.

EBITDA도 Time Warner가 73억 달러로 America Online의 5.5배였다.

---

3 본 사례는 장권화 교수가 최초 작성하였으며, 최종학 교수가 보완하였다. 그러나 America Online의 회계처리와 관련된 내용은 다른 저자들이 작성한 사례에도 종종 등장하는 내용이다.

표 1	1999년 Time Warner와 America Online의 재무제표 비교	(단위: 백만 달러)
	Time Warner	**America Online**
매 출 액	27,333	5,724
영업이익	3,582	942
총 자 산	51,239	10,396
부 채	41,526	4,065
자기자본	9,713	6,331
부채비율(부채/자기자본)	428%	64%
현금및현금성자산	1,284	2,554
영업활동으로 인한 현금흐름	3,953	1,640
Free Cash Flow	2,023	(707)
재무활동으로 인한 현금흐름	(1,181)	1,729
EBITDA	7,333	1,335

마지막으로 두 회사의 현금흐름을 비교해 보자. 1999년 Time Warner의 영업활동으로 인한 현금흐름은 39.5억 달러로 America Online의 2.4배이다. Time Warner의 Free Cash Flow는 20.2억 달러이나 America Online의 Free Cash Flow는 -7억 달러이다. 1999년 Time Warner는 투자자들에게 11.8억 달러를 배당으로 지급하였으나 America Online은 17.3억 달러를 증자하였다.

그러므로 모든 회계항목에서 Time Warner는 America Online보다 실적이 양호하다고 판단할 수 있다.

그러나 2000년 1월 10일 America Online이 Time Warner를 인수한다고 발표하였다. 이는 미국 역사상 가장 큰 인수합병 사례 중 하나로서, 기존의 America Online 주주는 합병된 신규기업 지분의 55%를 소유하고, 기존의 Time Warner 주주는 신규기업 지분의 45%를 소유하기로 합의하였다.

2001년 1월 11일, 미국연방통신위원회는 America Online의 Time Warner 인수를 승인하였다. 그리하여 합병된 신규기업인 AOL Time Warner가 출범하였다.

그렇다면 모든 회계항목에서 더 양호한 Time Warner가 왜 인수를 당했을까? 그것은 바로 America Online이 증권시장에서 더 좋게 평가받았기 때문이다. America

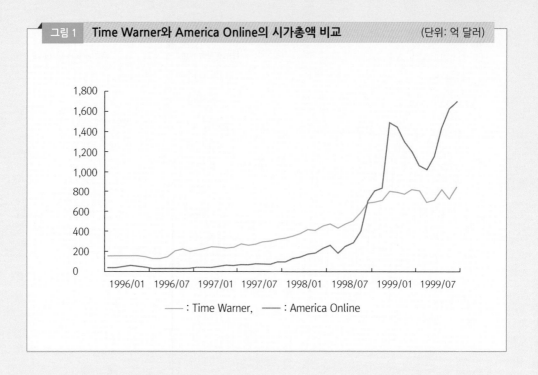

그림 1 Time Warner와 America Online의 시가총액 비교 (단위: 억 달러)

────── : Time Warner, ────── : America Online

Online은 높은 시장가치를 이용하여 Time Warner를 인수하게 된 것이다.

[그림 1]은 두 회사의 시장가치 변화추이를 보여준다.

1996년 1월 Time Warner의 시가총액은 160억 달러였고, America Online은 39억 달러였다. 앞서 살펴보았듯이 Time Warner의 영업실적이 America Online보다 양호하였으므로 시장가치도 보다 높은 것이 정상이다. 그러나 1999년 말이 되자 Time Warner의 시가총액은 850억 달러, America Online의 시가총액은 1,690억 달러로 변한다. 그리하여 시장가치가 압도적으로 높은 America Online이 Time Warner를 인수한 것이다.

지금에 이르러서는 Time Warner가 America Online의 인수 제안을 받아들인 것이 역사상 최악의 인수합병 결정으로 평가되고 있다. 합병 후 IT 버블의 붕괴와 함께 America Online의 이익은 대폭 감소하였고 주가도 함께 추락하였다. 이 인수합병으로 기존의 America Online 주주들은 과대평가된 주식으로 경영실적이 좋은 Time Warner 자산을 취득하였다. 만약 합병하지 않았다면 IT 버블 붕괴 후 그들이 가진 주식은 더 큰 폭으로 추락하였을 것이다. 반면 Time Warner의 주주들은 수익성이 높은 사업을 가격은 높지만 가치가 낮은 America Online의 주식과 교환한 것이다.

2000년 4월, 인수 계약에 서명한지 얼마 지나지 않아 Time Warner의 고위 경영진 세 명이 사임했다. 더구나 2001년 말, 합병을 주도한 Time Warner의 CEO이며 합병된 기업의 CEO를 맡았던 Gerald Levin까지 사임하였다. 이어서 2003년 1월 13일, America Online의 창립자 Steve Case가 외압에 의해 사퇴하였다.

그렇다면 1990년대 후반에 America Online이 어떻게 주가를 끌어올렸던 것일까? 그것은 시장버블과 이익조정이 함께 작용한 결과이다.

America Online의 수익은 고객의 가입비에 의존하고 있는데, 많은 고객을 확보하려면 많은 비용이 발생하기 마련이다. 1996년 이전에는 신규 고객을 모집하기 위한 지출을 자산으로 회계처리하였다. 앞서 살펴보았듯이, 당기 지출을 비용으로 인식하면 모든 지출은 당기 손익계산서에 반영되어 당기순이익을 감소시킨다. 그러나 이런 지출을 자산화하여 서서히 상각하면 당기이익에 대한 악영향을 줄일 수 있다. 1996년 이전 고객유치 비용을 자산으로 회계처리하던 정책은 America Online의 이익을 증가시켰다.

그러나 지출을 자산화할 경우 시간이 흐름에 따라 자산이 점차 증가하게 되고, 증가한 자산에 대한 감가상각비가 해당 기간의 신규 고객유치 비용 지출액을 초과하게 되면 이런 회계처리 방식은 오히려 당기순이익에 부정적인 영향을 끼치게 된다. 당연히 America Online은 이런 결과를 원하지 않았다.

그리하여 1997년 1분기에 America Online은 회계정책을 변경하여 재무상태표에 인식하던 고객 확보와 관련된 3.8억 달러 장기자산을 손상차손으로 비용처리하였다. 그리고 고객확보에 따른 지출을 전액 당기비용으로 인식하기 시작했다. 이런 회계변경은 일석이조의 효과를 가져왔다. 향후에 부담해야 할 대량의 감가상각비를 단번에 인식하여 미래의 비용부담을 줄였을 뿐만 아니라 향후 신규 고객확보와 관련된 비용이 이를 자산화했을 때 발생하는 감가상각비보다 적어서 이런 회계변경은 향후의 이익을 증가시키게 된다.

[표 2]는 1992~2000년 America Online의 실제 주당순이익과 애널리스트의 이익 예측치를 비교해서 보여준다. 1993년과 1997년을 제외하고 America Online의 실제 이익은 모두 애널리스트 예측 평균보다 높다. 1993년에는 IT 버블이 형성되기 시작한 시점으로 애널리스트 예측치에 도달하지 못하더라도 주가에 미치는 영향이 크지

회계연도	America Online 주당순이익	
	애널리스트 예측치	실제 주당순이익
1992년 6월	0.41	0.41
1993년 6월	0.49	0.46
1994년 6월	0.75	0.76
1995년 6월	0.43	0.57
1996년 6월	0.47	0.51
1997년 6월	−0.30	−0.32
1998년 6월	0.51	0.55
1999년 6월	0.33	0.39
2000년 6월	0.38	0.40

표 2 America Online의 실제 주당순이익과 애널리스트의 이익예측치 비교 (단위: 달러)

않았고, 1997년에는 회계정책을 변경하였기에 크게 고려하지 않아도 무방하다.

이런 회계정책으로 인해 America Online은 IT 버블의 영향을 받은 기업들 중에서도 두각을 나타내며 순이익을 창출하는 몇 안 되는 기업으로 주목을 끌었다. IT 버블 중에는 이익을 전혀 내지 못하는 기업들도 주가가 치솟고 있었는데, 양호한 이익 실적을 발표하던 America Online의 주가는 당연히 뛰어 올랐다. 이것이 바로 America Online이 주가를 띄워서 Time Warner를 인수한 비결이다. 즉, 이익조정 행위가 그 과정에서 큰 역할을 했다는 것을 알 수 있다.

앞에서 살펴본 사례들에서는 기업이 비용을 축소시켜 이익을 부풀리거나, '빅 배스(big bath)'를 통해 비용을 증가시켜 당기이익을 감소시켰다. 이는 재무제표 이익 조정의 전형적인 사례로, 이를 통해 해당기업은 장기적인 성장세를 나타냈고 주가 상승을 이루었다. 이것이 바로 미국 IT 버블 시기에 발생한 America Online의 Time Warner 인수 사례이다. IT 버블의 거품이 빠지고 나서 America Online과 같은 많은 IT 기업들은 주가폭락으로 투자자들에게 극심한 손실을 입혔다. 그러나 America Online은 Time Warner를 인수함으로써 주주들의 부를 증가시켰다. 물론 이것 역시 과대평가된 결과이긴 하지만 말이다.

사례문제

❶ 고객 1인당 평균 계약기간이 4년이라고 가정하자. 또한 고객 1인을 유치하기 위한 평균 지출액이 $200이라고 가정하자. America Online이 1997년 이전 사용한 방법을 따르면 $200의 지출을 자본화하여 4년 동안 감가상각한다. 이 경우 매년 비용처리되는 금액은 얼마이며, 1997년부터 사용한 방법에 의하면 매년 비용처리되는 금액은 얼마인가?

❷ 어느 특정 연도 신규고객이 1,000명, 계약 2년, 3년, 4년차 고객이 각각 900명, 800명, 800명이라면 위의 두 방법을 사용했을 때 인식되는 비용이 각각 얼마인가?

❸ 어느 특정 연도 신규고객이 1,000명, 계약 2년, 3년, 4년차 고객이 각각 1,100, 1,200, 1,200명이라면 위의 두 방법을 사용했을 때 인식되는 비용이 각각 얼마인가?

❹ 위의 문제 2와 3의 해답을 비교해 보면서, 왜 America Online이 1997년에 회계처리 방법을 바꾸고 기존에 자산으로 인식해 왔던 지출액을 전액 손상차손으로 비용처리했는지 이유를 설명하여라.

CHAPTER

10

이익예측

01 이익예측 개요

이 책의 도입부에서부터 정확한 미래 이익예측이 기업가치평가에서 가장 중요한 부분임을 강조하였다. 미래는 불확실하기 때문에 정확한 미래 이익예측은 매우 어려운 일이다. 동시에 이익예측이 어렵기 때문에 재무제표 분석과 증권투자활동이 각광을 받는 것이기도 하다. 만약 우리가 미래를 내다 볼 수 있다면 우리는 미래에 대해 걱정을 하거나 의사결정에 대한 고민을 할 필요가 없을 것이다. 그러나 삶의 재미 또한 없었을 것이다. 알 수 없는 미래에 대한 호기심이 우리의 생활을 다채롭게 하듯이 미래 이익의 불확실성은 증권투자를 흥미롭게 만든다. 기업의 이익을 남들보다 더 정확히 예측하는 기법을 찾아낸다면 자본시장에서 상당한 투자수익을 얻을 수 있을 것이다. 아름다움은 보는 사람의 눈에 달렸다.

다시 한번 제2장에서 설명한 기본적인 기업가치평가모형을 살펴보자.

10.1

$$V = \frac{CF_1}{(1+r)} + \frac{CF_2}{(1+r)^2} + \frac{CF_3}{(1+r)^3} + \cdots\cdots + \frac{CF_n}{(1+r)^n} + \cdots$$

수식 (10.1)은 기업의 가치는 미래 현금흐름의 현재가치와 같다는 것을 나타낸다. 일반적으로 수식 (10.1)의 분모인 자본비용은 간단하게 추정할 수 있다. CAPM모형을 이용하여 과거 주가와 시장지수 데이터를 이용해 자본비용을 계산할 수도 있으며, 전문기관에서 제공하는 기업의 자본비용 데이터를 사용할 수도 있다. 그러므로 기업가치평가의 핵심은 수식 (10.1)의 분자인 미래 현금흐름을 예측하는 데 있다. 앞 장에서 살펴본 기업의 재무정보 분석방법은 미래 이익예측을 위한 준비과정이었다. 내재가치는 미를 판단하는 것 같이 보는 이에 달려 있다. 가치평가는 주요가정을 바꿀 때마다 변한다. 역사를 배우면 미래를 알 수 있다는 말처럼 과거 재무제표를 보면 미래 이익을 보다 정확하게 예측할 수 있다. 애널리스트는 과거, 현재의 수익성장성, 마진 등이 미래에 어떻게 변하는지 예측해야 한다.

본 장에서는 이익예측을 중심으로 설명하기로 한다. 하지만 다음 장에서 다루는 여러 가치평가모형을 살펴보면 모형에 사용되는 수치가 이익 말고도 다양하다는 것을 알 수 있다. 현금흐름할인모형(discounted cash flow model)은 잉여현금흐름(free cash flow)을, 배당할인모형(dividend discount model)은 배당금을, 초과이익모형(residual income model)은 초과이익을 추정하여 모형에 사용한다. 하지만 여기서 이익예측을 강조하는 이유는 이익에 대한 추정치를 구하면 현금흐름, 배당, 초과이익 등 다른 측정지표는 손쉽게 유추할 수 있기 때문이다. 어떤 가치평가모형을 사용할 지는 각각의 상황에 따라 결정된다.

다음 문제는 어떻게 이익을 예측하는가이다. 본 장에서는 두 가지 예측방법을 소개하도록 한다. 첫 번째는 구조적 접근법으로 미래의 재무상태표, 손익계산서, 현금흐름표를 모두 예측하는 방법이다. 3개 재무제표간의 상호관계를 이용하여 손익계산서상의 매출에서 이익까지 예측하고, 당기 재무상태표에 추정한 손익계산서의 정보를 추가하여 미래의 재무상태표를 추정한다. 추정손익계산서와 추정재무상태표가 완성되면 현금흐름표를 예측할 수 있게 된다.

두 번째 방법은 과거 다기간의 이익 데이터를 이용한 시계열 예측이다. 시계열 예측법과 구조적 접근법은 과거 재무정보를 활용하는 정도에 큰 차이가 있다. 구조적 예측은 기존의 재무제표를 충분히 활용하지만 시계열 예측은 몇 개의 재무정보만 사용한다. 복잡한 통계기법을 이용해 과거 이익 데이터로부터 시계열적 규칙을 찾아내어 미래 이익예측에 적용하는 방식이다.

어느 방법을 사용하든 간에 정확한 회계정보에 기초해야 좋은 추정치를 구할 수 있다. 그러나 재무제표는 종종 진실된 내용을 왜곡해서 표시하는 회계정보를 포함하기도 한다. 기업은 여러 가지 목적을 위해 이익을 조정하며 때로는 거짓 정보를 제공하기도 한다. 앞 장에서 이미 이런 이익조정의 예를 살펴보았다. 그러므로 기업의 회계정보가 조작되었다고 의심되면 이익조정 전의 수치를 추정한 후, 이를 기초로 이익을 예측해야 한다. 본 장에서는 이런 조정이 필요한 경우를 소개하기로 한다.

이익 예측과정에서 반드시 고려해야 할 중요한 요소는 이익의 시계열적 특징이다. 제8장에서 우리는 이익의 시계열적 특성 세 가지로서, 발생주의 회계의 영향, 보수주의, 이익의 평균회귀적 특성에 대해 알아보았다. 미래 이익에 대해 추정할 때 이런 특성이 회계정보에 미치는 영향을 고려하거나, 이익을 추정한 후 이와 관련된 조정을 해 주어야 한다.

또한, 회계정보는 사람이 만드는 것이기 때문에 인간으로서 가지고 있는 심리적 편향이 회계정보에 미치는 영향을 고려해야 한다. 심리학, 행동경제학, 행동주의 재무학 연구에 따르면 사람들에게서 보편적으로 나타나는 심리적 편향(bias)이 있다. 이런 편향은 무의식 중에 우리의 예측활동에 영향을 미치므로 이익예측시 의식적으로 이런 편향의 영향을 통제해야 한다.

마지막으로 인간으로서 넘어설 수 없는 불가피한 예측능력의 한계를 인정해야 한다. 우리가 비교적 정확하게 예측할 수 있는 기간은 매우 짧다. 향후 1~3년의 이익예측에 대해서는 어느 정도 정확성을 기대할 수 있지만 4~5년 후의 이익예측의 정확도는 상당히 감소하게 된다. 5년 이후에 대한 예측은 거의 추측 수준이라고 볼 수 있으며, 10년 이후에 대한 예측은 아무도 정확성을 보장할 수 없다. 그러므로 기본적인 예측기간은 5년 이내로 한정한다. 다행스럽게도 증권투자시 3~5년 기간의 단기예측의 정확성이 투자성과를 대부분 결정한다. 일반적으로 10년 정도의 기업의 장기발전 전망에 대한 예측은 이익에 대한 분석이 아니라 사업모델과 경영자 능력에 대한 평가로부터 나온다.

또한, 이익 중에서도 예측이 가능한 부분과 그렇지 못한 부분을 구분해야 한다. 미래의 이익을 예측할 수 있는 이유는 기업의 경영활동이 어느 정도 지속성을 지니기 때문이다. 대부분의 경영활동은 연속적이기 때문에 갑작스런 변화가 발생할 가능성이 적다. 지속적인 경영활동의 성과는 미래 이익을 구성하는 중요한 요소이다. 그러나 동시에 우연하게 발생하는 손익이나 영업활동과 무관하게 발생하는 손익도 기업의 경영성과에 영향을 미친다. 예를 들면, 자연재해로 인한 손실, 영업자산을 매각해서 얻은 이익 등이다. 이런 활동은 사전에 예측하기 어렵다. 이에 따른 결과는 손익계산서에 영업외손익 또는 특별손익으로 보고한다. 따라서 우리는 이익을 예측할 때 지속적으로 발생할 영업이익 예측에 중점을 두고 경영활동과 무관한 이익은 영(0), 즉 예측할 수 없는 것으로 가정한다.

한 가지 강조하고 싶은 점은 이 책에 소개되는 예측방법은 학문적으로 검증된 하나의 대안일 뿐이라는 것이다. 이 책에 소개된 방법을 이용하면 보다 정확한 이익예측이 가능하다. 하지만 이 세상에는 제일 정확한 단 하나의 예측방법이 존재하는 것은 아니다. 미래에 대한 예측을 잘하기 위해서는 기술과 감각을 모두 갖추어야 한다. 감각이란 분석자의 지식과 정보의 넓이와 깊이, 그리고 기업의 경영활동에 대한 판단능력에서 나온다. 과학적인 예측방법과 뛰어난 감각으로 더욱 정확한 예측과 성공적인 투자가 가능하다.

기업가치평가는 아래의 순서로 이루어진다.

1. 손익계산서, 재무상태표, 현금흐름표 예측
2. 가중평균자본비용(WACC) 계산
3. 잉여현금흐름(free cash flow)계산
4. 기업가치 계산

주식투자는 기업의 과거가 아닌 미래에 투자하는 것이다.

02 　구조적 접근법

　구조적 접근법은 과거의 재무제표를 기초로 미래의 재무제표를 체계적으로 예측하는 것이다. 따라서 과거 재무정보를 충분히 활용하며, 각종 사건과 회계정책의 변화가 재무제표에 미치는 영향을 고려한다. 이 책에서 여기까지 소개된 분석 방법은 주로 구조적 접근법에 해당된다.

　제 6 장에서 이익창출능력 분석방법에 대해 알아보았다. 기업의 과거 이익창출능력은 향후 이익을 예측하는 출발점이다. 그러나 이익창출능력 분석으로부터 시작하여 미래이익을 예측하기까지의 과정은 결코 간단하지 않다.

"투자자산이 미래에 얼마나 이익을 낼지 예측하기 어려우면, 그 자산에 대한 투자는 잊어버려라."

Warren Buffet의 2014년 주주서한

　구조적 접근법의 첫 단계는 매출 예측이다. 2008년부터 2021년까지 우리나라 기업의 매출액 증가율을 표로 그렸다. 평균 기업의 매출 성장은 매년 9.44% 정도이다. 이익을 결정하는 요인으로는 기업이 현재 소유하고 있는 자산을 이용해 수익을 창출하는 능력과 원가를 통제하는 능력이 있다. 각각은 자산회전율과 매출액이익률로 측정할 수 있다. 매출에 대한 예상치가 정해지면 자산회전율을 적용하여 재무상태표를 추정할 수 있고, 매출액이익률에 근거하여 손익계산서를 추정할 수 있다.

매출 예측은 기업의 매출액 증가율을 추정하는 것이 핵심이다.[1] 우선, 과거의 매출이 상승추세, 하락추세 또는 안정상태인지 알아본다. 추세에 대한 기본적인 판단을 한 후 매출 추이가 유지될 것인지 반전될 것인지 판단해야 한다. 매출의 향후 추세를 판단할 때는 거시경제, 산업, 기업전략 등에 대한 정보가 필요하다. 전반적인 거시경제 상황이 기업의 매출에 주는 영향은 무시할 수 없을 만큼 크다. 대부분의 기업은 거시경제와 밀접한 연관을 맺고 있다. 예를 들어, 경기호황은 석유, 석탄 등 에너지와 철강, 콘크리트, 금속 등 원자재 수요에 영향을 미치기 때문에 관련업체의 매출이 증가한다. 경기확장은 매출과 부의 증가를 가져오고 소비재나 여가활동 등과 관련된 상품 및 서비스의 수요를 증가시킨다. 반대로 경기불황에는 이런 상품에 대한 수요가 감소하므로 해당 상품을 제공하는 기업의 매출이 감소한다. 특히, 기업마다 거시경제 변수에 대한 매출 민감도가 상이하므로 매출액 증가율 추정 시 이러한 요소를 함께 고려할 필요가 있다.

둘째, 산업정보는 기업의 매출에 중대한 영향을 미친다. 산업전체가 도입기인지 쇠퇴기인지의 여부, 산업 내 경쟁 등의 요소가 모두 기업의 매출에 영향을 준다. 예를 들어, 동일 산업 내 경쟁기업 간 제품 유사성이나 새로운 경쟁자 출현에 따른 시장점유율 감소 가능성 등을 고려해야 한다. 또한 산업별 규제가 매출액에 영향을 미친 사례로는 1970년대 후반 미국 항공산업 관련 규제가 대폭 완화됨에 따라 항공사 매출액이 전체적으로 크게 상승한 경우를 들 수 있다. 이처럼 산업별 특성이 해당 산업에 속한 기업에 미치는 영향이 지대한 만큼 매출액 예측 시 관련 산업정보를 충분히 고려해야 한다.

셋째, 기업관련 중요한 뉴스가 매출에 영향을 미친다. 예를 들어, 기업이 최근에 중요한 계약을 체결했거나 곧 체결할 예정이라면 미래 매출이 크게 변할 수 있다. 전형적인 사례로 조선산업이 있다. 선박 공급계약은 일반적으로 수년 전에 체결되고 하나하나의 계약이 매출에 큰 영향을 미친다. 만약 수년 내 중요한 선박 공급계약이 예상되면 반드시 그 영향을 고려해야 한다. 다른 예로, 기업이 한 해 동안 대대적인 광고활동을 진행했다면 그 효과는 아마도 다음 해 매출에 반영될 것이다. 그 외에도 기업이 새로운 제품을 출시할 계획이 있는지, 대규모 투자를 하는지, 특정 기업을 인수·합병할 계획이 있는지, 노사분규로 인한 생산차질이 발생할 위험은 어느 정도인지, 고객집중도가 높은 경우

---

1 매출액 변동률은 판매량과 가격 변동률의 곱으로 나타난다. 즉, '(1 + 매출액 증가율) = (1 + 판매량 증가율) × (1 + 가격 증가율)'의 관계가 성립한다. 따라서 매출액 증가율을 일괄 분석할 수도 있지만, 추정의 정확도를 높이기 위해 매출액 증가율을 판매량과 가격 증가율의 두 요소로 분해하여 분석하는 것도 가능하다. 예를 들어, 판매량 증가율 예측을 위해 미래 인구증가율을, 가격 증가율 예측을 위해 미래 물가상승률을 각각 별도로 고려할 수 있을 것이다.

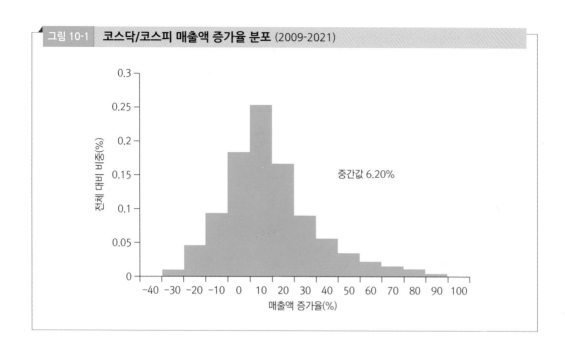

그림 10-1　**코스닥/코스피 매출액 증가율 분포** (2009-2021)

해당 고객의 향후 사업전망은 어떤지 등도 미래 매출액에 영향을 줄 수 있는 중요한 요소다. 이렇듯 매출에 영향을 줄 수 있는 모든 중요한 요소를 고려해야 한다.

상기 분석을 통해 향후 매출증가율을 추정하여 매출을 예측할 수 있다. 제 8 장에서 이익의 평균회귀적 특징에 대해 공부한 것처럼 기록적인 매출증가율이 지속될 수 없다는 점도 고려해야 한다.

두 번째 단계는 손익계산서상의 원가 및 비용에 대한 예측이다. 특별한 경우를 제외하고 각 비용항목이 매출에서 차지하는 비율은 과거의 수준을 유지할 것이라고 가정할 수 있다. 이런 가정을 할 수 있는 근본적인 이유는 대부분의 수익과 비용이 비교적 안정된 관계를 지니고 있기 때문이다. 여러 번 강조했듯이 재무제표 항목은 인체의 각 부분과 같아서 서로 유기적인 관계를 가지고 있으며, 이런 유기적인 관계가 갑자기 변하면 이익조정을 의심해 볼 수 있다. 앞 장에서 설명한 MCI WorldCom의 분식회계는 시설유지 지출과 기타 영업비용간의 관계 변화로 재무제표에 드러났다. 이익예측시 이익조정의 영향을 제거하는 방법에 대해서는 차후에 다루도록 한다. 일단은 이익조정이 없다고 가정하고 이익예측에 대해 알아보도록 하자. 손익계산서, 재무상태표, 현금흐름표의 예측기간(horizon)과 절차는 [표 10-1] 및 [그림 10-2]와 같이 나타낼 수 있다.

표 10-1	예측 horizon 가이드라인			
		산업 성장 전망		
		낮음 (성숙산업)	보통 (성장산업)	높음 (신규산업)
개별 기업 경쟁 우위	없음	5년	10년	20년
	단기적 우위	5년	10년	20년
	장기적 우위	10년	20년	20년

그림 10-2 **예측 절차**(Forecasting Process)

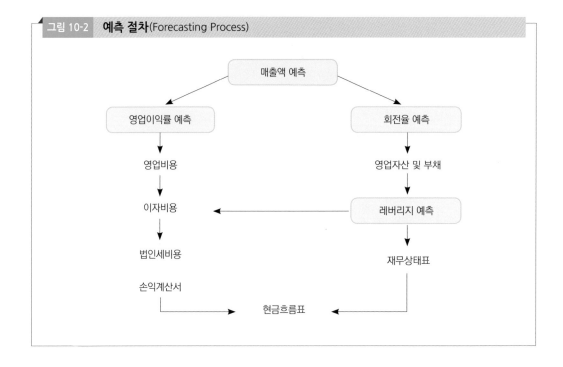

예측기간을 정할 때 고려해야 할 것은 매출성장률과 매출액 이익률이다. 이론적으로 예측기간은 매출성장률이 안정적으로 유지되고 초과이익이 없어질 때까지 길게 잡아야 한다. 위의 표에서 보듯이 보통 5년 앞을 예측하여야 하고 산업이 성장할 전망이 크거나 경쟁우위가 있는 기업은 더 오랜 기간을 예측한다.

예측기간을 정하면 잔여가치(terminal value)를 구하기 위한 가정이 필요한데 잔존항에 들어가는 매출성장률은 장기 경제성장률은 넘어서지 않아야 한다. 국내의 GDP 균형 성장률이 3~4%이니 이 정도가 적당하다 할 수 있다. 또한 잔존항을 구하기 위한 매출액 이익률(profit margin), 자산회전률(asset turnover), 레버리지 가정으로 이 세 값의 곱으로 정해지는 ROE(=매출액 이익률×자산회전률×레버리지)가 자기자본비용을 넘지 않게 해야 한다.

　　과거 매출 대비 비용비율을 이용한 미래 비용예측은 기업의 자산 및 자본구조, 원가관리 방법 등에 큰 변화가 없을 것임을 가정하는 것이다. 만약 큰 변화가 예상되면 매출 대비 비용비율을 조정해 주어야 한다. 예를 들어, 대규모 건설중인 자산이 곧 완공될 것으로 예상되는 경우 감가상각비가 매출액에서 차지하는 비율을 늘려야 하며, 장기부채가 대폭 감소할 예정이면 이자비용의 비율을 낮추어 주어야 한다. 만약 기업이 대대적인 비용절감 조치를 통해 경영효율을 제고하려 한다면 관련원가 및 비용항목을 조정해야 한다. 그 외에도 원재료 가격 동향, 제품 구성 변화, 증설과 같은 기업의 생산 전략 변화, 노사 협의에 따른 임금상승 등 기업 비용에 미칠 수 있는 중요 요소가 있다면 최대한 이를 반영할 필요가 있다. 여기에 앞에서 설명한 매출예측에 영향을 주는 요인들도 함께 고려해야 한다. 재무제표 분석은 간단한 재무제표의 문제만이 아니라 기업의 경영환경과 전략

표 10-2　연평균 GDP 성장률: 1990-2020　　(백분율, %)

국가	연평균 GDP 성장률 (%)		
	1991~2000	2001~2010	2011~2020
호주	3.33	3.06	2.37
브라질	1.99	3.71	0.30
캐나다	NA	2.98	1.42
중국	9.86	10.57	6.85
독일	2.24	0.89	1.10
스페인	2.90	2.14	-0.04
프랑스	2.19	1.26	0.44
영국	2.37	1.47	0.88
인도	5.59	6.75	5.09
이탈리아	1.71	0.33	-0.80
일본	1.59	0.60	0.39
한국	7.46	4.69	2.57
멕시코	3.64	1.50	1.33
미국	3.30	1.75	1.70

자료: World Bank, World Bank national accounts data, and OECD National Accounts data files.
https://data.worldbank.org/indicator/NY.GDP.MKTP.KD.ZG?year_high_desc=true

등에 대한 심도 깊은 이해를 요구한다.

거시경제 환경과 산업 내 경쟁도 비용이 매출에서 차지하는 비율에 영향을 미친다. 경기가 불황일 때는 매출이 줄어들 뿐 아니라 비용이 매출에서 차지하는 비율이 높아진다. 경기가 안 좋을 때 직원을 해고하거나 공장을 폐쇄하기도 하는데, 이는 단기 비용을 증가시키게 된다.

지속성을 갖는 주요 원가 및 비용항목은 다음과 같다. 매출원가, 대손충당금, 감가상각비, 이자비용, 직원급여, 일반관리비, 광고홍보비, 연구개발비, 법인세 및 기타비용이다. 기업의 경영형태에 따라 원가 및 비용의 구성이 각기 다르다. 일반적으로 손익계산서에는 위의 모든 항목을 매출원가, 판매비와 관리비, 영업외비용 등으로 통합하여 보고하기도 한다. 원가 및 비용을 예측할 때는 주석에서 각 항목의 금액을 찾아서 개별적으로 예측한 후 주요 원가 및 비용항목으로 통합하는 것이 바람직하다. 주석에 공시된 정보가 부족할 경우에는 주요 항목을 분류하지 않고 직접 추정할 수도 있다. 한 가지 주의해야 할 것은 매출액이 증가할 때는 원가가 비례적으로 증가하지만 매출액이 감소할 때는 원가가 그에 비례하여 감소하지 않는 비대칭적 원가행태(cost stickiness, 원가의 하방경직성)를 보인다는 것이다. 이는 매출을 증가시킬 때 원가를 증가시키는 것보다 매출이 감소할 때 자원공급을 줄이는 데 따른 의사결정 속도가 느린 것에 원인이 있겠다. Anderson 등(2003)[2]은 매출액 변화에 따른 판매관리비 변화가 하방경직성을 보임을 실증하였다. 국내에서도 안태식 등[3](2004)이 판매관리비와 총제조원가에서 비대칭적 원가행태가 나타난다는 것을 보였다. 애널리스트는 원가 및 비용을 예측할 때 이러한 하방경직성을 고려해야 한다.

또한 비용은 변동비와 고정비로 구분할 수 있다. 고정비는 크게 변하지 않으므로 수익이 10% 늘어난다고 해서 비용이 똑같이 10% 증가하는 것은 아니다. 대표적인 고정비는 감가상각비이다. 따라서 비용을 분석할 때는 고정비가 어느 정도 비중인지를 파악해야 한다. 과거 여러 연도의 매출액과 매출원가 사이의 관계를 회귀분석해 보면 고정비와 변동비의 비중을 파악할 수 있다. 정액법에 따라 감가상각하는 기업의 경우, 감가상각비는 대표적인 고정비이다.[4]

2　Anderson, M.C., R.D. Banker, and S.N. Janakiraman, 2003, "Are selling, general, and administrative costs 'sticky'?," *Journal of Accounting Research* 41(1), pp. 47–63.

3　안태식 · 이석영 · 정형록, 2004, "한국제조기업의 비대칭적 원가행태," 「경영학연구」 33(3), pp. 789–807.

4　유형자산 비중이 높은 장치산업의 경우 감가상각비 예측이 특히 중요하다. 실무적으로는 ① 기초 감가상각누계액 차감 전 유형자산 장부가액(총액)의 일정 비율을 사용하는 법, ② 매출액의 일정비율을 사용하는 법, ③ 회사가 공시한

　　예상 매출에서 매출원가를 차감하면 매출총이익이다. 매출총이익에서 판매비, 관리비 및 이자비용을 차감하면 영업이익을 계산할 수 있다. 일반적으로 영업이익 이하의 비경상 손익항목은 예측하기 어렵기 때문에 영(0)으로 처리한다. 그러나 충분한 근거가 있을 경우에는 비경상 항목도 구체적으로 예측해야 한다. 예를 들어, 기업이 다른 기업에 대한 투자로 창출할 이익은 예측이 가능할 수 있다. 또한 일부 자산을 매각하기로 이미 결정되었을 경우에는 이를 이익예측에 반영할 수 있다. 지속적으로 일정규모의 비경상손익이 발생하는 기업이라면 이를 고려해야 한다.

　　영업이익에서 비경상 손익을 더해 얻은 법인세비용차감전순이익에 추정법인세율을 곱하면 법인세비용을 얻을 수 있다. 특히, 추정법인세율의 경우 연구개발비 세액공제, 중소기업 세액공제 등 각종 영구적 차이로 인해 기업마다 적용되는 유효법인세율(=법인세비용 / 법인세비용차감전순이익)이 상이하므로 과거 데이터를 활용하여 이를 추정할 필요가 있다. 법인세비용차감전순이익에서 법인세비용을 차감하면 당기순이익을 얻을 수 있다.

　　이익예측의 세 번째 단계는 재무상태표에 대한 예측이다. 추정손익계산서를 작성한 후 재무상태표를 예측하는 이유는 두 번째 단계의 손익계산서에 대한 예측이 완전할 수 없기 때문이다. 특정 항목의 경우 최종 예측은 재무상태표에 대한 예측에 달려 있는데, 그 중 중요한 항목으로는 이자비용과 감가상각비가 있다.

　　추정재무상태표를 작성할 때 주로 자산, 부채, 자본 등 큰 줄기에 집중하도록 한다. 그 후 구체적인 자산, 부채, 자본항목을 과거 재무제표에 근거하여 추정한다.

　　이익창출능력 분석시 자산회전율에 대해서 중점적으로 알아보았는데, 이를 기초로 미래 자산회전율을 추정할 수 있다. 비용에 대한 예측과 마찬가지로 중대한 경영활동 또는 자본구조, 자산구조의 변화가 없다면 과거 자산회전율을 그대로 사용하면 된다. 예상 매출을 추정한 자산회전율로 나누면 미래 기말 총자산을 얻을 수 있다.

　　이제 미래 총자산을 각 구성항목별로 구분한다. 재무상태표에 대한 공통형 분석을 통해 과거 각 자산항목이 총자산에서 차지하는 비율을 계산한 후 미래 총자산을 곱하면 각 자산항목의 예측치를 얻을 수 있다. 여기서 중요한 것은 단순히 과거비율을 적용할 것이 아니라 기업에 대한 정보에 근거하여 자산의 구성변화를 예측하고 그에 따라 조정을 해주는 일이다. 예를 들어, 현금은 추정된 매출액 대비 현금회전일(=현금/매출액×365)을 기준으로, 매출채권은 매출채권회전율을 기준으로, 재고자산은 재고자산회전율을 기준으로,

유형자산별 감가상각 스케줄에 따라 감가상각비를 추정하는 방법 등이 주로 활용된다.

유형자산은 유형자산회전율을 기준으로, 무형자산은 기초 가액에 추정된 신규 취득액을 합산(반면, 손상차손 징후가 있는 경우 이를 반영)함으로써, 기타 자산은 매출액 증가율을 기준으로 각각 미세조정이 가능하다. 매출에 대한 예측은 기업경영과 시장환경에 대한 전망에 근거한 것이기 때문에, 현재의 자산구조가 매출증가에 따른 수요를 만족시킬 수 있는지 고려해 보아야 한다.

미래 매출증가에 따른 수요를 만족시키려면 재고를 늘려야 하는지 비유동자산에 대한 투자를 증가시켜야 하는지 등을 고려하여 자산을 구성하는 개별항목에 대한 예측을 조정한다. 예를 들어, 프랜차이즈, 각종 소매업 등 점포 확대가 매출에 직접적인 영향을 주는 경우 매출액 증가에 상응하는 자본적 지출을 고려해 유형자산 규모를 적절하게 조정할 필요가 있다. 자산의 각 구성항목에 대한 예측이 확정되면, 이에 대응하는 손익계산서 항목을 다시 조정해 준다. 매출증가를 위해 비유동자산을 늘려야 한다면 감가상각비도 따라서 증가하게 되므로 손익계산서의 감가상각비를 증가시켜준다.

총자산에 대한 예측을 마친 후 부채와 자본항목으로 넘어간다. 자산에 대한 예측과 동일한 방법으로 재무상태표에 대한 공통형 분석을 한 후 각 부채 및 자본항목이 과거에 총자산에서 차지한 비율에 근거하여 미래 금액을 예측한다. 물론 개별 자산항목 예측에서와 같이 개별 부채항목을 예측함에 있어 관련 지표를 활용하여 세부 조정 과정을 거치는 것도 좋다. 예를 들어, 매입채무는 매입채무회전율을 기준으로, 이연법인세는 공시된 세부 상각스케줄에 따라, 미수금 등 발생액 항목은 매출액 증가율에 연동하여 변하는 것으로 가정하여 추정하는 것이 가능하다. 이와 같은 기초적인 방법을 통해 얻은 총부채 및 총자본과 현재 재무상태표상의 금액의 차이는 미래에 새로 조달될 자금을 의미한다. 이에 근거하여 손익계산서를 다시 조정해야 한다.

위와 같은 예측방법을 사용할 경우, 부채와 자본의 증가 또는 감소가 같은 방향으로 변한다는 것을 가정한다. 즉, 기업은 자금이 필요할 때 주주와 채권자로부터 동시에 자금을 조달한다는 가정이 깔려 있다. 하지만 실무에서 자금을 조달하는 방식은 그렇지 않은 경우가 많다. 보다 현실적인 예측을 하기 위해 기업이 부채를 통해 조달한 자금을 우선적으로 활용한 후 주식발행을 통해 조달한 자금을 사용한다고 가정하자. 총부채가 얼마나 증가할 지 예측한 후, 이를 총자산에서 차감한 금액을 총자본에 대한 예측치로 사용한다. 이는 재무학 연구들의 발견에 기인한다. 기업의 자본구조가 어떻게 결정되는지에 대해서 연구한 자본조달 순위이론(pecking order theory)에 따르면, 기업은 내부에서 창출한 자금만으로 운영이 힘들게 되면 우선 채권을 발행하거나 은행으로부터 차입을 하고, 그 후 최종적으로 주식발행을 통한 자금조달을 한다.

따라서 공통형 분석에 기초한 부채와 자본의 금액을 예측한 후, 현재의 자본수준이 자산의 증가를 충족시키지 못하면 부채를 통한 자금조달이 있을 것으로 가정한다. 부채를 통해 조달할 수 있는 금액이 필요한 자금보다 많을 경우, 부족분을 모두 부채로 채운다고 예측하면 된다. 부채를 통한 자금조달로도 부족할 경우에만 주식을 발행해서 자본을 조달한다고 보면 된다. 단, 부채비율이 이미 상당히 높은 기업이라면 추가적인 부채를 이용한 자금조달이 불가능할 것이므로 주식을 발행해야 할 것이다.

부채와 자본에 대한 예측까지 마쳤으면 기업의 부채조달 규모에 따라 손익계산서의 이자비용을 조정한다. 사채와 차입금 등의 부채가 증가했다면 이자비용도 이에 대응해서 증가한다. 이때 이자비용은 기업의 과거 금융부채 대비 이자비용(즉, 부채에 대한 기업의 유효이자율)을 기준으로 추정할 수 있다. 이처럼 부채조달에 따른 이자비용까지 조정되고 나면 추정 당기순이익(=영업이익 - 금융손익)을 도출함으로써 추정 손익계산서 작성이 완료된다.

이처럼 재무상태표와 손익계산서에 대한 1차 추정이 완료되면, 손익계산서를 통해 추정된 당기순이익에 배당금을 조정하여 이익잉여금을 확정한다. 이후 재무상태표의 차변과 대변의 차이를 조정할 필요가 있는데, 통상 금융자산 증감, 장·단기 금융부채 증감, 자기주식 취득 및 처분 등 비영업항목을 통해 이러한 과정이 이루어진다.

끝으로 추정 현금흐름표를 만들 때는 추가적인 가정이나 분석이 필요하지 않다. 손익계산서와 재무상태표가 있으면 현금흐름표를 작성할 수 있다. 단, 자본규모가 증자를 통해 증가할 것으로 예측되었다면 배당의 규모도 이에 따라 증가할 것이므로, 현금흐름 예측시 이를 고려해 주어야 한다. 현금흐름표의 작성방법은 일반적인 중급 재무회계 교재에 잘 설명되어 있다.

구조적 접근법을 이용한 재무제표 추정을 다음 예를 들어 구체적으로 살펴보자. ABC 오토 주식회사는 자동차 부품을 제조하는 기업이다. [표 10-3]과 [표 10-4]는 2018~2020년 ABC 오토의 실제 손익계산서, 재무상태표, 비율분석지표를 나타내고 있다. 주어진 자료를 바탕으로 추정손익계산서, 추정재무상태표, 추정현금흐름표를 작성해 보도록 한다.

다음에 주어진 정보를 바탕으로 미래 성과를 예측해 보기로 하자. 먼 미래의 성과에 대해서 예측하는 것은 정확성이 떨어지기 때문에 실무에서도 애널리스트들은 향후 2~3년의 기간에 대해서만 보고서에 발표한다. 여기서도 2011~2013년 향후 3년간의 추정손

표 10-3	ABC 오토 손익계산서와 수익성 비율 및 추가정보		(단위: 백만원)
	2018년	**2019년**	**2020년**
매 출 액	197,732	211,196	226,456
매출원가	162,902	159,989	167,313
매출총이익	34,830	51,207	59,143
판매비와 관리비	6,369	5,994	12,423
영업이익	28,461	45,213	46,720
영업외수익	4,816	8,216	4,149
영업외비용	7,797	5,054	9,614
경상이익	25,480	48,375	41,255
법인세차감전순이익	25,480	48,375	41,255
법인세 등	7,209	10,775	10,610
당기순이익	18,271	37,600	30,645
	2019년	**2020년**	**평 균**
매출액 증가율	6.81%	7.23%	7.02%
매출원가율	75.75%	73.88%	74.82%
판관비/매출액	2.84%	5.49%	4.16%
영업이익/매출액	21.41%	20.63%	21.02%
당기순이익/매출액	17.80%	13.53%	15.67%
추가정보			
감가상각비		18,311	
배당금의 지급		7,142	

표 10-4	ABC 오토 재무상태표와 자산 및 부채회전율 정보		(단위: 백만원)
	2018년	**2019년**	**2020년**
현금및현금등가물	3,573	28,309	4,407
단기금융상품	15,000	–	20,000
단기매매증권	3,670	19,583	5,242
매출채권	28,439	23,899	26,784

표 10-4	**ABC 오토 재무상태표와 자산 및 부채회전율 정보**(-계속)		(단위: 백만원)
	2018년	**2019년**	**2020년**
기타유동자산	1,200	4,161	8,245
재고자산	5,791	3,934	5,426
유동자산(계)	57,673	79,886	70,104
매도가능증권	1,901	2,413	101,745
기타투자자산	5,375	8,933	9,084
유형자산(계)	137,770	177,822	180,393
자산총계	**202,719**	**269,054**	**361,326**
매입채무	7,211	598	14,347
기타유동부채	12,615	12,056	20,384
유동성장기부채	32,754	5,894	4,831
유동부채(계)	52,580	18,548	39,562
장기차입금	61,355	101,218	148,003
퇴직급여충당금	1,255	403	1,404
고정부채(계)	62,610	101,621	149,407
부채총계	**115,190**	**120,169**	**188,969**
자본금	52,422	62,342	62,342
자본잉여금	7,201	25,984	25,984
이익잉여금	34,911	67,551	91,054
자본조정	−7,005	−6,993	−7,023
자본총계	**87,529**	**148,885**	**172,357**
부채와 자본총계	**202,719**	**269,054**	**361,326**

			2020년
평균매출금액			218,826
매출채권회전율			8.17
재고자산회전율			40.33
매입채무회전율			15.25
기타유동자산회전율			26.54
기타유동부채회전율			10.74

익계산서와 추정재무상태표를 작성해 보기로 한다.

　가장 먼저 매출액에 대한 예측을 한다. 본 사례에서는 지난 2년간 매출액 증가율의 평균인 7.02%를 앞으로 3년간 유지할 것으로 가정한다. 그러나 기업의 매출에 영향을 미칠 수 있는 요소는 거시경제적인 흐름, 산업 내 경쟁관계, 기업의 투자활동 등 매우 다양하므로 추가적인 정보가 있을 때에는 이를 매출액 예측에 반영하도록 한다. 특히, 매출액에 대한 예측으로부터 다른 항목이 크게 영향을 받기 때문에 매출액에 대한 예측에 정확성을 기하도록 해야 한다.

　매출액에 대한 예측을 했다면, 손익계산서상에 다음으로 나타나는 항목은 매출원가와 판관비이다. 원가비율은 지속성이 높으므로 과거의 비율이 계속될 것으로 가정할 수 있다. 따라서 앞서 계산한 매출원가율, 판관비/매출액 비율을 적용하여 매출원가, 매출총이익, 판매비와 관리비, 영업이익을 예측할 수 있다.

　다음으로 예측해야 할 항목은 영업외이익이다. 이는 대체적으로 예측할 수 없는 부분이므로 영업외수익과 영업외비용이 같은 규모로 발생할 것으로 가정하여 영업외이익은 영(0)이라고 가정한다. 법인세율은 27.5%를 적용받는다고 하자. 당기순이익의 30%를 배당한다고 가정하자.

　[표 10-5]와 같이 추정손익계산서가 완성되었다면 이 정보와 기존 자산 및 부채회전율에 대한 정보를 이용해서 추정재무상태표를 작성할 수 있다. 매출채권, 기타유동자산, 재고자산, 매입채무, 기타유동부채는 2020년의 회전율을 적용하여 구할 수 있다. 즉, 2020년 수치를 이용해 구한 각각의 회전율을 추정손익계산서에 나타난 예상매출액으로

표 10-5　ABC 오토 추정손익계산서　　　　　　　　　　　　　　　　　(단위: 백만원)

	2021년 E	2022년 E	2023년 E
매 출 액	242,353	259,366	277,573
매출원가	181,325	194,054	207,676
매출총이익	61,028	65,312	69,897
판매비와 관리비	10,087	10,795	11,553
영업이익	50,941	54,517	58,344
법인세(27.5%)	14,009	14,992	16,045
당기순이익	36,932	39,525	42,299
배 당 금	11,080	11,858	12,690

나눠준 값의 역수를 취하면 각 계정의 예측치를 계산할 수 있다.

　　투자를 목적으로 하는 자산(단기금융상품, 단기매매증권, 매도가능증권, 기타투자자산)은 2020년 잔액이 동일하게 유지된다고 가정한다. 유형자산은 매년 감가상각비와 재투자금액이 동일하다고 가정한다. 따라서, 매년 유형자산 금액은 동일하게 유지된다. 차입금 역

표 10-6　ABC 오토 추정재무상태표			(단위: 백만원)
	2021년E	202년E	2023년E
현금및현금등가물	29,645	56,866	85,998
단기금융상품	20,000	20,000	20,000
단기매매증권	5,242	5,242	5,242
매출채권	29,664	31,746	33,975
기타유동자산	9,131	9,772	10,458
재고자산	6,009	6,431	6,883
유동자산(계)	99,691	130,057	162,556
매도가능증권	101,745	101,745	101,745
기타투자자산	9,084	9,084	9,084
유형자산(계)	180,393	180,393	180,393
자산총계	**390,913**	**421,279**	**453,778**
매입채무	15,890	17,005	18,199
기타유동부채	22,576	24,160	25,856
유동성장기부채	4,831	4,831	4,831
유동부채(계)	43,297	45,996	48,886
장기차입금	148,003	148,003	148,003
퇴직급여충당금	1,404	1,404	1,404
고정부채(계)	149,407	149,407	149,407
부채총계	**192,704**	**195,403**	**198,293**
자본금	62,342	62,342	62,342
자본잉여금	25,984	25,984	25,984
이익잉여금	116,906	144,573	174,182
자본조정	−7,023	−7,023	−7,023
자본총계	**198,209**	**225,876**	**255,485**
부채와 자본총계	**390,913**	**421,279**	**453,778**

표 10-7	ABC 오토 추정현금흐름표		(단위: 백만원)
	2021년 E	2022년 E	2023년 E
당기순이익	**36,932**	**39,525**	**42,299**
감가상각비	18,311	18,311	18,311
매출채권의 증가	−2,880	−2,082	−2,229
기타유동자산의 증가	−886	−641	−686
재고자산의 증가	−583	−422	−452
매입채무의 증가	1,543	1,115	1,194
기타유동부채의 증가	2,192	1,584	1,696
영업활동으로 인한 현금흐름	**54,629**	**57,390**	**60,133**
유형자산의 취득	−18,311	−18,311	−18,311
투자활동으로 인한 현금흐름	**−18,311**	**−18,311**	**−18,311**
배당금의 지급	−11,080	−11,858	−12,690
재무활동으로 인한 현금흐름	**−11,080**	**−11,858**	**−12,690**
현금의 증가(감소)	25,238	27,221	29,132
기초의 현금	4,407	29,645	56,866
기말의 현금	29,645	56,866	85,998

시 매년 상환금액과 추가차입금액이 동일하다고 가정한다. 자본항목은 2020년 잔액과 동일하고, 이익잉여금은 전기말잔액에 당기순이익을 더하고 배당금을 빼서 계산할 수 있다. 마지막으로 영업활동으로 증감하는 순현금은 다른 데 투자하지 않고 현금으로 적립된다고 가정한다. 즉, 현금및현금등가물에 반영된다고 본다.

다음은 간접법을 이용해서 2021~2023년의 추정현금흐름표를 작성해 보자. 우선, 현금흐름표의 가장 위에 나타나는 당기순이익은 추정손익계산서로부터 가져온다.

영업활동으로 인한 현금흐름을 구하기 위해서는 현금으로 지출하지 않은 비용과 현금으로 수취하지 않은 수익을 제거해 주어야 한다. 대표적으로 감가상각비는 현금유출이 없는 비용이므로 당기순이익에 다시 더해 주어야 한다. 유형자산에 대한 감가상각비는 18,311백만원으로 지속될 것으로 가정했으므로 이 금액을 더한다. 추가적으로 영업활동으로 인한 자산 및 부채의 변동을 고려해야 한다. 유동자산의 증가는 현금의 감소를 수반하고, 유동자산의 감소는 현금의 증가로 이어진다. 반대로, 유동부채의 증가는 현금의 증가로 나타나며, 유동부채의 감소는 현금의 감소로 이어진다. 따라서, 각 유동자산, 유동부채의 변화에 따라 현금을 조정해 주면 영업활동으로 인한 현금흐름을 구할 수 있다. 투자활동으로 인한 현금흐름은 각종 자산의 취득과 매각으로 인한 현금흐름을 의미한다. ABC 오토의 경우 감가상각분만큼의 재투자를 제외하고는 다른 투자활동이 없다고 가정했으므로 매년 감가상각비만큼의 유형자산의 취득만 고려해 주면 된다.

재무활동으로 인한 현금흐름은 주식의 발행 및 배당금 지급, 사채의 발행 및 상환과 관련된 현금흐름을 의미한다. ABC 오토의 경우 배당금 이외에 다른 자금조달 활동이 없다고 가정했으므로 배당금 지급으로 인한 현금의 유출만 고려해 주면 [표 10-6]과 같이 추정현금흐름표가 완성된다.

이상의 구조적 접근법을 통해 3대 재무제표를 추정했다. 추정재무제표로부터 이익, 자본의 장부가치, 영업활동을 통한 현금흐름, free cash flow, 배당금, 이익잉여금 등 가치평가에 필요한 데이터를 얻을 수 있게 되었다. 이런 데이터를 사용한 가치평가모형은 다음 장에서 공부하기로 하고 미래 이익을 예측하는 다른 방법들을 먼저 알아보도록 한다.

03 과거 이익의 시계열 분석

제 2 절에서 설명한 구조적 접근법은 기존의 회계정보는 물론 중대한 경제, 산업 및 경영 이슈 등을 충분히 사용한다. 이와 비교했을 때 이익의 시계열 분석법은 사용하는 정보의 양이 적고 예측방법이 간단하다는 특징이 있다. 시계열 분석법이 가지는 장점 중 하나는 직관적으로 발견하기 어려운 이익변화의 특징을 통계적 방식을 이용해 발견하여 이익예측에 적용할 수 있다는 것이다.

이익의 시계열 분석은 어느 해(또는 분기)의 이익과 그 전년도(또는 전분기) 이익의 관계를 발견하여 이를 토대로 향후 이익변화를 예측하는 것이다.

예를 들어, 어느 기업의 1991~2022년 이익수치를 사용하여 2023년 이익을 예측하려면 아래와 같은 회귀분석을 할 수 있다.

10.2

$$EPS_t = a + b \times EPS_{t-1} + e_t$$

EPS_t는 어느 기업의 t년의 주당순이익, EPS_{t-1}는 t-1년의 주당순이익을 의미하며, a는 상수항, b는 회귀계수, e는 오차항이다. 1991~2022년의 주당순이익을 수식 (10.2)에 대입하고 선형회귀 분석을 실시하면 당해 이익과 전년도 이익의 상관관계를 발견할 수 있다. 회귀분석에 따른 결과로 a와 b에 대한 추정치를 얻을 수 있다. a의 추정치가 0이고 b의 추정치가 1이라면 차기 주당순이익은 당기 주당순이익과 같다고($EPS_t = 0 + EPS_{t-1}$) 예측할 수 있다.

위의 예에서와 같이 차기의 예측치가 당기와 같을 때, 이를 이익변화가 랜덤워크(random walk) 과정을 따른다고 한다. 주당순이익이 랜덤워크 과정을 완벽하게 따르는 기업이 많지는 않지만 또 아주 없는 것은 아니다. 공정가치평가방법을 적용하는 주식투자 펀드회사가 전형적인 사례이다. 주식의 가격변화는 기본적으로 랜덤워크모형을 따르기 때문에 주식에 투자하는 펀드의 이익도 대체적으로 랜덤워크를 따른다.

실제로 수식 (10.2)를 사용하여 회귀분석을 할 때는 주당순이익을 직접 사용하면 안 되고, 주당순이익에서 기초 주당자기자본, 주당자산 또는 주가로 나눈 수치를 사용해야 한다.

10.3

$$EPS_t \div BPS_{t-1} = a + b \times EPS_{t-1} \div BPS_{t-2} + e_t$$

BPS_{t-1}은 t-1년의 주당자기자본(또는 주당자산, 주가를 사용할 수 있음)을 의미하며, BPS_{t-2}는 t-2년의 주당자기자본이다. 주당순이익을 주당자기자본 등으로 나누는 과정을 표준화라고 부른다. 회귀분석을 할 때 주당순이익을 표준화하는 이유는 각 기업간 주당순이익 값을 그대로 비교할 수 없기 때문이다. 이익창출능력과 기업가치가 동일한 두 기업이 매년 당기순이익이 동일할지라도 한 기업의 주식수가 다른 기업의 2배라면 주당순이익은 상대기업의 절반밖에 되지 않는다. 그러므로 주당순이익 자체에 근거하여 이익능력을 비교하는 것은 정확하지 않기 때문에 회귀분석을 하기 전에 반드시 표준화를 해야 한다. 표준화된 변수(즉, 이익률)는 기업간 비교가 가능하기 때문에 회귀분석에 사용할 수 있다.

이는 한 기업의 다년간의 주당순이익 자료를 이용해 회귀분석할 때에도 마찬가지로 적용된다. 기업의 자본구조가 변하고 주식수와 주당자기자본도 변하기 때문에, 한 기업의 이익의 다년간의 자료를 가지고 회귀분석을 하더라도 표준화가 선행되어야 한다. 표준화하지 않을 경우 이익수치간의 비교가 불가능하기 때문에 회귀분석의 결과도 정확하지 않다.

한 기업의 표준화된 이익자료를 수식 (10.3)과 같은 회귀식에 대입한 후 회귀분석을 실시하여 a와 b에 대한 추정치를 얻는다. 당기 주당순이익을 기초 주당자기자본으로 나눈 것($EPS_t \div BPS_{t-1}$)에 b를 곱한 후 a를 더하면 차기 주당순이익 예측치(EPS_{t+1})를 계산할 수 있다. $t+2$년, $t+3$년 등 향후 기간에 대한 예측도 동일한 방법으로 할 수 있다.

수식 (10.3)을 다시 살펴보면, 사용되고 있는 변수가 바로 자기자본이익률(주당자산으로 표준화할 경우는 자산이익률)이라는 것을 알 수 있다. 즉, 이익수치에 대한 예측은 기업의 이익창출능력에 대한 예측을 토대로 하고 있음을 알 수 있다.

제 8 장에서 이익의 평균회귀적 특성에 대해 알아보았다. 일반적으로 당기이익 수준이 과도하게 높으면 미래기간에 하락세를 보이고, 당기이익 수준이 과도하게 낮으면 미래기간에 상승세를 보인다. 이익의 평균회귀적 특성은 수식 (10.3)을 통해서도 설명할 수 있다. 모든 상장기업의 과거 이익수치를 가지고 수식 (10.3)을 통한 회귀분석을 하면 개별기업의 a와 b의 추정치를 구할 수 있다. 이때, b의 추정치는 평균적으로 0과 1 사이로 나타나므로 기업의 이익이 평균회귀적 특성이 있음을 보여준다. 즉, b가 1보다 작으므로, 과거의 높은 이익이 미래에 지속되기 힘들다는 것을 보여준다.

Sloan(1996)[5]의 연구에 따르면, 1962~1991년 미국의 상장기업 데이터를 이용하여 수식 (10.3)에 따른 회귀분석을 했을 때 a와 b의 평균추정치는 각각 0.015와 0.841이다. 1993년 어느 평균적인 미국 상장기업의 주당순이익을 예측하고 싶다면, 해당기업의 1992년의 주당순이익을 표준화하고 a=0.015, b=0.841을 수식 (10.3)에 대입하면 된다.

여기서 구조적 접근법과 시계열 분석법간의 차이점을 발견할 수 있다. 시계열 분석법은 대량의 이익 데이터를 분석하여 이익의 변화에 대한 통계적 규칙을 발견하고 이를 이익예측에 사용하는 것이다. 구조적 접근법에서는 많은 기업을 표본으로 사용할 수 없다. 구조적 접근법은 회계정보를 많이 이용할 뿐만 아니라 비회계적인 정보가 미래이익에 주는 영향을 잘 반영할 수 있기 때문에 실무에서 주로 사용하는 방식이다. 그러나 시계열

---

5 Sloan, R.G., 1996, "Do stock prices fully reflect information in accruals and cash flows about future earnings?" *The Accounting Review* 71(3), pp. 289–315.

분석법만이 가지는 장점이 있기 때문에 두 가지 방법을 동시에 사용하는 것이 바람직하다. 특히 시계열 분석법을 통해 대량의 데이터로부터 이익의 평균회귀적 특성 등의 보편적인 규칙을 발견하여, 그 결과를 구조적 접근법에 적용하여 보완사용하면 이익예측의 정확성을 높일 수 있다. 두 가지 방법을 별개로 실행하여 예측결과를 서로 검증하는 데 사용할 수도 있다.

기업에 대한 충분한 정보가 없거나 단기간 내에 이익예측을 하는 경우에는 시계열 분석법을 우선적으로 선택할 수 있다.

수식 (10.3)은 시계열 이익 정보를 이용한 매우 간단한 예측방법이다. 예측의 정확성을 높이기 위해 수식 (10.3)을 확장시킬 수 있는데, 주로 주당순이익을 구성하는 세부요소로 구분하는 방법을 사용한다. 수식 (10.3)에는 이익을 구성하는 여러 요소가 기업의 미래이익에 미치는 영향이 동일하다는 가정이 담겨 있다. 그러나 실제로 이익의 구성요소들의 특성이 다르기 때문에 미래이익에 미치는 영향 역시 다를 수밖에 없다. 주당순이익을 구성요소별로 구분해서 회귀분석을 실시하면 각 구성요소에 담긴 정보를 충분히 활용할 수 있다.

가장 간단한 구분법은 순이익을 현금이익과 발생액으로 나누는 것이다. Sloan(1996)의 연구에서는 이 두 요소의 지속성이 다르며, 향후 이익에 미치는 영향도 다르다는 것을 보여주고 있다. 수식 (10.3)은 현금이익과 발생액의 차이를 구분하지 않기 때문에 이익을 구성하는 요소의 차이가 미래이익에 미치는 영향을 간과한다. 수식 (10.3)은 아래와 같이 확장할 수 있다.

10.4

$$EPS_t \div BPS_{t-1} = a + b \times ACCR_{t-1} \div BPS_{t-2} + c \times CASH_{t-1} \div BPS_{t-2} + e_t$$

수식 (10.4)에서 ACCR은 주당발생액, CASH는 주당현금이익을 의미한다. 다른 변수의 정의는 수식 (10.3)과 동일하다.

Sloan(1996)의 연구에서 1962~1991년 미국의 상장기업 데이터를 기초로 수식 (10.4)를 통해 얻은 a의 추정치는 0.011, b의 추정치는 0.756, c의 추정치는 0.855이다. 1992년 기업의 현금이익과 발생액 자료와 $a=0.011$, $b=0.756$, $c=0.855$를 수식 (10.4)에 대입하면 1993년의 주당순이익에 대한 예측치를 얻을 수 있다. 이는 수식 (10.3)에 근거한 예측보다 더 정확하다.

남천현(2009)[6]의 연구에서 1994~2007년 한국 상장기업 데이터 5,721개를 기반으로 수식 (10.4)를 회귀분석했을 때 b의 추정치는 0.325, c의 추정치는 0.613이다. 이 자료에 2008년 이익 자료와 추정치를 대입하여 2009년의 주당순이익을 예측해 볼 수 있다. 이 분석결과를 앞에서 설명한 Sloan(1996)의 결과와 비교하면 미국의 경우보다 a와 b가 작다는 것을 알 수 있다. 이는 한국 기업들의 이익의 변동성이 미국 기업들보다 더 높기 때문에 나타난 것이다.

주당순이익을 발생액과 현금이익으로 구분하여 이익을 예측하는 방법은 한 가지 사례일 뿐이다. 다양한 방식으로 이익의 구성요소를 구분하여 예측의 정확성을 높일 수 있다. 예를 들면, 손익계산서의 구조에 따라 당기순이익을 영업활동으로 인한 이익과 영업외 활동으로 인한 이익으로 구분할 수 있다. 또, 매출과 각종 비용항목을 구분하는 방법도 있다. 심지어 이익을 위와 같은 방식으로 구분하는 동시에 손익계산서 외의 정보를 추가할 수도 있다. 이 책에서는 이익의 구분방법에 대해서는 여기까지만 다루도록 한다. 이 책에서 강조하고 싶은 것은 회귀모형에 사용하는 정보가 많을수록 예측의 정확성이 높아진다는 것이다.

04 이익조정에 대한 처리

구조적 접근법과 시계열 분석법은 기업의 과거 회계정보에 근거하여 미래이익을 예측한 것이다. 그러나 예측 결과를 다시 이익조정, 이익의 특성, 심리적 편향 등 몇 가지 사항에 대해 조정해야 한다. 많은 정보를 활용하는 구조적 접근법도 이 같은 요소가 이익에 미치는 영향을 제대로 반영하지 못하기 때문이다. 우선 이익조정이 미래이익에 미치는 영향에 대해 알아보기로 한다.

이익조정은 이 책에서 매우 중요하게 다루는 문제 중의 하나로서 재무제표 분석시 반드시 주의를 기울여야 하는 문제이다. 앞 장에서 이미 이익조정의 동기, 전형적인 이익조

6　남천현, 2009. "한국 자본시장의 발생액 이상현상." 「회계저널」 18(3), pp. 201-234.

정 방법, 이익조정을 찾아내는 방법 등에 대해 살펴보았다. 이익조정은 기업의 과거 회계정보에 영향을 줄 뿐 아니라 미래이익에도 영향을 미친다. 그러므로 이익을 예측할 때 반드시 이익조정에 대한 처리가 필요하다. 이익조정을 처리하는 방법은 두 가지가 있다. 첫째, 이익조정이 의심되는 과거의 회계정보를 이익조정 전의 상태로 돌려놓고 이를 기초로 이익예측을 할 수 있다. 둘째, 주어진 회계정보를 그대로 사용하여 이익예측을 한 후 그 예측치를 추후에 조정할 수 있다. 여기서는 두 번째 방법을 사용하기로 한다. 즉, 중대한 이익조정 행위가 발견되더라도 회계정보를 조정하지 않은 채로 이익을 예측한 후에 이익조정에 대한 처리를 하도록 한다.

이익조정이 이익예측에 미치는 영향을 살펴보기 전에 한 가지 문제점을 인식할 필요가 있다. 여러 가지 방법을 통해 기업의 이익조정 여부를 발견하기는 쉽지만 그 정확한 금액을 정확하게 추정하는 것은 매우 어렵다. 이는 이익예측 후 이익조정에 대한 처리를 할 때 큰 어려움을 준다. 이 과정에서 기업의 경영현황과 이익조정 방식 등에 대한 이해가 요구된다. 그러나 근본적으로 이익조정에 대한 처리는 완전할 수 없다.

매출조정, 비용조정, '빅 배스(big bath)' 조정 등 3가지 대표적인 이익조정 사례를 가지고 이익예측 후 이익조정에 대한 처리를 어떻게 할 지 알아보자.

매출조정은 일반적으로 이익을 부풀리기 위한 것으로 미래의 매출을 앞당겨 인식하거나 질이 낮은 매출을 인식하는 방법이 사용된다. 미래의 매출을 앞당겨 인식하는 경우는 주로 매출계약이 여러 해에 걸쳐 유효한 경우에 발생한다. 앞 장에서 소개한 Computer Associates(CA)의 경우 판매계약이 수년에 걸쳐 유효하여 고객으로부터 매년 대금의 일부를 지급받았다. 소프트웨어 기업은 일반 제조업체와 달리 고객에게 제공하는 재화는 한 장의 CD에 불과하지만 계약기간 동안 추가적으로 여러 가지 서비스를 제공한다. 따라서 소프트웨어 기업은 일반적으로 매출을 수년에 나누어 인식해야 한다. 하지만 CA는 계약 첫 해에 모든 매출을 앞당겨 인식함으로써 당기매출을 부풀렸다. 그러므로 CA의 당기 매출과 이익에 근거하여 추산한 미래의 매출과 이익예측은 과대평가될 가능성이 있다. 여기서 발생하는 또 하나의 문제점은, 당기에 매출은 모두 인식하지만 앞으로 고객에게 서비스를 제공해야 하기 때문에 미래에 그와 관련된 비용을 인식해야 한다는 것이다. 다른 조건이 동일할 때, CA의 미래이익은 감소하여 당기와 같은 수준을 유지할 수 없을 것이다. CA의 회계정보에 대한 앞 장의 분석에 따르면, 신규 고객이 지속적으로 증가하지 못할 경우 이익이 대폭 감소할 것이라는 것을 알 수 있다. 따라서 이와 같은 매출조정을 파악하지 못하거나 그 영향을 이익예측에 반영하지 못하면 이익예측에 큰 오차가 있을 수 있다.

질이 낮은 매출을 인식하는 것은 기업이 당기매출과 이익을 부풀리기 위해 궁극적으로 현금으로 회수하지 못할 가능성이 높은 매출을 인식하는 것이다. 예를 들어, 매출을 부풀리기 위해 반품될 것이 자명한 상품을 계열사에 판매하거나 신용이 낮아 매출채권 회수가 어려운 고객에게 신용판매를 할 수 있다. 질이 낮은 매출을 인식할 경우 매출과 미수금간의 관계가 비정상적으로 나타난다. 제3장에서 사례로 등장했던 영진약품의 경우, 매출은 전년동기 대비 큰 변화가 없었으나 미수금이 대폭 증가한다. 매출을 조정한 기업의 이익을 예측할 때 과거의 매출증가율이 유지될 것으로 가정하면 예상 매출이 과대평가될 수 있다. 기업은 미래의 매출을 지속적으로 앞당겨 인식하거나 회수되지 않을 매출채권을 지속적으로 인식할 수 없다. 따라서 매출조정이 의심되면 구조적 접근법 또는 시계열 분석법을 이용해서 계산한 미래 이익예측치를 하향 조정해 줄 필요가 있다.

기업이 이익조정을 하는 또 따른 방법으로는 비용의 인식을 뒤로 미루는 것이 있다. 당기에 인식해야 할 비용을 미래기간으로 미루어 인식하면 당기비용이 줄고 이익이 늘어난다. 그러나 미래에는 비용은 늘어나고 이익은 줄어드는 결과를 초래할 수 있다. 이 경우 왜곡된 원가 및 비용의 영향을 조정해 주지 않으면 미래이익이 과대평가된다.

대부분 원가 및 비용항목은 최초 취득시 자산으로 기록되었다가 시간이 경과함에 따

표 10-8   이익조정이 없는 경우

	2017A	2018A	2019A	2020A	2021E	합 계
매 출	30	30	30	30	30	150
감가상각비	20	20	20	20	20	100
당기순이익	10	10	10	10	10	50

표 10-9   이익조정이 있는 경우

	2017A	2018A	2019A	2020A	2021E	합 계
매 출	30	30	30	30	30	150
감가상각비	20	20	20	16	24	100
당기순이익	10	10	10	14	6	50

라 점차 비용으로 인식된다. 자산의 취득금액은 내용연수 동안 모두 비용으로 인식해야 한다. 그러므로 현재 인식하는 비용을 줄이면 미래에 인식해야 할 비용이 증가한다. 예를 들어, 기계설비의 취득금액은 반드시 내용연수 동안 감가상각비 등의 비용으로 인식해야 한다. 따라서 금년도에 감가상각비를 실제보다 덜 인식했다면 미래기간 동안 덜 인식한 감가상각비를 추가적으로 인식해야 한다.

모 기업이 소유한 자산은 기계설비 하나뿐이며, 2017년 취득금액은 100만원이라고 가정하자. 그 후 5년간 이 기계설비는 매년 30만원의 매출을 창출하였다. 기계설비에 대한 감가상각비가 기업이 지출하는 유일한 비용이고 감가상각은 정액법을 따른다. 그렇다면 2020년 말 시점에서 2021년 추정손익계산서를 작성하면 매출 30만원, 감가상각비 20만원, 당기순이익은 10만원이라고 예측할 수 있다. 이 경우 손익계산서는 [표 10-7]과 같다. 여기에서 A는 actual(실제), E는 estimates(추정) 수치라는 뜻이다.

만약 2020년 이익조정을 목적으로 감가상각비를 16만원만 인식하면 당기순이익은 14만원으로 증가할 것이다. 그러면 2021년 이익을 예측할 때 과거의 이익성장률에 근거하여 미래이익이 지속적으로 높은 수준을 유지할 것으로 과대평가하게 될 것이다. 이때 만약 이익조정의 영향을 발견하면 적절한 처리를 해 줄 수 있다. 2021년에는 남은 감가상각비 24만원을 인식해야 하며 당기순이익은 6만원일 것이다.

위 예시는 아주 간단하지만 비용의 왜곡이 미래 이익예측에 주는 영향을 잘 보여준다. 앞서 몇 가지 비용을 줄이는 방법에 대해 알아보았다. 비용과 관련된 이익조정이 의심될 때 이익예측에 필요한 처리는 매출조정에 대한 그것과 유사하다. 예를 들어, 대손충당금을 과도하게 낮게 설정하거나 연구개발비 또는 광고비를 줄이거나 매출원가를 낮추는 재고자산평가방법을 선택하는 등의 행위는 모두 위 예시에서 감가상각비를 적게 인식하여 얻은 것과 동일한 결과를 가져온다. 인식시점을 뒤로 미루었을 뿐 미래기간에 비용이 증가하는 현상이 나타난다. 따라서 이익예측에 미치는 영향을 조정하는 방법도 유사하다.

마지막으로 '빅 배스(big bath)'를 통해 이익을 조정한 경우를 살펴보자. '빅 배스'의 목적은 이익을 부풀리는 것이 아니라 당기에 비용을 앞당겨 인식함으로써 미래의 이익을 증가시키는 것이다. 앞 장에서 살펴보았듯이 경영진이 바뀔 때 즉각적인 성과를 보여주거나 임기 내 지속적인 성장을 꾸미기 위해 '빅 배스'를 선택하곤 한다.

'빅 배스'는 실제적으로 발생하지 않은 자산가치의 감소를 재무제표에 인식하는 것이

국내 모 제조업체의 '빅 배스' 사례

국내 모 제조업체는 각각 2016년 초와 2019년 초에 CEO가 교체되었다. 당사의 2016년 재무제표를 잘 살펴보면 과거에 비해 대손상각비, 유형자산처분손실 등이 많이 증가하는 것을 알 수 있다. 그리고 2017년에는 대손상각비를 전혀 인식하지 않고 유형자산처분손실 역시 상당히 줄어들어 흑자전환을 이루었다. 따라서 2016년 말 시점에서 이익예측을 한다면 각종 비용은 줄어들고 이익이 늘어나는 방향으로

추가적인 조정을 해 주는 것이 예측의 정확성을 높이는 방법이다. 2019년에도 CEO가 새로 취임했기 때문에 '빅 배스'를 의심해 볼 수 있다. 재무제표를 보면 2018년의 2배에 해당하는 21억원의 대손상각비, 2018년의 3배에 해당하는 7억원의 재고자산처분손실 등 비용이 많이 증가한 모습을 볼 수 있다. 2020년에 대한 이익예측을 할 때에는 비용이 줄어드는 방향으로 조정을 해 줄 필요가 있다.

표 10-10 **모 제조업체의 2014~2019년 요약손익계산서**　　(단위: 억원)

	2014	2015	2016	2017	2018	2019
매　　출	5,187	5,657	5,745	6,777	9,564	7,035
매출총이익	541	293	204	455	1,272	469
영업이익	251	2	-107	147	903	-328
당기순이익	342	17	-53	93	-485	-192

기 때문에 명백한 이익조정이다. 기업의 영업활동에는 변화가 없고 미래의 영업에도 영향이 없다. 이익예측시 이익조정에 대한 처리를 하기 전에 이 점을 명확히 해야 한다.

앞에서 살펴본 Sears Roebuck이 좋은 예이다. 1993년 새로운 CFO가 취임한 후, 거액의 대손충당금을 설정하여 1993년의 이익을 대폭 낮추어 이후에는 대손상각비를 적게 인식할 수 있어서 이익이 성장하는 것처럼 꾸밀 수 있었다. American Online도 중요한 사례이다. 1997년 American Online은 4억 달러의 고정자산충당금을 설정하는 '빅 배스'를 통해 향후 수년간 양호한 실적을 기록했다. 그 결과 American Online의 주가는 지속적으로 성장하여 결국 거대한 Time Warner를 인수하였다. Sunbeam의 경우도 1996년 새 경영자가

부임한 후 빅 배스를 이용하여 2억 달러가 넘는 손실을 보고한 후, 이 금액을 바로 이익에 더해서 1997년부터 흑자를 보고한 바 있다. 그러나 Sunbeam은 1998년과 1999년 바로 다시 적자로 돌아서서 새 경영자는 해고당했다. 또한 SEC의 조사를 받은 후 대규모 이익조작을 한 것이 폭로되기까지 했다.

　　마지막으로 이익조정에 대한 처리를 할 때 생각해 보아야 할 점이 있다. 이익조정이 향후 이익예측에 상당한 영향을 미친다는 것은 누구나 알 수 있다. 그러나 정확히 언제 영향이 나타나는지는 더 예상하기 어려운 문제이다. 밀어내기 판매(channel stuffing) 등을 통해 매출을 억지로 늘렸을 경우, 고객이 추후에 환불을 요청하거나 매출채권을 갚지 못할 가능성이 커진다는 것은 알 수 있으나 언제 그런 일이 발생할 지 그 시점은 정확히 예측할 수는 없다. 만약 1년 후에 환불 요청이 올 것으로 예상하고 이익조정의 영향을 반영했는데 실제로는 2년 후에 환불 요청이 들어올 수도 있다. 이와 동일한 문제는 비용 조정과 '빅 배스' 조정에 대한 처리를 할 때에도 마찬가지로 발생한다. 그러나 이런 문제에는 정답이 없다. 이익조정의 영향을 어느 시기에 얼마나 어떻게 조정하는지는 각자의 판단에 달려 있다. 따라서 기업의 전략과 재무제표에 대한 이해가 필요한 것이다. 한 가지 분명한 것은 이익조정의 영향이 장기간 드러나지 않을 수는 없다는 것이다. 향후 5년의 이익을 예측하는 경우 이익조정의 영향은 필연적으로 예측기간 내에 반영될 것이며, 이익조정에 대한 처리를 할 경우 예측의 정확성은 높아진다.

05　이익의 특성과 이익의 질

　　제8장에서 우리는 발생주의 회계, 보수주의, 이익의 평균회귀적 특성 등 3가지 이익의 특성과 이익의 질에 대해서 알아보았다. 이 3가지 문제는 이익조정과 관련되어 있다. 이익조정은 발생액과 관련되는 경우가 많으며, 보수주의는 '빅 배스'를 정당화하는 데 사용되기도 한다. 그리고 이익조정이 있는 경우 이익의 평균회귀적 특성은 더욱 두드러지게 나타난다. 하지만 이익조정이 없더라도 이 3가지 이익의 특성이 이익의 변화추세에 미치는 영향은 매우 크다. 구조적 접근법에서는 이런 특성을 충분히 반영하지 못하며, 시계열

분석법에서는 어느 정도 이익의 특성을 반영하지만 그것만으로 충분하지 않다.

구조적 접근법에서 이익의 특성을 이익예측에 완전히 반영하지 못하는 이유는 이익예측이 미래 매출에 대한 예측에서 출발하기 때문이다. 그리고 과거의 원가 및 비용비율을 적용하여 미래이익을 계산한다. 그러나 이익의 특성은 대부분 원가 및 비용의 특성으로부터 기인한다. 따라서 구조적 접근법을 사용할 때도 3가지 이익의 특성의 영향을 고려해 주는 것이 적절한 방법이다.

우선 발생주의 회계의 영향을 살펴보자. 발생주의 원칙하에 수익과 비용의 인식은 현금의 수취여부와 무관하게 수익의 실현과 비용의 발생 여부에 근거한다. 그 결과 매출로는 인식되었으나 현금을 수취하지 못한 경우와 비용으로는 인식했으나 현금을 지불하지 않은 경우도 이익에 포함된다. Sloan(1996)의 연구를 비롯한 많은 후속연구에서 발생액은 지속성이 낮으며, 당기순이익 중 발생액 비중이 높은 경우 미래에 이익이 낮아진다는 것을 보여주었다. Xie(2001)[7]의 연구에서는 발생액의 지속성이 낮은 이유가 재량적 발생액 때문이라고 밝혔다. 따라서 당기순이익에서 발생액과 재량적 발생액이 차지하는 비중을 분석해야 한다. 이 비율이 과도하게 높다면 미래이익에 대한 예측을 낮추어야 하고, 과도하게 낮다면 예측을 높여야 한다. 다만, 제8장에서 설명한 바와 같이 발생액이 무조건 부정적인 것은 아니다. 발생주의 회계처리의 취지는 기업 경제활동의 실질을 보다 정확하게 반영하기 위함으로 발생액을 적당히 이용하면 미래 현금흐름을 보다 정확하게 예측할 수 있다.[8]

Penman과 Zhang(2002)[9]의 연구에서는 보수주의 원칙이 재고자산평가, 연구개발지출, 광고지출의 인식과 측정에 미치는 영향에 대해 살펴보았다. 이런 계정에 대한 보수적인 회계처리는 비용을 앞당겨 인식하는 것으로 미래의 이익을 증가시키는 영향이 있다. 다시 말해, 이익을 비축하는 것이다. 이를 증명하기 위해 기업별로 보수주의의 정도를 측정하는 척도를 개발하여, 보수주의가 강하게 나타날수록 비축된 이익이 많고 보수주의가 약하게 나타날수록 비축된 이익이 적다는 것을 보여주었다. 이 논문에서는 전기와 당기의 보수주의의 변화를 이익의 질 지수라고 부르는데, 이는 당기에 보고한 이익 중에 비축해 두

7 Xie, H., 2001, "The mispricing of abnormal accruals," *The Accounting Review* 76(3), pp. 357-373.

8 Ball, R. and V. Nikolaev, 2022, On earnings and cash flows as predictors of future cash flows, *Journal of Accounting and Economics* 73(1), pp. 1-20.

9 Penman, S.H. and X.-J. Zhang, 2002, "Accounting conservatism, the quality of earnings, and stock returns," *The Accounting Review* 77(2), pp. 237-264.

었던 이익을 사용한 정도를 반영한다. 보수주의 정도가 높아져서 비축한 이익이 많아질수록, 즉 당기에 비용을 많이 인식할수록 이익은 낮지만 이익의 질은 높다. 이익의 질이 낮은 기업은 과거에 이익을 많이 비축해 두었다가 당기에 인식한 것이고, 이익의 질이 높은 기업은 당기에 비용을 많이 인식하여 미래에 사용할 이익을 비축하는 것이다.

따라서 이익의 질이 높은 기업은 미래에 이익이 높아질 것으로 예상할 수 있고 이익의 질이 낮은 기업은 미래에 이익이 줄어들 것으로 예상할 수 있다. 이익예측에 이익의 질을 고려하지 않으면 과대 또는 과소 예측할 가능성이 있다. 그러므로 이익예측 후에 당기 재무제표에 나타난 보수주의의 정도를 파악해서 적절한 조정을 해 주어야 한다.

Nissim과 Penman(2001)[10]의 연구에서 미국 상장기업을 대상으로 이익의 평균회귀적 특성을 발견하였다. 제8장에서 설명한 것처럼 이익창출능력의 평균회귀적 특성은 경제학적 해석이 가능하다. 이익창출능력은 장기적으로 아주 높거나 아주 낮은 수준을 유지하기 어렵다. 시장경쟁이 이익을 평균수준으로 회귀하도록 만든다. 이런 현상은 특히 매출증가에 대한 예측에 큰 영향을 준다.

구조적 접근법은 매출에 대한 예측에서 시작되는데, 매출증가율은 과거 매출증가율에 기초해서 추정한다. 평균회귀적 특성 때문에 아주 높은 증가율 또는 아주 낮은 증가율은 오래 지속되지 않는다. 따라서 과거 매출증가율에 기초한 예측에 평균회귀적 특성을 감안해서 매출을 예측해야 한다. 비용에 대한 예측에도 마찬가지로 평균회귀적 특성을 고려해야 한다. 비용을 줄이고 원가를 절감하는 것은 기업의 핵심 경쟁력 중 하나일 수 있다. 그러나 비용을 통제하는 것은 한계가 있으며, 장기적으로 원가 경쟁력을 유지할 수 없으므로 평균회귀적 특성을 반영해 주어야 한다.

그러나 실제로 이익의 특성을 예측에 반영하는 것은 이익조정을 제거하는 것보다 어려운 작업이다. 앞서 언급한 세 가지 이익의 특성이 당기순이익의 변화에 어떤 영향을 주는지 이해해야 하고, 기업의 경영환경과 회계정책에 대한 이해도 필요하다. 그래야만 이익의 특성을 제대로 반영할 수 있다.

10 Nissim, D. and S.H. Penman, 2001, "Ratio analysis and equity valuation: From research to practice," *Review of Accounting Studies* 6(1), pp. 109–154.

06   심리적 편향

지금까지는 이익을 예측할 때 예측의 대상이 되는 재무제표 수치의 문제를 조정하는 것을 살펴보았다. 이와 더불어 재무제표를 분석할 때 심리적 편향 문제를 통제해야 한다. 많은 심리학 연구에서 인간의 정보처리과정에 체계적인 편향이 발생하고 있음을 보여주고 있다.

가장 간단한 예로 인간은 미래에 대해서 과도하게 낙관적이다. 심리학 실험에서 같은 수업을 듣는 대학생을 대상으로 학기가 끝났을 때 자신이 받을 성적을 예측하도록 하였다. 70%가 넘는 학생들이 자신의 성적이 중간 이상일 것으로 예측했다. 이는 실제로 일어날 수 없는 일이다. 50%의 학생들만 중간 이상의 성적을 얻을 수 있기 때문이다. 성적에 대한 기대치뿐만 아니라 다른 여러 가지 미래의 일에 대해서 실험했을 때에도 유사한 결과가 나왔다. 사람들이 장밋빛 미래를 그리는 경향이 있음을 알 수 있다.

이와 같은 현상은 이익을 예측하는 과정에서도 동일하게 발생한다. 결과적으로 과도하게 낙관적인 이익예측을 하게 되고, 실제 실적이 예상에 미치지 못한다. 상장기업의 실제이익과 애널리스트들의 예측치 차이를 예측오차(실제이익−예측치)라고 한다. 국내에서의 기존 연구에 따르면 일반적으로 예측오차는 영(0)보다 낮은 수준이다. 즉, 미래이익 예측 시 실제이익보다 높게 예측하는 경향이 존재한다는 것을 알 수 있다.

심리적 편향이 발생하고 있음을 인지하면, 예측과정에서 이를 통제하거나 예측 후에 조정해 줄 필요가 있다. 낙관적인 예측은 우선 매출증가율에 대한 예측에서 나타날 수 있다. 기업의 높은 성장이 장기간 지속될 것으로 여겨 거시경제가 악화되고 있다는 현실을 간과하는 예측을 할 수도 있다. 심리적 편향에 의해 낙관적인 예측을 했는데 이익의 평균회귀적 특성 때문에 이익이 줄어들 수도 있다. 미래에 대한 낙관성은 기업의 경영진이 과거에 탁월한 업적을 이루었을 경우 심해지기도 한다. 마찬가지로 과거의 투자가 매우 성공적이었을 경우 미래에도 투자를 잘 할 것이라고 믿는 경우가 있는데, 이러한 예측 역시 심리적 편향에 영향을 받은 것으로 볼 수 있다.

또 하나의 심리적 편향은 기업의 이익에 대한 과잉반응과 과소반응이다. 수년간 적자를 내던 기업이 갑자기 이익을 냈을 때 기업회생(turnaround)을 이룩한 기업의 실적은 과소평가받는다. 반대로 몇 년간 높은 성장을 하던 기업에 대해서 앞으로도 성장이 계속될 것으로 과대평가하는 경향이 있다.

　마지막으로 설명할 심리적 편향은 귀인이론과 관련되어 있다. 귀인이론에 따르면 사람들은 좋은 결과가 날 때는 원인을 자신에게서 찾고 안 좋은 결과가 날 때는 원인을 외부에서 찾는 성향이 있다고 한다. 학생들은 성적이 잘 나온 경우 자신의 능력이 뛰어나서 그렇다고 생각하는 반면, 성적이 낮게 나온 경우에는 교수의 출제 경향이나 채점 방식에 문제가 있다고 하곤 한다. 마찬가지로 자신의 이익예측이 맞는 경우에는 자신의 분석능력이 뛰어나다고 생각하고, 이익예측이 빗나가는 경우에는 기업에 문제가 있다고 생각하게 된다. 이런 심리적 편향은 과거의 실수로부터 교훈을 얻고 더 정확한 예측을 하는 것을 방해한다.

07 　결론

　본 장에서는 구조적 접근법과 시계열 분석법에 대해 알아보았다. 이익을 정확하게 예측하기 위해서는 기업의 재무제표, 경영전략, 발전추세 등에 대한 분석이 요구된다. 그러나 과거 자료로부터 기본적인 추세는 예측할 수 있지만 경영전략의 변화, 인수합병 결정, 거시경제 변화, 산업 내 갑작스러운 변화 등에 대해서는 예측하기 어렵다. 그러나 이런 요소들은 예측과정에서 마땅히 고려해야 한다.

　다음 장에서는 추정재무제표를 이용하여 다양한 가치평가모형을 적용한 기업가치 평가 방법에 대해 알아보도록 한다.

과제

❶ Excel 과제

Excel에서 새로운 Spreadsheet을 만들고 "이익예측"으로 명명한다. 부록의 YUTONG 버스회사 예측모형을 참조하여 대상기업의 향후 5년간 재무상태표, 손익계산서, 현금 흐름표를 구조적 접근법으로 예측한다. 그리고 왜 그런 예측을 하였는지를 항목별로 설명하여라.

동시에 시계열 분석법을 사용하여 향후 5년간 주당순이익, 주당 잉여현금흐름 (free cash flow)과 주당 초과이익을 예측하고, 시계열 분석의 결과를 이용해 구조적 접 근법을 이용한 예측결과를 검증한다.

예측이 끝난 후 이익조정, 이익의 평균회귀적 특성 및 심리적 편향으로 인한 영 향을 적당히 조정한다. 왜 그런 조정을 했는지도 자세히 설명하여라.

❷ Chapter report

거시경제정보, 산업정보 및 기업의 비재무정보가 이익예측에 주는 영향을 토론하라. 구조적 접근법을 이용한 이익예측시 고려해야 할 향후 이슈와 그 영향에 대해 토론하 고, 구조적 접근법에 전제된 각종 가설의 합리성에 대해서 비판적으로 생각해 본다. 시계열 분석법을 이용한 검증과정과 이익조정, 이익의 평균회귀적 특성, 심리적 편향 등에 근거한 조정사항에 대해 토론한다. 마지막으로 예측결과를 보고한다.

❸ 기아자동차의 2015년부터 2019년까지 5년간 연결손익계산서를 찾아라.

(1) 5년간 자료를 이용한 분석을 통해, 매출원가 중 변동원가와 고정원가의 비중, 판 매비와 관리비 중 변동원가와 고정원가의 비중이 각각 얼마인지 계산하여라. 계 산과정에서 회귀분석방법을 이용해도 된다.

(2) 기아자동차의 5년간 연결손익계산서에 보고된 영업외수익과 영업외비용에 포함된 여러 항목 중 지속적으로 발생하는 금액이나 매출액 또는 매출원가와 비례해서 발생하는 금액이 있는지 검토하여라.

(3) 이 자료를 이용하여 2020년 기아자동차의 매출이 10% 증가할 것과 20% 증가할 것이라는 두 가지 시나리오에 기초하여 각각 예측손익계산서를 작성하여라. 또한 예측손익계산서에 기초하여 예측재무상태표를 만들고 그 결과를 참조하여 예측현금흐름표를 작성하여라. 실제 2020년 상황이 어떠했는지에 대해서 살펴보지 말고 2019년까지의 과거 재무제표 정보들만을 고려하여 작업을 수행하여라.

❹ 기아자동차의 2015년부터 2019년까지의 당기순이익을 발생액과 현금이익으로 분해하여라.

   (1) 이 자료를 이용하여 미래이익을 예측하는 회귀분석을 실시하여라. 이때 (식 10.4)를 이용하면 된다.

   (2) 회귀분석을 통해 추정한 값을 바탕으로 2020년 자료를 이용하여 2021년의 이익을 예측하여라.

   (3) 위의 (2)에서 예측한 이익을 문제 3의 (3)에서 예측한 이익과 비교하여라. 그리고 그 결과를 바탕으로 문제 3에서 예측한 재무제표의 각종 수치들을 조정하여라.

❺ 기아자동차의 2021년 실제 재무자료를 이용하여, 왜 위의 문제에서 계산한 예측이익과 실제이익 간에 차이가 나는지 분석하여라.

❻ PharmCo는 치매 치료제를 개발·판매하는 소규모 바이오 제약업체다. 동 사의 치료제는 치매 진행을 완화시키는 효과가 있는데, 발병 확인 후 매주 1회 투약되며, 환자의 잔여 생애 동안 꾸준히 투약된다. 2014년 현재 기준으로 2년 후인 2016년 치료제에 대한 FDA 승인이 날 것으로 예상된다. 각 단계별로 주어진 PharmCo 관련 정보를 활용하여 구조적 접근법에 따른 2021년 매출액을 추정하라.

〈매출액 예측 관련 추가 정보〉
• 2014년 미국 전체 인구 : 3억 8.7백만명
• 2014년 미국 65세 이상 인구 비중 : 40.7%
• 2016년 미국 65세 이상 인구 중 치매환자 비중 : 5.2%

- 2021년 미국 치매환자 비중 : 6.0%
- 치매환자 중 치매치료 비중 : 50%
- 치매치료 환자 중 치매치료제 복용 비중 : 80%
- 치매치료 환자 중 당사 치료제 적용 비중 : 30%
- 1주일 복용량 기준 당사 치매치료제 가격 : $50

❼ 아래 기업의 2022년과 2023년 손익계산서를 추정하여라.

　　　가정: 매출액 성장률은 2021년과 동일하다.

　　　　　매출원가비율, 판매관리비비율, 비영업이익비율, 이자비용비율, 법인세비율은 2020년과 2021년의 평균으로 한다.

회계연도	실제 2020	실제 2021	추정 2022	추정 2023
매출	226,082	291,368		
매출원가	146,290	183,510		
매출총이익	79,792	107,858		
판매관리비	61,713	81,339		
영업이익	18,079	26,519		
비영업이익	(540)	(1,992)		
이자와 세금전 이익	17,539	24,527		
이자비용	5,822	5,528		
법인세전 이익	11,717	18,999		
법인세	3,632	6,080		
손익	8,085	12,919		

430

❽ 다음은 스타벅스의 연도별 매출액, 매출원가 및 판관비 변화를 보여준다. 이를 토대로 스타벅스의 매출원가와 판관비 구조를 분석하라.

스타벅스(Starbucks)의 연도별 매출액, 매출원가 및 판관비 변화

(단위 : 백만 달러)

연도	매출액	매출원가	판관비
1991	57.7	47.0	4.9
1992	93.1	74.6	8.1
1993	163.5	131.1	12.5
1994	284.9	228.1	20.0
1995	465.2	372.8	28.6
1996	696.5	565.9	37.3
1997	966.9	769.4	57.1
1998	1,308.7	1,040.4	77.6
1999	1,680.1	1,336.0	89.7
2000	2,169.2	1,736.8	110.2
2001	2,649.0	2,081.6	151.4
2002	3,288.9	2,598.3	184.2
2003	4,075.5	3,206.8	244.6
2004	5,294.2	4,153.3	304.3
2005	6,369.3	4,968.1	357.1
2006	7,786.9	6,126.7	473.0
2007	9,411.5	7,509.1	489.2
2008	10,383.0	8,648.0	456.0
2009	9,774.6	7,990.4	453.0
2010	10,707.4	8,301.6	569.5
2011	11,700.4	9,016.4	636.1
2012	13,299.5	10,161.3	801.2
2013	14,892.2	11,125.6	937.9
2014	16,447.8	11,954.3	986.3
2015	19,162.7	13,721.0	1,184.8
2016	21,315.9	15,120.8	1,360.6
2017	22,386.8	16,074.0	1,393.3

연도	매출액	매출원가	판관비
2018	24,719.5	17,843.6	1,755.4
2019	26,508.6	19,380.7	1,822.3
2020	23,518.0	19,109.9	1,677.2
2021	29,060.6	21,239.1	1,932.6

❾ 다음 자료와 가정을 활용하여 감가상각비, 자본적 지출, 유형자산 장부가액, 감가상각누계액을 추정하라.

　　〈유형자산 예측 관련 추가 정보〉
　　• 당기 중 기초 감가상각누계액의 10% 수준에 해당하는 유형자산이 제각되며 제각 시 잔존가치는 0이다.
　　• 당기 중 감가상각비는 (감가상각누계액 차감 전) 유형자산 총액의 기초장부 가액 대비 10% 수준이다.
　　• (감가상각누계액 차감 후) 기말 유형자산 순액을 기준으로 당기 유형자산회전율은 2회 수준이다.
　　• 당기 매출액은 $2,000이다.
　　• 기초 유형자산 순액은 $1,000이다.
　　• 기초 감가상각누계액은 $100이다.

❿ 가장 최근 재무제표를 이용하여 삼성전자와 애플의 비용구조를 분석하여라.

Street earnings(월가이익)

기업가치를 평가할 때 사용하는 이익, 이익창출능력은 기업의 영업활동을 통해 지속적으로 발생하는 경상부문에서 나온다. 손익계산서에 보듯이 기업이 발표하는 이익에는 비경상적인 항목들이 들어있다. 이러한 항목은 기업가치 평가에서 고려대상이 되지 않는다. 마치 제련을 할 때 불순물을 없애고 순금을 뽑아내듯이 애널리스트들이 기업의 영업활동에서 계속적으로 발생하는 부분을 추출하여 이익을 만들어낸다. 월가 이익(Street Earning)이라 불리는 새로운 개념의 이익은 IFRS, GAAP과 같은 회계기준에 의해 보고하는 이익보다 '경상적'인 이익을 강조한다. 다시 말해 월가 이익이란 회계법인의 감사대상이 아니고 애널리스트들이 손익계산서에서 일시적 항목들을 빼어버리고 경상영업이익 뽑아내 예측한 것을 의미한다. 월가 이익은 기업에서 발표하는 '예상이익(pro forma earning)'과 비슷한 개념이지만, 예측하여 보고하는 주체가 애널리스트라는 점에서 기업이 예측하여 보고하는 '예상 이익'과는 다르다.

월가 이익은 어떻게 만들어지며, 회계기준에 의해 보고되는 당기순이익과 구체적으로 어떤 차이가 있을까? 미국 애널리스트 데이터 플랫폼 중 하나인 First Call은 1999년, 월가 이익을 내놓는 방법에 대해 "비경상적인 이익을 기업별로 하나하나 분석하여, 월가 이익에 어떤 항목들을 포함시킬지를 애널리스트 과반수의 의견으로 정한다"고 밝힌 바 있다. 즉, 월가 이익은 비경상적이고 지속적이지 않은 이익을 기업별로 판단하여 제외함으로써 기업가치평가에 도움되는 이익을 투자자들에게 제공하려는 목적을 갖고 있다. 하지만, 이름 그대로 이익을 예측하는 과정에서 애널리스트들의 주관이 개입될 소지가 다분하다.

월가 이익을 결정하는 과정에서 취지와는 다르게 다양한 이해관계들이 상호작용하는 것으로 보인다. 기업 경영진들은 애널리스트가 월가 이익이 산출되는 과정에서 역할을 하는 것으로 보인다. 또한 경영진들은 1990년대부터 월가 이익을 회계연도 말에 보고하는 당기순이익보다 강조하고 있다(Bradshaw and Sloan, 2002).[1] 경영진들의 이러한 경향은 다양한 커뮤니케이션을 통해 애널리스트들에게 영향력을 행사할 수 있기 때문이다. 예로, Staples, Inc는 애널리스트들에게 자회사 Staples.com의 손실

---

1 Bradshaw, M. T., & Sloan, R. G. (2002). GAAP versus the street: An empirical assessment of two alternative definitions of earnings. *Journal of Accounting Research*, *40*(1), 41–66.

을 '월가 이익'에 포함시키지 말 것을 강력히 요구한 것으로 밝혀졌다. 월가 이익은 외부감사와 다양한 정보 공시 규제의 대상이 아니다. 이런 이익을 강조함으로써 기업 경영진들은 당기순이익의 지나친 변동성 아래 가려진 기업들의 본질 가치, 혹은 본질 가치에 도움이 되는 요소를 투자자들에게 전달하고자 한다. 하지만 이러한 순기능이 악용되기도 한다. 한 회계 전문가는 "감사를 받지 않는 새로운 이익을 만들어내어 영업활동이 어떻든 간에 평가지표를 바꾸고 항상 A, A+를 받을 수 있도록 한다"라고 혹평을 하기도 했다.

　　재무, 회계 학계는 애널리스트들이 경상적인 이익을 판단하는 데 있어 전문성을 보인다는 것에 대체적으로 동의하고, 그들의 능력은 월가 이익에도 반영된다. Gu and Chen(2004)[2] 연구에 따르면 회계기준에 의해 비경상적 이익으로 분류되는 이익 중 월가 이익에 포함된 항목들은 그렇지 않은 것들보다 미래 현금흐름 예측력이 우수하고, 주가에 더 많이 반영된다는 것을 밝혔다. 즉, 애널리스트들이 월가 이익의 취지에 맞게 투자자들에게 도움되는 경상적인 이익에 관한 정보를 제공하고 있다는 뜻이다. 하지만, Lambert[3]가 지적하듯, 애널리스트들이 비경상적인 이익을 포함시킬지 말지를 결정할 때에는 투자자들의 투자 의사결정을 돕겠다는 대의보다는 자신들의 이해관계를 우선시할 가능성이 높다. 이를 뒷받침하듯 Baik, Farber, Petroni(2009)[4] 연구는 인기주(glamour stocks)에 대해서 비경상적인 이익은 추가하고 비경상적인 손실을 제외하여 월가 이익을 상향 조정하는 경향이 있다는 것을 밝혔다. 즉, '월가 이익'은 애널리시트의 전문성이 반영되기는 하지만 기업 경영진과 애널리스트의 입맛대로 재단되고 투자자에게 잘못된 정보를 제공할 소지를 충분히 가지고 있다.

2　Gu, Z., & Chen, T. (2004). Analysts' treatment of nonrecurring items in street earnings. *Journal of Accounting and Economics, 38*, 129–170.

3　Lambert, R. A. (2004). Discussion of analysts' treatment of non-recurring items in street earnings and loss function assumptions in rational expectations tests on financial analysts' earnings forecasts. *Journal of Accounting and Economics, 38*, 205–222.

4　Baik, B., Farber, D. B., & Petroni, K. (2009). Analysts' incentives and street earnings. *Journal of Accounting Research, 47*(1), 45–69.

OCI Materials의 미래 이익예측[5]

OCI Materials는 반도체, LCD 패널, 태양광전지제조에 사용되는 특수가스를 제조하는 회사이다. 원래의 회사명칭은 소디프신소재였으나 2005년 OCI(주)가 지분을 인수하여 2대 주주가 되면서 공동경영체제로 전환되었으며, 2008년 OCI(주)가 보유하고 있던 전환사채를 주식으로 전환함으로써 OCI(주)의 자회사로 편입되었다. 그 후 2010년 회사명을 소디프신소재에서 OCI Materials로 변경하여 오늘에 이르고 있다.

OCI(주)의 자회사로 편입되기 이전부터 소디프신소재는 해당분야에서 독보적인 기술을 가진 우수한 기업으로서, 한국 및 세계 반도체 및 전자산업의 발전에 따라 비약적인 성장을 하고 있었다. 2005년부터 2009년까지 5년 동안 매출액은 500억원에서 1,800억원으로, 당기순이익은 123억원에서 506억원으로 급성장하였다. 당시 세계 금융위기의 상황에서 많은 한국기업들이 어려움을 겪고 있었다는 점을 고려하면 이러한 성장세는 놀라울 정도이다. 이러한 성장과정에서 설립자 및 임직원들의 노력이 큰 공헌을 한 바 있다.

그러나 경영시스템은 중소기업으로서의 일부 한계점도 가지고 있는 상태였다. OCI(주)는 합병 후 통합작업(Post-merger integration)의 일환으로서, OCI(주)의 앞선 경영시스템을 접목하는 작업을 시작했다. 또한 풍부한 자금력을 이용해 과감한 투자도 할 수 있었다. 이러한 과정을 통해 경영효율성을 제고시키고 회사의 잠재능력을 향상시킴으로써, OCI Materials는 앞으로 더 급속한 성장을 할 것으로 기대되고 있다. 이러한 기대를 반영하여 주가도 급상승, OCI Materials의 시가총액은 2010년 말 현재 약 1조 1천억원으로서, 코스닥 전체에서 6위에 달할 정도이다.

업종의 특성과 미래이익에 영향을 미치는 요인

OCI Materials의 주력업종인 특수가스산업은 대규모 생산설비를 갖춰야 하기 때문에 막대한 투자가 필요한 분야이다. 따라서 고정비 비율이 높고 변동비 비율이 낮아 판매증대가 수익성에 큰 영향을 미친다. 또한 고도의 기술력이 필요한 분야이므로 후발주자들의 진입장벽이 높은 분야이다. 원재료는 전량 수입에 의존하므로 원/달

---

5 본 사례는 최종학 교수가 이 책을 위하여 별도로 작성하였다. 본 사례의 작성과정에서 여러 조언을 준 OCI(주)의 문병도 상무에게 진심으로 감사를 표한다.

표 1	이익예측을 위한 중요 가정					
	2008	**2009**	**2010**	**2011**	**2012**	**2013**
KRW/$	1,098	1,277	1,158	1,100	1,050	1,000
배럴당 유가	$62	$78	$80	$80	$80	$80
평균 차입 이자율(%)	4.47	4.71	4.70	5.00	5.00	5.00

러환율이 매출원가에 큰 영향을 미치며, 원재료인 가스의 가격이 원유가와 연동되어 있으므로 원유가 또한 매출원가에 큰 영향을 미친다. OCI Materials는 앞선 기술력을 바탕으로 과감한 투자를 실시하여, 다른 경쟁기업들에 비해 상당한 원가우위를 지니고 있는 상황이다.

　　OCI Materials의 매출의 거의 대부분은 수출이므로, 원/달러환율이 매출액에 큰 영향을 미치게 된다. 구체적인 원재료 및 수출량에 대한 정보는 연차보고서에서 얻을 수 있다. 주요 고객은 대만과 중국, 일본 등지에 위치하고 있다. 앞으로 태양광 등의 분야가 각광을 받을 것으로 예측됨에 따라 수요는 더욱 증가하리라 예상된다. 단, 치열한 경쟁으로 제품의 공급단가는 지속적으로 하락할 것으로 보인다.

　　이상의 결과를 종합하여, 2010년 초 시점에서 OCI Materials의 미래이익을 예측하는 데 필요한 기본가정들을 정리하면 위의 [표 1]과 같다. 본 사례에 제시된 모든 표들에서, 2008년과 2009년 자료는 실제자료이며 그 이후의 자료는 예측자료이다.

매출액, 매출원가 및 판매관리비의 예측

　　이런 기본가정에 따라 우선 매출계획을 작성하였다. 매출의 대부분이 수출이므로, 달러화로 표시한 매출 예상액은 다음과 같다. 이 달러화 매출예상액과 추정환율을 곱하면 원화매출액을 계산할 수 있다.

　　다음으로 매출원가를 예측하기 위해서는 변동원가와 고정원가를 구분하여 분석해야 한다. 과거 5년치 자료를 이용하여 회귀분석을 실시하면 대략적인 고정원가의 수준과 변동원가를 구분할 수 있다. 이런 과정을 통해 예측한 매출원가 자료는 [표 3]과 같다.

　　판매관리비 중 인건비는 1인당 연간 인건비 증가율을 10%로 가정하고, 직원수

표 2	매출예측					(단위: 천 달러)
	2008	**2009**	**2010**	**2011**	**2012**	**2013**
매출액	155,778	179,754	235,947	337,850	427,255	505,000

표 3	매출원가의 예측치					(단위: 백만원)
	2008	**2009**	**2010**	**2011**	**2012**	**2013**
매출원가	79,169	99,768	133,390	181,500	225,850	267,800

표 4	판매관리비의 예측치					(단위: 백만원)
	2008	**2009**	**2010**	**2011**	**2012**	**2013**
판매관리비	16,328	18,980	20,250	27,665	33,116	38,081

증가율을 고려하여 추산하였다. 연구개발비는 연차보고서에 공시된 회사방침에 따라 매출액의 3% 수준을 유지하는 것으로 예측하였으며, 기타 판매관리비 중 변동비는 매출증가율과 동일한 비율로 증가하는 것으로 예측하였다. 고정비는 과거 5년치 자료에 대한 회귀분석을 통해 추정하였다. 고정비는 처음 3년간은 동일하며, 그 후는 3년마다 5%씩 증가하는 것으로 추정하였다. 그 결과에 따라 예측된 판매관리비는 위의 [표 4]에 제시되어 있다.

기타 항목의 예측

매출채권회전일은 현재의 평균인 46일이 미래기간에도 계속 유지될 것으로 가정하고, 재고자산회전일은 매년 3% 정도씩 감소하여 2013년에는 60일 정도에 달할 것으로 예측하였다. 매입채무회전일은 현재의 평균인 12일이 미래기간에도 계속 유지될 것으로 가정하였다. 그 결과에 따라 예측한 매출채권, 재고자산, 매입채무수치는 [표 5]와 같다.

회사의 비유동자산에 대한 자본적 지출은 3년간은 2009년 수준인 매년 1,200억원

표 5	매출채권, 재고자산, 매입채무의 예측					(단위: 백만원)
	2008	**2009**	**2010**	**2011**	**2012**	**2013**
매출채권	19,632	22,654	30,382	43,504	55,016	65,027
재고자산	45,240	36,443	41,675	55,537	70,234	83,014
매입채무	5,121	5,910	7,757	11,107	14,047	16,603

표 6	차입금의 예측치					(단위: 백만원)
	2008	**2009**	**2010**	**2011**	**2012**	**2013**
차 입 금	159,162	170,095	209,812	219,812	179,812	109,812

표 7	현금의 예측치					(단위: 백만원)
	2008	**2009**	**2010**	**2011**	**2012**	**2013**
현 금	13,364	5,971	6,916	11,915	10,799	16,692

정도, 그 후 3년은 10% 증가한 수준에서 유지될 것으로 전망하였다. 주당 배당금이 평균 매년 100원씩 증가하고 소득세율은 동일하다는 가정하에, 투자에 필요한 자금은 우선 내부유보자금으로 조달하고 부족한 자금은 차입을 통해 조달하는 것으로 가정하였다. 즉, 예측기간 동안 증자는 없는 것으로 가정하였다. 차입금은 평균 3년 만에 상환하는 것으로 가정하였다. 그 결과 예측된 차입금 기말잔액은 [표 6]과 같다.

[표 5]와 [표 6]의 내용 및 기타 배당 및 세금지급액을 종합하여 현금의 잔액을 추정할 수 있다. 과거자료를 바탕으로 하여, 현금및현금성자산의 기중평균잔액의 3% 정도의 이자수익이 발생하는 것으로 가정하였다. 그 결과 계산된 현금계정의 기말잔액은 [표 7]과 같다.

손익계산서와 재무상태표의 예측

이런 세부 예측결과를 종합하여 예측손익계산서와 재무상태표를 작성한 결과가 [표 8]과 [표 9]에 보고되어 있다. 이들 수치들은 엑셀파일을 이용하여, 기본 가정을

표 8.	예측손익계산서					(단위: 백만원)
	2008	**2009**	**2010**	**2011**	**2012**	**2013**
매출	155,778	179,754	235,947	337,850	427,255	505,000
(성장률 %)		15.39%	31.26%	43.19%	26.46%	18.20%
매출원가	79,169	99,768	133,390	181,500	225,850	267,800
매출총이익	76,609	79,986	102,557	156,350	201,405	237,200
판매관리비	16,328	18,980	20,250	27,665	33,116	38,081
영업이익	60,281	61,006	82,308	128,685	168,289	199,119
(%)	38.70%	33.94%	34.88%	38.09%	39.39%	39.43%
이자수익	339	314	193	282	341	412
이자비용	9,379	5,503	8,928	10,741	9,991	7,241
기타비용	4,689	387				
법인세비용	9,093	4,819	14,715	26,010	34,901	42,304
당기순이익	37,459	50,611	58,858	92,217	123,738	149,987

변화시키면 자동으로 해당 항목금액과 관련 금액들이 변하는 것으로 설정되었다. 따라서 여러 항목들이 변함에 따라 당기손익이나 부채비율 등의 항목들이 어떻게 변하는지를 손쉽게 알 수 있다.

이런 과정을 걸쳐서 OCI Materials의 미래이익을 예측하였다. 이 결과를 보면, 2013년까지 OCI Materials의 당기순이익은 2009년의 3배 수준인 1,500억원 정도로 급격히 증가할 것으로 예측된다. 또한 재무상태표에 대한 예측결과를 살펴보면, 2013년에 이르면 자산규모 8,000억원에 부채비율 53% 정도가 될 것으로 예측된다.

표 9	예측재무상태표					(단위: 백만원)
	2008	**2009**	**2010**	**2011**	**2012**	**2013**
현금 및 현금등가물	13,364	5,971	6,916	11,915	10,799	16,692
매출채권	19,632	22,654	30,382	43,504	55,016	65,027
재고자산	45,240	36,443	31,675	55,537	70,234	83,014
기타유동자산	12,520	10,868	8,808	10,000	10,000	10,000
유동자산 합계	90,756	75,936	77,782	120,956	146,049	174,733
투자자산	1,879	2,228	4,235	4,500	4,500	4,500
고정자산	292,762	379,055	447,511	505,822	562,133	605,444
기타비유동자산	8,378	7,887	8,785	10,000	10,000	10,000
비유동자산 합계	303,019	389,170	460,531	520,322	576,633	619,944
자산 합계	**393,774**	**465,106**	**538,313**	**641,278**	**722,682**	**794,677**
유동성 장기부채	97,431	98,518	100,574	110,000	70,000	70,000
매입채무	5,121	5,910	7,757	11,107	14,047	16,603
기타미지급금	39,608	56,654	36,694	37,000	37,000	37,000
기타유동부채	15,631	9,264	14,344	50,068	81,590	107,838
유동부채 합계	157,791	170,346	159,369	208,175	202,637	231,441
장기차입금	61,731	71,577	109,238	109,812	109,812	39,812
기타장기부채	1,412	2,369	2,500	2,500	2,500	2,500
비유동부채 합계	63,143	73,946	111,738	112,312	112,312	42,312
부채 합계	**220,934**	**244,292**	**271,107**	**320,487**	**314,949**	**273,753**
납입자본	5,274	5,274	5,274	5,274	5,274	5,274
자본이여금	67,685	67,685	67,685	67,685	67,685	67,685
이익잉여금	99,881	147,855	194,247	247,832	334,775	447,965
자본 합계	**172,840**	**220,814**	**267,206**	**320,791**	**407,734**	**520,924**
부채/자본비율	128%	111%	101%	100%	77%	53%

사례문제

❶ OCI Materials가 급속한 발전을 하고 있는 이유가 무엇인가? 본 사례와 회사의 연차보고서, 그리고 OCI Materials가 속한 산업에 대한 전망을 참조하여 그 이유에 대해 논하라.

❷ 본 예측의 자료를 참조로 하여, OCI Materials의 2014년 재무상태와 영업성과를 예측하여라. 왜 그런 예측결과가 얻어졌는지를 구체적으로 밝혀라.

❸ 2009년 말 현재의 주가와 2009년의 주당순이익을 비교하여 주가이익비율(price-earnings ratio: PER)을 구하여라. 이 주가이익비율이 계속 유지된다는 가정하에, 예측한 미래이익을 이용하여 2010년부터 2014년까지 각 연도의 주가가 어떻게 될지 계산하여라.

❹ OCI Materials의 미래 5년 이후의 장기전망에 대해 논하라. 2015년부터 2019년까지 5년 동안 회사가 그동안 기록한 성장률이 유지될 수 있을 것으로 생각하는가? 아니라면 어느 정도의 비율로 성장할 수 있을 것이라 가정하는가? 최근 10년간 OCI Materials가 속한 산업군 전체의 매출액 성장률은 연간 평균 15% 정도로 꾸준히 성장하고 있으며, 매출액 이익률은 평균 15% 정도이다.

부록

SYWG Research & Consulting
상하이 신은만국 증권연구소

유통버스(600066)

상장사　매수

시내버스 업무 및 수출이 대폭 성장, 철강가격 인상의 영향력 축소로 실적이 급속히 향상될 것임.

신용등급
상향조정

교통운수설비/자동차완제품 (310103)

2005년 4월 13일

당일종가(위엔)	9.73
연중 최고/최저(위엔)	17.25/7.07
상하이지수/심천지수	1,220/3,311
주가순자산비율	1.67
배당수익률%(배당금/주가)	5.14%
시가총액(만 위엔)	136,788.9248

시장데이터:
주: 배당수익률은 최근 1년간 결산된 배당금에 근거하여 계산됨.

회사 리서치/심층 리서치

이익예측

(단위: 백만 위엔, 위엔, %, 배)

	매출액	성장률	당기순이익	성장률	주당순이익	매출총이익률	자기자본이익률	주가순이익비율
2003A	3,254	21.18	128	23.25	0.63	17.9	11.63	16
2004A	3,949	21.37	144	12.03	0.70	16.7	12.02	14
2005E	4,934	24.95	190	31.94	0.92	16.4	14.78	10.6
2006E	6,354	28.77	207	9.44	1.01	15.6	15.26	10
2007E	7,093	11.63	219	5.45	1.07	15.2	15.3	9

주: '주가순이익비율'은 현재 주가에 각 해의 주당순이익을 나눈 것이며, 주당순이익은 모두 주식총수 20,509만주로 계산하였음.

기초데이터:

	2004년 12월 31일
주당순자산(위엔)	5.8303
부채자산비율(%)	50.47
주식총수/유통A주식수 (만주)	20,509/14,058
유통B주식수/H주식수 (만주)	0/0

관련 리서치:

《우통버스 연차보고서 분석》
2005년 2월 3일

1년간 주가 및 종시지수 변동추이 비교:

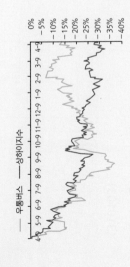

— 우통버스 — 상하이지수

애널리스트
왕지혜, 황연명
(8621) 63295888×409
wangzhihui@sw108.com

투자요점:

● 우통버스의 시내버스 사업이 확장단계로 진입: 올림픽 등 대형 경기대회를 계기로 시내버스 업그레이드 및 증가 붐이 일어날 것이며 큰 시범효과를 거두어 전국 범위 내의 시내버스 업그레이드 열풍이 불 것이다. 향후 5년간, 우통버스의 시내버스 판매량은 연평균 45% 성장할 것이며, 시내버스 업그레이드는 우통버스 수익성을 향상시킬 것이다.

● 우통버스의 대중형버스 수출 가능성이 아주 큼: 중국은 세계 최대의 버스 생산국으로 선두업체의 생산규모는 세계 최고수준에 달하여 규모화 수출의 기반을 갖추고 있다. 향후 5년간, 우통버스의 대중형버스 수출은 연평균 80% 이상 성장할 것이며, 2009년 수출량은 2,000대에 달할 것으로 예측된다.

● 산업 선두주자로서의 우위가 더욱 확고해져서 판매량과 수익 모두 급속 성장을 가져오게 됨: 규모화, 브랜드파워, 기술우위 및 도로운수업체와의 전략적 제휴를 통하여 우통버스는 신업의 성장을 주도하게 될 것이며 공격적 가격인하 등을 통하여 시장구조의 재편성을 가속화할 것이며 시장점유율이 더욱 상승할 것이다. 향후 5년간, 버스 판매량 및 매출액은 각각 연평균 17%, 17.5%로 성장할 것이다.

● 철강가격 인상의 영향력 축소: 우통버스는 자동차 섀시의 자체생산율이 비교적 높아 철강가격 인상으로 인한 원가상승의 압박을 적게 받는다. 2005년

유통비스는 철강가격의 인상으로 1~1.5%의 원가상승이 있을 것이나, 업무재설계(BRP)를 통하여 약 5,500만 위안의 원가절감을 달성할 수 있어 철강가격 인상의 영향을 기본적으로 상쇄할 수 있을 것이다.

● 2005, 2006, 2007년 주당순이익은 각각 0.92위엔, 1.01위엔 및 1.07위엔으로 연평균 15% 이상의 성장률을 유지할 것으로 예측된다.

목표주가는 13위엔으로, 현재 엄중히 과소평가되어 있어 투자등급을 '매수'로 상향조정함.

● 투자위험은 주로 업무재설계의 효과가 기대치에 미치지 못하거나, 지방정부의 보조금이 제때에 지급되지 않거나, R&D 투자가 10%씩 지속적으로 증가하지 못하여 실적이 예상치에 미치지 못하는 것이다.

담당자
서림
(8621) 63295888 × 451
xulin@sw108.com

주소: 상해시 남경동로 99호
대표전화:(8621)63295888
상하이 신은만국 증권연구소
http://www.sw108.com

기본가정

(1) 베이징, 상하이, 광저우의 시내버스 증가 및 엄그레이드 붐이 시범효과를 가져와 주변지역 및 주변도시로 확대될 것이다. (2) 업무재설계가 기대치에 부응하는 효과를 거두어 2005년에 약 5,500만 위안의 원가를 절감하여 철강가격 인상의 영향을 상쇄할 수 있다. (3) R&D투자의 연간 증가율이 10% 이상에 달하여 R&D비용의 50% 세전 중복공제 혜택을 누린다. (4) 2005년부터 3년간 정저우 시정부가 보조금을 지급한다. (5) 2006년에 중징우통과 단저우우통의 주식을 각각 60% 및 80%까지 인수한다. (6) 이익예측과 가치추정은 부동산 업무의 수익을 고려하지 않는다.

444

시장의 보편적인 여론과 상이한 판단

(1) 보편적으로 시내버스 업무는 매출총이익률이 낮아 수익은 증가시킬 수 있지만 이익은 증가시키기 어렵다. 이번 시내버스 업그레이드 및 증가는 외적 요인인 '도시경영' 이념에서 출발한 고급 시내버스에 대한 내수에 근거한 것이라고 여긴다. 이는 평균가격이 60만 위엔 이상인 고급버스에 대한 수요로 매출총이익률을 증가시키며 채권회수도 원활히 해 줄 것이다.

(2) 보편적으로 철강가격 상승이 버스제조회사의 수익능력을 저하시킬 것이라고 여긴다. 하지만 우리는 섀시 자체생산 비율이 높은 회사의 제품은 부가가치가 높기 때문에 철강가격 상승의 영향을 적게 받을 뿐 아니라, 우통버스는 업무재설계를 통하여 원가를 절감할 수 있다고 여긴다.

(3) 시장에서는 우통버스와 관계회사의 거래의 공정성을 우려하지만 우리는 그룹 경영층이 상장사에 대한 간접 지분보유율이 상승함에 따라 상장사에 대한 통제가 더욱 견고해질 것이며 이해관계가 더욱 일치해질 것이고 관계회사와의 거래의 공정성도 더욱 보장될 것이라고 여긴다.

가치평가와 목표주가

상대적 가치평가의 합리적인 가격범위는 11.96~13.80위엔(2005년 P/E의 13~15배)이며, 현금흐름할인모형을 적용한 가치평가의 가격범위는 12.49~14.25위엔이다. 시장의 가치평가 수준을 감안하여 목표가격은 13위엔이며 현재 주가는 엄중하게 과소평가되어 있다.

주가표현의 촉매제

(1) 2005년 상반기 실적 성장률이 50% 이상일 가능성이 아주 높다.
(2) 2005년 베이징 시내버스 구매 입찰에서 400대 이상의 주문확보에 성공하여 시내버스 분야에서의 급속성장을 시작할 것이다.
(3) 4월 19일 배당실시 및 무상증자 후 주가가 30% 이상 하락하여 주식의 유동성을 제고하는 데 도움이 된다.

핵심 가정의 주요위험

(1) 업무재설계의 효과가 기대치에 미치지 못하여 2005년 실적이 예상치보다 낮다.

(2) R&D투자가 10% 이상의 증가폭을 유지하지 못하여 실적이 예상치보다 낮다.

(3) 정저우 시정부의 보조금이 제때에 지급되지 못하여 실적이 예상치보다 낮다.

목 차

그림·표 목차

결론 : 주가가 30% 이상 과소평가되어 있으며, 평가등급을 '매수'로 상향 조정함

● **목표주가는 13위엔임**

　상대적 가치평가의 합리적인 가격범위는 11.96~13.80위엔(주가순이익비율의13~15배)이며, 절대적 가치평가의 가격범위는 12.49~14.25위엔이다. A주 시장의 전체적인 가치평가 수준을 감안하여 우리는 목표가격은 13위엔이며 현재 주가는 엄중하게 과소평가되어 있어 매수를 추천한다.

● **시내버스의 업그레이드 및 증가 붐과 규모화 수출이 회사 버스업무의 급속성장을 추진**

　대형 경기대회의 주최는 시내버스의 업그레이드 및 증가 붐을 일으킴: 베이징, 상하이 및 광저우는 올림픽, 엑스포 및 아시안게임을 주최함으로써 시내버스 업그레이드 및 증가 고조기에 진입하였으며 큰 시범효과를 가져와 전국범위의 도시 시내버스 업그레이드 열풍을 불러일으킬 것이다. 동시에, 전국적인 '도시경영'의 발전전략은 도시관리부서들이 대중교통의 개선을 중요한 업적으로 여기게 한다. 대형 경기대회의 주최는 도시의 내재적 수요를 촉진하여 대중형 버스산업의 급속발전을 가져오게 된다.

　대중형버스산업의 국제적 우위는 대규모 수출을 기대할 수 있게 한다: 중국은 세계 최대의 버스 생산국으로 원자재와 인력의 원가우위를 보유하고 있어 선두업체의 생산규모는 세계 최고를 자랑하여 대규모 수출의 기반을 갖추었다. 최근 몇 년 사이 우통버스 등 선두업체들의 수출이 대폭 상승하여 중국의 대중형버스 수출은 급속성장의 국면에 진입하게 되었다.

　도로 여객운수 업무와 여행업 수요의 안정적인 증가는 대중형버스 업무의 지속적 성장의 기초이다: '국가 고속도로 네트워크 기획안'은 '7918망'의 아름다운 전경을 그리며 도로 여객운수 수요의 지속적인 성장을 보장하고 있다. 서민생활수준의 제고 역시 여행업의 수요를 촉진하여 더욱 많은 여행용 버스의 수요를 창출하였다.

　향후 5년간 우통버스의 버스판매량(수출 포함)은 CAGR 17%의 급속성장을 유지할 것이다.

- **우통버스의 산업 내 선두주자로서의 시장점유율은 지속적으로 상승할 것이며, 향후 3년간 EPS는 CAGR 15%의 급속성장을 유지할 것이다.**

우통버스의 대중형버스 시장점유율은 약 20%로 경쟁업체들을 훨씬 앞지르고 있다. 규모화, 브랜드파워, 기술우위 및 도로운수업체와의 전략적 제휴를 통하여 회사는 산업의 성장을 주도하게 될 것이며, 공격적 가격인하 등을 통하여 시장구조의 재편성을 가속화할 것이며 더욱 높은 시장점유율을 얻게 될 것이다. 동시에 수출 역시 회사의 중요한 성장포인트가 될 것이다.

향후 3년간 우통버스의 매출액은 급속히 성장하여 2004년 말 주식총수로 계산한 EPS는 각각 0.92위엔, 1.01위엔 및 1.07위엔에 달하며, CAGR는 15%에 달하게 될 것이다.

- **철강가격 인상이 회사의 매출총이익률에 대한 영향은 비교적 작다**

섀시의 자체생산율이 높아 철강가격 인상의 영향으로부터 상대적으로 자유롭다: 대부분 버스생산업체와 다른 점은 우통버스의 70% 섀시는 자체생산으로 제품의 부가가치가 높아 철강이 원가 중에서의 비율이 낮기 때문에 철강가격 인상의 영향을 적게 받는다.

업무재설계는 철강가격 인상으로 인한 원가상승의 압력을 상쇄할 수 있다: 우통버스는 2004년부터 업무재설계(BPR)를 실시하고 있는데, 비교적 큰 생산규모와 긴 가치사슬이 BPR이 양호한 원가절감 효과를 거둘수 있도록 하였다. BPR을 통하여 생산프로세스를 개선하고 제조공정간의 정체를 줄이고 재고감소 및 낭비를 줄여 원가를 절감할 수 있다. 2005년 BPR을 통한 원가절감액은 5,500만 위엔에 달할 것으로 예측되어 철강가격 10% 인상시 증가되는 원가를 기본적으로 상쇄할 수 있다.

1. 시내버스 업무와 수출의 대폭증가로 회사의 버스업무가 급속성장시기에 진입
1.1 버스업무가 규모화 확장단계에 들어섬
1.1.1 대형 국제경기대회의 주최는 중국 도시의 시내버스 업그레이드 및 증가 붐을 일으킬 것임

중국의 인구밀도와 도로상황으로 인하여 향후 장기간 시내버스는 여전히 도시교통

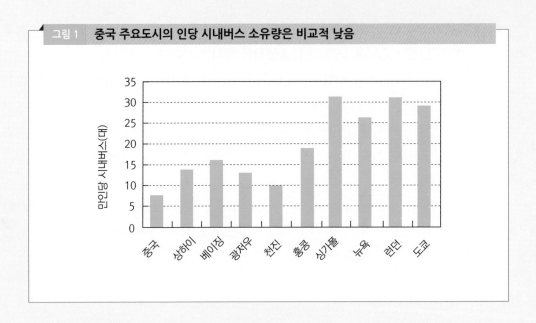

그림 1　중국 주요도시의 인당 시내버스 소유량은 비교적 낮음

의 주요수단이 될 것이다: 건설부 '대중교통 발전에 대한 의견' 및 국가발전위원회의 '에너지 절약 중장기 전문프로젝트 기획안'은 모두 중국 도시교통시스템에서의 시내버스의 대체불가한 중요지위를 명확히 지적하였다.

　대형 국제경기대회의 주최는 시내버스 업그레이드 및 증가 붐을 일으킬 것이다: 중국 주요도시의 만인당 시내버스량은 뉴욕, 도쿄, 런던 등 가정용 자동차 보급률이 매우 높은 국제도시보다 훨씬 낮다([그림 1]). 2008년 베이징 올림픽, 2010년 상하이 엑스포 및 2010년 광저우 아시안게임의 주최는 이 세 도시의 시내버스 업그레이드 및 증가 붐을 가져올 것이며 이 3대 도시의 시범효과는 주변 및 전국 내지 주요도시의 시내버스 업그레이드 열풍을 불러일으킬 것이다.

　대형 국제경기의 주최는 지방정부의 '도시경영' 이념 중의 이미지 제고에 대한 내재적 수요를 불러일으킨 외부 동력이 되었다. 시내버스의 업그레이드 및 증가는 '도시 이미지 개선 및 서민 복지 도모'의 중요 수단이 되어 절호의 시장기회를 가져왔다.

　중국의 지속적인 도시화 추세는 시내버스 업그레이드 및 증가의 기본 동력이다: 2003년 중국의 도시인구 비중은 40.53%로 주요 선진국들의 수준에 훨씬 못 미칠 뿐 아니라,　일부 동남아 국가들보다도 낮다. 중국의 도시화는 아주 장기간에 걸친 과

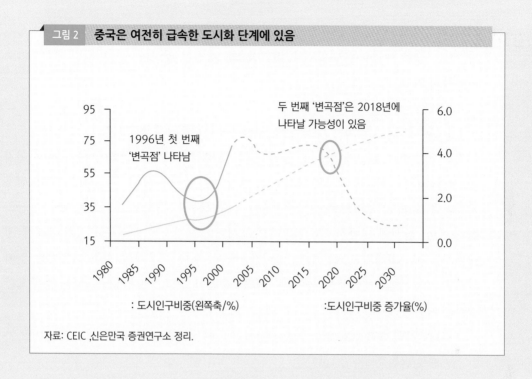

그림 2　중국은 여전히 급속한 도시화 단계에 있음

1996년 첫 번째 '변곡점' 나타남

두 번째 '변곡점'은 2018년에 나타날 가능성이 있음

: 도시인구비중(왼쪽축/%)　　:도시인구비중 증가율(%)

자료: CEIC ,신은만국 증권연구소 정리.

표 1　주요 도시의 대규모 시내버스 업그레이드 및 증가 계획

도시	현재 규모	버스 업그레이드/증가 계획
베이징	18,084	2005년부터 매년 약 4천대 업그레이드하여 2008년 총 1만 2천대 업그레이드 계획
상하이	18,102	매년 약 2천대 업그레이드 계획
광저우	7,600	2005년 2,590대 업그레이드 및 개조 계획
충칭	5,250	매년 업그레이드하며 에어컨 버스의 비율을 제고
무한	3,500	3년 내 60% 시내버스를 업그레이드하며 에어컨 버스의 비율을 40% 이상으로 제고
항저우	2,700	만인당 시내버스 소유량을 2003년의 13.5대로부터 2010년의 18대로 제고

자료: 지방통계연감, 신은만국 증권연구소 정리.

정으로서([그림 2]) 향후 10년간 1.5~2억의 농촌인구가 도시로 이동할 것으로 예상된다. 이는 중국 대중교통의 발전을 전면적으로 촉진할 것이며 시내버스의 수요증가로 이어질 것이다.

1.1.2 시내버스 고급화는 시내버스 업무의 수익능력을 대폭 제고시킴

이번 시내버스 업그레이드 및 증가 붐의 현저한 특징은 고급화이다: 도시 이미지를 개선하려는 정부의 의지와 서민들의 생활수준 개선으로 인하여 시내버스는 점차 고급화될 것이다. 그러므로 업그레이드나 신규 생산을 통해 시내버스는 모두 고급화될 것이다. 동시에 지방정부는 일반적으로 시내버스 가격을 규제하고 있기 때문에 시내버스를 고급화시키고(예를 들면, 에어컨을 구비) 이에 대응하는 가격을 높이는 것이 시내버스회사들의 매출액을 높이는 중요한 수단이 된다. 시내버스 고급화의 주요한 특징은 다음과 같다.

- 쾌적하며 환경보호의 요구에 부합한다: 바닥이 낮고 에너지를 절약하는 버스가 향후 발전추세가 될 것이다.
- 시내버스 대형화: 도시 인구밀집도가 점점 더 높아지기에 중형버스를 대형버스로 업그레이드하는 것이 시내버스의 효율을 높이는 데 도움이 된다. 일부 미발달지역의 도시에서 사용중인 소형버스를 중형버스로 업그레이드하는 것도 시내버스 이미지 제고와 운수효율성의 제고에 도움이 된다.

고급화에 따라 시내버스는 더 이상 가격이 저렴한 제품이 아니다: 상하이 SHENWO가 생산하고 상하이에서 많이 사용하고 있는 에어컨이 구비된 시내버스 가격은 약 70만 위엔으로 일반 자동차보다도 가격이 더 높다.

1.1.3 향후 5년간 우통버스의 시내버스 판매량은 연평균 45%씩 증가한다

우통버스는 2003년에 시내버스 시장에 진출하였으며 2003년, 2004년 판매량은 각각 164대 및 1,248이다. 2004년 시내버스 시장점유율은 4.4%이며 상하이시장 진출에 성공하였다.

향후 5년간, 버스산업은 연평균 16%의 속도로 성장할 것이며 2009년 도시인구 기준 전국 만인당 시내버스 소유량은 1.8대 증가될 것이다.

우통버스는 시내버스 업그레이드 및 증가 기회를 활용하여 시내버스 시장에 대거

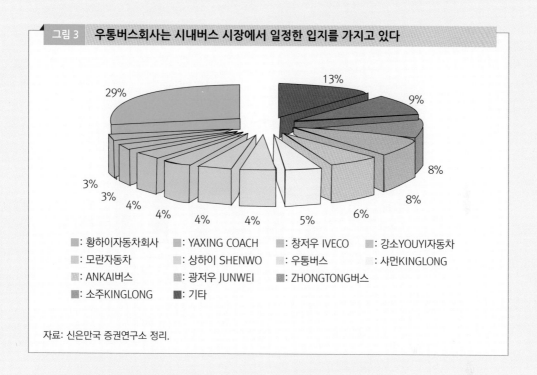

그림 3   우통버스회사는 시내버스 시장에서 일정한 입지를 가지고 있다

- ■: 황하이자동차회사
- ■: YAXING COACH
- ■: 창저우 IVECO
- : 강소YOUYI자동차
- : 모란자동차
- : 상하이 SHENWO
- : 우통버스
- : 샤먼KINGLONG
- : ANKAI버스
- : 광저우 JUNWEI
- ■: ZHONGTONG버스
- ■: 소주KINGLONG
- ■: 기타

자료: 신은만국 증권연구소 정리.

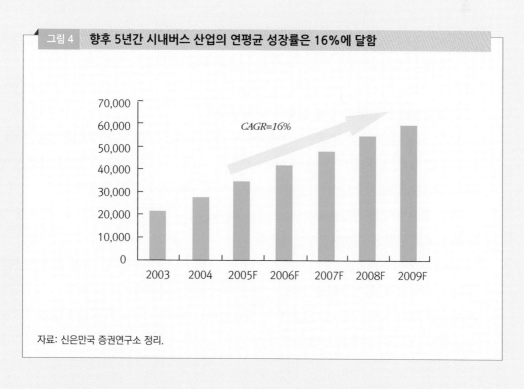

그림 4   향후 5년간 시내버스 산업의 연평균 성장률은 16%에 달함

자료: 신은만국 증권연구소 정리.

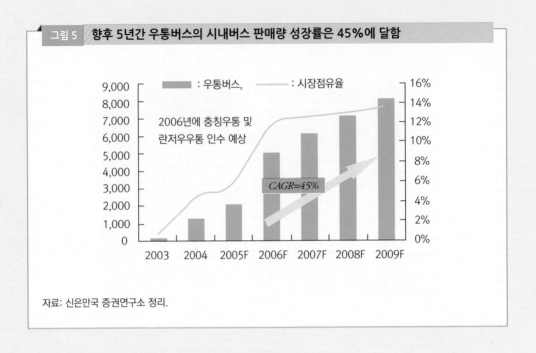

그림 5 　향후 5년간 우통버스의 시내버스 판매량 성장률은 45%에 달함

자료: 신은만국 증권연구소 정리.

진입하며 2006년에는 충칭우통과 란저우우통을 인수함으로써 향후 5년간 연간 성장률 45%에 달하며 2009년 시장점유율은 13.5%에 달할 것으로 예상된다.

1.2 대중형버스 업무의 수출 잠재력이 매우 큼

1.2.1 국제시장에서의 비교우위가 중국으로 하여금 버스 대량수출의 기반을 갖추게 함

중국은 세계 최대의 버스생산국이다: OICA통계에 의하면 중국의 버스생산량은 전 세계 생산량의 80%에 달하여 거의 독점수준이며 규모적 우위가 확실하다.

중국 대중형버스 산업은 국제시장에서 비교우세가 있다: 대중형버스는 원자재 및 노동집약형 산업에 속한다. 일반적으로 차체, 차문 및 차프레임에 사용되는 철강 원자재가 총원가의 8~10%를 차지하고 인건비가 5~6%를 차지한다. 현재 중국은 원자재와 인력면에서 원가우위를 가지고 있어 대중형버스산업에서의 국제적 비교우위를 확보하고 있다. 최근 몇 해 동안 중국 대중형버스 수출은 양호한 성장태세를 갖추어 대중형버스산업의 새로운 성장점으로 부상하고 있다.

표 2	중국은 세계 최대의 버스생산국임		
나라	2002년 생산량	2003년 생산량	증가폭
중국	413,815	516,700	25%
브라질	22,826	26,990	18%
러시아	15,829	17,224	9%
한국	18,128	16,354	−10%
독일	9,745	10,423	7%
합계	530,122	644,632	21.6%

자료: OICA.

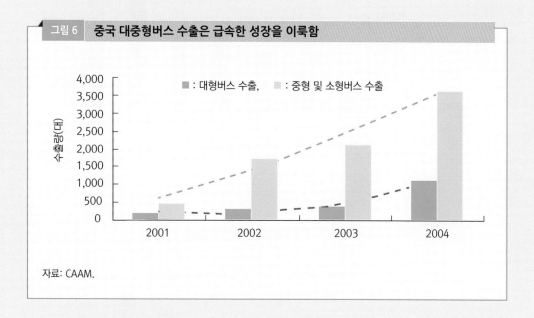

그림 6　중국 대중형버스 수출은 급속한 성장을 이룩함

자료: CAAM.

1.2.2 향후 5년간 우통버스의 대중형버스 수출 연평균 성장률은 80% 이상임

중국의 대중형버스시장의 거대한 규모와 국제비교우위를 고려할 때 향후 5년간 업계는 약 30%의 성장률을 유지할 것이며 2009년 수출은 9,000대를 초과할 것으로 예상된다. 우통버스는 2005년 초 쿠바와 400대 수출계약을 맺었다. 2004년 수출량이 적기에 향후 5년간 회사의 수출량은 연평균 84% 증가할 것이며 2009년 수출은 2,000대에 달할 것으로 예상된다.

458

1.3 우퉁버스의 장거리버스 및 여행용차량 업무가 안정적으로 성장할 것임

1.3.1 고속도로 네트워크의 건설로 인하여 도로운수차량이 증가될 것이다

2004년에 통과된 '국가 고속도로 네트워크 기획안'에 따르면 중국은 30년의 시간을

그림 7 향후 5년간 중국 대중형버스 수출은 급속성장할 것임

자료: 신은만국 증권연구소 정리.

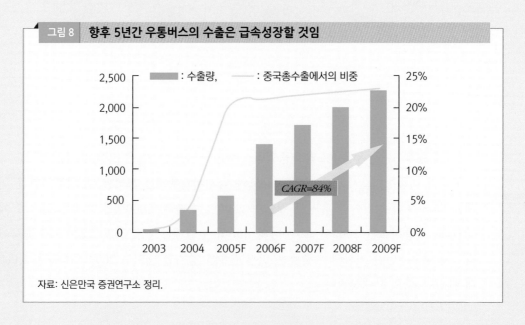

그림 8 향후 5년간 우퉁버스의 수출은 급속성장할 것임

자료: 신은만국 증권연구소 정리.

들여 8.5만 킬로미터에 달하는 고속도로 네트워크를 건설할 예정이다. 새로운 도로교통망은 수도 베이징으로부터 출발하는 7개의 방사선 형태의 고속도로, 9개 남북방향의 고속도로와 18개 동서방향의 고속도로로 구성되어 '7918망'이라고 일컫기도 한다. 새로운 교통망은 중국의 인구가 20만 명을 초과하는 도시들을 전부 고속도로로 연결할 것으로 10억 인구가 살고 있는 지역을 커버할 것이다. 따라서 도로교통이 편리해지고 대중형버스 도로운수업이 지속적으로 발전할 것이다.

　　중기적으로 볼 때 철도의 속도향상은 도로운수의 수요에 영향을 주지 않는다: 속도향상에 따라 일정수준까지는 철도가 도로운수를 대체하겠지만 고객운수에 대한 총체적인 수요가 지속적으로 증가될 것이라는 가정하에 우리는 도로운수 시장수요도 지속적으로 증가할 것이라고 예상한다. 동시에 철도망이 일부 지역에 미치지 못하는 점을 감안하고 도로운수의 편리성을 고려할 때 도로와 철도는 각각 중단거리와 장거리 고객운수시장에서 자체의 우세가 있을 것으로 보인다.

1.3.2 여행업의 지속적인 발전으로 인하여 여행용 버스의 수요가 증가됨

　　주민소득의 증가와 여행업의 발전에 따른 여행활동의 증가는 중국 주민소비수준

그림 9　도로망과 고속도로망의 급속 발전

자료: 「중국통계연감」.

460

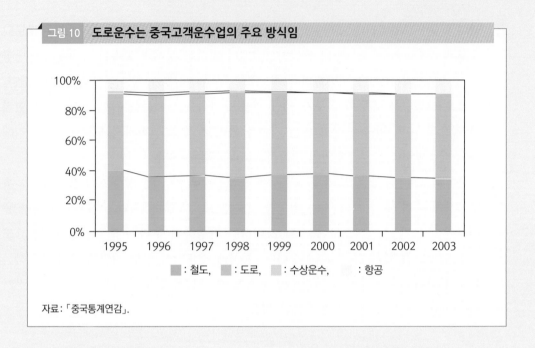

그림 10 도로운수는 중국고객운수업의 주요 방식임

범례: ■ : 철도, ■ : 도로, ■ : 수상운수, □ : 항공

자료: 「중국통계연감」.

이 높아졌다는 중요한 증거이다. 항공과 철도운수가 아무리 편리할지라도 도로운수는 여행에서 필수적인 방식인 것 같다. 1999년부터 골든위크제도를 실시한 뒤 휴가기간 여행자 수는 해마다 증가하고 있다([그림 11]). 중국 국내여행객 연인원은 연평균 7%로 증가할 것으로 예상되며 골든위크 피크시즌은 여행업계의 수용능력을 위협하고 있다. 따라서 여행용 버스에 대한 수요는 지속적으로 증가할 것이다.

1.4 우통버스의 대중형버스 매출량은 지속적으로 증가할 것임

장거리버스 및 여행용차량의 지속적인 증가와 시내버스 수요 및 수출의 지속 증가를 고려하면 중국 대중형버스 산업은 급속성장을 계속할 것이며, 연평균 증가율은 12%에 달할 것이다. 우통버스는 장거리버스 및 여행용차량 시장의 선두를 유지하는 동시에 시내버스 시장에 적극 참여하며 규모우세를 이용하여 국제시장에 진입하여 연평균 매출량 증가율을 17%로 유지할 것이다.

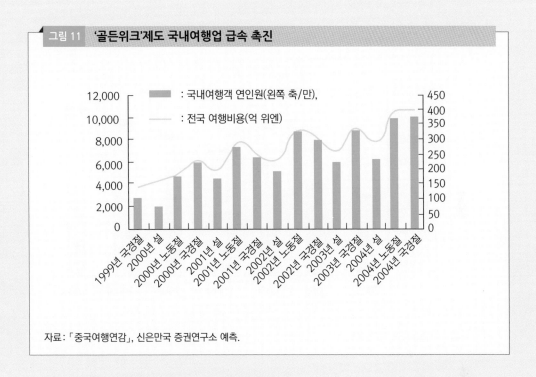

그림 11　'골든위크'제도 국내여행업 급속 촉진

자료: 「중국여행연감」, 신은만국 증권연구소 예측.

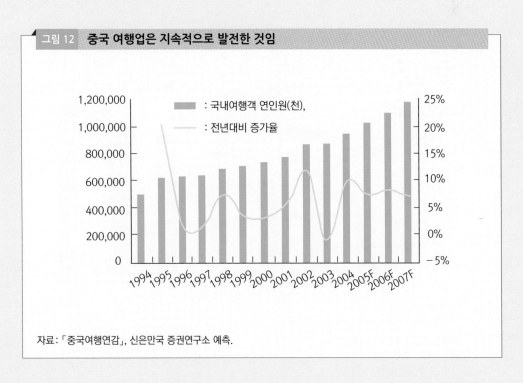

그림 12　중국 여행업은 지속적으로 발전한 것임

자료: 「중국여행연감」, 신은만국 증권연구소 예측.

462

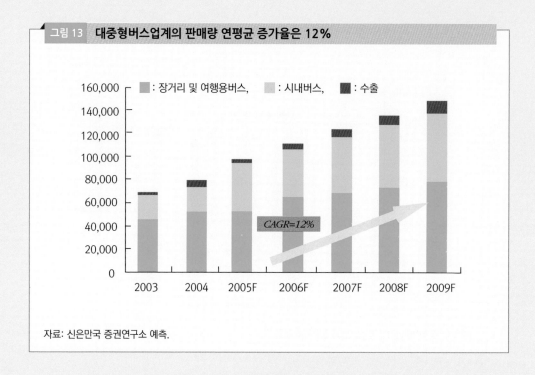

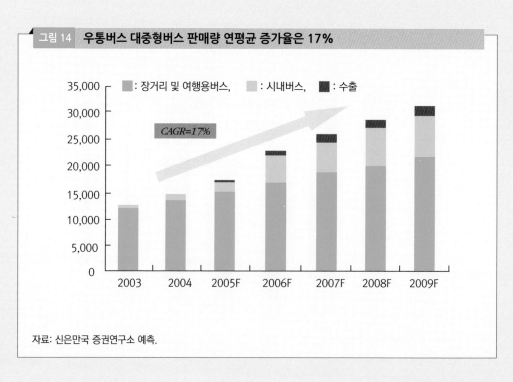

2. 업계경쟁구도는 회사경쟁우위를 유지하는 데 유리

2.1 우통버스의 종합실력은 업계의 선두에 있음

2.1.1 규모적 우위가 뛰어남

우통버스는 연속 수년간 대중형버스시장 점유율 1위를 차지하고 있으며, 규모의 우위가 뛰어나다: 회사는 생산성이 높으며 이미 아시아에서 제일 크고 기술이 가장 선진적인 대중형버스 생산기업으로 발전하였으며 단일 공장 대중형버스 생산량은 세계 1위를 차지한다. 2004년에 회사는 대중형버스 14,584대를 판매하였고 시장점유율은 19%에 육박하여 경쟁사인 소주 KING LONG과 샤먼 GLODEN DRAGON을 훨씬 앞서고 있다.

2.1.2 우통버스는 브랜드가치의 인지도가 높고 판촉수단이 적절함

KING LONG계열의 내부적인 불화가 우통버스에게는 시장기회이다: 우통버스는 중국버스업계의 제1 브랜드로서 높은 인지도를 가지고 있으며 주요 경쟁사는 KING LONG계열사인 샤먼 KING LONG(약칭 '대금용'), 샤먼 GOLDEN DRAGON(약칭 '소금용') 및 소주 KING LONG이다. 그러나 KING LONG계열사간의 내부적인 불화가 단기간에 개선되기 어려운 상황이어서 우통버스에게는 시장점유율을 확대할 수 있는 좋은 기회이다.

높은 직거래비율은 우통버스의 높은 판매량의 비결이다: 우통버스의 직거래비율은 총판매량의 60~70%를 차지하는데, 판매인원을 목표시장에 직접 투입하는 방식으로 고객의 수요정보를 직접 취득하며 대리상에 대한 근접관리를 진행한다. 높은 직거래비율을 통하여 회사는 목표시장을 직접적으로 관리하여 대리상의 변화에 의한 지역시장의 불안정을 최소화하였다.

2.1.3 기술적 우위가 뛰어남

우통버스는 중국 버스업계에서 유일하게 국가급 기술센터와 박사후연구소를 소유하고 있으며 독일 MAN사와 합작하여 YUTONG-Munich연구센터를 설립하였다. 2004년에 판매실적이 좋았던 ZK6120H는 우통버스가 독일 MAN사의 "Rhein"을 국산화하여 제작된 신제품이다.

우통버스의 R&D투자는 매년 지속적으로 증가되고 있으며 매출액의 약 3%에 달한

464

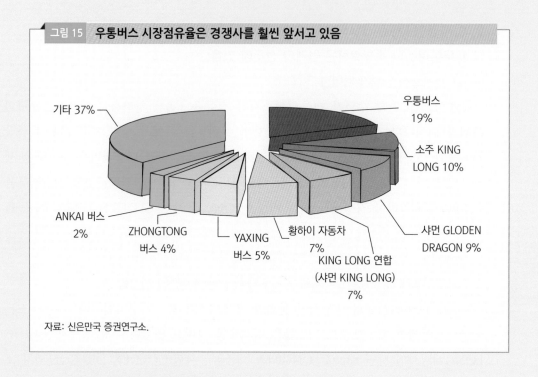

그림 15 **우통버스 시장점유율은 경쟁사를 훨씬 앞서고 있음**

우통버스
19%

소주 KING
LONG 10%

샤먼 GLODEN
DRAGON 9%

KING LONG 연합
(샤먼 KING LONG)
7%

황하이 자동차
7%

YAXING
버스 5%

ZHONGTONG
버스 4%

ANKAI 버스
2%

기타 37%

자료: 신은만국 증권연구소.

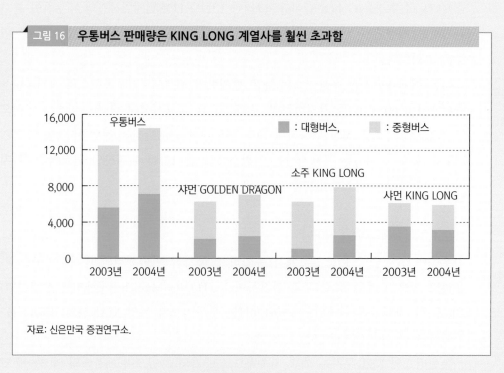

그림 16 **우통버스 판매량은 KING LONG 계열사를 훨씬 초과함**

우통버스

샤먼 GOLDEN DRAGON

소주 KING LONG

샤먼 KING LONG

■ : 대형버스,　□ : 중형버스

16,000

12,000

8,000

4,000

0

2003년　2004년　2003년　2004년　2003년　2004년　2003년　2004년

자료: 신은만국 증권연구소.

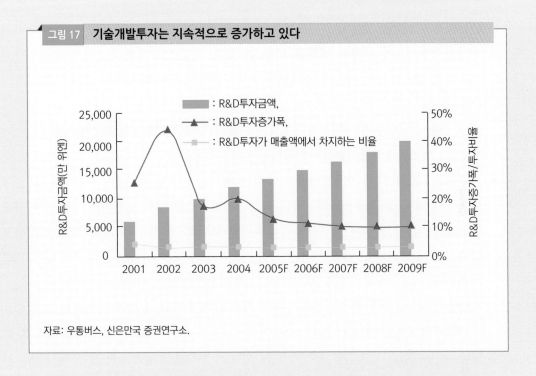

그림 17   기술개발투자는 지속적으로 증가하고 있다

자료: 우통버스, 신은만국 증권연구소.

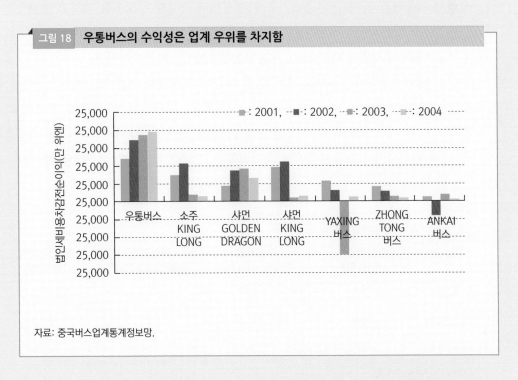

그림 18   우통버스의 수익성은 업계 우위를 차지함

자료: 중국버스업계통계정보망.

다: 이는 중국버스업계에서는 찾아볼 수 없는 일이다. 지속적인 R&D투자는 회사의 신제품개발속도가 시장의 변화를 읽을 수 있게 하였으며 제품의 수준도 지속적으로 제고되어 중고급차의 비율이 2001년의 26%로부터 2004년의 62%로 증가하였다.

2.2 우통버스의 수익능력은 업계에서 우위를 차지하며 가격경쟁에서 우세함

2.2.1 버스업계의 수익능력은 양극화가 심화되고 있음

수익능력은 회사가 시장경쟁에서 유리한 지위를 차지할 수 있는 기초이다. 대중형 버스 생산업체 중 우통버스의 수익능력은 타 경쟁사를 많이 초월하였으며 기타 경쟁 사들의 수익능력은 해마다 감소되는 추세를 보이고 있거나 손익분기점에 접근하고 있다. 따라서 우통버스와의 차이는 점점 벌어지고 있고 이러한 추세는 지속될 것으로 예측된다.

대중형버스업계의 시장집중도가 지속적으로 상승하고 있으나 역사적인 원인으로 생산업체의 수량은 여전히 많다. 따라서 업계의 구조적인 조정이 불가피할 것으로 보 인다. 선두기업은 가격전을 통하여 전체 업계의 수익을 낮춤으로써 일부 회사들을 시 장에서 퇴출시킬 것이다. 우통버스는 가격전에서 충분한 주도권을 가지고 있다.

2.2.2 일부 회사들의 시장퇴출은 우통버스에게 발전기회를 마련해 줌

일부 버스제조회사들은 지속적인 손실 때문에 시장에서 퇴출하고 있다: 중국의 대 부분 버스제조업체들은 계획경제체제하에서 교통, 도시건설 및 여행업 체계에 따라 생성되었다. 개혁개방 이후, 버스제조업체들은 중국도로차량기계총공사 및 지방정부 에 의해 관리되지만 소수기업만이 시장변화에 따라 경영전략을 바꾸었을 뿐 많은 기

표 3 중국 버스생산업체의 손실비율

연도	손실기업수 비율(%)	손실기업 판매량비율(%)	손실기업 판매액비율(%)	평균손실액 (만 위엔)
2002	31	5	2	1,290
2003	44	17	12	872
2004	40	23	19	1,480

자료: 신은만국 증권연구소.

업들은 여전히 지방교통운수그룹에 의지하고 있다. 따라서 여전히 노후한 경영관리 시스템으로 운영되고 있어 수익성이 낮다. 상당수의 기업은 연속 수년간 손실을 보고 있으며 지방보호적인 시내버스 구매 등을 통하여 겨우 생존하고 있다.

손실기업의 퇴출은 우통버스에게 시장을 내어주게 된다: 각 지역에서 공기업의 구조조정을 실시하고 점차적으로 대중교통차량 구매를 공개입찰방식으로 바꾸고 있어 손실기업은 점차적으로 기타 기업에 의하여 인수되거나 부도가 날 것으로 예상되며 우통버스는 보다 큰 시장을 확보할 수 있다.

2.3 도로운수업체와의 제휴를 통하여 안정적인 고객시장을 유지함

우통버스는 주요도시의 대형도로운수업체와의 전략적 제휴를 통하여 안정적인 고객기반을 유지할수 있다. 주요도시의 도로운수업체들은 교통중추의 역할을 함으로써 일반적으로 수익성이 좋고 버스의 업그레이드와 증가에 대한 수요가 크고 매출채권 회수도 용이하여 이상적인 고객이라고 할 수 있다. 현재 우통버스는 이미 후난천저우 운수그룹에 투자하였고 향후에는 성소재지 및 기타 중심도시의 도로운수업체에도 투자할 예정이다.

2.4 매출액 및 매출총이익률 예측

2.4.1 우통버스는 충칭우통 및 란저우우통을 적절한 시점에 인수할 예정임

충칭우통과 란저우우통은 우통그룹에서 두 회사가 구조조정시 투자한 지방회사로 각각 4,000대, 2,000대의 대중형버스 생산능력을 가지고 있으며 지역시장에서 좋은 고객관계를 유지하고 있다. 특히 충칭우통은 충칭시내버스그룹 및 경영진이 40%의 주식을 공동소유하고 있어 경영진의 적극성이 눈에 띈다. 그리고 충칭시 대부분 시내버스는 충칭우통에서 구매하기 때문에 일정한 매출이 보장된다.

우통계열의 대중형버스 생산자원을 재통합하여 규모의 경제를 발휘하기 위하여 회사는 적절한 시점에 충칭우통과 란저우우통 인수를 고려중이다. 2004년, 충칭우통과 란저우우통의 판매량은 각각 3,000대와 1,200대이며 법인세비용차감전순이익은 각각 3,900만 위엔과 640만 위엔에 달한다. 우통버스는 2006년에 이 두 회사의 주식을 각각 60% 및 80%까지 인수할 계획이다.

468

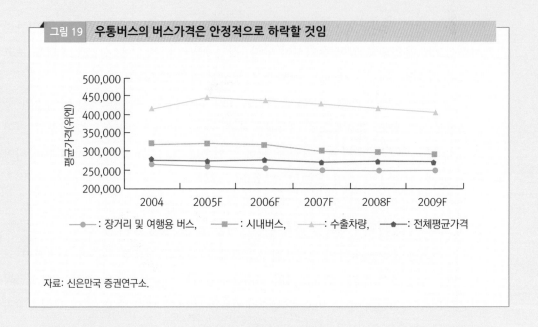

그림 19 우통버스의 버스가격은 안정적으로 하락할 것임

평균가격(위안)

500,000
450,000
400,000
350,000
300,000
250,000
200,000

2004   2005F   2006F   2007F   2008F   2009F

──●── : 장거리 및 여행용 버스,   ──■── : 시내버스,   ──▲── : 수출차량,   ──◆── : 전체평균가격

자료: 신은만국 증권연구소.

2.4.2 우통버스 대중형버스 가격은 안정적으로 하락한다

원자재와 에너지가격이 높은 환경하에서 대중형버스의 가격인하 여지는 별로 없으며 오히려 가격을 올려야 할 가능성도 존재한다. 우리가 우통버스의 버스가격이 안정적으로 하락할 것이라고 생각하는 이유는 다음과 같다.

- 향후 3년간의 시장기회는 생산업체들로 하여금 가격인하를 포함한 전면전에 나서도록 한다. 전 업계에게 주어진 시장기회를 감안할 때 모든 생산업체들은 보다 많은 시장점유율을 보유하기 위해 노력한다. 그 중 가격은 가장 유력한 경쟁수단이다.

- 시내버스는 점차적으로 공개입찰의 방법으로 구매할 것이므로 가격이 점차 합리화될 것이다. 베이징 시내버스의 구매는 이미 공개입찰방식을 사용하고 있고 기타 도시도 이와 같이 변경될 것으로 예상된다. 따라서 대중형버스 가격은 점차 합리화될 것이고 절차도 투명해질 것이지만 버스의 고급화로 인하여 전체 버스시장의 평균가격 이하로 낮아지지는 않을 것이다.

- 우통버스는 선두기업으로서 주동적으로 가격을 인하함으로써 업계의 전면적인 구조조정을 가속화할 수 있다. 우통버스의 매출총이익률이 높아 주동적으로 가격을 인하할 수 있는 실력을 갖추었다. 이러한 전략하에 손실기업들은 가격인하로 시장에서 퇴출될 수밖에 없다. 따라서 선두기업에게 시장을 내어주게 된다.

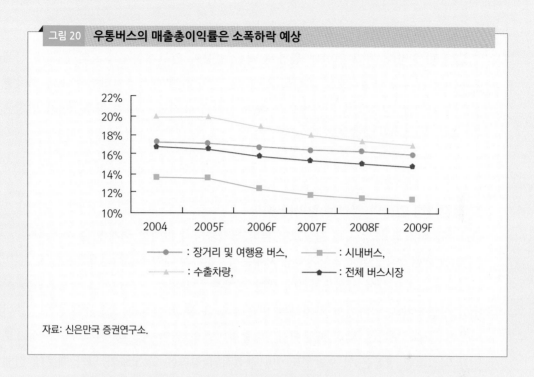

그림 20   우통버스의 매출총이익률은 소폭하락 예상

범례:
━●━ : 장거리 및 여행용 버스,   ━■━ : 시내버스,
━▲━ : 수출차량,   ━◆━ : 전체 버스시장

자료: 신은만국 증권연구소.

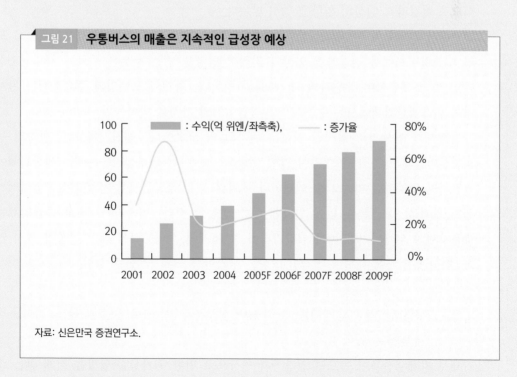

그림 21   우통버스의 매출은 지속적인 급성장 예상

범례:
▮ : 수익(억 위엔/좌측축),   ━ : 증가율

자료: 신은만국 증권연구소.

2.4.3 매출총이익률과 매출액 예측

철강 등 원자재 가격 인상의 원가에 대한 영향이 업무재설계의 효과에 의해 상쇄되며 버스가격이 안정적으로 하락될 것이라는 판단하에 매출총이익률은 소폭 하락할 것으로 예상된다. 매출은 지속적으로 빠른 성장을 유지할 것이며 향후 5년간 연평균 증가율은 17.5%에 달할 것으로 예측된다.

3. 철강가격 인상의 영향은 얼마나 될까

3.1 우통버스의 섀시 자체 생산율이 높아 원가상승의 압박을 적게 받을 수 있다

3.1.1 철강가격 인상의 영향에 대한 세부분석 : 원가에 대한 직접적인 영향은 9%

철강가격의 인상이 상업용차량에 대한 영향은 승용차보다 크다. 그 주요원인은 철강이 상업용차의 원가에서 차지하는 비율이 높을 뿐만 아니라 상업용차의 매출총이익률이 승용차보다는 낮기 때문이다. 대중형버스의 원가구조 중 철강가격 인상으로 인한 직접적인 영향은 약 9% 정도이며 간접적인 영향은 약 50%가 되기 때문에 전체적으로 철강가격 인상의 영향을 많이 받는다.

철강가격 인상의 직접적인 영향은 원가의 약 9%이다: 원가구성의 세부항목으로 보면 대중형버스에서 철강가격 인상의 직접적 영향을 받는 부분은 주로는 차체(운전실 포함) 및 프레임이며 총원가의 약 9%를 차지한다. 차체와 프레임의 주요소재는 판재이며 버스생산업체에서는 수동적으로 공급업체의 가격을 받아들일 수밖에 없다.

철강가격 인상의 간접적인 영향은 원가의 약 50%이다: 엔진, 에어컨, 변속기 등 외부설비들의 원자재 중 철강이 많이 포함되므로 이런 외부설비들은 버스생산업체에 간접적인 영향을 준다. 그 중 엔진이나 에어컨 등은 시장경쟁이 치열하여 공급업체가 쉽게 가격을 인상할 수 없어 원가에 대한 영향이 적다. 변속기 및 액슬 공급업체는 상품자체의 부가가치가 높아 철강가격이 그 자체의 수익능력에 대한 영향이 크지 않다. 따라서 원가에 대한 간접적인 영향은 생각만큼 크지 않을 수 있다.

3.1.2 우통버스의 섀시 자체생산율이 높아 철강가격 인상으로 인한 원가상승 압박을 적게 받을 수 있다

섀시 자체생산율이 높으면 철강가격 인상으로 인한 원가상승 압박을 적게 받을 수

있다: 우통버스는 섀시 자체생산비율이 70%에 달하여 섀시를 생산하지 않거나 자체
생산율이 낮은 제조업체보다 철강가격 인상의 영향을 적게 받는다. 또한 철강가격 인
상시 내부경영 효율성제고를 통하여 원가에 대한 영향을 줄일 수 있다.

　　2005년 철강 등 원자재의 가격인상으로 인하여 버스당 원가는 3,500위엔이 증가했
으며 총원가는 약 1~1.5% 인상되었다.

3.2 업무프로세스의 재구성을 통하여 철강가격 인상이 원가에 주는 영향을 상쇄한다

3.2.1 회사의 큰 생산규모와 긴 가치사슬은 업무재설계가 작용할 수 있는 기초이다

　　대중형버스생산업체는 일반적으로 주문생산방식을 사용한다. 따라서 내부생산프로
세스의 효율성과 외부구매의 반응속도가 생산원가를 결정한다. 우통버스는 2004년부
터 업무재설계를 시작하여 생산프로세스로부터 시작하여 각 프로세스간의 연결을 강
화하고 부서간의 협력효율을 제고하여 수작업에서 발생하는 낭비를 줄이고 재고를
감소하여 생산원가를 낮추고 있다.

　　회사의 큰 생산규모와 긴 가치사슬은 업무재설계가 작용할 수 있는 기초이다: 섀
시를 외부에서 구매하거나 생산규모가 작은 기업은 생산과정이 간단하여 업무재설계
가 효과가 없을 수 있다. 그러나 우통버스는 가치사슬이 업계의 타 생산업체보다 길
고 생산규모도 크기 때문에 우리는 우통버스가 업무재설계를 통하여 원가를 절감할
수 있다고 여긴다.

3.2.2 2005년 업무재설계를 통하여 총원가 5,500만 위엔을 절감할 수 있다

　　2005년 업무재설계를 통하여 약 5,500만 위엔의 총원가를 절감할 것으로 예측되며
철강가격 인상으로 인한 원가상승을 상쇄할 것이다.

4. 전략적으로 부동산업에 투자하면 의외의 수확이 있을 것이다

4.1 우통버스 부동산투자 프로젝트의 전망이 양호함

　　정저우 부동산산업 발전 전망이 좋다. 정저우는 중국에서 인구가 가장 많은 허난성의
성소재지로 인구는 약 700만 명이고 교통이 편리하며 중원지구에서는 유일한 특대
형중심도시로 주변 도시에 대한 영향력이 크다. 2005년 중앙정부보고서는 '중부발전'

전략을 정식으로 제기하였고 이는 허난성과 정저우의 발전에 좋은 기회이다. 현재 정저우의 부동산가격은 연해도시보다 많이 낮은 편이지만 주민생활수준과 도시화가 이루어짐에 따라 잠재력이 클 것으로 예상된다.

우통버스는 자회사인 정저우녹도부동산회사를 통하여 전략적으로 부동산업에 투자하고 있으며 현재 진행중인 프로젝트로는 정저우금속연구원과 정변로주택건설 두 개가 있다. 그 현황은 다음과 같다.

정저우금속연구원　　중원서로와 서부순환도로에 위치하고 있고 총 토지면적은 363무(畝)이다. 토지가격은 38만 위엔/무, 용적률은 1.4, 주변 건물평균가격은 1,700~2,000위엔/평방미터이다. 이 프로젝트의 수익은 69,050만 위엔, 법인세차감전순이익은 19,146만 위엔으로 예상된다.

정변로주택　　정저우시 관성구 내 상업중심의 동쪽에 위치하고 있고 총 토지면적은 86.7무, 토지가격은 120만 위엔/무, 용적률은 2.6, 주변 건물평균가격은 2,800~3,200위엔/평방미터이다. 이 프로젝트의 수익은 44,300만 위엔, 법인세차감전순이익은 9,313만 위엔으로 예상된다.

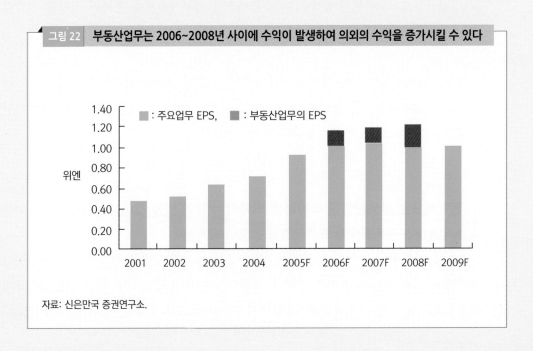

그림 22　부동산업무는 2006~2008년 사이에 수익이 발생하여 의외의 수익을 증가시킬 수 있다

자료: 신은만국 증권연구소.

4.2 부동산업은 2006년에 수확기에 들어선다

잠정 결정된 개발진도에 근거하여 예측할 때 우통버스의 부동산 프로젝트는 2006년부터 수익이 발생하여 2008년까지 지속될 것이다. 2004년 말 주식총수(2.051억주)로 계산할 때, 2006~2008년간 부동산업무의 주당 순이익은 각각 0.15위엔, 0.14위엔과 0.22위엔에 달하여 회사의 실적에 의외의 기여를 할 수도 있다.

부동산투자는 우통버스의 주요 업무분야는 아니지만 허난성 및 정저우에서의 인지도와 정부자원을 이용하여 보다 저렴한 가격으로 토지를 구매할 수 있어 전략적으로 부동산업에 투자하여 비경상수익을 취득할 수 있다. 동시에 우리는 부동산업에 대한 투자는 전략적인 참여 정도에서만 진행할 것을 권유하며 과대한 투자로 주요업무인 버스제조업에 영향을 미치지 말아야 한다고 생각한다.

5. 회사 이익예측

5.1 주요 가정

재무가정

(1) 회사의 법인세, 부가가치세 등의 세율은 변하지 않는다.

(2) R&D투자의 연간 증가율이 10% 이상 되어 R&D비용의 50%를 세전 중복공제 받는 혜택을 누린다.

(3) 2005년부터 연속 3년간 지방정부의 보조금을 받는다. 보조금은 2,000만 위엔을 기준으로 법인세 증가폭의 일정한 비율에 따라 증가된다.

업무가정

(1) 2006년에 우통그룹 소유의 충칭우통과 란저우우통의 주식을 각각 60% 및 80%까지 인수한다.

(2) 업무 재설계가 2005년에 효과를 거두어 약 5,500만 위엔의 총원가를 절감한다.

5.2 이익예측

우통버스의 향후 5년간 이익예측은 [표 4]와 같다.[1]

---

[1] 도표 중 주당 순이익은 보고일 주식총수(205,085,492주)에 근거하여 계산하였으며, 부동산업무의 수익은 고려하지 않았음.

474

표 4	우통버스 이익예측					(단위: 만 위엔)
구분	2004A	2005E	2006E	2007E	2008E	2009E
1. 매출액	**394,909**	**493,449**	**635,394**	**709,301**	**794,951**	**884,146**
매출액 성장률	21.37%	24.95%	28.77%	11.63%	12.08%	11.22%
(−): 매출원가	327,657	410,902	534,258	599,037	673,917	752,237
매출관련 세금	1,369	1,651	2,023	2,205	2,421	2,638
2. 매출총이익	**65,883**	**80,896**	**99,113**	**108,059**	**118,613**	**129,271**
매출총이익률	16.68%	16.39%	15.60%	15.23%	14.92%	14.62%
(+): 기타사업이익	2,385	3,000	4,000	4,000	4,000	4,000
(−): 영업비용	24,153	30,347	36,141	39,012	43,722	48,628
관리비	24,060	29,607	38,124	42,558	47,697	53,049
이자비용	484	493	635	709	795	884
3. 영업이익	**19,571**	**23,448**	**28,213**	**29,781**	**30,399**	**30,710**
(+): 투자수익	218.65458	390	0	0	0	0
보조수익	0	2,000	2,300	2,265	0	0
영업외수익	−156	−150	−150	−150	−150	−150
4. 법인세비용차감전순이익	**19,634**	**25,688**	**30,362**	**31,895**	**30,249**	**30,560**
법인세비용차감전순이익 성장률	6.46%	30.84%	18.20%	5.05%	−5.16%	1.03%
(−): 법인세	5,283	6,781	8,106	8,397	7,573	7,371
소수주주지분	−17	−50	1,510	1,620	1,816	2,019
5. 당기순이익	**14,368**	**18,957**	**20,747**	**21,878**	**20,860**	**21,170**
당기순이익성장률	12.03%	31.94%	9.44%	5.45%	-4.66%	1.49%
주당순이익(위엔)	0.70	0.92	1.01	1.07	1.02	1.03

자료: 신은만국 증권연구소 예측.

6. 가치평가분석

6.1 상대적 가치평가: 합리적인 가격범위는 11.96~13.80위엔임[2]

　A주 동종회사 및 대표적인 외국기업과 비교할 때 우통버스의 P/BV수준은 A주 평균수준보다 약간 높고 기타 지표는 평균수준보다 현저하게 낮으므로(일부 지표는 평균수준에 근접함) 주가가 현저하게 과소평가되어 있음을 보여준다. 국제증시의 주가지수 계산에 선정된 비교기업, A주가지수 계산에 선정된 비교기업 및 A주 자동차완제품회

표 5　우통버스의 상대적 가치평가 예측치는 A주 동종기업 및 외국기업보다 현저하게 낮음

주식	P/E	P/BV	P/Sales	EV/EBIT	EV/EBITDA	EV/Sales
우통버스	**11.2**	**1.7**	**0.44**	**11.6**	**7.6**	**0.47**
샤먼자동차	13.4	2.42	0.42	10.16	7.77	0.45
ANKAI버스	74.3	1.14	0.81	-	27.91	0.8
YAXING 버스	-	1.31	0.79	60.6	20.21	0.9
ZHONGTONG버스	73.43	1.30	1.2	45.61	26.22	1.69
서광주식	8.9	1.55	0.38	7.64	6.36	0.48
A주평균치	**36.25**	**1.57**	**0.67**	**27.12**	**16.01**	**0.80**
다임러 크라이슬러	14.48	1.06	0.25	22.49	6.46	0.72
르노	5.19	1.22	0.45	16.88	8.07	0.99
ISUZU	19.49	3	0.11	7.56	5.71	0.45
후지중공업	11.12	0.97	0.3	13.12	5.44	0.46
히노 모터스	42.02	1.56	0.46	16.18	9.32	0.58
현대	7.09	1.01	0.26	10.7	6.24	0.62
VOLVO	11.79	1.56	0.52	10.2	5.74	0.64
SCANIA	12.9	2.5	0.93	11.97	8.88	1.33
MAN(독일)	13.56	1.41	0.28	8.44	4.84	0.37
TATA(인도)	17.24	4.64	1.01	13.57	10.39	1.43
대표적 외국기업 평균치	**15.49**	**1.89**	**0.46**	**13.11**	**7.11**	**0.76**

자료: Bloomberg ,신은만국 증권연구소.[2]

2　도표 중 우통버스의 주가는 2005년 4월 11일 종가이고, 기타 회사의 주가는 가까운 시기의 주가이며, 그외 데이터는 2005년 예측치이다.

사의 평균수준을 고려할 때 우통버스의 2005년 실적에 근거한 P/E의 합리적인 범위는 13~15배, 즉 주가의 합리적 가격범위는 11.96~13.80위엔이다.

표 6　우통버스 3단계 가치평가 재무모형가정

단계	시점	종점	연간수익성장률	주
단계 1	2005	2009	상세예측	급속발전단계이며 부동산업무가 있음
단계 2	2010	2014	6%	주요제품이 완만한 성장단계에 진입
단계 3	2015	무한대	2%	회사가 성숙단계 진입

자료: 신은만국 증권연구소.

표 7　우통버스 WACC 계산

지표	수치
무위험이자율	4.5%
시장예상수익률	10.50%
Beta	0.96
CAPM	**10.26%**
타인자본비용	6%
자기자본비용	10.26%
타인자본/자기자본 비율	40/60
유효세율	26%
WACC	**7.95%**

자료: 신은만국 증권연구소.

6.2 절대적 가치평가: 가격구간 12.49~14.25위엔

현금흐름할인모형을 이용하여 우통버스에 대한 절대적 가치평가를 진행하였으며, 부동산업무에 의한 수익가능성은 고려하지 않았다.

우리가 사용한 가치평가모형은 2010~2014년 성장률은 6%이며, 2014년 이후에는 2% 영구성장률을 유지한다는 가정하에 2005~2009년의 현금흐름을 예측하였다. 절

표 8	우통버스 DCF 예측치 민감도분석				
DCF 예측치	영구성장률				
WACC	1%	1.5%	2%	2.5%	3%
6%	15.27	16.64	18.35	20.56	23.5
7%	13.25	14.19	15.33	16.71	18.44
8%	11.79	12.49	13.29	14.25	15.39
9%	10.69	11.22	11.83	12.52	13.34
10%	9.83	10.25	10.72	11.25	11.86

자료: 신은만국 증권연구소.

대적 가치평가에 의한 우통버스의 주가범위는 12.49~14.25위엔이며, 추세중심가격은 13.29위엔이다.

6.3 가격예측결과 분석: 목표가격은 13위엔으로 매수를 추천함

상대적 가치평가에 의한 우통버스 주가의 합리적인 가격범위는 11.96~13.80위엔이며, 절대적 가치평가에 의한 가격범위는 12.49~14.25위엔이다. 종합적인 분석을 거쳐 우리는 우통버스의 목표주가는 13위엔으로 현재 주가가 30% 이상 과소평가되어 있으므로 매입할 것을 건의한다.

7. 주요 위험요인

7.1 세무정책 변경가능성으로 인한 위험

7.1.1 R&D투자 성장률이 10%에 달하지 못하여 실적이 하락할 위험

2000년부터 매년 우통버스는 R&D투자 성장률이 10%에 달하여 투자비용을 법인세전 50% 중복공제받을 수 있는 혜택을 누렸다. 본 보고서의 재무모형은 2005~2009년의 R&D투자가 지속적으로 10% 이상 성장하므로 50% 투자비용 중복공제 혜택을 계속 누릴 수 있다고 가정하므로 주당 순이익에 대한 공헌이 크다.

우통버스의 R&D투자규모가 점차 커지고 제품이 성숙됨에 따라 R&D투자가 지속적으로 10% 이상 성장하기 어려워 수익능력이 약 10% 정도 하락될 수 있다.

우리는 우통버스는 여전히 규모 확장단계에 있으며 시내버스 시장 및 국제시장에
적극적으로 진출하고 있어 신흥목표시장 개발 및 신제품출시를 위한 투자가 지속될
것이기 때문에 R&D투자 10% 성장률을 유지하는 것은 가능할 것으로 예상한다.

7.1.2 지방정부 보조금이 지급되지 않아 실적이 하락할 위험

우통버스는 정저우시 국가하이테크산업개발구에 등록되어 있으나 개발구 내에서
생산 및 경영하지 않기 때문에 개발구 내 기업에 대한 15% 우대법인세율 혜택을 누
리지 못한다. 소식에 의하면 정저우 시정부는 이미 법인세 환급 또는 보조금의 형식
으로 우통버스에 3년간 일정한 보상을 해 줄 것을 구두로 약속했다고 한다. 본 보고
서의 재무모형에 의하면 2005~2007년 지방정부의 보조금이 당기순이익에 대한 공헌
은 0.065위엔, 0.074위엔 및 0.074위엔으로 해당 정책이 실현되지 못할 경우 당기순
이익은 약 7% 하락하게 된다.

우통버스는 정저우시와 허난성의 유명기업으로 허난성 과학기술위원회가 인정한
하이테크기업이다. 생산지가 개발구에 위치하고 있지 않더라도 회사의 영향력에 근
거하여 일정한 법인세 혜택을 받는 것이 가능하다. 그러므로 우리는 지방정부의 보조
금(또는 법인세 환급) 정책에 이변이 있을 가능성은 작다고 여긴다.

7.2 관계회사와의 거래의 위험성

2004년 우통버스의 관계회사와의 거래금액은 2003년 185만 위엔 대비 급속하게
증가하여 75,152만 위엔에 달하였다. 2005년의 관계회사와의 거래금액은 전년대비
24% 증가한 9.3억 위엔에 달할 것으로 예상된다.

우통버스는 지속적으로 증가하는 관계회사와의 거래에 대하여 더욱 투명한 설명이
필요하다: 현재 우통버스와 란저우우통, 충칭우통과의 거래는 정저우공장의 생산능
력 부족으로 이들 기업에 위탁가공을 요청하므로 발생한 것이다. 란저우우통과 충칭
우통은 우통버스에 인수되므로 일부 관계회사간의 거래가 감소할 전망이다. 그러나
우통발전은 자동차부품을 주요업무로 발전시키고 있어 에어컨 및 기타 부품들은 여
전히 관계회사와의 거래가 불가피하다. 우통버스가 해야 할 것은 관계회사와의 거래
내용 및 가격책정 방법을 더욱 투명하게 공시하는 것이다.

우통그룹이 상장사 우통버스의 주식보유비율을 제고하는 것이 관계회사와의 거래

표 9	2004~2005년 관계회사와의 거래비중 대폭상승						
	2004년				**2005년 예상**		
관계회사	거래내용	거래금액 (만 위엔)	동종거래에서의 비중 (%)	거래내용	거래금액 (만 위엔)	동종거래에서의 비중 (%)	
우통발전	원자재 구매	24,796	6.97	버스부품 구매	40,000		
란저우우통	위탁가공	13,324	3.75	위탁가공	15,000		
충칭우통	위탁가공	22,343	6.28	위탁가공	20,000		
KELIN 에어컨	에어컨 구매	14,689	4.13	버스용 에어컨 구매	18,000		
합계	-	75,152	21.13	-	93,000	약 22~25	

자료: 우통버스 연차보고서 및 주주총회 자료.

의 공정성을 확보하는 데 도움이 된다: 얼마 전 우통그룹은 중원신탁회사로부터 우통버스의 8.73% 주식을 양도받아 주식보유비율을 27.65%로 높여 제 2 대주주와의 격차를 더욱 벌였다. 이를 통해 그룹경영층이 상장사에 대한 통제권이 강화되었으며 그룹경영층과 상장사의 이익이 더욱 일치해져 관계회사와의 거래의 공정성 확보에 도움이 된다.

동시에 회사는 MBO를 통하여 소유권과 경영권의 일치를 가져왔으며 경영체제와 급여체제가 융통성이 있어 제도적 우세가 뚜렷하여 그 효과는 일반적인 기타 국유버스업체들과 비교할 수 없다.

부록: 우통버스회사 재무제표 예측

부표 1	우통버스회사 손익계산서 예측						(단위: 천 위엔)
	2003A	**2004A**	**2005E**	**2006E**	**2007E**	**2008E**	**2009E**
1. 매출액	3,253,650	3,949,089	4,934,486	6,353,938	7,093,013	7,949,506	8,841,462
(−) : 매출원가	2,658,678	3,276,574	4,109,018	5,342,581	5,990,365	6,739,170	7,522,368
매출관련 세금	12,767	13,689	16,509	20,227	22,053	24,207	26,382
2. 매출총이익	582,205	658,825	808,958	991,130	1,080,595	1,186,130	1,292,712
(+) : 기타사업이익	6,473	23,854	30,000	40,000	40,000	40,000	40,000
(−) : 영업비용	193,567	241,528	303,471	361,412	390,116	437,223	486,280
관리비	207,612	240,599	296,069	381,236	425,581	476,970	530,488
이자비용	803	4,841	4,934	6,354	7,093	7,950	8,841
3. 영업이익	186,696	195,712	234,484	282,128	297,805	303,987	307,102
(+) : 투자수익	−486	2,187	3,900	0	0	0	0
보조수익	191	0	20,000	22,997	22,649	0	0
영업외수익	−1,975	−1,562	−1,500	−1,500	−1,500	−1,500	−1,500
4. 법인세비용차감전순이익	184,425	196,337	256,884	303,624	318,955	302,487	305,602
(−) : 법인세비용	56,253	52,825	67,810	81,056	83,970	75,731	73,706
소수주주지분	−82	−172	−500	15,100	16,200	18,156	20,193
5. 당기순이익	128,255	143,684	189,574	207,468	218,785	208,600	211,703

자료: 신은만국 증권연구소.

부표 2	우통버스회사 재무상태표 예측						(단위: 천 위엔)
	2003A	**2004A**	**2005E**	**2006E**	**2007E**	**2008E**	**2009E**
현금및현금성자산	516,862	569,134	732,636	838,336	883,811	1,087,158	1,077,427
받을어음	306,088	157,901	236,858	271,457	295,984	339,977	367,340
매출채권	224,898	251,589	320,107	358,083	433,254	444,149	517,989
선급금	80,478	65,770	73,962	96,166	107,827	121,305	135,403
재고자산	557,605	837,122	894,615	1,242,269	1,122,594	1,537,880	1,431,783
유동자산 합계	1,685,972	1,881,558	2,258,179	2,806,311	2,843,470	3,530,469	3,529,943
고정자산 합계	535,906	541,169	580,425	620,740	652,712	671,899	654,401
무형자산및기타	83,396	108,985	133,405	168,178	192,078	215,978	239,878
자산 합계	2,334,906	2,600,492	3,030,376	3,641,595	3,721,859	4,451,946	4,449,822
단기차입금	140,219	47,500	20,000	50,000	50,000	50,000	50,000
지급어음	226,536	244,325	342,677	420,548	435,218	527,521	547,104
미지급금	609,186	759,351	952,740	1,273,335	1,222,650	1,585,337	1,548,983
선수금	51,472	78,421	98,690	127,079	141,860	158,990	176,829
미지급복리후생비	39,980	32,566	40,692	52,398	58,493	65,556	72,911
미지급배당금	1,417	0	0	0	0	0	0
미지급법인세	39,294	30,013	37,502	48,289	53,906	60,415	67,194
기타미지급세금	7,039	7,018	7,893	9,028	9,554	10,130	10,699
기타미지급금	58,863	105,626	118,804	135,891	143,795	152,476	161,031
미지급비용	17	72	80	90	100	120	150
유동부채 합계	1,177,590	1,310,317	1,625,858	2,125,390	2,125,321	2,621,469	2,647,048
장기차입금	50,000	0	30,000	50,000	40,000	200,000	100,000
미지급회사채	0	0	0	0	0	0	0
장기부채 합계	51,539	2,189	30,000	50,000	40,000	200,000	100,000
부채합계	1,229,129	1,312,506	1,655,858	2,175,390	2,165,321	2,821,469	2,747,048
소수주주지분	2,832	92,268	91,768	106,868	123,068	141,224	161,417
자본금	136,724	205,085	266,611	266,611	266,611	266,611	266,611
자본적립금	656,797	592,216	530,690	530,690	530,690	530,690	530,690
이익적립금	88,286	109,839	138,275	169,395	202,213	233,503	265,258
미처분이익잉여금	221,137	288,579	347,174	392,641	433,956	458,450	478,798
자본합계	1,102,944	1,195,719	1,282,750	1,359,338	1,433,470	1,489,254	1,541,357
부채와 자본합계	2,334,906	2,600,492	3,030,376	3,641,595	3,721,859	4,451,946	4,449,822

자료: 신은만국 증권연구소.

부표 3	우통버스회사 현금흐름표 예측						(단위: 천 위엔)
	2003A	**2004A**	**2005E**	**2006E**	**2007E**	**2008E**	**2009E**
당기순이익	128,255	143,684	189,574	207,468	218,785	208,600	211,703
소수주주지분	−82	−172	−500	15,100	16,200	18,156	20,193
자산평가충당금	−7,550	−2,183	10,321	26,720	−4,311	−57,040	2,694
고정자산감가상각비	73,177	82,569	91,091	101,686	116,428	128,212	118,898
무형자산감가상각비	4,111	5,623	5,500	5,000	6,000	6,000	6,000
미지급비용의 증가(감소)	17	2	8	10	10	20	30
재무비용	3,062	6,756	3,000	4,888	6,400	−7,010	−6,696
투자손실(투자수익)	486	−2,187	−3,900	0	0	0	0
재고의 감소(증가)	4,087	−186,714	−64,557	−371,822	127,994	−444,156	113,473
매출채권의 감소(증가)	84,736	164,912	−158,722	−96,830	−115,367	−68,940	−119,188
미지급금의 증가(감소)	−112,177	223,739	340,804	466,436	−1,619	494,374	23,756
영업활동으로 인한 현금흐름 합계	178,428	436,748	413,992	417,862	370,620	340,579	371,959
투자회수로 인한 현금유입	3,799	410	15,500	0	0	0	0
기타 투자활동으로 인한 현금유입	0	0	0	71,162	7,707	37,423	0
투자활동으로 인한 현금유입 합계	4,869	2,106	17,900	71,162	7,707	37,423	8,000
유형자산 및 무형자산의 취득으로 인한 현금유출	201,932	119,920	160,000	180,000	175,000	145,000	100,000
금융투자에 지급한 현금	0	80,200	1,846	120,000	0	38,754	8,270
투자활동으로 인한 현금유출 합계	201,932	200,120	161,846	300,000	175,000	183,754	121,498
투자활동으로 인한 현금흐름 합계	−197,063	−198,014	−143,946	−228,838	−167,293	−146,330	−113,498
지분투자를 받음으로 인한 현금유입	0	3,247	0	0	0	0	0
채권발행으로 인한 현금유입	0	0	0	0	0	0	0
차입금으로 인한 현금유입	170,219	67,500	2,500	50,000	0	160,000	0
재무활동과 관련된 기타 현금유입	0	0	0	0	0	0	0
재무활동으로 인한 현금유입 합계	170,219	70,747	2,500	50,000	0	160,000	0
부채의 상환으로 인한 현금유출	0	210,219	0	0	10,000	0	108,000
배당금 지급으로 인한 현금유출	4,395	62,500	102,543	130,880	144,652	144,652	152,817
이자상환으로 인한 현금유출	0	0	1,500	2,444	3,200	6,250	7,375
재무활동과 관련된 기타 현금유출	0	0	0	0	0	0	0
재무활동으로 인한 현금유출 합계	4,395	272,720	104,043	133,324	157,852	150,902	268,192
재무활동으로 인한 현금흐름 합계	165,824	−201,973	−101,543	−83,324	−157,852	9,098	−268,192
현금및현금성자산 순증가액	101,294	36,451	168,503	105,700	45,475	203,347	−9,730

자료: 신은만국 증권연구소.

투자건의의 등급에 대한 설명

● 보고서 발표 후의 6개월 내 주가의 등락폭은 동기 상하이 증권지수/심천 증권지수의 등락폭을 기준으로 한다.
● 투자건의의 기준

　　　매수: 시장 대비 +15% 이상의 수익률 달성

　　　보유량 증가: 시장 대비 +5~+15% 수익률 달성

　　　관망: 시장 대비 -5~+5% 수익률 달성

　　　매도: 시장 대비 -5% 이하의 수익률 달성

CHAPTER

11

기업가치평가와 투자전략

01 기업가치평가와 투자전략 개요[1]

라틴어로 pretium이라는 단어는 가격과 가치를 동시에 의미한다. 효율적 시장에서 가격과 가치는 같다.

가치투자자는[1] 시장가격과 주식의 내재가치를 비교해서 투자의사결정을 내린다. 내재가치보다 주가가 낮으면 매수하고, 내재가치보다 주가가 높으면 매도 또는 공매도를 한다. 주식의 내재가치가 현재시장가격보다 훨씬 클수록, 즉 안전마진(margin of safety)이 커질수록 미래에 초과 수익을 낼 가능성이 높다. 주가는 투자자가 지불하는 비용일 뿐, 투자자가 실제로 구매하는 것은 주식의 내재가치이다.[2] 주가와 내재가치의 차이가 투자자의 투자수익이다.

> "주가는 투자자가 지불하는 비용일 뿐, 투자자가 실제로 구매하는 것은 주식의 내재가치이다."
> "주식시장은 단기적으로는 투표기(voting machine)이지만 장기적으로는 저울(weighing machine)과 같다."
> – Benjamin Graham

여기서 문제는 주식을 사기 위해 지불하는 가격은 눈에 보이지만 내재가치는 볼 수도 만질 수도 없다는 것이다. 그렇다면 주식의 가치는 어떻게 알 수 있을까?

우선, 내재가치를 0원부터 무한대까지 수치 중에서 임의로 추측할 수 있을 것이다. 숫자가 적힌 벽에 다트를 던지거나 주사위를 굴려서 선택된 수치를 기업의 가치로 여길 수도 있을 것이다. 또는 직접 기업의 CEO를 찾아가 물어볼 수도 있을 것이다. 앞의 두 가지 방법은 신뢰성이 떨어지고, 세 번째 방법은 매우 소수의 투자자들에게만 가능한 옵션이다. 그렇다면 일반투자자는 어떻게 해야 할까?

투자자는 공시된 재무제표를 분석하여 가치평가를 할 수 있다. 그 방법을 알려주는 것이 바로 이 책의 목적이다. 재무제표 분석에 기초한 기업가치평가는 과학적이고 체계적인 방법으로 주식의 내재가치를 추정하고 투자의사결정을 내릴 수 있도록 도와준다. 본

---

1 이 장의 내용은 미국 Columbia대학교 Stephen Penman 교수의 영향을 많이 받았다. 가치평가모형에 대해 더 깊은 관심이 있는 독자들에게 Stephen Penman 교수의 저서 Financial Statement Analysis and Security Valuation을 읽어볼 것을 추천한다.

2 "Price is what you pay, and value is what you get."이라는 이 명언은 종종 Warren Buffett이 말한 것으로 여겨지지만, 실제로는 그의 스승인 Benjamin Graham이 남긴 말이다.

장에서는 앞에서 설명한 재무제표 분석과 이익예측을 토대로 내재가치를 추정하는 보편적인 가치평가모형을 소개한다. 가치평가모형과 미래이익에 대한 예측을 이용해 기업의 내재가치를 계산해 줌으로써, 현재 주가와의 비교를 통해 투자의사결정을 가능하게 한다.

　　가치평가모형을 소개하기에 앞서 주가가 결정되는 메커니즘을 알아보도록 하자.

　　대표적인 가치평가모형은 배당할인모형(dividend discount model)이다. 주식가치는 미래 예상되는 모든 배당금을 적절한 할인율로 할인한 현재가치의 합이다. 만약 시장이 충분히 효율적이어서 가격결정 오류가 발생하지 않는다면 주가는 항상 기업의 내재가치와 동일하다. 특정시점에 투자자가 가지고 있는 정보에 의해 결정된 가격은 미래 모든 배당금의 현재가치와 동일하다.

11.1

$$P_t = V_t \equiv \sum_{i=0}^{\infty} \frac{E_t(D_{t+i} \mid \delta)}{(1+r)^i}$$

　　여기서 V_t는 주식의 t시점에서의 내재가치이고, $E_t(D_{t+i} \mid \delta)$는 t시점의 정보에 근거한 미래 $(t+i)$기의 배당금에 대한 기대치이며, r은 할인율이다. 이 수식에 따르면 어느 시점에서나 주가는 내재가치와 동일하며, 이는 시장이 효율적임을 보여준다.

　　그러나 최근 30년간 수행된 다수의 자본시장에 대한 연구들은 시장이 충분히 효율적이지 않음을 보여준다. 즉, 가격결정 오류가 매우 빈번하게 발생하는 것으로 나타났다. 가격결정 오류가 발생하는 이유는, 한편으로 투자자가 새로운 정보가 기업가치에 어떤 영향을 주는지 충분히 이해하지 못하기 때문이며, 다른 한편으로는 정보를 이해하더라도 잘못된 투자의사결정을 내리기 때문으로 분석된다. 아울러 가격결정 오류가 발생한다는 것을 아는 기관투자자와 같은 전문투자자들이 이를 이용해서 차익을 얻으려고 하더라도 거래비용이 더 많이 들 수 있으며 위험도 따른다. 결과적으로 가격결정 오류는 장기간 유지된다. 차익거래에 따른 위험은 비합리적인 투자자의 시장참여에 따라 발생한다. 비합리적인 투자자는 내재가치와 주가를 비교하여 투자하기보다는 기분에 따라 투자한다. 이런 위험을 투자자 심리(investor sentiment)라고도 부른다. 따라서, 이를 가치평가모형에 반영하면 아래와 같이 나타난다.

`11.2` [3]

$$P_t = \sum_{i=0}^{\infty} \frac{E_t(D_{t+i}) + øE_t(Y_{t+i})}{(1+\rho+ø)^{i+1}}$$

모형(11.2)는 모형(11.1)의 확장모형이다. 수식 중의 ρ는 할인율, ø는 헤징비용이며, $E_t(Y_{t+i})$는 비합리적 투자자의 수요에 대한 기대치, 즉 투자자 심리이다. 주가를 결정하는 요소는 내재가치와 투자자 심리 두 가지로 나눠지는 것이다. 이 두 요소간의 가중치는 헤징비용에 의해 결정된다. 헤징비용이 낮고 비합리적인 투자자의 영향이 적을수록 가격은 내재가치에 가깝게 형성된다. 만약 헤징비용이 0이면 효율적인 자본시장을 가정할 수 있다. 그러나 헤징비용이 높고 시장에서 비합리적인 투자자가 많으면 시장의 효율성이 낮고 주가는 내재가치와 멀어지게 된다.

주가형성 메커니즘을 나타내는 모형 (11.2)로부터, 재무제표 분석을 통한 기업가치평가에 다음과 같은 의미를 도출할 수 있다.

첫째, 주가는 투자자가 지불하는 비용일 뿐, 투자자가 실제로 구매하는 것은 주식의 내재가치이다. 모형 (11.1)과 달리 모형 (11.2)는 주가와 내재가치가 다르다는 것을 명확히 보여준다. 가치평가를 이용하여 모형 (11.2) 중에서 내재가치 부분을 추정할 수 있다. 주가와 내재가치의 차이는 투자자 심리의 영향을 반영하는데, 이는 가격결정오류가 있음을 직접적으로 보여준다.

둘째, 재무제표 분석에 기초한 가치평가는 투자자가 무의식적으로 비합리적인 투자결정을 하는 것을 방지할 수 있다. 투자자가 내재가치에 대한 확신이 없을 때 시장 분위기에 따라 투자결정을 내리기 쉽다. 내재가치에 대한 기준이 없으면 아무리 높은 주가도 정당화될 수 있다. IT버블이 한창이던 시기에 등장한 닷컴기업들은 산업의 역사가 짧고, 유형자산이 없고, 지속적으로 손실을 기록했으며, 사업모델의 지속성이 낮았기 때문에 재무제표를 통한 가치평가가 매우 어려웠다. 투자자들은 이 기업들의 내재가치에 대해 기준을 잡을 수 없었다. 그래서 '신경제(new economy)가 구경제(old economy)를 대체할 것이다', '인터넷은 산업혁명에 비견할 인류 역사에 중요한 획기적인 혁명이다' 등의 구호가 닷컴기업에 투자하는 근거가 되었다. 시장은 점차 비합리적인 투자로 과열되다가 마침내 IT버블의 붕괴를 초래하였다.

재무제표에 기초한 가치평가는 모형 (11.2)의 두 번째 요소인 비합리적인 투자활동을

---

3 Shiller, R., 1984, "Stock Prices and Social Dynamics," *The Brookings Papers on Economic Activity*, pp. 457-510.

비판적인 시각으로 분석할 수 있게 한다. 모형 (11.2)의 첫 번째 요소는 투자자가 분석을
통해 추정할 수 있는 부분이지만, 두 번째 요소는 알 수 없는 부분이다. 알 수 있는 것과
없는 것을 구분하는 것은 매우 중요하다. 이는 합리적인 투자의사결정을 내리는 데 큰 도
움이 된다.

　　우리가 기업의 내재가치를 계량화할 수 있으면 해당 기업의 주가와 내재가치를 비교
하여 투자할 수 있다. 기업의 내재가치가 주가보다 큰 주식을 매입하고 기업의 주가가 내
재가치보다 큰 주식을 공매도 하는 헤지포트폴리오를 만들 수 있다. [그림 11-1]은 이러
한 헤지포트폴리오의 3년간 수익률을 보여준다. Frankel and Lee(1998)[4]의 연구에 의하면
이러한 투자는 초과수익률을 가져온다. 순자산과 주가의 비율은 내재가치와 시장가격의
가장 간단한 형태라 볼 수 있다. 보다 정교한 초과이익 모형으로 내재가치와 주가를 비교
하여 보다 더 큰 수익률을 얻을 수 있다. 초과이익모형은 다음 장에 설명한다.

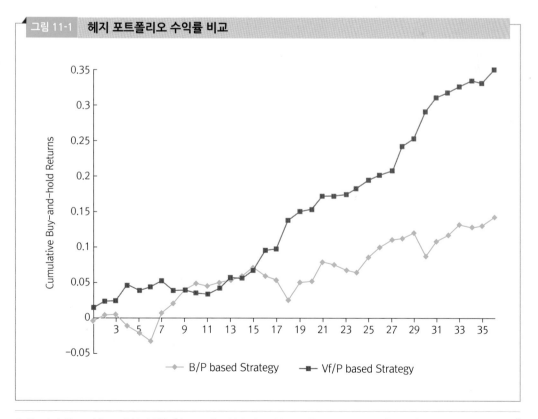

그림 11-1 　헤지 포트폴리오 수익률 비교

4　Frankel, R. and Lee, C.M. 1998. "Accounting Valuation, Market Expectation, and Cross-Sectional Stock Returns."
Journal of Accounting and Economics 25, pp. 283-319.

제1절을 통해 투자의사결정시 재무제표 분석에 기초한 가치평가의 중요성을 알아보았다. 이제부터 가치평가모형에 대해 알아보자.

투자자가 내재가치에 대한 확신이 없을 때, 시장 분위기에 따라 투자결정을 내리기 쉽다.
내재가치에 대한 기준이 없으면 아무리 높은 주가도 정당화될 수 있다.

02 재무제표 분석에 필요한 도구

우선 제10장까지 배운 가치평가에 필요한 도구를 살펴보도록 하자.

재무제표 분석, 이익창출능력 분석, 이익의 특성, 이익조정의 영향 등을 고려하여 추정재무제표를 작성해 보았다. 이런 예측치가 바로 가치평가모형에 필요한 도구들이다. 이 수치를 가치평가모형에 대입하면 기업의 내재가치를 계산할 수 있다.

이 장에서 사용된 기본사례는 상하이 신은만국증권(Shenyin & Wanguo Securities)에서 2005년 4월 13일에 발표한 Yutong Bus(600066)의 분석보고서다. 담당 애널리스트는 왕지혜(王智慧), 황연명(黃燕銘)이다. [5]

[표 11-1]~[표 11-3]은 각각 Yutong Bus 2005~2009년의 손익계산서, 재무상태표, 현금흐름표에 대한 예측이다. 이 보고서는 2005년 4월에 작성되었기 때문에 2005년 연간 재무제표부터 예측한다. 각 장의 과제를 완성한 독자들도 지금쯤 본인이 선택한 분석대상 회사의 재무제표 예측치를 가지고 있을 것이다.

상기 추정재무제표로부터 가치평가모형에 필요한 주당 매출액, 주당 순이익, 주당 자기자본, 주당 잉여현금흐름(free cash flow) 등 기본적인 수치를 얻을 수 있다. 배당할인모형에 대해서도 다루겠지만, 중국의 상장기업들은 배당금을 거의 지급하지 않거나 배당정책이 불안정하기 때문에 배당할인모형을 적용하기 쉽지 않아 주당배당금은 계산하지 않았다.

[표 11-4]는 가치평가모형에 필요한 주요 수치의 2004년 실제치와 향후 예측치를 정리했다.

---

5 보고서를 제공한 상하이 신은만국증권에 감사를 전한다.

　　[표 11-4]는 가치평가모형의 분자에 해당하는 수치를 제공해 주지만 우리는 가치평가모형의 분모에 해당하는 할인율도 필요하다. 제 7 장에서 이미 자본비용의 개념과 계산방법을 설명하였다. 자산가격결정모형으로 Yutong Bus의 2005년 4월 시점의 자본비용을 계산할 수 있다.

　　Yutong Bus 보고서의 표 7은 할인율을 추정한 과정을 나타내고 있다. 자기자본비용은 10.26%,[6] 가중평균자본비용(weighted average cost of capital: WACC)은 8%를 적용하였다.[7] 잉여현금흐름은 주주와 채권자의 투자자금을 모두 고려하기 때문에 할인율 역시 자기자본비용과 부채비용을 가중평균한 할인율을 사용해야 한다.

표 11-1　**Yutong Bus 추정손익계산서**　　　(단위: 천 위엔)

	2005E	2006E	2007E	2008E	2009E
매출액	4,934,486	6,353,938	7,093,013	7,949,506	8,841,462
매출원가	4,109,018	5,342,581	5,990,365	6,739,170	7,522,368
매출관련 세금	16,509	20,227	22,053	24,207	26,382
매출총이익	808,958	991,130	1,080,595	1,186,130	1,292,712
기타업무이익	30,000	40,000	40,000	40,000	40,000
판매비	303,471	361,412	390,116	437,223	486,280
관리비	296,069	381,236	425,581	476,970	530,488
이자비용	4,934	6,354	7,093	7,950	8,841
영업이익	234,484	282,128	297,805	303,987	307,102
투자수익	3,900	-	-	-	-
보조수익	20,000	22,997	22,649	-	-
영업외이익(손실)	−1,500	−1,500	−1,500	−1,500	−1,500
법인세비용차감전이익	256,884	303,624	318,955	302,487	305,602
법인세비용	67,810	81,056	83,970	75,731	73,706
소수주주지분	−500	15,100	16,200	18,156	20,193
당기순이익	189,574	207,468	218,785	208,600	211,703

6　무위험이자율 4.5%＋Beta 0.96×(예상수익률 10.5%−무위험이자율 4.5%).

7　자기자본비용(ρ_e)와 가중평균자본비용(γ_{WACC})의 차이를 주의하라.

$$가중평균자본비용＝자기자본비용 \times \frac{자본의 \ 시장가치}{부채의 \ 시장가치＋자본의 \ 시장가치}$$
$$＋부채 \ 비용(1-t) \times \frac{부채의 \ 시장가치}{부채의 \ 시장가치＋자본의 \ 시장가치}$$

표 11-2	Yutong Bus 추정재무상태표			(단위: 천 위엔)	
	2005E	2006E	2007E	2008E	2009E
현금및현금성자산	732,636	838,336	883,811	1,087,158	1,077,427
받을어음	236,858	271,457	295,984	339,977	367,340
매출채권	320,107	358,083	433,254	444,149	517,989
선급금	73,962	96,166	107,827	121,305	135,403
재고자산	894,615	1,242,269	1,122,594	1,537,880	1,431,783
유동자산 합계	**2,258,179**	**2,806,311**	**2,843,470**	**3,530,469**	**3,529,943**
비유동자산 합계	**580,425**	**620,740**	**652,712**	**671,899**	**654,401**
무형자산 및 기타자산	133,405	168,178	192,078	215,978	239,878
자산 총계	**3,030,376**	**3,641,595**	**3,721,859**	**4,451,946**	**4,449,822**
단기차입금	20,000	50,000	50,000	50,000	50,000
지급어음	342,677	420,548	435,218	527,521	547,104
미지급금	952,740	1,273,335	1,222,650	1,585,337	1,548,983
선수금	98,690	127,079	141,860	158,990	176,829
미지급복리후생비	40,692	52,398	58,493	65,556	72,911
미지급배당금	–	–	–	–	–
미지급법인세	37,502	48,289	53,906	60,415	67,194
기타미지급세금	7,893	9,028	9,554	10,130	10,699
기타미지급금	118,804	135,891	143,795	152,476	161,031
미지급비용	80	90	100	120	150
유동부채 합계	**1,625,858**	**2,125,390**	**2,125,321**	**2,621,469**	**2,647,048**
장기차입금	30,000	50,000	40,000	200,000	100,000
사　채	–	–	–	–	–
비유동부채 합계	**30,000**	**50,000**	**40,000**	**200,000**	**100,000**
부채 총계	**1,655,858**	**2,175,390**	**2,165,321**	**2,821,469**	**2,747,048**
소수주주지분	91,768	106,868	123,068	141,224	161,417
자본잉여금	266,611	266,611	266,611	266,611	266,611
자본금	530,690	530,690	530,690	530,690	530,690
이익준비금	138,275	169,395	202,213	233,503	265,258
이익잉여금	347,174	392,641	433,956	458,450	478,798
자본총계	**1,282,750**	**1,359,338**	**1,433,470**	**1,489,254**	**1,541,357**
부채와 자본 총계	**3,030,376**	**3,641,595**	**3,721,859**	**4,451,946**	**4,449,822**

표 11-3	Yutong Bus 추정현금흐름표				(단위: 천 위엔)
	2005E	**2006E**	**2007E**	**2008E**	**2009E**
당기순이익	189,574	207,468	218,785	208,600	211,703
소수주주지분	−500	15,100	16,200	18,156	20,193
자산평가충당금	10,321	26,720	−4,311	−57,040	2,694
감가상각비	91,091	101,686	116,428	128,212	118,898
무형자산감가상각비	5,500	5,000	6,000	6,000	6,000
미지급비용의 증가(감소)	8	10	10	20	30
이자비용	3,000	4,888	6,400	−7,010	−6,696
투자손실	−3,900	−	−	−	−
재고의 감소(증가)	−64,557	−371,822	127,994	−444,156	113,473
매출채권의 감소(증가)	−158,722	−96,830	−115,367	−68,940	−119,188
미지급금의 증가(감소)	340,804	466,436	−1,619	494,374	23,756
영업활동으로 인한 현금흐름	**413,992**	**417,862**	**370,620**	**340,579**	**371,959**
투자회수로 인한 현금유입	15,500	−	−	−	−
기타투자활동으로 인한 현금유입	−	71,162	7,707	37,423	−
투자활동으로 인한 현금유입 합계	17,900	71,162	7,707	37,423	8,000
유형자산 및 무형자산의 취득으로 인한 현금유출	160,000	180,000	175,000	145,000	100,000
금융투자에 지급한 현금	1,846	120,000	−	38,754	8,270
투자활동으로 인한 현금유출 합계	161,846	300,000	175,000	183,754	121,498
투자활동으로 인한 현금흐름	**−143,946**	**−228,838**	**−167,293**	**−146,330**	**−113,498**
채권발행으로 인한 현금유입	−	−	−	−	−
차입으로 인한 현금유입	2,500	50,000	−	160,000	−
재무활동으로 인한 기타 현금유입	−	−	−	−	−
재무활동으로 인한 현금유입	2,500	50,000	−	160,000	−
부채의 상환으로 인한 현금유출	−	−	10,000	−	108,000
배당금지급으로 인한 현금유출	102,543	130,880	144,652	144,652	152,817
이자지급으로 인한 현금유출	1,500	2,444	3,200	6,250	7,375
재무활동과 관련된 기타 현금유출	−	−	−	−	−
재무활동으로 인한 현금유출	104,043	133,324	157,852	150,902	268,192
재무활동으로 인한 현금흐름	**−101,543**	**−83,324**	**−157,852**	**9,098**	**−268,192**
현금및현금성자산 순증가액	168,503	105,700	45,475	203,347	−9,730

표 11-4   Yutong Bus 추정손익계산서

	2004A	2005E	2006E	2007E	2008E	2009E
주식수(만 주)	20,526	20,605	20,542	20,447	20,451	20,553

(단위: 만 위엔)

	2004A	2005E	2006E	2007E	2008E	2009E
자기자본	119,572	128,275	135,934	143,347	148,925	154,136
매출액	394,909	493,449	635,394	709,301	794,951	884,146
당기순이익	14,368	18,957	20,747	21,878	20,860	21,170
잉여현금흐름	23,873	27,005	18,902	20,333	19,425	25,846
부채	140,477	174,763	228,226	228,839	296,269	290,847

(단위: 만 위엔)

	2004A	2005E	2006E	2007E	2008E	2009E
주당 자기자본	5.83	6.23	6.62	7.01	7.28	7.50
주당 매출액	19.24	23.95	30.93	34.69	38.87	43.02
주당 당기순이익	0.70	0.92	1.01	1.07	1.02	1.03
주당 잉여현금흐름	1.16	1.31	0.92	0.99	0.95	1.26
주당 부채	6.84	8.48	11.11	11.19	14.49	14.15

가치평가모형에 들어가는 수치를 모두 확보했으므로 가치평가모형에 대해 알아보자.

03   배당할인모형

배당할인모형 (11.1)은 모형 (11.3)의 형식으로 표현할 수 있다. 분자 D_t는 t년도 시점의 배당금을 나타내며, 자기자본 할인율 ρ_e를 적용하여 D_t의 현재가치를 계산할 수 있다. 미래 예상배당금의 현재가치를 모두 합하면 주식의 내재가치를 얻을 수 있다.

11.3

$$V_0 = D_1/(1+\rho_e) + D_2/(1+\rho_e)^2 + D_3/(1+\rho_e)^3$$
$$+ D_4/(1+\rho_e)^4 + D_5/(1+\rho_e)^5 + \cdots$$

모형 (11.3)은 무한한 미래의 모든 배당금을 예측해야 내재가치를 계산할 수 있기 때문에 이대로 사용하는 것은 현실적이지 않다. 향후 5년의 배당에 대해서만 합리적인 추정이 가능할 때 그 이후 연도의 배당은 어떻게 반영할까?

6년도 이후의 배당에 대해서는 다음 두 가지 간단한 가정을 사용할 수 있다. 첫째, 6년도 이후 배당은 일정한 수준을 유지한다. 둘째, 6년도 이후 배당금은 일정한 비율로 성장한다.

6년도 이후 배당이 일정하다고 가정할 경우, 6년도 초 시점에서 향후 모든 배당의 현재가치는 아래의 수식으로 표시할 수 있다.

11.4

$$TV_6 = D_6 / \rho_e$$

6년도 이후 배당이 $g\%$씩 성장한다고 가정할 경우, 6년도 초 시점에서 향후 모든 배당금의 현재가치는 아래와 같다.

11.5

$$TV_6 = D_6 / (\rho_e - g)$$

TV_6은 6년도 초 시점의 향후 모든 연도의 배당금의 현재가치를 보여준다. 6년도 초는 예측기간의 종료시점인 5년도 말과 같다. 그래서 TV_6를 잔여가치(terminal value)라고 부른다. 잔여가치를 계산한 후 0년도 현재시점의 현재가치로 다시 할인해 주어야 한다. 이제는 모형 (11.3)에 더해 주면 된다.

11.6

$$V_0 = D_1 / (1 + \rho_e) + D_2 / (1 + \rho_e)^2 + D_3 / (1 + \rho_e)^3$$
$$+ D_4 / (1 + \rho_e)^4 + D_5 / (1 + \rho_e)^5 + TV_6 / (1 + \rho_e)^5$$

단, 배당성장률 g는 할인율인 ρ_e보다 작아야 한다는 점에 유의하여야 한다.

수식 (11.4)와 (11.5)는 다음 설명할 가치평가모형에도 마찬가지로 적용된다. 어떤 모형이든 무한대 기간에 대한 가정을 통해 구한 잔여가치가 필요하다.

배당할인모형은 최초로 제시된 가치평가모형으로 이론적 기초가 탄탄하지만 실용적이지 못하다는 단점이 있다. 배당정책은 기업의 재량적인 선택으로 어떤 경제적 이유 또는 법적 규정에 의해 강제되지 않는다. 배당정책은 언제든지 변경될 수 있는 것으로 지급 여부 및 배당금의 규모는 모두 기업에 의해 결정된다.

그러므로 배당정책은 기업이 창출한 부를 나타낸다고 할 수 없다. 배당은 창출된 부의 분배에 초점을 두고 있지만 주주로서 관심을 갖는 부분은 부를 창출하는 것이다. 1961년, Miller와 Modigliani라는 두 저명한 재무관리 교수들이 "Dividend Policy, Growth, and the Valuation of Shares"라는 유명한 논문에서 배당정책이 기업가치에 영향을 주지 않으며 배당은 부의 분배일 뿐이라고 설명한 바 있다.

실제로 미국이나 한국 주식시장에 상장된 기업들 중 상당수의 기업들은 배당금을 지급하지 않는다. 또한 배당금을 지급하는 기업들도 그 금액은 매년 거의 변하지 않는다. 따라서 상대적으로 짧은 기간인 5년 정도 미래의 배당을 추정해서 배당할인모형을 적용하는 것은 현실적으로 매우 어렵다. 회계 분야의 여러 실증분석 연구결과도 배당할인모형이 실제 기업의 주가를 잘 설명하지 못하고 있다는 것을 보여준 바 있다.

04 현금흐름할인모형

현금흐름할인모형(discounted cash flow: DCF)은 실무에서 가치평가에 가장 많이 사용하는 방법이다. 이 모형에 사용하는 수치는 [표 11-4]의 주당 잉여현금흐름과 가중평균자본비용(WACC)이다.

> 현금흐름할인모형은 기업 내재가치(enterprise value)를 구하고 배당할인 모형과 초과이익모형은 주식 내재가치(equity value)를 구한다.

잉여현금흐름은 영업활동으로 인한 현금흐름에서 재투자금액을 차감한 것으로, 당기에 투자자들에게 배당이나 이자비용, 부채의 상환 등의 형태로 지급할 수 있는 현금을 의미한다. 배당금이 주주에게 나누어주는 현금이라면, 잉여현금흐름은 주주와 채권자 모두에게 당기에 나누어줄 수 있는 현금이다. 그러므로 현금흐름할인모형은 주주와 채권자를 모두 포함하는 배당할인모형으로 이해할 수 있다. 주식과 채권의 가치의 합을 기업가치(enterprise value: EV)라고 한다. 미래의 예상 잉여현금흐름을 가중평균자본비용으로 할인해서 얻은 수치가 EV가 된다. 일반적으로 부채의 내재가치는 장부금액과 동일하기 때문에 기업가치를 계산한 후 부채의 장부금액을 차감하면 자기자본의 내재가치를 얻을 수 있다.[8] 이 모형은 아래와 같이 나타낼 수 있다.

11.7

$$V_0^f = CF_1/(1+r_{WACC}) + CF_2/(1+r_{WACC})^2 + CF_3/(1+r_{WACC})^3$$
$$+ CF_4/(1+r_{WACC})^4 + \cdots$$

모형 (11.7) 중 V_0^f는 기업의 가치이고, r_{WACC}는 가중평균자본비용이다. 제 3 절과 동일하게 예측기간은 5년이며, 5년 이후에는 잔여가치를 계산한다. 모형 (11.7)은 모형 (11.8)의 형식으로 표현할 수 있다.

11.8

$$V_0^f = CF_1/(1+r_{WACC}) + CF_2/(1+r_{WACC})^2 + CF_3/(1+r_{WACC})^3$$
$$+ CF_4/(1+r_{WACC})^4 + CF_5/(1+r_{WACC})^5 + TV_6/(1+r_{WACC})^5$$

만약 6년도 이후 잉여현금흐름이 일정한 수준을 유지한다고 가정하면,

11.9

$$TV_6 = CF_6/r_{WACC}$$

만약 6년도 이후 잉여현금흐름 성장률이 g라고 가정하면,

11.10

$$TV_6 = CF_6/(r_{WACC} - g)$$

---

8 현금흐름할인모형을 이용하여 주식가격을 구할 때 부채를 빼지 않거나 ρ_e를 쓰는 실수를 한다.

498

	2004	2005E	2006E	2007E	2008E	2009E	2010E
주당잉여현금흐름		1.31	0.92	0.99	0.95	1.26	1.26
잉여현금흐름의 현재가치		1.21	0.79	0.79	0.70	0.86	
잉여현금흐름의 현재가치 합	4.34						
잔여가치의 2009년 현재가치						15.75	
잔여가치의 2004년 현재가치	10.72						
기업가치	15.06						
부채의 장부금액	−6.84						
내재가치	8.22						

표 11-5 **2005년 4월 Yutong Bus의 내재가치**(2010년 이후 일정수준 유지)

* WACC 8%, 2010년 이후 잉여현금흐름은 일정수준을 유지한다.

[표 11-5]는 첫 번째 가정에 따라 6년도 이후의 잉여현금흐름이 5년도 수준을 유지할 때의 Yutong Bus의 2005년 4월의 내재가치를 보여준다.

본절과 이후의 계산 결과는 신은만국증권의 보고서와 일부 다르다. 편의를 위해 우리는 신은만국증권 보고서가 사용한 잉여현금흐름의 성장률이 2010~2014년 6%, 그 이후 2%라는 가설을 사용하지 않았다. 할인율도 8%를 직접 구해서 사용했다. 그러므로 본장에서 추정한 내재가치는 신은만국증권의 보고서와 다르다.

[표 11-5]에서 5년도 말, 즉 2009년 말 시점의 잔여가치는 1.26/0.08=15.75이다. 이를 현재시점의 현재가치로 할인하면 10.72가 된다. 이를 2005~2009년의 잉여현금흐름의 현재가치의 합계 4.34와 더하면 기업가치는 15.06이다. 여기서 주당 부채의 장부금액을 차감하면 주당 내재가치 8.22를 얻을 수 있다.

만약 잉여현금흐름이 2010년부터 2%의 연간 성장률을 유지한다고 가정하면 내재가치 계산과정은 [표 11-6]과 같다. [표 11-5]와의 차이점은 2010년 주당 잉여현금흐름의 예측치가 2009년보다 2% 증가한 1.29이며, 그 이후도 계속 2%씩 증가한다는 점이다.

[표 11-7]은 잉여현금흐름성장률과 가중평균자본비용의 1% 변화가 기업가치에 미치는 영향을 보여주는 민감도분석 결과이다. 이 결과를 보면 기본 가정들이 변함에 따라 추정된 기업가치 숫자가 상당히 달라진다는 것을 알 수 있다. 이 표에서 2% 근처의 성장률과 8%의 자본비용이 비교적 현실적이라고 판단되면 잔여가치는 10.89~13.48위엔이라고

표 11-6　**2005년 4월 Yutong Bus의 내재가치**(2010년 이후 2% 성장)

	2004	2005E	2006E	2007E	2008E	2009E	2010E
주당잉여현금흐름		1.31	0.92	0.99	0.95	1.26	1.29
잉여현금흐름의 현재가치		1.21	0.79	0.79	0.7	0.86	
잉여현금흐름의 현재가치 합	4.34						
잔여가치의 2009년 현재가치						21.42	
잔여가치의 2004년 현재가치	14.58						
기업가치	18.92						
부채의 장부금액	−6.84						
내재가치	12.08						

보는 것이 적당하다는 것을 알 수 있다.

　현금흐름할인모형이 많이 사용되는 이유는, 한편으로 배당할인모형의 이론적 및 실무적 한계를 극복할 수 있으면서 다른 한편으로는 배당할인모형의 기본원칙에 부합하기 때문이다. 현금흐름할인모형은 기업의 잉여현금흐름을 주주와 채권자 모두에 대한 배당이라는 개념으로 사용하는 것이다.

　현금흐름할인모형은 성숙하고 영업 및 투자활동이 모두 안정적인 기업에 적합하다. 그러나 확장기 또는 쇠퇴기 기업에 사용하는 것은 적절하지 않다. 다음 [표 11-8]을 보자.

　[표 11-8]은 Wal-Mart의 1988~1996년 사이의 잉여현금흐름을 보여준다. Wal-Mart가 투자에 사용한 현금은 영업활동으로 인한 현금흐름보다 많아 잉여현금흐름이

표 11-7　**신은만국 보고서 DCF예측치 민감도분석**

		성 장 률				
		1%	1.5%	2%	2.5%	3%
	6%	16.76	18.98	21.75	25.31	30.07
	7%	12.74	14.20	15.95	18.08	20.75
WACC	8%	9.88	**10.89**	**12.08**	**13.48**	15.17
	9%	7.73	8.48	9.33	10.31	11.45
	10%	6.07	6.63	7.26	7.98	8.80

500

표 11-8		1988~1996년 Wal-Mart의 잉여현금흐름						(단위: 백만 달러)	
	1988	1989	1990	1991	1992	1993	1994	1995	1996
영업활동으로 인한 현금흐름	536	828	968	1,422	1,553	1,540	2,573	3,410	2,993
투자활동으로 인한 현금흐름	−627	−541	−894	−1,526	−2,150	−3,506	−4,486	−3,792	−3,332
잉여현금흐름	−91	287	74	−104	−597	−1,966	−1,913	−382	−339
당기순이익	628	837	1,076	1,291	1,608	1,995	2,333	2,681	2,740
주당순이익	0.28	0.37	0.48	0.57	0.7	0.87	1.02	1.17	1.19
기말 주가	3.39	4.88	6.61	12.92	14.09	11.06	9.46	9.99	10.3

대부분 음수이다. 이 당시 Wal-Mart가 적극적으로 신규점포를 개설하기 위해서 많은 자금을 투자하던 시기였기 때문이다. 그러므로 1988년 초 시점에서는 현금흐름할인모형을 사용하기 어렵다. 만약 이 당시 잉여현금흐름을 이용해서 가치평가를 하면 평가된 가치가 음수가 나오게 될 것이다. 또한 1996년 말 시점에서 향후 잉여현금흐름을 예측하기도 어렵다.[9]

Wal-Mart의 경우는 기업이 확장기에 있는 경우 잉여현금흐름이 음수이기 때문에 잉여현금흐름할인모형을 사용하기 어렵다는 것을 보여준다. 만약 기업이 확장기를 거쳐 안정적인 성숙기에 접어든 단계라면 잉여현금흐름모형을 적용할 수 있다. 매년 영업활동으로 인한 현금흐름이나 투자활동에 사용되는 현금흐름이 상대적으로 일정하기 때문이다.

9 [표 11-8]에서는 잉여현금흐름을 계산하기 위해 가장 간단한 방법인 영업활동으로 인한 현금흐름과 투자활동으로 인한 현금흐름을 더해 주는 방법을 사용하였다. 이와는 달리, 일부 교과서에서는 투자활동으로 인한 현금흐름을 세분하여, 투자활동에 사용된 현금흐름과 투자활동을 통해 조달된 현금흐름으로 구분한 후, 영업활동으로 인한 현금흐름에서 투자활동에 사용된 현금흐름을 차감하여 잉여현금흐름을 계산하기도 한다. 즉, 투자활동을 통해 조달된 현금흐름을 잉여현금흐름 계산 과정에서 무시하는 것이다. 투자활동을 통해 조달된 현금흐름은 보유하고 있는 기계나 공장 등 비유동자산을 매각하는 과정에서 나타난다. 만약 회사가 비유동자산을 매각하는 경우가 거의 없어서 해당 금액이 무시할 만한 수준이라면 후자의 방법을 써도 무방하다. 현금흐름표에서 잉여현금흐름을 계산하는 이런 두 방법과는 달리 일부 재무관리 교과서에서는 재무상태표로부터 추정 잉여현금흐름을 계산하는 상당히 복잡한 방법을 소개하고 있다. 이 방법은 현금흐름표가 개발된 1990년대 이전에 사용되던 방법으로, 1990년대 중반 현금흐름표가 재무제표로 보고되기 시작한 이후부터는 회계 분야에서는 거의 사용되지 않는다. 다만, 아직 예전의 내용들만을 서술한 일부 교과서들에는 계속해서 이 내용이 등장할 뿐이다. 이 방법은 계산하기 어렵다는 점 이외에도, 재무상태표로부터는 정확한 현금흐름이 아닌 근사치만을 계산한다는 단점도 있다. 따라서 간편하면서도 정확한 현금흐름표를 이용하여 잉여현금흐름을 계산하는 방법이 더 빈번히 사용된다.

그러나 그 단계를 지나 쇠퇴기에 접어들었다면 잉여현금흐름모형을 적용하는 것이 또 적합하지 않게 된다. 쇠퇴기에는 기업이 해당 산업에서 조만간 철수할 것이므로 투자활동을 거의 수행하지 않는다. 그러므로 현재의 영업활동으로 인한 현금흐름은 양수이고 투자활동으로 인한 현금흐름은 0 근처의 수치가 된다. 따라서 잉여현금흐름이 지금 당장은 많은 것처럼 보인다. 그러나 앞으로 시장이 쇠퇴함에 따라 곧 영업활동으로 인한 현금흐름도 줄어들 것이며, 기업도 해당 산업분야에서 철수할 것이므로, 미래의 현금흐름이 거의 없을 것이라고 추정할 수 있다. 따라서 현금흐름을 이용해 가치를 평가하는 것이 용이하지 않다.

　　그러므로 가치평가모형을 사용하기 전에 대상기업에 적합한 모형인지 판단해야 한다. 획일화된 기준으로 사람을 평가할 수 없듯이 하나의 가치평가모형으로 모든 기업에 적용할 수 없다.

> 획일화된 기준으로 사람을 평가할 수 없듯이 하나의 가치평가모형을 모든 기업에 똑같이 적용할 수 없다.

　　정리하면 현금할인모형은 아래 네 단계를 거쳐 내재가치를 구한다.

Step1: 잉여현금흐름 예측
Step2: 할인율 (WACC) 추정
Step3: 기업 내재가치계산
Step4: 주식 내재가치 계산

05 초과이익모형

　　재무이론에 근거한 배당할인모형이나 실무에서 광범위하게 사용되고 있는 현금흐름할인모형은 금융계가 신봉하는 '현금이 왕이다(Cash is King)'는 이념을 드러낸다. 많은 경우 현금흐름할인모형으로 가치평가를 할 수 있지만 한계도 지니고 있다. 앞 절에서 살펴본 Wal-Mart가 그 단적인 예이다.

　　[표 11-8]에서 1988~1996년 Wal-Mart의 잉여현금흐름은 음수이지만 실제로 당기순

이익은 아주 양호하며 주당순이익도 지속적으로 증가하는 모습을 보인다. 동일 기간의 주가변화는 투자자가 Wal-Mart의 가치를 평가할 때 현금흐름모형을 사용하지 않았음을 보여준다. 주가는 지속적으로 상승하는 추세였다. 이 예에서 보는 것처럼 주가는 현금흐름보다는 당기순이익과 관련이 있다.

현금흐름과 기업가치가 불일치하는 현상이 발생하는 이유는 현금흐름이 기업의 가치를 잘 반영하지 못하기 때문이다. 현금흐름에는 기업이 창출하는 비현금성 수익이 포함되지 않지만 발생주의 원칙에 근거한 당기순이익은 비현금성 수익을 포함하고 있다.

[그림 11-2]는 1988년 1월~2008년 4월 Wal-Mart의 주가변화를 보여준다. 기업의 잉여현금흐름이 음수인 1988~1996년에도 주가는 지속적으로 상승하였으며, 1996~2000년에는 70달러 근방까지 치솟았고 그 후에도 이 수준을 유지했다. 1996년 말 11.38달러였던 주가는 2000년 말 53.12달러까지 올랐다. 만약 어느 투자자가 1996년에 현금흐름할인모형을 사용하여 Wal-Mart의 내재가치를 예측했다면 좋은 투자기회를 알아보지 못했을 것이다.

현금흐름할인모형의 한계로 인해 발생주의 원칙에 의한 이익수치를 사용하는 가치평가모형이 필요하게 되었다. 이 분야에 획기적 공헌을 한 논문이 1995년에 발표된 회계분야의 석학 James Ohlson 교수가 Contemporary Accounting Research라는 학술지에 발표한 "Earnings, Book Values and Dividends in Equity Valuation"라는 논문

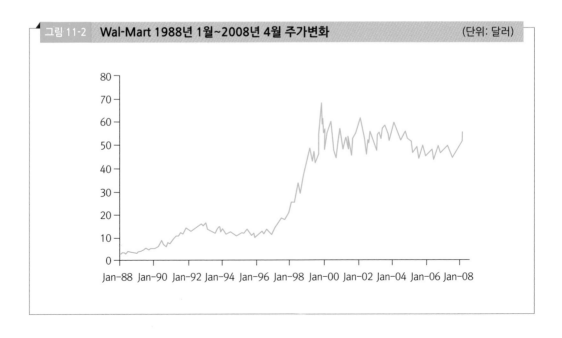

그림 11-2 **Wal-Mart 1988년 1월~2008년 4월 주가변화**　　　　(단위: 달러)

이다. 이 논문에서는 재무제표의 주당 순이익과 주당 자기자본을 주가와 직접 연결시키는 초과이익모형을 개발하였다.[10] 1995년 이후 James Ohlson, Gerald Feltham, Stephen Penman 등 회계학자들은 논문과 저서를 통해 초과이익모형의 이론과 실무 적용 방법을 더욱 발전시켰다. 오늘날 이 모형은 점차 활발하게 사용되고 있다.

회계 정보를 이용한 주식 내재가치 모형

V_0= 현재 시점(t=0)의 주식 내재가치

D_t= t시점의 주당 배당금액

B_t= t시점의 주당 자기자본

E_t= $t-1 \sim t$시점의 주당 순이익

ρ_e= 자기자본조달비용 (할인율)

1. 기본 배당할인모형에서 출발한다.

배당할인모형에 의하면, 현재 시점의 주가는 미래에 지급할 기대 배당금액의 현재가치와 동일하므로, 현재 주식 내재가치 V_0는 다음과 같이 표현된다.

$$V_0 = \sum_{t=1}^{\infty} \frac{D_t}{(1+\rho_e)^t} \quad (단, \ \rho_e > 0) \tag{1}$$

2. 배당할인모형에 잉여항을 더한다.

모든 y에 대해서 다음 등식은 항상 성립한다:

$$y_0 + \sum_{t=1}^{T} \frac{y_t - (1+\rho_e)y_{t-1}}{(1+\rho_e)^t} = \frac{y_T}{(1+\rho_e)^T}$$

여기서, $\frac{y_T}{(1+\rho_e)^T} \to 0$ as $T \to \infty$를 가정하고 양변에 극한을 취하면,

---

[10] 초과이익모형의 개념적 정의는 Ohlson 교수의 논문 전에도 찾아볼 수 있었지만, 구체적인 모형으로가 아니라 추상적인 개념 정도로만 소개된 것이었을 뿐이었다.

다음의 식 (2)을 얻는다.

$$0 = y_0 + \sum_{t=1}^{\infty} \frac{y_t - (1+\rho_e)y_{t-1}}{(1+\rho_e)^t} \tag{2}$$

이제 식 (2)를 식 (1)에 더하면, 다음의 식 (3)을 얻는다.

$$V_0 = y_0 + \sum_{t=1}^{\infty} \frac{y_t + D_t - (1+\rho_e)y_{t-1}}{(1+\rho_e)^t} \tag{3}$$

3. y를 회계 변수로 대체한다.

위에서 구한 식 (3)의 y에 회계 정보를 대입하면, 회계 정보를 이용한 가치평가모형이 유도된다. 이때, y는 기업이 미래에도 현재의 성과를 유지한다고 가정했을 때, 미래 배당금액의 현재가치를 대표할 수 있는 회계 정보가 되어야 할 것이다.

초과이익모형(Residual Income Model)

y_t 대신 BV_t를 대입하면, 다음 모형을 얻는다.

$$\mathbf{V}_0 = \mathbf{B}_0 + \sum_{t=1}^{\infty} \frac{B_t - B_{t-1} + D_t - \rho_e B_{t-1}}{(1+\rho_e)^t}$$

여기서, 배당과 당기순이익 및 순자산 증감 사이의 일정한 관계인 Clean Surplus Relation(CSR)를 고려하자.

$$E_t = B_t - B_{t-1} + D_t$$

위 모형에 CSR를 대입하면, 식 (4a)를 얻을 수 있다.

$$\mathbf{V}_0 = \mathbf{B}_0 + \sum_{t=1}^{\infty} \frac{E_t - \rho_e B_{t-1}}{(1+\rho_e)^t} \tag{4a}$$

(4a)식에 있는 분자에 있는 항은 초과이익(Residual Income; RI)으로 정의할 수 있다.

$$RI_t = E_t - \rho_e B_{t-1}$$

이것으로 초과이익모형 (4b)를 만들 수 있다.

$$V_0 = B_0 + \sum_{t=1}^{\infty} \frac{RI_t}{(1+\rho_e)^t} \tag{4b}$$

이 모형을 직관적으로 설명하면, 장부금액(BV)은 기업에 최초로 투자된 금액(순자산)이고, 초과이익(RI)은 이 투자 금액으로 기업이 자본조달비용(즉, 주주의 요구수익률)을 초과하는 수익률로 순이익을 얻을 수 있는지 여부를 나타낸다. 다시 말해, 회사의 순자산이 주주의 요구수익률을 초과하는 순이익을 창출하는 경우에만 주식가치가 증가하게 된다. 이때, 주식의 내재가치는 현재 투자 금액에 미래의 기대 초과이익을 현재가치로 환산하여 더한 값으로 결정된다.

초과이익성장모형(Abnormal Earnings Growth Model)

y_t 대신 E_{t+1}/ρ_e를 대입하면, 다음 모형을 얻는다.

$$V_0 = \frac{E_1}{\rho_e} + \sum_{t=1}^{\infty} \frac{E_{t+1} - \rho_e D_t - (1+\rho_e)E_t}{\rho_e(1+\rho_e)^t} \tag{5a}$$

초과이익성장(Abnormal Growth Rate; AGR)을 다음과 같이 정의하자.

$$
\begin{aligned}
AGR_t &= E_{t+1} - (E_t + \rho_e(E_t - \mathrm{dt})) \\
&= E_{t+1} - E_t - \rho_e(E_t - \mathrm{dt}) \\
&= E_{t+1} - E_t - \rho_e(B_t - B_t - 1) \\
&= E_{t+1} - \rho_e B_t - (E_t - \rho_e B_t - 1) \\
&= RI_{t+1} - RI_t \quad \text{(CSR 등식 가정)}
\end{aligned}
$$

$$V_0 = \frac{E_1}{\rho_e} + \sum_{t=1}^{\infty} \frac{AGR_t}{\rho_e(1+\rho_e)^t} \tag{5b}$$

이 모형을 직관적으로 설명하면, 주식 내재가치는 다음 해의 자본화된 이익(E_1/ρ_e)에 그 다음 해 이후의 초과이익성장에 대한 프리미엄을 합한 값이 된다. 초과이익성장은 재투자된 이익의 수익률로 조정된 전기의 이익보다 당기의 이익이 더 높게 나타날 때 발생한다.

우선 초과이익모형의 개념을 설명한 후 그 경제적 의미를 알아보자. 초과이익모형은 다음과 같이 표현할 수 있다.

`11.11`

$$V_0 = B_0 + \sum_{t=1}^{\infty} \frac{RI_t}{(1+\rho_e)^t}$$

평가시점은 0기 말(즉, 1기 초)이다. 이 수식에서 V_0는 평가시점 주식의 내재가치, B_0는 주당 자기자본의 장부금액, ρ_e는 자기자본의 할인율, RI_t는 t기의 초과이익을 나타낸다. 구체적으로 정의하면,

`11.12`

$$RI_t = E_t - \rho_e B_{t-1} = (ROE_t - \rho_e) \times B_{t-1}$$

위의 식에서, 초과이익(RI_t)은 당기순이익(E_t)에서 주주에게 돌려주어야 할 정상적인 이익($\rho_e \times B_{t-1}$)을 차감한 부분이다. 즉, 주식의 내재가치는 미래 초과이익의 현재가치와 당기 초 자기자본의 장부금액의 합이다.

초과이익모형은 배당할인모형에 기초하여 몇 가지 가정과 연산을 통해 얻은 것이다. 만약 미래 기간의 모든 회계정보를 정확히 예측할 수 있다면 이 두 모형에 근거하여 얻은 내재가치는 동일하다. 그러나 초과이익모형은 배당할인모형 및 현금흐름할인모형과 몇 가지 중요한 차이점을 지닌다. 첫째, 초과이익모형은 회계정보에 기초한 것으로 발생주의 원칙에 따른 회계정보를 사용한다. 기존에는 투자자들이 회계정보에 관심을 기울였지만 이는 미래 현금흐름을 예측하고자 하는 목적 때문이었다. 따라서 회계정보는 가치평가모형에 직접 사용되는 수치가 아니었다. 다른 가치평가모형은 직접적으로 회계정보를 사용

하지 않기 때문이다.

둘째, 기타 가치평가모형에 사용되는 수치는 모두 유량(flow) 정보지만 초과이익모형은 유량(flow) 및 저량(stock) 정보를 모두 사용한다. 즉, 미래 주당 순이익 외에도 주당 자기자본을 사용한다. 즉, 초과이익모형은 손익계산서와 재무상태표 정보를 모두 사용한다고 볼 수 있다. 따라서 기업의 가치를 좀 더 포괄적인 입장에서 평가하는 것이다.

셋째, 저량 정보를 예측과정에서 사용하기 때문에 예측기간 내에(이 책의 경우 5년) 추정한 가치가 내재가치에서 큰 부분을 차지한다. 저량 정보인 주당 자기자본은 예측정보가 아닌 현 시점의 재무제표에서 얻을 수 있는 정확한 수치이다. 이에 반해, 다른 모형들은 유량 정보만을 내재가치 예측에 사용한다. 이런 차이에 따라, 초과이익모형의 경우 평가된 내재가치에서 예측정보가 차지하는 비중이 다른 모형보다 낮다. 특히 다른 모형에서는 5년 후의 잔여가치에 대해 추정한 부분이 내재가치 평가에 상당히 중요한 부분을 차지하는데, 사실 5년 후 기업이 어떤 상황에 처할지 현재 시점에서 예측하기는 대단히 힘들다. 그러므로 미래예측치의 비중이 작은 초과이익모형이 더 신뢰성이 높다고 할 수 있다. 또한 신뢰성이 높은 정보를 많이 사용할수록 가치평가의 정확성이 높아진다.

James Ohlson 교수는 논문 "Earnings, Book Values and Dividends in Equity Valuation"에서 초과이익모형을 개발함으로써 미국회계학회로부터 회계학에 대한 공로를 인정받아 2000년 최고 공헌상을 수상하였다.
Stephen Penman의 저서 Financial Statement Analysis and Securities Valuation은 초과이익모형을 응용한 것에 대한 공로를 인정받아 2002년 미국회계학회 Wildman 메달을 수상하였다.

초과이익의 경제적 의미를 좀 더 알아보자. 자기자본이란 무엇인가? 자기자본은 지금까지 주주가 기업에 투자한 금액의 합이다. 최초 투자금액과 이익 중에서 주주에게 배분하지 않고 미래 투자를 위해 유보한 부분을 포함한다. 그렇다면 자본비용은 무엇인가? 자본비용은 주주가 기업에 자금을 제공할 때 부담하는 위험에 대한 보상이다. 만약 매년 회계적 이익(자기자본이익률)이 자본비용과 동일하다면 기업은 주주들에게 마땅히 돌려주어야 할 규모의 이익(즉, 정상이익(normal income))만 창출한 것으로, 정상이익을 초과하는 더 이상의 가치를 창출하지 못한 것이다. 자기자본이익률이 자본비용과 동일할 때 기업의 내재가치는 자기자본의 장부금액과 동일하다. 이런 경우 수식 (11.12)를 통해 기업의 초과이익이 0이라는 것을 알 수 있다. 초과이익이 0이라는 것은 기업이 돈을 벌지 못하거나 당기순이익이 0이라는 의미가 아니라, 일종의 주주 손익분기점에 도달할 정도의 이익만을 창출했다는 뜻이다.

그러므로 수식 (11.11)과 (11.12)로부터 기업이 주주를 위해 새로운 가치를 창출하려면 장기간에 걸쳐 초과이익을 창출해야 한다는 것을 알 수 있다. 그래야만 수식 (11.11)의 두 번째 항이 0보다 커져서 내 재가치가 장부금액을 초과하게 된다.

당연히 기업은 음의 초과이익을 기록하기도 한다. 만약 장기간에 걸쳐 초과이익이 음수이면 기업은 주주의 가치를 훼손시켜 내재가치는 주주의 투자금액보다 낮아지게 된다.

초과이익은 경제적 부가가치(Economic Value Added: EVA) 개념과 유사한 부분이 있다. EVA는 이미 많은 기업의 경영진과 부서의 실적평가 지표로 사용되고 있다. EVA는 기업의 가치를 증가시키기 위해서는 적자를 면하는 것만으로는 부족하다는 것을 명확하게 보여준다. 자본비용을 지급한 후에도 이익이 남아야만 경영진은 성과급을 받을 자격이 있다. 기업가치 평가에 사용되는 초과이익모형의 개념을 내부 성과평가에 적용한 것이 경제적 부가가치 개념이다.

이제 초과이익모형을 사용하여 Yutong Bus의 가치를 평가해 보자. 예측 기간은 5년이고 평가시점은 2005년 4월이며 B_0는 2004년 주당 자기자본이다. 따라서 수식 (11.13)은 실제 응용되는 모형이다. 앞에서와 마찬가지로 잔여가치는 2010년 초에 계산한 잔여가치의 현재가치이다. 2010년도 이후의 초과이익은 2009년 수준을 유지하거나 2% 성장률로

표 11-9 **Yutong Bus 2005년 4월 내재가치**(초과이익모형, 일정수준 유지)

	2004	2005E	2006E	2007E	2008E	2009E	2010E
주당 자기자본	5.83	6.23	6.62	7.01	7.28	7.5	
주당 당기순이익		0.92	1.01	1.07	1.02	1.03	
주당 초과이익		0.32	0.37	0.39	0.3	0.28	0.28
초과이익의 현재가치		0.29	0.31	0.29	0.2	0.17	
초과이익의 현재가치 합	1.27						
잔여가치의 2009년 현재가치						2.73	
잔여가치의 2004년 현재가치	1.67						
내재가치	8.77						

*자기자본비용 10.26%; 2010년 이후 초과이익은 일정수준을 유지한다.

증가할 것이라고 가정한다.

11.13

$$V_0 \equiv B_0 + \frac{RI_1}{1+\rho_e} + \frac{RI_2}{(1+\rho_e)^2} + \frac{RI_3}{(1+\rho_e)^3} + \frac{RI_4}{(1+\rho_e)^4} + \frac{RI_5}{(1+\rho_e)^5} + \frac{TV_6}{(1+\rho_e)^5}$$

[표 11-9]는 초과이익모형을 사용한 내재가치 추정과정을 보여준다. 그 중 2010년 이후 초과이익은 2009년의 수준을 유지한다고 가정한다. 잔여가치의 2009년 말 시점의 현재가치 계산수식은 (0.28/0.1026)로 2.73이며, 이를 다시 2004년 시점의 현재가치로 환산하면 1.67이다. 이를 2005~2009년의 초과이익의 현재가치의 합계 1.27 및 2004년 말 주당자기자본 5.83과 합하면 주당내재가치 8.77을 얻을 수 있다.

[표 11-10]은 2010년 이후 초과이익이 2% 성장률을 유지한다는 가정하에 내재가치를 계산한 자료이다. 잔여가치의 2009년 말 시점의 현재가치 계산수식은 (0.29/(0.1026-0.02))로 3.51이며, 이를 2004년 시점의 현재가치로 환산하면 2.15이다. 이를 2005~2009년의 초과이익의 현재가치의 합계 1.27 및 2004년 말 주당 자기자본 5.83과 합하면 주당 내재가치 9.25를 얻을 수 있다.

현금흐름할인모형과 초과이익모형의 신뢰성을 비교해 보자. 여기서 신뢰성이란 가치평가가 예측기간 내의 정보에 의존하는 정도를 말한다. 당연한 이야기지만 예측기간 내의

표 11-10 **Yutong Bus 2005년 4월 내재가치**(초과이익모형, 성장률 2%)

	2004	2005E	2006E	2007E	2008E	2009E	2010E
주당 자기자본	5.83	6.23	6.62	7.01	7.28	7.5	
주당 당기순이익		0.92	1.01	1.07	1.02	1.03	
주당 초과이익		0.32	0.37	0.39	0.3	0.28	0.29
초과이익의 현재가치		0.29	0.31	0.29	0.2	0.17	
초과이익의 현재가치 합	1.27						
잔여가치의 2009년 현재가치						3.51	
잔여가치의 2004년 현재가치	2.15						
내재가치	9.25						

*자기자본비용 10.26%; 2010년 이후 초과이익의 성장률은 2%이다.

510

표 11-11 Yutong Bus 2005년 4월 가치평가 신뢰성 비교	현금흐름할인모형		초과이익모형	
	일정수준 유지	성장률 2%	일정수준 유지	성장률 2%
기업가치/주식가치	15.16	19.03	8.77	9.25
예측기간 내 가치	4.35	4.35	7.1	7.1
예측기간 내 가치의 비율	29%	23%	81%	77%

정보 중 예측시점으로부터 가까운 정보일수록 보다 정확한 예측이 가능하며, 그 반대로 먼 미래의 정보일수록 예측의 정확성이 낮다.

  [표 11-11]에서 현금흐름할인모형을 사용하여 추정한 기업가치 중 예측기간 내 가치는 2005~2009년 잉여현금흐름의 현재가치의 합계이다. 2010년 이후 잉여현금흐름이 일정수준을 유지하는 경우, 예측기간 내 가치가 전체 평가된 가치의 29%를 차지한다. 2010년 이후 잉여현금흐름이 2% 성장한다고 가정한 경우, 예측기간 내 가치가 전체의 23%를 차지한다. 초과이익모형을 사용하여 측정된 기업가치 중 예측기간 내 가치는 2005~2009년 초과이익의 현재가치의 합계와 2004년 주당 자기자본을 더한 것이다. 2010년 이후 초과이익이 일정수준을 유지하는 경우, 예측기간 내 가치가 전체의 81%를 차지한다. 2010년 이후 초과이익의 2% 성장을 가정한 경우, 예측기간 내 가치가 전체의 77%를 차지한다. 이런 결과를 비교해 보면, 5년의 예측기간 내의 예측치가 전체 평가치에서 차지하는 비중이 초과이익모형이 월등히 높다는 것을 알 수 있다. 즉, 다른 조건이 같을 경우 초과이익모형은 현금흐름할인모형보다 신뢰성이 높다.

  물론 초과이익모형도 모든 기업에 적용할 수 있는 것은 아니다. 그러나 대체적으로 현금흐름할인모형보다 예측결과의 정확성이 높으며, 특히 Wal-Mart처럼 현금흐름할인모형을 사용할 수 없는 경우에도 사용이 가능하다는 장점이 있다. 그러나 신생기업과 같이 기업이 적자를 기록하고 있는 경우에는 초과이익이 장기간 음수가 되어 현금흐름할인모형과 초과이익모형을 모두 사용할 수 없다. 다음 절에서는 이럴 경우에 사용할 수 있는 상대가치비교법에 대해 알아보자.

06　상대가치비교법

　　기업이 연속적인 적자를 기록할 때 초과이익모형은 사용하기 곤란하며, 이런 기업은 현금흐름도 종종 음수이기 때문에 현금흐름할인모형도 적용할 수 없다. 이런 경우에는 상대가치비교법(valuation using price multiples or comparable method)을 사용한다.

　　상대가치비교법의 기본 바탕은 유사한 기업은 가치도 비슷하게 결정된다는 것이다. 만약 A기업과 B기업이 유사한 사업을 영위하면, PER(주가순이익), PBR(주가자기자본), PSR(주가매출액) 등이 모두 비슷할 것이다. 그러므로 만약 B기업의 재무비율을 알고 있으면, A기업의 주당 순이익, 주당 자기자본, 주당 매출액에 B기업의 PER, PBR, PSR 배수를 곱하면 A기업의 가치를 얻을 수 있다.

　　상대가치비교법을 사용할 수밖에 없는 경우는 다음과 같다. 첫째, 회사가 상장되지 않아 과거의 회계정보를 파악하기 어렵거나, 역사가 매우 짧아 재무정보의 규칙성이 부족한 경우이다. 이 두 경우에는 과거의 회계정보에 기초하여 미래 이익을 예측하기 어렵기 때문에 현금흐름할인모형이나 초과이익모형을 사용할 수 없다. 이 때문에 대부분의 기업이 신규상장(initial public offering: IPO) 가격결정을 할 때 상대가치비교법을 사용한다. 둘째, 회사의 경영상황이 안정적이지 못하고 현금흐름과 이익의 변동성이 커서 회계정보에 의한 정확한 예측이 어려운 경우이다. 셋째, 기업이 장기간 적자를 기록하여 잉여현금흐름이 음수일 경우이다. 이런 예외적인 경우에만 상대가치비교법을 사용하도록 한다. 다른 경우에는 현금흐름할인모형과 초과이익모형이 더 우수하다.

　　상대가치비교법은 심각한 이론적 결함을 지니고 있다. 재무제표 분석에 의한 가치평가모형을 사용하는 이유는 주가가 기업의 내재가치와 불일치하는 가격결정 오류가 존재할 수 있기 때문이다. 그러나 상대가치비교법은 다른 기업들의 주가는 기업의 내재가치를 잘 반영한다고 가정하고 있다. 만약 다른 기업의 주가가 모두 그 내재가치를 정확하게 반영한다면 가치평가를 할 필요가 별로 없을 것이다.

　　상대가치비교법은 심각한 가격결정 오류를 일으킬 수 있다. 만약 비교기업 B의 가치가 과대평가되었다면 상대가치비교법에 따라 추정한 A기업의 가치도 과대평가될 것이다. 이와 같은 오류는 자본시장을 위험하게 만들기도 한다. 상대가치비교법은 IPO시 가장 중요하게 사용하는 가치평가방법이다. 만약 시장이 버블상태로 상장기업의 가치가 전반적으

512

로 과대평가되어 있으면 상대가치비교법은 신규 상장기업의 주가도 과대평가함으로써 버블을 증폭시킨다.

이와 같은 이유로 상대가치비교법을 사용할 때 예측에 주의를 기울여야 하며, 다른 평가방법을 보완하는 역할로만 사용해야 한다. 사용할 수 있는 가치평가 방법이 상대가치비교법밖에 없을 경우에도 비교대상 기업들의 주가가 합리적인지도 고려해야 한다. 초과이익모형이나 현금흐름모형을 사용하여, 비교대상 기업들의 내재가치를 계산해서 해당 기업들의 주가가 합리적인 수준인지를 분석해 볼 수 있을 것이다.

비교대상 기업을 선택할 때는 자산규모, 매출규모, 산업, 부채비율, 발전단계 등의 유사성을 고려한다. 자산 및 매출규모의 차이가 큰 회사는 비교가능성이 낮다. 부채비율은 기업의 가치와 위험에 큰 영향을 미치는 요소로서, 가능하면 부채비율이 근접한 기업을 선택해야 한다. 성장기에 있는 기업은 쇠퇴기에 접어든 기업과 비교가능성이 없다.

실무에서는 몇 개의 비교대상 기업을 선택해서 평균 PER(주가순이익), 평균 PBR(주가자기자본), 평균 PSR(주가매출액)을 사용한다. 여러 개의 비교대상 기업을 선택하여 평균치를 사용하는 것은, 한 기업의 특수한 상황이 아니라 유사 기업 전체의 평균적인 상황과 비교하기 위한 것이다.

[표 11-12]는 2005년 4월 Yutong Bus의 비교대상 기업의 PER, PBR, PSR을 정리했다. 신은만국증권 보고서는 Xiamen Bus 등 5개 중국기업과 DaimlerChrysler 등 10개 외국기업을 비교대상 기업으로 선정하여 기업 고유의 특수성을 최소화하였다.

이 표를 관찰하면 여러 가지 문제점을 발견할 수 있다. 우선 Ankai와 Zhongtong의 PER이 각각 74.30과 73.43으로 다른 기업보다 비정상적으로 높다. PER이 아주 높은 이유는 주당순이익이 매우 낮기 때문일 수 있다. 과도하게 낮은 이익은 기업의 장기적인 이익창출능력을 나타내지 못하기 때문에 비정상적인 PER은 비교과정에서 배제해야 한다. 물론 두 기업의 주가가 확실히 높을 수도 있다. 그러나 PBR은 다른 기업과 유사한 수준인 것을 보면 두 기업의 주가가 높을 것이라는 가설은 배제할 수 있다. 외국기업 중에서는 Hino Motors의 PER이 42.02로 다른 회사보다 높지만 아주 극단적으로 높은 것은 아니므로 포함시키기로 한다.

[표 11-12]는 Ankai와 Zhongtong의 PER을 제외한 중국기업과 외국기업의 평균 PER, PBR, PSR을 나타낸 것이다. Yutong Bus의 2004년 주당 순이익, 주당 자기자본 및 주당 매출액에 비교대상 기업으로부터 구한 배수를 곱하면 Yutong Bus의 주가를 추정할 수 있

표 11-12	2005년 4월 Yutong Bus 비교대상 기업의 주당 순이익, 주당 자기자본, 주당 매출액		
기업	PER	PBR	PSR
Yutong Bus	11.20	1.70	0.44
Xiamen Bus	13.40	2.42	0.42
Ankai Bus	74.30	1.14	0.81
Yaxing Bus	-	1.31	0.79
Zhongtong Bus	73.43	1.30	1.20
Shuguang	8.90	1.55	0.38
중국기업 평균	**11.15**	**1.54**	**0.72**
DaimlerChrysler	14.48	1.06	0.25
Renault	5.19	1.22	0.45
Isuzu	19.49	3.00	0.11
Fuji Heavy Industries	11.12	0.97	0.30
Hino Motors	42.02	1.56	0.46
Hyundai Motors	7.09	1.01	0.26
Volvo	11.79	1.56	0.52
Scania	12.90	2.50	0.93
Man	13.56	1.41	0.28
Tata	17.24	4.64	1.01
외국기업 평균	**15.49**	**1.89**	**0.46**

다. [표 11-13]은 그 평가결과를 보여주는데, 상대가치비교법을 사용한 Yutong Bus의 적정주가는 9.61~17.24위엔이다.

PER을 이용한 상대가치비교법에서 PER의 분모인 주당 순이익이 지속적인 이익이어야 한다. 우발적이거나 영업활동으로 인한 이익이 아닌 부분은 제거해야 한다. 지속적이지 않은 이익이 PER 배수를 왜곡하는 현상은 PBR 또는 PSR의 경우보다 크다. 동시에 이익의 변동성으로 인해 특정 연도에는 아주 적은 이익을 기록할 수도 있다. 갑자기 낮은 이익을 기록한 해의 이익수치로 PER을 계산하면 Ankai나 Zhongtong의 경우처럼 극단적인 PER을 보일 수 있다.

표 11-13 상대가치비교법에 의한 Yutong Bus 2005년 4월 가치평가

	주당 순이익	주당 자기자본	주당 매출액
Yutong Bus의 2004년 실적	0.92	6.23	23.95
	PER	PBR	PSR
중국기업 평균	**11.15**	**1.54**	**0.72**
외국기업 평균치	15.49	1.89	0.46
평가 가치			
중국기업 평균치 적용	10.26	9.61	17.24
외국기업 평균치 적용	14.25	11.77	11.02

사례 11-1

PEG Ratio

한눈에 주식이 과대평가되었는지 아닌지를 알 수 없을까? 물론 PER(PE ratio)를 경쟁사나 시장 평균과 비교할 수도 있다. 하지만 이익성장률이 높은 주식일수록 PE ratio가 높은 경향이 있다. 이를 고려하여 PER와 이익성장률을 비교한 PEG(Price-Earnings-Growth) Ratio로 과대평가되었는지를 볼 수 있다. 성장률이 높은 하이테크주식의 경우 많이 사용된다. PEG Ratio는 이익의 성장률이 시장 주가에 얼마나 잘 반영되었는지를 추정하기 위한 지표로 아래와 같다.

$$PEG \ Ratio = \frac{PER}{\text{이익성장률} \times 100}$$

PER은 시장 주가와 기업의 이익 사이의 비율, 이익성장률은 기업의 현재 이익과 미래 이익 간의 관계를 나타내므로 결국 PEG Ratio가 나타내고자 하는 것은 현재와 미래 이익 사이의 차이(이익의 성장)와 시장 주가의 사이의 비율이라고 할 수 있다. 일부 투자자와 재무분석가들은 주식이 내재가치와 같은지의 벤치마크로 PEG Ratio가 1인지 여부로 따진다. PEG Ratio가 1을 초과하는 주식은 과대평가, 반대로 1 미만인 주식은 과소평가 되었다는 판단이다.

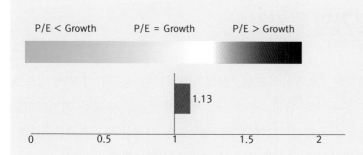

왜 벤치마크로 1을 사용할까?

초과이익 성장모형(AEG)을 다시 떠올려 보자. 초과이익성장 AEG를 아래와 같이 정의했다.

$$AGR_t = E_{t+1} - \left(E_t + \rho_e \left(E_t - d_t \right) \right)$$

여기에 추가로 다음과 같은 두 개의 가정을 더 해서 생각해보자.

- 회사는 주주에게 배당금을 지급하지 않는다. ($d_t=0$)
- T+2기 이후의 초과이익성장 AGR은 일정한 수준을 유지한다. ($AGR_t = AGR_2, t \geq 2$)

추가 가정을 활용하여 초과이익성장모형을 표현하면 아래와 같이 단순화된 형태가 됨을 볼 수 있다.

$$p_0 = \frac{E_1}{r} + \frac{E_2 - (1+r_2)E_1}{r} = \frac{E_2 - E_1}{r}$$

　위에 설명한 추가 가정을 함께 고려하면, 기업의 내재가치는 다음 해의 자본화된 이익과 그 후 1회의 초과이익성장을 반영한 셈이 된다. 이렇게 추정한 내재가치 p_0와 이익성장 $E_2 - E_1$ 사이의 비율은 $1/r_e$로 단순화 된다. 여기에 r = 10%라는 가정을 더하면 PEG Ratio를 1로 만들 수 있다.

　PEG Ratio = 1을 이끌어내기 위해 사용한 가정들이 다소 비현실적이다. 회사는 배당금을 지급하지 않아야 하고, 2년차 이후의 초과이익성장은 모두 일정한 값으로 유지되며, 자본비용은 10%여야 한다. 이러한 비현실적 가정 때문에 PEG Ratio의 활용에 회의적인 시각도 있다. 하지만 내재가치가 다음 해의 자본화된 이익과 1회의 초과이익성장을 반영한다는 것이 직관적이고 2년치의 실적 예상치만 있으면 PEG Ratio를 구할 수 있어 자주 사용된다.

07 \ 가치평가와 투자전략

　　지금까지 현금흐름할인모형, 초과이익모형, 상대가치비교법 등 세 가지 방법으로 Yutong Bus의 가치를 평가하였다. [표 11-14]는 이 세 가지 방법으로 추정한 기업가치를 정리하였다. 현금흐름할인모형과 초과이익모형은 2% 성장률을 가정한 평가결과를 선택하였고, 상대가치비교법은 중국기업의 평균치를 적용한 결과를 선택하였다.

　　[표 11-14]는 9.25위엔부터 17.24위엔까지 다양한 결과를 보여주고 있다. 어느 결과를 선택하는 것이 좋을까? 앞에서 설명하였듯이 상대가치비교법은 다른 방법이 없을 때만 사용해야 한다. Yutong Bus의 현금흐름과 당기순이익은 모두 기업성과를 잘 반영한다. 따라서 현금흐름할인모형과 초과이익모형을 사용한 평가결과의 평균치 10.72위엔을 최종 평가결과로 선택할 수 있다.

　　신은만국증권 보고서의 최종 평가결과는 13위엔으로, 위의 평가결과 10.72위엔보다 약간 높다. 이런 차이가 발생하는 주요 원인은 신은만국증권 보고서의 경우 2010~2014년 성장률을 6%로 가정하였지만 본 교재에서는 성장률을 2%로 가정했기 때문이다.

　　2005년 4월 13일 Yutong Bus의 주가는 9.73위엔이다. 이를 신은만국증권 보고서와 비교해 보면 주가가 33.61% 상승할 여지가 있다는 예측이다. 본 교재의 계산결과인 10.72위엔과 비교해 보면 10.71% 상승할 여지가 있는 셈이다.

　　지금까지 우리는 이익창출능력 분석, 이익예측 및 가치평가의 과정을 거쳐 추정재무제표를 작성하였고, 그에 근거하여 Yutong Bus의 가치를 평가하였다. 이제 가장 중요한

표 11-14　Yutong Bus 2005년 4월 가치평가 결과비교

현금흐름할인모형(성장률 2%)	**12.19**
초과이익모형(성장률 2%)	9.25
상기 두 가지 방법의 평균치	10.72
A주 평균치 적용: 주가순이익비율	10.26
A주 평균치 적용: 주가순자산비율	9.61
A주 평균치 적용: 주가매출액 비율	17.24
모든 방법의 평균치	11.96

결정의 순간이 다가왔다. Yutong Bus의 주식을 매수할 것인가?

우리가 주식에 투자하는 목적은 초과이익을 얻기 위해서이다. 만약 정상적인 수준의 투자이익을 원한다면 시장지수를 추종하는 인덱스펀드를 가입하는 것이 최상의 선택이다. 그러므로 Yutong Bus가 투자가치가 있는지 없는지는 주가 상승폭이 시장지수의 상승폭보다 높을지 또는 주가 하락폭이 지수의 하락폭보다 낮을지 판단해야 한다.

신은만국증권 보고서의 마지막 페이지에는 다음과 같은 설명이 있다.

- 보고서 발표 후 6개월 내 주가의 등락폭은 동기 상하이 시장지수/심천 시장지수의 등락폭을 기준으로 한다.
- 투자의견의 기준
  매수: 시장 대비 +15% 이상의 수익률 달성
  보유량 증가: 시장 대비 +5%~+15% 수익률 달성
  관망: 시장 대비 -5%~+5% 수익률 달성
  매도: 시장 대비 -5% 이하의 수익률 달성

이에 따르면 Yutong Bus의 주가가 시장에서 과소평가받고 있으며, 이 가격결정 오류는 향후 6개월 내에 수정되어 증권사에서 추정한 내재가치의 수준으로 주가가 상승할 것이라는 의미를 내포하고 있다. 즉, 현 주가에서 매입하면 33.61%의 수익률이 예상된다는 것이다. 투자의사결정을 내릴 때에는 주가의 상승여지뿐만 아니라 향후 6개월 내 시장지수의 변화를 차감한 초과수익을 고려해야 한다.

시장지수의 기대수익률은 무위험이자율에 위험프리미엄을 더한 수치이다. 신흥시장인 중국의 위험프리미엄은 성숙한 시장보다 높다. 연간 예상수익률이 10%라면 6개월 수익률은 5%이다. 신은만국증권의 분석에 따르면 향후 6개월 동안 Yutong Bus 주식은 28.61(33.61-5)%의 초과수익률이 예상되기 때문에 매수를 추천하고 있으며, 본 장의 분석 결과에 따르더라도 5.71(10.71-5)%의 초과수익률이 예상되기 때문에 매수를 추천한다. 투자자가 신은만국증권 또는 본 장의 분석이 설득력 있다고 생각하면 Yutong Bus의 주식을 매수하면 되겠다.

사례 11-2

회계처리방법이 주식 내재가치에 영향을 줄까?

회계처리방법이 다르면 기업가치도 달라질까? 언뜻 생각하기에, 회계처리방법이 달라지면 보고되는 순이익도 달라지고 따라서 회계이익을 기반으로 하는 가치평가에도 차이가 생길 것 같다. 특히, 앞서 살펴본 보수주의 원칙(conservative principle)을 적용하는 경우, 당기 이익을 낮추고 미래 이익을 높이는 결과를 초래하여 매기 인식할 순이익을 변화시킨다. 그러나 가치평가의 목적이 주식 내재가치(intrinsic value)를 측정한다는 점을 상기할 때, 동일한 경제적 현상에 대해서 회계처리방법이 다르다고 해서 그것이 기업가치에 영향을 주어서는 안 될 것이다. 다음 예를 통해서 회계처리방법이 다를 때 주식 내재가치가 달라지는지 살펴보자.

기업의 향후 6년간 예상재무제표는 다음과 같이 주어져있다. 이 기업은 R&D 비용으로 150원을 지출하려 하는데, 해당 비용에 대해서 3가지 회계처리 방법을 고려하고자 한다.

연도	0	1	2	3	4	5	6
매출		1350	1350	1350	1200	1200	0
매출원가		720	720	720	720	720	0
감가상각비		200	200	200	200	200	0
순이익		430	430	430	280	280	
배당지급액	−1720	−270	620	630	480	1200	600

연도	0	1	2	3	4	5	6
매출채권	0	600	600	600	600	600	0
재고자산	720	720	720	720	720	0	0
고정자산	1000	800	600	400	200	0	0
자본	1720	2120	1920	1720	1520	600	0

첫 번째는 보수주의 원칙에 입각하여 연도 1에 150원을 전액 비용으로 인식하는 것이다. 이 경우에 기업의 손익계산서와 재무상태표는 다음과 같이 나타날 것이다.

연도	0	1	2	3	4	5	6
매출		1350	1350	1350	1200	1200	0
매출원가		720	720	720	720	720	0
감가상각비		200	200	200	200	200	0
R&D상각비		150	0	0	0	0	0
순이익		280	430	430	280	280	
배당지급액	−1720	−270	620	630	480	1200	600

연도	0	1	2	3	4	5	6
매출채권	0	600	600	600	600	600	0
재고자산	720	720	720	720	720	0	0
고정자산	1000	800	600	400	200	0	0
R&D자산		50	50	50	0	0	0
자본	1720	2270	2070	1870	1520	600	0
ROE		25.00%	18.94%	20.77%	6.95%	18.42%	

이제, 초과이익모형을 이용해서 기업가치를 구해보자. 주주요구수익률(할인율)을 10%로 가정하면, 매년 말 초과이익은 다음과 같이 나타나고 기초순자본과 할인된 초과이익의 합인 총 주식내재가치는 2,296.54원으로 나타난다.

	0	1	2	3	4	5	6
초과이익		108	218	238	108	128	-60
할인액		98.18	180.17	178.81	73.77	79.48	-33.87
평가가치	**2,296.54**						

두 번째는 R&D 비용 150원을 직접 비용화하지 않고, 자산화하여 3년간 비용으로 인식하는 것이다. 이 경우에 기업의 손익계산서와 재무상태표는 다음과 같이 나타날 것이다.

연도	0	1	2	3	4	5	6
매출		1350	1350	1350	1200	1200	0
매출원가		720	720	720	720	720	0
감가상각비		200	200	200	200	200	0
R&D상각비		50	50	50	0	0	0
순이익		380	380	380	280	280	0
배당지급액	-1720	-270	620	630	480	1200	600
연도	**0**	**1**	**2**	**3**	**4**	**5**	**6**
매출채권	0	600	600	600	600	600	0
재고자산	720	720	720	720	720	0	0
고정자산	1000	800	600	400	200	0	0
R&D자산		100	50	0	0	0	0
자본	1720	2220	1970	1720	1520	600	0
ROE		22.09%	17.12%	19.29%	16.28%	18.42%	

이제, 초과이익모형을 이용해서 주식 내재가치를 구해보자. 주주요구수익률(할인율)을 10%로 가정하면, 매년 말 초과이익은 다음과 같이 나타나고 기초순자본과 할인된 초과이익의 합인 총 주식 내재가치는 2,296.54원으로 나타난다.

	0	1	2	3	4	5	6
초과이익		208	158	183	108	128	−60
할인액		189.09	130.58	137.49	73.77	79.48	−33.87
평가가치	2,296.54						

세 번째는 가장 공격적인 회계 처리 방법으로서, R&D 비용 150원을 자산화하여 보유하다가 연도 4에 한꺼번에 상각(write-off)하는 것이다. 이 경우에 기업의 손익계산서와 재무상태표는 다음과 같이 나타날 것이다.

연도	0	1	2	3	4	5	6
매출		1350	1350	1350	1200	1200	0
매출원가		720	720	720	720	720	0
감가상각비		200	200	200	200	200	0
R&D상각비		0	0	0	150	0	0
순이익		430	430	430	130	280	0
배당지급액	−1720	−270	620	630	480	1200	600

연도	0	1	2	3	4	5	6
매출채권	0	600	600	600	600	600	0
재고자산	720	720	720	720	720	0	0
고정자산	1000	800	600	400	200	0	0
R&D자산		50	50	50	0	0	0
자본	1720	2270	2070	1870	1520	600	0
ROE		25.00%	18.94%	20.77%	6.95%	18.42%	

이제, 초과이익모형을 이용해서 주식 내재가치를 구해보자. 주주요구수익률(할인율)을 10%로 가정하면, 매년 말 초과이익은 다음과 같이 나타나고 기초순자본과 할인된 초과이익의 합인 총 주식 내재가치는 2,296.54원으로 나타난다.

	0	1	2	3	4	5	6
초과이익		258	203	223	−57	128	−60
할인액		234.55	167.77	167.54	−38.93	79.48	−33.87
평가가치	2,296.54						

위 결과에서 보듯이 3가지 다른 회계처리방법을 적용했을 때 기업가치는 모두 2,296.54원으로 동일한 것을 확인할 수 있다. 즉, 보수주의를 적용하여 R&D 비용을 당기에 전액 비용으로 인식하는 경우나 회계처리를 공격적으로 하여 비용 인식을 미래로 이연하는 경우 모두 초과이익모형을 이용하여 구한 기업가치에는 변화가 없음을 알 수 있다. 이는 회계처리방법이 미래에 지급할 배당금이나 미래 현금흐름 자체에는 영향을 미치지 않기 때문이다. 참고로 보수주의 회계처리는 당기에 초과이익을 적게 인식하고, 미래에 초과이익을 많이 인식한다. 반대로 공격적 회계원칙을 적용하면, 당기에 초과이익을 많이 인식하고 미래에 초과이익을 적게 인식한다. 그러나 회계처리에 따라 초과이익의 인식 시기가 달라지지만 주식내재가치는 변함이 없다.

08 결론

이 책의 결말을 맺는 시점에서 다시 제 1 장의 내용을 생각해 보길 바란다. 스스로 애널리스트처럼 기업분석을 하고 있는지 재무제표분석의 틀을 잘 이해하고 있는지 확인해 보기 바란다. 여기서 증권투자에 대한 몇 가지 문제에 대해서 논의해 보도록 하자.

첫째, 왜 증권투자가 필요한가?

일반적인 사람의 수입은 노동을 통해 받는 급여와 투자를 통해 얻는 투자수입으로 구성된다. 현재 30세인 일반 근로자의 월급이 200만원이며 일년 중 11개월의 급여를 당해에 소비한다고 가정해 보자. 정년퇴직은 60세이고 퇴직 후 15년을 더 생존하며,[11] 30년 후 한국의 소비수준은 현재와 동일하다고 보자. 매년 남은 200만원을 어떻게 사용하는 것이 좋을까?

[표 11-15]는 선택 가능한 두 가지 투자방법을 보여준다. 첫째, 2% 금리로 은행에 저축한다. 둘째, 인덱스펀드에 투자하여 30년간 연평균 수익률은 최저 5%, 최고 20%의 수익을 올린다고 가정하자.

---

11 퇴직 후에 얼마 동안 생존하는지는 결론에 영향을 미치지 않는다.

수익률	2%	5%	6%	7%	8%	9%	10%	15%	20%
매년 1원 투자*	41	70	84	101	122	149	181	500	1,418
매년 200만원 투자	8,200	14,000	16,800	20,200	24,400	29,800	36,200	100,000	283,600
연간 생활비 (15년간)	547	933	1,120	1,347	1,627	1,987	2,413	6,667	18,907
월 생활비 (15년간)	46	78	93	112	136	166	201	556	1,576

표 11-15 **퇴직자 자산에 대한 투자수익률의 영향** (단위: 만원)

* 첫 번째 항목만 원 단위로 표기.

　　[표 11-15]의 두 번째 행은 30세부터 매년 은행 혹은 주식에 1원을 투자하고 이자수익을 재투자하는 방식으로 투자할 경우 60세 정년퇴직 때 얻을 수 있는 자산을 보여준다. 2% 금리의 은행저축을 통해 41원의 부를 축적할 수 있고, 8% 수익률로 계산한 인덱스펀드는 122원으로 증가한다. 즉, 주식투자 수익률이 은행 저축 이자수익률의 2.5배 정도이다. 매년 200만원을 투자하면 은행저축 수익은 8,200만원이고, 주식투자 수익은 2억 4,400만원이다.

　　그러므로 정년퇴직 후 15년을 생존한다면 주식에 투자하여 8%의 수익률을 거둔 사람의 매달 생활비는 136만원에 달하지만 은행에 저축한 사람의 경우 46만원밖에 되지 않는다.

> 만약 교육비가 비싸다고 여긴다면 더 이상 배우는 것을 중지하면 될 것이다. 마찬가지로 투자위험이 너무 크다고 생각하면 주식투자를 하지 않고 은행에 저축하면 된다.

둘째, 어떻게 훌륭한 투자자 또는 애널리스트가 될 것인가?

　　주식투자를 하기로 결정했다면 어떻게 해야 높은 수익을 얻을 수 있는지 알아야 한다. 만약 인덱스펀드를 선택한다면 별다른 걱정 없이 시장 전반의 성장에 따라 투자자산도 안정적으로 성장할 것이다.

　　그렇다면 시장평균을 초과하는 수익을 원하는 투자자나 애널리스트는 어떻게 주식투자를 할 것인가? 미래를 꿰뚫어 볼 수 있는 혜안이 없는 보통 사람들에게는 재무제표 분석에 기초한 가치평가를 하는 것이 비교적 합리적인 방법이다.

실력이 좋은 애널리스트가 되기 위해서는 우선 호기심이 있어야 한다. 제 1 장에서 설명한 바와 같이 의미 있는 투자분석은 재무제표뿐만 아니라 거시경제정보, 산업정보, 기업의 비재무정보 등이 기업가치에 미치는 영향에도 신경 써야 한다. 재무제표의 정보도 거시경제와 산업환경을 고려한 상태에서 분석해야 하기 때문에 정치, 외교, 군사, 경제 및 과학기술 등의 변화에 주의를 기울여야 한다.

이런 바탕 위에 기업의 사업모델에 대한 깊은 이해가 필요하다. 기업의 수익원은 무엇인지 사업모델에 영향을 주는 기초적이고 근본적인 요인은 무엇인지 알아야 한다. 예를 들어, 인터넷의 발전은 수많은 산업의 사업모델을 근본적으로 바꿔놓았다. 이런 변화에 적응하지 못하는 기업들은 신속히 무대에서 사라졌다.

마지막으로, 훌륭한 애널리스트가 되기 위해서는 재무회계에 대한 지식이 필요하다. 재무제표는 기업의 얼굴이다. 그러나 애널리스트와 투자자는 그 얼굴 뒤에 숨겨진 내면에 관심이 있다. 내면은 복잡한 회계기준을 통해 얼굴에 반영된다. 회계기준에 대한 지식이 없으면 얼굴을 통해 내면을 읽을 수 없다.

훌륭한 애널리스트는 분석방법을 알아야 할 뿐만 아니라 직접 분석을 실행해야 한다. 이 책과 재무제표 분석을 다룬 다른 책들과의 차이점은 바로 독자들이 체계적으로 한 기업을 처음부터 끝까지 직접 분석해 보도록 유도한다는 것이다. 그러나 더욱 중요한 것은 여기서 배운 내용을 바탕으로 자신만의 독특한 분석방법을 개발하는 것이다. 투자성과가 좋기 위해서는 분석방법이 우수해야 할 뿐 아니라 명철한 판단력이 뒷받침되어야 한다. 이 책은 독자들에게 분석방법이라는 하드웨어를 제공해 주고자 한다.

사람들이 먹을 것을 차지하기 위해 맨몸으로 경쟁할 때는 힘이 센 사람이 약한 사람보다 더 많이 차지할 수는 있으나 그 차이는 그다지 크지 않다. 한 사람이 품에 안거나 먹을 수 있는 양은 한계가 있기 때문이다. 그러나 지식과 자본을 통해 경쟁할 때에는 이론적으로 강자가 모든 것을 다 가져갈 수 있다. 한 사람이 남보다 조금만 앞서가더라도 자금은 그쪽으로 흐를 것이며, 적어도 이론적으로는 부가 무한하게 증가할 수 있다. 이것이 바로 직원이 몇 백 명에 불과한 자산운용사가 한 나라의 GDP 규모에 달하는 자금을 관리할 수 있는 이유이다. 아무리 민주주의가 강조되고 정보가 공유되더라도 개인간 자산의 차이는 축소되지 않고 오히려 커지는 원인이기도 하다. 투자자 Warren Buffett은 그 어떤 권력의 보호, 정부 특혜, 물려받은 유산 없이도 미국의 소도시에서 가치투자로 세계적인 거부가 되었다.

셋째, 누구나 Warren Buffett이 될 수 있다!

[그림 11-3]은 Warren Buffett의 Berkshire Hathaway의 1990~2021년 주가를 나타
낸 것이다. 1990년 1월, Berkshire Hathaway의 주가는 7,455달러에서 2021년 12월에는
450,662달러까지 32년 동안 60배 정도 상승하였다. 이것은 마술이 아니라 바로 가치투자
의 결과이다.

미국의 소도시 Omaha에는 전세계에서 가장 부유한 사람 중 한 명인 Warren Buffett
이 산다. 그는 빵과 콜라를 좋아하고 매일 증시를 관찰하지도 않는다. 그의 유일한 취미
는 회사의 재무제표를 연구하는 것이다. 재무제표를 통해 저평가된 주식을 발견하고 단순
한 원칙하에 투자의사결정을 내린다. 그는 좋은 회사가 반드시 좋은 투자는 아니라는 원
칙에 근거하여 자신의 투자전략을 수립한다. 가치평가에 기초하여 안전마진(safety margin)
을 확보한 후 주가가 기업의 내재가치에서 안전마진을 차감한 것보다 낮을 때만 매수하고
매수 후에는 장기 보유한다.

그는 투자 추세나 유행을 타지 않고, 주가가 천문학적으로 높아도 액면분할을 거부하
였고, 자사주 매입도 하지 않았다. 이런 가치투자에 대한 확고한 신념이 그를 가장 성공

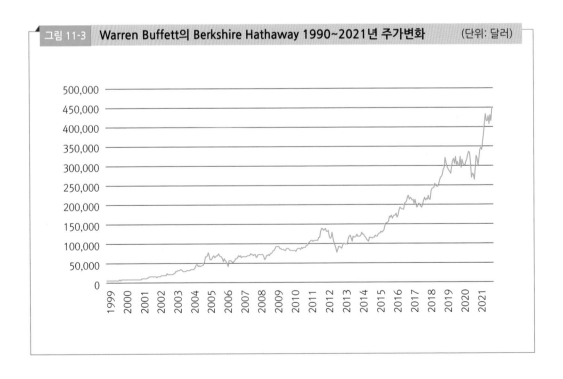

그림 11-3 Warren Buffett의 Berkshire Hathaway 1990~2021년 주가변화 (단위: 달러)

적인 투자자로 만들었다.

　　Warren Buffet이 아웃라이어라고 주장할 수도 있다. 그러나 적어도 그는 유일한 아웃라이어는 아니다. Fidelity International의 펀드매니저 Anthony Bolton은 20여 년간의 투자경력에 연평균 20%를 초과하는 수익률을 달성했다. 그 역시 동일한 투자이념을 가지고 있었다. 중요한 점은 이 두 사람이 특별한 사람인지의 여부를 따지는 것이 아니라 그들의 가치투자 원칙이 위험성이 낮고 지속 가능한 투자전략이라는 것이다. 단기간 동안 매수와 매도를 반복하며 항상 남보다 앞서가기를 바라는 투자전략은 위험이 높고, 지속 가능하지 않은 투자전략임을 증명해 준 것이다. 그러므로 우리는 Warren Buffett만큼 부자가 되지는 못하더라도 자신을 위해 안정된 노후대비를 할 수 있다.

　　왜 계속 퇴직 후를 위하여 투자한다고 하는지 궁금해 할 수도 있다. 반드시 퇴직 후에야 투자수익을 누릴 수 있는가라고 묻는다면, 그것은 아니다. 30년 후의 퇴직생활을 위한 투자일 수도 있고, 20년 후의 자녀 대학등록금을 위한 투자일 수도 있으며, 10년 후 더 큰 집을 사기 위한 투자일 수도 있다. 일반적으로 퇴직하기 전에는 고정된 수입이 있어서 투자를 실현시킬 필요가 없다. 동시에 투자수익을 통해 생활비를 벌겠다는 생각은 별로 바람직하지 않아 보인다. 이런 목적의 투자는 매일 주가변화에 전전긍긍하게 만들며, 잦은 매수와 매도로 거래비용을 발생시키고, 장기보유시 얻을 수 있는 수익을 포기하게 한다.

넷째, 투자전략은 가치투자에 기초해야 한다.

　　감정에 좌우되어 투자의사결정을 하지 말아야 한다는 뜻이다. 모형 (11.2)는 주가를 구성하는 두 요소로 내재가치와 투자자 심리를 꼽고 있다. 가치투자란 내재가치에 근거한 투자를 말한다. 동시에 투자자 심리에 의한 영향을 없애야 한다.

　　한국의 증시는 역사가 짧고 투자자들이 성숙하지 못하여 투자활동이 심리적인 영향을 받기 쉽다. 2000년대 중반 증시가 급등할 때 모든 투자자들이 돈을 벌었다. 사람들은 자신이 주식을 선택하는 재주가 뛰어나다고 믿었다. 주식에 관심이 없던 사람들도 주위에서 주식으로 돈 버는 것을 보고 투자를 시작하기도 했다. 결국 재무제표에 관심이 없거나 재무제표를 읽을 줄 모르는 투자자들이 시장에 참여하기 시작했다. 주가가 오를수록 매수하는 사람은 많아졌다. 반대로 2007년 이후 시장이 폭락할 때는 매도하는 사람이 많았다. 비싼 값에 산 주식을 싼 값에 팔아버리고 많은 사람들이 손실을 입었다.

　　Warren Buffett은 어떻게 했는가? 그의 투자경력 중 수익률이 S&P 500지수보다 낮은 해는 오직 1999년 전후 4년뿐이다. 닷컴 버블 때 Warren Buffett은 인터넷 기업들의 사업 모델을 이해하지 못하겠으며 주가도 과대평가 되었다는 신념으로 인터넷 기업의 주식을 사지 않았다. 그래서 일부 인터넷 기업 주식을 포함한 S&P 500지수보다 낮은 수익률을 기록하였다. 닷컴버블이 붕괴된 후 Warren Buffett의 수익률은 시장수익률을 훨씬 상회하기 시작했다.

> 누구나 Warren Buffett이 될 수 있다!

다섯째, 한국 증시를 어떻게 이해할 것인가?

훌륭한 애널리스트와 투자자는 호기심이 있어야 하며, 거시경제, 산업정보 및 기업의 비재무정보에 관심을 가져야 한다고 강조하였다. 이 책에서 전달하고자 하는 내용은 바로 이런 정보를 가치평가 체계에 반영하는 방법이다.

그러나 경제신문을 펼치면 여러 가지 그럴듯한 관점을 발견하게 된다. 주가가 상승할 것이라는 사람도 있고 하락할 것이라는 사람도 있다. 단 경제신문의 기사나 애널리스트들의 보고서 중 경기가 하락하므로 주가가 하락할 것이라고 예측하는 경우는 상대적으로 별로 없다는 것은 꼭 기억해 두자. 주가가 상승해야만 모두들 돈을 더 벌게 되므로, 되도록이면 주가가 상승한다고 매수를 독려하는 기사나 보고서가 더 많이 나오게 된다.

[그림 11-4]는 1928~2022년 미국 Dow Jones Industrial Average 지수의 발전추이이다. 향후 한국 증시가 과연 이런 추세를 그리며 발전할 것이라고 믿는가? 만약 한국 증시의 발전추세도 동일할 것이라 믿는 가치투자자는 거시경제 발전에 대한 확신이 있기 때문에 다른 여러 가지 이야기에 흔들리지 않을 것이다. 거시적인 추세에 대한 관점이 한국 증시를 판단하는 기본 출발점이 된다.

여섯째, 가치투자가 부를 창출하고 시장을 발전시킨다.

제 1 장에서 설명하였던 투자자와 자본시장, 자본시장과 경제발전의 관계를 되돌아보자. 증권시장의 발전이 경제발전에 촉진제 역할을 한다는 것을 더욱 깊이 깨닫게 되었을 것이다. 가치투자가 부를 창출하고 시장을 발전시킨다.

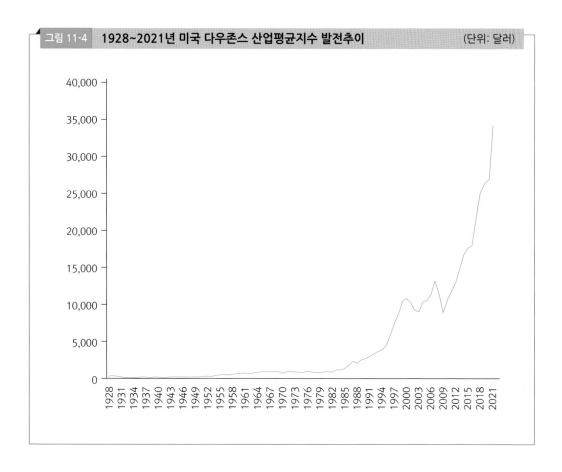

그림 11-4　1928~2021년 미국 다우존스 산업평균지수 발전추이　(단위: 달러)

과제

❶ Excel 과제

Excel에서 새로운 Spreadsheet을 만들고 "가치평가"로 명명한다. 11장의 예측결과에 따라 현금흐름할인모형, 초과이익모형 및 상대가치비교법을 사용하여 주식의 내재가치를 평가한다. 8% 할인율을 적용하고 민감도분석시 6%, 10%, 12% 할인율의 결과에 대한 영향을 관찰한다. 예측기간 종료 시점의 잔여가치 계산시 2% 성장률을 가정하고, 0%, 4%, 6% 성장률을 이용하여 민감도분석을 진행한다.

❷ Chapter report

가치평가의 가정, 방법 및 결과에 대해 논의한다. 합리적인 내재가치의 추정범위를 판단하고 최종가격을 결정한다. 보고서 작성일의 주가와 비교하여 투자의견을 제시하라.

❸ 최종 투자분석 보고서

이 책의 내용은 여기서 끝난다. 각 장의 과제를 통해 이미 Excel상에 가치평가모형을 만들었다. 마지막 단계는 Excel 가치평가와 각 장의 보고서에 기초하여 최종 투자분석 보고서를 작성하는 것이다.

증권업은 아주 전문적인 업종으로 보고서의 내용뿐만 아니라 형식도 매우 중시한다. 그러므로 독자는 보고서의 질을 향상시키는 동시에 형식에도 유의해야 한다.

투자보고서를 쓸 때는 이를 읽는 고객이 대상회사에 대해 아무런 지식이 없다고 가정해야 하다. 이와 같은 관점에서 보고서를 쓰면 내용을 배치할 때 더 효과적으로 할 수 있다.

보고서는 다음과 같이 다양한 내용을 담을 수 있다. 기업의 기본정보, 사업모델, 기업에 영향을 주는 거시경제요인과 산업요인, 중요한 위험요소, 이익조정과 이익의 질, 이익예측 및 예측에 사용한 가정, 추정한 내재가치, 투자의견 등이다. 전문가의 시각에서 출발하여 필요한 내용들을 담도록 한다.

투자보고서는 첫 페이지에 간단한 요약을 제공해야 한다. 고객들이 요약된 부분만 읽어도 보고서의 주요내용과 투자의견에 대해 전반적으로 이해할 수 있어야 한다.

마지막으로, 투자보고서는 간결하고 정확해야 한다. 가장 잘 알고 있는 교수가 가장 쉽게 가르친다는 말이 있듯이, 가장 잘 알고 있는 애널리스트가 가장 간결하고 핵심적인 보고서를 작성할 수 있다.

❹ 지난 제10장에서 기아자동차의 미래이익을 예측하였다. 이 예측자료를 더욱 확장하여 앞으로 5년간, 그리고 5년 이후 기아자동차의 이익이 얼마나 증가할 것인지 예측하여라. 그런 예측을 하게 된 근거에 대해 설명하여라. 이 문제에 대해 대답을 하기 위해서는 자동차 산업의 전반적인 성장률과 기아자동차가 차지하는 시장점유율 등에 대한 고찰이 필요하다.

(1) 이런 예측 내용을 바탕으로, 본 교재에서 공부한 배당할인모형, 현금흐름할인모형, 초과이익모형을 적용하여 작년도 말 시점의 기아자동차의 내재가치에 대해 계산하여라. 할인율은 인터넷 증권정보 사이트에서 찾아라.

(2) 미래 5년 동안의 이익예측 수치와 5년 이후의 장기 이익성장에 대한 예측치가 10%, 20% 및 30%씩 증가하거나 감소한다면 어떻게 결과가 변할지 민감도분석을 실시하여라. 예를 들어, 미래 이익이 5년 동안 15%, 5년 이후에는 5%씩 성장한다고 예측했다고 가정하자. 만약 예측치가 이 수치보다 10% 증가(감소)한다면, 이는 5년 동안은 16.5%(13.5%), 5년 이후는 5.5%(4.5%) 증가한다는 의미이다. 할인율도 변한다고 가정하고, [표 11-7]과 같은 분석을 수행하라.

❺ 최근 3년 이내 상장한 기업을 1개 찾아서, 상장 직전의 재무자료와 상대가치비교법을 사용하여 주가를 예측하여라.

❻ 제10장에서 예측한 OCI Materials의 2010~2014년까지의 이익예측치를 바탕으로 2009년 12월 31일 시점에서의 OCI Materials의 내재가치를 배당할인모형, 현금흐름할인모형, 초과이익모형을 사용하여 각각 예측하여라. 2015년 이후의 성장추세에 대해서는 적어도 3가지 이상의 다양한 시나리오에 따라 각각 내재가치를 계산하여라. 이때 할인율은 15%를 사용하여라.

❼ 해태제과가 내어놓은 허니버터칩이 출시 100일을 두고 50억원의 매출을 올렸다. 덩달아 비상장 해태제과의 모기업인 크라운제과의 주가도 급등하고 있다. 크라운 제과의 주가가 283,000원까지 올랐는데 이를 정당화할 수 있는 가치평가모형(성장률, 자본비용 등)을 제시하여라.

크라운제과 3개년 요약재무제표

재무상태표   (단위: 백만원)

	2013년	2012년	2011년
총 자산	531,020	546,220	528,161
총 부채	279,820	304,223	290,703
총 자본	251,200	241,997	237,458

손익계산서   (단위: 백만원)

	2013년	2012년	2011년
매출액	428,763	418,238	400,482
당기순이익	10,949	15,240	15,945

현금흐름표   (단위: 백만원)

	2013년	2012년	2011년
영업활동현금흐름	46,358	35,386	40,538
투자활동현금흐름	(6,151)	(10,153)	(12,005)
재무활동현금흐름	(40,747)	(28,285)	(35,876)
총 현금흐름	(540)	(3,052)	(7,343)

보통주수: 147만주

❽ 아래 '글로벌솔루션' 기업과 관련한 다음 질문에 답하라.

Q1. 글로벌솔루션 기업의 주당 기초 (자본)장부가액은 7,000원이다. 동 사의 영업 첫 해와 두 번째 해의 주당순이익은 1,800원과 2,100원으로, 배당액은 500원과 510원으로 예상된다. 글로벌솔루션 기업의 자본비용이 10%일 때 영업 첫 해와 두 번째 해의 초과이익을 각각 계산하라.

Q2. 두 번째 이후부터는 동 사의 초과이익 성장률이 '0'이라고 예상된다. 이 경우 초과이익모형에 따른 주식 가치를 구하라.

Q3. 글로벌솔루션 기업의 영업 첫 해와 두 번째 해의 주당순이익은 변함이 없으나, 배당액이 300원과 310원으로 감소할 경우 초과이익 모형에 따른 주식 가치는 어떻게 변하는가? 증가, 감소, 변화 없음 중 선택하고 그 이유를 설명하라.

❾ 자본금 1,000억원 규모의 스타트 업(start up)이 있다고 가정하자. 영업 첫 해 회사의 감가상각비 차감 전 영업이익(EBITDA) 규모는 150억원 수준이며, 100억원 규모의 자본적 지출(Capital Expenditure)이 발생할 것으로 예상된다. 동 자본적 지출의 내용연수는 2년이며 잔존가치는 없을 것으로 추정된다. 영업 두 번째 해의 감가상각비 차감 전 영업이익은 250억원으로 예상되며 추가적인 자본적 지출 없이 청산할 계획이다. 동 사는 세금과 배당을 지급하지 않는다고 가정한다.

	당기	차기
기초 (자본)장부가액	1,000	1,100
감가상각비 차감 전 영업이익	150	250
감가상각비	50	50
당기순이익	100	200

Q1. 자본비용이 8%일 때 초과이익모형을 사용하여 동 사의 기업가치를 계산하고 가치 창출(creating wealth) 여부를 판단하라.

Q2. 만약 영업 첫 해에 지출된 자본적 지출액을 모두 당기 비용으로 처리할 경우 초과이익모형에 따른 기업가치는 어떻게 되는가?

⑩ 네이버의 최근 자료를 이용하여 PEG ratio를 구해보고 현 주가가 과대 또는 과소평가되었는지 살펴보라.

⑪ 아래는 ABC 회사의 주당순이익, 주당배당액의 예측치이다.

	2013	2014	향후 3년간 성장률
주당순이익(EPS)	4.5	5.2	10%
주당배당액(DPS)	0.60	0.65	10%

2012년 말 이 회사의 주당자본 장부가(book value of equity)는 $10이다. 요구수익률은 10%이다.

Q1. 2013년부터 2017년까지 초과이익(residual earnings)을 예측하라.
Q2. 이 회사의 주당 가치를 계산하라.

⑫ 아래 회사의 시가 총액을 알아보고 RIM을 이용하여 이를 설명해 보아라.
· Starbucks
· Apple

⑬ 초과이익으로 가치평가하기

⑭ 와이어 카드 분석하기

주가순자산비율 및 주가순이익비율을 활용한 주식 분류

제2장과 제3장에 걸쳐 살펴본 것처럼 주가순자산비율(PBR)과 주가순이익비율(PER)은 실무에서 주가가 고평가 또는 저평가되었는지 가늠하는 중요한 지표로 활용되고 있다. 하지만 효율적 시장가설하에서 두 지표를 함께 활용할 경우 다른 의미있는 분석틀을 제공한다.

Penman(1996)에 따르면 주가순자산비율은 미래의 자본이익률(Return on Equity; ROE), 즉 수익성을 대변한다. 반면, 주가순이익비율은 미래 자본이익률과 당기의 자본이익률을 동시에 반영한다.[1] 예를 들어, 향후 높은 수익성이 예상되나, 당기에 비경상적 손실이 발생하여 당기순이익이 예외적으로 감소하는 경우 주가순이익비율의 분모가 감소하여 결과적으로 해당 값이 크게 높아지게 된다. 그러나 비경상적 손실이 발생하더라도 저량 정보인 장부가치는 유량 정보인 당기순이익에 비해 영향을 덜 받는다. 그 결과 주가순자산비율의 경우 상대적으로 안정적인 분모를 가지게 되고 미래 수익성에 따른 전망을 보다 정확하게 반영하게 된다.

주가순자산비율과 주가순이익비율의 이러한 특성 차이를 활용하여 기업을 네 가지 유형으로 분류할 수 있다.

주가순자산비율 및 주가순이익비율의 의한 주식 분류

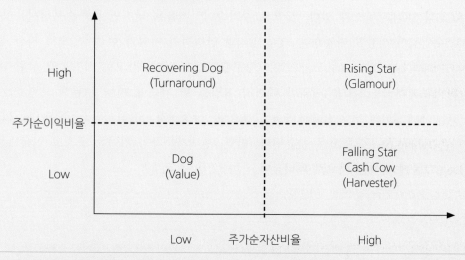

---

1 Stephen Penman. 1996. The Articulation of Price–Earnings Ratios and Market–to–Book Ratios and the Evaluation of Growth. Journal of Accounting Research 34(2): 235–259.

먼저, 주가순자산비율과 주가순이익비율이 모두 낮은 경우(일명 'Dog' 그룹)다. 이런 기업은 이익과 자산가치 측면 모두에서 미래 성장가능성이 높다고 보기 어렵다. 다음으로, 주가순자산비율은 낮지만 주가순이익비율이 높은 경우(일명 'Recovering Dog' 그룹)다. 동 유형의 기업은 주가순자산비율이 낮아 자산가치 기준에서는 미래 성장가능성이 높다고 보기 어렵지만, 일시적인 손실로 당기순이익이 낮아져 주가순이익비율이 높게 나타난다. 따라서 이러한 일시적인 손실이 제거될 경우 향후 실적이 개선(turnaround)될 여지가 크다. 한편, 주가순자산비율과 주가순이익비율이 모두 높은 경우(일명 'Rising Star')다. 이러한 특성의 기업은 자산과 이익 두 측면 모두 성장성 가능성이 커 시장으로부터 높은 기대를 받는다. 끝으로 주가순자산비율은 높지만 주가순이익비율이 낮은 경우(일명 'Falling Star')다. 이러한 특성의 기업은 이미 이익이 높은 수준에 도달해 수익성 측면에서는 큰 성장을 기대하기 안정적인 이익과 현금유입으로 향후 자산 측면에서 성장가능성이 기대된다.

이상의 분류 기준에 따라 우리나라 상장사의 2021년 분포를 살펴보면 다음과 같다.[2] 먼저, 주가순자산비율과 주가순이익비율이 모두 낮아 미래 성장성에 대한 시장의 기대치가 낮은 기업(Dog)으로 동부건설과 현대중공업이 있다. 반면, 높은 주가순자산비율과 주가순이익비율로 향후 성장 가능성이 클 것으로 기대되는 기업(Rising Star)에는 아모레퍼시픽, 넷마블, 오리온 등이 있다. 한편, 주가순자산비율은 낮지만 주가순이익비율이 높아 향후 수익성 개선이 기대되는 기업(Recovering Dog)으로는 KCC나 SK네트웍스가 있다. 끝으로 주가순이익비율은 낮지만 주가순자산비율이 높아 수익성이 성장할 가능성은 크지 않지만 안정적인 이익과 현금유입으로 자산 성장이 기대되는 기업(Falling Star)으로는 쿠쿠홀딩스가 있다. 참고로 시가총액 상위 10개 중 아모레퍼시픽(9위)을 제외한 나머지 기업을 위 기준에 따라 분류해 보면 카카오(5위), 삼성SDI의 경우 Rising Star 그룹으로, 삼성전자, SK하이닉스, NAVER, LG화학은 Falling Star 그룹으로 분류된다. 반면, 현대자동차와 기아는 포스코 인터내셔널 Dog 그룹에 속하는 것으로 나타났다.

---

2 극단값을 방지하고 보다 효과적인 산점도 표기를 위해 다음의 7가지 기준이 적용되었다. ① 유가증권상장사, ② 제조업, ③ 12월말 법인, ④ 당기순이익 100억원 이상, ⑤ 자본총계 500억원 이상, ⑥ 주가순자산비율 5 이하, ⑦ 주가순이익비율 100 이하

2021년말 현재 주가순자산비율(PBR) 및 주가순이익비율(PER)에 의한 주식 분류

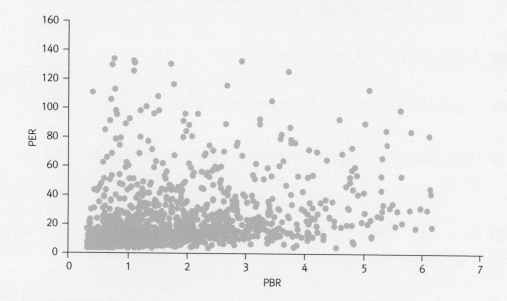

536

❶ 넷마블의 최근 3년간 PBR, PER의 추이를 살펴보아라.

❷ 넷마블의 최근 3년간 영업현금흐름과 매출액 성장률을 구해보아라.

❸ 시장이 비효율적이라는 가정하에 앞에 설명한 사사분면에 위치한 주식이 갖는 의미를 논하여 보아라.

❹ Glamour 주식이 아래와 같이 기대치에 미치지 못하는 실적이 나올 때 비대칭적으로 주가가 떨어지는 이유는 무엇인지 설명해 보아라(Skinner and Sloan, 2002).[3]

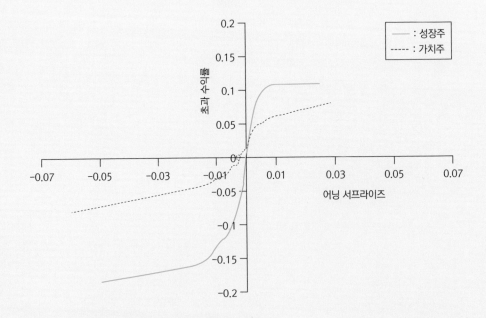

3 Skinner, D. J., & Sloan, R. G. (2002). Earnings surprises, growth expectations, and stock returns or don't let an earnings torpedo sink your portfolio. *Review of Accounting Studies, 7*(2), 289–312.

상장법인과 비상장법인의 합병을 통한 터널링: A사와 B사의 합병 사례

2010년 코스닥 상장법인 A사와 비상장법인 B사가 합병되었다. 이 합병에서 주목할 점은 합병법인과 피합병법인 양쪽 모두에 지배력을 행사하는 최대주주가 동일하여 다수의 소액 주주들은 대주주에 맞서 주주의 권리를 행사하기 힘든 상황이라는 점이다. 이런 경우 합병 과정에서는 대주주와 소액주주간의 전형적인 대리인 문제(agency problem)가 발생하여, 합병 비율 산정 과정에 있어서 적정성이 문제가 될 수 있다. 터널링(tunneling)이란 기업의 대주주가 기업의 부를 유출하여 사적 이익을 추구하는 행위이다. A사와 B사의 합병 과정을 통해서 대주주에 의한 터널링(tunneling)이 어떻게 이루어졌는지 살펴보자.

1. 합병 전 A사와 B사에 대한 이해

합병 전 A사는 2002년 코스닥 시장에 상장된 소프트웨어 개발 및 공급업체였다. 〈그림 1〉에서 보는 바와 같이 A사의 2002년 매출액은 약 410억원을 기록했으

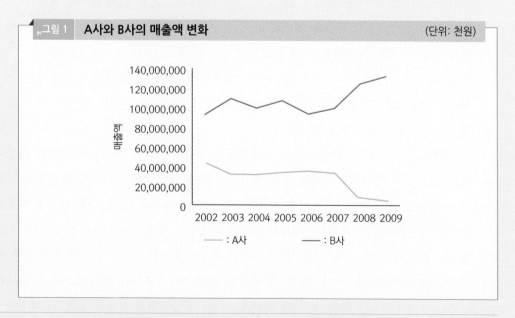

그림 1 A사와 B사의 매출액 변화   (단위: 천원)

4 본 사례는 백복현 교수가 백복현, 김범준, 김영준, 임상균(2013)을 바탕으로 작성한 것이다. 백복현 · 김범준 · 김영준 · 임상균, 2013, "관계회사간 합병을 통한 터널링효과", 「회계저널」 22(2), pp. 363–392.

538

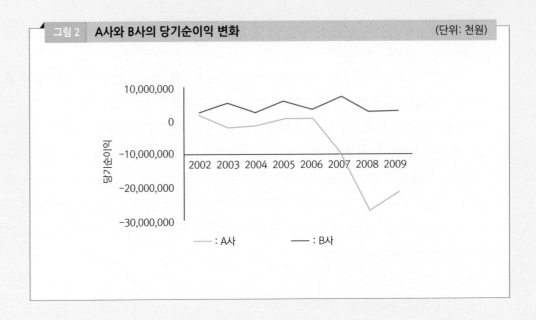

그림 2 A사와 B사의 당기순이익 변화 (단위: 천원)

10,000,000
0
-10,000,000
2002 2003 2004 2005 2006 2007 2008 2009
-20,000,000
-30,000,000

당기순이익

—— : A사   —— : B사

나, 2008년에 이르러 90억원, 2009년에는 약 60억원까지 줄어들었다. 당기순이익 역시 2007년부터 3년간 적자를 기록하고 있었다. 또한, 2008년까지 200명을 웃돌던 종업원의 수가 2009년에 갑자기 10명으로 줄어들었다. 이를 통해 볼 때, A사는 회사의 주력사업이었던 IT사업을 정리하고, 이를 껍데기(Shell)회사로 만들어 비상장 회사에게 코스닥 상장 프리미엄을 받고 매각할 준비를 하고 있던 것으로 추측할 수 있다. 한편, 피합병법인인 B사는 1983년 12월 6일에 설립된 비상장법인 건설회사이다. B사는 〈그림1〉과 〈그림2〉에서 나타난 바와 같이 창립 이래 한번도 적자를 내지 않는 건실한 재무구조를 가지고 있었다.

2008년 전까지만 해도 A사는 소수의 대주주와 다수의 소액주주로 구성된 기업이었으며, B사는 최대주주 X씨와 그의 배우자 Y씨가 해당 지분을 100% 소유하고 있는 개인기업이었다. 이전까지는 서로 지분관계가 없었던 A사와 B사는 2008년 7월 9일 처음으로 지분관계를 맺게 된다. A사는 B사의 최대주주 X씨가 보유하고 있던 지분 51%를 인수함과 동시에, B사의 최대주주 X씨를 대상으로 제3자배정 증자를 통해 A사 주식 13,333,000주를 배정하게 된다. 이 거래를 통해 X씨는 B사의 지분 37.54%를 보유하는 A사의 최대주주가 되어, B사 뿐 아니라 A사의 경영권까지 지배할 수 있게 되었다.

2. A사와 B사의 합병대가 산정과정

　A사는 수익성 제고를 위해 2010년 8월 6일 B사와 흡수합병하고, 상호를 B사로 변경하였다. A사는 합병에 앞서 재무구조 개선을 위해 대부분의 기존 보유 주식을 20:1로 줄이는 무상감자를 실시했다. 무상감자로 인해 A사의 보통주는 151백만 주에서 8백만 주로 감소하였으며, 자본금은 754억 원에서 38억 원으로 감소하였다.

　A사는 합병 전까지 B사에 대한 지분을 꾸준히 늘려서, 합병 직전에는 B사에 대한 지분율이 75.44%에 도달하였다. 특히, A사의 총자산 가운데 95%가 B사의 주식이었다. 합병 직전 당시, A사의 최대주주 X씨는 배우자인 Y씨의 지분 4.73%를 포함하여 A사의 주식 16.28%를 소유하고 있는 최대주주인 동시에, B사의 대표이사였다. 또한 배우자 Y씨는 B사의 주식을 14.76%을 소유하고 있어, A사에 이어 B사의 2대 주주였다. 이러한 소유지분 관계의 결과, X씨는 A사와 B사 모두에서 최대 주주인 동시에 두 기업 모두에서 지배력을 보유한 대주주가 되었다. 그러나 B사의 경우 A사가 보유한 지분을 제외하면 절반 이상의 주식을 X씨가 보유하고 있는 반면, A사는 83%나 되는 지분을 소액주주가 보유하고 있으며, 이는 대주주인 X씨의 지분보다도 월등하게 컸다. 이는 합병과정에서 B사와 A사의 상대적인 가치의 평가결과에 따라 X씨와 A사 소액주주 사이에 이해관계의 충돌이 발생할 수 있음을 시사한다. 다시 말해, 이러한 지분 구조하에서는 소액주주가 상당수를 차지하는 A사의 합병가액을 일부러 낮게 평가하고, X씨가 절반 이상 보유한 B사의 기업가치를 상대적으로 높게 평가함으로써, 둘 사이의 합병 비율을 소액주주들에게 불리하게 책정할 수 있는 것이다.

표 1　A사와 B사의 합병 개요

구분		합병법인	피합병법인
법인	법인명	주식회사 A사 (상장사)	주식회사 B사 (비상장사)
	최대주주 2대주주	X씨(16.28%) 일반소액주주(83.72%)	A사(75.44%) Y씨(14.76%)
합병 후 존속여부		존속	소멸
발행주식의 종류 및 수		보통주 150,761,562 주	보통주 310,000 주
1주당 합병가액		2,300원(기준주가)	214,905원(본질가치)
합병비율		1 : 93.44	

540

| | | B사 자본환원율
(추정된 B사 내재가치) | |
		4.31% (214,905원)	14.7% (85,001원)
A사 합병가액	주가 (2,300원)	1 : 93.43 (실제 합병 비율)	1 : 36.96
	순자산가치 (6,060원)	1 : 35.46	1 : 14.03

표 2 A사와 B사의 합병비율

[표 1]은 A사와 B사의 합병 개요를 나타낸다. 상장법인인 A사는 감자효과를 반영한 기준주가를 1주당 2,300원으로 평가하였다. A사의 순자산가치는 6,060원으로 계산되어 기준주가보다 높다. 관련 법률에 따르면 자본시장과 금융투자업에 관한 법률 시행령 176조의 5 제1항을 살펴보면, 주권상장법인의 합병가액은 기준주가를 원칙으로 하되, 기준주가가 자산가치에 미달하는 경우에는 자산가치로 할 수 있다고 규정되어 있다. 그러나 합병 당시 A사는 기준주가를 사용하여 상대적으로 낮은 합병가액을 산정하였다. 한편 비상장법인의 경우 상대가치를 알 수 없어서 내재가치(intrinsic value)만을 가지고 기업가치를 산정하는 경우가 일반적이다. B사의 경우 비상장법인임에도 불구하고 합병법인 A사 자산의 대부분(약 95%)이 피합병법인 B사 주식으로 구성되어 있었기 때문에, A사의 주가를 기반으로 B사의 가치를 계산할 수도 있다. 하지만 합병 당시 피합병법인인 B사의 기업가치 계산에는 내재가치평가방법을 이용하였다. 내재가치는 1주당 214,905원으로 평가되었다. 이상과 같이 추정된 기업가치를 기준으로 산정된 합병비율은 1 : 93.43이다.

그러나 만약 A사의 합병가액 계산에 순자산가치(6,060원)를 기준으로 사용했다면, 두 기업의 합병 비율은 1:35.46이 된다. 즉, A사의 합병가액 계산 과정에서 어떤 기준을 사용하느냐에 따라 소액주주들이 합병을 통해 받는 가치가 2배 이상 차이가 나는 셈이다.

한편, B사의 기업가치 계산에는 내재가치평가방법을 이용하였다. 이를 계산하는 과정에서 자본환원율을 추정해야 하는데, 실제 합병에서는 정기예금 최저이자율의 1.5배인 약 4.31%로 추정하였다. 그러나 이 값을 한국 기업의 평균 자본비용인 14.7%을 사용한다면, B사의 내재가치는 85,001원이 된다. 이 경우, A사의 주가를 기반으로 산정한 합병비율은 1:36.96이 된다. 여기서 A사의 합병가액 계산에 순자산가치를 사용한다면, 합병 비율은 1:14.03이 된다. 이 경우 소액주주들이 받게 되는 가치는 실제 합병의 경우와 비교하여 무려 6배 가량 증가한다.

3. 대주주와 소액주주간의 대리인 문제

합병 시 주주들이 보유하고 있는 지분의 종류와 비율에 따라 주주들간에 경제적인 이해관계가 상충할 수 있다. 특히 합병법인과 피합병법인 양쪽에 모두 지배력을 행사하는 대주주가 존재하는 경우, 대주주는 합병비율을 조정하여 소액주주로부터 자신에게 경제적인 부를 이전하는 것이 가능하다. 이 경우 합병가액이 저평가된 기업의 소액주주에게는 손실이 발생한다.

전술한 바와 같이 합병법인인 A사는 피합병법인인 B사의 발행주식 75.44%를 소유하고 있는 지배회사이다. 피합병법인의 대표이사인 X씨는 합병법인의 최대주주로서, 지분 16.28%를 보유하고 있다. 또한 배우자인 Y씨의 지분을 포함하여 피합병법인의 주식 19.49%를 소유하고 있어 합병법인에 이은 2대 주주이기도 하다. 따라서, X씨는 합병법인과 피합병법인 모두에 중대한 영향력을 행사할 수 있는 위치에 있고 합병가액에 영향을 줄 수 있는 의사결정이 가능한 상황이다. A사와 B사의 합병에서, 피합병법인의 합병가액을 높게 평가하게 되면 합병법인의 주주들로부터 피합병법인 주주들에게 부가 이전되므로, X씨는 합병법인의 지분에서는 손해를 보더라도 피합병법인의 지분을 통해서 이익을 얻게 되는 반면, 합병법인의 지분 83.64%를 보유하고 있는 소액주주들은 손실을 입게 된다. 그러므로 이 합병에서는 A사의 합병가액이 낮게 평가되었는지의 여부와, B사의 합병가액이 과대평가되어 있는지의 여부는 소액주주들의 권익과 밀접한 관계를 가진다.

법률에 따르면 상장기업의 합병가액은 시가로 평가하는 것을 원칙으로 하고 있으며, 만일 시장가격이 순자산가치를 하회하는 경우에는 순자산가치를 합병가액으로 선택할 수 있도록 하였다. 이 경우, 순자산가치와 시가 가운데서의 선택은 합병당사자들이 서로 협의하여 정한다. 그러나 특수관계자를 포함한 특정한 지배주주가 합병기업과 피합병기업 양측 모두 지배하고 있는 경우, 소액주주들은 자신들의 의견을 반영할 수 있는 여지가 없으므로 사실상 지배주주의 이해관계에 따라 순자산가치나 시장가격 가운데서 선택하게 될 것이다. 현재 A사의 합병가액은 시장가격에 기반하여 산정되었다. 앞서 산정된 A사 주식의 시장가격은 직전 회계연도 말 기준 주당 순자산가치를 산정하면 303원으로 나타난다.[5] 여기에 20:1 비율로 실시된 무상감자를 반영하면 6,060원이 된다. 이 값은 앞서 제시한 2,300원의 2배가 넘는 값이다. 따라서 현재의 A사의 합병가액은 순자산가치보다 보다 훨씬 낮은 값으로 결정됨으로써, 다수의 소액주주들에게 불리하게 적용되었음을 알 수 있다.

현행 법규에 따르면, 이렇게 결정된 합병비율에 대하여 회계법인, 증권회사, 신용평가사 중 한 곳의 외부 평가의견을 받도록 되어 있다. 그러나 양사에 모두 경영권을 가지고 있는 대주주가 존재하는 경우 대주주가 평가기관의 선임에 결정적인 영향력을 행사할 수 있으므로 외부 평가기관에 의해 소액주주를 보호하기는 어렵다. 또한, 합병에 반대한 소액주주들에게 주식매수청구권이 인정되고 있으나, 매수가격은 주주와 해당 법인 간의 협의로 그 가치를 결정하도록 되어 있어 양자간 의견차이가 큰 경우에는 주식매매수청구권이 소액주주의 권리를 보호하지 못할 가능성도 배제할 수 없다. 협의가 이루어지지 않으면 매수가격은 이사회 결의일 이전에 증권시장에서 거래된 해당 주식의 거래가격을 기준으로 하며, 해당 법인이나 매수를 청구한 주주가 그 매수가격에 대하여도 반대하면 법원에 매수가격의 결정을 청구할 수 있다.

본 사례에서는 합병가액의 결정 및 가치평가 과정에서 경영자의 재량적 결정의 여지가 있으며, 특히 공통의 대주주를 가진 경우 경영자가 기업 가치평가를 의도적으로 높이거나 낮추어 소액주주의 권리를 침해할 수 있음을 보여주고 있다. 자본시장을 건전하게 육성하기 위해서는 소액주주의 재산권을 보호할 수 있도록 제도를 정비할 필요가 있다.

---

5 순자산총액 45,660,406,000원을 발행주식수인 150,761,562로 나눈 값에 해당함.

사례문제

❶ 본 사례에서 합병법인인 A사는 총 자산의 95%가 피합병법인인 B사의 주식가치로 구성되어 있는 사실상의 지주회사이다. 따라서, 비상장기업인 B사의 주식의 시장가치를 상장법인인 A사의 시장가치를 기준으로 간접적으로 추정할 수 있다. 이를 이용했을 때, B사의 주식의 시장가치는 얼마인가?

❷ 특수관계자를 포함한 특정한 대주주가 합병 당사 회사의 모두의 지배주주인 경우 주권상장법인의 소액주주를 보호하기 위하여 현행 제도를 어떻게 보완할 수 있는지 제시하시오.

리딩투자증권의 일본 지크증권 인수 사례

한국 기업들이 세계 시장에서 날로 두각을 나타내고 있다. 하지만 한국 기업이 세계 인수합병(M&A) 시장에서 차지하는 비중은 아직 미미하다. 세계 일류 기업을 여럿 보유하고 있지만 M&A 분야에서 세계적 흐름을 주도하는 기업을 찾아보기가 쉽지 않다. 반면 중국 기업들은 지난 몇 년 사이 공격적으로 외국 기업 사냥에 나서고 있다. 금융위기 전에는 유동성 과다로 세계 M&A 시장의 과열이 심했다. 이 기간에 M&A를 시도했던 기업들은 과도한 웃돈을 지불하는 바람에 '승자의 저주'를 경험했다. 하지만 금융위기로 거품이 꺼지면서 M&A 시장이 실수요자 중심으로 바뀌기 시작했다. 중국 기업들은 이 점을 포착, 세계 각국의 대표 기업들을 사들이고 있다. 2008년 이후 중국이 사들인 유명 기업은 미국의 볼보와 델파이, 일본의 닛코전기와 혼마골프, 독일의 모터 보딘, 스위스의 석유회사 아닥스, 호주의 광산회사 펠릭스 리소스, 남아프리카 공화국의 스탠다드 은행 등이다.

한국 기업들은 이런 움직임에서 한참 뒤떨어져 있다. 한국 기업들의 해외투자는 여전히 M&A보다는 현지에서 공장을 짓고 회사를 직접 설립하는 그린필드(Greenfield) 방식이 주류를 이루고 있다. 설사 현지 기업을 인수했다 해도 한국보다 경제발전 단계가 낮은 개발도상국의 기업을 사들이는 사례가 많다.

하지만 리딩투자증권은 다른 한국 기업과 차별화된 M&A 전략을 수립했다. 국내 증권회사 중에서도 규모가 작은 편에 속하는 리딩투자증권은 일본 증권회사, 영국 브로커리지(주식 위탁 매매) 관련 업체를 잇따라 사들이며 선진국 기업 인수에 대한 새로운 모델을 제시하고 있다. 리딩투자증권은 세계 경제가 금융위기의 직격탄을 맞은 2008년 11월 일본의 소형 증권회사였던 지크증권(현 일본 리딩증권)을 인수했다. 이는 국내 증권회사가 일본 증권회사를 인수한 최초의 사례로 많은 화제를 낳았다. 리딩은

6 본 사례는 서울대 황이석 교수와 동아일보 미래전략연구소의 하정민 기자가 공동으로 작성해 2010년 11월 1일 DBR(『동아비즈니스리뷰』) 68호 'DBR-서울대 CFO 전략과정 CASE STUDY' 코너에 실린 리딩투자증권의 '천천히 지분 확보, 실적 회복은 빨리…조용한 혁명' 기사를 최종학 교수가 각색 및 보완한 것이다. 서울대 경영대학의 임원교육 과정인 'CFO 전략 과정'의 수강생들은 6개월의 교육기간 동안 각자의 회사에서 겪은 경험과 강의를 통해 배운 지식들을 접목, 자사의 경영 사례들을 다른 교육생들과 함께 공유하는 시간을 갖는다. DBR은 이때 발표된 사례를 추가 취재해 'DBR-서울대 CFO 전략과정 CASE STUDY'라는 이름으로 연재하고 있다. 이 사례를 본 책에 실을 수 있게 허락해 준 DBR측과 황이석 교수, 많은 시간을 할애해 사례 작성 과정에 큰 도움을 준 리딩투자증권 이홍제 전무에게 진심으로 감사를 표한다.

이에 그치지 않고 2010년 초에는 글로벌 기관투자가들을 대상으로 브로커리지 의사결정 솔루션을 제공하는 영국의 아이앤디엑스(IND-X) 홀딩스도 인수했다. 영국과 홍콩에 자회사를 둔 IND-X 홀딩스의 고객은 주로 유럽의 기관투자가들이다.

리딩투자증권은 2000년 출범해 2010년말 현재 기업 역사가 10년밖에 안 되고, 자본금도 1,500억원에 불과하다. 자본금 규모로만 보면 61개 한국 증권사 가운데 45위에 해당한다. 한 치 앞을 내다보기 힘들었던 금융위기의 와중에 소형 증권사가 해외 M&A에, 그것도 선진국 기업 인수에 나선다는 점에 대한 안팎의 우려도 적지 않았다. 하지만 리딩투자증권은 치밀한 준비와 과감한 결단으로 선진 금융시장에 효과적으로 진출했다. 적자에 시달리던 피인수 회사도 예상보다 빨리 흑자로 변모시켰다. 비결은 과연 무엇일까?

틈새시장에 특화된 증권사로 '작지만 알찬 성장'

리딩투자증권은 지난 2000년 LG증권 런던 법인장 출신인 박대혁 리딩투자증권 부회장에 의해 설립됐다. 박 부회장은 국제금융의 중심지인 영국 런던에서 오랫동안 선진 투자 금융을 익히고 돌아와 회사를 설립했다. 설립 초기부터 리딩투자증권은 여러 모로 남달랐다. 리딩은 작은 규모로는 오랫동안 시장을 선점한 대형 증권사와 경쟁할 수 없다는 판단하에 많은 비용 투자가 불가피한 지점망 위주의 영업 대신 강남 본사에서 모든 업무를 총괄하도록 하는 운영 체계부터 만들었다.

특히 리딩투자증권은 해외 주식투자를 회사의 핵심 사업으로 내세웠다. 내수시장은 이미 경쟁이 치열한데다 성장에 한계가 있다고 판단, 이 같은 전략을 취한 것이다. 리딩투자증권은 2002년 국내 최초로 미국 주식을 안방에서 실시간 매매할 수 있는 홈 트레이딩 시스템(HTS)을 구축한 후 미국 주식 거래에 나섰다. 이후 2004년 중국, 2005년 일본, 2007년 인도네시아 및 베트남 등으로 주식 거래 가능 지역을 확대했다. 리딩투자증권이 제공하는 HTS서비스는 한 화면에서 국내외 주식거래 서비스뿐만 아니라 해외주식에 대한 다양한 분석 툴을 제공해 왔다. 대형 증권회사도 이를 벤치마킹해 유사한 시스템을 내놓았을 정도다. 2010년말 현재 리딩투자증권의 해외주식투자 부문 시장점유율은 40% 수준으로 독보적 1위를 기록하고 있다.

이홍제 리딩투자증권 최고 운영책임자(Chief Operating Officer: COO)는 "주식 펀드 붐이 일어난 후 지금은 해외주식에 직·간접 투자를 하는 일이 너무나 당연하게 느껴

546

지지만 2000년대 초반 개인이 해외주식에 투자하는 사례는 드물었다"며 "위험을 분산하고 더 많은 수익을 창출할 기회를 발굴하려면 해외투자가 불가피한데도 이런 서비스를 제대로 제공하는 증권사가 드물었다. 창립 초기 개인이 설립한 증권회사가 얼마나 오래 가겠냐는 우려의 시선도 많았지만 우리는 도약의 발판을 마련했다"고 평가했다.

리딩투자증권의 틈새시장 개척 능력은 글로벌 금융위기 이후에도 이어졌다. 리딩은 최근 몇 년간 중소기업 전문 자금 조달이라는 새로운 시장도 개척했다. 금융위기 이후 은행들이 경영 안정성 강화에 초점을 두면서 가뜩이나 돈을 빌리기 힘든 중소기업들은 자금 조달에 큰 어려움을 겪어야 했다. 설사 가능성이 보이는 중소기업을 발견했다 해도 상환 불능 위험을 감수하면서 중소기업에게 대출해 주려는 은행들은 많지 않았다. 리딩투자증권은 제1금융권에서 자금을 조달하기 어려운 알짜 중소기업을 발굴해 이들에게 자금을 지원해 주는 새로운 시장을 개척했다. 바로 메자닌(mezzanine) 금융이다.

메자닌 금융은 주식과 채권의 중간 형태인 전환사채(CB)와 신주인수권부사채(BW)를 이용해 수익을 올리는 금융 기법을 말한다. 즉, 리딩투자증권은 될성부른 중소기업을 발굴해 이들에게 CB 및 BW 발행 등을 통한 자금조달 방법을 컨설팅했다. 틈새시장을 발굴한 일은 좋았지만 이를 통해 돈을 벌기는 쉽지 않았다. 최고경영자(CEO)를 겸직하고 있는 대부분의 중소기업 오너들은 주식발행을 통해 자신의 지분이 낮아져 경영권이 침해받을 수 있다는 점을 우려했다. 또 이름 없는 중소기업에 적극 투자하려는 투자자들 또한 많지 않았다. 리딩투자증권은 보유 지분 희석을 우려하는 중소기업 오너에게 '나무가 아니라 숲을 봐야 한다'는 점을 각인시켰다. 현 단계에서 자본 확충에 나서지 않으면 기술개발이나 생산성 향상 기회를 놓칠 수밖에 없고, 이는 결국 회사의 가치 하락으로 이어져 오너가 가장 큰 타격을 입을 수밖에 없다고 강조했다. 중소기업 투자를 꺼리는 투자가에게는 대기업에 비해 신용등급이 낮지만 기대수익이 훨씬 크다는 점을 강조했다.

리딩투자증권은 2010년 한 해 동안 동부제철 공모 BW 500억원, KIC 공모 CB 250억원, 모린스 사모 BW 200억원 등 총 2,000억원에 달하는 발행 실적을 올렸다. 이는 대우, 삼성, 우리투자증권 등 메이저 증권회사와 비교해도 큰 차이가 없는 수치다.

단계별 주식 확보와 100% 고용승계로 잡음 없이 3개월 만에 인수 완료

설립 때부터 남다른 행보를 보여온 리딩투자증권은 세계경제가 금융위기로 휘청이던 2008년 중반부터 해외 증권사 인수를 추진했다. 피인수 대상인 지크증권은 도쿄 인근의 이바라키 현을 기반으로 위탁매매 위주의 증권업을 60여 년간 영위해 온 소형 증권사였다. 오랫동안 지역민을 상대로 한 대면 영업을 주로 해와서 충성도 높은 고객 기반을 확보했지만, 수익구조 자체가 너무 단순해 성장의 한계에 직면했다.

결국 2006년부터 적자에 빠진 지크증권은 2008년 3월 말 기준으로 4억 2,500만 엔의 당기 순손실을 기록했다. 적자 폭이 확대되는 상황에서 금융위기까지 발생하자 지크증권의 대주주인 일본 모 제지업체는 자발적으로 기업 매각을 추진했다. 오랜 해외 주식투자 경험으로 일본 상황에 정통했던 리딩투자증권은 이 소식을 듣고 인수 여부를 검토했다. 비록 당시 실적은 좋지 않았지만 충분한 투자 가능성이 있다고 여겼다.

리딩투자증권은 2008년 8월 대주주로부터 매도 의사를 확인하고 곧바로 지크증권 인수 작업에 돌입했다. 그리고 불과 3개월 후인 2008년 11월 모든 계약을 완료했다. 직원 120여 명의 작은 회사라고 해도 자국 기업도 아닌 해외 기업 인수를 3개월 만에 마칠 수 있었던 비결은 철저한 준비, 단계적 주식 확보, 100% 고용승계를 통한 조직원들의 불안 완화 덕분이다.

리딩투자증권은 인수 추진 과정에서 가장 걸림돌이 될 문제를 △안정적인 경영권 확보 △소액주주의 지분 인수 요구 대처 △인수 후 부작용 최소화로 보고 이에 대

표 1 M&A 주요 이슈 및 대응 방안

주요 이슈	안정적 경영권 확보	소액주주 지분 인수 요구	인수 후 부작용 최소화
대응방안	• 단계별 투자로 재무부담 최소화 • 직원은 100% 고용승계하되 이사회는 신속 재편	• 경영권 인수 이후 매도희망 소액주주에 인수 의사 공지 • 대주주 변경에 따른 경영 정상화 기대 강화로 매도 희망자 감소 • 결국 소액주주 지분 인수 금액 부담도 완화	• 현금 관리에 집중한 지속적 모니터링 • 월 단위로 위험 체크하는 사전 경고 체제

548

한 대응 방안을 미리 마련했다. 우선 안정적인 경영권 확보를 위해서는 인수 자금을 단계별로 지급하는 방안을 마련하고 재무부담을 최소화했다.

리딩투자증권은 2008년 11월 구주 인수 및 3자 배정 증자로 지크증권 주식 59%를 인수했다. 인수 가격은 주당 950엔이었다. 당시 환율인 1,559원을 기준으로 약 124억원(7억 5,000만 엔)의 돈이 들었다. 이후 경영이 안정되자 리딩은 1년 후인 2009년 12월 주주배정 증자를 단행해 지분율을 76%로 늘렸다. 환율이 떨어진 덕도 있지만 취득 단가 자체가 주당 950엔에서 400엔으로 대폭 하락했기 때문에 이번에는 불과 65억원(5억 엔)만 지출하면 됐다. 이를 통해 리딩투자증권은 평균 취득단가를 대폭 낮출 수 있었다. 1단계 주당 인수가격이 1만 5,000원대였지만 2단계에서는 4,900원에 불과했기에 전체 평균 인수 단가를 8,000원대로 낮출 수 있었다.

조직원의 동요를 최소화하기 위해 고용도 100% 승계했다. 리딩은 120여 명에 달하는 지크증권의 직원들을 모두 떠안았다. 이는 이름도 잘 모르는 타국의 조그만 회사에 팔리는 일을 두려워하던 직원들의 불안감을 누그러뜨리는 데 큰 효과를 발휘했다. 동시에 리딩투자증권은 이사회에 리딩측 인물들을 대거 투입해 지배구조를 신속히 재편했다. 즉, 조직의 동요를 막으면서 이사회는 장악해 조직운영면에서도 경영권을 완전히 확보했다. 빠른 시일 안에 경영권을 확보한 일은 소액주주들의 불안과 동요를 완화시키는 데도 상당한 영향을 발휘했다.

인수 후 부작용을 최소화하기 위한 여러 제도도 마련했다. 지속적인 모니터링은 물론 현금관리에 집중해 월간 단위로 현금 보유액 증감 상황을 점검하는 시스템도 만들었다. 화상회의 등을 통해 한국-일본의 보고 및 관리체계 통합화를 시도했다. 이렇듯 8월 매도의사 확인에서 시작된 인수 작업은 LOI 체결, 실사, MOU 체결, 협상, 본계약 체결 및 클로징의 5단계를 거쳐 3개월 안에 신속히 마무리됐다.

초과이익모형 사용으로 인수가격 설정

초고속으로 인수를 마무리할 수 있었던 또 다른 원동력은 남다른 인수가격 평가 방식이다. M&A가 종종 기약 없는 난항에 빠지는 이유는 인수가격에 대한 양자의 극심한 견해 차이 때문이다. 리딩투자증권은 이 점을 고려해 인수가격 평가시 초과이익모형(Residual Income Model: RIM)을 사용했다. RIM은 회계학 분야의 대가인 캐나다 브리티시 컬럼비아대의 Gerald Feltham 교수와 미국 뉴욕대의 James Ohlson 교수

집행일	2008년 11월	2009년 12월
표2 **인수자금집행방식 비교**		
방식	구주+제3자 배정 증자	주주배정 증자
지분율	59%	68%
취득단가(엔)	950	400
인수 PBR	0.78	0.53
투자금액(엔)	8억	5억
평균환율(100엔/원)	1,559	1,250
총 투자금액(원)	124억	65억
주당취득단가(원)	15,022	4,900

가 1990년대 중반 개발한 기업가치평가 도구다. 여러 회계학자들의 연구결과를 통해 과거 널리 쓰이던 배당할인모형(dividend discount model), 현금흐름할인모형(cash flow discount model)에 비해 훨씬 더 정확한 평가 수치를 제공하는 우수 지표로 밝혀졌지만, 아직 한국 기업은 이를 적극적으로 이용하고 있지 않다. 최근 기업들이 성과평가 및 보상 지표로 가장 많이 사용하는 EVA(Economic Value Added, 경제적 부가가치)의 개념도 RIM에 근거하고 있다.

RIM은 투자 원금인 자기자본(Book Value: BV)과 자기자본비용(Cost of Equity: COE)을 초과하는 이익(Residual Income: RI)의 현재가치를 합한 금액을 자기자본가치(Equity Value: EV)로 산정한다. 즉, 자기자본가치(EV)=자기자본(BV)+미래 초과이익의 현재가치 합(PV of RI)이라는 공식이 성립한다.

RIM이 기존 모형보다 우수한 점은 불필요한 가정을 줄여 가격의 객관성을 향상시킬 수 있다는 사실이다. 자주 쓰이는 현금흐름할인(DCF) 방식은 영업이익을 산정할 때 매출이나 판관비에 대한 가정을 포함시켜야 한다. 이 가정치를 할인할 때 적용하는 할인율 또한 기업이나 업종 상황에 따라 주관적으로 적용해야 한다. 기본적으로 도출된 숫자에 대한 객관성 논란이 일어날 수밖에 없는 구조다. 가중평균자본비용(Weighted Average Cost of Capital: WACC) 또한 이런 식의 추정이 불가피하다. 하지만 RIM에서는 이런 주관적 요소의 개입을 다른 평가모형에 비해 최소화할 수 있다. 그렇기 때문에 왜 이런 인수가격을 산정했는지에 관해 매도자에게 명확히 설명할 수 있고 쉽게 납득시킬 수도 있다. 물론 RIM이 완전 무결한 방식이라고 할 수는 없지만 기존 방법보다는 객관성과 정확성면에서 우수하므로 M&A시 발생하는 가격 불일치를 해소하는 데는 도움을 준다.

이홍제 전무는 다음과 같이 말했다. "한국에서도 아직 RIM을 적극 이용하는 기업이 많지 않지만 일본은 더했습니다. 지크증권 관계자들도 이 방식을 잘 몰랐어요. 그래서 가격협상에 돌입하기 전부터 우리의 가격산정 방식에 대해 상대방측에 충분한 사전 설명을 해 줬습니다. 기존 가치산정 방식이 가지고 있는 불필요한 가정들에 대해 충분히 설명하자 그 쪽에서도 왜 RIM을 택했는지도, RIM 방식을 통해 얻은 가격에 대해서도 신뢰하는 눈치였습니다. 일단 충분한 사전 준비를 통해 과거의 가치평가 방식이 여러 가지 문제가 있음을 적극 설명한 점, 우리가 인수가격을 제시할 때 최대한 객관성과 공정성을 확보하려 노력했다는 점을 보여준 게 가격을 둘러싼 지루한 공방을 막아줬습니다."

직원 사기진작 위해 보상체계 변경 등 PMI에 주력

특수한 기술이나 제품으로 경쟁하는 제조업과 달리 금융업의 핵심은 사람이다. 즉, 조직원의 마음을 얻고 이들에게 동기를 부여하지 못하면, 아무리 싼 값에 해당 기업을 인수했다 해도 이후 좋은 성과를 내기 힘들다. 리딩투자증권이 지크증권을 인수했을 당시 지크증권 직원들의 불안감은 상당했다. 당시 지크증권의 핵심 고객층은 젊었을 때 도쿄 시내에서 일하고 거주하다 은퇴 후 도쿄 외곽으로 거주지를 옮긴 노인들이었다. 지크증권은 이 틈새시장을 잘 공략해 60여 년 동안 큰 풍파 없이 회사를 영위했다. 안정적인 상황에 익숙했던 직원들은 회사가 다른 나라의 회사, 그것도 소형회사에 인수된다는 사실에 당황하는 모습을 보였다.

이에 리딩투자증권은 100% 고용승계에 동의했고, 경영권 확보 후에도 직원 사기진작을 위해 다양한 노력을 기울였다. △직원 의사를 반영한 임원진 개편 △수직적인 업무지시 지양 △보상체계 변경 등이 대표적이다. 인수과정 그 자체보다 인수 후 통합(Post Merger Integration: PMI)에 더 많은 관심과 노력을 기울였다.

이번 인수작업에 처음부터 관여했던 리딩투자증권 박대혁 부회장은 한 가지 에피소드를 들려줬다. "인수과정 중 일반 직원들을 대상으로 심층 인터뷰를 실시한 적이 있습니다. 그 결과, 대주주와 직원들 사이에서 고의적으로 의사소통 장애를 발생시키는 등 문제를 야기한 임원이 있었음을 파악했습니다. 제지업계 출신인 기존 대주주가 증권업을 잘 모르다 보니 그런 일이 발생한 거죠. 그래서 인수작업이 끝나기 전에 일부 임원을 교체했습니다. 오너의 눈과 귀를 가리며 의사소통을 차단한 사람을 교체하자 남아있는 직원들의 분위기가 상당히 개선됐고, 저희를 대하는 태도 또한 호의적으로 변했습니다."

박 부회장은 인수 후 예상하지 못한 문제점을 발견했다고 설명했다. "120명 직원의 대부분은 영업직원이었습니다. 하지만 능력 수준이 저희의 기대와는 좀 달랐습니다. 일본 증권회사들은 규모에 따라서 능력의 차이가 큰 편입니다. 대형 증권회사는 세계적인 투자은행과 직접 겨룰 정도지만 소형 증권회사는 HTS 등 신문물에 밝지 않아요. 지크증권 직원들도 워낙 안정적인 틈새시장에서 일해 왔던 탓인지 한국에서는 거의 사라진 실수가 가끔 발생하더군요. 한국에서는 객장에 나가는 손님이 거의 없잖습니까. 절대 다수가 HTS를 이용하고요. 하지만 그 곳에는 주문지 작성을 통해 매매를 하는 고객이 아직도 많습니다. 그러다 보니 주문실수 혹은 내부통제상의 문제점이 발생할 소지가 있었습니다"라고 말했다.

그럼에도 불구하고 리딩투자증권은 영업직원의 능력향상을 위해 일방적으로 교육 프로그램을 구성하고 운용하는 일을 자제했다. 수직적인 업무지시처럼 느껴지는 행동이 일본 직원들의 불만을 야기할 수 있다는 판단에서다. 특히 한국에서 영업을 독려하기 위해 종종 쓰이는 정신교육은 아예 배제했다. 일본인 특유의 혼네(本音, 본심)와 다테마에(建前, 겉으로 드러난 명분) 차이 때문이다. 박 부회장은 "싫든 좋든 우리가 모회사이니까 표면적으로는 '예스'라고 말하지만 실제로는 우리의 방식에 동의하지 않을 수도 있죠. HTS를 안 쓰는 것도 우리 입장에선 답답해 보이지만 자본시장의 발전상황이 달랐던 만큼 억지로 강요해서는 안 된다고 생각했습니다"라고 설명했다.

리딩투자증권은 대신 간접적이면서 은근한 방법을 썼다. 우선 영업능력이 우수한 몇몇 직원을 서울로 초대했다. 업무에 관한 이야기보다는 서울의 분위기를 느끼게 한 후, 한국의 영업현황을 보여줬더니 직원들은 놀랐다. 그는 "바로 옆에 있는 나라임에도 직원들 중 상당수가 한국의 IT 환경이 얼마나 발달했는지, 금융업에도 그런 특성이 얼마나 많이 반영됐는지를 잘 모르더군요. '한국에서 뭐 배울 게 있을까'라는 생각을 했다가 적잖이 충격을 받았습니다. 게다가 굳이 한국식으로 이렇게 해라 저렇게 해라 시시콜콜 지시하지 않고 분위기를 체감하도록 하면서 간접적으로 경험토록했던 게 좋은 효과를 냈습니다"라고 말했다.

일본 리딩증권에 대한 본사의 인력 파견도 최소화했다. 3개월의 인수과정 중에는 M&A를 담당하는 5명 정도의 본사 직원이 일본에 잠시 상주했지만 이후에는 본사 파견 직원이 없었다. 대표도 마찬가지다. 피인수 기업에 본사 출신 관계자를 단독 대표로 내려 보내면 피인수 기업 직원들은 알게 모르게 '점령군처럼 행동하는거 아닌가' 라는 생각을 가질 수밖에 없다. 리딩투자증권은 본사측 인사와 M&A 자문을 담당했던 일본인 전문가로 이뤄진 공동대표 체제를 택했다. 실질적인 회사운영 권한은 일본 측 대표쪽에 있는 셈이다.

영업직원의 인센티브 체계도 직원들에게 유리하게 변경했다. 과거에는 개별 영업직원의 실적을 충분히 고려하지 않고 부서나 회사 전체 실적으로 인센티브를 지급했기에 직원들의 불만이 적지 않았다. 리딩투자증권은 1인당 생산성 지표를 새로 도입하고, 개별실적도 인센티브에 반영될 수 있도록 체계를 개선했다.

직원들의 마음을 얻은 효과는 곧바로 나타났다. 일본 리딩증권은 2006년부터 3년간 적자를 기록했지만 2008년 11월 인수 후 불과 1년이 지난 2009년 말부터 흑자 궤도로 돌아섰다. 당초 3년 정도는 적자를 각오해야 할 거라는 리딩측의 예상보다 빠른 기간이었다. 올해도 투자은행(IB) 업무에 특화하는 등 다양한 금융상품 도입으로 흑자 기반을 구축했다. 일본 리딩증권은 2010년 약 10억원 이상의 영업흑자를 기대하고 있다. 부채가 줄어 자기자본비율도 빠른 속도로 개선되고 있다. 2008년 3월 16.83%에 불과했던 자기자본비율은 2010년 8월 현재 30%로 대폭 증가했다.

한일 양국에서 새로운 수익원도 발굴

리딩투자증권의 강점을 이식한 새로운 비즈니스 모델도 확립했다. 지크증권 직원들은 오랫동안 거래해 온 장기 고객을 대상으로 한 주식 소매 영업에만 익숙했다. 이 때문에 주식시장 상황 변화에 따라 실적이 요동쳤다. 시장이 호황일 때는 괜찮지만 불황이면 적자가 불가피했다. 이에 리딩은 자사가 강점을 지닌 해외증권 판매 업무를 지크증권에 이식하기 시작했다. 즉, 대도시 근교에 거주하는 장년층이라는 지크증권의 안정적 고객 기반에다 리딩투자증권이 강점을 지닌 해외주식 거래를 합해 신규고객을 유입할 발판을 마련한 셈이다.

이흥제 전무는 새로운 상품에 대한 일본 고객들의 반응이 긍정적이었다고 설명했다. "일본 고객들은 저축을 많이 하니까 여유 자금이 있죠. 하지만 제로 금리라 이 자금을 은행에다 두지도 않습니다. 과거처럼 일본 주식과 채권만 가져다 주면 당연히 고객들의 반응이 시큰둥하죠. 그래서 한국에서 하듯 미국 주식, 브라질 헤알화 국채 등 다양한 해외증권 관련 상품을 선보였습니다. 저희가 이런 상품을 소개하니 상당히 호의적인 반응을 보이는 고객들이 많았습니다.

일본 사람들은 조그마한 가게 하나도 4대가 이어가며 운영하잖습니까? 고객관계 도 마찬가지에요. 한 번 고객관계를 맺으면 쉽게 잘 안 움직여요. 즉, 어떤 고객이 A 라는 영업직원하고 거래한 후 그와의 거래가 익숙해지면 A가 소개하는 상품만 계속 사고파는 거죠. 사실 일본 고객들의 평균 회전율 자체는 절대 한국보다 낮지 않아요. 노인 계층이 주고객이라고 해서 그 사람들의 매매 횟수가 적거나 평균 보유기간이 긴 건 아니거든요. 그런데 투자상품의 종류와 다양성은 훨씬 떨어져요. 자신의 담당자가 '이런 신상품이 있다'고 소개하지 않으면 애초에 새로운 상품에 관심도 안 가지는 문 화니까요. 하지만 오래 거래해 온 영업직원이 신상품을 제안하면 상황이 달라집니다. 그래서 그런지 헤알화 국채 등을 소개하자 바로 반응이 왔습니다."

일본 증권회사를 인수한 덕에 한국에서도 새로운 수익원 발굴 기회를 얻었다. 최근 리딩투자증권은 한일 양국 부품업체 M&A의 연결 고리 역할을 적극 담당하고

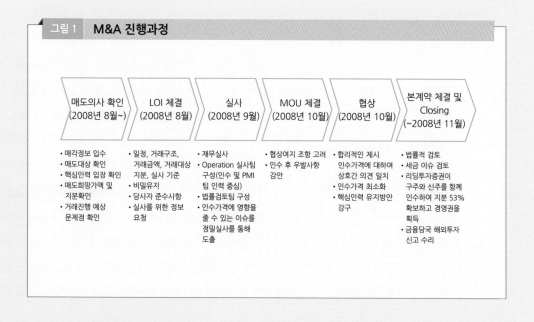

그림 1 M&A 진행과정

매도의사 확인 (2008년 8월~)	LOI 체결 (2008년 8월)	실사 (2008년 9월)	MOU 체결 (2008년 10월)	협상 (2008년 10월)	본계약 체결 및 Closing (~2008년 11월)
• 매각정보 입수 • 매도대상 확인 • 핵심인력 입장 확인 • 매도희망가액 및 지분확인 • 거래진행 예상 문제점 확인	• 일정, 거래구조, 거래금액, 거래대상 지분, 실사 기준 • 비밀유지 • 당사자 준수사항 • 실사를 위한 정보 요청	• 재무실사 • Operation 실사팀 구성(인수 및 PMI 팀 인력 중심) • 법률검토팀 구성 • 인수가격에 영향을 줄 수 있는 이슈를 정밀실사를 통해 도출	• 협상여지 조항 고려 • 인수 후 우발사항 감안	• 합리적인 제시 인수가격에 대하여 상호간 의견 일치 • 인수가격 최소화 • 핵심인력 유지방안 강구	• 법률적 검토 • 세금 이슈 검토 • 리딩투자증권이 구주와 신주를 함께 인수하여 지분 53% 확보하고 경영권을 획득 • 금융당국 해외투자 신고 수리

있다. 즉, 앞선 기술을 보유하고 있으나 일시적인 자금난에 빠진 일본 업체를 찾아내 이 기업을 인수하고 싶어하는 국내 기업에 소개하는 역할이다. 당연히 M&A 과정에 대한 자문 및 주간 업무는 뒤따라올 수밖에 없다.

한국은행 부총재 출신으로 2006년부터 리딩투자증권의 대표이사를 맡고 있는 박철 회장은 이에 관해 이렇게 설명했다. "일본 부품소재 업체 중 제2차 세계대전 후 회사를 설립한 창업주가 제대로 된 후계자를 찾지 못해 문을 닫아야 하는 처지에 몰린 사례가 종종 있습니다. 이런 업체 중 알짜 기업을 골라 국내 업체에게 소개하는 겁니다. 국내 업체는 이를 통해 신기술 확보 및 일본 시장 진출이라는 효과를 동시에 누릴 수 있으니까요"

리딩투자증권의 핵심성공요인 분석

1) Upward Investment로 M&A의 새로운 영역 개척

M&A를 성사시키거나 시도한 한국 기업들은 대개 한국보다 선진국 기업 혹은 동종업계에서 자사보다 높은 기술력이나 입지를 지닌 회사를 인수하는 상방투자(Upward Investment)보다 그 반대인 하방투자(Downward Investment)에 주력하는 편이다. 두산의 미국 중장비업체 밥캣 인수 등 상방투자의 사례가 전혀 없는 건 아니지만 유독 금융업계에서는 한국 기업이 선진국 기업을 사들인 사례를 찾아보기 힘들다. 내놓으라 하는 한국 대형 은행들도 동남아시아나 중앙아시아 금융회사 중 부실에 빠진 회사를 사들이거나 지분투자를 하는 정도이다.

반면, 리딩투자증권은 처음부터 상방투자를 계획해 왔고, 이를 실행에 옮겼다. 중국, 베트남, 인도네시아 주식거래시장에 남들보다 먼저 진출한 리딩은 개발도상국에서 사업을 벌이는 일이 얼마나 큰 위험을 내포하고 있는지 잘 알고 있었다. M&A 자체도 피곤하고 힘든 일인데, 개도국에서는 업무 외에 신경 써야 할 점들이 너무 많다는 이유다.

박 회장은 "정부나 규제당국과의 관계, 로비, 느린 업무처리 속도 등의 어려움은 겪어보지 않은 사람은 잘 모릅니다. M&A처럼 복잡다단하고 사후처리에 오랜 시간이 걸리는 작업을 하려면 최소한 상식이 통하는 나라에서 진행해야 한다고 생각했습니다. 결정적으로 리딩은 작은 회사입니다. 자본도 브랜드 인지도도 큰 회사와는 비교할 수 없을 정도로 작아요. 개도국일수록 이름 값이나 회사 크기가 실력보다 중요할 때가 많습니다. 실력만 가지고 먹고 살아야 하는 리딩투자증권의 상황을 감안하면 오히려 선진국 시장이 더 잘 어울립니다. 무형자산이 핵심인 금융산업의 특성상 피인수 국가의 금융 노하우나 핵심 인재를 보유하기 위해서도 배울 만한 점이 있는 선진국 회사를 인수해야 했습니다"라고 말했다.

금융업체들이 선진국 기업인수를 꺼리는 이유는 자사와 피인수 기업의 관계를 전형적인 갑과 을이라고 여기는 한국식 사고방식과도 관련이 있다. 즉, 우리 회사가 피인수 기업 위에 있어야 하는데, 기술력이나 인지도가 높은 선진국 회사를 인수했다간 소위 '말빨'이 안 설지도 모른다는 속내가 존재한다. 박 회장은 이에 대해서도 다음과 같은 반박을 했다.

"미국, 유럽, 일본은 한국보다 금융산업 역사가 훨씬 오래됐고, 세계적인 기업도 많죠. 그렇다고 그들 모두가 다 최첨단을 달리는 건 아닙니다. 앞서 언급했듯 세계 2위 경제대국인 일본에서도 HTS의 중요성을 잘 모르는 금융회사도 있습니다. 무조건 선진국의 방식이 저만큼 앞서고 있는 게 아니라 한국이 더 발전한 부분도 많아요. 그런 점을 잘 보여주면 선진국 직원들의 반발도 누그러뜨릴 수 있습니다."

2) 역통합(Reverse Integration) 위주의 PMI

한국 기업들은 M&A 준비단계에서 인수금액의 결정에 큰 신경을 쓴다. 하지만 아무리 좋은 기업을 싸게 샀다 해도 피인수 기업의 핵심 인재를 보유하지 못하거나, 조직원들의 집단 반발에 직면한다면 해당 회사의 껍데기만 사는 꼴이 된다. PMI의 중요성이 점점 커지고 있는 이유도 여기에 있다.

문제는 이 PMI가 항상 피인수 기업이 인수 기업의 조직문화와 업무방식을 따르는 식으로만 이뤄진다는 사실이다. 이는 진정한 PMI가 아니다. 결국 기업 실사 단계 때부터 HR 부문의 실사를 실사의 주요 항목에 포함시키고, 인수 후에도 피인수 회사 직원들의 마음을 얻으려는 다양한 시도가 필요하다.

리딩투자증권 역시 섣불리 한국식을 강요하지 않으며 일본 영업직원의 업무 방식을 최대한 존중해 줬다. 특히 PMI 과정에서의 '완급 조절' 능력도 돋보였다. 즉, 본계약은 최대한 신속하고 빨리 체결해 조직원들의 동요를 막고, 정작 인수 후에는 직원들이 자발적으로 인수 회사에 마음을 열기를 기다리며 몰아붙이지 않았다.

어떤 M&A에서건 인수 기업이 피인수 기업에게 점령군처럼 행동하는 시도는 두 회사의 진정한 통합을 가로막는 최악의 행위라고 할 수 있다. 잘 알려진 대로 금융위기 와중에 리만 브라더스를 인수한 일본 노무라 홀딩스는 기업문화 차이로 조직통합에 큰 어려움을 겪고 있다. 노무라가 리만의 신입 사원 연수 때 여자만 따로 골라 머리 관리 및 의상 선택법, 녹차 타는 방법을 교육시키는 바람에 하버드 출신 여자 직원들이 분노했다는 언론 보도도 여러 차례 나왔다. 애초부터 조직원 처우나 의사결정 방식 등이 워낙 달랐던 데다 노무라가 섣불리 동양식 방식을 강요하는 바람에 합병을 통해 글로벌 금융기관으로 도약하려는 시도 자체가 타격받고 있는 셈이다.

3) 스몰딜(small deal)로 투자위험 최소화

M&A를 단행할 때 많은 기업들은 '이왕 엄청난 돈이 들어가는 일인데 기왕이면 더 큰 기업을 사자'는 유혹에 빠진다. 리딩투자증권처럼 한국 내에서 규모의 경쟁을 할 수 없는 회사라면 더더욱 이런 욕심에서 자유롭기 어렵다. 하지만 리딩투자증권은 규모에 대한 욕심을 버렸다. 위험은 줄이고 가치창출을 극대화하기 위해 △레버리지를 일으키지 않고 리딩이 보유한 돈으로 살 수 있으며 △리딩의 핵심 사업과 시너지효과를 창출할 수 있는 회사를 찾는 데 주력했다.

박 회장은 "인수 대상 기업을 물색할 때 지크증권보다 규모가 큰 회사들도 있었습니다. 하지만 그런 회사를 사려면 레버리지를 많이 일으켜야 하는데, 우리의 전략과는 맞지 않았습니다. 리딩투자증권 역시 한국 내의 틈새시장을 공략하며 커왔는데, 기업규모가 지나치게 큰 회사는 PMI 측면에서도 문제가 많을 것 같았습니다. 지속가능한 성장을 이루기에는 조금 부족하고, 사업영역이 넓지 않으면서, 리딩의 노하우를 접목했을 때 성장 가능성이 큰 회사를 선택하니 답은 금방 나왔습니다"라고 말했다.

리딩이 지크증권을 인수할 때 참고한 역할 모델은 바로 스페인 산탄데르은행이다. 스페인의 작은 은행에 불과했던 산탄데르는 150여 년의 역사 동안 국내외에서 무려 100회 이상의 M&A를 단행하며 글로벌 은행으로 발돋움했다. 산탄데르는 스페인에서 1위 은행이 된 뒤 문화적 동질성이 강한 중남미로 눈을 돌려 내수 시장에서보다 훨씬 큰 성공을 이뤄냈다.

박 회장은 "산탄데르가 브라질에 들어갈 때의 일입니다. 이미 상당한 규모의 은행이었음에도 불구하고 산탄데르는 브라질 대형 은행들을 노리지 않았어요. 매우 조그마한 은행부터 차근차근 인수했죠. 실수할 위험이 적고, 설사 실수를 해도 그룹 전체에 큰 문제를 끼치지 않을 만한 인수 대상을 찾은 거죠. 피인수 기업의 크기는 중요하지 않아요. 우리의 노하우를 접목할 수 있고, 우리가 그 쪽으로부터 배울 게 있어 한 번 성공 사례를 정착시키면 그 경험을 계속 써먹을 수 있기 때문입니다"라고 말했다.

이런 식의 스몰딜(small deal)은 금융위기 후 전 세계에서 각광받고 있다. 작지만 경쟁력 있는 회사를 사들여 핵심사업을 보강하거나 무리하지 않은 수준에서 외연을 확장하겠다는 전략이다. 조 단위의 거액을 투자해야 하는 대형 M&A에 비해 상대적으로 자금조달이 수월하고, 실패해도 위험이 적다는 이점 때문이다. 특히 금융위기 전 이뤄진 대형 M&A 중 '승자의 저주'에 휘말린 사례가 많았던 탓에 기업들의 실속 투자 경향이 더욱 뚜렷하다. 국내에서는 LS그룹이 최근 이런 식의 스몰딜을 통해 빠르게 외연을 확장하고 있다.

인수시점도 절묘했다. 모든 사람들이 몸을 바짝 움츠리던 시기에 M&A를 단행했고, 단계적인 지분 확보에 나섰기에 인수비용도 예상보다 30% 이상 줄일 수 있었다. 박 회장은 "금융위기 전 세계 각지에서 엄청난 수의 M&A가 이뤄졌지만 대부분 지나치게 웃돈을 주고 사는 바람에 소기의 성과를 거두지 못했죠. 돈은 넘쳐나고, 여러 기업이 달려드니 100에 사면 적당한 기업을 200에 사서 어려움을 겪는 거죠. 일단 금융위기가 발발하고 인수에 나서려는 사람이 적은 상황에서 협상을 시작했기 때문에 '승자의 저주'에 대한 우려를 할 필요도 없었습니다"라고 말했다.

4) RIM의 적절한 이용을 통한 협상시간과 노력의 단축

앞에서 RIM은 가치평가시 필요한 여러 가정들을 단순화하여 다른 평가모형에 비해 보다 정확한 가치평가 수치를 제공해 준다는 점을 설명한 바 있다. 회계학계의 많은 연구결과들은 RIM이 다른 모형보다 정확한 평가 수치를 제공한다는 사실을 알려준다.

RIM은 상대적으로 다른 모형들에 비해 주관적인 추정이나 예측이 평가된 수치에 미치는 영향이 적기 때문에 M&A시 매수자나 매도자가 추정된 미래 수치의 적정성 여부를 두고 논쟁을 벌일 여지도 줄어든다. 따라서 리딩투자증권이 RIM을 이용함으로써 적정한 매각가격을 둘러싼 양측의 논란을 상대적으로 단순화하여 M&A에 소요되는 시간을 줄일 수 있었을 것이다. 그 결과 리딩투자증권은 모든 인수과정을 불과 3개월 만에 마치고 회사의 통합작업을 시작할 수 있었다. 이 점 역시 리딩투자증권이 M&A에 성공한 핵심 비결이라 할 수 있다. 인수과정에 너무 많은 시간과 노력을 소모하다가 적절한 인수시기를 놓치거나, 서로 나쁜 감정을 갖게 되어 인수 후 통합과정에서 곤란을 겪는 사례도 종종 있기 때문이다.[7]

RIM은 기존에 널리 사용되던 배당할인모형과 비교할 때 기업의 본질 가치에 대한 발상의 전환 계기도 마련해 준다. 즉, 배당금지급이라는 '부의 분배'에서, 투자를 통한 초과이익 창출 역량이라는 '부의 창출'로 관점을 바꿔놓기 때문이다. 창출된 부의 분배를 의미하는 배당의 관점뿐 아니라, 적극적인 투자를 하고 이를 통해 주주나 시장의 요구수익률을 초과 달성하는 역량을 지속적으로 확보하는 일이 중요하다는 새로운 해석을 제공한다는 뜻이다.

이 점은 RIM이 기업가치평가 이외의 다른 분야에서도 많은 응용이 가능하다는 점을 알려준다. EVA가 바로 RIM을 성과평가 및 보상에 적용한 방식이다.[8]

---

7 실제로 많은 M&A 사례를 보면 미래의 영업성과에 대한 추정을 어떻게 하느냐에 따라 평가된 수치가 크게 달라진다. 따라서 어떤 추정치가 더 합리적인 수치냐에 대한 상당한 논란이 거래 당사자들 사이에서 벌어지게 되고, 그 과정에서 시간이 지연되며 불필요한 마찰도 종종 벌어지게 된다. RIM을 사용하면 미래 영업성과에 대한 추정치가 가치평가 수치에 미치는 영향이 상대적으로 다른 방법을 사용했을 때보다 덜하다. 따라서 이런 논란거리를 줄일 수 있다.

8 예를 들어, 배당할인모형은 미래기간 동안 배당을 얼마만큼 수취하느냐에 따라 평가된 기업가치가 달라진다. 따라서 배당할인모형에 따르면 주주의 입장에서는 기업의 장기적인 성장·발전보다 배당을 얼마나 받느냐가 더 중요한 이슈라고 가정하는 것이다. 따라서 장기적인 발전을 희생하면서 단기적인 배당을 더 지급한다면 오히려 기업가치가 더 높아지는 것처럼 평가되는 모순이 생긴다. 그러나 RIM에 따르면 미래 초과이익을 창출하는 것이 기업가치와 관련된다. 기업이 장기적인 성장·발전을 해야 미래기간 동안 초과이익이 창출되는 것이므로, RIM에 따르면 주주의 관점이 보다 장기적이고 포괄적이 된다. 또한 주주뿐만 아니라 경영진이나 종업원, 고객이나 채권자 등과의 이해관계도 모두 기업의 장기적인 성장·발전을 위해서는 고려해야 한다. 따라서 기업의 가치나 역할을 바라보는 철학적 관점에서도 RIM의 개념이 더 우수하다고 할 수 있다.

사례문제

❶ RIM의 사용이 지크증권의 성공적인 인수에 어떤 공헌을 했는지를 요약하여라. 또한 M&A시에 왜 정확한 인수가격의 결정이 왜 중요한지에 대해 설명하여라.

❷ M&A에 대해 대화하던 두 거래 상대방이 가격에 대한 서로 다른 의견 때문에 협상이 결렬되는 경우가 종종 있다. 이런 상황하에 있다면 어떻게 해야 할지 토론하여라.

❸ 리딩투자증권은 2010년 말 벤처캐피탈인 보스톤창업투자의 주식 51%를 65억원에 인수하여 리딩인베스트먼트로 개명한 바 있다. 리딩투자증권의 이런 성장전략이 적합한 것인지에 대해 토론하라.

❹ 이런 내용과 과거 5년간의 리딩투자증권의 재무제표를 살펴본 후, 앞으로 5년간 리딩투자증권의 당기순이익이 어느 정도 상승할 수 있을지 예측하여라. 재무제표를 추정할 필요가 없이, 과거의 성장세를 이용하여 간단히 추정만 하면 충분하다. 이 추정치를 바탕으로 하여, 만약 2015년 말 리딩투자증권이 주식시장에 상장된다면 공모가가 얼마나 될 수 있을지 예측하여라. 예측을 위해서는 현재 증권시장에 상장되어 있는 증권회사 주식들의 평균 PER을 이용하여라.

❺ 다수의 M&A 사례를 살펴보면, 본 사례의 경우 같은 스몰딜이 대규모 자금이 동원되는 빅딜보다 성공가능성이 매우 높다. 왜 이런 차이점이 있는지 토론하여라.

❻ 문화가 전혀 다른 두 기업이 결합될 때 인수가격 결정 이외에도 중요한 점들이 한두 가지가 아니다. 따라서 두 기업을 통합시키는 PMI 과정이 매우 중요하다. PMI 과정에서 특히 중점적으로 다루어야 할 일이 무엇인지 생각해 보아라.

칼라일 그룹의 차입매수 방식을 통한 약진통상 경영권 인수

1. 개요

약진통상은 주문자 개발생산 방식의 의류수출업체로서 전 세계적인 소비심리 위축에도 불구하고 지속적인 성장을 이루어 왔다. 글로벌 사모펀드 회사인 칼라일그룹(The Carlyle Group)은 이러한 약진통상의 성장세를 눈여겨 보고, 약 2,000억원의 자금으로 동 사를 인수하였다. 당시 칼라일은 차입매수(Leveraged Buy-Out)방식을 활용하였다.

2. 차입매수(LBO : Leveraged-Buy Out)

2장 해동건설 사례에서 보았듯이, 차입매수란 인수기업이 피인수기업의 자산을 담보 또는 보증으로 인수자금의 상당액을 차입하여 동 자금을 바탕으로 기업을 매수

| 표 1 | M&A방식에 따른 수익률과 위험 |

사례 1 : 이익이 발생하는 경우

	자기자금투자 방식	차입매수 방식
투자자금(자본)	1,000	200
차입금(부채)	-	800
순이익 (순손실)	100	100
자기자본수익률 (ROE)	10%	50%

사례 2 : 손실이 발생하는 경우

	자기자금투자 방식	차입매수 방식
투자자금(자본)	1,000	200
차입금(부채)	-	800
순이익 (순손실)	(100)	(100)
자기자본수익률 (ROE)	-10%	-50%

하는 방법을 의미한다. 인수기업의 경우 인수자금이 부족하더라도 차입을 통해 피인수기업을 손쉽게 인수할 수 있다는 장점이 있다. 또한 이자비용 손금산입에 따른 절세효과도 누릴 수 있다. 반면, 차입금 상환에 있어 피인수기업의 자산이나 미래 현금흐름에 의존함에 따라 비교적 위험성이 크다는 단점도 있다. [표 1]은 이러한 차입매수 방식의 장단점을 잘 보여준다.

인수합병 후 순이익이 발생하는 경우에는 차입매수 방식이 자기자금투자 방식에 비해 40% 높은 자기자본수익률(ROE)을 올리게 된다. 그러나 영업손실이 발생하는 경우에는 반대로 차입매수 방식이 자기자금투자 방식에 비해 자기자본수익률(ROE)이 40%나 낮게 나타난다. 이처럼 차입매수는 투자위험이 상대적으로 높다.

한편, 차입매수 방식은 차입에 따른 이자부담으로 인해 잉여현금흐름(free cash flow)이 줄어들어 대리인 비용을 줄이는 긍정적 효과가 있는 반면, 피인수기업의 과도한 부채비율로 인해 경영진이 위험한 투자를 선호하는 자산대체문제(asset substitution problem)가 발생할 우려가 있다. 그 외에도 인수회사가 피인수회사의 재산 혹은 경영권을 담보로 차입함에 따라 피인수회사의 주주가 재산상의 손해를 입을 것으로 간주될 여지가 존재한다. 그 결과 형사법상 배임죄에 휘말릴 여지가 있어 우리나라에서는 널리 통용되지는 않은 것 또한 사실이다.

차입매수는 담보제공형과 합병형의 두 가지 방식으로 구분된다. 전자는 피인수기업의 자산을 동 사 지분 취득을 위한 SPC의 차입금에 대한 담보로 제공하는 방식을 의미한다. 후자는 피인수기업의 지분을 담보로 SPC를 통해 자금을 차입하고, 동 자금으로 피인수기업 지분을 인수한 뒤 SPC와 피인수기업을 합병하는 방식을 일컫는다.

3. 칼라일의 약진통상 차입매수

칼라일은 2013년 11월에 약진통상을 인수하였다. 약진통상 인수를 위해 먼저, 칼라일과 창업주의 아들은 각각 70%와 30%의 지분을 투자하여 약진홀딩스라고 하는 지주회사를 설립하였다. 동 과정에서 칼라일은 보유현금 800억원과 신디케이트론을 통해 차입한 900 등 1,700억원을 투자하고, 창업주의 아들은 350억원을 투자하였다. 다음으로 기존 약진통상 주주인 창업주와 한국자산관리공사(KAMCO)는 보유중이던 약진통상 지분 100%를 약진홀딩스에 매각하였다. 동 인수과정에 따른 지분구조 변화는 [그림 1]과 같다.

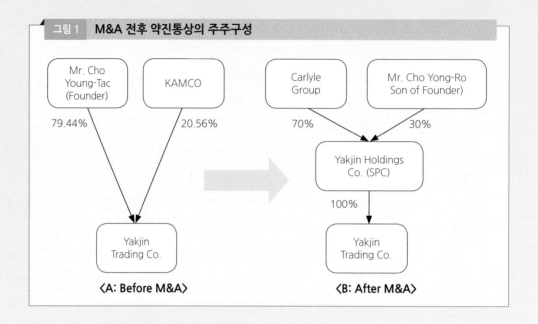

그림 1 M&A 전후 약진통상의 주주구성

Mr. Cho Young-Tac (Founder) KAMCO

79.44% 20.56%

Yakjin Trading Co.

⟨A: Before M&A⟩

Carlyle Group Mr. Cho Yong-Ro (Son of Founder)

70% 30%

Yakjin Holdings Co. (SPC)

100%

Yakjin Trading Co.

⟨B: After M&A⟩

칼라일 인수 후 약진통상의 영업성과는 [표 2]와 같다.

〈표 2〉에서처럼 약진통상의 매출액은 물론 영업이익과 당기순이익, EBITDA 등이 칼라일 인수 후 지속적으로 증가추세를 보이는 등 영업성과가 좋아지고 있다. 반면, 부채비율이 증가하고 있는데, 이는 증가된 영업실적에 비해 칼라일이 배당 등으로 회수해간 금액이 상대적으로 더 많다는 것을 의미한다. 즉, 칼라일은 약진통상의 영업성과를 개선시킴과 동시에, 차입금 상환을 위한 투자자금 회수전략을 함께 펼치고 있었던 것으로 보인다.

4. 칼라일의 출구 전략

칼라일은 인수 후 채 2년이 지나지 않은 2015년 9월 약진통상에 대한 매각을 결정한다. 이처럼 사모펀드와 같이 배당이나 시세차익과 같은 투자수익을 얻기 위해 자금을 지원하는 투자자를 재무적 투자자(financial investor)라고 하며, 경영 참여를 목적으로 기업을 인수하는 전략적 투자자(strategic investor)와 대비되는 개념이다. 재무적 투자자는 투자목적에 따라 단기간에 적절한 출구전략(exit)을 취하는데, 칼라일도 약진통상 인수 후 자기주식의 이익소각, 매각, 기업공개와 같은 다양한 출구전략을 시도하였다.

| 표 2 | 약진통상의 영업성과 변화 (2013~2015) |

A. 재무상태

(단위 : 백만원)

	2013	2014	2015
총자산 (A)	190,272	190,990	197,384
총부채 (B)	61,354	64,011	78,354
순차입금 (B')	37,879	-12,705	-16,138
총자본 (C=A-B)	128,918	126,979	119,030
부채비율 (D=B/C)	47.6%	50.4%	65.8%

B. 손익 및 현금흐름

(단위: 백만원)

	2013	2014	2015
매출액	398,421	433,086	501,022
매출원가	343,868	367,582	429,019
매출총이익	54,553	65,504	72,003
영업이익	24,291	31,754	32,374
EBITDA	24,877	32,398	32,962
당기순이익	20,490	23,491	29,990
영업현금흐름	5,541	36,433	26,768
영업이익률	6.1%	7.3%	6.5%
당기순이익률	5.1%	5.4%	7.0%

4.1. 자기주식의 이익소각

주주에게 이익을 환원하는 대표적인 방식은 이익잉여금으로 현금배당을 지급하는 것이다. 또 다른 방법은 기업이 주주로부터 자사주를 매입하는 것이다. 이 경우 매입한 자사주를 소각하기도 하는데, 자본금으로 소각하면 감자소각(또는 유상감자),

이익잉여금으로 소각하면 이익소각이라고 불린다.[9] 칼라일은 이 중 이익소각을 통해 투자금을 회수하였다. 약진통상은 이에 앞서 2015년 3월 신디케이트론을 통해 850억원을 조달하였으며, 영업활동을 통해 벌어들인 현금과 함께 동 차입재원을 바탕으로 570억원 가량을 이익소각으로 주주에게 분배하였다.[10] 따라서 약진통상의 이익소각은 칼라일의 투자금 조기회수를 위해 이루어졌다고 볼 수 있다.

또한, 약진통상은 2014년 6월 약진홀딩스로부터 자기주식 420,000주를 307억에, 2015년 중 자기주식 550,000주를 395억원에 각각 매입하였으며, 매입 즉시 이익소각하였다. 그 결과 약진홀딩스는 2014~2015년 기간 중 총 702억원의 현금을 확보하게 되는데, 칼라일은 이 중 576억원으로 이익소각을 실시함으로써 이익소각액의 70%에 해당하는 403억원의 현금을 회수한다. 한편, 약진통상은 2016년 6월 약진홀딩스를 흡수합병하였는데, 흡수합병 후 약진통상은 다시 자기주식 420,000주를 849억원에 매입한 뒤 이익소각하였다. 칼라일은 동 이익소각을 통해 약 594억원을 회수하였을 것으로 추정되는데, 2015년 중 회수한 금액과 합산하면 2016년 말까지 약 1,000억원을 회수한 것으로 판단된다.

---

9 이익소각은 주주와 회사 간 주식에 대한 매매계약을 체결하고, 회사의 이익잉여금을 재원으로 자사주를 매입하여 이를 소각하는 것을 말한다. 즉 회사가 주주에게 현금을 지급하고 자사주를 사들인 후 이를 이익잉여금으로 소각하므로, 발행주식수는 감소하지만 자본금은 감소하지 않는다. 반면 감자소각은 자사주를 취득하는 절차는 동일하나, 자본감소의 규정에 따라 이익잉여금이 아닌 자본금으로 자사주를 소각하므로 회사의 자본금이 감소한다. 이익소각을 하는 이유는 크게 다음과 같이 네 가지로 구분할 수 있다. 첫째, 이익소각을 통해 현금 또는 기타 유휴자금을 사용하면 적대적 M&A를 사전에 방어할 수 있다. 둘째, 이익소각을 하면 발행주식수가 감소하므로, 이익소각에 참여하지 않은 나머지 주주들은 지분율이 높아져 미래에 수령할 배당이 증가하고, 경영권 또한 강화되는 효과가 있다. 셋째, 기업의 자사주 취득은 통상적으로 주가가 저평가되었다는 신호(signal)를 시장에 보내는 것으로 해석된다. 그러므로 이익소각을 발표하면 보통 주가가 상승하고 주주가치가 제고된다. 넷째, 이익소각을 하면 이익잉여금이 줄어들어 자기자본이 감소하고, 이에 따라 자기자본이익률이 늘어나는 효과가 있다. 자사주취득은 추후 다시 자사주를 팔면 자기자본이익률이 자동적으로 감소할 우려가 있으나, 이익소각은 그럴 염려가 없다. 또한 발행주식수가 감소하므로 주당 순이익도 증가한다.

10 이익소각은 주주와 회사 간 주식에 대한 매매계약을 체결하고, 회사의 이익잉여금을 재원으로 자사주를 매입하여 이를 소각하는 것을 말한다. 즉 회사가 주주에게 현금을 지급하고 자사주를 사들인 후 이를 이익잉여금으로 소각하므로, 발행주식수는 감소하지만 자본금은 감소하지 않는다. 반면 감자소각은 자사주를 취득하는 절차는 동일하나, 자본감소의 규정에 따라 이익잉여금이 아닌 자본금으로 자사주를 소각하므로 회사의 자본금이 감소한다. 이익소각을 하는 이유는 크게 다음과 같이 네 가지로 구분할 수 있다. 첫째, 이익소각을 통해 현금 또는 기타 유휴자금을 사용하면 적대적 M&A를 사전에 방어할 수 있다. 둘째, 이익소각을 하면 발행주식수가 감소하므로, 이익소각에 참여하지 않은 나머지 주주들은 지분율이 높아져 미래에 수령할 배당이 증가하고, 경영권 또한 강화되는 효과가 있다. 셋째, 기업의 자사주 취득은 통상적으로 주가가 저평가되었다는 신호(signal)를 시장에 보내는 것으로 해석된다. 그러므로 이익소각을 발표하면 보통 주가가 상승하고 주주가치가 제고된다. 넷째, 이익소각을 하면 이익잉여금이 줄어들어 자기자본이 감소하고, 이에 따라 자기자본이익률이 늘어나는 효과가 있다. 자사주취득은 추후 다시 자사주를 팔면 자기자본이익률이 자동적으로 감소할 우려가 있으나, 이익소각은 그럴 염려가 없다. 또한 발행주식수가 감소하므로 주당 순이익도 증가한다.

4.2. 매각

칼라일은 이익소각 후에도 잔여 투자금 회수를 위해 2015년도 하반기부터 2016년 초까지 약진통상의 재매각을 추진한 바 있다. 칼라일은 약진통상을 3,000억원 수준에 매각하기를 희망하였다. 그러나 약진통상 인수에 관심을 보인 잠재적 투자자들은 2,000억원대 초중반 정도의 인수가격을 고수하였다. 이처럼 가격차가 컸던 이유는 다음과 같이 예상해 볼 수 있다. 첫째, 잠재적 투자자들은 약진통상이 속한 산업 자체의 한계로 인한 위험(risk)이 크다고 판단한 것으로 보인다. 주문자 개발생산방식의 의류 산업의 경우 이미 포화상태로 향후 성장가능성이 높다고 보기 어려웠다. 둘째, 조용로 약진통상 대표의 영향력이 긍정적으로 평가받지 못했다. 주문자 개발생산방식의 특성상 경영진의 역량과 인적 네트워크가 중요한데, 약진홀딩스 지분 30%를 보유한 창업주의 아들 역시 인수가격 조건이 맞을 경우 보유 지분에 대한 동반매도권(tag along)을 행사할 가능성이 높은 것으로 알려졌기 때문이다. 이에 잠재적 투자자들은 오너리스크(owner risk)가 상당하다고 느꼈을 것으로 판단된다. 결과적으로 약진통상 매각 시도는 불발로 그쳤으나, 2016년 초 칼라일은 매각을 포기하지 않되 기업공개를 함께 추진하는 투트랙(two-track) 전략으로 투자금을 회수하겠다고 밝혔다.

4.3. 기업공개(IPO)

칼라일은 매각 실패 후 기업공개 전략을 병행한다. 그러나 약진통상의 기업공개는 녹록치 않은 상황이다. 우선 칼라일이 70%, 조용로 씨가 30%를 보유하고 있어 지분 분산 정도가 낮아 IPO 자체가 어렵다. 한국거래소 유가증권시장 상장규정에 따르면 상장이 되기 위해서는 일반주주가 보통주 주식 총수의 100분의 25 이상을 소유하고 있어야 하는데, 동 규정에 따르면 칼라일과 같이 상당한 지분을 소유하여 경영권을 행사하는 사모펀드의 경우 상장에 앞서 자신이 보유한 지분의 상당 부분을 개인 주주에게 팔아야 한다. 다음으로 약진통상이 속한 주문자 개발생산방식 산업이 2016년부터 하락세를 겪고 있다. 2014~2015년에는 동 업계가 비교적 호황을 겪었으나, 2016년에는 영원무역, 한세실업 등 비교기업의 주가가 폭락했고, 동종업계에서 IPO를 감행한 호전실업은 희망 공모가보다 훨씬 낮은 가격에 상장했다. 이러한 악재를 감안하여 재무분석가 역시 PER를 하향조정하고 있어 향후 약진통상이 기대한 가격에 상장할 가능성이 낮아지고 있는 것으로 판단된다.

Q1. 칼라일이 제시한 약진통상 인수 가격 2,000억원은 적정한가? 공시된 재무상태표와 현금흐름표 정보를 이용해 현금흐름할인법에 따른 기업가치를 추정하여 비교하여라. 단, 다음의 추가가정을 활용하라.

〈추가가정〉

1. 향후 5년간의 순현금흐름은 과거 평균 영업현금흐름 수준(170억원)을 기초로 매년 10%씩 증가한다. 5년 이후의 영구성장률은 3% 수준이다.
2. 동 기간 동안 매년 비유동자산의 15%에 해당하는 자본적 지출이 발생한다.
3. 주주요구수익률은 13.76%, 장기차입이자율은 5%로 재무구조를 감안한 가중평균자본비용은 9.37% 수준이다.
4. 법인세율은 25%로 가정한다.

Q2. 약진통상은 오랜기간 안정적인 성장세를 보여왔다. 그럼에도 약진통상 오너가 안정적인 회사를 칼라일에 매각하게 된 배경에 대해 추정해보라.

아마존(Amazon.com)의 홀푸드(Whole Foods) 인수

　　2017년 6월 미국 최대 온라인 유통업체인 아마존이 고급 유기농 식료품 체인업체인 홀푸드를 인수한다고 밝혔다. 동 인수 배경에는 아마존이 그동안 온라인상에서 식품을 판매해왔으나, 일반 소비자의 경우 과일, 채소, 고기와 같은 신선식품만큼은 직접 구매하는 것을 선호하고 있어 큰 성과를 거두지 못 했기 때문이라고 한다. 따라서 홀푸드 인수로 아마존의 식료품 유통을 위한 물리적 입지가 새로운 차원으로 올라갈 수 있게 되었다.

　　홀푸드는 미국, 캐나다, 영국 등지에 460여 개의 오프라인 매장을 운영하고 있으며, 2016 회계연도에 160억 달러의 매출을 달성했다. 1978년 텍사스주 오스틴에 설립되어 유명 유기농 식품 유통업체로 자리매김했다. 홀푸드의 경우 유기농 프리미엄 식료품 브랜드를 지향해 왔기 때문에 동 사의 고가 정책이 저가 소매를 핵심으로 하는 아마존의 기본 사업모델의 부족한 점을 매워줄 것으로 기대된다.

　　이와 관련해 업계에서는 아마존이 도서 서비스에 적용하고 있는 Prime 멤버 가입자를 대상으로 홀푸드 고객에게 보다 저렴한 가격에 식료품을 제공할 것으로 예상하고 있다. 미국 내 동 Prime 멤버 가입자 규모는 약 4,900만명 수준으로 미국 가구의 약 44% 수준이다. 또한 아마존은 지난 수년 간 고객 인접 지역에 물류창고를 개설하여 주문 상품을 2시간 이내에 배달할 수 있는 시스템을 적극적으로 구축했는데, 홀푸드 매장은 이러한 고객 접근성을 크게 개선할 것으로 기대된다. 즉, 홀푸드의 오프라인 매장을 이용해 온라인 주문에 따른 배송과 반품 시간이 단축되는 시너지 효과가 나타날 수 있다는 것이다.

한편, 홀푸드 입장에서 아마존에 의한 피인수는 코스트코(Costco), 월마트(Wal-mart) 등 기존 대형 창고형 유통업체들이 유기농 농산품과 주방용품 등 각종 관련 제품을 상대적으로 저가에 공급하기 시작하면서 직면하게 된 가격인하 압박 등에 보다 효과적으로 대응할 수 있을 것으로 기대된다.

다만, 홀푸즈 주식을 주당 42달러로 사기로 했는데 인수가만 해도 14조가 넘는다. 아마존은 20년 넘게 온라인에서 소비자의 구매패턴을 보아왔고 이로 배운 노하우를 오프라인에서 써먹을 수 있게 되었다. 우리의 관심사는 주당 $42달러가 어떻게 나왔는가이다. 합병 이전이 2016년 홀프즈의 매출이 157억 달러이고 영업이익이 8억 6천만 달러이다. 이를 바탕으로 보면 아마존이 쓴 PER은 15.6이었다.

아마존은 주주총회에서 합병승인을 얻을 때 해당 산업의 상대가치를 비교했는데 아래 그림과 같다. 그림에서 보듯이 홀프즈의 상대가치는 크로거와 월마트의 중간정도에서 정한 것 같다.

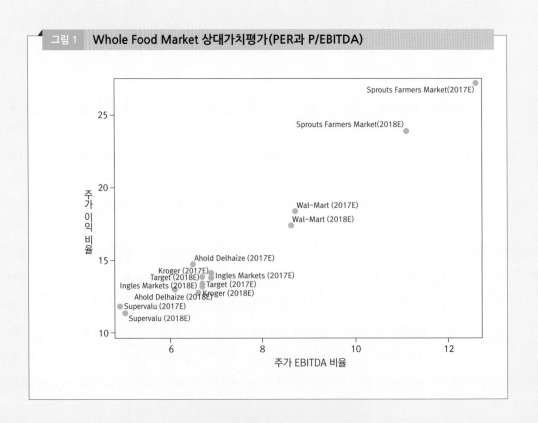

그림 1 ｜ Whole Food Market 상대가치평가(PER과 P/EBITDA)

사례문제

❶ 아마존이 홀푸드를 인수한 이유를 알아보아라.

❷ 홀푸드 인수 전후의 아마존 주가를 살펴보아라.

❸ 아마존의 홀푸드 인수가격(의 적정성)을 DCF 모형으로 설명해 보아라.

찾아보기

공저자 약력

백복현
현 서울대 경영대학 교수
서울대 경영대 MBA 부학장
서울대 경영학사
미시간대 경제학 석사
버클리대 경영학 박사
한국은행 근무, 플로리다주립대 조교수 역임
Journal of Financial Economics, Journal of Accounting Research,
Accounting Review 등에 논문출간

장궈화
현 북경대학 광화관리학원 교수
광화관리학원 부학장, 옌칭학원 학장
북경대학 경영학사
홍콩과기대 회계학 석사
버클리대 경영학 박사
Journal of Financial Economics, Review of Accounting
Studies 등에 논문출간

최종학
현 서울대 경영대학 교수
서울대 경영학사
서울대 경영학 석사
일리노이대 경영학 박사
홍콩과기대 조교수 역임
Accounting Review, Contemporary Accounting Research,
Review of Accounting Studies 등에 논문출간,
저서로 「숫자로 경영하라」 1, 2, 3이 있음

제 4 판
재무제표분석과 기업가치평가

초판 발행　　2011년 3월 15일
제2판 발행　2015년 2월 25일
제3판 발행　2018년 8월 20일
제4판 발행　2022년 8월 10일
중판 발행　　2024년 1월 31일

지은이　　　백복현 · 장궈화 · 최종학
펴낸이　　　안종만 · 안상준

편　집　　　전채린
기획/마케팅　조성호
표지디자인　이영경
제　작　　　고철민 · 조영환

펴낸곳　　　㈜ **박영사**
　　　　　　서울특별시 금천구 가산디지털2로 53, 210호(가산동, 한라시그마밸리)
　　　　　　등록 1959. 3. 11. 제300 - 1959 - 1호(倫)

전　화　　　02)733 - 6771
f a x　　　　02)736 - 4818
e-mail　　　pys@pybook.co.kr
homepage　www.pybook.co.kr
ISBN　　　　979-11-303-1583-6　　93320

＊ 파본은 구입하신 곳에서 교환해 드립니다. 본서의 무단복제행위를 금합니다.
＊ 저자와 협의하여 인지첩부를 생략합니다.

정　가　　29,000원